■ 晚年时期的资耀华先生（1900—1996年）　　沈建中　摄影

资耀华文存（上册）

中国人民银行参事室 主编

沈建中 整理

中国金融出版社

责任编辑：仲　垣　张黎黎
责任校对：刘　明
责任印制：张也男

图书在版编目（CIP）数据

资耀华文存/中国人民银行参事室主编；沈建中整理．—北京：中国金融出版社，2020.11
ISBN 978 – 7 – 5220 – 0436 – 5

Ⅰ．①资… Ⅱ．①中…②沈… Ⅲ．①资耀华（1900—1996）—文集 Ⅳ．①C53

中国版本图书馆 CIP 数据核字（2020）第 007438 号

资耀华文存
ZIYAOHUA WENCUN

出版
发行　中国金融出版社

社址　北京市丰台区益泽路 2 号
市场开发部　（010）66024766，63805472，63439533（传真）
网 上 书 店　http://www.chinafph.com
　　　　　　（010）66024766，63372837（传真）
读者服务部　（010）66070833，62568380
邮编　100071
经销　新华书店
印刷　北京市松源印刷有限公司
尺寸　170 毫米 ×230 毫米
印张　49.75
字数　638 千
版次　2020 年 11 月第 1 版
印次　2020 年 11 月第 1 次印刷
定价　138.00 元（上、下册）
ISBN 978 – 7 – 5220 – 0436 – 5
如出现印装错误本社负责调换　联系电话（010）63263947

■ 青年时期的资耀华先生　沈建中　提供

■ 政协全国委员会主席周恩来在第一届全国政协会议上
　与资耀华（中）、吴羹梅（右）交谈

资耀华先生小传

资耀华，1900年4月出生于湖南省耒阳县，银行家、金融学家和社会活动家。早年留学日本京都帝国大学经济学院。1926年回国后在北京中华汇业银行、上海商业储蓄银行任职。1933—1934年到美国宾夕法尼亚大学沃顿工商管理学院进修，并考察美国及欧洲银行，回国后任上海商业储蓄银行天津管辖行经理，后兼任华北辖区负责人。1947年再次赴美考察，1948年回国。

1949年9月，作为爱国民主人士、平津代表团代表，参加中国人民政治协商会议，10月1日登上天安门城楼参加开国大典，受到毛泽东主席接见，毛主席赞许他在天津做了"有益的工作"。

新中国成立后，资耀华先生历任上海商业储蓄银行总经理、公私合营银行总管理处副董事长兼副总经理、天津市人民委员会委员、中国银行常务董事、中国金融学会副会长、顾问，中国金融教育发展基金会顾问、中华全国工商业联合会执委顾问、中国人民银行参事室主任。中国人民政治协商会议第一届全体会议代表、第二届至第七届全国委员会委员。中国民主建国会第一届中央委员会委员，第二届至第四届中央常务委员会委员兼副秘书长，北京市委常委、顾问，第四届中央咨议委员会常委、第五届和第六届中央咨议委员会副主任。1996年1月逝世，享年96岁。

资耀华先生是我国金融界耆宿，1926年开始投身金融界，从业金融近70年，在多家银行担任重要职务的同时，笔耕不辍，撰写了大量富有专业价值的经济金融文章，是20世纪金融史和学术史上的重要人物、著名爱国人士，为国家作出突出贡献的银行家、金融学家和社会活动家，在海内外金融界享有很高声望。新中国成立后，他率先在上海商业储蓄银行实行公有化改造，并为新中国金融政策制定和落实作出过积极贡献。1959年被周恩来总理亲自提名任中国人民银行参事室主任以来，组织领导参事室人员做了大量的金融历史资料搜集、整理、编辑、研究和出版工作，先后编成出版了《清代货币史资料》《中华民国货币史资料》《清代外债史资料》，为金融史料整理研究作出了重要贡献。改革开放以来，资耀华先生深入开展调查研究，为中央银行职能转换、利率市场化、商业银行改革提出了一系列极富专业价值的政策建议。

资耀华先生一生刚直不阿，淡泊名利，严于律己，宽以待人，识大体，顾大局，克己奉公，生活简朴，清正廉明。他具有高度的事业心、责任感和原则性，数十年如一日，勤奋工作。年届耄耋，他就毕生心血结晶和深切体会，亲笔写成回忆录，于1993年以《凡人小事八十年》为题出版，各方面领导和专家学者给予高度评价，实现了自己"以身许国，永远跟党走"的誓言。

序

资耀华先生是我国金融界耆宿和著名银行家,于金融领域不懈耕耘70余载,声望极高。他早年先留日、后留美学习,归国后在北京中华汇业银行、上海商业储蓄银行工作,20世纪30年代曾在美国和英国的银行实习考察。新中国成立后,资耀华先生历任上海商业储蓄银行总经理,公私合营银行总管理处副董事长兼副总经理,中国银行常务董事,中国人民银行参事室主任,中国金融学会副会长、顾问,中国金融教育发展基金会顾问。我1984年到人民银行工作后就知道人民银行参事室有两位德高望重的老先生——资耀华先生和沈日新先生。在人民银行的一些工作会上能看到他们的身影。他们在专门设立的参事室工作,没有退休制度,资先生工作到96岁,沈先生工作到102岁,他们是中国政府中年龄最大的公务员。

资耀华先生是知名爱国民主人士和社会活动家。他一生刚直不阿、淡泊名利、克己奉公。金融业实行社会主义改造时,他主动将上海商业储蓄银行总处由上海迁至北京,申请公股加入,率先实现公私合营,积极落实国家新金融政策。资耀华先生积极参与全国政协、民主建国会、全国工商联相关活动,参与发起组建中国金融学会,常年担任副会长,一直关注和积极参与学会的工作。改革开放以后,他以80多岁的高龄,仍然组织参事室的调研工作,积极促进海外金融界增进对我国金融业的全面了解,密切加强海内外金融界人士的交流沟通,对推动我国金融业改革开放和稳定发展作出了自己的贡献。

资耀华先生求真务实,具有高度事业心和责任感。1959年被周

恩来总理任命为中国人民银行参事室主任后，数十年如一日坚持按时上下班，直至生命最后时刻。他自身理论素质和学术造诣极高，早年出版过《国际汇兑之理论与实务》《英美银行制度论》《信托及信托公司论》等专著。他十分重视理论研究与金融实务相结合，积极倡议成立研究性质的学会组织，是中国金融学会的创始人之一。在人民银行参事室工作期间，他组织带领工作人员做了大量的金融历史资料搜集、整理、编辑工作，出版了《清代货币资料》《中华民国货币史资料》《清代外债史资料》，海内外影响较大。

上海的沈建中先生不辞艰辛，做了一件非常有意义的工作，收集整理了先生的文章著作。正是《资耀华文存》，让我们对先生有了更加完整、更加丰富、更加立体的认识。《资耀华文存》呈现给我们一个学识渊博、情趣高雅、忧国忧民的有良知、有担当的学者形象。90余篇公开发表文章或往来函件中，绝大部分与经济金融理论、货币银行业务直接相关，包括作者对国际关系、中外国情民情、社会现象的调研、独立思考和政策建议，还有早期对婚姻家庭的见解，以及旅行考察见闻随笔，涉猎广泛、资料翔实、文笔生动、思想深刻。这些文献本身就是珍贵的历史资料和宝贵的精神财富，今天捧卷读来，余香依然。《资耀华文存》让我们看到了20世纪中国现代化进程中一名有志报国的知识分子的精神面貌，以及一个民族银行家在理论和实践两方面的贡献。本书丰富的资料和见解对今天的金融工作者和年轻人均有借鉴意义，是为序。

中国金融学会执行副会长
清华大学五道口金融学院理事长　吴晓灵
中国人民银行前副行长

2019.9.4

前 言

中国人民银行参事室在金融体制改革初期的若干政策建议回顾

中国人民银行参事室

(二〇一九年九月)

今年是人民银行参事室成立六十周年，1959年10月，资耀华先生被周恩来总理提名任命为人民银行参事室首任主任。人民银行参事室是承担金融决策咨询工作的职能部门，在金融体制改革之初，尤其是中央银行职能最初确立过程中，资耀华主任积极组织开展了一系列金融体制改革调研，通过实地调查走访，获取了反映当时经济、金融体系发展情况的重要资料，及时发现问题并提出了很多政策性建议，为有效推进金融体制改革、不断科学明晰中央银行职能提供了重要参考。相当多的建言献策，即便在今天看来，仍然具有重要意义。

1983年9月17日，国务院发布《关于中国人民银行专门行使中央银行职能的决定》，自1984年1月1日起，人民银行开始专门行使中央银行的职能，成立专业银行，实现业务分离。中央银行制度由此建立，以国有商业银行为主导、全国性股份制商业银行并存的多层次

银行体系逐步形成，我国旧金融体制逐步向现代化金融体制转变。

在金融体制改革和明确中央银行职能的初期，不可避免存在诸多问题，在此背景下，时任人民银行参事室主任的资耀华亲自部署，1984—1996 年，人民银行和中国民主建国会联合成立金融调研组，主动开展调研，积极建言献策，在我国金融体制改革发展进程中留下了宝贵足迹和有益诤言。

一、加强人民银行履行中央银行职能的能力

（一）人民银行各级分支机构应明晰权责

人民银行总体机构框架搭建完成后，刚开始总行对分行指导比较少，也不够及时，分支行面对相关问题无章可循、举棋不定。如果上级行统得过死，下级行就会感到无能为力。因此建议：总行应制定一些原则规定，逐级明确省、自治区、直辖市分行有哪些权限，省辖市、地区二级分行有哪些权限，县支行有哪些权限。这样明晰权责，利于管理和开展工作。

（二）人民币发行库不能委托其他机构代理

人民币发行是中央银行的重要职能之一，当时在人民银行不设县支行的地方，人民币发行支库是委托专业银行进行代理，其中存在人民币出库不要命令、多报、少报或不报人民币进出库数字的问题。因此建议：人民币发行库不能委托其他机构代理，不设人民银行县支行的地方，发行库应保留，由邻近县支行或上级行负责管理。

（三）人民币利率应实行浮动制

当时人民币各种存贷款利率均由人民银行总行规定，各地遵照执行。这种利率"一刀切"的做法不利于聚集资金，不利于发展生产和活跃经济，建议：采取因地制宜的做法。在拆借利率上，试点地方给

专业银行利率浮动权,让拆借利率市场化。同时,贴现利率也随银根松紧而上下浮动,成为市场利率,再贴现利率要考虑逐步能左右市场利率。

二、提升人民银行对专业银行的管理能力

人民银行对金融系统人事调动调整当时没有参与权,这样不利于中央银行职能的履行。但是,除了人事事项人民银行不管之外,其他方面又管得太多,因此,如何提升人民银行对专业银行的管理能力,在当时亟待解决。

(一)把"专业银行归口管理"落到实处

中国共产党第十三届中央委员会第五次全体会议1989年11月9日通过了《中共中央关于进一步治理整顿和深化改革的决定》,其中明确了"中央银行要对专业银行实行归口领导和管理"。但是到了1990年下半年,人民银行总行尚未就归口管理的具体内容制定办法,人民银行基层行特别是县级行对专业银行的管理既没有经济的、行政的手段,也没有法律的手段,归口管理没有落到实处。建议:人民银行总行尽快制定专业银行归口管理的实施办法,把"专业银行归口管理"落到实处。

(二)适当放权给专业银行,增加专业银行经营灵活性

建议:人民银行执行中央银行职能,主要抓好金融政策、资金调节、调查研究三点,其他应当适当放权给专业银行,增加专业银行经营的灵活性。

(三)发挥人民银行审查控制专业银行机构设置的作用

当时不少地方政府不顾当地经济、人口等情况,要求设立各家专业银行,导致有的地区专业银行设置过多,僧多粥少,并不能增加吸

储,还浪费了大量人力、物力与财力。因此建议:人民银行应该发挥审查控制作用,在金融机构网点设置上因地制宜。

(四)努力解决商业性贷款和政策性贷款捆绑经营问题

部分地区的各级专业银行当时还不是自主经营的金融企业,仍受当地政府行政领导,承担政策性贷款的硬任务。虽然划分了中央银行、专业银行,但实质上与过去并无明显区别。建议:将政策性贷款改为人民银行贷款,委托各专业银行代理发放,使两种不同性质的贷款分别管理,便于调控。

(五)增强专业银行对经济的杠杆作用和宏观调控能力

在当时,银行是企业生产资金的主要供应者,全面负责企业流动资金。这种刚性的资金供应体制,削弱了银行对经济的杠杆作用和宏观调控,必须进行改革。银行存款有存有取,放款有借有还,银行资金的流动性、周转性是其本身性质所决定的。然而部分企业需要长期占用的定额流动资金也依赖银行贷款,这与银行信贷的归还性和期限性相悖,影响银行信贷资金的周转使用。银行每年新增的信贷规模到第二年就变为存量,难以转动。建议:改革专业银行的资金供应体制,增强专业银行对经济的杠杆作用和宏观调控能力。

(六)不断探索加强对专业银行监管的新方法、新手段

各专业银行适当开展业务交叉,通过竞争对改善服务起了很好的作用,但也出现一些新的问题:一是放松了信贷管理和监督。二是由于银行信贷资金管理体制改变,人民银行不包专业银行资金,各专业银行都要为自己的信贷业务筹集资金,都增设储蓄机构,但储源并不因为机构多而增加,有的专业银行竞争不择手段,出现了通过发钱发物变相提高利率、公款私存套取利息和现金等情况。三是多头开户问

题。企业在多家银行开户,有多得贷款、逃避监管、方便提现等好处。四是专业银行之间存在不平等情况,例如,交通银行的设立,在金融系统内注入了新的血液,产生了竞争环境,对改善各专业银行的服务与管理是有好处的。但是,交通银行与各专业银行的竞争不在同一起跑线上,不平等。交通银行不承担政策性贷款,中央对其有很多特殊规定,如利润不上缴中央;并且,因有地方政府参股,地方政府也有很多优惠政策,如三年免税等。交通银行的业务实际都是从专业银行挖来的,造成了资金分流,不利于宏观调控。

上述问题的出现,实际上是以国有商业银行为主导、全国性股份制商业银行并存的多层次银行体系逐步形成、我国旧金融体制逐步向现代化金融体制转变过程中出现的现象。人民银行参事室通过调研建议:应深入分析当前金融体制改革过程中出现的问题,不断探索加强对专业银行监管的新方法、新手段,在现有的基础上及时总结经验并不断改进。

(七) 农村信用社改革

农村信用社与农业银行关系的核心问题是资金问题,信用社的转存款(包括存款准备金)是农业银行信贷资金来源中不可缺少的部分,但是转存款本身与信用社自主经营、自负盈亏的原则存在一定矛盾。信用社吸收存款月平均利率为 $6.6‰$,加上各项费用,资金成本率约在 $7‰$,而农业银行给信用社转存款的利率仅为 $4.8‰$,这种利息倒挂形成的亏损要信用社自负,这个问题不解决,专业银行和农村信用社之间的关系问题就解决不了。建议:坚持农村信用社自主经营、自负盈亏的政策,促进农村经济的发展,适当提高转存款利率使信用社能保本或有微利。农村信用社由农业银行代管,成立县联社,不急于建立省级联社和全国性联社。

三、加强人民银行的服务协调能力,助力地方经济发展

人民银行积极发挥中央银行职能,需要在实践中不断地摸索、开拓。

(一)发挥好服务职能

要全面立足于服务与协调。发挥好服务上级行、服务下级行、服务专业银行、服务地方政府的四个层次的服务职能。

(二)发挥好综合协调能力

要主动发挥综合协调能力。在当时人民银行管理系统还不够健全的情况下,要充分运用已有的综合组织机能,如召开银行联席会议、运用稽核及纪检机能、发挥金融信息网络功能等。

(三)助力地方经济发展

人民银行省级分行把中央和总行有关金融方针政策与宏观调控和搞活企业有机结合起来,积极支持当地经济发展。但是具体实施中仍存在银行信贷体制和经济体制改革不配套的情况。

十几年来的经济体制改革,极大地扩大了地方政府的权限,使各地经济能够较快地发展,包括财政体制改革、分灶吃饭,也增强了地方的财权和财力。但是,银行信贷体制仍是中央集权,垂直领导,与其他各项经济体制改革不配套。并且专业银行省、市分行作为地方政府机构组成部分,既受专业银行总行业务领导,又受当地党政领导,特别是人民银行在地方上宏观调控缺乏实力,信贷规模由专业银行下达,手中资金有限,心中无底,易与地方政府产生矛盾。人民银行总行对全国各省、区的具体情况不易掌握得细致、全面、及时,一些具体措施往往要采用"一刀切"的办法,造成不符合当地实际的情况。例如,吉林省玉米收割要到第二年第一季度才能完成,而收购资金还需要继续发放,而一般地区第二年是调出粮食收回粮贷,信贷规模的结算年度与该省粮食收购时点不相适应。同时,人民银行总行一般根据第一季度粮贷减少情况收回临时贷款,而吉林省则是粮贷增加,无款可收。有的专业银行为了人民银行收回临时贷款,需要向外拆借资金来还贷。建议:借鉴深圳和上海两地的信贷资金实行切块管理的办法,由当地在块块内自行调控掌握信贷资金,这样对当地经济发展可以有很大的促进作用,可以与其他经济体制改革办法相配套,应该总结良好经验并扩大试点范围。

(本文根据中国人民银行参事室金融调研组1985年至1992年十一份调研报告整理、编辑而成)

目 录

第一部分　理论研究

亚丹斯密与马克思之关系　　　　　　　　　　　　　　　　/003

经济阶段发达说之研究　　　　　　　　　　　　　　　　　/013

国外汇兑行市之变动与购买力平价论　　　　　　　　　　　/028

国外汇兑之定裁　　　　　　　　　　　　　　　　　　　　/038

国外汇兑行市之变动　　　　　　　　　　　　　　　　　　/049

理论与实际——对于前号［本刊之新使命］之所感　　　　　/064

经济界变动的预知法　　　　　　　　　　　　　　　　　　/066

经济鼻祖亚丹斯密氏之人生观　　　　　　　　　　　　　　/071

《金贵银贱之根本的研究》概论　　　　　　　　　　　　　/082

《国外汇兑之理论与实务》自序　　　　　　　　　　　　　/084

管理通货的研究　　　　　　　　　　　　　　　　　　　　/086

第二部分　金融实务

商业银行与商人之关系　　　　　　　　　　　　　　　　　/099

备付往来存款准备金之酌定　　　　　　　　　　　　　　　/109

银行发行兑换券之研究　　　　　　　　　　　　　　　　　/116

商业银行的使命　　　　　　　　　　　　　　　　　　　　/124

资耀华文存

银行行员之选择与待遇及行员之自觉　　　/131
中央银行的使命　　　/141
中国金融界有急须协力创办信用调查机关之必要　　　/147
上海钱业研究　　　/150
中国国货银行成立纪详　　　/161
汇票本票支票三者本质上之异同　　　/164
民国十八年份华商银行盈余调查　　　/178
〔民国〕十八年上海金融市场之回顾　　　/180
救济银价与统一银本位　　　/186
金本位问题之研究及我行对于该问题之准备（摘要）　　　/195
在津行行务会议上的谈话　　　/199
中国的经济现状与银钱业的责任　　　/201
记资耀华先生在津行行务会议中之致词　　　/207

第三部分　中国经济及对外贸易

中国关税制度之影响　　　/213
中国国际贸易之真相（第一部）　　　/229
中国关税的现状及裁厘加税的必要　　　/246
中国国际贸易之现状及其救济方策　　　/252
领事裁判权问题　　　/273
经济问题上之中外国际关系　　　/283
银价低落与我国经济界全体之关系　　　/317
中国新经济政策之唯一目标　　　/327
改革中之海关行政　　　/330
国定税则应着眼于国民全体之需要与供给　　　/335

目 录

华丝之改良策	/339
日本对华之经济侵略	/346
湖北武昌华商工场之调查	/350
吴淞调查略记	/353
糖之调查	/356
我国工业现状之隐忧	/375
首都一年来商业一览	/378
经济复兴与经济政策	/386
中国经济复兴的基点	/402

第四部分 国际观察

留日杂感	/421
最近各国扩张军舰的恶耗	/431
日本中央银行之沿革与组织及其业务之考察	/438
欧战后美国在国际经济界之地位	/456
欧战后的国际经济和国际劳动问题	/464
世界各国经济富力之比较	/478
美国金融风潮的检讨	/479
"似乎"的景气	/482
美国金融通讯	/483
美国最近经济情形	/486
资耀华先生的一封信	/488
资耀华先生上总经理书	/505
资耀华先生再上总经理书	/508
资耀华先生三上总经理书	/511

资耀华谈游欧观感	/516
几件银的故事	/519
英兰银行与伦敦金融市场之关系	/531
《英美银行制度及其银行业之现状》自序	/539
旅美书简——资耀华先生上陈董事长第二信（摘录）	/541
战后美国中央银行及商业银行之近况	/544

第五部分　新中国成立以后

共同纲领的经济政策	/593
中国金融学会的任务	/599
中国人民银行成立三周年笔谈	/601
在天津市第三届各界人民代表会议上发言	/602
《新民主主义经济管窥》引言	/604
公私合营银行实行定息的好处	/608
英、法、美三国的鬼心思	/611
增加和节省外汇　发动群众储蓄	/613
国民党政府法币的崩溃	/617
关于修改中国民主建国会章程的说明	/627
北洋时期货币紊乱情况见闻录	/631
讲求管财之道　提高经济效益	/645
国民党政府在法币改革前后依附帝国主义和彼此间钩心斗角的内幕	/648
大胆探索　开拓前进 ——人民银行参事室主任、〔中国金融〕学会副会长资耀华同志书面发言	/683

上海联合征信所成立前后 /687

抗战期间天津金融市场上一场对敌斗争 /690

附录 杂文随笔

卢沟桥事变前后的华北局势
　　——资耀华与陈光甫、赵汉生、杨介眉往来函电
　　（1936—1937年） /703

卢沟桥事变后之观察
　　——资耀华与赵汉生、陈光甫、杨介眉往来快电（1937年） /722

说迈德林 /726

我怨的是—— /731

资耀华先生来函 /743

现代结婚之要素——恋爱与文化 /747

我国目前妇女运动应取的方针 /756

壬戌年春节住院有感（时年八十有三也） /765

后记 /766

第一部分　理论研究

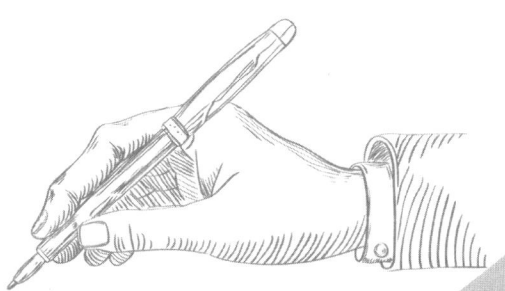

亚丹斯密①与马克思之关系

一、绪言

在现代经济思想界中,虽是教义错杂,然潜心观察起来,可发现两大思潮:一种就是个人主义(individualism)的经济思想,一种就是社会主义(socialism)的经济思想。这两种经济思想,各含有科学的根据,具有一定的体系,成立一种独立的经济学。不过前者比较后者发达略早,前者已告完成,正要动摇改造的时候,后者继承前者的理论,更彻底地发挥其真义。然而何谓个人主义的经济学呢?又何谓社会主义的经济学呢?请略述梗概。

个人主义的经济学,又称为资本主义(capitalism)的经济学,就是资本家或资本本位主义,所以资本主义的经济组织,就是以资本和资本家的利益为本位,所以资本不属于社会,只属于社会中一部分的资本家。在这种资本主义的社会中,就生出资本家与劳动者——无产者——两种阶级,资本家私自任意经营事业,以生产社会生活中所必需的货物,因而取得利息,增加资本,于是富者愈富;劳动者则将自己所有的劳动力,卖与资本家,以一定的劳动,得一定的工资,维持其生活,于是贫者愈贫。因此种经济组织是完全以资本家的利益为主体,无产阶级的利益不过是其附随物,所以资本家的利益与劳动者的

---

① 编者注:今译为亚当·斯密。

利益相冲突的时候，劳动者的利益为资本家的利益所牺牲，欲图劳动者的利益，只能在不侵害资本家利益的范围内方可。吾人今日所栖息的社会，就是以这种经济组织为原则，在这种经济组织底下，各个人自由实行其利己的活动，不受任何保护及干涉。所以个人主义经济学，又称为自由主义的经济学（liberalism），或又称为古典学派（classical school）或正统学派（orthodox school）的经济学。因此社会主义的经济学，又称为异端派经济学。

何谓社会主义的经济学呢？普通所称社会主义，是要和现代社会组织有一定的联络。原来和现代的社会组织，既如上述，是资本主义的组织，资本家以资本为一人的私有物，用其所有的资本，任意经营社会中的产业，而无产阶级只能在此资本家支配之下，从事劳动生活。而社会主义就是对这种资本经济组织所发生的，就是以反对资本私有为主题。约言之，就是主张废止资本主义的经济组织，所以社会主义，严格说起来，就是在这种资本家本位主义的社会中才发生。今日所谓社会主义，与其说是反对财产私有，不如说是反对资本的私有，所以现代社会主义的经济学，纯是反对资本主义的经济学。从表面上看起来，二者真似冰炭不相容，然其实二者结论虽异，其观察的出发点则纯粹相同，即退一步，我们亦可说个人主义经济学的始祖亚丹斯密（Adam Smith）与社会主义经济学的鼻祖马克思（Marx）二人，其观察立论的出发点，如出一辙，不过各因时势的推移、潮流的影响，其结论遂大相径庭而已。现将二氏之学说思想，分理论与政策两方面略说如下。

二、理论方面

（一）二人对于资本主义经济组织成立的观察

十八世纪末叶，亚丹斯密氏对于原来的时事问题，发表了许多议论,创立一种经济学,做了个人主义经济学的鼻祖,对于现代的经济组织的成立,看作历史发达的自然结果,其意以为今日的经济组织,并不是因一二政治家或思想家主张取这种经济组织可以使社会全体得着幸福,于是秉其理想以求实现的,是单由自然发达的结果渐次成立的。此种观察与马克思若出一辙,原来马克思以前的社会主义者,都是以一己的空想,以主观的要求与希望,任意去构造新社会组织。然而马氏则不然,以社会组织,看作要经过一定期的进化过程,才生出这种历史的产物。此种科学的社会主义的根底,就在唯物史观（materialism）,这种唯物史观也是一种必然论。马氏对于历史的进行,发现一种自然科学的因果法则,其意以为一定的社会组织,若是束缚其社会生产力的发展（原因）,这种社会组织早晚一定会崩坏,再有新社会组织代之而兴（结果）。这就是自然的因果法则。然而现在社会组织的资本主义,起初本来助长社会生产力的发展,但其生产力十分发展以后,却又妨害社会生产力的发展,所以资本主义的经济组织迟早是会破裂的,社会主义经济组织就会代之而起,此种社会主义的实现,乃是一种必然的运命。

至于亚氏的必然论,是根据于人间性。从这一点出发,下一定的独断,以演绎理论,用因果的法则,说明经济现象的进行,构成一种学问的体系。其意以为人间特性是利己,《原富》（*Wealth of Nations*）一书,这种意见随处皆是,或谓 Self－Love（Vol. I, p. 16）,或谓 Private Interest and Passion（Vol. V, p. 29）,或又谓 Nature Effort of Every Individual to Better His Own Condition（Vol. II, pp. 43－172）,总而言之是认为人是利己的动物。这种认识是亚氏思想的根底,他对于此种性质的善恶与否,不下判断,只把它当一个事实去看,这就是他议论的前提。从这种前提观察资本主义经济组织,其意以为将富有利己

心的人类放任于资本主义经济组织之下,他们自然而然地就会将社会的生产力发展进步,所以第一编第二章有云:"It is not from the benevolence of the butcher, the brewer, or the baker, that we expect our dinner, but from their regard to their own interest. We address ourselves, not to their humanity, but their self-love; and never talk to them of our own necessities, but of their advantages."他如第四篇第七章第三节,第四篇第二章所云,皆是以为社会制度并非一二政治家或思想家所想出来的,纯属人性(human nature)所生的必然的结果,因此成立一种人性的必然论。而马氏的唯物史观,也是一种必然论,其前提也是根据于人性。马氏之意以为一定的社会组织,若所有的生产力在其组织内没有完全发展的时候,这种组织一定不会颠覆,且助其发展,但是到了十分发展的时候,却又束缚其发展,所以迟早必达到破裂的运命,更当有新社会组织代之而起,这就是唯物史观的中心点,也是社会进化的要旨。这种议论的根底,也是关于人性下一独断。原来社会组织是吾人类互相集合而成立的,所以社会的变动与海啸而倾屋、喷火而崩山是不同的,这样的建设、这样的破坏,都是人类自己的力和自己的行为所致。马氏的前提,就在人类的意志,他以为人类在社会中,生产社会生活所必需的物品,一定会反抗有碍于发展此生产力的社会组织的人为束缚。例如各种机械发明,使轮船铁道,转瞬千里,工厂出货物,倍蓰于前,生产力可以说是异常发展了,然而今日大多数人类,其所以苦于生活必需品的不足,也就是因为这种经济组织反足以束缚其发展力,从此生出社会的不平。如果在生产力幼稚的时代,多数人虽苦贫乏,只得付之无可奈何,但为今日既具有生产物质的能力,而其生产力却为人力所束缚,所以人类一定要起反抗,提倡改造社会,这样的倾向是人性意志之一面。马氏以此作为不可动的前提,构成一种必然论的唯物史观。不过马氏适生于过渡时代，资本主义的经济组织已达于极盛的程度，各方面生出缺点，马氏有见于此，所以由历史进行的必然结果，主张现代的经济组织不久必将破坏，社会主义的经济组织必将代之而起，反之亚氏适生于十八世纪末叶，在产业革命以前，他只看到资本主义发达的初期，只知资本主义的长处，没有想到资本主义的缺点，所以他对于这种制度，并不希望其改造，从而他对于现代的社会组织，看作历史进行的结果而讴歌之，这是二氏不同之处。要之亚氏以资本主义经济组织，为历史进化的结果，建设个人主义的经济学；马氏也是以历史进化的结果、必然的过程，主张由资本主义经济学一定要变到社会主义经济学，于是建设社会主义的经济学。二氏的出发点相同，不过各因时势潮流的影响，其结果遂至相异而已。

（二）两氏对于现代资本主义经济组织之批评

在资本主义经济组织下，关于富的生产和分配两方面，亚丹斯密所抱的是乐观主义。对于生产方面，亚氏以为一国全体的富，就是资本家所生产的货物的总额，所以各个人所生产的货物的总额愈大，社会全体的富亦愈大，然而各资本家都是各为私人的利益而经营事业，于是力求生产价格最大与价值最高的货物，以增殖私人的利益，所以若使各个资本家自由行使其利己的活动，自然而然的社会全体的富就会增加到最大的程度。例如《原富》第四篇第七章第三节有云："It is thus that the private interest and passions of individuals naturally disposes them to turn their stock towards the employment, which in ordinary cases are most advantageous to the society."此种观察，亚氏与马氏正属反对，马氏之意以为今日社会中种种弊害的原因，都是因社会生产力的发展，被资本主义经济组织所束缚抑压，使其不得伸张，所以现代经

济组织必达于破灭的运命。又对于富的分配方面，亚氏也是抱乐观主义，他以一国全体的富，分作劳资、利润、土地三种，若各个人中间能有完全的自由竞争，则在资本主义经济组织下，富的分配，是很平均的，犹如生产方面，若各资本家能完全自由行使其利己的活动，其结果必得最大限度的生产物；分配方面若能完全自由竞争，则社会各个人中间必得最公平的分配，如《原富》第一编第十章所论劳动者和资本家的报酬（of wages and profits in the different employments of labour and stock），以为虽各种事业，有大小高低之别，然若能完全自由竞争，此种差异，亦属公平。又如亚氏所著《道德感情论》（Theories of Moral Sentiments）中，其意以为纵使社会中有贫富的差别，但到了生活必要品的供给一事，富者因图自己生活便宜的结果，自然对于社会中有所分配，毕竟贫富的差异，对于人类真正幸福，并没有大关系。但是从这一点考察起来，亚氏即主张完全的自由竞争，扩张起来，就要反对独占，然而今日吾人所栖息的社会中，资本家阶级独占有资本，而社会各个人并没有自由竞争的机会，因而富的分配必不公平，所以要想公平，就非打破独占，使资本为社会公有，人人皆予以均等的机会不可。而这种要求，就是马克思社会主义的真髓，即从劳动论上看起来，《原富》第一编第五章有云："Labour is the real measure of the exchangeable value of all commodities." 又同编第八章有云："In that original state of things, which precedes both the appropriation of land and the accumulation of stock, the whole produce of labour belongs to the labourer." 又云："but this original state of things, in which the labourer enjoyed the whole produce of his own labour, could not last beyond the first introduction of the appropriation of land and the accumulation of stock." 看来土地及资本的独占，劳动者就不能享受生产物之全部，此与马氏之劳动论若合符节，不过亚氏以此种现象看作纯属基于经济上自然的法则，不得不然；马氏则以这种现象，乃资本家的掠夺，欲废止此种掠夺关系，就非打破资本主义经济组织，实行社会主义经济组织不可。所以 Kerr 氏的 *What socialism is?* 上说的是："近自机械发明，美国的劳动者，一日平均至少能产出十美元的物品，但是所得的工资，一日平均不能过二美元，这是彰明显著、不能否认的事实。而对于这种事实，能下完全满足地解决，就莫如社会主义。英国大经济学家亚丹斯密，久已发现商品于其价值有互相交换的倾向，马克思承继此种思想，构成资本论（Das Kapital），发现社会主义的根本原理，马氏之意以为劳动者卖与雇主的劳动力，就是一个商品，此种商品也同他种商品一样，依价值而卖，资本家买入此种劳动力，生出利润，得有剩余价值。"这样看来，欲求完全平均的分配，就非打破资本的独占不可，欲打破资本的独占，就非社会主义经济组织不可。这样扩张说起来，则亚氏又未始非社会主义之始祖了。这就是二氏之互相照应处。

三、政策方面

亚氏的自然的自由主义政策（the system of natural liberty）与马氏的社会民主主义（social democracy）。

如上所述，理论方面，亚丹斯密对于现代经济组织的观察，以人类为利己的动物，所以若各个人自由行使其利己的活动，则生产方面可以得最大限度的生产，而分配方面亦可以得最公平的富的分配。从这一点出发，其政策当然就会达到自由主义。所以亚氏的政策，在生产方面，主张与各个人自由行使利己的活动；分配方面，主张自由竞争，因此构成自由放任论，就是一种必然论。《原富》第四编第九章结论有云："All systems either of preference or of restraint, therefore,

being thus completely taken away, the obvious and simple system of natural liberty establishes itself of its own accord. Every man, as long as he does not violate the laws of justice, is left perfectly free to pursue his own interest, his own way, and to bring both his industry and capital into competition with those of any other man, or order of men. ……"看起来亚氏以自由为神圣不可侵犯的东西,此种意见,在《原富》中随处皆是,盖其意以为自然的自由制度,乃社会最有利益的制度,因个人利益的合成就是社会利益的总额,而个人的利益又要当事者自身才能了解,立法者与政治家是不能从旁置喙的(见第四编第五章)。又如上所述,马氏的理论也是一种必然论,他以为今日的经济组织一定不久要破坏。原来亚氏的自由放任主义是一种必然论,以为人类是利己的动物,若使利己的人类放任于资本主义经济组织之下,必然而然的就会使社会全体得最大的利益,他所以极力反对干涉与保护政策。马氏亦然,马氏之意以为社会的生产力,与社会组织相矛盾的时候,这种社会组织终必达到破灭的运命,就有新社会组织代之而起,若此新社会组织不能实现,那么,社会生产力总被抑压,社会一定会因而衰亡,所以马氏从这种必然论主张,社会组织的改造就是主张社会主义经济组织的实现,所以马氏当然就会主张社会民主主义。但是何谓社会民主主义呢?马氏的意思,就是在资本的公有,换言之,就是共产主义,就是资本公有主义。然而什么是资本呢?约言之,就是用以掠夺剩余价值及劳动价值所使用的财产,有这种财产,社会中就生出劳动者与资本家两种阶级,而理想的社会就是要废除这种阶级,人人都要劳动,无劳动则不能得衣食,社会中没有什么不劳所得,换言之,就是举国劳动论,就是资本家扑灭论,这种论见,推源求本,不过把亚氏所唱的自由竞争独占反对的论见,更进步、更彻底、更发挥就是了。这样看起来，马氏与亚氏的理想，表面虽不同，内面则是一样，不过亚氏的主张是第一期民主主义，马氏的主张是第二期民主主义罢了。（近世民主主义的发达，可分作两期，第一期乃资本家阶级的民主主义，第二期则为社会全体的民主主义。）

四、结论

要之斯密氏与马克思——资本主义经济组织的鼻祖与社会主义经济组织的鼻祖——从表面上看起来，真是冰炭不兼容，风马牛不相及。因而崇拜资本主义者，就攻击社会主义不遗余力；主张社会主义者，就毁骂资本主义身无完肤，这都是偏僻的论见，没有潜心研究其精义。原来社会中因一定的生产力，产出一定的社会组织，生产力若变动，则社会组织亦必然而然地会起变动。所以一定的社会组织，可分作两期：第一期的社会组织，正与生产力调和，此时生产力最好自由发展，然而社会的生产力发展到某种程度以上，此社会组织与社会的生产力就失了调和，从来助长生产力的社会组织此时反变而妨害其生产力的发展，这就进了第二期。不过在第二期中，社会的生产力虽被社会组织所束缚，还是依然继续发展，然而生产愈发达，愈与社会组织起激烈的冲突，社会就非达到破灭的运命不止，不然就非施行社会组织改造不可。所以资本主义经济组织的底下，社会的生产力异常发达，然而其生产力若发达到极盛的时候，这种经济组织又妨害生产力的发展，此时吾人若不愿社会趋于退化，必须力求其改造，欲求其改造，则非有新社会经济组织代兴不可。且学说可以造时势，时势亦可造学说，亚丹斯密氏适生于十八世纪末叶（1723—1790年），产业革命以前，此时资本主义正代重农主义（Physiocracy）而兴，方值发达的初期，社会只知其利，并未见其有何缺点，故亚氏亦只讴歌，毫

无改造此组织之希望，只以其为历史进化之必然的结果。《原富》一书，极力宣传此组织的完善巧妙，造成一种资本主义的经济学。然而马氏（1818—1883年）适生于产业革命以后，资本主义发达的最盛期，各种机械的发明，蒸汽机关的装置，铁道轮船的建筑，于是经济界的状态，遂起了根本上的变动。马氏有见于此，由唯物史观，从历史进化必然的过程，论证必由资本主义经济组织达到社会主义经济组织，创立社会主义的经济学。总之，二氏的观察方法如出一辙。不过各因时势的推移、时潮的影响，其结论遂相异，时势造学说，学说造时势。吾以为马克思若生于产业革命以前，则亚丹斯密的主张未必不为马克思的学说，若亚丹斯密生于产业革命以后，则马克思的学说又未必不为亚丹斯密的主张。

一九二三年八月二十日，脱稿于汉皋旅次

（本文原载《学艺杂志》，1923年第5卷，第7号，又刊《唯物史观研究》，中华学艺社，1926年2月第1版）

>> 经济阶段发达说之研究

一、阶段说之性质

现今各国之经济，情状各殊，种类各异，或以农业为其主要之产业，或以商工业为其立国之大本，此其故为何？即各国过去经济发达顺序不同之所致也。考各国过去经济发达之顺序，或经狩猎、牧畜二时代而进于农业时代，或不经牧畜时代直由渔狩而进于农业时代，且不但其发达之顺序有以异，即其发达之速度亦彼此各殊。如一国费数百年之长年月所经过之道程，在他国则不过数十年即已成就，即其例也。各国经济发达之变迁状态，既如此千差万殊，则似不能得一系统的概括研究矣。是又不然，盖历史上之事实，虽千姿万态，而在此历史上之事实中，不难求得一共通一贯之法则。是故欧美学者，或从生产方面，或从交换方面，或从生产消费之关系，或从政治方面，或从综合的研究，以考察经济发达之顺序，而名之曰经济阶段发达说（Wirtschaftsstufe Theorie）。

但阶段说中最当注意者，则从第一期之甲状态，移至第二期之乙状态者，并非言在第一期中，乙状态毫不存在。第二期中，甲状态全然消灭，不过在第一期中，其主要者为甲状态，第二期中，其主要者为乙状态，例如所谓从物物交换时代移入于货币经济时代者，并非言在第一期中，货币毫不存在。在第二期中，即穷乡僻里，亦通行货币，不过第一期中主要大都为物物交换，第二期中，大都为货币交换而已。是故研究阶段说者，只就或一时代之主要现象而观察之，至其现象萌芽于何时，消灭于何日，则再所不问也。

二、阶段说之种类

（一）以生产之形态为标准者

1. List 之阶段说。由生产之形态而考察经济之发达，其说甚早，例如 Aristoteles 所著之政治学（Politik）中，分为狩猎渔业阶段、牧畜阶段、农业阶段，其后十八世纪 Ferguson 著有 "*Essay on the history of eivil society*"（1671 年），Condorcet 著有 "*Prospectur d'un tableau histoirique des progress de l'esprit humain*"（1793 年），亦皆从生产形态而考察经济之发达，但唱此说之鼻祖，还非推 Fridrich List 不可。一八四一年，著有《国民经济系统论》（*Das nationales System der politischen Ökonomie*），其书有云，"国民经济，纯取阶段的发展，在欧洲各国，数世纪所经过之行程，即由野蛮状态，进于牧畜状态，更进于农业状态而达于工业状态及商业状态。"（…Erst hier ist mir die stufenweise Entwicklung der Volkökonomie klargeworden. Ein Prozese, der in Europa eine Reihe von Jahrhunderten in Auspruch nahm, geht hier unter unsern Augen vorsichnämlich der Übergang aus dem wilden Zustand, in den der Viehzncht, aus diesem in den Agrikul turzustand und aus diesem in den Manufaktur und Handelstand. S. 11.）又曰 "关于各国民经济之发达，其主要之发展阶段，取有次之顺序。"（In Beziehung auf die national Ökonomische Ausbildung sind folgende Hauptentwicklungsgrade der Nationen anzunehmen.）

Ⅰ. 野蛮状态（Wilder Zustand）

Ⅱ. 游牧状态（Hirtenstand）

Ⅲ. 农业状态（Agrikulturstand）

Ⅳ. 农业工业状态（Agrikulturmanufakturstand）

Ⅴ. 农业工业商业状态（Agrikulturmanufakturhandelsstand）

2. Grosse 之阶段说。List 以后，从人种学及人类学方面而研究经济生活之发展者毕出，就中 Grosse 以此研究为基础，对于 List 之阶段说，大施修正。Grosse 于一八九六年著有 *Die Formen der Familie und die Formen der Wirtschaft*。以德国之古谚"观其人之所食，即可察其人之所为"（Wenn man weiss, was ein Volk ist, so weiss man auch, was es ist）为其思想之出发点，说明家族之形态可适用于经济之形态，因是将发生种种家族形态之重要经济关系，分为五阶段，要之 List 以经济状态，依国土时代而异趣，故主张商业政策亦当随经济状态而不同，从而唱有前记之五阶段，Grosse 则研究由经济状态而各殊之家族状态，故对于 List 之阶段说稍有出入，而得有下之顺序：

Ⅰ. 低级之渔猎民（Niedere Jäger）

Ⅱ. 高级之渔猎民（Höhere Jäger）

Ⅲ. 牧畜民（Viehzüechter）

Ⅳ. 低级之农耕民（Niedere Ackerbauer）

Ⅴ. 高级之农耕民（Höhere Ackerbauer）

3. Müller Lyer 之阶段说。一九〇六年，氏著有"*Phasen der Kultur und Biehtungslinien des Fortschritts*"（《文化之形态与其进化之方向》），此书之目的，在说明文化之种种形相，而决定其进步发达之方向，因是从事文化领域之分类研究，而考察其各部类之进步，最后综合之以决定文化进步之方向，始则大别之为基础形态与上层形态。基础形态更分之为三，即以维持及保护生命为目的之社会经济，以生命之存续发展为目的之生殖关系，由各个人间所起之社会关系。上层形态亦更分之为六，即言语、科学（宗教的及哲学的）、信仰、伦理、法律、艺术。但此书之主要部分则在研究基础形态，而从生产形态以研究阶段说者，则在其基础形态中第一部类之社会经济内，研究食物获得之方法，因此而得有下之顺序：

Ⅰ．狩猎及渔猎（Jagd u. Fischerei）
- （1）低级之狩猎者（Niedere Jäger）
- （2）高级之狩猎者（Höhere Jäger）
- （3）渔猎者（Fischer）

Ⅱ．牧畜（Viehzucht）（4）牧畜民（Viehzuehter）

Ⅲ．农业（Landwirtschaft）
- （5）兼狩猎之手锄农业（Hackbau mit Jagd）
- （6）兼渔猎之手锄农业（Hackbau mit Fischerei）
- （7）手锄农业（Hackbau als Hauptmitel der Nahrung）
- （8）兼牧畜之手锄农业（Hackban mit Viehzucht）
- （9）手锄农业（Ptlugbau）
- （10）园林农业（Gartenbau）
- （11）商业农业（Handelsbzu）

（二）以生产之要素为标准者

Roscher之阶段说。如前所述，从生产之形态，而唱阶段说者，List、Grosse、Müllier-Lyer之外，尚有 E. Hahn（著有 *Die Haustiere und ihre Beziehung zur Wirtschaft des Menschen*）与 Steinmetz（著有 *Classitication des types Sociaux*）等之多数学者，而从生产之要素以研究阶段说者，则 Roscher 一人而已，氏为德国历史学派之始祖，其学说与英国正统学派大相径庭，盖英国正统学派，依独断与抽象的演绎方法以研究经济学，从此所得之经济法则，则视为普遍绝对的真理。Roscher 氏则以经济现象，不能单纯存在，必与其他之各种现象有密接之关系，且经济状态因地方之远近，时代之变迁而异其特征，故研究经济学，必须比较多数之国土与国民，更以归纳的历史的方法，而考其发达变迁，而氏之重心，则更在历史的方法（Die historische Methode）。故其著书 Die Grundlagen der Nationalükonomie（《国民经济学原论》）之第一篇《论财货生产中生产要素之活力》（Erstes Buch：Produktion der Güter, Zweites Kapitel：Produktives Zusammenwirken der Factoren）。从其历史出发，以构成氏之阶段说，即生产要素合力之比例，循其历史之变迁而异。因是所有国民经济，概可划分为次之三大时期：

第一时代，生产要素中以自然（Natur）为主。

第二时代，生产要素中以劳动（Arbeit）为主。

第三时代，生产要素中以资本（Kapital）为主。

（三）以交换之形态为标准者

Bruno Hildebrand 之阶段说。继 Roscher 之后而为德国历史学派之先声者，则为 Hildebrand 氏，一八四八年著有 Die Nationalökonomie der Gegenwart und Zukunft（《国民经济之现在与将来》），劈头即论经济学之历史的研究方法，其评亚丹斯密（Adam Smith）有曰，Smith 欲立一经济学说，适应乎随时随处，是与其以前之重商主义者及重农学派同陷于一错误，即现在之货币经济，不过为发达至信用经济之过渡期，因是更于其论文 Naturalwirtschaft, Geldwirtschaft und Kreditwirtschaft 中，由交换之形态，分经济之发达为三阶段。其意以为交换之形式，最初乃物与物之交换，渐次进步，乃用贵金属为媒介物而使货币，最后则以信用及约束而交换财货。故于其论文 Jührbüeher für Nationalökonomie und Statistik 中，分为下之三阶段：

第一阶段，自然（物物交换）经济（Naturwirtschaft）；

第二阶段，货币经济（Geldwirtschaft）；

第三阶段，信用经济（Kreditwirtschaft）。

（四）以生产与消费之关系为标准者

1. Karl Bücher 之阶段说。现代德国之最大经济史学者，则为 Karl Bücher，其著书之中最脍炙人口者，则为一八九三年出版之 *Entsehang der Volkswirtschaft*（《国民经济之成立》）。本书详述经济发达之状态，即现在吾人所称之国民经济，乃数千年历史发达之产物，若将从经济发达之纪元以至今日之过程，以财货由生产者达于消费者之道程之长短为标准而研究之，则可分为下之三阶段：

第一，封锁的家内经济之阶段（Die Stufe der geschlossenen Hauswirtschaft），即财货于同一经济间以生产之消费之，故又名曰"纯粹自己生产"或"不交换经济"。

第二，都市经济之阶段（Die Stufe der Stadtwirtschaft），即财货从其生产之经济而移于直接消费之经济，故又名曰"直接交换经济"。

第三，国民经济之阶段（Die Stufe der Volkswirtschaft），即财货由生产而至于消费，虽经数多之经济，故又名曰"商品生产"或"财货流通"之阶段。

2. Engels 之阶段说。Friedrich Engels 本未尝特别鲜明而唱有阶段说，而普通所称 Engels 阶段说者，则为 Sombart 氏，从其著书 *Die Ursprung der Familie, des Privateigeutums und des Staats*（1884 年，即《家族、私有财产及国家之起源》之第九章——Barbarism und Cívilization）中所述者，采取其要的而得有次之阶段说：

第一之时代，自己经济（Eigenairtschaft）。

第二之时代，交换经济（Tauschwirtschaft）。

(1) 偶然的交换。

(2) 规则的交换。

(3) 必然的交换。

第三之时代，资本主义经济（Kapitalistische Wirtschaft）。

(五) 以经济与政治组织之关系为标准者

Schmoller 之阶段说。Gustav Schmoller 为新历史学派之泰斗，其名著 *Grundriss der allgemeinen Volkswirtschaftslehre* 一书，不认经济理论与经济史之目的及其研究方法之区别，混合二者而为一。故此书其名虽为《一般国民经济学原论》，而其重心乃在历史的记述与经济生活发达之研究，其终极之目的，则在搜寻关于经济学之历史的法则，因是其书中有云，"吾人之认识，若非有类似者之重复出现，则不能存在，而所有之国民经济理论亦无非过去之经验，类似现象之重复发生及同形态之现象之顺列。Bickert 氏否认此种有规则的现象，以社会的、经济的、历史的生产之一切现象，皆只一次的、个性的、独特的，未免偏于夸张。"其意以为在经济生活之发展中，伴有类型的顺列，主张经济之发达，与政治组织之发达有密接。而唱经济阶段发达说，代之阶段说，最初在其论文 *Das Meikantilsystem in seiner historischen Bedeutung; städtische Territoriale und staatlische Wirtschaftspolitik*（1884 年）中，分为七阶段，后一九〇〇年在其《一般国民经济原论》中改为次之四阶段：

1. 村落经济（Doriwirtschaft）[家族经济（Hauswirtschaft）、种族经济（Stammswirtschaft）]。

2. 都市经济（Stadwirtschaft）。

3. 国民经济（Volkswirtschaft）。

4. 世界经济（Weltwirtschaft）。

（注：普通 Schmoller 之阶段说中，都市经济之次，则为领域经济（Territorialwirtschaft），合成为五阶段，但领域经济为德意志之所独有，绝非一般经济发达之一阶段，且 Schmoller 氏自一九〇〇年以后，普通只叙述上记之四阶段，而领域经济则非特别时未尝论及，故领域经济之一阶段，此处亦削去而不列入。）

（六）依综合的标准者

1. Sombart 之阶段说。Werner Sombart 论经济组织之发展，反对从来依据唯一标准之思想，而主张综合的标准，由经济阶段、经济制度、经济形态、经济主义之四标准而定经济发达之阶段，其中经济阶段又因各时代经济组织的社会性之比例而分为三部，经济制度乃各时代经济生活之具体的制度，故又分为十种。经济形态乃获取财货时，引导其全经济行为之具体的组织，经济主义乃支配各时代经济主体行为之主要动机，又分为二部。此种学说见之于 Somhart 所著 *Moderne Kapitalismus*（1902年《近代资本主义》）中，今表之于下：

2. Müller – Lyer 之阶段说。Müller – Lyer 氏以生产之形态为标准，而唱阶段说，已如前所述，然氏更综合历来多数学者之阶段说，构成下之图表（见氏所著 Social development P. 252）

形态		分化	合化		生产者与消费者之距离	社会团体之如何	协力	生产要素（主要者）
时代	小期间	变换形态	生产之比例					
（1）部族组织	a①部族初期 b②部族中期	1.两性间之分类	（1）自然经济	（1）自己经济 （2）a.偶然的交换 b.规则的交换 c.必然的交换	（1）家内经济	（1）孤立经济	（1）孤立经济	（1）自然
（2）产业组织	a③产业初期 b④产业中期	2.男性间之分类	（2）货币经济		（2）都市经济	（1）村落经济 （2）都市经济 （3）领域经济	（2）过渡经济	（2）劳动
（3）资本主义组织	a⑤资本主义初期 b⑥资本主义中期	3.女性间之分类	（3）信用经济	（3）资本主义经济	（3）国民经济 （4）世界经济	（4）国民经济	（3）社会经济	（3）资本
（4）…	a⑦资本主义后期 b⑧……							
主倡该学说者		Hildebrand 学说	Engels 学说	Bücher 学说	Schmoller 学说	Sombart 学说	Roscher 学说	

以上乃就其最重要者，简单介绍其唱阶段说之目的与其说明之形式，然再回顾而考察之，则前所述之数种阶段说，其目的或为主张经济理论，非超越时代与国土者非普遍的，或为确立适应于种类各殊的经济状态之经济政策，或为阐明家族之形态，或为说明社会之关系，是皆不过用阶段说以为其补助科学，其终极之目的，并非在经济阶段说之研究，而最可怪者则经济史家虽唱阶段说之发现确立为其经济史研究之目的，然而在纯粹经济史之研究学说中，反从未尝见有唱阶段说者在。

三、对于阶段说之非难

如前节所述，从六种标准而得有十种经济阶段发达说，而此十种不过为其主要者。此外尚有数多之学者，唱有其他之阶段说。例如 Ebj 氏在其 *Evolution of Industial* 中，唱有 Hunting and fishing stage, Pastoral stage, Agricultural stage, Handicraft stage and Industrial stage 之五阶段说，Aahley 氏在其所著 *Economie Organisation of England* 中，唱有 Family or household system, Gild or handicraft system, Domestic system or house industry, Factory system 之四阶段说等，但在此多数之阶段说中，绝未有完全尽善尽美者，因之对于此等阶段说之批评非难者，在在而起，今试述其二三非难之要点如下。

（1）从经济组织发达上而加以非难者。此种非难，纯对于以生产形态为标准唱阶段说者而发。即例如 List 之阶段说，不过单就生产一方面之观察，不能说明经济全体之发达，其所谓由牧畜状态而进于农业状态，然征之数多实例，有不尽然者在。

（2）阶段说不能通用于全世界各国。此种非难，其齿锋亦大都向于 List 之阶段说。例如 Hildebrand 及 Philippovich 等或举有数多民族之实例，以证其发达之形式，不必尽如 List 所言。或以为经济生活，各国家各民族各有独自之特性，绝不能就一国家一国民所研究之发达阶段，遂能适用于民族性各异国家状态各殊之其余国家。此种非难，无论何种阶段说，皆在所难免，即称为最完全之 Bücher 之阶段说，亦只能限用于欧洲二三国家，绝不能适用于全世界各国。

（3）学说构成上之非难。此种非难，不在其阶段说之是否成立，而在其阶段说自身之构造。例如对于 Bücher 之非难，即 Bücher 氏以封锁的家内经济为其第一阶段，然征之许多史实与人种学及人类学，绝未尝发现全无交换之人类，故用此阶段乃全属误谬。又反之对于 Hildebrand 之阶段说，亦有反对者，即从交换形态而考察经济发达之阶段，必先区别无交换之时代与有交换之时代。然而 Hildebrand 之第一阶段之自然经济已为物物交换时代，而对于无交换之时代，则弃而不顾，亦属不当。

以上（1）与（2）之二种非难，并非对于阶段说之性质而发，单咎学说之不完全。例如或因历史研究之不足，阶段特性记述之不备等，然诚如是，若更完全考察研究，则此种非难自然可免。至于（3）之非难，则全属对于阶段说之性质而发。即一方面既承认各国民、各国土有独自之历史，有殊异之特质，则各国共通之经济阶段说绝不能发现。故欲免除此种非难，或则阶段说之性质，不如此其严密，但说明其大体之倾向，或则只限于研究或一国之经济发达之特征，不然，则此种非难终所难免。

四、阶段说之辩护

（1）阶段说纵不能说明经济上有机的发达关系，以表现各经济现象之特征，然亦不可直弃之而不取。例如 List 之阶段说。如前所论，不能完全表示有机的发达关系，然徒从生产形态上面考察之，则 List 所举之五形态，乃彰明显著之事实而从单纯之生产进于复杂的时候，则不可不有因时制宜之经济政策。关于此点，则 List 之功绩，绝不可忘（见日本京都帝国大学教授、经济学博士本庄氏《经济史研究》，以及福田博士《经济学研究》）。

（2）阶段说之性质，乃先通览经济发达之全过程，而后从此择出各时代之特色，以说明经济之发达，与普通历史家之时代表不可同日而语。盖一般历史，则在或一时代所起之所有的事实，皆须记述。然而理论上之阶段说，则只记述其常规之事实而已。所以或一阶段说，不能适用于世界万国之各民族，在所不问（见 Büeher 氏之 *Entstehung der Volkwirtschaft*）。

五、阶段说成立之可能

如前节所述，阶段说不能完全严密适用于世界万国，而对于此非难之辩护，则只有一途，无他，即阶段说非如一般历史之年代表，乃通观经济发达之全体，单于其正规之事实中，择取而成阶段说。故不必尽适用于全世界任何国。然既诚如是，则用此种方法，如何而后能求得经济阶段，是则又为吾人应当研究者。

德国历史学派，以为经济生活，因其国土之不同，与其时代之差异，其形态亦各殊，故同属罗甸①（Latin）民族也，其所分布之土地，有意大利，有法兰西，有西班牙，有葡萄牙，因是其经济生活之形态亦法不同于意，葡不同于西。又热带与寒带之间，其住民之经济生活大相径庭，更不容说，然人类绝不能孤立而营经济生活，非依存自然与社会不可。因是由自然条件之不同，社会条件之相异。人人之生活形态，遂从而千差万殊，今试举自然条件与社会条件之最重要者如次。

1. 自然条件

（1）地势。土地之高低，山岳原野之配置，河海湖沼之有无，因是其经济生活亦随之而大变。例如，山岳地方，其产业概为林业、矿业及狩猎等。高原地方，盛行牧畜。原野地带，盛行农业。濒于河海者，则长于航业与渔业。

（2）地质。土地之肥瘠，矿石含有量之多少，地壳之成分如何，其住民之经济生活亦因之而不同，此我国漠北之不同于岭南，三江之不同于云贵也。

（3）气候。气候之寒暖，不但有左右动植物分布之力，且对于人

---

① 编者注：今译为拉丁。

类之性质上亦有大影响。例如寒带地方，动植物之发育不盛，生活资料缺乏，人类之活动亦缓，故文化之进步甚慢。反之热带，天然产物，过于丰富，人类无自然之努力性，同时气候过于热炎，亦减杀人类之活动力，住民易流于怠惰而乏进取，其文化之进步亦迟。就中唯有温带地方，气候顺适，四季循环，天然产物既不若寒带之缺乏，亦不如热带之过多，有相当之劳力，则有相当之报酬。因是经济能力与经济欲望，同时增加，生活渐次复杂，经济日见发达，此温带所以为文化之摇篮也。

（4）地域。国土面积之大小，形状之如何，亦对于其国民之经济生活，有绝大之关系。例如，土地广大之美国与土地狭小之日本，其经济生活，自有不同。还有岛国、半岛国、接壤国之经济生活，绝不同于大陆国之经济生活。

（5）地位。地位之良否，亦对于其经济生活，有必然之关系，例如，当世界交通之要路者，其商业必繁盛，还有四邻各国皆处于消费者之地位，而本国则处于生产者之地位，此国之经济能力亦自然而日见丰富。

2. 社会条件

（1）人口。土地之广狭与人口多少之关系亦可使其民族或为低级之住民，或为高级之住民，而产业之形式，亦与人口之多少有绝大之关系。

（2）资质。一民族有一民族之精神，一国民有一国民之特质。黄之不同于白，固无待论。即同属白种也，英之不同于德，法之不同于意。因是其社会经济生活，亦从而各殊。

（3）秩序。社会秩序之良否如何，对于其产业发达上亦有绝大之关系，我国产业之所以不发达，即频年内乱所致。

（4）制度。一国之经济生活与其生产组织制度亦大关系。重商主义、重农主义、资本主义、社会主义，其生产方法不同，国民经济生活固因之而异。即君主民主之社会制度，对于其国民之经济生活，亦大有影响。

（5）国家之政策。一国之经济政策，与其国民之经济生活，亦有密接之关系。故或取保护贸易政策，或取自由贸易政策，因是其国内之产业，大受其影响。

以上所述之十种条件，皆与吾人之经济生活，有密接之关系，然而以上之诸条件，随时随地而不同。故全世界各国，绝未有同条件之国民，亦绝无具同条件之国土。是故各国、各时代，各有其特有之历史——就中经济生活史绝不能混同，然而自然及社会之条件纵不同，因是各国民之经济生活各异，但是作大数之观察，则小异自消，大同自见，则又不难发现各国民、各国土相共通之性质及相共通之质料。

例如，法兰西之与意大利，固然其地质、其气候、其人口、其社会制度，互不相同，因是两国之经济生活，亦互有特色。然比之于德国人、东洋人或寒热带之住民，则法、意二国，同是罗甸人，较之东洋人及寒热带之住民，则此二国，则又有共通之特征、共通之气质。是可知于种种杂多相异之条件内，吾人可以发现同一民族之共同特质及同一温带之共通点。因是同样虽属异民族或可以用同是欧洲人之共通点以统一之，或可所用同是白色人之共通性以包括之。是故 Bücher 主张经济发达之阶段的说明，其各经济纵有种种杂多之发达形式，此则不过从其主要之形式，以说明全体的进步。所以若将一切偶发之事实，皆舍之不取，则可以得一适用于世界万国之阶段说。而前数节所举之各阶段说，亦无非因此而成立。故一阶段说，与观察范围愈狭愈精密，其内容虽因此而愈丰富愈具体，其适用之范围则因之而愈限于一局部。反之其观察范围愈广，其内容虽流于抽象粗大，其共通性则适用于全体，因此可得一完全之阶段说。故阶段说之成立，亦因此而可能，此 List 之五阶段说，其非难之声浪多，而 Bücher 之三阶段说其非难之声浪少也。

日本　京都
Nov. 8th，1924

（本文原载《学艺杂志》，1925 年第 6 卷，第 7 号）

》国外汇兑行市之变动与购买力平价论

国外汇兑行市变动之原因不一而足,其最主要者为国际贸易差额之如何,国际贸易以外之关系——无形贸易、汇兑定裁(arbitrage)、汇兑投机、利息及通货等之关系。吾人对于购买力平价论之主张,虽在或一范围内,认为有一部分之真理,至以购买力之如何,视为国外汇兑行市变动之唯一的根本要因,则不无疑义。本文即在欲阐明此种疑义焉。

一、购买力平价论之主张

此种思想发生本早。吾人试就经济学史作历史上之考察,则可知此种思想之起源,实发于十八世纪之末叶与十九世纪之初。当时英国生金价格涨落殊甚,一般经济学者对此竞相论议,酿成所谓生金争议。就中如古典派经济学之泰斗李嘉图(Ricardo)更极力攻击英国兑换券之增发,实为引起汇兑行市降落之因。若欲求汇兑之安定,非整缩兑换券不可,故李氏又称为通货派(Currency School)之鼻祖。处于当时国际经济尚极幼稚之时代,此种思想实为特出,不过犹未成为一种确立之学说。此后物价与汇兑之关系实不啻经济学上之常识,陈陈相因,遂成立所谓购买力平价论。而主张此说之最力者,则推高申(Goschen)与嘉瑟尔教授(Prof. Cassel)及剑桥大学教授之金慈(Prof. Keynes)①,今试分述如下。

---

① 编者注:今译为"凯恩斯"。

（一）高申氏之主张

高氏于一八九八年著有《国外汇兑论》一书。其中有云："虽总合金利之差、国际借贷之差额、经济界之恐慌及两国距离等之种种关系，对于国外汇兑行市不过与以极微之变动。设一旦一国之兑换券增发，通货膨胀则将见汇兑行市呈现五十成（50%）之变动焉。"今录其原文如下。

"Interset of money, a balance of debts over claims, panic, distance, and so forth, practically cause the exchange to vary within a few percents, a variation of the percents owing to all these circumstances combined, is considered, something extra-ordinary, and only occurs under rare combination. But as soon as the element of currency is introduced, we have had at once an instance before us in the Vienna exchange of a variation of fifty percents, so in the Russian exchanges, owing to the enormous amount of paper money a flood, which is practically inconvertible, the most violent fluctuation are constantly occuring." (Goschen: *The Theory of the Foreign Exchanges* p. 175. st. ed.)

（二）嘉瑟尔教授之主张

嘉教授以前，购买力平价论犹未成为一完全之学说，至嘉教授出，适当世界大战告终，各国疮痍遍体，金融紊乱，兑换券滥发，通货突形膨胀，汇兑行市急转直下，大有不知底止之势（如马克、法郎、卢布）。嘉氏因此乃根据旧来之思想更为推展，以为其战后国际汇兑整理政策之理论的基础，于是乎购买力平价论（Purchasing power parity）乃成一完全之学说，殆有成为嘉氏所独创之观。据嘉氏之所论，设使甲乙两国之贸易关系处于通常状态，且输出入自由，则该两国间之汇兑率大致一定，但须有两种前提，即一则两国任何方之购买

力不起变动,一则两国任何方对于贸易之出入不加以何种之妨碍。反是若一旦甲国之货币膨胀,在其本国之购买力低落,则甲国货币之价值在乙国亦当有同比率之低落。同样若乙国之货币膨胀,其购买力减少时,则甲国货币在乙国之价值亦当有同比率之增加。例如,甲国通货之膨胀率为320对100之比,乙国通货之膨胀率为240对100之比,则新汇兑行市适当旧汇兑行市之四分之三,由此吾人可得一定则如次,即两国之通货膨胀时,以两国通货膨胀率之商乘旧汇兑率,则得新标准汇兑率。固然该新标准率时常变动,且在过渡时代变动尤甚,然而如上法所计算之汇兑率,则不得不视为两国平价之新平价,此种平价,即所谓购买力平价,盖依各国通货购买力之比率而决定者也(原文如次)。

"Given a normal freedom of trade between two countries, A and B, a rate of exchange will establish itself between them and this rate will, smaller, fluctuations appart, remain unaltered as long as alternation in the purchasing power of either currency is made and no special hindrance are imposed upon the trade. But as soon as an inflation take place in the money of A, and the purchasing power of this money is, therefore diminished, the value of the A – money in B must necessarily be reduced in the same proportion, and if the B money is inflated and its purcharing power is lowered, the valuation of the A – money in B will cleanly increase in the same proportion, if e. g., the inflation in A has been in the proportion of 320 to 100 and the inflation in B had been in the proportion of 240 to 100, the new rate of exchange will be 3/4 of the old rate. Hence the following. rule; when two countries have been inflated, the normal rate of enchange will be equal to the old rate multiplied by the quotient between the degrees of inflated of both countries. There will of course, always be fluctuations from this new normal rate, and in a period of transition these fluctuations are apt to be rather wide. But the rate calculated in the way indicated must be regarded as the new parity between the countries, These parity may be called the purchasing power parity, as this determined by the ratio of the purchasing powers of the different countries." (Cassel: *Money and Foreign Exchanges after* 1914. pp. 80 – 81.)

如上所述之购买力平价若时时变动，固足以搅乱国际贸易。然此平价能安住于一点，则虽稍有上下，亦不足虑。但又假设购买力平价纵然安定，若现实之汇兑行市不与购买力平价相一致时，则国际贸易亦似当蒙种种之障碍。例如，乙国货币在甲国之行市。较之甲乙两国物价之差额低下时，固足以妨害甲对乙之输出，但同时乙对甲之输出当因之增加，有此种反动作用可使乙国货币在甲国之行市渐次提高，而回复达于购买力平价。是故购买力平价实为国际汇兑之平衡点，现今不兑换纸币下之国际汇兑行市，乃全赖各国货币间之购买力平价而定。虽有时汇兑行市距此标准比率极远，但国际贸易一旦复趋自由安定之状态时，则此种变态的现象亦当随之消灭。是可断言，世人每以汇兑行市之不利悉归咎于国际贸易之入超，然而此种不利之程度若极大且非暂时的现象时，则归咎入超之说未能中肯。例如，某国输入超过输出时，差额纵大，然或依证券类之输出或依借进之方法，则此种差额尽可抵销，而达于无过与不及之点，于是汇兑行市亦当不至变动。要之汇兑行市变动之程度极大且极久时，吾人推究其根源。则可知实由于一国货币之膨胀，对内的价值低落，国内物价腾贵之所致焉。

以上为嘉教授之主张。吾人可知嘉教授实以购买力平价为汇兑行市变动之原动力，且可总合其主张而得如次之略式。

购买力平价=（两国一般物价指数之比）×（两国间之标准汇兑行市）

（三）金慈教授之主张

购买力平价学说虽由嘉教授而确立，但嘉教授对此犹未十分彻底解释。此则不得不赖剑桥大学之金慈教授。金教授于其所著《货币改革论》（*A Tract on the Monetary Reform*）中言之极详。今录其大意如次（Keynes：*A Tract on Monetary Reform.* p. 145）

费希①（Fisher）教授所唱之货币量数学说，本单为国内货币之购买力而言，今若就两国间通货之比价而观时，则可视为汇兑论上之购买力平价说，即假设世界各国之货币若悉为金本位时，则通货与通货间之比价，换言之，即国际汇兑行市大致当安定于金平价点。然若此种共通尺度之金，一旦失其自由出入之活动，而代以无数之不兑换券制度时，则此时汇兑之行市即通货之比价，当以何者为标准乎？关于此点，嘉教授则唱有购买力平价学说焉。而购买力平价论可得而概述之如下。

（1）一国内不兑换纸币之购买力。换言之，即通货之对内的购买力大致依货币之量数而定。

（2）甲国之不兑换券在乙国之购买力。换言之，即通货之对外的购买力则常依国际贸易关系而左右之。

（3）吾人第一当区别如上述通货之"对内的价值"及"对外的价值"。即取若干种之标准的货物，其在甲国可值几何之甲国货币，则可由此获得甲国货币之对内的购买力。同样该若干种之标准的货

---

① 编者注：今译为"费舍尔"。

物，在乙国以乙国之若干货币购取，将此若干乙国货币之量数，依当时甲乙两国间之汇兑行市而结合为甲国货币，则此若干乙国货币之量数，可视为甲国货币之对外的购买力。

（4）但吾人所最当注意者，即当采有国际的性质之货物为标准。依此种货物而求得其两方面之购买力，再比较测定一国货币之对内的购买力与对外的购买力。

（5）于是吾人可获得购买力平价论之根据，即贸易之平衡。若在通常状态时，则其汇兑行市当归于一国通货对内的购买力与对外的购买力之平均点。换言之，运送费及关税等之费用姑置不论。一国货币之对内的购买力与对外的购买力常保有平均之倾向。即不然，亦必因贸易之出超入超而除去其一时之不平均。

（6）依上所述吾人可得如次之解释，即国际汇兑行市常有安定于货币对内购买力与对外购买力的平均点之倾向。详言之，即若取在甲国中若干种标准货物之甲国货币价格，以在乙国中同样货物之乙国货币价格除之，其所获得之比例即为用乙国货币所表示之甲国货币的汇兑价值，此即吾人所谓购买力平价是也。而对内的购买力与对外的购买力相平均时，则此购买力平价当与实际甲国货币及乙国货币间之汇兑行市一致。反是若甲国货币之对内的购买力与对外的购买力大相悬殊时，则现实之汇兑行市与购买力平价绝不均衡，且有时或因汇兑投机买卖，或因资金之突然移动，此现实之汇兑行市较之购买力平价更形悬隔。又有时汇兑行市反步购买力之后尘，亦非绝无仅有之例。但无论其如何，购买力平价适当于后来之金平价，而汇兑行市则大致上下高低于此平价点，结局则当与其相一致焉。

今若作实例上之说明。例如，某种商品在合众国购之需八十美元。在英国购之需廿金镑，此时英美两国之汇兑行市若亦为八十美元

对廿金镑,则合众国之兑换券八十美元适匹敌于英国兑换券之廿金镑,从而以合众国之兑换券八十美元可在英美两国购买同一之商品,是此对英美两国之购买力实属平均。此时八十美元对廿金镑之汇兑行市即可谓为购买力平价点。同样设若合众国之通货一旦膨胀,物价涨高为前日之二倍。于是前日以八十美元购得之物品,今日非一百六十美元不可,则此时合众国之汇兑行市即降落二分之一,而为八十美元兑十金镑,则英国之廿金镑适匹敌于合众国之一百六十美元,此时则需有合众国之兑换券一百六十美元,方可在英美两国购买同一之物品。而此时八十美元对十金镑之汇兑行市亦可视为购买力平价点。是故购买力平价可谓为"动的金平价"。盖金平价点本常一定不变,而购买力平价则依两国购买力之如何现出无数之安定点!"动的金平价点"固然是实际上之汇兑行市,因种种之作用与多方面之关系时常变动,少见有止于一定不变之购买力平价。但汇兑行市常有逗留于购买力平价之倾向,则为吾人所敢断言者焉。

二、购买力平价说之疑难

购买力平价论之主张已如前所述,然而吾人对此则不免抱有若干之疑义。综合以前所述,购买力平价论之主张,其本意实在以两国物价比率之变动视为汇兑行市变动之根本原因,此则吾人所不能首肯,今试分别解释如次。

第一,两国间物价比率之变动是否常为汇兑行市变动之原因,两国间物价比率之变动与汇兑行市之变动,二者孰为因,孰为果,固久为经济学界论争之点。但以吾人之愚见而观之,则两国间物价比率之变动与汇兑行市之变动,不能用普通所谓因果论之因果关系以解释,二者乃实有相互的关系。换言之,二者彼此可视为原因,亦彼此可视为结果。物价之变动固足以影响于汇兑行市，而汇兑行市之变动亦足以引起物价之变动。既诚如是，物价之变动与汇兑行市之变动实互相因果。因此吾人对于单以物价之变动视为汇兑行市变动之原因的购买力平价论，实不能表示赞同。

物价比率之变动与汇兑行市之变动，既如上述固互相因果。而汇兑行市与货币价值亦不可同一而视。主张购买力平价论者关于此点似未免疏于考察。原来普通本可依本国购买力之大小而测定本国内货币之价值，依物价之高低而测定本国之购买力，因此则可依本国之物价而测量本国之货币价值。此种推理之三段论法（Syllogism）固非错误，然依两国间购买力之比较所得两国间货币价值之比，即视为两国间之汇兑行市，则未免言之大速。故吾人可知购买力平价论之错误，实在以货币价值与汇兑行市二者同一而视。以此点为其立论之前提，于是既以物价为测量汇兑行市之尺度，再进而以物价之变动为汇兑行市变动之原因，不知货币价值——货币之对内的价值与汇兑行市——货币之对外的价值，其构成之原理元素实大相径庭。货币之对内的价值与货币之对外的价值，虽固同依需要供给之原则而定，但决定货币对内的价值之需要供给，实以商品货物为中心，而决定货币对外的价值之需要供给乃以汇兑票据为中心。换言之，定货币之对内的价值者，乃物价，乃购买力。而定货币之对外的价值者，实汇兑票据需要供给之关系。若一国之物价、一国之购买力，在影响于国外汇兑票据的需要供给关系之范围内，固不单表现货币之对内的价值，亦有时可作对外的价值之测量器（Barometer）。至若以一国之物价、一国之购买力，不单视为货币对外价值之测量器，而直认为汇兑行市变动之原因，则吾人实不敢附和。盖一国之物价购买力，本不过为其货币价值之表象，绝非能左右支配其货币价值，此乃显然易明之理也。

第二，如前所述物价之变动已绝不能视为汇兑行市变动之原因，而购买力平价论之主张，则不但以物价之变动为汇兑行市变动之原因，且视为其唯一的根本要因，则尤为吾人所不敢苟肯。吾人前已明言，在影响于国外汇兑票据的需要供给关系之范围内，一国之物价、一国之购买力不单表现其货币之对内的价值，亦可作其货币对外的测量器。是吾人于此点亦认其有一部分之真理，但不能直认其为汇兑行市之唯一的根本要因。盖物价关系对于国外汇兑行市，非有直接之关系，其间乃介有贸易差额关系与汇兑票据需要供给之关系。何况汇兑行市构成之元素，固为汇兑票据需要供给之所致，而汇兑票据需要供给之关系，又依国际贷借关系、汇兑定裁、无形贸易汇兑买卖投机等之作用，生有极大之变动。是单据现在的物价所求得之购买力，其影响于实际汇兑行市之程度，可知其实属极微，且其程度之强弱亦无一定，更不能得精确之数字，其能以购买力为汇兑行市变动之唯一的根本原因也否，是不待辩而可晓也。

第三，购买力平价论实属一种假说（Hypothesis）、一种抽象论，绝不能得有实际上之精确证明。盖购买力平价论之成立须有下列数项之假定：

（1）输出入贸易之平衡；

（2）两国无形贸易之均等；

（3）两国无金利高低之差；

（4）两国经济状况大致相同；

（5）两国金融政策之方针相同；

（6）两国内之物品悉赋有国际贸易品之性质与资格；

（7）物价指数之精确测定。

以上所举之各项假定，试问能否实现乎？既不能实现，则购买力平价论似未免一空中楼阁。不过世界大战后，各国对外汇兑行市日落千丈，购买力平价论应时而起。以汇兑行市之落低由各国滥发兑换券、通货因而膨胀之所致，从而弹劾政府，使其注意于通货政策之改良，则对于战后之经济界不无裨益焉。

要之国际汇兑行市构成之元素，实为汇兑票据需要供给之关系。而汇兑票据需要供给之关系，又因国际贸易关系、国际贷借关系、汇兑定裁（arbitrage）、买卖汇兑投机、无形贸易、金利差额、信用程度、通货政策等种种之作用而发生变动。试比较年来各国汇价之变化与各国经济界之内容，思过半矣。如物价关系则不过亦为构成汇兑行市之极小份子，绝不能视为汇兑行市变动之唯一的根本要因。至于汇兑行市变动之各种要因的详细研究，尚须待之异日，今则唯对于购买力平价学说而加以管见焉。

（本文原载《银行月刊》，1927年第7卷，第1号）

》国外汇兑之定裁

一、定裁之意义

有某同种类之商品，于某一定时期，在各地市场上，其价格生有上下高低之差异时，交易者利用此种差额买进或卖出，以图获得差额上之利益，是谓之定裁。例如，某种股票或公债，在北京为八十元，而在上海为九十元，则交易者必相率在北京买进，于上海卖出，此即股票或公债之定裁。国外汇兑亦然，有所谓国外汇兑行之定裁，即在此一市场买卖汇票，而于彼一市场卖出或买进，以预想其价格之差额而求获得利益。例如，欲由上海汇送一万两于纽约，此时由上海汇往纽约之即期（Demand）行市为七十三美元，而由纽约汇寄上海之即期行市为七十三美元又四分之一，则此时与其由上海买入汇票而汇出于纽约，反不如使在纽约之债权人向上海发出一万两之汇票较为有利，试比较计算如次。

①由上海汇付（remit）

$$10000\,两 \times \frac{73\,美元}{100} = 7300\,美元$$

②由纽约发出汇票（draw a bill）

$$10000\,两 \times \frac{73\frac{1}{4}}{100} = 7325\,美元$$

是可知由纽约发出汇票生有二十五美元之差额。纵令此中尚需扣除美元五元之汇票费用，而比较由上海汇付，犹多得二十美元之利益。

再假定当时由上海往伦敦之电汇行市为三先令一便士，而伦敦往纽约之即期行市为美元四元八角三，则此时又不如从上海先买进往伦敦之电汇，更由伦敦买进往纽约之即期汇票以汇往纽约尤为有利，计算如下。

上海往伦敦：10000 两 × 3.1 = 1541 英镑 13 先令 4 便士

伦敦往纽约：1541 英镑 13 先令 4 便士 × 4 元 83 = 7481 元 5 角 9

即经过伦敦比较由上海往纽约直接汇付生有美元一百八十一元五角九之差额，比较由纽约发出汇票，生有美元一百五十六元五角九之差额。假设此中需扣除十五美元之印花税、邮电费及其他种类费，尚比较由纽约汇付多得一百四十一美元五角九之利益。

如上所述，由理论上观之，国外汇兑之定裁似甚简单。但实际上之运用，非熟于斯道者不为功。盖不但对于各大都会各大市场之汇兑内情，非详悉通晓不可，而对于各国之产业财政贸易政策等，换言之，即对于各国经济状态全体非有十二分之知识不为功，且更需有临机应变敏捷迅速之处置以辅助之，方称万全焉。

二、汇兑行市之平准化

汇兑定裁，本属预想汇票价格之差额以求获得利益，而各地之汇兑行市则因此在各市场上常发生变化，时有趋于平准化之倾向。例如上述，经过伦敦比较由上海直接汇往纽约多得美元一百八十一元五角九之利益，比较由纽约逆汇，多得一百四十一元五角九之利益，则经营斯业者势必相率买进往伦敦之电汇，再由伦敦买进往纽约之即期，以汇往纽约。其结果则汇票之需要供给发生过与不足之变化，因是其

价格在各市场上渐有趋于平准点之倾向。但汇兑行市又因或种（种）关系其需要供给发生变化，渐离平准点而或高或低，此时乃再发生定裁之机会，而汇兑行市又渐趋于平准点，更由需要供给之关系，再发生定裁之机会。故吾人于此可知汇兑之定裁，实与办理汇兑事业有绝大之关系。而平准行市表（Parity Table）更为经营斯业者之指南针焉（参考本志七卷一号拙著之《国外汇兑行市之变动与购买力平价论》）。

三、定裁之种类

如上所述，有两国间之定裁，有三个国以上之定裁。前者为直接汇兑之定裁（Arbitration of direct exchange），后者为间接汇兑之定裁（Arbitration of indirect exchange）。直接汇兑之定裁比较间接汇兑极属简明，故不但银行及经纪人（Broker）能之，即普通对外贸易商亦容易识别。至于间接之定裁，则非具有此种专门知识不能办理，故大都由汇兑银行及汇兑经纪人操其买卖之权。

再间接汇兑之定裁，又有三个国间之定裁与四个国以上之定裁。前者为单一定裁（Simple Arbitrage），后者为重复定裁（Compound Arbitrage）。又有依经过汇兑地点之数而区分之者，即两国间之定裁为两地点定裁（Two points arbitrage），三个国间之定裁为三地点定裁（Three points arbitrage），四个国间之定裁为四地点定裁（Four points arbitrage）。抑或有冠以地名者，例如，上海纽约伦敦定裁（Shanghai – NewYork – London arbitrage），伦敦巴黎纽约定裁（London – paris – New York arbitrage），此亦其名虽异，其实则同也。

四、单一定裁

直接汇兑之定裁，不过单就两国间逆汇、顺汇之两种行市，以采择其中之有利者，其计算既属简单，而实际上二地点间定裁之机会亦少。至于三地点以上之间接汇兑之定裁，则不但对于行市需有真确之计算，而对于各国利息之高低，经济状态之如何，贸易政策之宽严，亦当锐意考察，故绝非盲人瞎马所可望其成功。

间接汇兑之定裁中，其最主要之行市即为英美套价（cross rate of exchange between London and New York）。各国对外之汇兑行市大都由英美套价之高低而发生变化，故英美套价对于各国之汇兑行，实有密接之关系。

欲识别有否单一定裁之机会，普通使用平准行市表。而平准行市之算出方法，则依下记之连锁法（chain rule）。今假设：

①由上海往美国电汇行市 = $74\frac{1}{2}$ 美元（卖价）

②由上海往日本电汇行市 = 63 两　（买价）

③每日套价之平准点 = x 美元

则 x 美元 = 100 日元

100 日元 = 63 上海两（上海往日本电汇买价）

100 上海两 = $74\frac{1}{2}$ 美元（上海往美国电汇卖价）

$$x = \frac{100 \times 63 \times 74\frac{1}{2}}{100 \times 100} = 46\frac{9}{16} 美元（美日\ \ cross\ rate\ 之平准点）$$

若当时纽约之美日套价低于上式之 $46\frac{9}{16}$ 美元，则在上海之各银行势必相率急电在纽约之分行或通汇同业代为买进。同时，若欲购买往纽约之行市而汇款于横滨时，则直从纽约汇送，即不然单藉定裁而从事投机时亦如前述。一方买进往美国与由纽约往日本之汇票，一方

卖出由上海往日本之六十三两之行市，因此一买一卖即获得不少之利益。

如上所述，由定裁之结果，从上海直接汇往横滨，不如先经过纽约反为有利时，则上海之从事斯业者自必争先卖出由上海汇往日本之汇票，买进由上海往美国之汇票，再急电在纽约之分行或通汇同业，代为买进由纽约汇往日本之汇票以记入其同业往账而汇送于日本。如此不过以十分或二十分之短时间的劳役，即获得不少之利益。然各银行及投机家既皆同时争先卖出由上海往日本汇票，则其行市自然因供给过剩之关系渐次低落，同时在纽约又因需要日汇者从而增加，其行市自必日见涨贵。其结果上海与纽约二地点间之日汇行市的差额利益当渐相接近。于是两地点之行市当复归于平准行市。但不久又因种种需要供给之关系再发生定裁之机会，而又因过不足之关系复归于平准行市。如此周而复始，以平准行市为水平线而上下之，此平准行市表之所以不可少者也。

五、重复定裁

如前所述之单一定裁，不过三地点间之定裁，至重复定裁，则利用四地点以上汇兑行市以求得其差额之利益。例如，或则由甲市场汇款于乙市场，或则由某一国移资金于他一国，或则单属预想其差额之利益以从事投机，皆不取直接汇送之方法，而利用经由四个国以上之重复定裁。然重复定裁，既经由四个国以上，因是印花税、手续费、利息、邮电费等之种种费用必多，则其差额之利益非比较单一定裁更有数倍之利，绝不足以相偿。但不论单一定裁或重复定裁，普通贸易商人鲜有利用之者，殆悉为银行业及掮客或投机家等所办理。今试将单一定裁与重复定裁图解如下：

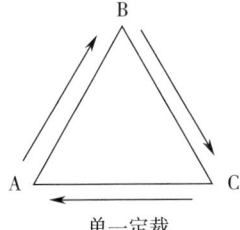
单一定裁

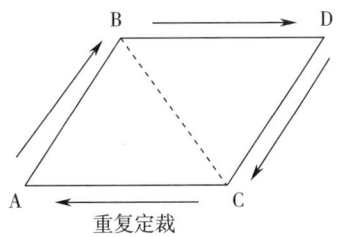
重复定裁

从而重复定裁之票据期限，或二月期，或三月期，长短皆可。其所利用之票据种类，或卖即期而买电汇，或藉电汇以买他种即期或长期，皆无不可。此盖因票据之种类虽异，而行市之差额原有一定，再其所需之费用，亦能精确计算。故此等票据，以本国货币换算时，实不啻某一定商品于同时间内买卖，即直接汇兑，皆采用电汇与即期以比较其行市之差益。而间接汇兑则注意利用各种行市，就中多采用长期，解有利用即期者。因长期汇票可以待行市之高低而买卖，而此亦即重复定裁之最终目的也（See Whitaker's *foreign exchange* pp. 397-426）。

六、间接汇兑定裁之计算

综合前数节所述，国外汇兑定裁之方法，可得表解如次。

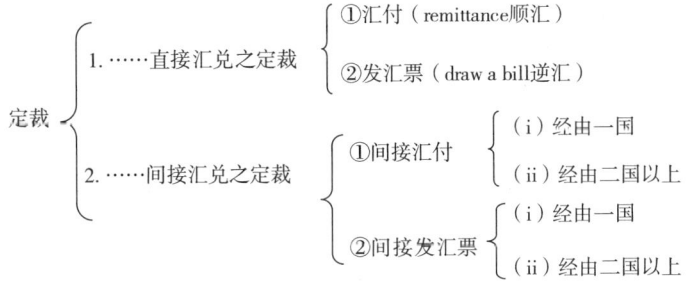

观上表既有种种方法,则经营汇兑业者对此孰舍孰取,非预先决定不可。而欲先为决断,则非有精确之计算不为功。然间接汇兑之计算极属繁杂,就中如重复定裁尤甚。

再间接汇兑定裁中最当注意者,则期限与各种费用之二点,因斯二者有时大足减少差额之利益,至期限所当为考虑者,为票据之期间与邮汇之日数。设两国间之距离比较相近,例如中国与日本,则邮寄日数对于行市虽不致生巨大之差异,若中国与远隔之欧美各国,则不可同日而语。

例如,由上海汇款于伦敦而先经由纽约,因是始则买进纽约即期以往纽约卖出,用此再在纽约购买往伦敦之汇票以邮寄伦敦,此时邮寄日数由上海往纽约约需二十日,由纽约达伦敦约需五日,是非有二十五日不足以达到伦敦。而直接汇往伦敦若亦恰需二十五日,于是比较即期行市,设上海往纽约之即期为七十四美元,纽约往伦敦之即期行市为四元八角六,再以之比较上海汇往伦敦之即期行市,有如下式。

X 英镑 = 1 上海两

100 上海两 = 74 美元

4.86 美元 = 240 便士(1 英镑)

$$\frac{1 \times 74 \times 240}{100 \times 4.86} = 36.5 \text{ 便士} = 3 \text{ 先令} \frac{1}{2} \text{ 便士}$$

上式之三先令二分之一便士谓之平准行市,即间接汇兑之定裁汇兑行市。今就此比较与直接汇付孰为有利,设当时由上海汇往伦敦之行市为三先令十六分之十一,而日数同为二十五天,则一见可知,不如直接汇送为有利。然间接汇兑之功用要在配合期限各异之数多汇票,以补偿邮汇日数之差。

例如，以日金一万圆由神户先汇往纽约，再由纽约汇往上海，当时由神户往纽约之即期行市为四十五美元又四分之三，纽约往上海之即期行市为七十四美元又二分之一，神户往上海之即期行市为六十一两八分之七，再纽约银行之手续费为千分之一，则如下式可得间接汇兑与直接汇兑之比较（用买价计算）。

X 上海两 $= 10000$ 日元

10000 日元 $= 10000$ 圆

100 圆 $= 45\frac{3}{4}$ 美元

$74\frac{1}{2}$ 美元 $= 100$ 上海两

$$X = \frac{10000 \times 10000 \times 45\frac{3}{4} \times 100}{10000 \times 100 \times 74\frac{1}{2}} = 6134.8 \text{ 上海两}$$

又 $\dfrac{100 \times 6134.8}{10000} = 61\frac{3}{8}$ 上海两……平准行市

如上式间接比较直接一百日元多得二分之一上海两，一万日元多得五十两之利益。此中若纵加入经由纽约邮寄日数三十天之迟延，以周息五厘计算，亦得如下式。

$$6134.8 - 6134.8 \times \frac{5}{100} \times \frac{36}{365} = 6109.59 \text{ 两}$$

$$\frac{100 \times 6109.59}{10000} = 61\frac{1}{16} \text{ 两}$$

又票据期限及对于邮寄日数之利息与贴现费之差额，虽纵不算入，然关于间接汇兑之费用，如印花税、经纪人手续费、邮电费等，则皆需精确计算方称万全。今更以例明表重复定裁与他种定裁之利害得失如次。

（1）上海往伦敦之电汇行市上海两一两为三先令。

（2）伦敦往上海之电汇行市上海两一两为二先令十一便士又十六分之十五。

（3）上海往纽约之电汇行市上海两一百两为七十三美元。

（4）纽约往伦敦之电汇行市一镑为四元八角六。

（5）纽约往日本之电汇行市一百日元为四十五美元八分之七。

（6）日本往伦敦之电汇行市一日元为一先令十一便士。

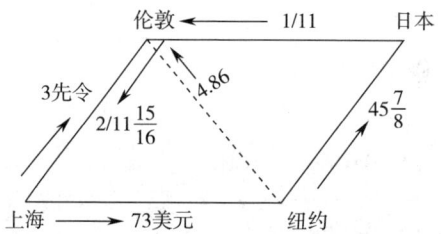

如上图，为计算明了起见，假定各种定裁上之费用概不算入，由上海汇一万两于伦敦，吾人应采用何种定裁方法，则可比较如下。

第一，直接定裁（arbitration of direct exchange）。

①顺汇：10000 上海两 □ 3/0 …… £ 1500 - 0 - 0

②逆汇：10000 上海两 □ $2/11\frac{15}{16}$ …… £ 1497 - 1 - 11

直接定裁之利益…… £ 2 - 12 - 1

即在上海买入电汇，则上海两一万两，比较由伦敦发汇票多得英金二镑十二先令一便士之利益焉。

第二，单一定裁（simple arbitrage）（经由纽约）。

X 英镑 = 10000 上海两

100 上海两 = 73 美元

4.86 美元 = 1 英镑

$X = \dfrac{10000 \times 73 \times 1}{100 \times 4.86} =$ £ 1502 - 10 - 2

单一定裁之利益总额……£ 1502 - 10 - 2

直接定裁之利益总额……£ 1500 - 0 - 0

单一定裁多得之利益……£ 2 - 10 - 2

即单一定裁比较直接定裁，上海两一万两多得二镑十先令二便士之利益。

第三，重复定裁（compound arbitrage）。

X 英镑 = 10000 上海两

100 上海两 = 73 美元

$X = \dfrac{10000 \times 73 \times 100 \times 1/11}{100 \times 45\frac{7}{8} \times 1} =$ £ 1544 - 19 - 6$\frac{1}{2}$

$45\frac{7}{8}$ 美元 = 100 日元

1 日两 = 1/11

重复定裁之利益总额……£ 1544 - 19 - 6$\frac{1}{2}$

单一定裁之利益总额……£ 1502 - 10 - 2

重复定裁多得之利益……£ 42 - 9 - 4$\frac{1}{2}$

即重复定裁比较单一定裁，上海两一万两又多得四十二镑九先令二分之一之利益。

再：重复定裁之利益总额……£ 1544 - 19 - 6$\frac{1}{2}$

直接定裁之利益总额……£1500 - 0 - 0

重复定裁多得之利益……£44 - 19 - 6$\frac{1}{2}$

即重复定裁比较直接定裁，则多得四十四镑十九先令六便士又二分之一英金，其差额更大矣，此国外汇兑所以必须善于利用定裁，而尤需善于利用重复定裁也。

（本文原载《银行月刊》，1927年第7卷，第8号）

>> 国外汇兑行市之变动

一、绪言

在本刊第七卷第一号，对于国外汇兑行市之变动，只单就购买力平价论之主张稍加论议。关于其变动之各种原因，未能道及。本文即在欲考察国外汇兑行市变动之因果，以补前文之不足者焉。

汇兑票据原属一种证券，为买卖之客体。其价格即其行市，既随汇票之需要供给而时起时落，亦因汇兑之投机定裁与预约买卖而发生变动。是故汇兑行市与其他一般商品之价格同样受一定的经济原则之支配。唯国外汇兑行市有与普通商品不同之二三点在。

（1）国外汇兑票据，自发生汇票以迄支付，此间需经过两个国以上，从而需受数种不同的习惯法律之束缚，受数种不同的市场景况之牵制，受数种不同的经济政策之支配，故国外汇兑行市之变动，于普通的经济原因以外，更兼有人为的特殊原因。

（2）国外汇兑行市，以法定平价（Mintpar of exchange）为枢纽，若国家政府对于国外汇兑不施以特别的人为强制，以抑压其经济的自然法则，则汇兑行市其落下也，绝不过低于现金输出点（gold export point），其上腾也，绝不过高于现金输入点（gold import point）。盖汇兑行市，若比较此种金银输送点（gold points or Specie points）过高或过低时，则吾人宁可以现金代汇票反为有利。故国外汇兑行市在原则上实以法定平价为枢纽，而上下高低于此两点之间焉。

（3）国外汇兑行市，有以本国货币为标准（Rate in home money or Fixed exchange）及以外国货币为标准（Rate in Foreign money or Movable exchange）之两种行市。普通因汇兑需要之增加，市面上称行市涨起者，乃指以本国货币为标准之行市。若以外国货币为标准，则反属低落。又因汇兑供给之增加，市面上称行市低落者，亦系指以本国货币为标准的行市之低落。若以外国货币为标准，则反属腾涨。不过中国之国外汇兑概属以外国货币为标准，故市面上每称东汇转松，英汇和平，美汇上涨，盖此中又有标金之杂分子占其重要位置也。

二、国外汇兑行市变动之一般的原因

国外汇兑行市时起时落，近期远期固属不同，且甚至一日数变者，其故为何。为前所述，吾人可得而分为一般的原因与特殊的原因。

所谓一般的原因者，即不论其汇票之种类如何及发出人与承受人之信用如何，其行市之变动概因汇兑之需要供给而发生。换言之，若汇票之需要超过其供给量时，则行市上涨；若汇票之供给量超过其需要数时，则行市下落。普通每单以汇兑行市之涨落纯受其本国输出入多寡之影响。然而输出入之多少，亦不过为发生汇票需要供给之一种原因。于商品之输出入以外，尚有国际财政上之贷借关系。海外投资上之贷借关系，以及其他种种之汇兑，关于此等事项，吾人可得而总称之曰"国际的贷借"，其贷也则汇票之供给，其借也则汇票之需要，此即为需要供给之二大种别，而汇兑行市即藉此而决定其起落。

今试将构成汇票需要与供给之一般的起因列举如下。

1. 国外汇票之需要

  （1）商品之输入……贸易上之需要

  （2）外国资金之偿付……⎫

  （3）由国外购入有价证券……｜

  （4）对于外国资本家支付利息股息及红利等……｜

  （5）对于外国公司支付运费保险费及手续费等……⎬ 贸易外之需要

  （6）汇送住居海外本国人之用费……｜

  （7）金融票据及短期借款之支付……｜

  （8）政府外债之还本付息，及各种债务之支付……｜

  （9）为卖出而买进者……⎭

2. 国外汇票之供给

  （1）商品之输出……贸易上之供给

  （2）海外投资……⎫

  （3）在海外市场上卖出有价证券……｜

  （4）在国内的外国资金之借用……｜

  （5）金融票据之发行……⎬ 贸易外之供给

  （6）金融之输出……｜

  （7）政府对外各种债权之收回……｜

  （8）为买进而卖出者……⎭

今更将上列各条逐一说明如次。

1. 国外汇兑票据之需要

（1）商品之输入。本国输入商人从国外输入各种商品时，对于外国输入商人必采用何等方法，以支付其商品之代价。而普通对于此种支付方法，概都向汇兑银行购买即期汇票，以发送于海外输出商人，或则采用信用保证书（Letter of credit）之方法，即所谓银行信汇（Bank credit）。银行信汇对于汇兑行市与汇票之需要，生同一之结果，是故商品之输入为构成汇票需要之主要成分，而使以外国货币为标准的汇兑行市为之低落。

（2）外国资金之偿付。从海外借入资金，至还偿期当然非还付不可,其还付方法虽可采用种种形式,而普通最适于利用者,亦属购买即期汇票或短期与定期汇票,以汇送于海外之债权人。若此种偿金巨多,则汇票之需要,自必增加。

(3) 由国外购入有价证券。从外国买进公债、公司债及股票等之各种有价证券时,普通之支付代价方法亦多属采用即期汇票及银行信汇,因此当然发生汇票之需要。

(4) 对于外国资本家利息、股息、红利、奖励金等之支付。募集外资对于外国资本家,不但需还付本金,在借用期中,对于本金,需支付利息。对于投资,需分配股利。对于办事员,需支给红利及奖励金。故此时亦发生即期及他种汇票之需要。

(5) 对于外国公司运费、保险费及手续费等之支付。委托外国汽船公司运送货物时,需支付运费。委托外国保险公司担任保险时,需支付保险费。其他因贸易上之种种关系,对于外国各种商业公司,需支与一定之手续费。此种支付方法皆大都利用银行即期汇票以清理。

(6) 汇送住居海外本国人之用费。在海外住居之本国人,例如海外视察、海外旅行、国外留学等费用,皆采用即期汇送方法,故此时亦发生汇票之需要。

(7) 金融票据及短期借款之支付。金融票据(Finance bill)及短期放〔借〕款(Short loan)二者乃一时因发生资金之急需所采用,但发出此种票据者,至票据期限将满时,必须买集即期汇票,以备期到时之支付。是买集即期为构成汇票之需要,更无容赘。

(8) 本国政府对于外债之还本付息及他种债务之偿还。本国政府偿还外债时,支付外债之利息时,支偿赔偿金时,固其荦荦大者。他如住外公使领事之费用、造船费及停泊海外之军舰费、国外屯兵费、出征费等,一切政府之对外的费用,其支偿时,虽或可利用在外正货之转账，但普通概采用电汇及即期等以偿付，是当然发生汇票之需要。

（9）为卖出而买进者。票据经纪人（bill broker）及汇兑银行以买卖汇票为其营利之最大手段，故在一定时期，对于某一种汇票，欲以投机之方法大量抛出，乃预先买进以抬高其行市，而所谓抬高其行市，其反面即构成汇票之需要。

2. 国外汇兑票据之供给

（1）商品之输出。国内商人输出商品于海外时，大都采用跟单押汇（Documentary credit）之方法。即国内商人或则以跟单为担保，将其汇票连同跟单，委托国内银行，邮寄其海外之分行或联行，向外国之输入商人收取货款，或则直将其汇票于本国各大商埠向银行贴现（卖出），是商品输出实为供给汇票之一大源泉。又有时国内输出商将已经银行承受后之银行票（Bank bill）与已经付款人承受后之跟单至承受票（D/A bill）等之光票（clean bill），或有时国内输出商分批售货与外商，先将提单保险单等陆续寄与外商，使之向轮船取货，而汇票在若干月后始发出之纯光票向银行贴现。此时输出品与光票之间一似无何等之具体关系，然究其本源，实由输出而发生汇票之供给。

（2）海外之投资。世人每以输入超过，乃汇票供给，劣于需要，于是以外国货币为标准之汇兑行低落。孰不知汇兑行市之涨落，非单依输出入额之比较而决定。盖输出入额不过税关登记之有形的输出入（Visible import and export），此外尚有无形的输出入（invisible import and export）。而海外之投资即无形输出之一种。盖放资于海外时，多对于海外之汇兑资金发出汇票，即构成汇票之供给，而此种汇票愈增加，则以外国货币为标准之行市必日见上腾。

（3）海外各市场上卖出有价证券。在国外贩卖有价证券，亦如无形输出，普通多藉跟单押汇之方法以收取款项，是当然为汇票之供给。

（4）在国内的外国资金之借用。借用在本国内之外国资金时，则某银行预先得某外国资本家之承诺，对其发出长期票据，以在票据贴现市场上卖出。再以其卖得之金额贷与国内之制造业，故此处亦形成汇票之供给。

（5）金融票据之发行。汇兑银行时常发出金融票据，一方面为图自行资金之调节，一方面藉汇兑行市之涨落而获利益，抑或有专为买入有价证券，但不论其属于何种目的，金融票据皆属长期，其金额亦属巨多，故此处亦为汇票供给之一大源泉。

（6）金银之输出。金银之流出亦如一般商品之输出，皆以跟单押汇之方法而输送，故金银流出亦为汇票之供给。

（7）政府对外各种债权之收回。政府对于外债募集款之收取、赔偿金之要求，以及其他种种债权之收回，或间接或直接发出汇票以要求清还，亦为汇票之供给。

（8）为买进而卖出者。票据经纪人（Bill broker）及汇兑银行预想行市之低落，预先大量抛出，预备将来廉价买进。又投机者卖出期货（futures）以致汇票之供给增加，则以外国货币为标准之行市自然上涨。

三、国外汇兑行市变动之特殊的原因

本节所述，原亦可包含于前节汇票之需要供给中，但因其富有特殊之性质，故使其与一般的原因分离，而名之曰特殊的原因，可列举如次。

①依汇票支付期限之变动。

②依发票人信用如何之变动。
③依伦敦贴现行市之变动。
④依输出商品的性质之变动。
⑤依票面金额多寡之变动。
⑥依银价涨落高低之变动。
⑦依金银输出禁止之变动。
⑧依不兑换纸币流动之变动。
⑨依内外市场清淡之变动。
⑩依内外政治的事故之变动。
⑪依战争及战事风闻之变动。

（1）依汇票支付期限之变动。国外汇兑票据，有电汇（T/T），有即期（D/D），有四月期（4m/s），有四月信汇（4m/s Credits），有四月押汇（4m/s docts），有六月信汇（6m/s Credits），有六月押汇（6m/s docts）等种种长期短期之别。在原则上长期之支付，即可以延缓，则付款人对于延缓期间中之利息必当垫付。故比较即期行市与四月期或六月期行市，则付款人需多付对于四月期或六月期间票面金额之利息，从而可知四月期或六月期比较即期，以外国货币为标准时，其行市之高即在此期间之利息。而输入商因既能延缓支付，则亦乐于利用此种比较高贵之行市。又如属汇付时，则付款者即为汇付人。故即期与十日期，则十日期以本国货币为标准时，比较便宜，此亦因银行可于十日后付款故也。因此吾人对丁依支付期限所生行市之差，可得有次举之一般原则。

①以外国货币为标准之押汇行市，期间愈长则愈高。
②以本国货币为标准之汇付行市，期间愈长则愈低。
③以本国货币为标准之押汇行市，期间愈长则愈低。

④以外国货币为标准之汇付行市,期间愈长则愈高。

(2) 依发票人信用如何之变动。现今各国之票据法,皆以票据最终之责任悉归于发票人。故无论何时何地,若其发出之票据被拒绝使用时,则发票人需负偿还之义务。因此票据承受者,对于发票人之信用,亦需十分留意。是故市场上,凡属由银行发出之银行汇票价值最高。次之则为各大殷实公司商户所发出之票据,他如经由银行担保之信用汇票,亦保有相当之价值。至于毫无名望之个人发出之汇票,以本国货币为标准时纵若何低廉,以外国货币为标准时纵若何高贵,亦无有出而买卖者,此汇票不能不因发票人信用厚薄而生有差异也。

(3) 依伦敦贴现行市之变动。普通国外之金利比较国内高时,则必相率往海外投资,于是汇票之需要自然增加,而以本国货币为标准之行市必趋上涨,以外国货币为标准之行市必趋下落。反之若国内之金利比较国外高时,则又必相率吸收外国资本,于是汇票之供给自然增加,而以本国货币为标准之行市必趋低落,以外国货币为标准之行市必趋上涨。英国英兰银行之利率本不容易变动,然以此为标准之伦敦市各银行之实际贴现行市,则每日有变动,而世界各市场对伦敦之汇兑行市则为伦敦贴现行市所左右,即伦敦贴现行市涨高,则对伦敦发出之汇票必加多,故其行市若以外国货币为标准时必趋上涨,以本国货币为标准时必趋下落(See Margraff, *International Exchange* pp. 116 – 119)。

(4) 依输出商品的性质之变动。汇兑行市不徒包含利息与利益,亦含有对于危险之保险费,故各银行对于市价变动急剧的商品之输出,常加以十二分之注意。若以本国货币为标准时,则非极低之行市不买,以外国货币为标准时,非极高之行市不买。例如丝经疲落时,则各银行不但对于往美国之丝经押汇,需抬高其行市,且有预先扣除七八成之堆栈费者。

（5）依票面金额大小之变动。金额巨大之汇票，比较金额小之汇票，其行市为有利。此亦犹之批发廉于零卖也，故发出数多之汇票，不如合并其金额而总发一张汇票之为愈焉。

（6）依银价涨落长缩之变动。国外汇兑行市变动之特殊原因中，虽在平时亦最扰乱银汇兑行市者，则为银价之涨落。而银价之涨落与银本位之中国又更有特别切肤之关系焉。银价之涨落以一九二〇年为最剧烈，其上下之差额，在伦敦达五十余便士，在纽约达七十八仙（如下表）。

伦敦银价行市表 （2月10日）

年次	最长价	最缩价	长缩之差额
1913	$29^{3/8}$	$25^{7/15}$	$3^{7/15}$
1914	$27^{3/4}$	$22^{1/8}$	$5^{5/8}$
1915	$27^{1/4}$	$22^{5/16}$	$4^{15/16}$
1916	$37^{1/8}$	$26^{11/16}$	$10^{7/16}$
1917	$55^{1/1}$	$35^{11/16}$	$19^{5/16}$
1918	$49^{1/2}$	$42^{1/2}$	$7^{1/1}$
1919	$79^{1/8}$	$47^{7/8}$	$31^{1/4}$
1920	$89^{1/2}$	$38^{7/8}$	$50^{5/8}$

如上表，一九二〇年二月十日伦敦银价行市 $1 ounce = 89^{\frac{1}{2}}$，乃五百年以来未曾有之现象。然迨至翌年三月，形势骤变，转趋下落。六月因美国造币厂上院彼特曼法令之成立，买进二千七十万盎司勉强维持其行市。而至十一月则又趋下落，降至四十三便士八分之七，至十二月则落至三十八便士八分之七。翌年一月，三十五便士八分之一；六月，三十三便士二分之一。此后虽间有起色，然大势总趋疲弱。至本年一月则已落至二十四便士八分之五。

此种银价之涨落，对于银本位之中国，实有极大之影响（参照本志第六卷第十二号拙著《银价低落及于我国经济界全体之影响》）。总言之，即我国对各金本位国之汇兑行市处于不利之地位，今表示如下。

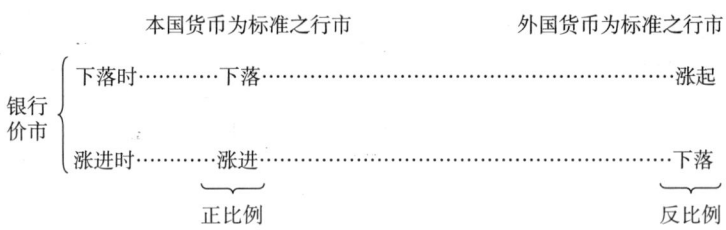

是故金本位国与银本位国，或金银兑换本位国，或金银复本位国间之汇兑行市，不如金本位国间，有所谓金银输出入点之界限，其变动也纯为银价行市所支配、所左右、所抑制。其故为何，则因有二种以上之评价标准，即金本位国以金为标准，银本位国以银为标准，两国无所谓法定平价，故银价低落，即银对于金的比价之低落，即中国货币之低落，即与金的交换价值之低落。换言之，即尽以外国货币为标准之行市涨起，他如金银兑换本位国及金银复本位国之行市亦然。无金银之法定平价时，固不容赘。即有所谓法定比价，两国之行市亦断不能维持其安定于法定比价，总属或高或低，从而依 Grasham 之法则，银价高时，银货供给反少。仅以小量之银货与金货交换，即以外国货币为标准之行市下落。银价缩时，反而银货供给增加，而以外国货币为标准之行市涨进（See Spalding：*Foreign Exchange* pp. 124 – 146）。

（7）依金银输出禁止之变动。有时某一国或因经济界大起变动，或因受战事之影响，或恐国内正货之流出，或因外国欢迎金银之输入，于是施以人为的强制，禁止金银之输出。而金银输出禁止之当事国，其国外汇兑行市以外国货币为标准者必趋涨进，然既因金银不能输出，则禁止输出国与不禁止输出国之汇兑行市，以外国货币为标准时，涨起者因不禁止输出，可缓和其上涨，而下落者则因禁止输出，则其落下也必超过金银输出点。若两国同时禁止输出时，则汇兑行市之涨落，皆无若何之界限，任意上下动摇。盖汇兑行市纵超过金银输出点，然既禁止现金之输出，则行市虽高，不得不忍痛购买也。

（8）依不兑换纸票流通之变动。不兑换纸币，无正货之准备兑换金，单依政府之命令以强使其流通，故纸币与硬货之间常生有补水多少之差。而此种贴水即影响于汇兑行市，而生有高低上下之变动。例如，甲国为不兑换纸票流通国，今对甲国发汇票，以甲国货币计算行市时，若行市下落，纸票之价值比较发票国之货币高时，则其行市绝不至过超于现金输出点。因若过超于现金之输出点，则仅可输出现金以代汇票。但若行市腾贵，纸票之价值比较发票国之货币低落时，则此时金银应当流入于发票国。然对方为不兑换纸币流通国，则反属纸币流入，绝不能增加价值，故行市更趋涨起，因此发票国之债权人与其用此种不利之行市计算，不如直接在不兑换纸币国内购买货物，或让其债权于对方之买卖者，以清偿双方之债务较为有利。于是吾人可知对不兑换纸币国之汇兑行市，以外国货币为标准时，则涨起之可能性较多于下落。此其间之变动差额亦多于金本位国间之汇兑行市焉。

（9）依内外市场清淡疲萎之变动。例如，印度市面清淡时，则对印度发出之汇票是否能满足正当履行，极属疑问，最少限度亦当预想其支付之困难。因是国内银行买入此种输出汇票时，必处以十二分之警戒。其行市自然涨起，再印度市面既疲萎，则印度之购买力必弱，货物之输送必减少，票据之供给必枯，于是对印度之汇兑行市愈涨起，则印度之输入商其输入愈困难，他国之输出商其输出亦更不顺手。而若以印度为其主要之商场者，则其国内之商工业必随之萎缩，而陷于恐慌状态，行市将愈见变动，非至恢复期不止。

（10）依内外政治的事故之变动。国外汇兑行市常因政府之施设如何而起变动。例如，禁止金银之输出，贴现利率之减低，海外公债之回收或借换等。其原因或则求奖励一国之输出，或则求振兴国内之工业，或则由财政上之收入。故政府更动、内阁改组、国体变更等之事故发生，国外汇兑亦随之动摇。

（11）因战争及战事风闻之变动。外国汇兑纯属国际信用上之贷借关系，故一旦有战争及战事风闻时，则汇兑行市必发生大变动，即在海外有债权者急速发出汇票，以求收回。持有票据者争先卖出以换取现金。而债务者则力求支付延期。处此等时期，各人绝不愿虑行市之利否，其结果以本国货币为标准之行市日益低落，以外国货币为标准之行市日益猛涨，且汇票之需要日益减少，而汇票之供给日益增加，于是汇兑行市必大起狂乱，非至惹起公认支付停止令之出现不止。前次世界大战争即其实例也（See Patterson：*Domestic and Foreign Exchange* pp. 257－281）。

四、国外汇兑行市变动之影响

前二节将汇兑行市变动之原因略已叙述。但所述各种原因，虽逐一分条，不过为说明之便利而已，实则有时各种原因互相混合，其变动之起也，原因亦不一而足焉。至于变动之影响，亦未能简单论破。今略将其最普通之影响表列于次。至于及于中国之影响，则参照本志第六卷第十二号《银价低落及于我国经济界全体之影响》，兹不赘言焉。

1. 以外国货币为标准之行市低落时

（1）输入减少，输出增加。

（2）支付金额增加，汇款不利。

2. 以本国货币为标准之行市低落时

（1）输出减少，输入增加。

（2）支付金额减少，汇款便宜。

3. 以外国货币为标准之行市涨起时

（1）输入增加，输出减少。

（2）支付金额减少，汇款便宜。

4. 以本国货币为标准之行市涨起时

（1）输出增加，输入减少。

（2）支付金额增加，汇款不利。

再国外汇兑行市之涨落，对于输出入商人及银行家之利否，亦为最切要之问题，故略为附论于后焉。

英人 George Clare 所著之 *The A. B. C. of the Foreign Exchange*（pp. 51 – 54）中有云："Buy high, sell low, the better the bill, the lower the rate." 主张在买价宜贵买，在卖价宜贱卖。又云："High rates one for us, and low rates against us." 此盖因英国之汇兑行市，在以外国货币为标准时，为最适用之金言。但以本国货币为标准时，则适得其反。故美国之 Patterson 所著 *Domestic and Foreign Exchange*（p. 55）中，则对于以本国货币为标准时，主张 "Buy low, sell high, the better the bill, the higher the rate" 与 Clare 氏立于正反对之地位。至对于以外国货币为标准时，则亦如 Clare 氏之主张焉。

但上述所述之格言，乃一般分别债权、债务而言，非对于各个之输出入商人而论，例如，某输出商以本国货币卖出商品，若将其卖得之金额向银行用信用保证书（Letter of credit）以折合外国货币，则该输出商对于汇兑行市之涨落毫无关系，随时可确实取得其商品之代价，此即在买卖之形式，输出商人已不负担行市涨落之危险。而此种危险则转嫁于外国输入商人。故上述所述之格言，对于输出入商人，唯适用于其以外国货币买卖商品时。故输入商人在以外国货币为标准时，则悉望其行市之涨起；以本国货币为标准时，则悉望其行市之低落。反之输出商人则悉望以外国货币为标准的行市之低落，以本国货币为标准的行市之涨起。又如普通之汇款者，若属债务，则与输入商人立于同等之地位。若属债权，则与输出商人同其甘苦。今试表列如次。

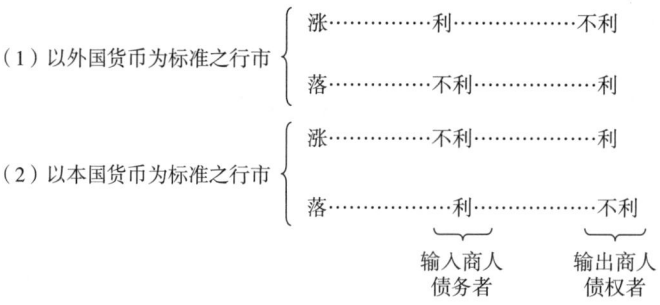

至于中国之国外贸易，其汇兑之危险（Risk of Exchange），几可云全为中国商人所担负。盖例如美国输入商人向中国输出商人购买商品，用信用保证书之办法，使华商相信以英金二千镑为限，在中国合成一万几千两。假定华商第一批运出之货值银二千两，其价为每两五先令，汇票开为五百镑。在此种情形之下，若银价涨为五先令一便士，则二千两当合五百镑有余，美国输入商人即需多付，不免吃亏。因中美货币本位不同，金银价格时有涨落，汇兑危险不能避免，而此种危险与中国输出商人毫无关系。因其所发出之汇票系在中国售出，货值二千两，则收回二千两斯足矣，其涨落之危险乃为美国商人所负担。再者英镑与美元之价格亦时有起落。而上述之汇票所开者既为英镑，则汇票到期，美国进口商人需以美元购买英镑付款。设到期时又值英镑涨起，则又未免吃亏。故据此种办法时，美国进口商最希望在中国需遇英镑贵，在美国需遇美元贵，即可免两重之汇兑风险。然实际上此种良好机会千载难逢，因是美国商人乃设法使与华商分担，要求华商不以银两定价，而以镑计算。则银价涨落之危险，转嫁于华商，且更有时竟将两种危险悉令华商负担。即要求华商定价，既不以银两，又不依金镑转折。而直以美元为标准，则美商乃全不负涨落之危险，故中国所有国外贸易，无论进口、出口，均以外币计算，其汇兑涨落之危险殆全为中国商人所负担焉。

（本文原载《银行月刊》，1927年第7卷，第9号、第10号连载）

》理论与实际

——对于前号［本刊之新使命］之所感

宇宙间一切事物皆具有"体"与"用"之二要素。有"体"始有"用"，有"用"方成"体"，"用"由"体"所生，"体"为"用"之源，二者缺一不可。体者何？思维之对象，换言之，理论也。用者何？理想之实现，换言之，实际也。故理论为实际之基础，实际为理论之表现。重理想而不讲求实际，则理论流为纸上空谈，无异乎痴人说梦；偏实际而不根据理论，则事实多生凿枘，无异乎无舵之舟。此法律、政治、经济，以及医、农、工、商等一切之社会施设，皆非理论与实际二者互相融洽、互相辅助，不足以完成其所欲达到之目的，而就中如经济一项则尤甚。

盖经济为社会各种文化各种施设之真实基础（Die Reale Basis）。不论其为个人为国家，皆非先解决经济问题，不足以及其余。而经济则更重理论与实际之融合。然试观今日学者既大都鄙视实务为不屑，徒逞其讲坛上之空言虚论，好为新异奇说，自炫其能，而实务家亦更鄙视理论为迂阔，日日从事于违反经济原理原则之经营，只希望行险侥幸，而漫事投机。于是乎学者之主张言论与实际之表现日形背驰，遂使互相不能分离且不可分离之理论与实际，反成有水火不相容之势，其欲社会经济之发达容可得乎？原经济纯属理论与实际二者不可分离之结晶体，就其大纲而言，有经济原论以阐明其生产分配交换消费等之原理，有经济学史以叙述古今中外学说主张之变迁，有经济史以证明上下数千年中外经济事实之发展状态及其进化之成绩，有经济政策以指示经济施设之目标，大纲既明，于是此中又有各种专门之研究。如财政、金融、银行、货币、交通、保险、会计、统计、内外汇兑、工业政策、商业政策、农业政策等，皆属一方面务求阐明理论以作实际上之指南针，一方面务求实践以期理论之能趋实现。是故研究经济学者需对于社会经济界事实上之利弊适否，常加以十二分之考察，以公正之批评，辅助良好事业，监督不良分子。而从事经济界之实务者，亦更当以理论上之主张与历史上之成败得失，引为龟鉴，庶不至再蹈覆辙。而尤其处于中国今日财政经济界之现状，理论与实际之融洽，更不容缓。例如财政之如何整顿，币制之如何改革，实业之若何振兴，对外贸易之如何发展，内外债之如何清理，交通机关之如何扩充，银行业务之如何改良，要皆非学者与实务家互相联络，互相研究，互相辅助，互相匡正不为功。若一方专尚空言，徒为外国思想所眩惑，不顾虑中国经济界之现状；一方又刚愎而行，则事前不免削足适履之讥，事后更有盲人瞎马之险。如此而欲国民经济之发达，竞争于世界经济战场上，岂非缘木求鱼乎？吾人于此乃希望——研究学理，期求辅助实际。从事实务，必须根据学理。

（本文原载《银行月刊》，1927年第7卷，第10号）

>> 经济界变动的预知法

近代的经济组织,以信用作基础,非定货生产,乃市场生产;非地域经济,乃世界经济;非小额生产,乃大量生产;非物物交换,乃信用交换;非局部的组织,乃大规模的组织。预想全国或全世界的需要而定供给量,一朝预想变成空想,生产品过剩,供给量过多,货物停滞,资金固定,信用破坏;金融紧迫,财界遂陷于混乱状态,这就是所谓经济恐慌。经济界发生一次恐慌,国民经济、国民生活即受一次最大的痛苦,所以要想减少国民生活的痛苦,当力求经济界的安定,而欲求经济界的安定,就只有预先测定经济界变动的波澜的推移,而筹事先的科学的对付方法。现今各国,尤其是美国,关于此种预先测定的方法,设立了许多专门研究机关,从事研究与推测,但最重要的方法不外下列三种:

(1) 以正货准备率的变化为标准;

(2) 以物价指数的变化为标准;

(3) 以各种经济统计作判断的基础。

今将三者分述如次:

(1) 以正货准备率作标准的测定法,在欧洲战争以前,各国皆相率采用,当时也很有效验。例如英国则以英兰银行①之存款准备率作预测的标准,欧〔洲〕战争英兰银行的准备率,总不出乎40%至

---

① 编者注:今译为"英格兰银行"。

50%，30%则达至最少限度，再近则入于警戒期，金融界常依此而预知经济界的变化。又如日本则根据日本中央银行钞票的制限外发行额，若发行钞票超过正货准备以上，即超过保证准备制限一亿二千万以上，就是预报经济界已渐起变化，经营银行者看了这个预报，就缩收放款，商工业家看了这个预报，就缩少企业，所以这种测定方法，一时是很有效验的，不过渐渐地因信用制度逐次发达，这种以正货准备率作标准的效果就减少了，且以正货准备率能作测定的标准者，须以全世界各经济发达的国家皆采用金本位制度为前提，可是欧战的结果，除了美国以外，各金本位的国家，都停止了金本位的机能，所以依正货准备率更不能推测经济界的变化了。

（2）以物价指数为标准。依正货准备率既已不能测定经济界的推移，于是各国就研究他种可以作标准的方法，其研究所得的最重要者，即以物价指数的上下作测定经济界变化的标准。例如先选择一定的物价指数，以该指数的一定水准作平价，以物价指数对于这一定的平价，或上或下，即所以测定经济界的推移，藉此就可以决定金融政策而防患于未然。但是物价与信用，虽有很密切的关系，然而两者的关系很复杂，决不能简单地指明二者何为因何为果，实际上二者在经济界中乃互相因果，乃由同一原因所发生的表里两方面，即物价腾贵的原因，就预兆信用需要的增加，而此二者变化的时候，经济界的变化已将成熟，所以物价指数不过是已完成的事实记录，决不是预测的升降表，所以要想预测，还须在财界的变动没有表现到物价指数以前，力求预知其进行状态与准备行动。所以物价指数在事后虽为研究金融变化的重要材料，然单依物价指数作测定经济界变化的标准则不足以胜此大任。

（3）依各种经济统计作判断财界变动的基础，上面两个方法，皆

不足以推测经济界的变动,所以现在美国联邦管理局研究的结果,乃采用以各种经济统计作基础而测定经济界的变动,此种方法与美国现今最发达的商情预测法(Bussiness Circle, Bussiness Barometer)同一倾向,即以生产、存货、贸易、销场、定货、货运、消费、雇佣、劳银、金融等的基本的经济统计之推移作基础而判断财界的地位,不过此种方法虽良,就须赖有最详细、最完备的统计,经济统计愈完备、愈详细,则财界变动的判断愈正确。若是没有完备详细的经济统计,则依然是盲人骑瞎马,危险是免不了的,于是我们就可以晓得经济统计的重要性了。经济统计既如此的重要,那么一国金融机关与财政当局当然就要努力制成详细完备的经济统计,不过处于现代的经济组织,各商店、各公司的营业概守极端的秘密,要想得一个比较可靠的统计,是很难很难的,有则唯有赖各商店、各公司的好意的报告,此处就不得不希望一方面各商店、各公司要晓得这种统计若能十分详细完备,结局对于商人及公司自己是很有利益,他方面现今事业日有集中的趋向,那么将来即可藉少数的公司的统计而窥知全体的趋向,是则统计亦可有趋于完备详细的一日。话既说到此处,我们又不得不有所希望于中央银行了,因为此种统计的调查与制成及公表,亦须中央银行负责,亦唯中央银行始有实行的可能,亦唯中央银行有进行的必要,这也是因为中央银行是全国银行的银行,是全国金融界的领袖,赋了辅助全国金融的使命的缘故(参看本刊第二〇三期《中央银行的使命》),所以中央银行就应当有大规模的统计调查组织,从事各方面的统计调查,以作经济政策的指南针,以预防经济恐慌的发生。因为经济统计若日趋于详细完备,则中央银行既可自由行使其指导金融界的职权,全国金融家及企业家亦可通晓经济界的大势,不至妄事投机。现今美国关于经济循环的研究及商情预测方法的研究极其热心,主张学说亦

经济界变动的预知法

不一而足,但其根据总不外求之于经济统计。例如,Babsonehart 氏的 Baremeter,其做成的基础就不外归集下列十二个统计。

①建筑统计,②破产统计,③殖民统计,④票据交换统计,⑤物价统计,⑥外国金利统计,⑦国外贸易统计,⑧国内金利统计,⑨重要谷物生产统计,⑩加拿大商业状态统计,⑪铁路收入统计,⑫公债股票市价统计。

其余各专门研究机关无一不是以各种经济统计为基础,所以要想避免国民生活的苦痛,就在预防经济恐慌。要想避免经济恐慌,就须力求预知经济界的变动。而要想预知经济界的变动,就赖有完备详细的经济统计,以作判断经济变动的寒暑表。有了这个寒暑表,始可在恐慌将发之先,实行抵御的方法,那么方可避免经济恐慌而减少国民生活的痛苦而辅助国民经济的发达了。原来经济界的变动,据年来专门学者研究的结果,不外如下图,取循环的途程,周而复始,若有确实的统计,纵不能完全克服,亦可减轻,其循环途程如下。

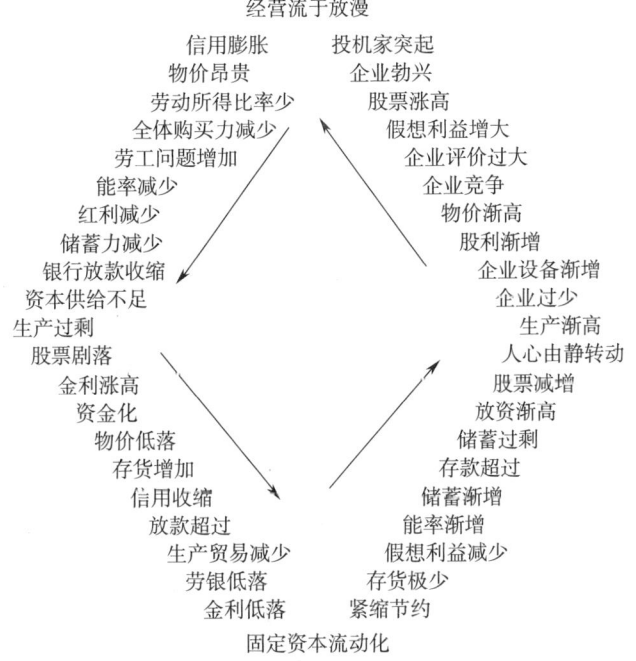

我们考察上面图式，就可以知道若是一国的各种经济统计愈详细、愈完备，则经济变动的途程，愈可以确实预知，就可以及时筹抵御的方法。若是没有详细完备的经济统计，则只有任自然的周期变化，来杀伐国民经济的机能，而剥夺国民生活的幸福，所以现在各国尤其是美国，努力从事研究商情的预测与经济循环，努力从事调查各种经济统计，其最终目的是在谋国民经济的健全发达，图全国民生活的幸福。中国现在革命成功，训政伊始，数年来叠经战乱，商工业家皆缩小范围，现值时局表面上渐趋安定，旧日收缩的行家力谋扩充者固不小，而各方面预备创办新事业的更多，就中有许多投机分子，一方面预想关税的改订，一方面预想将来需要的增加，竞相从事投机事业的亦勃然而起，所以此后金融界须发生光明与黑暗两个潮流，那么中国金融当局尤其负有辅助全国金融的责任作银行的银行的中央银行，不可不有所准备，即不可不从各方面的调查统计，以便测定经济变动的时期，求趋光明避黑暗，而避免受经济的恐慌，这是我们所切望的，亦即是本文的趣旨。

（本文原载《现代评论》，1928年第8卷，第209期）

>> 经济鼻祖亚丹斯密氏①之人生观

语有云:"物有本末,事有始终,知所先后,则近道矣。"是故欲明亚氏之人生观,非先明亚氏之根本思想不为功;欲明亚氏之根本思想,则更非先研究亚氏思想体系(System)之根本观念不为力。而亚氏思想体系之根本观念,则在其《道德感情论》(Theory of Moral Sentiments)一书与《原富》(An Inquiry into the Nature and Causes of the Wealth of Nations)一书之互相关联处,故本文既非介绍二书之思想,亦非批评二书之内容,只就此二大著作之互相关照、互相结合处,以考察亚氏之根本思想而阐究亚氏之人生观。

《道德感情论》一书出版于一千七百五十九年,《原富》一书出版于一千七百七十六年,中间虽历十七年之长岁月,然二书仍具有始终一贯之体系(System)。亚氏没后五年(1795年)时,有 Essay on the Philosophical Subjects 一书出版,其友人 Dagald Stewart 于此书之首,附加 "Account of the Life and Writing of Adam Smith" 一篇,其文有曰,"亚氏在 Glasgow 大学教授时之讲义,概言之可谓曰'System of Moral Philosophy'(道德哲学之体系),其内容可分为四大部,第一部曰 Natural Theology(神学),第二部曰 Ethnics(伦理学),第二部即 1759 年出版之《道德感情论》,第三部命题曰正义(Justice),其研究之结果,即达到法律论,第四部曰经济论,即所谓脍炙人口之

---

① 编者注:今译为"亚当·斯密"。

Wealth of Nation。"E. Cannan 教授对于亚氏在 Glasgow 大学教授之讲义，重新订正，亦分之为四大部，第一部曰神学，第二部曰伦理学，即 1759 年出版之《道德感情论》，第三部曰法律学（Janis justice），第四部曰《原富》。由此观之，《道德感情论》与《原富》二书具有密接之关系也明矣。吾人若能将此二大著作之关联结合点阐明，则亚氏思想体系之根本观念自见，亚氏之根本思想自明，而亚氏之人生观可以晓矣。

二大著作之关联结合点究何所在，此则本文之主要目的，然而《道德感情论》中，以同情（Sympathy）为道德生活之根本概念，而《原富》一书，则以利己心（Self-interest，Self-love）为经济生活之根本动机。既诚如是，则以同情为基础之道德生活，与以利己心为动机之经济生活，二者乃如风马牛之不相及，势非产出二种相异之人生观不可。然其实则否，盖人生具有统一之技能，决无对立相悖之理。一个人生，从一方面观之，具有经济生活之形态；从另一方面观之，又具有道德生活之形态，而有道德生活与经济生活二者互相离背之人生观者，乃由其对于人生观已根本错误，绝非真正之人生观。真正人生观之解释，则只有统一，绝无对立。今从此统一之人生观，即可以阐明《道德感情论》与《原富》二者之相互结合点。

但人生之统一与否，《道德感情论》与《原富》二书并未尝论及。此二书不过将统一的人生，用分析之方法而研究之，然既欲用分析的部分的方法，从事于研究人生观，则一方面既当研究其经济生活，一方面又当考察其道德生活。例如欲研究天体运行之理，则注目于太阳系，然太阳乃一完全系（Complete System），欲知太阳系之如何运行，则不得不归究于求心力（Centripetal force）与远心力（Centrifugal force）之二作用。人生观亦然，一面有同情心之求心力，一面又有利己心之远心力，此二力互相牵引，互相结合，方成具体之人生，亦即亚氏之人生观。然而如上所述，欲知亚氏之人生观，非先研究亚氏之根本思想不可，欲研究亚氏之根本思想，非先考察亚氏思想体系之根本观念不可。欲研究亚氏思想体系之根本概念，则唯有阐明《道德感情论》与《原富》二书之互相结合点，而欲阐明此二书之互相结合点，则吾人更当注意者，即又当考察亚氏对于道德之观念何在。

亚氏对于道德观念，从其研究方法观之，可分为二大部，一则道德之纯理论的研究，一则道德之实践的研究。所谓纯理论的研究者，乃解释道德本质之问题，所谓实践的研究者，乃处理实践法之问题。而其纯理论的方面，又分为二部，一则正善邪恶之道德的区别（Moral distinction），即阐明 Moral distinction 之基础何在，一则正善邪恶之道德的判断（Moral judgement），即考察其判断之对象（object）何在。而 Moral distinction 之基础，又分为二小部，一则研究纯粹道德区别之基础何在，一则考察功（Merit）过（demerit）二者之问题。今得表解如下：

道德的观念 { (1)纯理论的 { (1)正善邪恶之道德的区别 { (a)纯道德区别 / (b)功与过之问题 } (2)正善邪恶之道德的判断 } (2)实践的研究 }

又亚氏之《道德感情论》，其言道德之根底在于同情，而此见解即出于上表之（a）部，其说明同情之方法，则用"Propriety"（适当）以表现之，即第三者对于或行为之感情，认为适当时，则第三者对于此行为者之行为，表示 Approve（善认赞成）之意，认为正当行为。反之，第三者对于行为者所抱之感情，认为不适当（Impropriety）

时，则第三者即表示 Disapprove（否认反对）之意，认为不正常行为，是故正善邪恶之第一标准，即在此 Sense of propriety（适不适之感觉），然而第三者对于行为者之行为，因何能表示 Approve，又因何而能表示 Disapprove？无他，即在于吾人之同情（Sympathy）而已。何以言之？盖第三者对于行为者之行为，对于行为者所抱之感情，表示同情之时，则接纳之而认为正常行为。反之，若表示不同情（Unsympathetic）时，则憎恶之而认为不正当行为。由是观之，则正善邪恶之区别的标准，是在适不适，而适不适之标准，则在同情，此亚氏道德感情论之根底之所以在同情也。再从上表（b）部观之，亚氏之意以为有功之行为，则有当受赞赏之价值（value），有过之行为，则有应受处罚之责任。然而功过区别之标准又何在？是则不在同情而在所谓效用（Utility Usefulness），即行为者行为之结果，对于其自他皆有效用时，此行为则认为有功而当赏，反之对于自他皆有害时，此行为则认为有过而当罚。若从表而观之，则（b）之效用，与（a）之同情，乃风马牛之不相及，诚若是，则道德感情论之根底，岂不陷于二元论（Dualism）之难境乎？是又不然，亚氏决未尝入于二元论，亚氏之所谓道德行为者之感情，有二种态度（Aspects）之判断，一则目的因（Causa finalis），一则动力因（Causa efficiens），而所谓同情者即动力因所致，所谓效用者即目的因所致，表面上二者之判断态度离异，而其归着之实体则一。盖一人之行为，对于自他若有效用时，其结果则第三者有益，于是第三者即发生感谢之同情，此行为即受有功之赞赏，反之，若对于自他生有害患之结果，则第三者必生忿怒憎恶之情，此行为即必受有过之处罚，亚氏之道德感情论，即在巧于将此二种概念，互相结合，因同情因为其道德感情论重要之基础，而仅同情之一概念，尤不足以圆成道德感情论之全部，故亚氏又加以效用概念，而此效用之概念，即与《原富》一书有严密之关系，而亦即此二书之互相牵引互相结合处。

然而何谓 Utility，何谓 Usefulness？一言以蔽之曰：Want（欲望）之满足（Satisfy）而已。但人类之想望，种类甚繁，内容甚杂，而效用又何以为道德判断之一重要元素乎？无他，即在人类之利己感情（Egoistic feeling），盖人人皆赋有利己的感情，皆求满足其欲望，其甚然者且有牺牲他人之利益（interest）而死求满足其自身之欲望（desire）。故亚氏有云，吾英人若风闻亚洲之中华，忽遇大地震，丧失无数之生灵，则必引为痛惜，或者因此以人生为一大梦，或者反因此欲发展其投机事业，以遂其求利之野心；但久而久之，亦遂将此惨事忘却，依然自事其安心（Easy）与平和（Tranquility）之事业，然此乃人之常情。又吾英人若见其大英帝国之领土，为外寇所侵犯割据，则较之闻中华之地震，可当更为痛恨而欲拯救之，此亦人之常情。但吾英人则有因缺一钱（One Guinea）而较之见英国领土为外国之领土，更为伤心者，然此亦人之常情。由是可见人类利己之心真强且烈也。要之人类皆赋有强烈之利己心，所以皆求满足其欲望，而此利己心，即为吾人行为之本源，若无此利己心，一方面本可以得平和，一方面则又非至于退化不可。故欲求世界人类之发展进步，则非普用此利己心不可。亚氏思有以善用此利己心，故先求之于满足此利己心，而欲求满足此利己，故一方求之于互相同情，一方面求之于利用厚生。此亚氏之道德感情论，其根底不单在于同情之一根念，而在于同情与利己之二种概念，而此利己心又为《原富》一书立论之重要基础。《原富》一书中，Self-intrest, Self-love, private interest, Own-advantage, dessire of battering our condition, effort of every man of better his own condition 等语，虽各因其上下之文气而稍有差异，然其真旨总不外乎利己的感情（Egoistic feeling）。

又如前所述，《道德感情论》中，亚氏以同情概念为动力因，以效用概念为目的因，且《道德感情论》中还有云："The sentiment or affection of the heart from which any action proceeds, and upon which its whole virtue or vice must ultimately depend, may be Considered under two different aspects or in two diferent relation; first, in relation to the cause which excites it, or the motive which gives occasion to it, and secondly, in relation to the end which it propose or the effect which it tends to produce."是并以动力因与目的因皆属一种 aspect（态度、观相），又例如前所引亚氏之言，英人见英国丧失领土，虽引为痛心疾首，而自己失一钱则更伤心，至于闻中华因地震而丧失数亿生灵，则不过表示一种可惜之情，不转瞬，则依然不关痛痒而各事其事矣。是其利之的感情，亦含有动力因之作用。至于《原富》书中，则随处皆以利己心为动力因，例如以改善生活状况之欲望，为促进贮蓄之原理（即 Natural effort of every man to better his own condition）。此种见解，《原富》书中占有重要之位置。极言之，《原富》一书中，其经济生活之动力因，就在利己的感情，故《道德感情论》中，正善邪恶判断之直样标准，在于适当与不适，而引起适与不适之感者则在同情。而《原富》书中，以促进经济生活之直接动机，在于分业，而惹起分业之直接动机，则在利己。而同情与利己，乃具有互相结合之关系，是二书已有统一之思想系统矣。

再自爱心（Self-love）、自利心（Self-interest），既为促进经济生活之唯一动力因，从此则更生出自然之自由体系（System of natural liberty），乃理所当然。盖即人类皆有尽其才力，竭其心思，以求满足其自利心之自由，然而人人皆求满足其自利自私之心，则其势又非生出利益之冲突不可。但亚氏则极否认此种利益之冲突，其意以为人人若能在互不侵害他人自由之范围中，互相求其自私之利益，防避无益之冲突，则此促进经济生活之利己心，既不须抑压，亦不须束缚，一任其自然。于是经济生活，即必因之而发展，国家社会之富亦必因之而繁殖，此亚氏之所以又有商事社会（Commercial Society）之主张也。在此商事社会中，若以法律政治之暴力，干涉个人之自由活动，即有百害而无一利，此《原富》一书所以又为自由贸易论之经典也。

然而各个人之所以互相不侵害其自由者，即由正义之法则（Laws of Justice）所使然，即若各个人竭力一方发挥自己之自由，一方又不侵害他人之自由。换言之，即若不侵害正义之法则，各秉其利己心而活动，则万事皆得其平衡。而所谓物价调节令，暴利禁止法，已属无用之赘物，且国民之富力日见其增加，经济生活日见其进步，而人人自必循规蹈矩，其所谓衣食足礼义生者。不诚然乎，故 Königberg 之 Hasbach，其研究亚丹斯密一书有云：十八世纪英国之伦理学与经济学皆祖述于 Bouvondolf 之自然法学之思想，而用之于道德方面者，则为英国 Haddison 之道德哲学（System of moral philosophy），用之于经济方面者，则亚丹密斯之《原富》（Wealth of Nations），斯言诚为批评亚氏之真旨。

由是观之，《原富》一书，一方面根据于利己心，一方面立脚于正义之法则，《道德感情论》一方面基础于同情心，一方面更藉利己心以同其说，是故吾人以《原富》一书，亦半属伦理学之研究，未始不可。今将二书之关系，得表解如下：

道德感情论（Moral Sentiment） { 同情（Sympathy）
原富（The Wealth of Nations） { 利己（Self-interest）
正义（Justice）

由上表观之,《道德感情论》一书,基础于同情与利己,《原富》一书,则提据于正义与利己,则利己已为二书之共通点也明矣。若吾人更能将同情与正义二者结合之,则二书之密切结合点得,而亚氏之根本思想与人生观可以晓然矣。然而 Sympathy 与 Justice 乃支配人生之二大原理,二者自身决不能合而为一,同情是同情,正义是正义,始终皆各具有独立之概念。今欲将斯二者结合,则非有第三者之特别概念,能作中间之媒介者,以引导其达于统一之人生观不可。而此第三者之特别概念为何? 曰"幸福"(Happiness)之概念而已。既如前所述,效用本已为经济生活之直接出发点,总言之,即利己为经济生活出发点,但道德感情论,亦不单基础于同情一部,乃根据于同情与效用二部,是则《道德感情论》与《原富》二书皆含有幸福之特别概念。何以言之? 盖所谓效用者乃由人人皆求满足其欲望与需要(satisfies one's wants and desire),乃始发生,若能满足其需要与欲望,则幸福之概念成矣。故《道德感情论》中有云:"Happiness consists in tranquility and enjoyments"(幸福由平安与快乐所构成),于此可见其一般矣。而所谓 enjoyment(快乐)者,即满足其己身欲望之谓,是则若不能满足其需与欲望,则幸福之概念必不能成立,欲得幸福,非能满足其欲望与需要不可,能满足其欲望与需要则快乐至矣。然而快乐与同情之关系如何? 此亦当研究之一问题。原来亚氏以适与不适为区别善恶正邪等道德区别之直接标准,故以同情为引起适与不适之唯一动力因。于是此处则发生一难点,即设若自身因同情之动力因所发生之行为,万一与自己之幸福毫无关系,或且有坏自身之幸福者,则自己亦能对于其行为而发起同情之感乎? 而表其适当之情乎? 对于解释此难点,亚氏于其《道德感情论》之第一篇则论同情,第二篇则论功过,从此乃联合"同情"与"效用"二种概念,以完成其思想的体系,亚氏之道德与幸福,乃有密切不可分离之处,此其义于《道德感情论》中,已可晓然。然《原富》一书,其说明经济生活之动机,乃由人人之求满其利己心,而利己心之满足,即所以获得幸福。是"幸福"之概念,在《原富》书中,亦占有最重要的足位置,故《原富》书中,又分幸福,曰:第一,健康(health);第二,无债务(no debt);第三,精神上之平安(Tranquility of mind)。而第一之健康,第二之无债务,即相当于《道德感情论》中之快乐(Enjoyment);第三之精神上之平安,即相当《道德感情论》之平安。由是观之,欲望得幸福,非获得快乐不可;不得快乐,则不足成幸福。又第三之精神上之平安,即所谓自顾无疚,犹之孟子所云:"仰不愧于天,俯不怍于人之乐也。"不然,则良心受苛责,幸福何所自来乎?

由上所述而综合观察之,则幸福之成立,非结合精神的要素与物质的要素二者不可,而结合精神的要素与物质的要素之精义,即亚氏之根本思想也。不然,即就《道德感情论》中之同情而言,若只有无目的、无意识之同情,则幸福之概念可以不必要,即无幸福之概念,则适当不适当亦无从引起,是以同情必非无目的之同情,乃由欲获得幸福所发生者明矣。又就《原富》而讲,其要旨以为人类若活动于互不侵害其自由之范围中,即经济生活,日见其发展,国民之富力,日见其增加,各个人因之而获得最大之幸福。要之《道德感情论》之同情,含有幸福之目的概念,方能完成其道德论,而《原富》中之正义,亦含有幸福之目的概念,始圆成原富。是正义与同情,乃皆由幸福之目的概念,为中间之媒介物,而结合其成立一统一之人生观,此即亚氏之幸福人生观也。

关于此种结合方法,历来唱反对论者亦不乏人,例如,Dr. Witold von Skarzinski,对于此二书有云,亚丹斯密先受本国 Haddison 与

Hume 等理想主义之影响,故有《道德感情论》一书之著,后因旅行法兰西,又受 Carey 等唯物论之影响,故回国后有《原富》之著,是《道德感情论》乃基础于理想主义,而《原富》则基础于唯物主义。此种批评,未始无所见而云然,然此乃过于机械的观察,非真能透视亚氏之本旨,故 Zeyos 之"Adam Smith and Eingennuty"中,又批评 Skarzinski 曰,"Skarzinski 之亚丹斯密研究,分《道德感情论》为受 Hume 等理想派之影响,故属于理想主义(Idealism),《原富》为受 Carey 等唯物派之影响,故属于唯物主义(Materialism)。"此种论见未免小之其视亚丹斯密也。要之《道德感情论》与《原富》二书,其出版期虽历十余年之久,终始依然是亚氏思想之一贯的体系,而二书之结合点,即在幸福之一特别概念,不过犹有不得不考察者,即既如上所述个人意识中,具有幸福之目的概念,然而吾人之行为,皆以幸福为目的乎?换言之,即吾人之行为,皆为求幸福(for happiness)而始发生乎?亚氏于此,则其否认人之行为,皆为单求幸福而生,其意以为吾人之行为,在《道德感情论》一方面则只有同情,在《原富》一方面则只有在不侵害正义法则之范围内而应用其利己心,至其结果如何,可以不问,自能达到于幸福之境,此乃自然之趋势,事所必至,理所固然也。

由是观之,亚氏以为个人之活动与社会之平和,个人之幸福,与国家之富力,皆互相结合,不相冲突,个人只用其自己之利己心,而从事于活动,自然而然,必获最大之幸福,而此人生中,亦无所谓不平之事,颜回可以不夭,盗跖决不有寿,人人皆依正义而相安于无事。是亚氏乃一种乐天主义(Optimism),其人生观乃一种乐天的幸福人生观也。

要之亚氏之根本思想在《道德感情论》与《原富》二书,二书之根本体系，一则在同情与利己，一则在正义与利己，而同情与正义则皆含有幸福之目的概念，此亚氏之人生观，乃乐天的幸福人生观也。

（本文原载《社会科学论丛》，1930年第2卷，第1号）

资耀华文存

》《金贵银贱之根本的研究》概论

金贵银贱，依吾年来之观察，固为必然之趋势。吾人在三年前关于银价低落之问题，曾为文论及（见前北平《银行月刊》，《银价低落与我国经济界全体之影响》），唯当时因风潮不大，刺激不烈，故苦口之谈，实等于马耳东风，乃吾人不幸而言中。近月以来，世界银市激变，十八年一年中，波澜之大，涨落之巨，为往古所罕见。大条行市相差达五分之一，由二十六便士而降至二十便士。英汇由二先令七便士而缩至二先令以内。东汇由七十一两八分之七升至一百零三两。标金由三百四十八两五升至四百九十六两。且考察过去一年中之涨落情形，其涨也若狂风暴雨之骤出，出人意表；其落也则呈盘旋不下之状，低首徘徊。全国经济界，姑无论已。即其他各界与全国人民，受此番猛烈之刺激，亦感觉切肤之痛，市面顿形恐慌，而平日无人顾及之银价问题，乃一跃而为全国最时髦之问题，或谈原因，或讲救济，名言伟论，琳琅满目。此中切中时弊者固多，而操之过急者亦复不少。吾人于此，姑不论及。然兹事体重大，关系国是民生，非通盘筹划根本救济不可。欲通盘筹划，则非整个的研究不为功。若以片面之观察而遽认为可能，则恐更遗患于无穷也。诚如是，则吾人以为第一须注目银在经济上之地位。盖银在经济上，具有两种资格，即一方面为商品，一方面为通货。商品者何？乃商业交易之目的物。通货者何？乃有流通力之交换媒介物。银即兼备商品与通货二者之资格。故吾人欲研究关于银之种种问题，则非由斯二者观察之起点不可。本文即在以斯二者为研究之立脚点，因其为商品，乃考察其需要供给之状态。因其为通货，乃考察其对于金之关系，然后研究其对于我国——银本位国——经济界全体之影响，而筹谋根本救济之方。唯仓促成文，错误难免，忧国之心，当仁不让。愿以管窥蠡测之见，与海内诸君子共商榷焉。

（本文原载《金贵银贱之根本的研究》，华通书局，1930年3月）

》《国外汇兑之理论与实务》自序

宇宙间一切事物皆具有"体"与"用"之二要素。有"体"始有"用",有"用"方成"体","用"由"体"所生,"体"为"用"之源,二者不可偏缺。体者何?思维之对象也,换言之,理论也。用者何?理想之实现也,换言之,实际也。故理论为实际之基础,实际为理论之表现。重理想而不讲求实际,则理论流为纸上空谈;偏实际而不根据理论,则事实多生凿枘;此所以法律、政治、经济及医、农、工、商等一切之社会施设,皆非理论与实际二者互相融洽、互相补助,不足以完成其目的。

国外汇兑,更纯为理论与实际二者之结晶。以理论言,穷毕生之力而研究之,犹嫌其不足。以实际言,则应环球各大商埠之市面而变化无定。华在民国十年负笈海外时,对于国外汇兑,即感觉莫大之兴趣。平日择要笔记,以作备忘录,然其中多偏重于理论。自民国十六年入银行实习以来,乃始知国外汇兑,并非仅藉理论所能运用。此书之成,理论方面,由于求学时所得;实际方面,则由于实习时所得。且每年加以若干改刷,故书中表格样本以及各种外币行市,并不一律。盖本书之目的,不过备作自身平日办事上之参考,实不敢出而问世。今由二三友人之督促,乃从而付梓,错误之处,自知难免;甚望海内专家,不吝指斥焉。

民国二十年十一月
湘南资耀华序于上海商业储蓄银行调查室

附：《国外汇兑之理论与实务》陈光甫序

中国自开港以来，对外贸易，向藉外人所设之进出口行家代为经纪，外人进出口行家则均向各外商银行通融押汇，彼此联络一气，垄断盘剥，种种损失，实属不赀。近十年来，华商银行多举办国外汇兑，国人自办进出口者，亦接踵而起，且有直接与海外行家买卖货物者，实挽回利权不小。但研究我国国外汇兑之专书反不可多得，而融和国外汇兑的理论与实务之专书，则更绝无而仅有焉。

原国外汇兑，乃理论与实务之结晶，徒知实务而不究理论，固不足以办国外汇兑，徒讲理论而不通实务，亦不足以谈国外汇兑。耀华为敝行调查部经理，才学兼长，服会精勤。当负笈海外时，即对于银行货币等之研究，饶有兴趣。年来并立意欲使我国进出口行家能了解银行办理国外汇兑之方法，及其本身应当注意之点，以谋银行与商家之合作，而发展我国之对外贸易。故于行务之暇，将国外汇兑之理论与实务，融和一炉，成为专书，藉供国人之参考。吾不嘉其著述成功，而嘉其能利用行务之余暇，从事学理上之研究；更嘉其能注意谋银行与商人之合作，故乐为之序。

中华民国二十一年三月二十日
陈光甫识于上海商业储蓄银行

（本文原载《国外汇兑之理论与实务》，中华书局，1934年3月）

>> 管理通货的研究

资先生此文，系在南开大学演讲所用之稿，内中对于管理通货之意义，极有发挥，尤为银行中人必读之文，用特登载本刊，以扩智识——记者

通货与我们人类实际生活，有极密切的关系，无论贫富贵贱，无论老幼男女，差不多一天也不能离开它。可是因为人类对于通货的接受，已习惯成自然，所以平常对于通货的本质及通货的职能，除了有特别情形的一部分人士外，大家已处之若素，不知不觉平平常常的就使用过去了。例如，有人这一个月拿了应得的薪水，当然购买衣食、偿还房租，以及支付其他日常必需的费用，这好像是一件极简单明了的事，但是我们若稍稍加以注意，试问这种通货授受的作用怎样成立，通货为什么就可以购买必需的物件，通货的购买力怎样可以决定，这些问题不但不很简单，可以说是极复杂，这还是就正常状况而言，若遇了经济界发生特殊状况，通货的交换上发生变动，那么问题就更多了，尤其处于中国今日的现状，通货这个问题，不但是我们从事银行业的一天到晚要特别注意，就是每一个国民，也不可等闲视之的。所以今天特别提出这个管理通货的问题，来同大家磋商研究，还要请诸位特别指教。

一、管理通货的意义

近几年来，统制通货、管理通货的声浪，可以说是已充满了全

球，好似这个问题是新近总发生的，若是我们细细地一考察，就知道无论哪一个国家，无论在什么时代，只要已有所谓通货的流通，只要已经使用通货，那么供给通货的当局者，其心目中一定时常盘旋两个问题，即一则供给怎样的通货，一则供给多少量的通货。若当局者对于这两个问题，稍稍加入任何政策上的意志，就可以说是已经含有管理通货的意义了。所以我们以为管理通货这个问题，并不是新近发生的。然而为什么近几年来，突然到处感觉这个问题特别重要，各国当局对于通货施设方策，比较其他经济政策，加倍地觉得烦难而努力求获得解决之方，这是什么缘故？就是我们正要研究讨论的。本来发行通货的时候，发行当局的政策意志不外二种，即一则通货的流通问题，一则通货的数量问题。所谓通货的流通问题，就在把怎样形态的通货，用何种的方式，由何种的机关司供给的责任，换言之，即是发行通货的技术问题。所谓通货的数量问题，即在对于一个经济社会中，到底要供给多少数量的通货，方能适合全社会的经济需要，方能满足全社会的经济欲望，近来所谓管理通货的主要目的就在此点。

通货的流通政策古来也很重要。当时第一因为造币技术尚未发达，铸造的货币常有磨损伪造等危险，故在流通场中每不容供给有"完全代替性"的铸币，第二因为发行机关未统一，无论钞票或铸币，种类颇多，每不容易供给有"圆滑代替性"的铸币。试一看世界货币史，就可知道各国古昔对于这两个问题实费了很大努力。然而到了近代，这些问题在各经济先进国已失去其重要性，盖铸造技术既已日臻精细，造币的大权已为政府所独占，且本位铸币，各国已多不发行，铸币多系辅助货币，因此铸币流通技术上的困难已不存在。又如钞票，亦多系中央银行统一发行，流通上亦没有何种困难，故所谓通货流通上技术的管理问题，已可说是不成其为问题。然而通货供给上的

数量管理问题,反因社会经济的发达,日见其烦难而重要。

现今所谓通货,实包含三种元素,即(1)政府发行的金属铸币,(2)中央银行发行的钞票,(3)普通银行的存款通货。而三者之中,第一种金属铸币已非主要的通货,现今主要的通货实为第二及第三两种信用货币。其数量的增减较容易受人为意志所左右,假使一国的通货完全为金属铸币,不能说毫没有数量增减的管理问题,然金属本身的供给,要受天然生产的限制,那么管理统制也从而有相当的范围;可是现今各国已皆脱离金属本位,采用不兑换纸币政策,因是通货的管理已成为各种经济政策中第一最重要的政策,当局者稍一疏忽,国民经济就要忍受莫大的牺牲,全国国民就要忍受莫大的痛苦。

二、管理通货的目标

谈到管理通货,第一要注意的,就是管理通货的目标。前面已经谈过,现今所谓管理通货的意义是在管理通货的数量,而管理通货数量的目的就在获得一种合理的物价。要了解这个问题,当然先要了解物价与通货的关系。我们很简单地说起来,物价变动的主要原因是在通货数量的增减,两者的中间是否存在极严密的数量关系,历来经济学者的议论很多,暂可不问。唯通货的增加,物价有上涨的倾向,通货减少,物价有下落的倾向,这是毫无疑义的,不容说,一个国家所有的全部通货不一定都使用于购买商品,有一部分是在金融市场中作信用交易之用,所以有时候,因特殊的情形,其所增加一部分通货,只在金融市场中流用,对于商品市场似乎毫不产生任何关系,可是就单在这种特殊情形之下,金融市场上通货增加,不久商品市场上亦感受若干影响。所以我们可以说通货的增减,对于物价的涨落,实有相对的影响。换言之,管理通货的目标,就是在对于物价要予以相当影响。

至于管理通货对于物价到底要予以什么样的影响,则可分为三种目标:第一因增加通货数量而与物价以上涨的影响,即所谓通货膨胀政策(Inflation)。第二因减少通货数量而与物价以下落的影响,即所谓通货紧缩政策(Deflation)。第三求物价的恢复与安定而施行合宜的通货管理政策,即所谓通货复胀政策(Reflation)。这三种方策要在什么时候采用及施行到怎样的程度,就在管理通货当局者,能高瞻远瞩,自由裁夺,不能一概而论。唯其决定的方法,要在利用管理通货政策,使怎样的物价适合怎样的时期,并不是单在要采用怎样的管理通货政策,这就是管理通货的最终目标,也就是管理通货的核心,更可说是管理当局者最苦心之点。

普遍地说起来,经济繁荣的时候,物价的自然趋势是上涨。在这样的时期,假使投机旺盛,决不可再采用助长物价上涨的管理通货政策,以使火上加油。若看出经济繁荣将达到顶点,宁可采用抑制物价高涨的通货政策,以遏止经济界危机之发生。反之,经济萎缩的时候,物价的自然趋势是下落,在这样的时期,则应当采用抬高物价或使物价渐次恢复一定水平的通货政策。故近五年来,各国皆在经济不景气的时期中,物价低落,所以各国的通货政策都采用膨胀政策,可以说是当然的趋势。

要言之,处于现代经济组织,决不能避免商业循环及景气变动的现象,所以管理通货的目标当然就要随机应变,顺应各时期的变动,而采取适宜的管理政策,决不能株守一定不变的方法,凡是可以助长某一种景气变动的政策,毋须避免,务使其无大过与不及的危险,所以管理通货的理想目标是在物价的完全安定。不过在现在的经济机构中,要想获得物价的完全安定,可以说是不可能,因是我们只有努力使物价涨落的差额减少，抑制物价的剧烈的变动，也有许多学者主张，用管理通货的方法，除去物价的变动，求获得永久的经济繁荣，这又未免对于通货政策的功用，期待过分。因在现代的经济组织中，商品对通货的关系，不过系商品的流通部分，并非全体经济界，若不能将商品生产的部分，亦加以完全管理，那么景气变动与商业循环的现象，是绝对不能避免的，从而物价的涨落高低也就不能没有的。

还有一层不可不注意，即一国的物价水平不单因本国的经济情形而决定，还要受世界物价的影响，而一国的物价水平又不可不顺应世界物价水平，一个国家决不能完全独立而维持独自的物价水平，所以管理通货的真谛，须使本国的物价水平顺应世界的物价水平，从而使本国的物价不至受世界物价的捣乱，同时调节本国的物价，不使其至高至低，而适合于本国全体国民的生活程度。

三、管理通货的内容与管理通货的当局

管理通货的目标，已如前述，依次当然要谈到管理通货的内容及管理通货的当局。现在所谓通货，前面已经说过，不外三种，即铸币、钞票及存款通货。铸币一项，现在无论哪一个国家，都是由政府独占铸造，且所铸者多系辅币，而一国内经济界所使用的辅币，大约因人口与交易习惯，有一定的数量，不能突多突少，且辅币在全体通货上所占的地位亦不甚重要，所以铸币通货的管理，并不怎样烦难，也不怎样重要。次之钞票，现在各国亦多系中央银行独占发行，当然中央银行对于钞票通货的管理，负有重大的责任，因为中央银行发行的钞票，在一国经济界中，不但为主要的流通通货，且为全体银行现金准备，而此种现金准备的数量，对于存款通货的产生，有绝对的决定标准，何况中央银行，在金融市场上，立于统治者的地位，所以中

央银行实负有管理通货的重大责任。再次存款通货，系包含普通银行、商业银行、存款银行等一切存款通货而言。存款通货的发达，近十年来，始见其盛，其发达的程度，各国虽不一样，但是存款通货的数量已渐次成了一国通货的主要分子。例如，英、美等国，存款通货几占全国商业交易的百分之八十至九十，所以近来的管理通货亦以存款通货为其重要的对象。然存款通货的数量增减，虽操诸各普通银行的手中，但产生存款通货的重要标准，系各银行所保有的现金准备。各普通银行当局都秉其多年的经验，只要不妨碍存款的安全性，当然极力避免现金死藏而求充分的运用。依私人银行的地位而言，它们是一种营利机关，必然地充分运用其剩余资金而谋得较多的利益，所以营利的普通银行，决不能负管理存款通货的责任。有管理通货地位的银行只有一家，即负供给通货责任的中央银行。中央银行须担当管理一切存款通货的重任，而中央银行对于全体银行界保有现金准备的增减，有支配左右的大权，中央银行即可利用这种特权，同时再辅以贴现政策及公开市场政策，使各银行自然而然的就其范围，而达到管理通货的目的。

四、发行准备与外汇准备

管理通货的意义、管理通货的目标、管理通货的内容及管理通货的当局，前面已经谈过，现在当然要再进一步谈到怎样来管理通货。谈到如何来管理通货，当然就是管埋通货的制度。现今各国也有并未规定何种制度，单任管理当局自由裁夺的，也有设定严格的规章来管理通货的。依吾人的私见，是以设定管理规程为宜，尤其对于经济尚未发达，银行制度尚未完整的国家更属必要。现在可以来讨论各国已经采用的规程及应当要采用的规程。

　　第一应当注意的，就是现金准备的规定。本来货币本位经过多年的研究与经验，当然是以金属中的金银两种为最宜，就中尤以黄金比较白银更为适当，所以金本位已为全世界大多数国家所采用，各国的通货当然与黄金有关系，不论已否放弃金本位或银本位，两者的关系还是如影之随形，而本国的物价水平又决定不能与世界物价水平完全独立，所以常依然利用金银的移动来调节本国的物价，即以金银的增减作基准而谋本国通货的管理。从此可以知道，现金准备实在是一国管理通货上最重要的指南针。

　　至于现金准备的规定，可以分为二部，即一发行准备规定，一外汇准备规定。关于发行准备规定，各国已大都有严格的条例，即所谓兑换准备条例。现今各国所采用准备法，互有短长，尚不能获得一种真正的理想制度，不过比较地说起来，与其严格规定现金与钞票的数量关系，不如以现金的增减而节制钞票为宜。换言之，与其采用伸缩制限法，不如采用比例准备法。

　　关于外汇准备规定，就是因日常外汇行市的变动，现金有流出、流入的必要。为什么要有现金的移动，就是要调节外汇行市的动摇，即一面使外汇价格趋于稳定，一面使外汇的变动，不致直接影响发行准备，最大的目的要使发行准备金当保持相当的余裕，以防不测的大量现金流出。所以对于准备金的保有数额，虽可由一国中央银行自由裁夺，但最要的就在外汇准备金的增减，须顾及国内发行准备的情形。现在英、美等国皆设置一种巨额的汇兑平衡基金，其目的就在一方面维持外汇的平稳，一方面尤在顾虑国内的发行而使物价的安定。在英、美两国，资力丰厚，毫无问题，若经济薄弱的国家，到了万一因维持外汇，即借外债亦所不辞，上次中国经济学社开年会，讨论题目为"中国所行新经济政策"，抑外汇稳定，抑物价稳定，学者主张不一，这实在是一个问题，并不是两个问题，这次汪先生在绥远说的安内攘外是一件事，我们也可以说稳定外汇与稳定物价，亦是一件事。

五、全国银行存款准备的规定

还有一个最重要的问题，就是存款通货的现金准备。近十年来存款通货日见发达，已一跃而为各国经济交易的主要工具，所以存款通货的管理政策，也日见重要。此中第一当注意的，就是存款准备金的问题，现在世界各国也有对于银行存款准备金明白颁布存款准备法令的（如美国规定活期存款须有百分之十三或十或八，存于联邦准备银行，定期存款须有百分之三存放准备银行），也有未曾颁布成文法，一任各银行根据经验自由裁夺的。对于这个问题，学者的议论亦纷纷不一。

本来现金准备的目的，当然是备存款的不时支付之用，那么各银行究竟需要保持多少现金准备，就在以能安全地适应存款的支付为标准。是则单就存款的安全性看起来，现金准备的多少不如不需法律规定为宜，因为各银行的营业方针，各有它的特长，不能一概而论，且各地金融情形，亦不一致。还有就是在同一经济区域，有时亦因时代的转移、经济情形的变动、银行的营业方针，不能不顺应金融界的趋势而自然改革，所以一个银行究竟要保持多少存款的现金准备，不如任各银行自己酌量，自由伸缩，反更可以保护存款的安全性。

然而从管理通货方面看起来，又要有现金准备的法规，始有合理的根据，原来各银行当局最终宗旨，是在谋利。既在谋利，当然利益愈多愈好，因欲获得较多的利益，当然极力避免现金的死藏，极力设法运用游资，有时不知不觉已超过其准备力量。若国家对于存款有一

种现金准备法规,则一方固可以节制各银行的过分活动,同时亦可以统制存款通货的创造力,至于存款的现金准备,不外铸币、钞票及存放中央银行三种,最主要的还是钞票及存放中央银行的资金。所以各银行虽可任意活动自由创造存款通货,政府若有法定的存款准备,那么中央银行一方既可利用发行权,一方又可利用这种准备法而容易管理全国的存款通货,是故欲真正完全达到管理通货的最终理想,对于存款应当要有法定的现金准备。不过制定这种准备法规的时候,应当注意对于全国的金融情形、各地经济发达的程度及各银行的营业状况等,很详细地比较研究,对于准备金,全国不必一率规定,而管理当局,更当保留有随时变更的权能,务使法定准备金能适应经济界的推移,那么一方面既可不妨碍各银行的自由发展,一方面又可以收管理通货的实效。

六、贴现政策与公开市场政策的运用

前面所谈关于管理通货要有发行准备及外汇准备的法律规定,并须有法定的存款准备,可是这些法令还是管理通货的基本工具,最重要的还在中央银行如何运用这些工具。例如,怎样保持发行准备金与外汇准备金两者的关系,如何调节两者的过或不足,如何运用存款准备金的支配权,什么时候要增加存款准备金,什么时候要减少准备金,诸如此类,全在中央银行当局的高瞻远瞩,临机应对,随时调查国内的经济状况,随时参考国内外的经济变动,始能尽其天职。

然欲达到完全管理通货的目的,单由上举几种工具,还不能应用裕如,还有两种最重要的工具,就是贴现政策及公开市场政策。这两种工具都系在调节金融市场的资金数量,而统制全国的通货数量,以维持物价的安稳。

所谓贴现政策，就是中央银行供给资金的价格，由贴现率的变动，而谋通货的统制，中央银行贴现利率的变动，不但对于全体银行界的资力产生影响，即对于全国人民的资力亦产生影响。不过此中最重要的，还要看中央银行的实力是否充足，是否获得全国银行的银行之地位，若中央银行不能驾驭全国的普通银行，两者不是立于主从的地位，甚至普通银行的资力极其丰厚，不但不仰仗中央银行的援助，且不服从中央银行的政策，当然不能收管理通货的成效。所以贴现政策固然是管理通货的重要工具，若中央银行没有支配全国银行的势力，中央银行的贴现率与全国的银行利率平素没有互相关系的习惯，则管理通货的工作不能完成。

再贴现政策，还是一种消极的管理，单利用这种政策，有时犹不完全尽其职能，故更须辅以积极的公开市场政策。所谓公开市场政策，就是中央银行遇了必要的时候，积极地进入金融市场而买卖公债票据等有价证券，以补贴现政策的不足，而谋通货的调节，故贴现政策系中央银行与普通银行立于主从的地位。公开市场政策系中央银行与普通银行立于攻击的地位。此种攻击政策绝不可经常运用，只在金融市场上的资金突然发生过或不足的现象，单用贴现政策已不能达到预期的目的时候，始采用公开市场政策，若非出于管理通货的真正意志，单由营利的动机而与全国普通银行时常立于竞争的地位，则不但不能获得管理通货的目的，且足以压迫市场而扰乱金融。摧残普通银行，则等于中央银行的自杀，此点是中央银行当局最当注意的。所以一国的经济能否正当发展，一国的金融能否健全进行，中央银行实负有重大责任，就全看中央银行当局的设施是否适当。

结论

由以上各节所谈，我们已经知道管理通货这个问题是如何烦难，

中央银行的责任如何重大。现在我们中国的新货币政策，无论怎样说，已经是采用管理通货政策，施行以来，已有一年多的时日，因政策与金融界合作，成绩还算不坏，可以说是很值得赞美的一件事，也是我们全国国民的幸运。然而今后的局势日趋严重，今后的问题更多，好在中央储备银行法现在已提交立法院，近有七月一日正式成立的消息，那么中国的通货不久就有负责管理的最高当局出来，全国的金融经济、全国国民的幸福，就都付与不久将来要成立的中央储备银行，我们现在预先来向它祝福。

（本文原载《海光》，1937年第8卷，第5期）

第二部分　金融实务

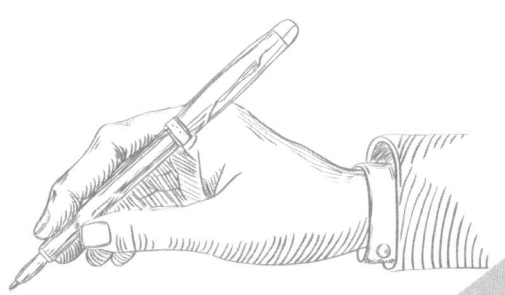

>> 商业银行与商人之关系

商业银行（Commercial Bank）乃商业上之金融机关，其业务种类固属极繁，交易范围固属极广。然总其大纲则不外乎三大部，即一则对于社会经济界资本丰富之一方，负要求即付之债务，而收受巨额之各种存款；二则运用此种巨额之存款，放出于社会经济界资金供给不足之另一方，而取得各种之债权；三则以汇票代现金之搬运，而清理异地间各种商人之贷借关系。换言之，即不外受存款而发生债务，由放款而取得债权，由买卖汇票而清理异地间债权债务，而此种债务债权与贷借关系之成立，其重要之对手方则为商人。

就存款而言，近世商业银行中之各种存款，其最主要之部分即推往来存款。而此亦即商业银行之所以称为商业银行，亦即商业银行所以为商业上之金融机关而能发挥其固有之特征。原来往来存款与其他各种存款之性质殊异，随存随取，即可以免自身保管之烦，并可以免水灾盗难遗失等之不时危险，又可以获得存款之利息。而就中尤为便于利用者则为支票（Cheque）之往来。例如，商人某甲对于商人某乙欲偿还若干账务时，则可以其平日关系银行所发出之支票交与某乙；某乙即可用此支票向该银行领取现金。若某乙亦与该银行有往来关系，则某乙此时若不需要现金时，又可转入自己之存款内。因是支付者单以一张支票即可清偿巨额之账务而免现金计算之烦；领受者亦单受一张支票而免却数多往返之无意味之手续，得收回债权；银行方面亦省却现金一付一收之累，单由转账而清理三方面之关系事物。即不然，若甲乙之关系银行不同，亦可由票据交换所（Clearing House）而清理一切。有此种种便利，故一般商人争相利用此种存款，以便个人从事商业上之活动。

又就放款而言，商业银行放款之最重部分，为对于商人各种抵押贴现之放款。例如，某货物之生产者将某种物品卖与某批发商，若此时为现金上之授受，则该生产者即可再用以做生产之资本，购买原料或运用于其他种需要上。但有时因金融上之关系，批发商一时不能即校以现金，或两者地域各殊，不能用现金上之授受，然生产者又不能使巨额之资金，陷于固定地位，以中止其生产。因此或则生产者对于批发商出一汇票（Draw a bill），嘱其将款于一个月或三个月之后交与自身或者第三者，以令批发商签字到期付现。或则由某批发商予生产者一纸期票（或本期 Promissory note）允于一个月或三个月后付现。于是生产者若因需金孔急，即可将此种票据持向银行贴现，以一定之利率，扣除一个月或三个月之利息，而取得残余之现金，再用以从事生产。银行方面待至满期日，则请求批发商偿还。因此，生产者既可免资金固定生产中断之虞，批发商亦可免一时之累急，而不至妨害其商业。且批发商与零卖商亦可利用此种方法，以便其商业上之活动。故票据贴现对于商业界实有极大之功效。此外，为各种商业放款，商人亦赖有银行为其后盾，方能自由活动焉。

再就办理汇兑而言，原来由汇兑之原理原则而论。例如，上海有甲、乙二商，伦敦或北平有丙、丁二商，北平或伦敦之丙欠上海之甲一万元，上海之乙欠伦敦或北平之丁一万元。此时则上海之乙可直接购取甲对丙之一览即付票据发送与伦敦或北京之丁，丁则以此票向丙取款。于是，甲、丁各收回其债权，乙、丙亦各清楚其债务。由此种纯理论的相对汇兑而观，汇兑银行似乎无存在之必要。然而此种"四当事人""两债务关系"之相对汇兑，用以说明汇兑上之原理则可，决非能实有其事。盖社会经济界乃千姿万态，变化无穷，其间所发生经济上之贷借关系，决非如此之简单。若如上述，则有下举之种种不便，即一则甲、乙二商若不相识，可奈何？二则纵然相识，两人之贷借金额不同，将奈何？三则金额纵相同，若付款地各异，又将如何？四则付款地纵相同，若支付期限不同，又复如何？欲免却此等种种之困难，则唯赖有办理此种事物之汇兑机关——汇兑银行，联络各地分支行及各埠同业，不论国内、国外，随时随地，买卖汇兑，以清理天各一方之债务关系，使商人既免现金输送之危险与费用，并免资金固定之虞。其结果自然资本能迅速利用，商品价格因而低廉，需要从而增加，商业日趋发达，金融界日见畅旺。就中如活支汇款（Letter of Credit）与跟单押汇（Documentary Bill）尤为国际贸易上所必需。对于世界经济之发达与进步，其贡献实为不少。

如上所述，商业银行与商人，其关系之密且切，实不啻辅车之相依。商人为银行存在之元素，有商人而后有银行，而后银行之业务可以扩张，可以发展。银行亦为商人活动之后援，有银行而后商人可以自由驰骋于经济场中，而后金融界日趋灵活，商业日增繁盛。然因此一方面发生障碍与变故，则足以累及他方，二者盖有生死以之之势。故银行开始与商人交易，固须以严密之注意，考察其信用之如何；商人与银行交易之先，亦须以绵密之注意，调查其业务内容。二者无论何方，若万一不慎，则不但两败俱伤，实足以牵动金融界之大局。年来我国银行界稍见发展，对于商人交易之选择，尚能注意探查，而一般商人则多半昧于世界经济之大势，每有对于其所关系银行之内容，既不加以诚细之调查，亦不十分信用。徒为一时之风闻所蛊惑，以致

常发生不时之波折，使金融界为其扰乱而酿成两败诸伤之祸。此要皆由商人对于银行既未能完全信用，而银行对于商人亦未能使其十分满足之所致。互以半信半疑之态度，从事经济上之交易，决不能使金融界常趋圆满，且终恐酿成不时之祸患。欲免除此种不测风云，吾人因而不得不希望银行当局及一般商人，对于下列事项，加以再三之注意焉。

一、商人之选择银行

1. 宜择其资本之大与公积金之多者

大资本金为银行业务之基础、活动之源泉，故普通资本大之银行，其信用自厚，存款自多，业务日渐发展，基础日趋稳固。而公积金较之资本，则尤为可贵。盖公积金之运用，不受股利之支配。公积金愈多，则无股利之资金利用愈多，因此较之须付股利之资本金及付利息之各种存款，其获利益亦愈多。且公积金更可填补银行之损失，万一银行发生障碍，则可由公积金挽回其颓势，而复于常态。故选择银行之第一步，当调查其资本金之大小与公积金之多寡。然而对于资本巨、公积金多之银行，亦未可绝对信赖。银行之信用，普通虽本以资本之大小为厚薄，要非绝对之正比例，亦有资本比较小额之银行，若经营得宜，办理合法，能吸收数十倍之存款，以从事业务之扩张；其信用卓著，反驾乎拥有巨额资本之上者亦复不少。是可知资本纵大，若经营失当，则不如资本虽小而经营得宜之为愈。又公积金纵达于巨额，然公积金亦决非尽死藏于金库，要皆或则投资于有价证券，或则亦如普通存款之活用。故万一银行发生损失，则公积金当然受其牵累，是又可知公积金多者固属可靠，亦须视银行当局经营运用之如何。要之对于银行，第一步须择其资本大公积金之多者与之交易外，尤非有第二步之考察以补助之不可。

2. 对于银行经营者之注意

如上所述，资本大公积金多者固佳，但尤须视其运用之巧拙。若用之不得其当，则虽多亦属危险；若用之得宜，则比较小额者亦堪足信用。故资本金与公积金运用之巧拙，实足以卜银行之盛衰成败。而运用资本及公积金者，即为银行之经营当局。盖银行信用之大部分全操于经营者之手。设使注意者对于银行事务不忠其职，或则漫事投机，以图行险侥幸，或则巧事饰藏，以求饱充私囊，则银行自身亦将为其覆灭，奚问其他。反之若经营者真能忠于其职，慎于其事，平日不但对于银行自身之资金能正当管理活用，以谋金融界之调和，以求生产事业之发达，并能觉悟自己对于社会经济界之进步振兴与国家全体之幸福富强，负有极重大之责任，孜孜不倦，一丝不苟，则不徒银行自身之成绩日趋良好，信用卓著。而委托资金之商人亦从而裨益不少。故商人选择银行之第二步，不可不注意经营者之态度焉。

3. 对于银行一般业务上之注意

如前所述，于选择资本及公积金之外，更须注意经营者之态度。但欲明经营者之态度，则非考察其一般业务之经营方法不可。然欲考察其各种经营方法，最良莫过于调查银行业务之内幕，如往来者之品格、放款抵押之种类、期限之长短、借户之资产、票据之种类，以及其他各种关系事项等全部通晓，方为万全。但以局外人而欲通晓此种数多事物，实属绝对不可能。因此商人乃不得不依据其表现于外界之部分为考察之标准，无他，即银行所公表之贷借对照表。但反观年来各银行所采之决算报告方法，大都极属漠然。其目的不在公表其内容，乃全属广告性质，且甚有但求贷借两方之数字一致，以粉饰太平。若单依据此种报告而判断其内容之如何，绝非安全之策。故吾人

于此不得不希望银行界全体，对于报告方法急求改良，纵不全盘托出，亦当如欧、美、日本各地之大银行，于每年营业之终期，详细报告于社会，则既可使商人便于选择，并可增加自己之信用，亦可淘汰不良分子，而谋社会经济之发展焉。

再考察银行业务之内容。除报告表外，更可调查其存款利息之高低。原来存款之利率，虽因金融界之伸缩，不免有上下高低之差，但据其利率之如何，亦为考察银行优劣之一标准。试观信用之大银行，利息虽低，自可吸收巨额存款。反之，信用不良之银行不惜增加利率以谋取吸收一般存款。因此银行自身既需支付高率之利息，其结果对于放款自然日趋不确，势不得不冒险以求获侥幸于万一之利益，而维持其生命，殊不知反为其致命伤，故一般商人若徒为目前之小利所诱，鲜有不败厥事者焉。

前所举各条，乃选择银行之最当注意者，此外如分支行之有无及同业往来之关系、与发生之原因，亦当在调查之列。因一方基础动摇，则其波动不免及于他一方也。他为准备金之如何、有价证券之种类，亦当注意。至银行创立年月，亦为不可忽视之点。盖普通言之，创立愈久则信用愈厚，基础愈稳固也。

二、银行之选择商人

欲求金融界之发展，商人固须选择信用卓著、内容坚实之银行与其交易。银行对于商人，亦当加以慎重之态度，不可轻忽授予。若银行或只知谋事业之发展、业务之扩张，或因同业竞争，不惜放手做去，则不但危其自身，实足以扰乱金融界之全体。盖一般商人每有因容易与银行发生往来，其结果或则对于其事业从事过度之扩张，或则用以从事各种之投机事业，率至一蹶不振，损己而并损人。银行自身虽纵不至因此覆灭，亦恐受绝大之损失。况以他人委托之存款滥放于投机家，从事不产生之事业，不但违反委托存款之本质，亦大悖经济之原则也。要之商人固为银行存立之要素，而不良商人亦可危及银行之生命。故银行经营者对于商人，亦不可不加以选择焉。今试略举其选择之标准如次。

1. 商人之品格

选择商人之最当注意者，则为公德心之有无、责任义务观念之强弱。换言之，即其"人的信用"之如何。盖银行纯以信用为其营业之基础，使往来商人其资产纵极丰富，若缺乏信用，则以信用为基础之银行，妄与交易，必为其所累。但其品格之如何，信用之有无，在交易之当初欲详知其底细，亦绝非易事。此则唯有量其资产及其已知之范围内，与其生来往关系渐次再细考察其信用之如何。不然每见有无责任、不守商业道德者利用银行之信用，滥发空头支票（Wind Bill），不守期约，漫事投机，纵然银行不受巨大之损失，其结果既多生无数之周折，金融界亦恐发生不良之现象。故银行当局对于此种商人，当加以慎重之注意，采取果决之态度，万不可靠情面而姑息因循也。

2. 资产负债之内容

如前所述，乃商人对人的信用。于对人的信用之外，更须考察其对物的信用。换言之，即对于其财产实状加以调查。而欲调查其财产之多寡实况，尤当调查其债务之有无。盖表面上虽持有丰富之财产，而其实已负有数倍之债务，亦复不少，此不可不特别注意者也。原来欧、美、日本各地之商业银行，对于商人资产负债等实况，皆有征信所之专门机关，司调查报告之责。虽不足云尽善尽美，亦裨益商业界不少。至我国则既无征信所之专门机关，又未尝有他种调查方法，即商人方面之个人营业报告书亦不多见，因此互相以半信半疑之态度从事交易，安得收良好之结果乎？

3. 业务之种类

银行对于往来户业务之种类，亦更当注意。盖即就存款而论，则为定准备金之唯一标准。就贴现而言，则为明票据贴现之顺逆，并可因此以察知放款之用途，以定期限之长短。对于银行自身之业务经营上，实有极大之关系。此外，对于其事业之将来有无希望，亦可藉此以推测而知。至于其过去之成绩、现在之经营状况、损益之内容，亦有不可忽者焉。

4. 借款之用途与抵押品

单就票据贴现而言，有商业票据与融通票据之别。若属商业票据，其性质本自有一定，因是其贴现之用途，亦从而自明，不至于发生意外危险，但各种放款并非由既成之关系而生，悉任借户之自由使用。因此则放款当初，不可不多方调查质问，若稍有暧昧，即不妨毅然拒绝，则不但银行自身不受其累，并可免助长投机行险之恶风，而危及社会经济界之大局。至放款须要求相当之抵押品，亦银行自卫上所必要。原来银行各种放款以债务者自身即对人的信用为第一担保，乃抵押品即对物的信用为第二担保。若万一发生债务不履行之事故时，则可将抵押品变卖以抵消债务。因此银行对于征求抵押品时，不可不特别注意调查，即一则其抵押品须容易变卖，二则须其市价不常变动，三则须容易保存搬运，四则须容易鉴别其品质。故吾人可知债票、股票及其他有价值之有价证券可视为第一级；生金银及外国货币可视为第二级；不动产商品及商品之代用证券，则不得不参看当时市面之行情而加以周到之考察，再定放款之可否。至于以生命保险证券或本行之股票作抵押，是则以往英国银行之失败，已足为后车之殷鉴焉。

如上所举数端，乃其最主要之点。再银行对于商人开始交易，更须调查其以往或现在有无与他行往来，并与他行解约与本行开始交易之理由，而其互相往来交易之他种商店之经营状况，亦在调查之列。语云："不顺乎亲，不信乎友"，又云："方以类聚，物以群分。"未尝不可应用于此处也。

三、结论

以上数节所述，为商人与银行互相注意、互相选择之重要部分。而此外更不能已于言者，则为双方之态度。已屡如前所述，商人与商业银行实不啻辅车之相依，二者有生死以之之势，因此双方于互相选择之外，更须互相扶助，以使两方皆能达到利己而兼利人之终极目的。历观我国商人，既大都只求利己，不顾其他；对于银行，纯误解其为一死藏之金库，不知银行乃以信用为其业务之原动力，其所吸收之存款决非死藏于金库，当放出于经济界之需要方面，以谋商业界之振兴。商人既迷于此中之原理，每有单为种种之谣传，不考察其真相，突于一时挤兑提取，试问纵以信用极厚之银行，亦何堪当此。再反观我国银行界，近来虽稍见改良，要还不免染有万时之恶习惯。此恶习惯为何？即官僚气习是。对于一般商人，常采以高凌下之态度，因此一般商人对于银行乃皆裹足不前，情愿与比较便利之小钱庄通往来。试观南北各大商埠，一般钱庄林立，其资金既不若银行之丰富，业务既不若银行之广泛，既无世界金融之知识，又乏调剂市面金融之能力，乃居然尤能散存于各大商埠，与银行立于竞争地位者，即为银行存立元素之商人，其大部分乃皆属与钱庄交易所致。故吾人最后不得不希望商人与银行双方，皆须互相了解，互相扶助，各秉利己而兼利人之衷心，采公平而且和易之态度，急速废除一切恶劣旧习，遇事

双方皆求敏捷迅速，增加能率。商人对银行能始则去邪勿疑，终则用贤勿贰。银行对商人亦能视之如手足，待之如兄弟，则双方固互相感受便利，且将见我国政治虽在混沌期中，而经济则未始不可日见振兴与发达也。

（本文原载《银行月刊》，1927年第7卷，第3号）

>> 备付往来存款准备金之酌定

一、往来存款之性质

商业银行为商业上之金融机关,其业务种类,固属甚繁,然总其大纲,则不外乎两大部。一为对于社会经济界资金余裕之一方,负要求即付之债务,而收受巨额之各种存款;一为运用此种巨额之存款,放出于社会经济界需要资金之另一方,而取得各种债权。存款中之主要者,不外定期、特别、通知、往来四种。就中尤以定期与往来二者金额最巨。但定期存款,其付款期限有一定之契约,未到期银行无付款之义务。他如特别与通知,一则其金额极小,取否无大关系,一则事先必须通知,亦可从容筹备。故定期、特别、通知三种存款,不发生准备金(Reserves)多寡之问题。至往来存款则反是。原往来存款,其存主多属商人,其特征在随存随取,唯其为商人,故款项出入甚繁;唯其可以随存随取,故无论其为直接或转账,或一部或全部,银行须负要求即付之义务。然银行之收受存款,其最大目的,原在运用放出于社会经济界,以图获得利益,决非代存主死藏于金库。但彼则有随时支取之权利,此则有不可死藏之苦衷,于是乎准备金多寡之问题生焉。

二、准备金多寡之标准

如前所述,银行之吸收存款,其最大目的在运用放出以求获得利益。若准备金过多,即死藏于金库之款过多,而在反面即放款额过

小，其结果则放款之利益不足抵存款之利息，势非赔累不可，此准备金过多之弊也。然准备金过小，若万一遇有多数大宗提款，即无法应付，放出之款，一时不能收回，必致捉襟见肘之厄，此准备金过小之弊也。由是观之，准备金之多寡关系银行前途。既如此其重且大，经营银行业者自不可等闲视之。但准备金多寡之约定，全在经营者善于观察，既不可有胶柱鼓瑟之标准，亦不能受一定法律之拘束。若如美国国立银行条例，以纽约、芝加哥、圣路易为三中央准备市，在该三埠之银行，对于往来存款，须有百分十八之准备金。再在波斯顿等三十九普通准备市之银行，规定其须有百分十五以上之准备金。其余各地之银行，则须有百分十二之准备金，并规定若准备金减至该限度内时，则严命其在一个月内立即填补，且在填补期内除见票即付票据之贴现外，不许办理一切放款与贴现。若一个月内未能填补，则通货监理官任命清算人出面管理。此种之规定，吾人窃以为不可。因法律条规乃金书铁券，期在必守。诚如是，则有办理合法信用素著之银行。因一时中其准备金减至限度以内，法律即禁止其放款贴现，其结果不但对于社会金融界无若何利益，且一方面既增长存户之疑心，一方面实足以危及该银行之生命。故吾人于此以为准备金多寡之标准，全在经营者自身之临机应变。然此中虽无一定之限额，要亦有下列数种关系，以为准备金多寡之标准焉。

（1）存户之种类、存户之职业性质与存款之出入有密切之关系。存款者若属从事商业，则存款之收付必繁，准备金不可不随而增多。若存户属富豪达官或农家，则收付有一定准备金可以减少。

（2）季节之注意。取款与季节亦互相照应。最显著者如我国之端阳中秋及年底，需款极多。他为农民之播种期与缴税期，官厅之公债偿还期及薪俸发放期，一地方土产之发动期，普通商人之从事办货期,皆需款甚多,而平时则又转为存款,故准备金不可不与季节之循环同其步调。

（3）银行之所在地。一国之出产,各地不同,时候亦异,有此地闲散而彼地紧迫,有此地存款增加而彼地提款极巨者,故准备金亦不得不因此而有此伸缩。

（4）分行之多少。设有分行者较之未设分行者,其准备金须多。盖分行若请求通融,非立即援助不可。不然一分行停止支付,则影响于全体。但此处尤当善于考察各分行所在地之出产贸易情形,而利用其闲散与繁忙,以收各行互相援助之利。

（5）票据交换所之有无。银行支票为减少现金收付之烦难,而票据交换所则更为辅助支票之流通,使其能发挥最大之能力。故在有票据交换所商埠之银行,比较无票据交换、无地方之银行,其准备金额亦少。盖本行付款之票据与支票,大多数皆在交换所抵冲,不须直接用现金之支付。我国尚无此种交换所之组织,于银行业之发达与能率,实阻害不少。现闻天津各行已在着手组织中,吾人于此不得不希望其早日实现也。

（6）一般金融界之大势。社会金融,出于平时,已属千姿万态,变幻莫测,非细心观察,难以揣测。若一旦发生变故,每因一小部分之裂纹,遂酿成恐慌。故经营银行者对于一般金融界之大势,需不时加以注意,以求防患于未然。若市面现紧迫时,则宁可实行紧缩方针,互相维持辅助,而免牵连之忧,此不徒准备金之一问题也。

三、集合准备制与分离准备制

普通关于存款之准备金,有集合法与分离法之二主义。集合准备

法亦云"单一准备制"或"中央准备制",即国内之各银行自行无所谓准备金之保存,小银行存于大银行,大银行存放于中央银行,结局中央银行为全国唯一之准备金库,此法为英国所采用,即英国之各小银行将其准备金存放于大银行,大银行对于小银行存入之准备金,亦视若商工业者之普通存款。对于二者之合计额,予以相当之准备金而存放于英兰银行。[①] 英兰银行亦然,对此亦予以相当之准备金。故英兰银行之准备金实为英国唯一之支付准备金,从而无论何地发生提款事故,其支付资金实由英兰银行之库中支出。再分离准备制,为北美合众国[②]所采用。其国立银行中所谓中央准备市之银行即采用此制。小商埠之国立银行,须以法定最小准备金之四分之三存放于准备市之银行。普通准备市中之银行,须以法定最小准备金之半额存放中央准备市之银行。而中央准备市中之银行,则各自保存支付准备金。此二制度,互有特长,互有优劣,得失互相表里,此方之利益即为彼方之缺点。今比较说明如次。

第一,集合准备制若有良好之中央银行,则人人皆以中央银行之准备金绝对确实,是可获得社会经济界之坚固信用。因此在集合准备制下,货币之能率比较分离准备制当能倍增。对于金融之发达与商业之繁盛,更有最大之功能。

第二,集合准备制实属比较以小额之准备金而支持巨额之信用。金融市场万一发生一小变动,立即影响于中央银行更转而波及全国。反之分离准备制,一地方之小变动,一地方之力可以维持,不致波及全国,更不致影响于全国之金利。

---

① 编者注:今译为"英格兰银行"。
② 编者注:今译为"美利坚合众国"。

如上述二者互有得失，互有利弊，即由信用组织上而观时，集合制实优于分离制。而准备金额有过小之虞，风潮一起则波及全国。分离制虽可免波及全国之忧，但货币之能率因之减用，亦非信用经济之常则。于是乎，折中制生焉，即全国各银行以其准备金之一部存放中央银行，同时自行亦存有相当之准备金。因此一面既可免金融市场过急之动摇，一方亦可增加货币之能率。故英国近来多有主张各银行于存放英兰银行之准备金外，更须在自行现存相当之准备金。美国于一九一三年十二月，亦从而规定联邦准备条例，改正从来之分离制而参以集合制矣。

四、信用之维持

如前数节所述，银行对于存款准备金之酌定，虽有种种之标准与制度，然其最切要者则尤在乎信用之有无。盖银行之命脉，全在信用。信用卓著，则尽可运用自如，而收辅助金融界之效。若信用有缺，则决不足以维持银行之生命，更何望其能尽银行之职责乎？原银行一方既负要求即付之债务，而一方能经营定期之放款者，即在能维持其信用。不然，对于不时之提款与挤兑，而能全部支付者，吾人可断言其绝无。因诚如是，则银行已不成其为银行，实为存户之现金保管所而已。故欲银行业之发展，欲谋社会经济界之福利，一方固须一般存户当了解银行之性质与其本来之使命，一方亦更须经营银行者当谨慎以维持其对人对物之信用。果能维持信用，则尽可顺应金融界之大势而事临机应变之处置。此其义美国经济学者 Bullock 述之最详。今试述其大要如次（See Bullock's *Introduticon to the Study of Economics* pp. 273 – 278）。

假设某银行以五十万元之资本开始营业，并获得两千之存户。存

款中固有一部分之提取，然同时当又有一部分之存入。故再假定平均常有一百万元之余款，若此时银行之信用极其稳固，则此平均一百万元之存款常可保有。于是银行尽可运用其资本与存款合计一百五十万元之大部分，以放出于抵押确实收回容易之各种投资。且如今日银行中之放款，少有现金之直接支付，大多数利用支票之往来以提取款项。故此云，各种放款亦多属先作为往来存款以便随时提取。因此吾人又可知放款与存款二者，在原则上其增减金额有取同一步调之倾向也。

今试考察银行营业当初及接受存款之记账。有如下式。

收方（资产）　　　　　　支方（负债）

现金 $1500000.00　　　　资本 $500000.00

　　 $1500000.00　　　　存款 $1000000.00

　　　　　　　　　　　　　 $1500000.00

再假设银行以该百万元之存款，用月息一分期限三月放出于五百人之借户，扣除其三万元之利息，其余额之九十七万又暂期往来存款。于是银行之记账式又有如次。

收方（资产）　　　　　　支方（负债）

现金 $15000000.00　　　资本 $500000.00

放款 $10000000.00　　　存款 $1970000.00

　　　　　　　　　　　　 利益 $30000.00

　　 $2500000.00　　　　　 $2500000.00

设前式之存款中，被提取五十万元，则其记账如次。

收方（资产）　　　　　　支方（负债）

现金 $1000000.00　　　　资本 $500000.00

放款 $1000000.00　　　　存款 $1470000.00

　　　　　　　　　　　　 利益 $30000.00

$2000000.00 $2000000.00

吾人试考察上列之数字,则可知再增加八十万元之放款,亦不致有误。盖亦如前式所云,月息一分期限三个月所放出之款,扣除其二万四千元之利息,其余额之七十七万六千元中,当有一半现付,一半则依然多属往来存款。其计算如次。

收方(资产)　　　　　　　支方(负债)
现金 $612000.00　　　　　资本 $500000.00
放款 $1800000.00　　　　 存款 $1858000.00
　　　　　　　　　　　　 利益 $54000.00

$2412000.00 $2412000.00

由上观之,存款为一百八十五万八千元,而准备金不过六十一万二千元。设一旦全体存户一举提款,则银行非陷于停止营业之命运不可。然从另一方观之,则银行于三个月之后,不但可回收一百八十万元之放款,且已获得五万四千元之利益。是若放款,则有提取存款之虞;若不放款,则不但不能获得该五万四千元之利益,更须付给存户之利息。然银行之本来使命,原属利用社会经济界此一方余裕之资金,以辅助彼一方之不足,决非存户之现金保管库。故银行一方收受存款,一方则当从事放款,至于能自由放款而不致遭全体提款之厄者,即在银行之能维持信用。信用素著,则银行当局尽可预知其存款中之若干,必常能保持不动,于是乃参照前述之标准,并考察经济界之大势,自由伸缩其放款额。换言之,即可自由增减其存款之支付准备金额,以谋行务之发达,图社会经济界之发展与金融界之活动,而定成银行本来之责务焉。

(本文原载《银行月刊》,1927年第7卷,第11号)

》银行发行兑换券之研究

银行兑换券（Bank note）普通亦称钞票，或称纸币（Paper money），然照其本来之性质，终以称银行兑换券为宜。再银行兑换券，本为信用经济时代之产物，然用之得其当，固可以辅助社会经济之发达，若用之不得其当，则适足以扰乱金融而危及社会经济之生命。我国银行事业尚在萌芽时代，所有银行业务亦尚未能十分完全举办，然对于发行兑换券一项，在各经济先进国，或只限于中央银行有此特权，或则需受法律之严重监督。而在我国，则人人皆思染指，且甚有专为发行银行兑换券而组织银行者，以致事前既率而发行，漫无制限，事后复不能设法维持，于是挤兑之事时有所闻，使信用卓著、发行有方、准备确实之银行亦不免受其牵累。其扰乱金融，殃及社会，实不堪言喻。故吾人于此对于银行兑换券之为物略事说明，虽曰见兔顾犬，亦聊当刍荛之议而已。

一、银行兑换券之发生与其功用

人类经济生活依普通经济史之分类，可略别为下之数时期。

1. 自给自足时代

原始时代之人类经济生活，人人皆屡藉自己之生产物，以满足其自身之欲望。在此时代，人类各自为生，既无所谓交换，更无所谓银行与货币，其无须乎银行兑换券也，固不容赘。

2. 物物交换时代

人类之欲望，次第增长，货物生产方法亦逐渐进步。于是一己之欲望已决不能仅以一己之生产物所能满足。而同时一己之生产物用以满足自身欲望以外，尚有余裕，因此各人以其利余藉易有无，遂发生所谓分业与交换之现象。在此时代，其所谓交换，乃物与物之直接交换，并无交换之媒介物，故无所谓银行与货币，更无所谓银行兑换券之发生。

3. 货币经济时代

人类经济生活日益发达，人类欲望日益增加，分业日益进步，生产日益丰富，于是单藉物与物之交换，不但感受烦难琐碎之苦，且更有量质多寡难齐之不便。因此人人为必要所迫，乃互相定一中间之媒介物，以司交换之责，既可免烦难不便之苦，并可随时随地容易获得自己所欲之物。此中间为何，即所谓货币是也。然在货币经济时代之初期，其所称货币，尚非如今日之使用贵金属，不过或者使用毛皮，或者使用家畜，或者使用谷类，故在此时代之初期，尚无银行之产生。洎乎货币经济，日益发达，使用毛皮等物藉作交换，亦未能畅所欲为，于是乃采用贵金属以作交换之媒介，而完成真正之货币经济。货币经济既完全成立，于是银行乃应之而产生焉。

4. 信用经济时代

货币经济日益发展，交易范围日趋广大，藉各种机器之发明与蒸汽力之应用，交通机关渐次完备，产业界乃大起变化，遂酿成所谓产业革命之现象。家内工业一变而为工厂工业，手工业一变而为机械工业，企业组织由小规模进而为大规模，由个人企业组织进而为股份有限公司。因此市面之需用货币，生有繁简之不同，盖金融界因季节之变动，其需用货币有带循环恒需之性质者，有带额外暂需之性质者，若市面有额外之需要，则添铸硬币以应之，而一过其时，此需复旧，则硬币生一部分之剩余，积于库底，失其效用，损失甚巨。且大宗资

易若皆一一授受硬币,其呆重之不便,亦匪堪言喻。今若有物焉,以信用为基础,代硬币之流通,则鼓铸之功,既可节省,而费用之廉,亦较倍蓰,流通之便,更简易灵敏,于是银行兑换券因而产生焉。

二、银行兑换券之本质

银行兑换券之最大要件,在能随时兑取硬币。换言之,实不外一种见票即付之无记名本票。故兑换券上必载明"凭票即付国币若干圆"之文字。如我国银行所发行之兑换券,更记载英文(例如中国银行所发行者,载有:Promises to pay the bearer on demand at its office here... yuan national currency. 交通银行所发行者,载有:Promises to pay the bearer on demand at its office here... yuan of the national currency of the Republic of China)。是可知银行对于本行发行之兑换券,实负有要求即付之债务。从理论上观之,银行之发行兑换券与收受普通存款同于吸收资金之手段,同负要求即付之债务,二者似无若何差异,则法律上之规定与监督亦似不当有悬殊之限制。然而实际上各国对于银行之收受存款,除有特别之例外,对于银行之经营存款与其准备金之多寡,未尝加以何种干涉。而对于银行之发行兑换券,则设有严重之法律规定与定额之法定准备金,此其故为何,则有如下。

(1)存户之存款于银行,纯属自动,且存户与其存款之银行普通大都有相当之关系。对于银行之营业状态与信用之如何,比较容易觉察,自能保护其自己之利益。若兑换券则反是,盖兑换券多流用于一般小规模之交易,多为中流以下之阶级所持有,此种债权之获得纯属他动,若能自由使用,固与硬币无别,且安全便利。设一旦丧失其为流通证券之资格而停止兑现,其有害于社会经济,曷堪言喻。

(2)存户对于存款之使用支票。普通该支票不一定即直接往银行取现，大都更由背书而辗转流通。然支票上之关系人皆负有偿还之责任，故持票人纵遭遇银行破产，尚可获得赔偿之道。反是若兑换券一旦停止支付，则责任者既舍该发行银行而外，绝无他处可请求，是持票人只有忍受损失，毫无救济之方。

（3）兑换券之增减伸缩。若一任银行之自由发行，则银行有不免为一时之小利所眩惑，妄事滥发，以致一朝风云变化，等于废纸，其殃及社会金融，害及一般民众，征之年来各处停付挤兑之惨剧，思过半矣。

要之存款与兑换券法，同属通货之代表而为交换之媒介。然其流用之范围有广狭之别，其附随之危险有大小之差。是故存款与兑换券决不能律以同样之法规，非有特别之条例，随时严格监督不可。即如民国十年财政部颁布取缔纸币条例，其第四条有云："各银钱行号遵照本条例第三条发行之纸币，至少须有五成现款准备兑现。其余五成，准以公债票及确实之商业证券作为保证准备。"又第五条有云："发行纸币之银钱行号，应每月制成发行数目报告表、现款及保证准备报告表，详告财政部，或禀由该管辖官所转报财政部。"其意良美，无如法律多等空文，以致风险时起，紊乱金融，祸及社会，莫斯为甚。此不得不希望国人之自觉，并希望银行界合力以铲除害群之马也。

三、发行兑换券之制度

发行制度不外两种，即一则"单独发行制"或称"制限发行制"，一则"多数银行发行制"或称"自由发行制"。单独银行发行制者何？即发行兑换券为中央银行之特权，其他一切银行皆不得享受此种权力。欧洲各国及日本概都采用单一制，其余各国亦渐次废除多数制而采用单一制。多数银行发行制，即兑换券发行权赋予多数之银行。现今北美合众国及瑞士尚采用此制。至于我国，则可称一种变态之多数银行发行制。因现今我国不但本国民自办之银行皆可取得发行权，即外国银行亦享有发行兑换券之权，以致市面上之兑换券五光十色，良莠不齐，遂使最便于利用之物反为社会之所厌恶，此其责不得不有所攸归也。

再单一制与多数制本互有长短得失，不能一概而论。然现今多数学者之主张，皆以多数制不如单一制之比较弊少利多，且征之实际，各经济先进国亦大都舍多数而采单一，此亦盖有下举之数种理由在。

（1）原来银行兑换券本属代替硬币而尽交换媒介之职责，则应当亦如正货之价格形式，需有统一之必要，故其发行权委任于单一发行人。换言之，即委任于中央银行为适当。

（2）一方欲使社会一般注意于发行者之信用，能保护其自身之利益；一方容易使发行者善尽其发行之责，不致妄事滥发，亦唯有采用单一制，始能达到该二大目的。

（3）自由发行制发行银行既多，各银行间容易发生竞争之恶习，且稽查复不容易，故容易陷于冒险滥发之祸害。

（4）自由发行制若遇一二不良分子发生风险，于是其他各银行不免受其牵累，以致玉石俱焚，同归于尽。

（5）自由发行制因各自为政，一旦同业发生不时危险，互相各极力维持其私人之信用，绝无余力救济他人。有如隔岸观火，任其祸害社会。

有此数因，现今各国皆趋向单一制，唯美国近日尚采用多数制，此亦由其固有之国情与历史之特殊发展所致，不得不视为一种例外。至于我国，则吾人仍希望将来改革币制，亦当采用单一发行制为宜。

四、兑换券之准备金

如前所述,兑换券之最大要件在随时能兑取正货。而兑换券之信用如何,即在准备金之有无。然兑换券之发行,本为节省硬币而设,若准备金之数与兑换券之数同一,则又何必多此一番发行手续。若发行而无准备,则亦违反"兑换"二字之本质,故准备金多寡之问题生焉。现今各国所采之准备法,不一而足,今试分别说明其优劣如次。

(1)单纯准备法。单纯准备即准备金之数与兑换券之发行数同一。换言之,即有与发行数同类之正货积存于库中。兑换之基础固属确实,然非发行兑换券之初衷,无节省硬币之利,不过单免硬币之磨损与失落而已。故现今除美国对于兑换金券与银行之发行尚采用此法,此外已绝无采取者。

(2)定额以上总额准备法。此法即预想兑换券之最小流通额,在此额数之限内,则以确实之有价证券与商业票据作保证准备而发行兑换券。若超过该定额以上之发行,则必有同数之正货准备,现今英兰银行即采用此法。然此法亦不无缺点,即设若发行数目已达到保证准备之法定额,无再事发行之余力时,值当金融紧迫,兑换券之需要激增,则银行若再欲发行,势非另增加正货准备不可。然而此时市面上之正货,亦不容易吸收,是绝不能充分供给市面上之需要,以救金融紧迫之急而尽金融机关之职责。故英兰银行亦有一千八百四十七年、一千八百五十八年、一千八百六十一年三回之事变,请求银行条例之停止,始获救济市面紧迫之危机。

(3)比例准备法,即以发行额之三分之一或四分之一以作正货准备之标准。此种准备法亦有过多过少之币。固若过少,则无以应兑换之请求;若过多,唯足以巩固兑换之基础。然既失其自由伸缩之弹

力，亦不足适应经济社会之需要，且对于流通额而决定适当之准备比例更属不可能。一旦市面金融紧迫，与前法生有同样之不便，现今比利时及荷兰采用此种比例准备法。

（4）最多额制限法，即单限制其发行之最多额，对于准备金不加以若何之拘束，一任发行银行之自由酌定。该法制本以防止兑换之滥发与通货之过剩为主服。然所谓最多额之限制，则不无问题发生。因依最多额之决定程度如何，以致或则生有与无制限同样之结果，或则不能完成调和金融之职责。换言之，不但不能顺应社会之需要而屈伸自由，而对于准备金不加以若何之限制，危险殊甚。现今法兰西银行即采用此法，定最高额为五十亿法郎，准备金则不受法律上何等之拘束。

（5）抵押担保品存托法，即以可作兑换券准备金之有价证券作担保而存于政府，政府则许其限于证券价格之几分而发行兑换券。若发行银行一旦失其兑换能力，政府则将抵押品卖出以应兑换之需。故此种发行法极属安全。然银行运用资金之大部分限于固定，且亦不能顺应市面之情况而伸缩自由。现今合众国即采用此法，以公债证券存于财政部作保证准备，而发行与时价相当之兑换券。对于发行额征收五厘之税，对于准备金则以相当发行额百分五之法货存于财政部，以作兑换券破损之资。此外，则无若何之限制。

（6）屈伸制限法，即以上述定额以上总额准法为基础，一遇市面金融紧迫则尚许以增加发行额之自由。详言之，即规定保证准备发行额，若超过保证准备发行额时，即强制其需有正货之准备。设一旦金融市场发生变化，兑换券之需要骤增，定额及正货准备总额之发行尚不足敷用时，则可请得政府之许可，以有价证券作保证准备而实施限制以上之发行。政府对于该制限以上之发行，则课以轻微之税款。此种发行法比较完善,即能临机应变伸缩自由,以顺应兑换券之流通程度而调和金融之繁闲。现今日本及战前德意志皆采用此法。战前德意志帝国银行以四亿五千万马克为保证准备之一定额,对于制限外之发行则征收百分之五税款,达至发行总额三分之一以上,则需有正货之准备。日本中央银行亦然,以一亿二千万圆为保证准备之定额,则限外之发行亦征收有百分之五以上之税款,但不如德国对于额外发行三分之一以上需有正货之准备。日本去年金融界之大恐慌,全国银行停止支付,实有赖于此种准备法以维持其局面。

如上所述,实以屈伸制限法比较利多弊少。然无论何种法规,言之匪艰,行之维艰。若纵规定严格之法制,然不能依而实行,亦等于纸上空谈。即如我国财政部本已规定发行条例,然发行者依然自图目前小利,不顾金融大局,以致挤兑之事时有所闻,其害及经济社会与一般市民,实非浅鲜也。

(本文原载《银行月刊》,1928年第8卷,第1号)

>> 商业银行的使命

一国的国民经济能不能健全发展,一国的商工业能不能一一振兴,全看一国的银行事业能不能完成它们在金融界所应尽的责任。一国的银行事业种类很多,而第一最重要的当然是中央银行。若是中央银行能完成它做全国"银行的银行"的使命,换言之,就是能完成它做母银行的使命,全国的子银行方可正当发达。全国的子银行能各个完成它们对于金融界的使命,全国的商工业始有振兴的希望。对于中央银行的使命,兄弟在《现代评论》二〇三期中约略讨论了一点,而一国的银行事业中,除了中央银行,第二重要的就推商业银行,所以今天特将商业银行同大家来讨论。

一、商业银行的本质

我们欲研究商业银行的使命,第一当明了它的本质。换言之,就是要明了商业银行的内容,要明了商业银行与其他专业银行——如兴业银行、农业银行、合作银行等——的区别。

商业银行是为辅助商业的金融机关,它的业务的种类固然很多,交易的范围固然极广,但是统括地考察起来,却不外乎四大部:就是一则对于社会经济界资金丰裕的一方收受各种存款,而负要求即付(on demand)的债务;二则运用此种存款,放出于社会经济界资金需要的他一方,取得各种债权;三则办理票据贴现,移转商人间的债权债务,而救济资本的固定;四则买卖汇票,代替现金的搬运,以清理异地间商人的贷借关系。换言之,即商业银行的本质不外乎受存款而发生债务,由放款而取得债权,办理贴现而移转债权债务,买卖汇票而清理商业上的贷借关系,这四种是商业银行的主要业务,其他如信托、保管、代收、代解,等等,都是附属的业务,所以现在再把这四大主要的业务稍为说明:

(1) 存款。原来普通银行中的存款种类很多,例如,定期存款、往来活期存款、通知存款、储蓄存款等皆是,但是商业银行的存款中的最重要分子,就算往来活期存款,这就是商业银行之所以为商业银行,亦即商业银行所以为商业上的金融机关。原来活期存款与他种存款的性质不同,是随存随取的,既可以免商人自己保管的麻烦,又可以免火灾盗难遗失等的不时危险,还可以获得利息。就中尤便于利用的,则为支票(cheque)的往来,例如,商人某甲对于商人某乙欲偿还债务时,就可将他存款银行的支票开一张予某乙,某乙则可凭此支票向银行领得支票上所填的现金,假使某乙亦与该银行素有来往关系,某乙若当时不需现金时,又可转入自己的往来账内。所以付款者只是一张支票就可清偿巨额的账务,免除计算现金的麻烦,领款者亦单受一张支票,免却许多往返无意味的手续,即得收回债权,银行方面亦省却现金上一收一付的烦累,单由一张转账传票就清理三方面的关系事务。即不然,亦可在票据交换所(Clearing House)而清理一切,所以商业银行的收受存款是纯为便利商人在商业上的灵敏活动的。

(2) 放款。经营商业与经营其他事业不同,商业是贵在灵敏活动,资金贵乎时常流转不息。但是商业上有时因种种的季节变动关系,银根时紧时松,商人就不免有感难的时候,商业银行就是辅助商人自由活动,救济商人困难的,即遇有银根紧急的时候,商业银行对

于有信用的正当商人,予以短期的抵押借款或透支,一方面使正当商人能自由地活动,一方面就可以维持金融市面,这是商业银行办理放款的要点。

(3)贴现。贴现更为商业银行重要业务,与商业上更有密切的关系。例如,某货物的生产者将某种物品卖与某批发商时,若该批发商当时有现金付款,则该生产者即可用以再从事生产,或购买原料,或运用于其他的种种必要上,但有时因金融上的关系,批发商一时不能给予现金,或两商人地域各殊,不能收受现金,然生产者又不能使巨额的资金陷于固定的地位,以中止生产,所以大都或则由生产者对于批发商出一汇票(Draw a bill),嘱其将款于一个月或三个月后交与自己或第三者,指令批发商签字,到期付现;或则由批发给生产者一张期票或本期(Promissory note),允于一个月或三个月后付现。于是生产者就可将此种票据持向银行请求贴现,银行征收一定的利息,给生产者以残余的现金,生产者即可再用以生产,银行则变为债权人,待至满期日,则请求批发商付款,因此生产者既免于资金固定与生产中断的危险,批发商亦可免却一时的累急,不至妨碍商业上的活动,而批发商与零卖商亦可利用此种方法,以便互相活动。所以票据贴现对于商业上实有莫大的效用。

(4)汇兑。若依汇兑的原理原则而论,例如,上海有甲、乙两商人,汉口有丙、丁两商人,汉口丙商欠上海甲商一万元,上海乙商欠汉口丁商一万元,当时甲、乙、丙、丁四商人直接认识,于是上海乙商就直接购买甲对丙的一览即付票,邮寄汉口丁商,丁则持此票向丙取款,于是甲、丁二商各收回债权,乙、丙两商亦各清理债务。由此种纯粹理论的相对汇兑而论,商业银行似乎没有存在的必要,但此种"四当事人""两债务关系"的相对汇兑,用以说明汇兑上的原理原则固可以表明汇兑的性质，可是金融界决没有这样简单的事情，商业金融上所发生的贷借关系决非如此简单的。若如理论上的汇兑，就有种种的不便，试问甲、乙两商人互不认识怎么办？纵然认识，两商人的贷借金额不同怎么办？金额纵然相同，若付款的地方不同又怎么办？付款地纵相同，付款的期限不同又怎么办？欲免却此许多的困难，则唯赖有办理汇兑的专门机关，商业银行所以特设汇兑一科，联络各地分支行及同业，不论国内、国外，随时随地买卖汇票，以清理天各一方的债务关系，使商人既免输送现金的费用与危险，并救济资金的固定，就中如银行信用汇（Letter of Credit）与跟单押汇（Documentary Bill），更为国际贸易上所必需，对于世界经济的发达与进步，是有密接关系的。

二、商业银行的使命

我们研究商业银行的内容，就可以知道商业银行与普通各专业银行是不同的。商业银行是商业上的金融机关，以短期信用为原则。现在我们试比较农业银行与商业银行的异同就可以知道，农业银行是农业的金融机关，属于长期信用，因为农家向农业银行借款，是用于开垦土地、改良耕种、购买肥料，期限自然要得长，最短者亦须等到收获的时候，放款方可收回，所以农业银行的资金多仰给于社会中的游资，其吸收方法在发行长期债券。反之商业银行其运用资金贵在极快的循环不息，这回交易告成，他一回的交易就发生，办理要敏捷灵活，所以商业银行的债务债权大都是要求即付，其重要目的在使资金不固定，容易救济市面，容易回收，其交易的范围不如其他专业银行限于一地方，偏于一局部，商业银行是以信用作基础，经营种种形式复杂、范围极广的交易。

　　我们现在既明了商业银行的本质、商业银行的内容及商业银行与其他专业银行的区别,我们就由此可以想到商业银行的责任。换言之,就是商业银行的使命。它的使命为何?可以列举如次,固然是下面所列举的几条,普通银行也是有应当负责的。可是商业银行是赋了银行中最普遍的典型,它的业务范围最广,所以它对于下面几条更负有最重大的责任:

　　(1)需辅助生产事业而增大资本的效用。商业银行办理存款、放款业务,决非作借贷金钱的媒介人,它的责任虽不能造出资本,但是它当善于利用信用,使生产资本,能敏活地买卖移转,以增加资本的效用而辅助全国的生产事业(See Adam Smith, *Wealth of Nations*, Bk Ⅱ, Ch Ⅱ & Roseher, *Zystem Jer Volkswirtschaft*)。

　　(2)需促进资本的移转而运用于有利的生产。商业银行一方面吸收经济界的存款,一方面从事贴现与放款。它的任务虽是在挹此注彼,可是放款方法不可专以营利为目的,需出以慎重的选择,放出于社会有利益的事业,既需求其容易收回,不可呆滞,并需合乎国利民福,不可助长投机(See Ely, *Monopoly and Trusts* p. 215)。

　　(3)需求节省商工业家的劳费。商业银行为商家代收、代解,对于存款,发受支票;对于票据,代理支付,等等业务,其主要目的就在便利商家,为商工业者节省许多麻烦与无价值的劳费。诚如是,始符合商业银行办理各种业务与本旨。

　　(4)需预防物价的激烈变动而救济贫民。原来一国的中央银行是银行的银行,是援助全国各子银行正当发展的。全国各子银行乃是国民直接交易的银行,就中商业银行与国民全体的关系更最密切,商业银行的资金运用如何,对于经济界是有很大的影响。运用的方法一误,就可以扰乱生产社会,而使物价或突涨或突落,国民就大受损害，所以商业银行对于资金的运用，当研究经济界的大势，通盘打算，力求物质的安定（See Foxwel, *Social Aspect of Banking*, Journal of the Institute of Bankers, Vol. VII, p. 62）。

（5）需力求对外贸易的发展。商业银行办理国外汇兑，其本来的使命，是在求一国的对外贸易振兴，便于本国的出口商人。我国对外贸易之所以如此衰微，就是因为商业银行的国外汇兑业务没有力量去辅助，现在中国所有大宗进出口贸易，都是操于外商银行的掌中，一任其垄断盘剥，以致国货不能荡销海外。而外国货因它们的商业银行能完成这个使命，所以它们的货物能源源地侵入中国各地，中国每年受外货进口的损失实在是可惊怕的（关于国外贸易的统计论说，年来国内经济学者已讨论周详，大家想皆已知道，无容赘语。即如最近现代详论杨端六先生的论文及国货展览会特刊刘大钧先生的论文，皆是讨论中国对外贸易的杰作，研究得详细，大家不妨一读）。

我们讲到这里就可想到，商业银行决非是纯粹的营利机关。不容说，各种经济上的活动当然是以营利为动机，经济社会之所以发展，也就是因为求利，营利并不是一件坏事，是经济进化的要因，所以经济学泰斗亚丹斯密的《国富论》中，处处都是说经济的发达，是起因于利己的感情（*Egoistic feeling*），书中随处见有"Self - interest; self - love; Private interest; own advantage; desire of bettering our condition; effort of every man to better his own condition"等的文句，可见营利并不是不可，不过我们要知道营利固然是经济发达的要因，亦是商业银行能够存在的要素，可是一方面营利固可营利，必须一方面要努力完成它的使命才可利己而并利人，不致损人而利己。普通以为，利己利人是不能两立的，这种思想已是过去的误谬。一个经济社会是要大家都有利益，从而能够发展，决不见一方有利的团体能够永远存在

的，所以我们可断言商业银行的一切营业，是在努力完成它的使命，因为若能完成它的使命，对于社会经济界有利益，一国商工业日见发达，自然而然地银行自身也就日见发达，才有利益可获。而要想完成它的使命，我们更可断言经营商业银行的有不可不注意的三件事：就是要服务社会，要辅助工商业，要求发展国外贸易。否则，不但不能完成它的使命，其终极的结果亦绝致无利益可图，"皮之不存，毛将焉附"就是这个意思。

所以我们最后要大家将来注意中国各银行的行动，要监督它、批评它，要铲除害群的马，因为中国的各银行能够觉悟的还很少，或者名为农业银行，其实并未扶助农业，偏越俎代庖而做商业银行的事，或者名为商业银行，其实并未曾真正能辅助商工业的发达，做的都是投机的事业，不但无益于社会，是祸害民众不少。还有几家很大的中外合办的银行，纯粹是为往日军阀的筹款机关，作借外债的经纪人，对于本国的国计民生，是它们作梦也没有想到的。所以我希望大家要看清中国的银行，哪一类是应当大家援助的，哪一类是大家要打倒的，这么一来，才可使中国的国民经济能正当地发展，中国的商工业才能振兴。

（本文原载《月刊》，1928 年第 1 期）

>> 银行行员之选择与待遇及行员之自觉

银行之存立须有三大要素。一须有巨额确实之资本，二须有适时完备之组织，三须有服务忠实之人才，三者固缺一不可。然比较之，则有轻重之别。普通言，资本为第一要素，但精密观察之，人才难于资本，组织则更次之。原资本固为银行成立之根源，然无资本不足以成立银行，则对于社会公私经济界，不发生若何利害关系。至于组织，较之资本则不可同日而语，盖既集有巨额之资本，则银行本身已属成立，已为社会经济界中一活动分子。若此时非有适时完备之组织，以分配其运用之方法，斟酌其办理之次序，指示其经营之手续，则将使巨额资金陷于危险地位，公私经济界不免受其牵累，此组织所以重于资本也。至于人才，则比较二者尤为重要。盖纵集有巨额之资本与良好之组织，此时尤不啻一具大机器，材料纵精良，装置纵完备，设无善于运转者以司其各处之活动机关，以保护修理其重要部分，将见日迁月异，非至锈坏不可。故资本纵若何巨大，组织纵若何完备，设无多数适当之人才以经营，则不但银行自身决无起色，公私经济界亦将为其连累而受莫大之损害。且再就获得三要素之难易而论，集巨额之资本虽非易事，然能聚集与否不过银行自身之成立问题，组织法之良否，尚不难效法东、西各国之先例。唯如何适合国情与时势则非尽抄袭之力可以为功。何况立一法而人每缘法为奸，不如得一人而法可因人以立者乎。世界经济状态愈进化，社会现象愈复杂，银行业务愈发达，则应付业务之人才愈难得。此今日企业家有异

口同声之叹所由来也。作者以为解决此问题，在于三方面互相为用，今试分述于次。

一、选择行员之标准

欲解决人的要素之第一步，则在采用行员时之周密选择。选择之方法固多，而其最重要者，则不外下列数种。

（1）品格。无论何人，皆须有高尚善良之品格，固不独银行行员为然，不过银行行员更当以此为其第一要件耳。盖银行行员若具此第一之要件，则下述之各要件不期然而然，皆得发挥其最大量之效用。否则若其人纵小有才识，反足为害。故现今先进国之银行，其采用行员时莫不以此为第一要素。然人心之不同，有如其面，若欲一见面即决定其人之品格良否，确不容易，但亦非绝对不可能。语云："胸中正，则眸子了焉；胸中不正，则眸子眊焉。"若能以富于经验，久于阅历者当选择之卫亦未尝不足以辨别其良莠。例如，日本各大银行每年采用新行员时，始则委托专门以上之各学校当局，代为物色推举。物色既得，乃施以面试。面试时集多数富有经验之理事、董事、经理于一堂，各秉其平日之经验、一己之眼光，互相默记其分数。面试既终，互相对照，以采用其平均点之最多者，虽不中亦不远矣。

（2）教养。品格之次，当推教养。盖品格之良劣与教养之有无有密切之关系。有教养者，品格必良；无教养者，品格必劣。此不待言而知。但此处所谓教养，本教育与素养之谓。然所谓教育，并非悉须有高深之教育；所谓素养，亦并非悉须希圣希贤。要之上级行员，必须选择其对于法律、经济得有专门以上之知识，对人接物须有高尚之态度，方能尽其职责。即如下级行员之须采用具有普通商业上之常识及普通教育与家庭教育之素养，庶能不紊厥职。反观我国各银行之行员，虽其中不无特殊之人才，然纨绔子弟、旧式学徒，亦属不少，既无商业上之常识，复乏正当之教养，甚至有在银行中服务十余年，对于票据之性质与要点、契约之要件与内容、复式簿记中日记账与总账二者性质上之区别，亦莫名其所以然者。他如银行在社会经济界中之责任与国际金融之情况，更非所知。处于中国今日经济状态，尚能勉强对付，若欲竞争于世界经济战场，岂可得乎？或者曰，银行界之所以多采用此种行员者，因其报酬少而利用之，不知人浮于事，不足以济事反足以害事，其余更不必论矣。

（3）才识。上述教养为普通行员而言，至于上级行员，则于教养之外犹非赋有特别才识者不可。盖银行为社会上之金融机关，千姿万态，变化无穷，故行员对于凡百事务，须灵活敏捷，例诸过去，推测将来，透达行情，临机应变。不然，若平日既无此种素养，临事则必恐慌，既昧于金融界变化之前因后果，复不知国内外经济界变动之迅速，每遇有事故发生，稳健者或失之委缩因循，荒唐者乃遭意外损失。盖不仅老于世故人情，长于周旋酬应，即可当上选也。

（4）健康。健全精神为经营事业之根本，而健全之精神实宿于健全之身体（Mens sana in corpore sano），是健康之必要已无容赘言。银行行员之事务，不劳力而劳心，每日伏案埋头，即素称身体壮健者，若非藉新鲜之空气与活泼之运动以加以补救保摄，尤恐有日趋衰弱之虞，何况素日萎靡虚弱者乎。故行员须有高尚之风采、良好之态度、活泼之精神。换言之，即须有所谓健康美，方能得良好之结果也。

（5）年龄。年龄之老少，即所以辨身体之强弱。此中虽不无老当日壮之例外，然普通少壮者身体自强健，精神自健全，处世自敏捷。而银行业务为一种最灵敏之金融机关，故从事斯业者亦当须年富力强，耳聪目明，方能见事透彻，临事敏捷。故年龄问题亦为最当考虑

之点。依普通而论,最好截自二十岁至四十五岁为宜。因人生在此时期中,最能勇往迈进,不畏劳苦,精神活泼,不喜退缩。若集聚此等英气勃勃之行员于一堂,以办理各种业务,则行务自然蒸蒸日上,而有日增振兴之势。反之则不免因循萎靡,诚非行之所宜。

二、待遇行员之改良

语云,"用贤勿贰、去邪勿疑"。国家如此,银行何独不然?故经营银行者,亦当秉斯旨义。待遇行员今更演绎于次。

(1)赏罚严明。赏罚之适当与否,为经营事业成败之最大关键。故有过必罚,不可姑息;有功必赏,不可稍有爱憎。此固不仅于银行行员之待遇当如是。唯待遇行员更切感重要耳。因银行行员希望有限,银行事务日少变化。若监督不严,易起苟且偷安之心;若奖励不明,难收合力上进之效。故经营监督者平日处处细心观察其人之勤惰如何,不妨施以特别之奖励与严重之责罚,优者升级加俸,拙者降职减薪,则不但被赏者加鞭愈奋,而被罚者亦知所自警也。

(2)待遇平等。"平等"二字,固为现今最难解释之问题,更不能得一明确一定之标准以说明何者为平等,何者为不平等。且因普通解释之不同,主张上遂生有绝大之差异,但吾人此处所云待遇之平等,纯系依事论事,绝非如普通抽象平等论之齐头并足。约言之,对于一般行员之待遇,需视其人之品格、学识、才能、勤惰等为标准,有一分好处,则优待一分,有十分好处,则优待十分,此不但补前述赏罚严明之不足,并可以收行员心悦诚服之效。若单以种种特殊之关系,以致本末颠倒,使优良者反屈服于恶劣者之下,事烦酬少,功高位卑,则必为阶级斗争之思想所眩惑,而酿成种种不良之现象。设熟悉事务本质优良之分子,群起反动,斯时而欲使素日不劳而获之恶劣分子出而代庖，岂可得乎。

（3）细微体恤。人类是富于感情的动物，故每有施以刀俎鼎镬而不屈，诱以金钱利禄而不动，然动之以情感，则宁可蹈汤赴火以报知遇者比比皆是。原行员之服务银行，亦属为谋生活，所以背乡井离父母，做客他乡以逐蝇头之利，其中虽不无家道素封者，然普通一般实皆属藉此谋生。故经营监督者对于此等小行员之痛苦，应当细微体恤。因人类之生存要素，不徒在物质上之丰裕，亦需有精神上之满足，且甚有宁可牺牲物质的享受而冀得精神上之平和者，是经营监督人并不需徒增加行中之损耗，以使其得物质上之丰裕，只需开诚布公，体恤甘苦，以使其得精神上之安慰，则人人自当衷心感服，勤于服务而忠于职守也。

（4）上下亲睦。近时各种公司组织之服务人员容易为阶级斗争思想所惑而乘机暴动者，其最大原因则由于上下之隔阂，或以威吓之态度，或以秘密之独断，因之上下相反，百病丛生。故银行之经营监督者既属居高临下，更当谋上下之亲睦，平日固需以和易之态度，容纳群策群言，以使下情上达。最好每月或每季，利用业务余暇，集全体行员于一堂，采茶话会之形式，使行员自由发表其对于行中之意见，用作改良之参考。而经营监督者亦当倾吐其一己之抱负，以得一般行员之了解与信赖。于是则上下和衷协力，从事行务，能如脑之使臂，手之运指，而收同舟共济之效。

（5）量才适用。英语有云："The right man in the right place"，乃用人行政之最大要点，亦成功事业之最大原因。世无全才，亦无废才，各有所长，各有所短，唯在人之善用其长，善舍其短，斯为得策。故银行经营监督者，对于多数之行员，亦当审之又审，年中施以一定之调换，以细察其所长所短而巧为利用，使各人各能发挥其最大之本能,则业务之能率必可因而增加。再银行行员,尤其新采用之行员,先需派入计算科,俟其对于计算科一切事务通晓后再分别派入营业部为宜。盖计算科总业务之大成,一日之业务固需经由计算科而告厥成,一年之业务亦须由计算科制造表册,成立报告。他如传票以及一切表单,均须由计算科整理,故先入计算科,则对于记账之法则、传票之做法、各科之事务,以及各科相互之关系,皆能藉而练习与通晓。至于营业部则各有一部分之专业,若先未入计算科,虽在营业科久担任某一专业,尚不能悉其本事务于全体之关系者极多,绝难收合力之效。且新入行员,即以其担任营业部之事务,大都茫无头绪,对于事务纵无错误,而对于手续,亦必有迟慢之讥焉。

三、行员之自己觉悟

如前二项所述,虽有周密之选择与良好之待遇,但尤须行员自己之觉悟,方能达到美满之目的。普通欲投身银行服务者,大都重在谋生,然有误解银行为攫取横财之场者,因此不问银行对于社会经济界之责任,不知自身服务于银行之要件,只顾一己之生活,更或因所望奢而所遂小,流于得不偿失。故吾人于此敢敬告欲投身银行界者,先当了解银行对于国民经济上之责任,并需了解银行界不比宦场,此处乃纯属脚踏实地,决不能一鸣惊人而满足未入社会时之空想,更须自身审度其性质是否适合于此种终日埋头账簿中千篇一律毫无变化之生活中,方不致后日大失此望,而已投身银行中者,尤须有下列数项之觉悟,方不致有紊厥职,今试分举如次。

(1) 勤勉敏捷。勤勉为万般事业成功之母。服务银行必须勤勉,而勤勉之中,更需有敏捷以辅助,方称万全。盖银行为社会经济界之金融活动机关,当应社会经济界之转变而活动自如,内部事务固需迅速料理，而对外交易尤需敏捷。因国民经济愈发达，社会间愈无闲人，故往来交易者均属事故繁忙，且银行不如旧式钱庄之终日营业，自己既规有一定之营业时间，迟早皆不交易。今若于此有限之时间内，犹不以敏捷之手段，以便往来交易者之利用，则将使往来交易者，甚或因数十分之迟延而受巨大之损失。即纵不然，亦使往来户主心感不快，此后将望而却步。但此犹不过单就营业事务而言，再上级行员，对于社会经济界之变动、金融之伸缩，尤需日常勤加考察，则不但银行前途必日见成功，即万一纵遇有危险，亦可转危为安。要之勤勉敏捷，实有连带关系。欲敏捷当需勤勉，能勤勉自能敏捷，盖即就营业事务而言。若内部事务平时未能整理清晰，以致在对外营业时间内还需整理内部事务，则欲对外营业之敏捷可得乎？若平日随时对于账簿表册整理清楚，一目了然，在对外营业时间中，则能以全副精神对付，自能绰绰裕如。他如日常对于各种经济变动之前因后果，未能勤于考察，一旦事变发生，始从而颦首蹙额，苦想办法，其欲不致手足失措者可得乎。

（2）诚笃和平。行员与银行有利害切肤之关系，银行之发达如何，实影响于行员自身之进退。故银行行员对于其所服务之银行，应当视之如自己之家，在行中一切处置举动，当秉其处理自己家庭之心理以为之。当省俭者即为之节省，当爱惜者即为之爱护，当整理者即善为整理，当保存者即妥为保管。遇事皆秉以忠诚，不稍存苟安妄念。若全体行员皆秉此旨以从事服务，则银行未有不振兴者。再行员之对内对外者，皆需有和平之态度。就对内而言，同事间贵互相和睦，则事务上容易收互相辅助、互相联络之效。因银行业务犹如一种运转机器，各部互相衔接、互有密切之关系，牵此则动彼，其分科之部分事务虽各有专责，而总合其全体，则均为欲达到行务发达振兴之

同一目的。使同事间若互相猜忌，争无意味之意气，则不但行员本身日相吴越，毫无乐趣，即对于事务上之进行，亦必生龃龉。再就对外而言，行员之对人接物更需有蔼然可亲之态度，盖银行乃一种商业机关，而商业之唯一要件即在和平。务使往来户主乐于交易，既不可以存款之多寡而生待遇之差等，更不可以服装之华素及男女老幼之不同，而有尊敬轻视之别。即外来交易者间有因不明行中规矩与手续以致发生误会，行员对之亦当平声静气，和颜悦色，多方说明，务使交易者获得心理上之满足，自然行务日见发展。反观我国银行界，犹未脱腐败官僚之习气，行员之接待顾客多带有一种轻狂骄矜（False dignity）之概，见之令人作三日呕。宜普通商人不轻与新式银行往来，而乐与旧式钱庄交易，宜各大都会中，旧式钱庄林立而抱有最大之潜势力也欤。

（3）严守规律。万般事业，固贵有良好之组织与谨严之纪律，然尤贵能遵从组织，严守规律。每见有开办事业之当初，严订章程，分款设节，事无大小，逐一注明。然不能见诸实现，日久废弛，百弊自出。况银行业务较之他种经营事业，更需有良好之组织与整肃之纪律，则因是可知更需能遵从组织严守纪律，故服务银行者，对于各自之专管事务，固需遵照行规办理，丝毫不乱，使接办者容易随从，使检查者容易鉴别，使与别科事务互相针对，对于营业时间亦当严守时刻。在营业时间中，固不可擅离职守，亦不可有迟到早退之陋习。因银行营业时间既有一定，则当在此有限之时间内，等待交易者以便其利用。不然，时间既有限，而于此有限之时间内，犹使往来交易者苦守株待，则有急需者甚或因数十分之迟延受莫大之损失，无急需者亦因迁延苦等未免烦恼心生。将见已与本行交易者受有此种痛苦，当相率裹足不前。将欲与本行交易者，不敢问津，如此而欲行务之发达岂可得乎？

（4）负责牺牲。吾人服务于社会中，最重有责任心与牺牲精神。今日中国各种事业之失败与不能发达，原因固多，而最大要因，即在办事员之无责任心与无牺牲精神。银行事业亦何独不然，盖既乏责任心与牺牲精神，则遇事苟且偷安，只图自私自利。对于职务趋易避难，不顾行务之发达如何，对于公款，任意滥用，不虑行中之损益与否。或者只知计薪津之多寡，不自省自身之价值与勤劳，每以报酬少而生怨望，遂不愿努力服务。殊不知行员之服务银行，对于报酬与服务，二者应当截然分离着想。报酬多固当负责办事，报酬少亦当认真服务，在经营监督之当局者，固当以办事之勤惰定赏罚之标准，而在服务办事者，则不可以报酬之多寡而生服务之勤惰。不然贪心无限，欲壑难填。对于报酬，只嫌少不嫌多，对于公事，不肯多负一分责任；对于私事，不肯稍牺牲一点。在当局者为顾虑事业基础之稳固，既不能妄增巨额之损失，而服务者毫不考虑事业之前途，只抱无厌之欲求，欲事业之不失败可得乎？

（5）博闻强记。银行为社会经济界之金融机关，司社会金融之调节，利用社会经济界此一方之余资，补助社会经济界他一方之不足，以谋社会金融之活动而辅助国民经济之发达，其交易范围极广，其业务办理极繁，而其变化转移亦极速，故近则如国内输出入之情状、市面金融之繁闲、各地出产之状况、国内财政之实质、金利银折之高低、远则如国外各大商埠汇兑之行市、各国进出口货之丰歉、各国天然特产与工业品之种种、各国财政状况及经济政策之如何，以及各种通商手续、票据法规、市场利率等，均为从事银行业务者所不可少之知识。因是银行行员，尤其上级行员，大则对于此等金融界之事实，平日固需随时考察，对于各地有价值之经济杂志随时浏览，择要默

记,以备不时之需。小则对于行内各种放款、契约条件、担保品以及交易者之信用、品格、境遇,亦需随时暗记,以免事故发生时,始虚耗时间,于多数表册单据中反复查觅,故欲从事银行业务者需自省具有此种记忆力否。若附有健忘症与神经衰弱者,切不可投身于此种竞争活动场中,以致失之毫厘,差之千里,误已而并误人焉。

以上吾人已就选择、待遇、自觉三方面略为讨论。虽不敢遂以为完全,然只要果如前数节所述则已绰绰有余。今更将美国 St. Louis 城 Mechanic Bank 之 L. L Jones. 氏对于行员服务银行、所制之贷借对照表列举于下,以作大雅之参考焉。

Assets or what he owns	Liabilities or what he owes
1. Character	1. Fidelity
2. Conscience	2. Labour
3. Education	3. Loyalty
4. Health	4. Politeness
5. Honour	5. Punctuality
6. Talent	6. Reliability

(本文原载《银行月刊》,1928 年第 8 卷,第 2 号)

》中央银行的使命

　　一国的国民经济能不能健全发达，一国的商工业能不能一一振兴，全看一国的银行事业能不能完成他们在金融界所应尽的责任而定，这是稍有经济常识者都知道的。但是国民经济中包含着多数的经济小团体，所以银行事业也随而有许多的种类，例如为辅助商业，有商业银行，为辅助工业，有工业银行，为辅助农业，有农业银行，为办理汇兑，有汇业银行，其他如矿业银行、盐业银行、棉业银行、煤业银行、垦业银行、丝茶银行、渔业银行、储蓄银行、合作银行、平民银行、市民银行，等等，都是顺应国民经济的要求而产生的。从局部看起来，对于各经济小团体，既各有专业的银行去辅助，那末中央银行似乎就可以不要了。可是从全体上看起来，一国的商工业愈振兴，一国的专业银行愈多，中央银行就愈不可少，中央银行的责任就愈重大。普通对于中央银行的概念，每有误解其为国家银行的，甚至有许多政治家亦视为中央银行不啻为政府的筹款机关。这种误解实足以置国民经济的死命。国外的此种先例虽不多见，中国年来因此种误解所得的痛苦，想全国国民已受得够了。本来中央银行有代理国库的特权。然而中央银行，决不是政府的财政机关。中央银行亦从事存款、放款与他种业务，然而中央银行决不是局部的营利事业。中央银行是负有调剂全国金融的盈亏，指导全国银行的方策，而辅助全国各专业银行健全发展的。换一句话说，中央银行是银行的银行，不是国家的银行、中央银行是母银行，全国各专业银行是子银行。假使中央

资耀华文存

银行不能尽她所当尽的责任,全国的子银行决不能健全发展。子银行既不能健全发展,那么全国商工业就决没有振兴的希望了。我们当觉悟中央银行的最大使命,不是在代理国库,也不是在发行钞票,更不是办理各种存款与各种放款。其代理国库发行钞票,是因她的性质上与业务上的便利,决不是她的最终目的。其办理存款放款与他种营业,是为完成她的使命的政策,决不是如普通银行为营利而设的。那么中央银行的最大使命是什么?这就是本文所讨论的中心点。固然是决非简单两三句话所能尽,但是从根本上考察起来,我们可以说中央银行有两大使命。中央银行的最高政策、中央银行的一切业务,推其源,究其根,不外乎欲完成这两大使命,这两大使命是什么?就是一则预防全国经济恐慌的发生与恐慌发生时的救济,一则维持对外汇兑行市的安定与行市变动时的操纵。

一、预防全国经济恐慌的发生与恐慌发生时的救济

经济恐慌(Economic Crises)就是经济社会陷于混乱的状态,换一句话说,就是经济生活上发生了疾病。人的疾病,有从内部发生的,有从外部发生的,经济的恐慌亦可分为内部的原因与外部的原因。例如,天变、地异、外忧、内乱、革命、暴动,等等,是经济社会外部的恐慌;生产过剩、投机失败、物价暴落、信用破坏,等等,是经济社会内部的恐慌。不用说这两种恐慌,亦多有互相关联而连续发生的。但是现在只单就与本文密接关系的内部原因稍为讨论,其全部的详细研究,俟另有专文方可。

经济恐慌由内部发生的最大的原因,是因为近世的经济组织,非定货生产,乃市场生产;非地域经济;乃世界经济,非小额生产;乃大量生产,非物物交换,乃信用交换所致。原来消费与生产、需要与

供给，若能彼此一致，不多不少，这是国民经济上最希望、最好不过的。但是处于近世的经济组织、各种生产事业，皆是以信用作基础，用大规模的组织，事大量的生产，预想全国或全世界的需要而定供给量。一朝预想变成空想，生产品过剩，供给量过多，货物停滞，资金固定，信用破坏，金融紧迫，一波未平，一波续起，一犬吠虚，百犬传实，风声鹤唳，草木皆兵。财界遂陷于混乱状态，破产的、失业的、逃荒的如潮水般地涌来，这就是经济生活发生疾病，就是经济恐慌。经济界一回发生恐慌，国民经济生活即受最大的痛苦，国家元气大受损伤。所以求经济界永远不发生恐慌，是全国民唯一的希望。万一发生恐慌，就更不可不急有救济的方法。中央银行第一的使命，就是在预防经济恐慌的发生与发生时的救济。其所以预防恐慌的发生与救济的方法如何，就在中央银行能秉其母银行的资格，能秉其监督金融的权力，运用她发行钞票的伸缩性与金利自由高低政策，方可达到她的目的。原来近代企业皆为公司组织，企业家与资本主、财力与金力，多不是同为一人。企业家的资本无非仰给于银行及资本主，若通货供给丰富，金利低微，则企业当勃兴；反之若通货供给减少，金利高昂，则企业当沉衰，此经济上必然的现象。中央银行既然是握了全国金融的中枢，她的一举手一投足，就可以左右全国的市场。若中央银行能临机应变，因时顺势，伸缩通货，高低金利，则既可预防恐慌于未然，并可镇压恐慌于既发。例如，经济界渐趋旺盛，投机家投机事业勃起，企业家已失其慎重与正当的态度的时候，中央银行即当立即一方面收缩通货，一方面提高利率，限制贴现与重贴现的资格，监视金融机关的行动。母银行既如此，那么全国的子银行亦必唯母银行马首是瞻。金融自然趋于紧缩，投机事业就可减少，自可防止恐慌的发生。设万一提高金利，尚不奏效，投机风气日盛，终至酿成恐慌

时，在这个时候，全国的子银行既是以营利为目的，则为力求自卫与安全，必竞相突然紧手，收缩事业，收回放款。可是中央银行处于这个时候，则不可不尽其母银行的责任，独立当此难关。一方面更将金利提高，一方面遇有确实正当的借款，需充分地供给。当救济的正当事业，极力设法维持；不可救药的投机事业，只可任其受自然的淘汰。如是宽严得宜，人心渐渐稳固，投机家自然败退，正当事业可免危机，遂不致玉石俱焚，不至于有大伤国家的元气。中央银行的需要就在此，中央银行能如此，才可完成她的第一使命。

二、维持对外汇兑行市的安定与行市变动时的操纵

国际间若亦如国内，有品位、成色、质量完全同一的货币，那么国际汇兑亦如国内汇兑，毫无行市涨落的问题发生，本文对于这个问题也就没有讨论的必要。可是现在这样理想的国际货币并不存在。有采用金本位的，有采用银本位的，有采用金汇兑本位的，有采用金银两本位的。即同是采用金本位，亦因成色、单位、质量等的不同，所以国外货币值当国内货币若干，国内货币值当国外货币若干，乃有考察的必要。现今各金本位国都以本国货币单位中所包含的金纯分量与外国货币同一金属所成的单位纯分量比较，求得一平准数。汇兑行市若与此平准点一致，就是汇兑的平价，就是汇兑行市的中心点水平线。但是实际上汇兑行市影响要供给及期限与信用等的种种关系，普通汇兑行市绝难见有与平价一致的，总是高低上下于此平准点。而一国的经济状态也就因对外行市的高低变动，发生许多问题，时感不安，即如以国外货币为标准的对外行市高，那么进口商对于他们的进口货，比较平时需多付国币，同时出口商对于他们的出口货物，比较平时多得国币，大可以奖励出口而遏止进口。反之，若以国外货币为标准的行市低，则又得到反向的结果（参考《银行月刊》拙著《银价低落与中国全体经济界之影响》及《国外汇兑行市之变动与购买力平价论》二文）。但是理想的对外贸易，总以汇兑行市没有剧烈的高低变动为原则，而组织汇兑行市变动的方法本多，例如，汇兑定裁、募集外债、发出金融票据、卖出有价证券于国外市场、金利贴现政策等皆是。但汇兑定裁为办理汇兑银行的营利政策（参考《银行月刊》拙著《汇兑之定裁》），募集外债将来必须偿还，年年更需还付利息，总为一时的救济手段，终不免遗累后日。发出金融票据，即甲国银行与乙国银行预先约定，一遇行市变动的时候，为防止正货的流出发出金融票据，亦为有条件的办法。至于卖出有价证券于外国市场，亦徒受人家的操纵。我们认为最良而且最有效力的方法，则莫过于善用贴现政策，而能实行此种政策的就是一国的中央银行。贴现政策的根本，就不外乎金利的高低。因一国的金利高，则外资容易流入。若汇兑行市陷于逆境的时候，正货继续流出，中央银行的正货准备渐趋减少的时候，中央银行即当提高她的贴现率以引诱外资输入。所以中央银行的贴现率一上一下，就可以操纵对外汇兑行市的高低。现今各国的中央银行，尤其如英兰银行对待美国，全在利用贴现政策，以维持一国的对外行市。至如我国乃银本位，银本位与金本位的中间更没有平准点可言。金与银纯为物品对物品，其变动更甚，且国内货币既未统一，银两与银元在市场上常彼此涨落。所以我国的国内汇兑，不啻国外汇兑，有行市高低的怪现象，是我们的中央银行对内、对外两方面都有维持其行市安定的必要，这就是中央银行的第二大使命。

三、中央银行的要件

总看上面所述，我们就推想到中央银行若欲完成她的两大使命，非有下列的几个条件不可。

第一，中央银行是全国的公共金融机关，决不是政府的筹款机关。

第二，中央银行自己须有最高政策，应当自由活动，不可受政府的无端干涉。

第三，中央银行既是全国银行的银行，应当大公无私，不偏不党。

第四，中央银行既为母银行，绝不可与子银行争利。

第五，中央银行只代理国库，不是政府的专属机关，官股不得超过商股。

第六，中央银行发行钞票，专为调剂金融的繁闹，决非备政府的流用。

若中央银行的组织能合于上列六条，方有做中央银行的资格，方可完成她的两大使命。否则中央银行决不成其为中央银行，决非国民经济界最终的理想机关。现在革命成功，训政伊始，刻不容缓的中央银行亦行将开幕。她的组织与经营，她的宗旨与条例，能否完成她的两大使命，我们总觉得有不少的疑问与忧念。可是我们总热烈地诚实地希望她能够做全国银行的银行，能够辅助全国的金融，而达到国民经济的最终目的！

十月廿七，草于上海商业储蓄银行

（本文原载《现代评论》，1928 年第 8 卷，第 203 期）

中国金融界有急须协力创办信用调查机关之必要

处今日国民经济时代，欲求信用交易之健全发达，需具有下列三要件。

（1）债务者有履行债务之确实意志。

（2）债务者有履行债务之完全能力。

（3）不履行债务时，有强制执行之方法。

三者缺一，则信用经济不能健全发展。而三要件之第三项，纯属藉良好完备之法律以图挽救，固为国家立法上之问题，且为亡羊补牢之举。至于第一项与第二项，则属商工业直接关联之问题，非商工业经营家自己之注意与热心不能完成其所欲达到之目的。然仅藉少数之热心与注意，尚不能事出万全，非全体协力不可，而欲求全体协力，则又非有一统一机关不为功，于是信用调查机关尚矣，信用调查机关，即所以调查三要件中之第一项与第二项，以敏捷正确之报告而答复各方之征询，以最少之劳资而得最大之效用，求防患于未然而谋交易之安全焉。

原商工业之最终理想，在信用交易之发达，大宗之进出口贸易，皆非有安全确实之交易不可。然而商工业界之危险，小莫过于信用交易之大滥行。例如，资力薄弱者而假以长期之信用透支、无商业道德者，而与以巨额之信用交易，其结果不但直接当事者蒙莫大之损害，而金融大局上亦将为其牵动，此种先例年来比比皆是，已不遑枚举，甚至酿成全市之经济恐慌，风声鹤唳，草木皆兵，遂使平日信用极厚营业得宜之商业，亦间接受其损害。故信用交易需出之以慎重，不但为商工业家自卫之道，亦商工业家服务社会之本旨。因是往来交易者之选择与良莠之审查，不许其鱼目混珠，并非商工业家之私策，乃社会之公德，更非任意之权利，乃必然之义务。而现今商工业渐趋发达，尤非有特别之信用调查机关以司其事不可，试列举如次。

（1）昔时交易之范围，或局限于一省内，或分处于一地方，双方交易者多属数年或数代之相识，互相洞悉双方之资产、人格以及其他种种之状况，固无须乎信用之调查。今日则交易范围极广且大，或遍及于全国，或跨过海外，即同在一市镇，五方杂处，良莠不齐，南北商贾竞相往来，若非有特别机关从事调查，绝难事出万全。

（2）往时有同业组合之特别团体，职业、住居皆有限制，所谓商之子恒为商，工之子恒为工，构成数多"帮"之制度，世代相传容易鉴别。今日则职业自由，居住自由，任意可以迁徙，任意可以变更。帮之制度已渐趋淘汰。故非有特别调查机关，绝不能悉其底蕴。

（3）现时企业种类极其复杂，投资目的极其广大，市面上之有价证券五光十色，一目难辨良否，亦有表面上虽似专从事于某事业之商人，其实或则为他公司之股东，或则为他种事业之关系者，更有表面确似资产富有之商人，而实则将成破产之局，扯东补西，从事弥缝，一旦捉襟见肘，金融界遂大受其害。若有信用调查机关以作顾问，定可防患于未然。

（4）现时企业勃兴，竞争日烈，昔日事业未尝发达，人人皆以非第一流之商家不开往来为原则，今日则争夺贩卖地盘，从事吸收顾客，遇事降格而求，甚且不惜假以长期之信用贷出与巨额之赊欠。若非有信用调查机关以补助补救，危险孰甚。

（5）往日各种事业规模狭小，资本亦微，一旦发生事故，风浪极小，损害不大，且事前容易看出。今日企业勃兴，公司组织大则数万万、数千万，小则亦数百万、数十万，公司中财政纵如何紊乱，非直到倒闭当时不能周知，内容之腐败与否更非局外所晓。公司中之监事理事难获有诚意与负责者当其冲，大都敷衍了事，是信用调查机关已迫不及待。

（6）文明进步，奢侈日增，一般为虚荣心所役使之事业家，日日求发横财，于是不惜欲达目的不择手段，利用传单广告以广播其诈欺行为。吾人试一调查无诚意、无责任之保险公司，即可云谈虎色变，受其愚弄者已不在少数。若有公共之信用调查机关，不难铲除害群之马。

（7）往时法律对于债务者极其严厉，今日破产法规一生，债务者负担渐轻，于是冒险投机者亦因而增加。若非有调查机关以分别其良苦，则债权人多受不意之灾。

（8）现在训政伊始，百废待兴，举国从事实业之发展，固为佳兆。然近日不无投机分子，遂梦想关税改正，不顾市面之需要供给如何，安事投机企业。若非有调查机关，从事鉴别，善良事业必受损害。将见百废待兴之初，即酿成金融上之恐慌，尤为可虑。

总观上述，则今日我国应急须协力创办信用调查机关已了若指掌。年来银行公会久已列信用调查为其附属事业之一，民国十年第二届联合会议时已有提案，民国十三年第五届联合会议时，沪会已有试办之拟草，想各界已翘首望其速成也乎。吾人亦甚盼望，若以公会之力，坐而创办，则登高一呼，众山响应，事业容易举办，唯在当局者之垂意及此而已。

（本文原载《银行周报》，1928年第12卷，第41期。又刊于《潮海商会联合会半月刊》，1929年创刊号）

资耀华文存

》上海钱业研究

引言

钱庄在我国金融界具有极大之潜势力，内地各市镇之金融枢纽，悉由钱庄操纵，其势力之不可侮，无可讳言。即通商巨埠，若上海、天津、汉口、广州等处，虽不乏资本雄厚之新式华商银行及外商银行，然钱庄在金融界仍为一重要分子，与银行分庭抗礼，适成一鼎恃之局，其中尤以上海一埠钱业势力最为雄厚，银行反处处仰钱庄之鼻息，如发行钞票、买卖现洋、向内地收解款项，无一不借助于钱庄，洵至银行之本票，反不敌钱庄之庄票。是以知钱庄势力之雄伟矣。然其所以能臻此者，固非偶然也，吾人欲详知其究竟，不得不从研究入手。

一、钱庄之起源

钱庄起源于何时，无从稽考。然贷金取利，自古习闻。唐宪宗时代，旅京商人欲携款回里者，例先缴纳现款于京师之衙署，换取票据。既抵故乡，即持票向本地官署调取现款，名曰"飞钱"，是为中国汇兑业之鼻祖。唯当时未能十分通行，故携带现金长途跋涉者，究居多数，因感于盗贼滋扰，行旅维艰，不得不借重保卫团体沿途照料，于是乎镖局乃应运而生。镖局盛行于中国北部，以保定为中心，相延数百年之久，及山西票号兴，势力遍于各省，镖局始渐告衰落。

山西票号兴于明末清初。当是时也，闯王谋反未成，单骑遁山西平阳，身携巨万金宝，因恐途中发生阻碍，乃委弃于大谷县康姓家。康某既得此意外之财，拟用以经营牟利事业，适晋人经商外省者为数甚伙，足迹远至山东、四川诸省，采办绸缎、布匹等货，计往返行程需四十日至八十日之久，携带现款，诸感不便，乃由康某筹借巨金，开办汇兑，代客汇款，手续既简，取费又廉，商贾咸乐趋之。营业大盛，山东、山西、四川各省支号林立，渐而推及全国，所有政府官吏及各地商人解款，皆由山西人一手承办，山西票号之名乃风行全国焉。

辛亥革命，山西票号与政府之关系，骤告断绝，巨额款项无着。益以支号所在地受战事影响，交通阻隔，汇兑不通，周转不灵，相继倒闭。钱庄乃以后起之秀取而代之。

钱庄承山西票号衰落之后，异军突起，进而执掌金融牛耳，势力弥漫，遍于全国。唯帮别分歧，不若山西票号之只限于一帮。就上海一隅而论，自山西票号倒闭后，钱庄业大部分由宁波、绍兴、镇江三帮分掌，最初只经营兑换，嗣以商业日繁，兼理存款、放款、汇兑等一切商业银行业务，虽迭经中法之役、辛亥革命、橡皮风潮、交易所风潮种种挫折，然此反予钱庄以极有价值之训练，优胜劣败，适者生存，凡数经风波未受摧残，皆此中之健者，是以团体益形巩固。据最近调查，本埠南北两市入围者，共七十八家，资本日增，魄力日厚，诚有与华商及洋商银行呈鼎足之势焉。

二、钱庄之组织

（1）股东。

①负无限责任。

②富有资产。

③声望卓著。

钱庄均系无限责任公司,不重股本,而唯股东信用是赖,庶能以数十万股本做数百万放款。股东苟非雄于资财而声望素孚者,不易得社会信用,则欲求营业发展,不亦戛戛乎其难哉?

(2)股本。

①数目。昔日之钱庄,范围较小,集资四万两即可开设。今则各种商业规模概行扩充,钱业碍难独异,自不得不随时势所趋,增加股本,大约自十余万两起,多至三十余万两为止。

②甲:独资经营。乙:合股经营。

独资经营者有下列五家:

号名	地址	股本	东家	经理
致祥	南市附本	三万两	严味莲	王伯壎
顺康	北市	三十六万两	程觐岳	李寿山 应芝庭
义生	北市	二十万两	张颜山	田子馨
义兴	北市	二十万两	陈谊记	夏圭方
庆成	北市	二十万两	万振声	严均安

以上五庄,均为钱业公会会员。

合资经营者,共有七十三家,而未入钱业公会者,不在其内。

(3)经理。

①资格。钱庄注重信用放款,对于商业情形,必须熟悉。然钱业学识,既无书籍可资参考,又无学校可以读习,故充经理者,非出身钱业,难以胜任。

②权限。钱庄经理受股东委托,得全权处理一切事务,股东只能在交红账时,可以与闻庄事,至若少数股东表示不愿继续经营,得由经理另招他人抵补,不过需征求他股东之同意。假使股东全体不愿经营,应先通知经理、于三、九两月底,结算清理。

（4）职员。

①经协理。

②跑街，即营业员。

③清账，即会计员。

④钱行，即上钱业公会者。

⑤外账，如我行管理汇划阅账目者。

⑥洋房，即出纳员。

⑦信房，即文书。

⑧学生，办理收票、打公单，等等。

⑨老司务。

钱庄职员薪水之小，绝非银行行员可比，即经理亦只支月薪约百元左右。所有职员均按等级区别，彼此相差数目不过数元耳。但钱庄向例有明挂、暗挂之习惯。所谓明挂者，由经理预先规定数目，准予各员挂欠，有多至二三千元者。至经协理挂欠，则无限制；至暗挂，则由洋房负责，挂欠数目当然不若明挂之大也。学生例三年满师，在此三年期内，月给洗衣、剃头、零用等费约五角，年终仅可得一二十元而已，满师后照例支薪。

钱庄跑街专司放款调查之职，对于放款户头，分为上、中、下三等。上牌可无限制用款，中牌约可用一万两，下牌亦得支用三五千之多，均由跑街调查其信用而规定之，故跑街有允许往来户支用款项之权。

三、钱庄之设立

（1）甲：股东自动发起者。乙：由经理拉拢者。

股东负责之重，前已说明。故股东自动发起开设钱庄之例，日见

其少，现在钱庄多半由经理拉拢，此亦势所必然也。

（2）股东认定股本。除独资经营者外，钱庄股本大概分为十股或十二股，各股东自由认定，并无一定成数。

（3）缴请见议人。见议人即系证人，有在议据上签名之义务。按照习惯，由同业前辈或钱业公会董事充之。

（4）订定议据。议据格式，各庄略有不同，其文字与左（下）列者大约无其出入。

钱庄议据样式：

立草合同议据……，今因意气相投，合资在上海南北市开设××钱庄，计资本××万两，分为十股，×××君×股，元×××两、×××君×股，元×××两，公举×××君为经理，×××君为协理，共同处理庄中一切事务，并议决条规，开列于此共同遵守，和衷共济，营业发达，昭垂久远，是所厚望焉，订立合同议据一样×纸，各执一纸，存庄一纸，永远存照。

①议股本官利长年八厘，至年底送呈各股东，不得不预支。

②议每年终结采录报各股东一份，如得盈余，仍存本庄。积至三年，分派一次，将所盈先提公积金二成，其余作十六股分派，各股东得十股，经理得一股，协理得八厘，余四股二由经协理秉公分派诸同事，各友倘遇亏蚀，应由各股东照股担承，绝不推诿。

③议本庄各友进出，归经协理决定，不得徇私，有碍庄务。

④议本庄悉遵钱业公会规章营业外，经协理不得借庄名营额外生意。

⑤议股东诸友，不得以本庄名义向外作保。

⑥议此合同议据，自签字日起，即发生效力。

立合同议据人×××、×××、×××、×××

经理×××

协理×××

见议×××、×××、×××、×××

书议×××

（5）划交股本。股本例应交存见议人，或钱业董事有关系之钱庄，盖含有从中检验意义。

（6）陈报钱业公会请求入会。凡新开钱庄请求入会，例由会董召集会议，投黑白子付表决，以白子多者为合格，否则列为挑打（按即不入公会钱庄之名称）。

（7）开业。钱庄将上述各种手续办妥后，即可实行开业。

四、钱庄之营业

1. 存款

（1）浮存，即活期存款。

①形式：折子、取款凭折、凭支票均可。

②存息：每月由同业公决，最低以二两为限，均按九五扣计算，如往来繁盛一家，可免九五扣例。

③结算：每月底结算一次。

（2）长存，即定期存款。

①形式：存折或存票均可。

②存息：照市情商订、最多约月息八厘。

2. 放款

（1）往来，即透支。

①形式：与浮存同。

②欠息：照存息加三四五两，存息未满四两半者，仍以四两半计

算，俗谓底盘。

③结算：每月结算一次。

（2）长期，即定期存款。

①形式：由欠户出具存票或存折，大概以六个月为期限。

②欠息：月息自七两至十两，市面紧急时另订之。

③茧子放款：茧商先垫付三成，依其信用程度，或由钱庄借给七成（俗谓内三成）或借给十成（俗称外三成），此项放款每年四五月放，七八月收，利率比较长期放款稍大，至于洋厘，约加一二厘。

3. 押款

①押品：茧子、棉纱、布头为大宗，但栈单不一定过户。

②形式：押据。

③利息：与长期放款相同。

4. 买卖银洋

每日分上、下午两市，于市场悬牌布告。

①现期。

②远期。以前有此项交易，归三月底或四月半对交，现除对茧行外，无此交易。

5. 汇兑

6. 投资

现时头寸宽松，钱庄偶有作公债投机之事。

7. 拆票

同业同行照市折计息，以七钱为度。

8. 更票

即贴现。缺银钱庄，以收入别家庄票转向同业押借款项，谓之更票,俗谓出后门,非至不得已时,不愿出此,盖损失信用也。

五、钱业公会

钱业公会,为钱业所组织之集议会所,初采用董事制,自国民政府成立后,随潮流所趋,改用委员制,设执行委员十五人,皆名誉职,任期二年,连举得连任,再由执行委员中按月轮推当务委员二人,得为会议时之主席,会务按其重要性分为三种。

(1) 重要会务,由委员会提出,或全体会员十分之一以上之请求,召集会议议决处理之。

(2) 次要会务,由执行委员会合议执行。

(3) 寻常会务,由常务委员随时处理之。

钱业公会除办理上述会务外,并设市场,得为买卖银洋及公定日折之行为,每日规定上、下午二市,行市一经公定,悬牌公布。

同业折票以二天为期,称为两便,如一天者,名曰"独日",折票以对同簿为凭,不另出字据,利率按日拆计息。

钱业公会为谋同业互相收付票据之便利,规定公单办法,类如外国之票据交换所,然钱业交换票据,应先各自轧拆,仅将余额缮一公单交与收款家,于每日四时后,送至公会轧直。

公单式样,各庄不同,仅用三四寸长方之毛边纸,盖上图章,写明数目及日期。

公单数目,规定以五百两为最小数。凡在此数以下者及零星尾数,均转明日账轧直,各家均存一万两于公会,作为票现基金,以后营业失利,即将此款摊付清账,公单只限于汇划庄可以出之,挑打庄如遇交换票据时,可以在债务家拨还债权家,如当日无债务家,唯有交现之一法耳。

六、钱庄与银行之关系

（1）非入会之钱庄不得在市场买卖银洋，故银行有此交易，均托钱庄代理，按例需加或扣一二五。如交易大者，可通融免去此项手续费。

（2）银行收受票据，大半托钱庄代收，因当地有汇划习惯，如由钱庄代收，可省去许多麻烦，甚至银行收下他银行之支票，亦有托钱庄代收者。

因上述二项关系，银行必须与钱庄开立往来，收付自在，可免有停滞之不便也。

至钱庄在银行开立往来，则其例极少，因钱庄多款时，即拆出生息。缺款时或拆进，或向有往来之银行商，请拨款存入，凑补缺额，其做法之经济绝非银行家头脑所能筹算也。

七、钱庄之种类

钱庄分三种，即汇划、挑打、小钱庄三者是也。唯汇划、挑打二种，尚有研究价值，且于金融亦有极大之关系。汇划、挑打虽名称不同，实际无甚区别，界限混合，至于极点，兹将二者分别之点说明于后。

汇划

（1）可出公单。

（2）开支浩大。

（3）公会许可。

挑打

（1）不出公单。用划拨方法交换票据。

（2）开支较省。①薪水捐项等可省约三成。②政府借款未曾摊派。

（3）公会投黑白子时被否决。因股东关系被公会否决。

附注：挑打庄有元亨之别，"元"字号约需资本五万两，"亨"字号三万两。

八、钱庄之数目

（一）汇划庄

1. 北市

大德　元甡　元盛　五丰　仁亨　永聚　永余　永丰　安康

安裕　存德　同安　同春　同泰　同余　志裕　志诚　均泰

长盛　承裕　怡大　和丰　信成　信孚　信康　信裕　恒大

恒祥　恒隆　恒赉　恒兴　春元　厚丰　益大　益昌　益丰

振泰　寅泰　顺康　裕大　敦余　义生　义兴　瑞永旦　福泰

福康　福源　达源　慎益　汇永旦　赓裕　聚康　滋康　滋丰

庆大　庆成　鼎元　鼎康　鼎盛　衡九　衡通　衡余　鸿祥

鸿胜　鸿丰　宝永旦　宝丰　宝大裕

2. 南市

均昌　恒润　益康　益慎　致祥　乾元　义昌　德永旦　征祥

（二）挑打庄

1. 北市未入园元字同业

元顺　裕源　隆昌　隆泰　鼎大　鼎甡　致和

2. 南市未入园亨字同业

德泰新　义源　怡春　生大　德丰　春茂　元成

九、钱庄盈余之分配

钱庄盈余之分配，规定于议据内。除官利按年分配约八厘外，其余盈余，照习惯三年照派一次，先提公积十分之一二，其余均照下列支配。

①股东派十成。

②经理派一成。

③副经理派八厘。

④各同事自三厘至六厘不等。

至老司务分得盈余极少，而另有力钱可得，每于月底摊派。

再按公会章程，凡入会钱庄于分派红利时，应提一厘，拨助会馆公费。

十、钱庄之开支

汇划庄每年约开支三万两，挑打庄约一二万两，可敷一年之开支。

（本文原载《海光》，1929年第1卷，第9期，署名"范季美、江如松、资耀华、温酉璋"）

>> 中国国货银行成立纪详

一、筹备经过

〔民国〕十七年七月间,国民政府为扶助国内小工业及促进国货生产起见,议决筹设国货银行,简派委员,着手筹办,并首先认购提倡股一百万元,各省市政府闻风响应,亦分认股款,共同提倡。至本年六月间,政府因急于观成,遂明令责成财政、工商两部会同接收,改组筹备处,继续筹备。七月二十七日筹备处正式成立,并修正招股章程,由财、工两部,呈经行政院会议,议决通过。呈奉国府指令,核准备案,资本总额定为二千万元,第一期先募足五百万元,内官股二百万元,商股三百万元,限期三个月,正式开业,嗣为进行便利起见,加聘钱新之、许俊人、唐寿民、郑敏初、虞洽卿、陈健庵、吴希之、杨敦甫、黄汉樑、汤筱齐为筹备委员,襄助进行。由工商部长孔祥熙会同财政部长宋子文,负责主持,经国民政府通令提倡于上,各业团体热烈赞助于下,募集股款,甚属顺利。官股方面,计国民政府之提倡股一百万元及辽宁、吉林、江西、福建、江苏、湖北、湖南、浙江、安徽、河北、上海、汉口、青岛、南京、天津各省市政府分认之提倡股,均已募足二百万元之法定数额。商股方面,计南洋各埠,上海、南京、松江、扬州、宁波、南昌、北平、天津、汉口各地之工商各业及私人认购之股款,亦经募足三百万元之法定数额,定于十一月一日开股东创立会,按照公司条例规定,于一个月前登报公告,及

分函通知各股东，又根据修正招股章程第十八条规定，拟定国货银行组织章程四十六条，提付股东会议决，呈请工、财两部核准，转呈国府备案，查国货银行修正招股章程，对于董事监察人名额之支配，暂定为董事十五人、内官股六人、商股九人、常务董事五人、官股二人、商股三人、监察人官股二人、商股三人。十月二十九日，行政院第四十三次会议复议决，变更监察人人数，定为官股五人、商股四人、常驻监察三人，官股、董事、监察概由政府指派，商股董事监察人由股东会选举之，商股常务董事由商股董事互选之，盖以国货银行乃由政府认股提倡，国民集资组设，故办理归诸商人，监督权操政府，俾官商互相维系，不至有垄断之弊，则政府之政策得以施行，而行务亦赖以发展，立法之意，至为深远也。当日股东会投票选举董事监察人，共检得票一百九十五张，开票结果，唐寿民（二三三〇五权）、孔庸之（二三一三一权）、钱新之（二二九八一权）、刘奎度（二一八一二权）、胡文虎（一九七五八权）、宋子靖（一九五九三权）、许世英（一九四六六权）、徐堪（一八五七八权）、宋子良（一三五三五权）等九人，当选为商股董事，黄浴沂（二三三八四权）、刘鸿生（一九七九九权）、李清泉（一六六三九权）、穆藕初（一五〇一一权）等四人，当选为商股监察人；并由行政院会议议决，委派陈光甫、陈行、郑莱、叶琢堂、张学会、陈家栋为官股董事，徐新六、陈绍妫、黄汉樑、贝淞荪、温融康为官股监察人，聘朱成章为总经理，汤钜为协理，范季美为沪行经理，李道南为沪行副经理。

二、开幕盛况

国货银行于十一月十五日上午九时举行开幕典礼。汉口路畔车水马龙，盛极一时。是日来宾有中央党部代表宋子文、国民政府代表孔祥熙、行政院代表张岳军、工商部次长郑洪年、工商部驻沪办事处长赵晋卿、外交部司长刁敏谦、全国商联会闻兰亭、上海特别市商整会王晓籁、国定税前委员会盛灼三、河北省政府程之屏、晋绥察冀省政府程起陆、江西省政府粟显扬、上海银行公会徐寄顾、钱业公会裴云卿、中华国货维持会王汉强、工商访问局寿景伟及各银行钱庄代表庄得之、杨敦甫、宋汉章、吴蕴斋、朱博泉、荣宗敬、陈翊周等四百余人。钟鸣十下，宣布开会。由董事长孔祥熙主席行礼如仪，董事长、董事、监察人、总经理、协理宣誓就职，后由中央代表、国府代表、行政院代表训词，次来宾致颂词，主席答词，全体摄影。再由宋子文、孔祥熙、张岳军、王晓籁及怀德爵士相继致辞，最后主席致答词，礼成散会。

（本文原载《海光》，1929年第1卷，第11期）

》汇票本票支票三者本质上之异同

吾国昔日向无票据法之颁布。兹上海商业储蓄银行资君，根据各种草案中最完备者并参考东西各国成例，作为此文。示汇票、本票、支票三种之异同，使用者知所区别焉。——编者

吾国前清律例中原无所谓票据法，前清曾聘任商律起草专员日人志田钾大郎博士，起草票据法。志田博士因依照日本商法，与德国票据法并参考统一票据法，以从事编订凡三编十三章九十四条，虽未经颁行，实为我国票据法起草之嚆矢。民国十一年修订法律馆，因旧案未能适用新律亟待厘定，乃派员担任调查及起草事宜，阅数月草案，成凡四章一百零九条。是项法案，称为票据法第二次草案。同年修订法律馆顾问爱斯加拉氏亦起草商法其第二编第二卷，第一部规定票据条例凡三章一百十五条，嗣后全国银行公会会议在天津召集第二届会议时，杭州银行公会提出请订颁票据暂行条例案。北京银行公会提出请颁行票据法案，当时两案并付审查，因呈财政部请速编订票据法。民国十一年六月间，上海银行公会为编订票据法案事组织票据法研究委员会，其后上海总商会亦通函各地商会，征求编订票据法之意见，嗣由上海银行周报社汇集材料，编印《票据法研究》一书，分初续两集，为现今研究中国票据法之唯一材料。民国十五年，政府以票据法亟待厘定，特将草案发交各地银行公会研究，又因时局多故，迄今未能明令颁布施行，现吾国银

行界对于票据上之规定，因无确定之本国票据法以为准绳，故多采用东西各国之成规，而参以本国之商情习惯，以弥缝一时。吾人于此，欲研究三者之本质，亦感受无国法为根据之痛苦。今只得以各种草案中之最完备者藉作蓝本，并参照东西各国之成例，略述汇票、本票、支票三者本质上之异同，如次而资实用上与研究者之参考焉。

再票据乃包括汇票、本票、支票三种，此英、美、法与日本商法及中国各票据法草案之大多数者皆同所主张。至德、法两国，则以支票不包含于票据法而另定一单行法。按支票为支付证券，汇票本票为信用证券，其在经济上之作用，虽间有不同，而其实际上之性质则共同之点甚多，故吾人舍德、法而从英、美焉。（英国一八八二年所颁布之《汇票法案》（Bill of Exchange Act）、美国一九一九年以来施行之《统一流通证券法》（Uniform Negotiable Instruments Law），皆明定支票为票据之一种。）

一、汇票（Bill of Exchange，Trassiertwechesl，Lettre de change）

汇票之为用，乃使他人对第三者无条件支付一定金额之委托证券，例如，上海某甲向汉口某乙买一万元之棉花，正欲设法寄款，适汉口某丙对上海某甲负有一万元之债务，或汉口某乙对上海某丁负一万元之债务，于是为便利计或由上海某甲委托汉口某丙代付一万元于汉口某乙（顺汇），或由汉口某乙委托上海某甲代付一万元于上海某丁（逆汇）即为汇票之功用，故汇票在原则上有发票人（Drawer）、支付人（Drawee）、受款人（Receiver）之三当事者。如前所述，上海某甲为发票人，汉口某乙为受款人，汉口某丙为支付人，今试分述汇票之内容如次。

1. 汇票之发行与款式

（1）表示为汇票之文字。

（2）支付一定之金额。

（3）单纸无条件之委托支付。

（4）付款人之姓名或商号。

（5）受款人之姓名或商号。

（6）发票之年月日。

（7）一定之满期日。

（8）付款地。

（9）发票人之签名。

（10）发行地。

上章十项为汇票之要件，吾人可知，票据为要式证券。其要式是否具备一决之于票据本体，不许以票据外之事实或当事人之意义补充或变更故必要事项，需明白记载，各国立法均属相同。本节所云票据文句以期与他种票证券容易区别，且使出票人自觉其票据上之责任而表示支付一定金额之单纯委托，乃因图流通上计算之便利，故票据金额务需确定再委托文句，是为汇票与本票区别之要点，尤需限于单纯委托，绝不许附有任何条件，又汇票一经承受付款人即为票据上之主要债务人，故不可不记载付款人之姓名或商号，其余则定债权人行使权利及债务人履行义务之时期。定执票人要求付款之地，定发行年月日，以便识别呈示期限满期计算及发行人在发行时有无能力或是否支付停止，此等要件完全具备，由发行人签名，即生法律上之效力。

汇票本票支票三者本质上之异同

（匯 票 樣 式）

No.___   Exchange for_____

　　　　　　　　　　　Shanghai,　　　192_

　　　　after sight of this FIRST of EXCHANGE
　　　　　　　　(Second being unpaid)

Pay　　　　　　　　　　　　　　　　or order

the Sum of

Value received,

To

No.___   Exchange for_____

　　　　　　　　　　　Shanghai,　　　192_

　　　　after sight of this SECOND of EXCHANGE
　　　　　　　　(First being unpaid)

pay　　　　　　　　　　　　　　　　or order

the sum of

Value received,

To

2. 出票人与付款人

出票人之发出汇票，原属委托付款人对于受款人支付一定之金额，绝非如本票之出票人自己约付一之金额，故汇票之出票人初不负担付款之义务。然付款人亦不能因出票人任意之指令而即负义务，因汇票乃单纯之委托支付，若未经承诺其委托，绝不负支付汇票之义务，是则执票人待至汇票满期亦不能预期付款人是否照付，欲避免此种危险，于是乎承受制度生焉。

3. 承受（Acceptance）

所谓承受者即付款人承受付款之意。汇票一经付款人之签名承受，则付款人变为承受人，对于该汇票上记载之金额负有完全支付之绝对的义务。受款人待至票据之时效完成时，即可以强制承受人付款。

4. 呈示（Present）

如上所述，付款人初不负支付之义务，迨一经承受，始负付款的义务，故已经承受之汇票与未经承受之汇票其信用程度自有天壤之别。因是法律上乃规定执票人在满期日前无论何时可以请求付款人承受，是为承受之呈示。我国普通亦称照票。

5. 担保之请求

再执票人虽请求付款人承受，若付款人不履行承受之义务，则将来一至满期该款恐难照付，商业上发生不良影响，故法律对此乃规定执票人有担保之请求权，即万一遇有拒绝承受之事故发生时，即可介公证人做成拒绝承受证书，对于自己之前者即背书人或出票人请求担保，于是乎执票人始避免后日款项落空之危险。

6. 预备付款人

再如前述出票人初不负支付之责任，万一汇票不付时亦不过负第二次的责任,且付款人是否承受,是否付款,既不能预知,则出票人与背书人时当准备受担保之请求与偿还之请求,亦非久便之计,因是乃有指定第二次付款人之规定,此第二次付款人即所谓预备付款人。

7. 参加承受与参加付款

预备付款人之承受与付款,法律上名曰参加承受与参加付款。汇票一经参加承受,若汇票遇有不付事故发生时,即可对于参加承受人请求付款,即可免去担保请求之手续。若一经参加付款,则执票人已与该汇票脱离关系,更无偿还请求之理矣。故参加承受与参加付款纯为避免担保请求与偿还请求之手续,但万一参加承受与参加付款亦经拒绝时,又不得不实行担保请求与偿还请求之法律行为也。

8. 背书(Endoresement)

票据在商业界中纯为现金之代替物,与普通之金钱借券及押款契据不可同日而语。若不能自由流通于经济界,则失其为票据之功用与使命,故法律上对于票据乃有背书之规定,即受款人无须用民法上之通知或得债务者之承诺。单由背书而使票据自由流通,此执行背书手续者即称背书人,受背书者即称〔被〕背书人。背书人因背书而转让其权利于被背书人,被背书人同时取得票据上一切之权利,而被背书人更可用背书而转让于其后者,是故票据可借背书由甲而乙,乙而丙,丙而丁,辗转流通于金融市面,所有背书人设遇有拒绝承受之事故发生时负担保之义务。满期日遇有拒付事故发生时,负偿还之义务,故背书愈多,票据责任者愈多,而票据之信用亦愈厚,执票人之权利欲能确保,但背书亦只限于普通之记名式或指令式之票据。若无记式或米人付之票据,则只有票据之交付,斯足流通,再禁止背书之票据,则票据本身已失其流通性,更不得以背书而移动,需依民法之规定或通知债务者或得债务者之承诺始可。

9. 偿还请求

执票人待至满期日，若遇不付事故发生时，对于承受人可强制其付款，固无容赘。若于满期日或其后之二日内做成被拒绝付款证书，则更可对于自己之前者即背书人与出票人请求票面金额及所需费用之偿还，法律上名曰偿还请求权。

10. 票据保证

法律上因求票据之权利确实安全，票据之流通便利计，更有所谓保证制度，有强大效力与民法上及普通商法上之保证不同。署名于票上而做保证者不啻负一种债务，不但独立负票面金额支付之责任，且无论被保证债务实质上是否有效亦当负付款之责任。故保证愈多，票据信用愈厚焉。

11. 复本（Set bill）

汇票有单张与联张二种。联张以同一内容（Same tenor and date）而发行数号。例如，第一号汇票（Primawechsel）、第二号汇票（Sekundawechsel）、第三号汇票（Tertiawechsel），其流通效力与独立汇票（Solawechsel）同样。此盖因预防寄送远隔地域之遗失，及便利于请求承受时之转让而设。多数立法例皆所承认其得为请求者为一切执票人，但受款人于发行时固可直接向发行人请求，而非受款人请求者，需经其自己之背书人以次转让请求发行人发行，盖复本限于发行人所为，且做成后仍需由原有之背书人于复本上一一背书之故，采依次请求主义较为便利，至票上已有禁止复本之记载者，则不许执票人更为请求焉。

12. 缮本

缮本制度亦为助长票据之流通效用，执票人苟无复本者，于请求承受送致原本时，可以做成缮本为背书转让。唯与复本不同者，一则各有独立效用，一则仅有辅助功能，故执票人有作成之权，至其款式需表明缮本之性质，即所谓境界文句（Arretierungklausel）以与原本相区别焉。

汇票之要件与其内容本质已略列上述。吾人于此以汇票作票据之代表，以下则专就本票与支票二者之特性比较说明如次。

二、本票（Promissory Note，Eigenewechsel，Billet a ordre）

如前所述，汇票之出票人不过委托他人对于第三者支付一定之金额。出票人自身非票上之主要债务人。遇有拒绝承受，拒绝付款之事故发生，始负担保与偿还之义务。至于本票则不然，乃由出票人自身对于他人约付一定之金额，故汇票为委托证券，而本票为约付证券。本票之出票人自身即为票上之主要债务者，负有绝对的义务，故汇票于出票人、受款人之外，更有所谓付款人为其主要债务者。因此乃有承受制度之设。至于本票，既无所谓付款人，亦无所谓承受制度，从而亦无因拒绝承受所起之担保请求制度。本票之出票人既为票上之主要债务者，负绝对的义务，其地位酷似于汇票上之承受人，非单如汇票上之出票人，只负偿还之义务而已。故汇票与本票法律上之本质迥然不同，然其起源与作用等又近似汇票。故汇票上之背书、付款、偿还请求、保证、参加付款、拒绝证书等之规定皆适用于本票焉。今再列举其要件而比较如次。

1. 本票之发行要件

（1）表示其为本票之文字。

（2）一定之金额。

（3）单纯之约付。

（4）受款人之姓名或商号。

（5）满期日。

（6）付款地（未载付款地者以发行地为付款地）。

（7）出票年月日。

（8）发行地（未载发行者以票上所载发行人之所在地为发行地）。

2. 本票与汇票相同之点

（1）背书。背书手续二者相同，但本票无缮本之制度，故不可有缮本上之背书，再本票之背书人虽得记载预备付款人，然不能记载出票人。

（2）担保之请求。若出票人非受破产之宣告及未曾提供相当之担保，则本票亦如汇票可执行担保之请求。不过本票因无所谓参加承受，则纵有预备付款人，亦不能应用汇票之规定，即出票人已受破产之宣告又未能提供相当之担保时，执票人可做成拒绝证书，直对于出票人以外之前者执行担保之请求。

（3）付款。本票之付款手续适用汇票上之一切规定，唯本票之出票人，即视为汇票之付款人或承受人可耳。

（4）偿还之请求。此项亦适用汇票上之一切规定。不过本票之所谓前者，不含出票人，此当注意者也（参看附图）。

（5）保证。保证亦准用汇票上之一切规定。唯本票无所谓缮本制度，故无记载保证于缮本之事。

（6）参加付款。此项亦准用汇票之规定。唯本票上无所谓参加承受，故关于参加承受之规定，当然不能适用。

（7）拒绝证书。本票无所谓复本及缮本之制度，故除关于复本及缮本之拒绝证书外，其他皆准用汇票之规定。

但本票拒绝证书不如汇票之多，普通法律所定者不过下列数项。

（1）见票后定期付款本票，出票人不记载承受及照付日期者。

（2）出票人已受破产之宣告而未提供相当担保者。

（3）拒绝付款者。

（4）预备付款人拒绝参加付款时。

（5）参加付款时。

3. 本票与汇票相异之点

（1）无承受制度。本票人除出票人外无所谓付款人，从而亦无所谓承受，故不适用汇票上承受之规定。

（2）无依被拒绝承受而请求担保之手续。本票既无所谓承受制度，当然无依被拒绝承受而请求担保之理。但本票之出票人若受破产之宣告，而未提供相当之担保时，得适用汇票之规定，此时背书人则负担保之义务。

（3）无参加承受。本票无承受制度，故更无参加承受。

（4）无复本与缮本。复本与缮本原为请求票据之承受而设，本票既无承受之制，即无须复本与缮本。若本票而做成复本与缮本时，则各发生票据上之独立效力，而其票据行为亦不得准用汇票之规定。

三、支票（Cheque，Check，Scheck）

支票之为用，亦如汇票。即使他人对于第三者无条件支付一定金额之委托证券，而非如本票之为约付证券，故从形式上观之，支票与汇票不过在票据文字上载有支票与汇票之差，其他并无何种不同。例如，支票在法律上当然能见票即付，汇票亦有为见票即付者，支票之金额毫无限制，用无记名式可。用记名或来人付式亦可。而汇票在一定条件之下亦然是支票与汇票，其形式上酷似，然二者在经济上之功用则迥异，即汇票纯粹利用信用而为金融上之调拨，支票则纯为代替现金以供支付之用，故在经济上之地位，汇票为信用证券，支票为支付证券,此二者根本上之差异,因此法律上对于支票乃设有种种特别之规定,以适应其为支付用具之功用,今更述其法律上之要件。并摘出其与汇票相异之点如次。

1. 支票之发行要件

(1) 表示其为支票之文字。

(2) 支付一定之金额。

(3) 单纯之委托。

(4) 付款人之商号。

(5) 受款人之姓名或商号。

(6) 付款地(未载者以票上所载付款人之所在地为付款地)。

(7) 发行地。

(8) 发行年月日。

(9) 发行人签名。

2. 汇票与支票之异点

(1) 支票为支付证券非信用证券。

(2) 支票无承受之制定。

(3) 支票无担保之请求。

(4) 支票无保证制度。

(5) 支票无参加承受。

(6) 支票无参加支付但他人可代付款人付款。

(7) 支票无复本及缮本。

(8) 支票无预备付款人。

(9) 支票无逆背书。

(10) 支票无付款担当者。

(11) 支票限于见票即付,故无记载满期日之必要。

（12）支票仅限于银行业者。

（13）支票以短期间流通为目的，并无类似纸币之虞，故金额无限制。

（14）支票之发行法律上有相当之限制。

以上吾人对于三者本质上之异同已略为记述，今更将三者在法律上有效或无效之种种样式列举于后，以便商业上之参考焉。

（1）出票人与受款人同一之汇票（有效）。

（2）出票人与付款人同一之汇票（有效）。

（3）付款地错误之汇票（无效）。

（4）付款地虽错误，而记载付款人所在地之汇票（无效）。

（5）未载付款地之汇票而记载两付款人之所在地（无效）。

（6）记载付款地以外之付款地之汇票（汇票有效），该付款地视为未记载。

（7）两处金额不同之本票，可依主要部分之金额付款。

（8）出票人与受款人同一之本票（无效）。

（9）发出地记载错误之本票（无效）。

（10）发出地记载虽错误，而有发出人所在地明白记载之本票（有效）。

（11）未载发出地，而记载发出人所在地之本票（有效）。

（12）未载发出地，又无发出人所在地之本票（无效）。

（13）发出地记载错误，而有二付款人所在地之本票（无效）。

（14）共同受款人之一人背书之本票（背书无效）。

（15）发出人系公司或银行，而只用公司名义无代表者签名之本票（无效）。

（16）未载出票日之本票（无效）。

（17）记载事实上所无之年月日之本票（例如阳历二月三十一日）（无效）。

（18）未载付款地之支票，而又无出票人之所在地者（无效）。

（19）记载出票人保证之支票（保证无效）。

（20）号数不符之支票（无效）。

附记——本票与汇票不同之图解

1. 本票

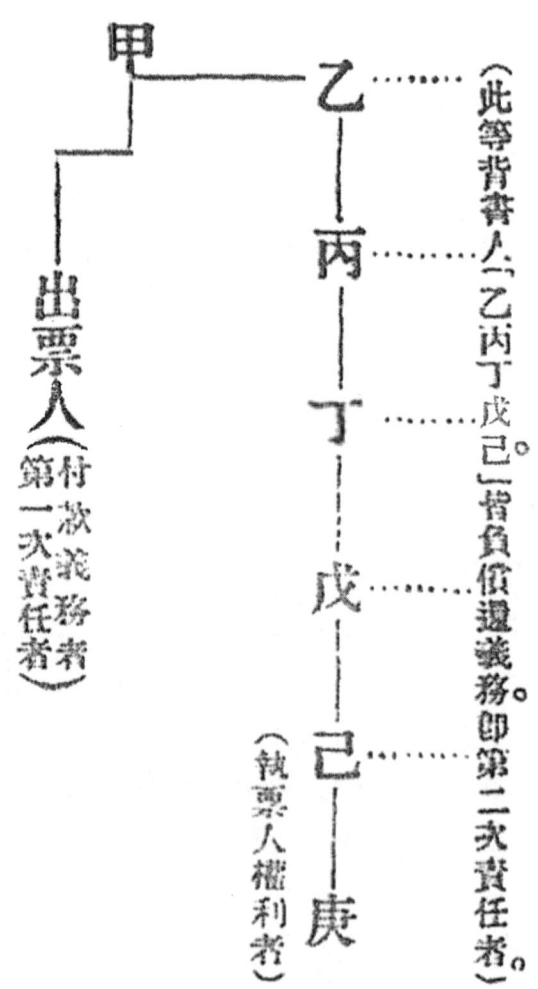

如上图，本票除出票人外，其他之前者皆负偿还责任。

2. 汇票

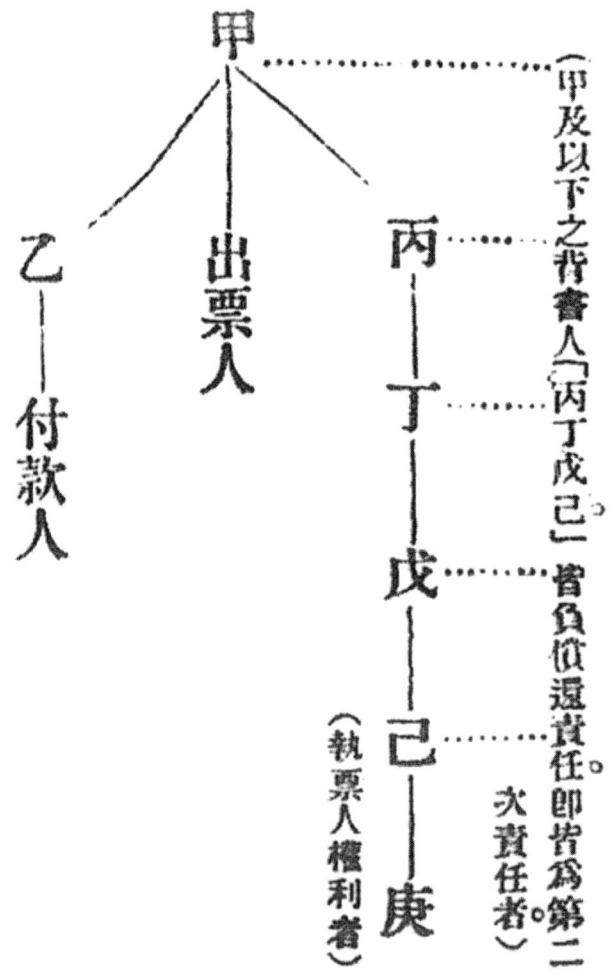

如上图，汇票不问其为出票人或背书人所有"庚"之前者皆负偿还责任。

（本文原载《商业杂志》，1929年第4卷，第11号）

资耀华文存

》民国十八年份华商银行盈余调查

民国十八年份华商会员银行年终结账之盈余至堪惊人,诚社会之好现象,爰志如下。

中央	170 万元
浙江兴业	57.5 万元
交通	50 万元
聚兴诚	10 万元
垦业	14 万元
中国实业	17 万元
国华	23 万元
中国	100 万元
上海	61 万元
大陆	16 万元
江苏	30 万元
工商	11 万元
农工	11 万元
中国兴业	1.2 万元
中南	60 万元
浙江实业	44.5 万元
中孚	7.5 万元
东莱	28 万元
盐业	20 万元
新华	3 万元
金城	20 万元

共计盈余额有七百五十四万七千元。

此外尚有未及调查之银行，如四明、永亨、正大、正义、道一、中汇、恒利、通和、通易、中央信托、东亚、典业、女子、广东、江南、煤业、中华、中国储蓄，等等，不下数十家，估计亦必丰厚，如是则全年银行全体盈余额总在一千万以上云。

（本文原载《海光》，1930年第2卷，第12期）

资耀华文存

》〔民国〕十八年上海金融市场之回顾

一年容易，又听腊鼓频催；四季循环，似与轮蹄暗逐。扰攘多事之民国十八年行将告别，尚在未知数之民国十九年转瞬降临，语云："温故而知新"，故吾人追想过去一年中之事实，或可借以作未来一年中之南针，爰撰上海金融市场之回顾一篇，以资研究。

本埠外汇与标金之回顾：

本年外汇与标金波澜之大、高低之差，为近数十年所罕见。就中如东汇行市，年初最低价为七十一两八分之七，年终则涨至九十六两八分之五，高低相差为二十四两四分之三。标金行市，年初为三百四十八两五，年终涨至四百五十八两七，高低相差为一百十两零二钱。且考察一年中之涨落情形，其涨也若狂风暴雨之骤至，出人意料；其落也呈盘旋不下之状，低首徘徊。故由大量观察而通计一年中之大势，可谓有涨无落。而其所以如是者，盖有两大原因在。一为日本金解禁问题之实现，日美 cross rate 之恢复，一为银在世界各市场之供给过剩，大条行市之惨落。有此两大原因为经，中间加以印度大抛存银、安南①改金本位、东方汇理积极买进金镑、济南交涉、排日运动、东三省内哄、中东路纠纷、武汉事变、两广战争、西北军事、浦口兵变、河南火并、全国不安等事件为纬，经纬交错乃演出大涨小落之趋势，今试将本年每月涨落之实状分记如次。

---

① 编者注：今译为越南。

1. 一月

年初大势，本以大条软弱及日美cross rate等外汇及标金行市之标准，远期一致看涨。值一月九日，汉口中日交涉情形不佳，再继之以东三省发现内乱阴谋、杨常枪毙，日本有唆使嫌疑，中日关系突形险恶。本埠投机帮多倾于抛出，于是东汇落至七十一两八分之七，英汇二先令七便士二分之一，美汇六十三美元十六分之十一，标金三百四十八两五。

2. 二月

正月底二月初，适值废历年关，各帮例有一回结束，且中日交涉前途不可捉摸，而日本之金解禁问题尚在酝酿中，结果如何亦不可预知，故外汇与标金总呈一涨一落之盘旋状态。至二月七日，标金乃始升至三百六十两八，东汇升至七十四两八分之一，此后则渐趋降落。

3. 三月

自入三月，日美cross rate虽为各方计算汇价之标准，但日金前途如何令人莫测，大都倾于看落。故三月五日东汇即落至七十二两八分之五，标金落至三百四十六两七，是为本年东汇与标金之最低纪录。三月中旬，大条行市略呈反拨，而武汉事变突发，长江一带几沦战祸，华商投机帮乃更猛烈抛出标金，然此后中日交涉渐现曙光，三月末各帮乃又转向购进，故东汇与标金未再现最低价。

4. 四月

本月中日交涉圆满调印，故虽值外国清明①（Easter Holiday）银行休假中，因中国对日感情渐趋缓和，于是砂糖、棉纱以及其他商品，各家竞向日本定货，本埠对日汇票需过于供，投机帮相率补进，

---

① 编者注：复活节。

加之日本政府从事大量的补充其在外正货,圆价涨风乃开,故本月末东汇即高至七十四两四分之一。

5. 五月

自入五月,日本金解禁问题突呈悲观状态,兼之日本对美贸易又进口超过出口,因是日美 cross rate 再转颓势,称大条行市亦绩呈软弱。从日、美方面观察,则圆价应落;而从大条本身观察,则圆价又应涨。故当时纯在混沌期中,令人不知何去何从。但结果因大条行市根本已虚,毫无恢复之可能性,东汇与标金遂得稳住其地位。

6. 六月

六月初,伦敦大条行市落至二十四便士,而本埠金融市场极端清淡,毫无活气,故各帮皆倾向购进外币,但美、日 cross rate 已落至四十三美元二分之一,因此对于东汇则不敢妄进。且本月中旬又因中俄关系险恶,赤军侵入蒙古,两国国交乃如一发千钧,断与不断迫在眉睫。大条乃突呈涨势,东汇与标金又越低落,直至本月末田中内阁瓦解,圆价乃转反拨。

以上为本年上半年之变动情形。六个月中涨落并不甚剧,一如普通状态,至本年下半年,外汇与标金之变动,则足有令人惊心动魄者焉。

7. 七月

日本政友会支持之田中内阁瓦解,民政党拥戴之滨口内阁产生,新阁员中有日本财界泰斗,号称"理财巨头"之井上准之助出任财政大臣(日本称为藏相),中外金融市场齐表欢迎,故本埠各帮乃猛烈买进标金,东汇遂如扶摇直上,达至七十八两,此后虽因中俄国境两军冲突,东汇稍受影响,但全体人心皆预想日本金解禁必实行,故标金与东汇绩呈涨势,月末东汇涨至八十两二分之一,标金涨至三百九十五两,英汇为二先令四便士八分之五,美汇为五十七美元八分之七。

8. 八月

八月一日为国际赤化宣传之纪念日,各国例有暴动,不免影响各地金融市场。就中日本与上海更甚,但本年至八月一日竟安稳过去,且日美cross rate急剧恢复,故本埠大势对日金皆倾向买进,东汇乃步步上跃,八月八日达至八十二两八分之一,标金打破四百两之关口而为四百零一两六,迨至旧历中秋,其势始稍挫。

9. 九月

旧历中秋节后,本埠金融界及各种市场依然清淡,大条行市依然软弱,加之日本政府因节约宣传奏效,对美贸易旺盛,国际贷借状况日趋良好,中国排日运动又有南京国民政府外交部密令停止,于是酝酿十余年之日本金解禁问题遂成为既定之事实,故九月七日标金涨至四百零三两九,东汇为八十二两八分之五,此后遂日现新价,九月三十日标金已达四百二十六两,东汇为八十七两十六分之七,英汇为二先令三便士十六分之一,美汇为五十四美元四分之三。

10. 十月

自入十月,双十节过后始有正式市面可记。当时值西北战事发生,长江各埠突呈不安现象,水陆两运、货物皆不敢自由运送,武汉三镇市面更形萧条,各商家皆竞相缩手,市场上毫无活气,故标金始终盘旋于四百二十两之关口,东汇亦退至八十六两半,迨月末各方情形趋佳,人心复好,外汇与标金乃再转涨势,标金仍涨至四百二十七两,东汇为八十七两十六分之十一,英汇为二先令三便士,美汇为五十四美元八分之七。

11. 十一月

本月初继月之余波，一号至四号东汇保持八十七两八分之五之纪录。自五号起，乃□跃进，东汇为八十八两八分之一，标金为四百二十九两二，英汇为二先令三便士，美汇为五十五美元十六分之一。迄本月十日，日本政府实行金解禁之预告，日美 cross rate 日见上涨，各帮乃更倾向买进，故本月十二日标金涨至四百三十四两九，东汇八十九两十六分之五，英汇为二先令二便士十六分之十三，美汇为五十四美元八分之五。此后因本埠空头，暗动猛烈运动，思挥鲁阳之戈挽落圆价，故十九日标金乃再降至四百二十三两，东汇为八十七两十六分之十三，但二十一日日本政府正式发表金解禁之预告，标金与外汇乃又继续猛进。

12. 十二月

本月承前月日政府发表金解禁之余波，而西北战事亦表面平定，故三日东汇即涨至九十两十六分之一，标金四百三十四两八，后虽稍平，十六日正值掉期，又因印度存款过多向外抛出，大条远期看弱，本埠投机帮虽欲运动牵制，而银行胃口甚好，外汇及标金乃一致上涨，东汇为九十两八分之三，标金为四百三十五两五。十八日伦敦来电，大条又降落十六分之三，现货为二十二便士十八分之三，乃一九一五年以来之最低纪录（当时为二十二便士十六分之五）。比较一九二〇年二月之最高纪录八十九便士二分之一，相差不啻天壤。一九一四年十一月之银价二十二便士八分之一，相差仅四分之一，故标金涨至四百三十六两七。汇市则当星期三下午休市，即十九日东汇即涨至九十一两八分之七。二十二日伦敦休盘，大条行市又落至二十二便士十六分之一，再打破一九一四年之最低纪录。二十四日本埠标金即涨至四百十九两三，外汇一致随而跃进，东汇为九十四两二分之一，英汇为二先令一便士二分之一，美汇为五十一美元八分之七。廿五日为外国冬至（耶稣圣诞 Christmas），银行封闭，汇兑无市，开闭后涨势虽稍杀，廿九日伦敦大条行市为二十便士四分之三，与有史以来之最低价仅差十六分之十一。其最大原因，即法领安南采用金本位，东方汇理银行大量买进金镑，银价前途日形悲观，标金飞涨，达至四百五十六两九。三十日外汇挂牌叠次改昂，英汇为二十一便士、美汇为五十美元八七五、东汇为九十六两六二五，标金乃涨至五十八两七。三十一日标金与外汇虽有小波动，但海外银市续见新低价，故标金之小波动恐不过一种小盘旋，前途更见惊人之新高价，亦属意中事也。

要之〔民国〕十八年一年中固纯为金贵银贱之一年，但实非偶然而至此，更非投机风潮所能左右。换言之，乃金银两者之价值问题。本埠空头帮不察世界金融大势，单藉平日之故伎、竞做套头，然英、美两方面步法稳定，始终追随日金与标金之后，以致两面夹攻，大受损失。且大条行市之颓势尚无底止，故本埠有看至四百八十两（即日金与规银平价，日金一百元等于一百两）及五百两者。吾人虽不敢认为对可能，然大条方面若无良好材料挽回其下落之颓势，则标金虽退归故境，易言之，即银价若无抬高之材料，金价亦只有扶摇直上也〔附图二略——编者注〕藉可窥见本年金贵银贱之一斑。

民国十八年按月金价涨落比较表〔略——编者注〕。

（本文原载《海光》，1930 年第 2 卷，第 1 期、第 2 期合刊"海光周年纪念特刊"）

》救济银价与统一银本位

金贵银贱已为不可避免之趋势，最近跌落之风更甚。二月四日，标金已冲破五百两之关口，达到五百两零七钱，英汇为一先令十一便士四分之一，美汇为四十七美元八分之一，东汇为一百零四两又八分之三，此种纪录实为亘古以来所未有。近月来各方受银价跌落之影响者已不遑枚举，长此以往，不但我国经济界濒于危险，即国本亦将动摇。爱国之士乃相率大声疾呼。研究救济方法，无如此乃全世界之风潮。以一贫穷之我国，欲谈救济银价，实等于持刀断水，缘木求鱼。若中国国富极丰，则一举而实行金本位，方可避免银价跌落之祸。然中国今日经济界极其困穷，实行金本位只好望洋兴叹，但又不可任其濒死。无已，其唯有于无法可想之秋，一方努力暂时维持银价，使其提高暂定于二十四便士；一方努力筹备从国内开采金矿而作实行金本位之准备。以中国一国之力，欲维持银价本不容易，但我最小限度内并未始无方，即一则振兴国产奖励出口，增加银之需要，一则改良国际贷借关系使银在汇市上不至再落。而中国今日欲使国产振兴、实业发达、经济进步，银之需要增加，则第一又莫如先统一银本位。换言之，即从速废两改元是。

考我国改良弊制之计划，始于逊清光绪三十二年三月二十八日度支部之奏案。定银币之重量为七钱二分，成色为九百，内含纯银六钱四分八厘。在当时立法之旨，单以外国之墨西哥英洋站人洋、英国通用银元、南洋群岛银币、日本银币等流通于我国，各大埠商民皆习用无阻，遂从而规定一元之重量为七钱二分。因沿习惯，毫无理由，于是默视多年之外人乃出面责问，而划一币制之条文，遂见一载于"中英商约"，再载于"中美商约"，三载于"中日商约"，钱法之内政问题一进而为国际问题。前清末季虽屡求改良，阻于政变，未见成功。民国肇基，四方多故。匆匆岁月，毫无良规。民国三年二月八日虽曾颁布"国币条例"，未见成功。彼墨西哥英洋、湖北龙洋、江南龙洋、广东龙洋、大清银币、袁头币、站人洋等互相流通于市场，重量成色既非一律，行使之时，各有市价，庞杂紊乱，莫可名状。此种情形，实为环球所未有。民国四年八月，上海金融界极感其行使之不便，乃协商将以前所开各种洋价行市，一律取消，只开新币（袁头）行市，凡江南、湖北等龙洋及大清银币均照新币行市通用。从此银元市价化杂为整，仅有英洋与袁币两种行市。民国八年，上海金融界又因洋底枯竭，鹰洋更甚。不但中国银钱等大感困难，即外国银行亦不胜其苦。又由银行公会及钱业公会等会商提议划一银元市价，银元仅开一种行市，外国银行亦乐观其成，一致合作。于是年来复杂不一之银元价，比较可云统一。此实为中国货币统一之一线曙光，可认为大书而特书者也。然洋价虽已划一，而本位问题依然尚未统一。十进之制依然尚未实行，即大宗贸易悉用银两，实际交易则为银元、银角、铜元。元、两市价因时有变化，即角银与银元、铜元与银角亦时有涨落。凡百商业，悉受损失。此次金贵银贱影响于我国极巨。然此由于国际货币本位之不同，尤可言也。乃全一国之内，因银两、银元、银角、铜元并行其间，行情之一高一低，致正当商人及全体国民每不期而受意外之损失，则更为吾人所不取。

且我国之银两，不但因地方之制而重量成色各异，即在同一地者，亦不必相同。情形之错综复杂，为世界所未有。若欲穷源，非另有专书不可。今略将中国银两分述如次。

1. 银两币

银两币已成为中国货币史上之遗物，现今市面上已无此物。考其起源，当在宋末，当时亦发即废。至逊清乾隆五十三年（一七九三年），政府令于西藏铸银两一钱及五分者两种。当时现银一两只可兑换一钱之银辅币九枚。即造币厂之利息，计为百分之十。咸丰六年（一八五六年），上海亦有一两银币，谓之银饼。发行当初伪冒纷起，信用顿失，半途而废。咸丰七年（一八六七年），当时香港尚设有造币厂，复铸上海银两币一种，成色九八二，重三六点六七格兰①，目的拟以代替徒有虚名之上海规元，但亦未能奏效。光绪三十一年（一九零五年），政府欲实行统一全国银两，拟铸银两币流通全国，遂以库平为单位，于武昌造币厂试铸六百四十八万枚，成色八七七，重量三七点三格兰，此种计划亦归失败。光绪末年，湖北曾有银两币由日本大阪造币厂铸造，实际亦未流通。再当大清银币及铜币创行时，亦当发行银两币一两、五钱、二钱、一钱等数种，亦未施行。光绪三十三年，天津造币厂亦铸造北洋银两币，但亦仅作样品而已。故银两币之为物已为过去之遗物，不废而已自废，无复讨论之必要。

2. 虚银两

虚银两为一种假定之单位，实际并无此物。最著者如各海关两为现今各地江海关征收关税时唯一之标准银两，虽名义上以关平银计算，但因实际无此种货币，故征税时仍按各地钱币合关平银收款。其兑换价格，则由海关当局规定海关银，系假定为十足纯银，其虚设之重量为五八三点三厘。然各方估计互有出入。至于关银，每百两合上

---

① 编者注："克"。

海规元向为一一一点四两。按海关银之重量，各方本估计不同。今假定为五九一点八厘，成色假定为九八零，则计算结果，关银每百两合上海规元一一一点四两，算法如次：

X 即上海规元 = 关平银 100 两

关平银 1000 两 = 足色关平 980 两

足色关平 98 两 = 足色广平 100 两

足色广平 938 两 = 上海银元 1000 两

∴ $X = 111.4$

海关银之外，尚有一最重要之虚银两一种，即库平银是。逊清政府征收各种赋税大都以此为计算标准，库平银之成色亦系假定为十足纯银，重量为五七八厘，据规定之汇率，库平百两合上海规元一零九点六两。

3. 实银两

实银两即所谓宝银，为今日最主要之实际货币标准。宝银流通甚广，种类亦多，形式粗笨，数百余年为商业上之实际授受物。年来新式造币方法流入中国，伪造者纷起，宝银遂不如昔日之流通，市面上平时不容易看见。各地之宝银成色重量互不相同，故只能限于各本地方使用，普通重量约五十两，多称为元宝。

4. 计算银

计算银亦不外为一种虚银两，且并虚设成色，重量亦皆无有，纯为一种便于计算之过账单位，价格更毫无一定。原计算银之发生，基因于现银之缺乏，再各地所用之现银单位，历时既久，弊害发生，遂由现银制而变为过账银制。就中最流行而且最久者，即为牛庄计算银之行市，既逐日涨落无定，银炉每从中操纵，牛庄市面常常发生金融恐慌，未始非用计算银两之过焉。

以上所举为中国年来所用银两之概括分类,即已不胜其烦,今更将各地流通之主要银两,列记如次,则尤令人苦其花样繁多,计数维艰。现以关平银及上海规元为标准比较各地之银两如下:

(1) 关平银每百两与各地银两之比价。

上海	111.40	九江	104.37
汉口	108.75	牛庄	108.50
天津	105.00	汕头	110.15
烟台	106.40	温州	103.00
福州	110.00	宜昌	109.65
厦门	101.05	大沽	101.11
芜湖	140.16	北海	110.57
宁波	105.83		

(2) 上海规元与各地银两之比较价。

1045.00	北京公法	1000.00
1053.00	天津行化	1000.0
1000.00	苏州补水	990.00
1000.00	汉口洋厘	965.00
1000.00	济南济平	1060.00
1045.00	重庆九七	1000.00
1065.00	成都川平	1000.00
1060.00	万县九七	1000.00
1000.00	南京陵平	960.00
1000.00	沙市九九	940.00
964.00	樟树镇银	1000.00
1055.00	淮安淮二六平	1000.00
1059.00	清江浦二五平	1000.00
1066.00	板浦二五平	1000.00
1111.60	安庆二八	1000.00
1000.00	大通二七	940.00

续表

1096.00	杭州司库	1000.00
1000.00	安东镇平	1180.00
1000.00	镇江二七	927.00
1000.00	扬州曹平	924.00
882.50	广州司马平	1000.00
1045.00	烟台估平	1000.00
1037.00	宜昌宜平	1000.00
1067.00	青岛胶平	1000.00
1052.00	西安陕平	1000.00
1000.00	九江二四	922.00
1000.00	芜湖曹平	964.00
1000.00	汕头九九三五	1050.00
1035.00	长春宽平	902.00
1099.00	张家口口钱平	1000.00
1082.00	保定保市平	1000.00
1098.800	洛阳洛平	1000.00
1078.65	周家口口南平	1000.00
1085.00	许州许平	1000.00
1000.00	信阳二四曹平	1910.00
1066.00	开平二六汴平	1000.00
1088.00	大同同平	1000.00
1014.00	香港九九八平	1000.00

　　据上两表所举，可知我国银两单位之复杂，莫可名状。现今各地虽多有废止银两者，例如杭州、宁波、江西、厦门、汕头、奉天、青岛等处，已先后改用银元，但我国三大商埠之上海、天津、汉口三地，依然银两与银元并用，大宗贸易仍以银两计算，实际使用多为银元。每日各地银洋固互有行市，即天津之行化与上海之规元，上海之规元与汉口之洋厘，亦计算不胜其烦，比价时有上落。就中上海之规

元实力更大，欲废两改元，非先废上海之规元不可。不废除则中国银元本位永远不能确立。再上海之九八规元，不过为计算银，而实际又有二七宝上海银元，自身毫无一定之价格，必以银两为主，折合计算，行市之涨落毫无一定。例如，一九一一年前后（民国革命）洋厘之高达至八〇七〇，低亦达至七三四八，一年中涨落如此之巨，则与今日之金贵银贱风潮亦五十步与百步耳。且平时厘债之涨落亦多，上海每年当丝、茶、米、麦、棉花等上市时，商人采办频繁，有以供输出者，有以供厂用者，有以供客销者，非有大宗银元，不能与内地交易。故洋用必多，洋厘必涨。至年底与洋商结账，或进口货多以及回笼洋来申，洋厘又必落。此市价之一涨一落，商人即受害不浅。盖明明同一七钱二分之银元，不过数月，或则得意外之赢利，或则获意外之损失。做进出口者一方既需负金银比价之危险，一方需负两元比价之危险。而一般行险侥幸之徒，又徒而利用市价之涨落，以作投机。市价更因而涨落无定，金融界随时有发生恐慌之危险。且商人与银钱两等因用款、存款、发出票据等，在需有银两及银元两重之准备，此中困苦情形当已无须赘语。他如银行界与钱业界因此互相操纵，互相竞争，以致演成以银元押款，以实物易虚物之怪现象令人可笑，亦复可怜。故今日我国商业不发达，财政不整理，原因固多，而币制之不良实为其最大要因。欲谋国民经济发达非改良币制不可，而欲着手改良币制，则莫先于统一货币。年来为我国统一货币之梗者，先为杂乱之银元与银两二种，现今银元一项已可云统一，此后只看政府之造币厂能厉行造币，其他毫无问题。唯银用一项则各地犹五花八门，为统一货币单位之大梗。银两不一律废除，则币制永无整理统一之希望。币制既不能统一，则国内各种工商业依然不能发达。工商业不能发达，则对外贸易依然不能振兴。对外贸易不能振兴，则对外汇价不能维持。故统一货币本位问题，骤视之似乎与救济银价毫无关系，实则统一货币本位，为救济银价之第一前提。此第一前提若不能成立，则其余各种方策，皆等于纸上空谈。故吾人乃以统一银本位——因中国现状绝对不能实行的统一之金本位——为救济银价之第一方策。

再我国年来对外汇价之计算，系以定数一点一八二乘伦敦大条银之近期行市而得。此一点一八二之定数，即规元一两等于伦敦标准银之数目，乃系以规元与之折合计算而得者。但今后以银元为本位，而银元重量成色既有一定，则将来计算汇价，可直接由银元求出对外汇价。关于此点耿爱德君拟有算式如下。

（1）T. T. on London（伦敦）（Shanghai）

X 便士（Pence）= \$1 元

\$1 元 = 416 英厘

480 英厘 = 1 盎司

成色 0.925（伦敦标准）= 成色 0.890（中国标准）

1 盎司 = 伦敦银价

$$X = \frac{416 \times 0.890}{480 \times 0.925} = 83.78738（定数）$$

（2）T. T. on New York（Shanghai）

X 美元 = \$1 元

\$1 元 = 416 英厘

480 英厘 = 1 盎司

0.999 盎司（美国标准）= 0.890（中国标准）

1 盎司 = 纽约银价

$$X = \frac{416 \times 0.890}{480 \times 0.999} = 77.2277（定数）$$

以上列定数乘伦敦或纽约银价所得之结果，即为上海与伦敦电汇或纽约电汇（银元数唯一切费用及利息在外）。

（3）成色 \$99 大条 1000 盎司合申洋

X 申洋 = 成色 999 条银 1000 盎司

1 盎司 = 480 英厘

成色 890 银 416 英厘 = 申洋一元

$$X = \frac{100 \times 0.999}{416 \times 0.890} = 120.515921$$

以上为兴用金国之计算派价法。若兴用银本位国则可直接求出法定平价，亦不必假手于银两。诚以我国与安南前所用之本位计算，我国银币每元重库平七钱二分，成色为八九，安南前银币每元重二十七新分，成色为十，其法定平价可直接推算如下：

$0.72 \times 89\% \times 575.8 \text{grains} = 368.9726 \text{grains}$ 纯银

$27 \times 90\% \times 15.432 \text{grains} = 374.9976 \text{grains}$ 纯银

$$\frac{374.9976}{368.9726} = 1.0163$$

由是观之，我国对外贸易，并非用银币不可。若用银元更可直接简便，使商人少一重烦恼，国人何乐而不为。故吾人以为统一银本位，既有百利而无一弊，且为今日救济银价之第一方策。其最切要的办法：第一，使银元价格完全等于所含纯银量之价值。将上海造币厂积极扩充，施行自由铸造，使银元供给裕如。第二，海关既改征金，则其纳税与估价亦应使海关金单位与银元直接计算。第三，对外汇兑完全以银元内所含纯银量为换算标准，使银元与外国货币发生直接换算之价格。

（本文原载《民鸣月刊》，1930 年第 2 卷，第 1 号）

金本位问题之研究及我行对于该问题之准备（摘要）

一、金与银在货币本位上之资格

（一）本位制度之种类

1. 单本位制（Monometallism）

（1）金单位制（Gold monometallism）

（2）银单位制（Silver monometallism）

2. 复本位制（Eimetallism）

3. 跛行本位制（Limping standard）

4. 金汇兑本位制（Gold exchange standard）

5. 纸币本位制（Paper money standard）

（二）货币本位之资格

（1）本位制度需确定，并易于维持；（2）本位货币需价值准确；（3）本位货币需具有国际性。

（三）金单本位之优点

（1）具有上举货币本位之三资格；（2）金之生产有减少之趋势，银之生产有增多之趋势；（3）金多单独生产，银为副产物；（4）工业上之需要金多银少；（5）储藏金者渐多于储藏银者。

二、世界重要各国采用金单本位之先后

（一）各国采用金本位先后表

1816 年	英国	1854 年	葡萄牙	1873 年	德国、美国、法国
1874 年	瑞典、挪威、拉丁同盟各国	1876 年	荷兰、瑞士、比利时、西班牙	1878 年	芬兰
1892 年	奥国、匈牙利	1897 年	俄国、日本	1901 年	秘鲁
1902 年	暹罗①	1903 年	菲律宾	1926 年	印度
1929 年	安南				

（二）金银比价之变动（平均率）

1501—1520 年	1 ~ 10.75	1521—1540 年	1 ~ 11.25
1541—1560 年	1 ~ 11.30	1561—1580 年	1 ~ 11.50
1581—1600 年	1 ~ 11.80	1601—1620 年	1 ~ 12.25
1621—1640 年	1 ~ 14.00	1641—1660 年	1 ~ 14.50
1661—1680 年	1 ~ 15.00	1681—1700 年	1 ~ 15.100
1701—1712 年	1 ~ 15.31	1713—1799 年	1 ~ 15.74
1800—1874 年	1 ~ 16.16	1875—1899 年	1 ~ 34.36
1900—1910 年	1 ~ 38.22	1911—1925 年	1 ~ 39.84
1926—1930 年	1 ~ 67.36		

三、我国提倡金单本位之略史

（一）第一期

（1）顺天府尹胡燏芬，光绪二十一年五月主张铸造金币。

（2）监察御史王鹏运，光绪二十一年十二月主张铸造金镑。

（3）总理衙门行走盛宣怀，光绪二十二年九月主张废两改元用金本位。

（4）通政司参议杨宣治，光绪二十二年九月主张用英金镑。

---

① 编者注：今译为泰国。

（二）第二期

（5）美人精琦，于一九〇四年主张采用金汇兑本位，张之洞反对最烈。

（6）驻俄公使胡维德、驻英公使汪大变主张用金本位。

（7）宣统二年，货币本位议论纷纷，卒以新不敌旧，且新者无确切办法，终采用银元本位。

（8）荷兰卫斯林，一九一二年主张暂时并用银本位及金汇兑本位。

（9）民国元年，财政部设立币制委员会，皆主张金本位；民国二年，委员会改组，议论又分歧；民国三年，委员会裁撤，乃决定采用银本位。

（10）梁启超、曹汝霖：一则提议借英金二千万镑，实行金本位；一则提议发行金券，以为实行金本位之先声，皆未见诸事实而终。

（三）第三期

（11）去年，财政部聘用甘末尔等，拟定施行金本位之详细计划。

（12）去年三月十五日，实行海关征金。

（13）本年三月，财政部再请国联经济委员苏尔达来华，讨论金本位之进行方法。

四、我国至今不能采用金本位之原因

（1）无专门切实研究之学者，大都信口而谈，以致无切实可行办法。

（2）外卿之主张，既难免隔靴骚扰，又有碍国家主权。

（3）因此屡次损失改革之良好机会，例如，中日战争前后及欧战时期。

五、现在金单位之实行已迫不及待

（1）海关虚银两之实行废止。

（2）海关金单位之实行征收。

（3）规银与银元之争已变为银两与金单位之争。

（4）照历年银元之势力渐次盛于银两，可以推知将来金单位之势力、亦将次第盛于银之势力。

六、我行事先之宜准备

（1）银已丧失其作通货与本位之资格，则银当然流为一种商品。

（2）银既为一种商品，则吾人将来只能以对待商品之方法对待之。

（3）据最近观察，银价绝无看好之兆，有则只可维持其不再下落。

（4）金已成为世界唯一之通货本位，各国对于金之保藏，不遗余力，则吾人对于金之吸收，已不可缓。

（5）即欲吸收金，则非招揽金款之来源不可。

（6）欲招揽金款之来源，则需致力于金存款之吸收，此项金存款只可用作金本位有价证券之投资。

（7）极力推行金单位之往来，愈多愈好，中国银元之不能统一，最大障碍在于海关两，现海关已用金单位，则将来金本位之容易实行，已兆于此。

（8）各埠招揽出口商之往来，在可能范围内推行金单位，最重要之地为上海、天津、广州、汉口、大连、营口、哈尔滨，而营口尤为重要，因将来南北满洲之特产出口，渐有舍大连而趋营口之势。

（本文原载《海光》，1931 年第 3 卷，第 5 期）

>> 在津行行务会议上的谈话

津行六月二十五日行务会议资经理耀华向该行同仁谈话，颇多嘉言，兹摘录于下：

"本会议每月仅举行一次，每次仅报告些数目字，变成官样文章，例会例散，屡进屡退，既无朝气，亦无新发现。就商业银行言经营业务，官府方面有种种限制，国家银行对商业银行更多种种压迫，而同业之中，为图谋生存，又复拼命竞争。本行在津地位既无背景，又无奥援，并需在合法之下，稳健之中，以谋生存，以求进取，如再墨守成法，坐待生意上门，实无异自我淘汰。兼以当前物价飞涨，开支庞大，则津行之前途，如不人人奋发，实难乐观。本会机构包括银行、旅行社、保险公司及大业公司，名称虽异，实为一体。但一体之间，血脉并不贯注，精神亦无联络。换言之，即吾人有此良好肢体，未曾善为运用。就银行内部而言，交换科未能根据本行交换票据来龙去脉发现新户头；就汇兑科言，未能就汇款人及领取支付汇款人，更招揽新户；就放款科言，所借去之款作何用途？如系向外埠办货者，何时到津？本埠者，货存何处，进货成本若干？借款之后，可能再发生何种生意，以及借款人之保证人情形如何？能否附带发生关系？皆未能充分发展；就保险部言，未能与银行放款部及营业员随时取得联络，不能揽到有关系顾客之保险；就旅行社方面言，代办进出口报关货运事宜，货物来自何方，去往何处，存卸何栈，何家保险，何家垫款，未能于确知内容后，通知

银行及保险部前往兜揽生意,均系精神散漫之故。大业公司在津成立日浅,但此后亦需加入一体,组成整个情报网,不能仅依赖本行专员及营业员三人供给消息,必须每组织养成供给情报习惯,而振起吾人奋斗新精神。此外小组会议多时未举行,现应加强组织,分为业务、人事、福利、会计等组。人事组研究每人才识及办事能力,量才量力,予以位置,俾展其才能而收办事效率。福利组包括消费合作社,卫生、饮食等事务,使环境优良,维持健康。会计组仍系原有组织,按期开会,将提议事项交由本会研究表决,则比较仅报数目字更有意义。同时希望行社公司同仁,各备一日记本,将每日接触事务认为可以改善者,认为与某部分有关者,认为可用何种方法,予以解决者,一时感想所及,迅为速记,以免在百事匆忙之中将其消失,然后在公余时间整理就绪,就其性质提交小组会议,本人相信同仁能处处用心,时时用心,则本行之进步绝可一日千里,以便冲破难关愿同仁共勉旃焉。"

"去岁在沪晤陈董事长时,曾谈及一行应如一家。大行一大家,小行一小家,工作上彼此互助,生活上相亲相爱,甚至行内司役亦应协助其子侄有上进机会,盖吾人处事对人应有宗教热诚及道德修养。此次来青过沪时,陈先生复以同语相勉,今观同仁间能互相合作亲爱,甚为快慰,又凡业务上有错误应改正处尤须正言规勉,不可以职位相避讳,有此精神方能求行务之长进。"

(本文原载《海光》,1947年第11卷,第8期)

》中国的经济现状与银钱业的责任

年来因通货膨胀，投机盛行，物价升腾，黑市猖獗，人民生活困苦，社会全体不安，不但执政当局多将罪过加诸金融业，即一般时贤论调亦多责备金融业，好像游资作祟，就等于金融业，换言之，即银钱业作乱。物价不安，即银钱业犯科。所以政府方面屡次三令五申，不是紧要取缔金融办法，就是紧急金融措施。因此最近一方停止工贷及限制各地申汇流通，一方又在各大都市成立金融管理局，普遍检查金融机关，监督金融机关。在当局的意旨，以为采取如此双管齐下紧急措施，就可以阻止游资的泛滥，而挽回经济的危局，以为一切经济的病源都是金融业所造成。所谓游资，全系金融业所持有，而一部分经济学者及大学教授亦同此论调，这实在将金融业——银钱业的力量估计得太高了。不容说，银钱业在抗战之前夕，在经济界的确有相当力量。当时执政当局，无论是谁，也无论南北，不论有何经济措施，或发公债，或销库券，都非预先与津沪金融界商量不可。若不预先商量，政令就有行不通的后果。此十余年前的情形，事实俱在，毋庸讳言。可是自从改革货币，实行法币，统一发行后，再经抗战以至今日，银钱业的力量已趋微末。我们现在不要空口说白话，单就几个统计数字来看看，银钱业的力量究竟还有多少，而所谓游资者究竟在哪里，银钱业对于经济界的混乱及社会的不安，到底要负多少责任。

我们要考察的就是银钱业的资金力量，换句话说，就是银钱业的存款，这是很直接、很具体能表现银钱业实力的代表。以抗战前民国

二十五年的数字作标准，全国银行存款总数为四十五亿五千万元，此中商业行庄的存款约占国家银行的二分之一强，可是〔民国〕三十六年十月底的全国商业行庄的存款为三万余亿（三万零五百九十五亿四千九百万元），国家行局的存款总额约十余万亿，一共约二十万亿，而商业行庄存款总额中，上海一埠占一万六千六百七十九亿，其余全国各埠不及上海的半数，天津银钱业的存款总额不过三千余亿。我们单看上面的数字，如二十万亿、一万六千余亿、三千余亿，等等，似乎亦不算少，但是再与以下其他几种数字作一比较，则可知银钱业的资力是如何渺小了。

最先而最容易比较的是通货发行的数量。民国二十五年法币的发行额不过十二亿四千一百余万元，可见当时全国银行的存款约占总钞票发行额的四倍。但是〔民国〕三十六年六月底，法币发行已达十万亿，八月底超过十五万亿，十月底已超过二十五万亿，十一月以后发行增加数更巨，到十二月底的通货发行额已达四十余万亿。战前银行存款总数要占全国发行额之四倍，现在反不过发行额的三分之一，这是将国家行局并入计算，若单就商业行庄的存款总额比较，则尚不到发行额的十几分之一。

次之以国家的总预算比较。抗战前国家的支出预算，如民国二十五年为九亿九千万元，收入为八亿六千五百余万元。可是〔民国〕三十六年年初的预算，收入为七万二千亿元，支出为九万三千七百亿元，但年终决算，实际支出已达五十万亿元，实际收入为十七万四千亿元。〔民国〕三十七年上半年度的预算，支出为九十六万亿元，收入为五十六万亿元。若将上面抗战前的存款总额四十五亿五千万及现在商业行庄存款总额三万亿与全国预算两相对比，真有天壤之别了。

中国的经济现状与银钱业的责任

复次我们再可以考察抗战前与目下的物价情形。本来财政的支出如此庞大，通货膨胀日益加速，物价上涨乃当然之事。所以根据中央银行的经济统计，〔民国〕三十五年十二月底的物价指数为抗战前的九千七百十三倍，〔民国〕三十六年十二月已涨至十四万四千五百倍。现在就以十万倍作标准，那么〔民国〕二十五年全国银行存款为四十五亿五千万元，则现在全国银钱业的存款应当为四百五十万亿。可是目下商业行庄的存款总额不过三万余亿，加上国家行局的存款也不过二十万亿，与四百五十万亿相比，是如何渺少。抗战前天津的第一流商业银行的存款多在一千万与一千五百万之间，当时一个商业银行可以独力支持两三个大工厂之外，还可以接济普通商号及进出口行的流动资金而有余。但现在第一流商业银行的存款不过一百亿与二百亿之间，抗战前的一千万可以买进大五福布七万余件、二十支纱六万余件，现在一百亿只能买进布三百疋（十五件）、二十支纱三百件，抗战前可以支持好几个大工厂，现在所有存款不够一个大工厂两三个月的薪工。

我们不必再多引用干燥无味的数字，单就上列各种统计，就可以知道现在金融业的机能已衰退到如何程度。本来金融业是资金的蓄水池，资金经流金融业的数字愈多，愈可表示金融业的发达与进步，也愈可表示金融业资力的雄厚，对于国家的经济兴衰、工商业的发展，不但休戚相关，且需负重大责任。在那个时候，要是金融业如不从发展国民经济与辅助工商业的方向努力，而助长投机事业，则金融业当然要负极大的责任，并需受法律的制裁。可是现在国内的资金已日见脱离金融业，蓄水池已日见干涸，蓄水池外面反洪水泛滥，到处冲放，尤以民营金融业所谓商业行庄退化到微不足道的成分，自己的生存已感受威胁，还能对于其支配能力以外的事故负责

任吗？

可是全国的资金为什么大多数不透过金融机关呢？第一就是行庄存款的利息，远不如工商利润及投机利润之高，因此能达到相当运用程度的资金，绝不愿存入金融机关，一定自己设法经营，或托人运用，即不能达到相当程度运用的资金，也改存于私人工商行号及地下钱庄以求高利。第二就是所谓豪门的巨额资金，如洪水般用种种方法逃往香港及美国。第三就是政府年来对于金融业单在管制方面想办法，而且一次比一次加强，无形中驱使资金脱离合法组织的金融机关，没有从疏导培养方面想办法，促使资金流入金融机关，使洪水流入正当的河路。第四是国民全体心理上的动摇，换言之，即人民对法币没有信仰心，因此绝对没有人肯储蓄现金，只要稍有几文，就多多少少购买各人所必需的生活物资。现在各商业行庄所仅有的存款已等于过暮投宿的旅客，临时托足，绝无长期的住户。可是上面所举的，还不是根本原因，根本原因还是通货膨胀。上面所举的又可以说是通货膨胀的结果，通货愈膨胀，游资愈多，游资愈多，物价愈涨，物价愈涨，投机愈盛，正当的金融业机能愈趋退化。现在金融业退化到微不足道的境界，游资并不透过金融机关，所以如刘大中教授主张没收及冻结国内银钱业所仅有的存款，就可以达到自力更生改革币制的目的，我们觉得这种办法在比利时可以行得通，不但已经行通，且已获得成功，但欲论到中国经济的病态，恐怕没有如此简单。酿成中国的经济危机，银钱业虽不能说毫无责任，若把所有的责任都归诸银钱业，则未免太过分了。

总之处在目下这种经济环境，政府有政府的苦衷，人民有人民的困难。我们既不要互相埋怨，也不必互相推辞责任。我们应当一致设法阻止通货不再膨胀。若再任通货膨胀下去，将来的结果更要悲惨。

本来通货膨胀还有种种解释，也并非如普通想象的可怕。所谓通货膨胀的解释，普通可分为三种，即：①生产的通货膨胀。②非生产的通货膨胀。③恶性的通货膨胀。生产的通货膨胀，即国家为谋增加生产而增发通货，通货虽增加，生产亦同时增加，并且本国生产品可以对外出口，而诱致外国资金流入，此种通货增加等于国家财富之增加。物价亦相当上涨，人民生活享受提高，经济界日趋繁荣。非生产的通货膨胀，即通货虽增加，而生产并不增加。物资的数量与通货的数量日趋不平衡，一旦物价上涨的速率等于通货增加的速率时，两方就有竞赛之患。此时若能设法阻止，可以不致走入恶性的通货膨胀。所谓恶性的通货膨胀，就是因物资与通货极不平衡而起，货币流通速率增加，以致物价的上涨速率常超过通货增加的速率，因此通货更不能不随而增加。两者一前一后，若无特别有效办法改善其互相因果的现象，终至酿成恶性而循环的通货膨胀，经济界非至大恐慌、大混乱不可。现在我国通货膨胀的阶段，虽还未达到极端恶性的程度，恐已到了恶性膨胀的初期，也可以说已到了千钧一发的时候。但要想经济不致崩溃，改革币制实有其绝对的必要。但改革币制，非平衡财政收支，减发通货，树立稳定币制的基础不可。近来学者对于改革币制与平衡收支，二者谁先谁后争议甚多，各能自圆其说，吾人则必谓二者可以设法并进，且于平衡收支之外，更要管理金融与管理物价，使其同时并进，否则单把一九四四年十月十三日比利时所采用的救急方式施行于存款通货的集中并未如比利时的中国，恐失之毫厘而差之千里了。

（本文原载《大公报·经济周刊》1948年2月4日，又题为《中国的经济危机与银钱业的责任：录资耀华先生在天津南开大学之演讲

词》，刊于《海光》1948年，第12卷，第3期，署名"春"。文前有"按语"："八年抗战，继以内乱，国家通货膨胀，愈演愈烈，民生疾苦，日甚一日。执政当局及社会舆论，以物价腾涨，经济纷乱，均以为系金融业所造成，故不惜三令五申对金融业施以种种管制。一月廿八日，津行资经理应天津南开大学之请，前往演讲，题为《中国的经济危机与银钱业的责任》，旁征博引，分析明切。在此通货膨胀、投机猖獗、经济危机达严重阶段之时，对银钱业之责任，详为辩白，以正视听，实为服务银钱业者人人欲说之言。特将演词，敬录如后。"）

记资耀华先生在津行行务会议中之致词

冯遇春

津行经理资耀华先生于本年二月间奉命出国考察，当时津行社公司全体同仁曾于天津银行公会俱乐部欢送，热烈盛况，宛在目前。而时经多月，国内形势丕变，东北九省相继易手，华北局势日趋紧张，平津首当其冲，唇亡齿寒，人心惶惶。耀华先生在国外闻讯，特赶乘飞机归国，兼程北返。同仁以资经理在局势紧迫之时，不避艰危，仍莅津坐镇，无不同深敬佩。十一月廿九日津行举行行务会议，资经理即席致词，语多助勉，特记之如后。

今年二月间，本人奉命出国考察，转瞬与各位分别了八个多月。在美时除工作之时间外，几无时不以行务及诸位的近况为念，回到天津见各同事风采依旧，本行的一切多有进步，觉得十二分的快慰。

在十月间离美归国的时候，原定坐船回来，后因华北局势突紧，乃改坐飞机赶回，因为我和诸位共事多年，过去曾同经患难，现又重临到危急的时候，决不能弃诸位于不顾，所以在上海耽搁了几天，就急急北返。友朋见了，都问我为什么在此紧急的时候还回来，我说就因为时局紧迫才赶来，所谓"临难毋苟免"。我在天津已十多年，就把天津当作第二故乡，以后希望仍和诸位同患难，共甘苦。

现在把我在美国的观感所及，做一简略的报告，美国朝野对中国

的局势都特别关心。中国地大物博,拥有世界五分之一的人口,无论美国政界、学界、商界,他们对中国均有好感,不论中国的局面如何变化,他们仍希望和我们中国交朋友,保持深密的友谊。最近在上海和天津碰到几个美国商人,探问他们的意思,大多表示不愿离开中国,就是将来局势转变,他们仍旧要在转变的环境中,觅取和我们继续发生关系的途径,美国政府对华政策难以决定,亦即为此。

这次在美国考察,参观各银行和各大工厂,工厂的机器方面,因事属专门,不能完全了解,所能注意的,亦唯人事管理和各部门的组织。最后我自己得到一个结论,无论银行、工厂,固然都各有各的长处,但有一个共同的方针,即"人尽其才,物尽其用"。每一工厂除了正式的出品外,都各有副产品。副产品的原料,就是废物利用。有一次我在芝加哥的一个屠宰场参观,无意间问起屠宰场的经理,这里面有没有不能利用的废物,他说没有,后来忽又笑着说,只有杀猪时候的猪叫声,没有用处,不过仍然可以设法利用,把当时猪叫声灌成留声片,送到好来坞摄影场,逢到需要猪叫声时,岂不是就有了用处。这虽近于笑话,但于此可以想见他们如何珍惜余物,把没有用处的东西利用得无微不至。

此外,还有一个共有优点:不论是银行或工厂的员工,上班、下班都有一定的时刻。在工作的时候,都提起精神,埋头苦干,没有丝毫勉强,更没有坐着耗费时间的人。开窗、关窗、启门、闭户,都有一定时间,甚至吸烟亦自己规定时刻,秩序井然,绝无纷乱或拖泥带水的情形。这样的办事效率当然特别高。不过要使我国的社会像他们这样守时刻,就非得把大环境先改造一下不可。

在银行中参观的时候,见许多从业员,个个精神焕发,毫无倦容,充满着乐观和谐的空气,面部都显出愉快的神色,所谓"Service with smile"。使人见了，精神亦不知不觉地跟着兴奋起来。随便什么事，能提起精神干，就有办法，因为有精神的人，他一定抱着乐观，能乐观就能努力工作，做事就会进步。倘灰心悲观，做事一定不会有精神，还谈得到什么进步呢！别的事情因资力环境及其他关系，我们没有办法照着他们做，这"提起精神，抱着乐观"，我们大家应该仿效，大家可以做到。尤其在华北的这种环境和局势下，更应有这种态度。顾客一进本行，见同仁面带笑容，精神饱满，一定会受感动，不但能给予深刻良好的印象，且一定能对本行更增好感。我们要想到董事长创业的艰难，从极小的范围，无背景、无众援，经过几许风浪，终以卓绝不拔的精神，奠定了本行的基础。现在国家社会已呈支离破碎，到了千钧一发的时候，而本行亦已面临危险的境地，希望诸位切勿灰心，切勿悲观，只要继续着董事长创业的精神，共同努力！共同奋斗！一定能够度过这艰危的时期，而得转险为夷。

（本文原载《海光》，1949年第13卷，第1期）

第三部分　中国经济及对外贸易

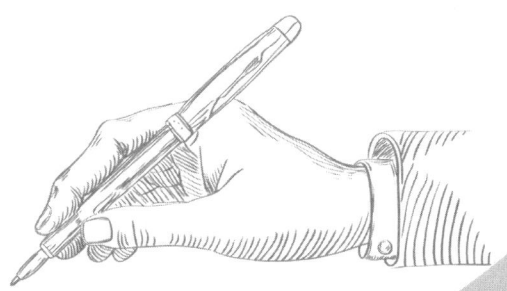

》中国关税制度之影响

一、绪论

吾中国有四千年之历史，具独特之文化，雄视亚洲，四夷宾服，不幸自一八四二年以来，七十余年间，国势不振，战乱频仍，遂为外人势力所侵蚀。曰领事裁判权之设定，曰外人居留地之增加，曰铁道之敷设，曰矿山油田之开采，曰租借地之割让，曰邮便电信之争夺，曰关税之束缚，其利权或为数国所共有，或为一国所独占。就中海关税问题，更与吾国政治经济有密切之关系，为国际问题之中心点，我国商工业之致命伤。而此关税权之束缚则可分为课税权之制限及海关管理权之委任。前者为中国与各国所缔结之通商条约所制定，此种制限本不仅中国见之，乃近世有强权无公理之国际问题之惯性，即日本维新以前，亦与我国同病。后者乃海关征收机关之管理权为外人所掌握，此则为环球所绝无而仅有，此种关税制度，其端绪乃发于六十年前，因洪杨之乱，英法战役后，始有条约上之规定，于是海关遂为我国之一行政署，而事实上则为一种国际管理机关。

如上所述，乃关于海关之制限。然中国海关税以外，更有所谓内部关税。此种内部关税，现今文明各国已悉行废止，而我国则日增无已。故中国之关税，为内外二重制度而成；一则为国际条约所束缚之外部关税（Aussenzöller），一则为应财政上所需要之内部关税

（Binnenzölle）。前者其管理权为外人所掌握，后者为内国之贪官污吏所滥用。是中国之关税制度，乃兼有新制度之缺点与旧制度之弊害，谓曰世界最恶劣之制度亦无不可。而此二种关税，除各通商港之内部关税，一部之管理权委任于海关以外，其行政上二者虽本无何种关系；然由其及于通商贸易之作用与关税问题之大局而观之，则彼此原属一体。盖由外国主张而论，则输入税之增加，非以废止内国关税为前提不可；而由中国方面论之，则内部关税之废止，又须以输入税之增加为前提。故中国之关税问题与各国迥异其趣，从而欲研究中国关税，则一方面当由条约上之规定与国际关系而得外部之观察。一方面则当由行政上及财政上而加以内部之观察。换言之，即需考察外部关税与内部关税二问题。

二、财政上之影响

我国关税由外部关税与内部关税二种所构成，已如前述，故欲明其及于财政上之影响，非从两方面考察不可。外部关税本为我国正确收入之一财源，然其税率为列国之条约所束缚，不能应年年财政上增加之必要而自由伸缩。反之内部关税，其收入之多寡，虽无确定之标准，然因其不受任何种制限，故年年应财政增加之要求而构成或不规则发达之倾向。从表面上观之，二者乃具有反对之性质，然其实际则二者互有密切之关系。故本文先明外部关税及于财政上之影响，再论内部关税及于财政上之影响。

（一）外部关税之影响

关税以赋课之目的为标准，分为财政关税（Finanzzölle）与保护关税（Schutzzölle）。前者其目的只在于国库之收入，故因贸易之增进，其收入亦随之而增加；后者虽以关税供岁入之用，但当其编成时，含有政治上及经济上之目的，故有时因防止或特定外国品之输入，从而其收入亦不得不因之而减少。然试观现今文明诸国，不论其为财政关税或保护关税，大都以关税为国库之一财源，且即观现今采用保护关税之各国，其采用之动机，亦皆由战后与其他财政上之必要，采用此种制度，以期岁入之增加。故近今各国虽因国费之膨胀，其他之租税收入已随而增加；然关税在岁入项目中尚占重要之地位。今试观各国总岁入与关税收入之比例，英国百分之二五，法国百分之一二，德国百分之四七，意大利百分之一三。北美合众国则达至百分之六〇。反之我国关税收入与总岁入之比例，据一九一三年之预算表，总岁入二亿三千三百九十四万八千元，海关税六千八百二十二万四千元，其比例为百分之二〇。从表面上观之，似尚能赴各国之后。然各国之关税收入，乃纯收入税，而我国之前海关税收入中，输出入税以外，尚含有沿岸移出入税（export duty and coast trade duty）、子口税（transit duty）、鸦片厘金税等之内国关税及吨税（tonnage duties）。故若与各国之海关税对照，非将前记海关税中之纯收入税比较之不可，但同年之纯收入税，乃为二千九百九十万七千元（一千九百九十三万八千两），是不及前总岁入额之百分之零点九，比诸泰西各国，不可以道里计。何况岁入之实征额，比前记预算表之数尚多，而输入税之数，即为实征额之数，则岁入与关税之比例更相距辽远矣。

据一九一四年之"*The China Year Book*"报告：

单位：两

输入税	19938860
输出税	13948315
沿岸移出入税	2439166
吨税	1534878
子口税	2289501
鸦片厘金	3819133
合计	43969853

又欧战前十年间输入税与海关税总收入之比如左〔下〕：

单位：两

年	海关税	输入税
1902	30007	12388
1903	30530	11493
1904	31493	12259
1905	35115	15336
1906	36068	16100
1907	33861	14879
1908	32901	13134
1909	35539	14084
1910	35571	14087
1911	36179	14742
1912	39950	16045
1913	43969	19938

中国关税收入所以如是其寡者，贸易额之小固其一因，然实则因近年不能应岁出入激增之比例以增征关税。而关税之所以不能增征，即各国条约上之束缚所致。此征税权之被外人束缚，对于中国政府之收入，有三大弊害，今试分述如左〔下〕：

(1) 中国之外部关税，一律以从价五分税为原则，而从量税自一八五八年至一九〇二年，只有一回之收正，故名目上之五分税，事实上乃不过三分五厘。今欲改正税则，非有缔约各国之一致同意不可，即此次华盛顿会议之结果，表面上虽稍为修正，然其实际依然五十步与百步之差，且尚在酝酿中。故若以中国财政上之利益为主眼，则输入税非每阅二年或三年修正一回不可。不然，决不能免除随伴从量税之不公平与不利益之弊害。

(2) 陆路贸易上由不完全之特惠关税（Preferentialzölle）所生之损失，其额每年亦达至数十万两。在陆路贸易幼稚、交通不便时代，或因欲促进贸易而行此种减税法。但今日各方面铁道四通八达，此种方法已无存在之理由。况如南方陆路贸易之输入税，较之六十年前，反有三四成之减少，财政上之受害于此可堪问乎？

(3) 再由财政上之目的而观之，关税乃一种消费税，故最好以仅少之征收费而得最大之收入，且因奢侈品、嗜好品与必要品之种类及原料品与制造品之区别，其税率当有轻重之差，以期负担之公平。故如英国仅对于数种之输入品而课以输入税，则得最高额之收入。然我国因受条约上税权之束缚，不能以租税之原则而施于税目之配合与税率之增减。故既不能期关税负担之公平，而关税征收之手续又极其烦难，且不能废实收小之物品而使关税之赋课集中于实收多之物品，此又为吾中国财政上之大弊害也。

(二) 内部关税之影响

我国外部关税轻而简，内部关税重而繁，然二者乃具有因果之关系。盖我国政府因国费年年增加，而外部关税不能应此要求而增征，于是其势不得不搜求他种之增税以填补。因是若不增设新税源，则非增征旧来之租税不可。然欲创设一新税源，则财政上之组织与政治上

之状态，有不能许其如此者。例如，欲新设所得税、营业税、相续税等之直接税，则大遭官吏及绅商各阶级激烈之反对。故政府不得已只得沿旧来之习惯，出此增课内部关税之举。其结果遂至只要能依关税之形式而课征之财源，则涓滴之微，亦在所不漏；而内部关税之名目及种类，遂与年俱增。中央政府又设征收考成条例之恶法，公然奖励税吏之诛求而不以为怪。试观民国二年度，即一九一三年之预算表，内部关税中主要项之盖金税收入，达三千二百七十一万元；依五年度之预算表，厘金变名的货物税之收入，达四千二十九万元，即仅二年间，乃有二成之增收。然此尚不过内部关税之一部；此外海关税之一部分，常关税正杂各税、正杂各捐之一部分，皆为内部关税。故中国内部关税之负担额，每年至少当不下八千万元，且此又不过预算表面上之负担额，其实因税制之恶劣与收税吏之腐败及其他为征税费所消耗之全额而总计之，当在三四亿以上。故或者单以内部关税以外之消耗税及直接税之轻，遂云中国人民租税负担之少。此种观察在前清光绪初年间或犹可言，照今日之实情，则不免皮相之推测。何以言之？盖近年中国政府之岁出，较之光绪二十七八年，约增加四倍，而一般人民之富力则依然如故，且尚有多数之小百姓，一家一日，仅有一元左右之生活费，若以平均一人负担一元之内部关税尚为不重，其可得乎？况内部关税之课征范围，即柴米油盐等之日常生活必需品亦在其内，其负担额又属富者轻而贫者重，其不公平孰甚？

据中国国务院法制局①之调查，欧洲大战前各国之人民租税负担额及民国五年中国人民之租税负担额如左〔下〕：

---

① 编者注：此为民国时国家机关。

单位：元

	直接税	间接税	行为税	合计
英	13000	14500	2000	29500
法	9500	16500	7000	33000
德	5000	10500	1700	17200
俄	1300	8000	700	10000
日	3000	4400	600	8000
中	341	619	50	1010

据上表中国人民平均一人之负担较之各国似甚轻，但换之中国人民之生活程度则甚重。且如上表中间接税占六成余，而间接税之大部则为内部关税。

三、经济上之影响

中国关税制度中，外部关税为列国之条约所束缚，作最低率之协定，殆近于自由贸易主义；反之内部关税为财政上之必要所逼迫，近年益趋于烦苛，妨害国内之交通贸易，莫此为甚。此自由贸易主义与妨害贸易主义之关税并驾而驱，乃中国关税制度之一特质，亦中国关税制度之一大缺点。此二者本彼此互相矛盾，然其间则有一共通点焉，即中国关税上无所谓何种之经济政策，有则以极端之收入主义为其终极之目的是已。现今文明各国，其中虽有程度之差异，大都采用保护关税，即采用财政关税之国，亦非单以此为岁入之一项目；其所以采用此种关税者，乃在适合于其经济政策上之目的。然中国之关税，则纯非经济政策上之用意，其目的乃只在于期收入之增加，唯外部关税上因受外国条约上之制限，不能如愿实行而已。

以极端收入主义为目的之中国关税，其不适合于财政上之原则，已不容赘，其不合国民经济之要求，更毫不足怪，即低廉之外部关税与繁重之内部关税并存，致外国品之流通于国内，不能课与内国品同样之税,以致内国品之对外输出,受不自然之制限是也。于是其结果,则得有次之三弊害:一为国内产业发展之障碍,二为对外贸易之入超,三为外国贸易之减少。而此三点又有连续相互的因果关系。即国内产业不发达,则输出贸易不振;输出贸易既不振,则输入超过输出,而国内产业更难发展。如是相互循环,而中国经济界殆矣,更分述于左〔下〕:

(一)国内产业发展之障碍

我国有天惠之资源,有丰富之劳力,宜其产业纵不为世界冠,亦当与泰西列强互相角逐于世界经济市场,然而中国产业则纯在极幼稚时代。论其所以不振兴之原因,如交通之不发达、资本之缺乏、近代教育之不备、度量衡制度之不统一、政治之腐败,固皆为主要之原因,然其直接之一重要原因,则为内部关税妨害各地之交通贸易。盖我国内地,关税区域,鳞次栉比,各省、各州、各县无论已,即每一河流、每一陆路、每一地方与一地方之间,亦有课税署,甚而同一地方内、都市与都市之间,亦禁货物之运搬,防谷物之出入。故一地方之生产业只以狭隘地域之需要为标准而经营,而不以全国之需要为目的。换言之,二十世纪之今日之中国,犹不能脱出地方经济时代,而进于国民经济时代者,即内部关税之过也。加之外部关税为一律从价五分之低率所束缚,以致外国品容易输入,纵令国内有丰富之原料与多数之劳力,欲与先进国之输入品相对抗而振兴新式之制造业,已不可能。况国内品物中,不论其为原料、为制造品,皆课以二重之税。盖以资本之足、经营之拙劣、技术之幼稚,而欲维持其经营事业,岂可得乎?即输出贸易中,因有内部关税与输出税之存在,除茶丝类之特产品及低廉之农产品以外,亦决不能在海外市场上与他国贸易品相角逐。且中国既为农业国,然于谷物之输入并不课税,而输出则加以厉禁，此其经济政策之矛盾，尤足讶怪者也。

今试据欧战前一九一三年之贸易统计，将其主要之输出入品各十种列举如左〔下〕：

单位：两

输入品	
棉制品	182419023
鸦片	41023012
砂糖	36306470
金属及矿物	29156086
石油	25402845
谷物	18844344
染料	17511075
鱼及海产物	12974540
纸烟	12589300
麦粉	10300612
输出品	
丝	83176282
茶	33936769
豆粕	24962789
豆	23296876
绢织品	21718532
棉花	16235604
牛皮	15184344
芝麻	12372194
植物油	11414192
锡	10916906

如上表，即输入以棉制品与鸦片为主，输出品以茶与丝为主，数十年来终始不变。且输入品之大部分，其原料皆产出于国内，若国内他种生产条件具备，则在国内可以制造。若中国采用保护的输入税，

而废止内国关税，则不难与外国工业品相对抗。又输入品纯为农产品及农业副产品，若废止内国关税与输出税，则不出数年，其输出额即可倍增。近年政府似有见于此，对于模仿外国品之机器制造品，采用内国关税之单一的课税法，以求抵制外国品之输入，因此纵输入税不重，不能减少外国品之竞争力，此种制造品之产额亦年有增加。设输入税改正，则中国制造业有不一日千里者乎？至全产额之若干，固无完全正确之统计，今试据海关贸易统计将国内诸港间之输出额列举如左〔下〕：

单位：两，千

物品名	1904 年	1908 年	1913 年	1915 年
棉丝（担）	141	350	503	779
麦粉（担）	538	1208	2220	3723
洋纸（担）	32	44	40	46
蜡烛（担）	—	2	34	58
烟叶（担）	4	36	94	87
肥皂（价两）	—	—	123	325

然此亦不过对于制造品之减税，至于此使用之原料品，则依然照内部关税办理，尚未有免税或减税之办法也。故现今各制造所，若使用制造所附近产出之原料，税率之负担尚不甚重；若仰给于远地之原料，则生产费依然过多。例如，棉花一项，上海之纺织工厂欲从陕西或河南等处求原料，反不如从美国或印度输入较为便利。盖中国内地所产之棉花，若输出于外国时，不过子口税从价二分五厘及输出税五分，合计七分五厘而已；若由同一地方运至上海，则除海关沿岸移出税五分，移出税二分五厘，合计七分五厘之外，至少犹有五分或一二分之厘金税。此种关税上之矛盾若不免除，则国内之新兴工业决无发达之希望，可断言也。

（二）对外贸易之入超

输入远超于输出，为中国对外贸易之一特征。除一八六四年及一八七二至一八七六年六年间之贸易，有仅少之输出超过以外，每年继续输入超过输出；而近年则更甚，平均常在一亿两以上。今但将一九〇一年以来之输出入表列举如左〔下〕：就中一九一一年四月以来，因鸦片之禁止输入，而输入超过为之稍为缓和，但其大势依然不动。

单位：百万两

年	纯输入额	输出额	输入超过额
1901	268	169	99
1902	315	214	101
1903	326	214	112
1904	344	239	105
1905	447	227	220
1906	410	236	174
1907	416	264	152
1908	294	276	118
1909	418	339	69
1910	463	380	83
1911	471	377	94
1912	473	470	103
1913	570	403	167
1914	569	356	213
1915	454	418	36
1916	516	481	35

（见 *Returns of Trade and Trade Reports*）

贸易上输入超过之继续，本不足以为忧。例如，英、法等工业先进国之贸易亦输入超过输出，秘鲁及 San Domingo 诸小弱国常输出超过输入。此盖英、法等先进国有多额之对外债权以偿贸易上之输入超

过,而后进国则不得不用输出超过以偿对外债务。然而中国不但无贸易以外之债权以偿输入超过,且年年财政状态皆有增加外债之必要,而对外贸入又年年有此巨额之入超,尚可乐观乎？此年年之所以继续入超者,因有政治上财政上经济上之种种原因在。然其主要原因,则不得不归罪于关税制度矛盾之影响。盖在现行关税状态之下,外国品容易输入,内国品难于输出。即一则输入税为从价五分之低率所限制,而近年又因银价下落,物价腾贵,因此其从量税多低至五分以下者,从而外国品负担之关税日益减低。二则国内关税妨害交通贸易之程度,对于输出品比对于输入品为甚,就中茶丝等之重要输出品更属过重。三则因谷物输出被禁止,因此亦妨害各种农产品之生产与输出之增进。

欲免除外国贸易品之入超,其方法不外二途：一则防止输入贸易之消极手段,一则增进输出贸易之积极手段。欲达此目的,其政策固有多种。若从关税政策上立论,则第一当高筑输入税之墙壁,以防止外国品之输入,而助长国内产业之发展。第二对于输出贸易,讲求直接与间接之奖励法。前者须有关税主权之国方可实行,非有外交上之大刷新不可；后者则在我国人之不自暴自弃即可实行。我国现已年年为此继续贸易入超与外债元利返还二者所夹攻,财政上已呈破产之兆。欲避此破产之患,唯有一则全废止有害之输出税与国内关税,一则改正输入税,以讲求输出贸易之增进,否则各国虽不动而我国经济上已破产矣。

（三）外国贸易额之过少

中国对外贸易,自一八六四年以来,有如左〔下〕表,年年稍有增进之势。然以中国土地之广大、人口之业多、物产之丰富,则又不得不谓之过少。

单位：百万两

年	输入额	输出额	总计
1864	51	54	105
1874	64	66	130
1884	72	67	139
1894	162	128	290
1904	344	239	583
1913	570	403	973
1914	569	356	925

如上表据中国对外贸易之最高年（Record year）一九一三年之数字，以四亿人口平均计算，则每人之输出入贸易尚不及海关两之二两半。此中原因固多，然其主要之原因，则在输出贸易之不振与交通机关之不备。以中国与西洋各国及日本比，固有天壤之别，即以中国与印度比，亦尚不及其一半，此盖两国经济政策之有以使其然也。印度自为英国属领以来，交通机关之普及，灌溉排水工事之设备，农业之奖励，对于各方面皆施以积极的经济政策。而中国则否，不但无积极的经济政策，且关税制度，对外则采用自由贸易主义，对内则采用妨害交通贸易主义，政府殆纯为一收税机关而已。夫印度与中国其外部关税，固皆为低率，然印度已无所谓国内关税，而中国之内部关税则反年有增设，此所以天惠之资源、风土气候之良好、人民之勤勉远胜于印度之中国，其贸易额不及印度之半也。言念及此，有不令人切齿痛恨者乎？

四、政治上之影响

中国关税制度对于政治上之影响，可分国内与国外二部以考

察之:

(一) 对于国内政治之影响

外部关税中之输出入税,为海关税之主要部分。海关税固为中央政府之所管辖,其征收管理机关,在与外国缔约以前,广东已有粤海关监督,系北京宫廷所任命,其收入之一部送入中央政府。《南京条约》告成,开设五口通商,其收税事务虽有委任于地方官之处,其收入亦仍属中央政府。自一八五八年以后,全国海关任用外人,海关制度统一,海关税纯为政府之岁入财源。自此以还,海关税年有增加,为政府之大宗收入。年来国内纷乱,各省汇款不至,财政日见竭蹶,幸有海关税以弥缝一时耳。至内部关税,则与海关税异趣,其占主要部分之资金税,当初之目的已纯为地方政府之收入,故其发达,亦纯依地方政费之必要所左右。今则已为地方政府不可缺之一财源,从而厘金税实为饱地方官吏私囊之一手段,为反对中央政府之武器。此厘金税不易废除之一原因,亦即中国所以不能统一之原因也。虽中国之所以难于统一,中央政权之所以不能实行,固因国土庞大,人口众多,各地之情状不同,交通不便,但其主要之障碍物,则为地方关税之存在。试观德国欲图政治上之统一,先行关税联盟;合众国独立后,即于一七八九年之新宪法第一条第十节,禁止各州昔时固有之关税征收权。中国之现状颇与此二国相似,故欲求国内之统一,非废止内部关税不可。

(二) 对于国际地位之影响

此处又当分外部关税与内部关税二部论之:

1. 外国关税对于国际地位上之影响。一国之收税官吏,以外人为之,且非外人不得为之,此乃环球绝无仅有之事。原总税务司 (Inspector General of Customs) 之任用外人,起于一八五八年《通商章程》第一条之规定。但当时亦不过规定可用外人而已,并非绝对非用外人不可。后一八六一年(咸丰十一年)总理衙门大臣恭亲王与总税务司(Hart and Fitz-Roy)等更制成任命书,于是总税务司之职遂至非外人不得司其位,此后总税务局之权限日日增加,总税务司之地位日益坚固,殆成永久世袭之帝位,而其结果则有次之弊害:

(1)物之行政(Administration ad rem),即关税事务虽形式上尚听命于中国政府,然其实际则皆唯总税务司之命是听,且关税规则皆基于各国之条约,故中国政府对于总税务司之命令权,虽有若无。

(2)人之行政(Administration ad personam),即收税官官吏纯以外人官员为主,中国人不过为其随员而已,其任免则皆唯总税务局之命是听。

在一般盲目论者,劝以关税为外人管理,对于中国政治上有不少之援助。而此种论者之第一根据点,则为借款担保问题。若关税不为外人管理,则不能自由借用外债。其第二根据点,则国内纷乱,地方官患,不听命于中央,各省经款不到,以致中央政府,财政困穷,幸有此海关之收入,尚能苟延残喘。吾则谓此种论断,不过饮鸩止渴,只知一时之利而不顾百年之害,与欲以中国为国际共管论者其心事如出一辙,不过全体与部分之差而已。

2. 内部关税对于国际问题之影响。中国内部关税既复杂繁重,无一定之课征法,唯依税吏之专横贪婪而定,以致输出入品上蒙无穷之祸害,且妨碍贸物自由,各种制造业因而难于发达,使国际地位不振,固不容言。至于外人,则反利用条约上之子口税制,其输出入品又有免除内部关税赋课之特权。是中国之内部关税,乃专为防止本国人而设,即不然,亦徒使内地税局之贪官污吏,与外商惹起纷争,而酿成不少之国际问题。况中国欲改正外部关税,尤非先废内部关税不可。而政府因只图弥缝一时财政上之困穷，又不欲废止内部关税，于是不欲增加我国关税之外人，更因此有所借口而挟制，中国之外部关税亦终无实行增加之日，不诚可痛乎！

（本文原载《东方杂志》，1924 年第 21 卷，第 21 号）

>> 中国国际贸易之真相（第一部）

一、中国国际贸易之沿革

中国之国际贸易可大别为次之三期：

第一期：近世以前之中国国际贸易（自古代以至1516年欧人之渡来）。

1. 中国与罗马之贸易。

2. 中国与亚剌比亚①之贸易。

第二期：自近世初期以至《南京条约》之国际贸易（自1516年至1842年之《南京条约》）。

1. 欧罗巴人之渡来。

2. 广东之商馆贸易。

第三期：《南京条约》以后之中国国际贸易（自1842年以至现在）。

1. 中外通商条约之订立。

2. 通商地之增设。

3. 外人之海关管理。

二、第一期：近世以前之〔中国〕国际贸易

（一）中国与罗马之贸易

中国交通，源流甚远。秦汉以前，虽不得其详，秦汉以来，则照

---

① 编者注：今译为阿拉伯。

之史籍,已历历可考。当时与西欧之交通已分海、陆两道,陆路则假道 Persia①,海路则经 Syria②,此皆在纪元前与纪元一世纪之时也。至于国际贸易,则亦已于此时萌芽,试观西汉张骞(纪元前 160—纪元前 110 年)之《西域旅行记》,当时西部亚细亚诸国(例如,Mesopotamia③ 等已有我国商品散见于其市场)。当时波斯(Persia)介于欧亚之间,纪元以前之对外贸易概为波斯人所掌握,独占陆路贸易上之利益。后罗马一方征服波斯,以谋陆路之交通,一方开拓海路,以求直接与我国贸易。然而两国直接通商之出现,则因罗马帝 Antonius 秉其雄图壮志,始则征服波斯,于是直接由陆路与我通商。继则于纪元 166 年从波斯湾取海路遣使节来朝,此后海路贸易盛行于我国南部诸港及波斯湾与红海诸港。

再自后汉灭亡(220 年),以至南北朝分立(420 年),两国贸易一时稍见衰弱,而至南北朝时代,贸易又复振兴。北朝专取陆路,南朝多取海道,约百六七十年间,两国贸易大有可观。当时输出于罗马者,概为绢、铁、毛皮等物,而由罗马输入之主要商品,则为玻璃、器具、药品、染料、金属、宝石等物。

此后东罗马灭亡(613 年),唐朝统一(624 年)。是时 Sarasen 帝国出现,掌握西南亚细亚之主权,于是对外贸易之主要国,又变而亚剌比亚。

(二)中国与亚剌比亚之贸易

1. 唐时代之贸易(624—907 年)

纪元第七世纪之中叶,亚剌比亚人航行于印度洋中,建设商馆于

---

① 编者注:今译为波斯。
② 编者注:今译为叙利亚。
③ 编者注:今译为美索不达米亚。

锡兰（Ceylon）、爪哇（Java）等之沿岸，后由此以入中国海、与广东、泉州、杭州等之我国南部诸港开始通商。于是唐朝政府置市舶司之官于各通商地，以监督外国贸易，对于香料、樟脑、紫檀等之输入品，课以原价十分之一之输入税，是盖我国有海关之始。

当时已有二百五十吨之商船往来于广东沿岸之诸港，可见广东在唐时代实为我国对外贸易之要地。

再唐时代不但海路贸易极其殷盛，即西北方之陆路贸易亦极一时之盛。当时陆路贸易则由陕西之西安从甘肃之兰州，沿新疆之塔里木（Tarim）河沿岸，以达西部亚细亚，780年时代，住居陕西西安之外人有四千余家之多，可以想见当时贸易之盛矣。

2. 宋时代之贸易（960—1279年）

宋代之对外通商，主为海陆贸易，盖当时（第九世纪末）东Sarasen 帝国之内乱，波及于西部亚细亚，干戈扰攘，因此陆路贸易，为之阻碍。至海路贸易，因宋初统一之时，屡与北方之契丹构衅，不遑南顾，一时海路贸易，亦从而禁止，后不久即解禁。1000年顷，开放杭州、宁波为通商地，1087年再开放泉州，置提举市舶使于上列各地，以监督外国贸易，于是外国贸易之中心已不在广东矣。

再1127年，宋室南渡，因谋由海外贸易以补物质之不足，求通商上之便利，故于1132年废泉州之海关而改为自由港。更于1166年撤废杭州及宁波之海关，并废止其他内地之关税，于是外国贸易日见发展。当时亚剌比亚人之极东贸易中心地点设在巴邻旁（Palembang），因此宋政府再于泉州与巴邻旁之间，制定每年二回之定期航海，以求物资之流通，其输出之主要物品为磁器、绢丝、樟脑、大黄、铁器、砂糖、贵金属等，输入之主要商品则为香料、宝石、象牙、珊瑚、刀剑、更纱等。

3. 元明时代之贸易（1279—1368年）

1279年，元继宋而兴，版图跨欧亚二洲，各处新开官道，增设宿邮，通商要处配置守备队，除去通商之危险与困难，于是对外贸易因而极一时之盛。当时陆路则由北京分二道：一则经天山南路，中央亚细亚，以至西部亚细亚，他则经天山北路西比利南部以至欧罗巴。海路则与亚剌比亚人由波斯湾、印度洋沿岸以至泉州、杭州诸港通商。当时居住泉州之外人约以万计，泉州一路而为世界第一之贸易港。

此后元亡明兴（1388年），诸汗国割据西北，互相构争，加之西部亚细亚亦入于混乱状态，于是陆路贸易因而不振，十五世纪以后之对外贸易概属海路。而海路贸易当时亦由亚剌比亚人为媒介，要之我国贸易自第七世纪之中叶以来，此后经唐、宋、元三代以至明之中叶，前后约九百年间，皆为亚剌比亚人所独占。然而自元朝兴起，其国境接近欧洲，于是彼地之宗教家、学者、旅行者往来于华夏者渐多，我国之文化因是输入于西欧，而近世初期与欧洲诸国贸易之端，亦由此而开。例如，Marco Polo之《东方见闻录》（十三世纪末出版）及Francesco Balducci Pegolotti之《通商指南》（1340年出版），引起欧人对于东洋之好奇心。后1516年葡人Raphael Perestrello来广东从事贸易，时为明之中叶，但当时犹因交通不便，而西欧诸国亦不若现今之醉心资本主义之侵略。来航贸易亦须经中国政府之许可，故当时贸易依与中世不相上下。至1872年，鸦片之役，英人以其险险凶恶之手段，逼我城下之盟，订立《南京条约》，自为中外通商之一纪元，亦为我国受创外国之始。于是各国皆援例订立自由通商条约，武力侵略与经济侵略并进，以至现在我国纯为国际资本主义之牺牲物。言念及此，固不得不令人痛恨清政府之愚昧无能，亦更不得不痛恨彼英人之横暴奸险也。

三、第二期：自近世初期至《南京条约》之贸易

（一）欧罗巴人之渡来

葡萄牙：欧人中之最先来我华夏者，则为葡萄牙人。明正德十一年，葡人 Raphael Perestrello 由印度洋以至 Macco 而达广东。翌年，葡人 Fernando Perez de Andrade 引率商船八只，以至澳门西南七十五里之 John's Island 而渡广东，从事国际贸易。当时中国政府备极欢迎，开澳门为商埠，后此葡人渡来者日多*，以澳门为根据，建设商馆于宁波、福州、厦门、广东等处，一时掌握中外贸易之实权。然而葡人来者既多，乃一变昔日之从顺，渐遂于横暴，随处掠夺骄谩，因此 1534 年明政府发布命令禁止葡人通商。而当时葡政府已于印度之果阿（Goa）设立总督府，以定经营远东之地位。于是向中政府于 1537 年缴纳五百两之地税，租借澳门，更事垄断中外之国际贸易。此后澳门至 1848 年纯为五百两之租借地，至 1887 年以后，则竟为葡人之余土矣。

注＊：当时葡人一方更遣宣教师渡来布教，例如，利玛窦、汤若望、南怀仁等先后来朝，以从事布教，并输入我国文化于西欧，是为中国文化西渐之始。

西班牙：次于葡人者则为西班牙人，西人之占领菲律宾在 1575 年，约后于葡人东来之半世纪。其初来广东也，亦极从顺知礼，1580 年遣使来朝北京，但亦不果。后此中西两国之贸易，主由 Mania 与福建省沿海诸港（Amog Chinechew 等），其贸易实权，依为我国所掌

握，从而中人之移住马尼剌①者渐多，而西政府惧华人之日见加多，乃于1602年，竟惨杀我华侨二万余人，于中外贸易史上，刻一最痛之纪录，外人之不可与处也可知矣。

荷兰：次之则为荷兰人，荷人于1604年初入南海中国海，后1622年引率兵船十六只来澳门冲，此盖欲攻取西人之远东贸易权而设。但事不果，于是据澎湖列岛以窥时势，后为郑成功所驱逐，转据台湾，1662年再被驱逐，乃移住厦门，以从事于广东之贸易。

英国：英人之欲来华夏，其处心积虑已久，前是1596年女王依利萨伯（Elizabeth）遣使捧国书于中政府，被拒而不成。自此以后，屡次欲来，渐于1637年七月六日英人Wedell之舰队，抵澳门，攻虎门炮台而侵入广东，是为中英交涉之端绪。当时外国人之来航者，皆互相势力是争，英人一时不得逞，其所设之东印度会社（East India Company）只能于厦门、台湾等处从事贸易。其从台湾内服，贸易亦因而中止，再转向我广东，卒于1684年设立商馆（Factory）于广东，以开其远东贸易之始。

法国：中法通商始于1660年，开设贸易商于广东，此后法国商船屡次东来，入舶广东，约三十年之后，更建设商馆于广东，于1776年设立法国领事馆于该地。

俄国：以上诸国概需由海路与我国通商，唯俄国则由陆路，此盖地势之所使然也。1689年两国订立《尼布楚（Nerchinsk）条约》，此为中外正式订约之始。其后俄国于1727年更与我订立《恰克图（Kiakbta）条约》，以恰克图与尼布楚两地为通商地，并协定国境贸易之无税，亦为中外正式订约通商之始。

---

① 编者注：今译为马尼拉。

（二）广东之商馆贸易

1662 年清继明而起，外人之渡来者日见加多，悉以广东为其贸易之根据地，构成一种商馆贸易制度于该地，因此约一世纪半，广东为我国对外贸易之唯一商场。当时因恐外人之杂居滋扰也，清政府乃于 1720 年定有通商之条例，其大要如下：

（1）外国军舰不许进入虎门镇，即属为保护商船之军舰，亦只许泊于河外，商船既去，则军舰亦不得逗留。

（2）铳炮枪及其他一切之兵器不得携入商馆。

（3）洋行买办须经澳门中国官厅之特许登录。

（4）各馆不得使用八人以上之中国人。

（5）外人不得在河上竞游。

（6）特许商人不得负外人之债。

（7）外国船舶虽直接就港黄埔（广东下流之十三里），不得徘徊河外或寄航他处。

再从事广东贸易之外国船舶入澳门时，当该船长须纳三百二十五弗至四百弗之通过税。入黄埔时须纳五十弗至二百十六弗之通过税。复遣买办入虎门镇，受税关之检查，撤纳吨税，始可运货于商馆内，但是当时货物之输出入关税，并非直接课之于外国，乃中国官吏与特许商人之协定。至乾隆十八年，始订粤海关征税规则，然亦未能完全照行。

至当时之贸易物品，输出者为茶、绢、砂糖、绵等，输入者为布类、鸦片、象牙、器皿等，概用现金交易。

出上观之，当时对外贸易，其实权悉操于中国官吏及特许商人之手，外人不得自由谋利。于是乎英人乃于 1793 年遣特使马卡特尼（Macartney）于北京，要求广东商馆贸易之解放，并请开天津、宁波、舟山等处为商场，皆被清政府拒绝。祸心不死，乃更于1816年遣特使Amberst要求上之条件亦被拒绝。而当时英国已经略印度，其东印度会社压倒葡、西、荷等之先进国，大有雄飞东亚之志。于是1831年英政府更遣罗德·纳披尔（Lord Napier）为广东贸易之监督，而纳披尔乃进言于其政府，采取积极之武力政策，于是东亚从而多事矣。

四、第三期《南京条约》以来之中外贸易

英人自经略印度以来，日抱侵略东亚野心。西、葡、荷等国已不能新进之锋。当时清政府更昧于世界大势，贪官奸吏伴恶商而把持一切。英人每欲得所以藉口而遂其侵掠之野心，于是鸦片战役起矣。夫鸦片之为物，乃病国病民之毒药，为政者当然积极禁止，乃英人反借此以构兵，清政府又始进而终退，卒至以城下之盟，迫订《南京条约》（1842年）。而条约中对鸦片一项，反无若何限制，概为英人独得其利，以致遗祸至今。八十余年，一任其蹂躏我人民，践踏我土地，英人固属吾同胞不共戴天之仇，清政府之无能，亦更为吾同胞之遗恨也。今将其修约之重要者列举如下：

（1）开放广东、厦门、福州、宁波、上海五口为通商港，一任其自由居住及贸易。

（2）一任其自由往来贸易。

（3）协定关税。

而翌年（1843年）5月更成立之《关税协约》。

（1）输出入共定为从价五分。

（2）开港场与内地市场间之贸易品，不得课内地通过税以上之关税。

（3）百五十吨以上之货物，一吨抽五钱，以下者则抽一钱。

由上观之，纯为主客颠倒，丧失关税自主权。自此以后，各国皆援例而进，中国只得遵守外人一方协方之关税率。卒至今日，虽竭全力以谋改正，终不得为所欲为。此诚所谓涓涓不塞，将成江河，营营不灭，炎将奈何者乎。

再自《南京条约》以来，吾人可得分为下之三段以说明之：

(一) 与各国通商条约之陆续订立

1843 年 8 月，清政府既与英人订立《南京条约》，于是欧人知可以武力相要也。法、俄、比、瑞、美等国皆从而效英人之尤。直至中日战役，已订有十六国之通商条约，而各条约又皆以英人之《天津条约》为模范，皆构成所谓最惠国约款，今更将中英之《天津条约》要举如下（是约订于 1858 年 6 月 26 日，全文五十六条）。

（1）外交使节。两国互相派遣公使，许英国使馆得用我国人为其奴婢（第二条至第六条）。各开港市场，许共派领事居住，享最惠国民待遇之特权（第七条）。

（2）英国臣民之权利。中国政府须保护英国人民之生命财产（第八条至第十八条）。旅行五日间及百里以内之英人不需旅行证明书（第九条）。许英人在中国各地购入不动产及奴婢苦力浮船，不许加以限制（第十二条至第十四条）。

（3）裁判权之赋与。居住中国之英人间之裁判，由英国官吏裁判。中英两国间之诉讼则依被告主义（第十五条至第十七条、第二十二条至第二十三条），于是领事裁判权亦归外人矣。

（4）兵舰及商船之自由航行。英国军舰可航行于中国各处（第五十二条）。英国商船可自由在扬子江行走（第十条）。

（5）直接通商之规定。新开牛庄、芝罘①、台湾、汕头、琼州、镇江、汉口、九江八处为商埠（第十一条）。

而其中之更遗害后世者，则为关税之改正，创立一种子口税（第二十六条、第二十八条），协定吨税（第二十九条），以致现今我国产业为其所牵制而不能发达（此项请参看拙著《中国关税制度之影响》，《东方杂志》）。

再此公文，须用英文，而中国政府不得于其公文中用"夷"字（第五十条至第五十一条）。英国民并享有既往条中之特权（盖此约为改正《南京条约》之续订条约）及最惠国民之权利（第五十四条）。至于广东事件之赔偿则又别作谈判（第五十五条）。

此约一成，外人乃争先恐后，皆以其如狼之牙如虎之爪，以跃入此大好河山，援英人之例，迫立通商条约，今单将各国迫订之条约依其年次表之如下：

	条约名	年月	事实
英	《南京条约》	1843年10月②	《天津条约》成后此约作废
	《天津条约》	1858年6月	一般通商
	《上海条约》	1858年11月	关税协约
	《北京条约》	1860年10月	《天津条约》之改正未批准
英	《芝罘条约》	1876年9月	《天津条约》第三章
	《伦敦条约》	1885年7月	《芝罘条约》之追加
	《香港条约》	1886年9月	鸦片事件
	《重庆条约》	1890年3月	重庆开港
	《上海条约》	1902年9月	一般之修改

---

① 编者注：今隶属烟台。
② 编者注：这个时间是指《南京条约》后续订的《五口通商附粘善后条款》（又称《虎门条约》）。

续表

	条约名	年月	事实
法	《黄埔条约》	1844年9月	一般通商
	《天津条约》	1858年6月	同上
	《北京条约》	1886年4月	安南①国境之协定
	《天津条约》	1887年6月	同上追加
日	《北京条约》	1895年6月	前约之修改
	《天津条约》	1871年9月	《下关条约》成后作废
	《下关条约》	1895年4月	中日战役
	《北京条约》	1896年7月	前约之追订
	《北京条约》	1896年11月	要求书
	《上海条约》	1903年10月	上之追订
美	《望厦条约》	1844年7月	一般通商
	《天津条约》	1858年6月	同上
	《上海条约》	1902年10月	同上
意	《天津条约》	1866年10月	同上

此外各国不及备载。但依上可见中国通商条约皆为外人所迫订，而迫订之端，即为英人始作其俑。至再与通商有关系者，最近如1922年2月之《华盛顿条约》，为输入关税之改正，但尚在酝酿中。

(二) 通商地之开放

自《南京条约》以来，既如上述，各国皆争先恐后，援英人之例，迫订条约，中国政府亦从而自开商埠，以任外人之自由贸易，今分别迫开与自开者如下：

---

① 编者注：今译为越南。

1. 开港场

（1）迫开者。

港名	省名	条约国	年月
爱珲	黑龙江	日本	1909年2月
满洲里	黑龙江	日本	1907年2月
三姓	吉林①	日本	1909年7月
哈尔滨	吉林②	日本	1909年7月
绥芬河	吉林	日本	1908年2月
珲春	吉林	日本	1910年1月
龙井村	吉林	日本	1910年1月
安东	奉天	美国	1907年3月
大东沟	奉天	日本	1907年10月
大连	奉天	日本	1907年7月
牛庄	奉天	英国	1860年5月
天津	直隶	法国	1861年5月
芝罘	山东	英国	1862年3月
胶州	山东	英国	1899年7月
重庆	四川	英国	1891年3月
万县	四川	英国	1917年
宜昌	湖北	英国	1877年4月
沙市	湖北	日本	1896年10月
汉口	湖北	英国	1862年1月
长沙	湖南	日本	1904年7月
九江	江西	英国	1862年1月
芜湖	安徽	英国	1877年4月

---

① 编者注："三姓"今为黑龙江省依兰县。
② 编者注：1907年始，哈尔滨属于吉林省滨江县治，直至1924年，哈尔滨不再归吉林省管辖。

续表

港名	省名	条约国	年月
南京	江苏	法国	1899年5月
镇江	江苏	英国	1861年4月
上海	江苏	英国	1843年11月
苏州	江苏	日本	1896年9月
杭州	浙江	日本	1896年10月
宁波	浙江	英国	1843年
温州	浙江	英国	1877年4月
福州	福建	英国	1844年
厦门	福建	英国	1843年
汕头	广东	英国	1860年1月
广东	广东	英国	1843年
九龙	广东	英国	1887年4月
江门	广东	英国	1904年3月
三水	广东	英国	1897年6月
拉北	广东	英国	1871年6月
琼州	广东	英国	1876年4月
北海	广东	英国	1877年4月
南宁	广西	英国	1907年3月
梧州	广西	英国	1897年6月
龙州	广西	法国	1889年6月
蒙自	云南	法国	1889年7月
思茅	云南	法国	1897年1月
腾越	云南	英国	1902年5月
安庆	安徽	英国	1902年
荆县	四川	英国	
惠州	广东	英国	
桂林	广西	法国	1887年

（2）自开者。

港名	省名	年月
秦皇岛	直隶	1901年12月
岳州	湖南	1899年11月
龙口	山东	1915年11月
三都澳	福建	1899年5月
连山	奉天	1913年
常德	湖南	1906年

2. 开市场

（1）迫开者。

地名	省名	条约国	年月
奉天	奉天	美国	1903年
法库门	奉天	日本	1905年
凤凰城	奉天	日本	1905年
新民屯	奉天	日本	1905年
铁岭	奉天	日本	1905年
通江子	奉天	日本	1905年
辽阳	奉天	日本	1905年
长春	吉林	日本	1905年
吉林	吉林	日本	1905年
宁古塔	吉林	日本	1905年
局子街	间岛①	日本	1909年
头道沟	间岛	日本	1909年
白草沟	间岛	日本	1909年
齐齐哈尔	黑龙江	日本	1905年
海拉尔	黑龙江	日本	1905年
喀什喝尔	新疆	俄国	1860年
喝大克	西藏	英国	1904年
江孜	西藏	英国	1904年
亚东	西藏	英国	1904年

① 编者注：今为吉林省延边州。

(2) 自开者。

地名	省名	年月
周村	山东	1904 年
济南	山东	1904 年
潍县	山东	1904 年
名伦诺尔	直隶	1913 年
归化城	山西	1913 年
赤峰	东内蒙古	1913 年
洮南	东内蒙古	1913 年

(三) 外人之海关管理

《南京条约》开广东、厦门、福州、宁波、上海五口以来，各国皆援英为例，要求订约通商，已如上述。然当时关税权还在本国政府之手，派遣贸易管理官，广东皆以从来之粤海关监督当之。福州、厦门则以福州将军，宁波则以宁绍道台，上海则以苏松道台当其事。然英人则久已包藏祸心，思攫取海关实权，值 1853 年 9 月太平天国占领上海，海关道台逃往外人居留地，征税机关，失其运用，英国领事 R. Alcock 以时机不可失，乃窃与美法两国领事协议，三国共管，结果纳税者有之，逃税者有之，秩序为之大乱。美国领事有见于此，乃断然于 1854 年 1 月声明脱退此种共管协约，法国领事亦不久辞退。然英国领事乃又从而多方设计，诱吴道台于其居留地内之一仓库，设立征税事务所，因此内外表里为奸。外国商税，过关无税，正当利益反被侵害。英国领事且因而要求对于英国商航，许其自由出入，一时上海殆成为绝对之自由港。而同年 6 月 29 日，英、美、法三国领事乃又引诱上海道台吴健章，协订上海《海关组织法》，以上海海关，由道台选任之外国人以管理之，因此英、美、法各举一人出而组织关税管理委员会。1854 年 7 月 12 日，乃有所谓新关之出现。

如上所述，上海海关自1854年7月以来已为英、美、法三国人所掌握，他之四港即广东、厦门、福州、宁波，其关税权尚在清政府之手，乃1858年英人以武力迫清政府订立《天津条约》，增开商埠，协订输出入税、吨税及通过税，且该约附则《英清通商章程》第十条，并明载中国得雇用外人为征税官吏，于是中国各处海关皆有外人搅入矣。因此1859年任英人 H. N. Lay 为总税务司，同年广东，1860年汕头，1861年福州、宁波、九江、天津等皆继续设立。后1863年又任英人 Robert Hart 为总税务司，掌握海关四十余年。1908年，Hart 氏归国后又于1910年任英人 F. A. Aglen（时为汉口税务司）为总税务司，以至现在，海关实权悉操于英人之手。再海关之组织内容，当初虽由外人管理，然尤当受总理衙门之节制，1901年还属于我国外交部之管辖。乃自1906年以来，税务所成为一独立机关，海关行政由税务所之总税务司协同各关税务司而运用，其实权则税务用人行政皆操于总税务司一人之手。海关中央机关则为总税务司署，分总务、中文、统计、审计、伦敦、人事六局，各局长命各税务司掌管海关全部行政事务，各关亦分设总务、秘书、会计、监查、检查五署。海关职员其任免权悉握于总税务司一人之手。从来总税务司概为英人，故海关之干部概为英人所独占，全然七千六百余名之职员中，英人则占有三分之二，此非环球所绝无而竟有之奇例乎？

要之自《南京条约》以后，我国已丧失关税之自主权，货物之输出入，概为协定之从价五分，且主要之输出入品，概依一定期间之标准价格而赋课从量税。此后因物价下落至1843年，从量税率概为从价五分以上，乃更于1858年之《中英通商条约》，改订从量税率，而此条约中之尤足有害于我国产业之发达者，则为创设从价二分五厘之子口税以代替内地通过税。于是本国各地货物均为厘金所苦，而外国商品反因此自由通行内地。自1858年以至现在，输出税未曾稍有若何之改订，唯1914年11月对于茶叶、草帽、秆席减税，罐头免税。现今各国，皆筑有关税之障屏，以保护其国货而奖励输出，唯我国依然为数十年前所协定之一律的输出税制度所限制。再输入税亦自1858年以至现在，未有若何之改订，一律为从价五分。唯1902年以1897年及1898年与1899年三年间平均市价为标准，而改订从量税率。其后物价腾贵，1902年之从价税率，概为从价五分以下，我国政府乃再要求改订，值1917年我国对德宣战，各国乃许我他日输入税率，可增至从价五分以上。1922年2月6日，华盛顿会议，关税仍切实值百抽五，于修改税则会告终二个月后实行，附加税普通二五，奢侈品倍之。海陆商埠一律，但须先开关税特别会议，以筹备裁厘。至实行裁厘后，进口税方始可增至值百抽十二五，现在犹不知将来能否实现，是在我国民之努力耳。

综观以上所述，我国对外贸易之沿革，即我国自西历纪元第一世纪时，已与罗马交易，第八世纪至第十七世纪，则与亚刺比亚人交易，自欧人渡来以至《南京条约》，则为特许之广东商馆贸易，然关税主权，则自唐代创设海关以来以至《南京条约》，其关税主权皆操于本国政府之手。然自1843年以后，则为协定关税所拘束，且征税机关，反为外人所管理，现出一种环球绝无仅有之恶例，言念及此，有不令人痛心疾首者乎。

（本文原载《学艺杂志》，1925年第7卷，第2号）

>> 中国关税的现状及裁厘加税的必要

一、关税的本质与要件

当讨论这个问题的时候,我们宜先考察关税的本质要件,再参照我国现在的关税制度,是否是正常状态,是否急宜改正。现在我们可分两方面来考察。

(一)经济上的察考

1. 关税与国家财政的关系

在"国家"二字这个障壁没有撤退的现代,一国内的万般行动处置,总不外下述两个大目的:一则国家自存的目的,一则国家发达的目的。不发达则不能自存,不求自存则不能发达,两者相依为命,互相关联,原不可分离的。今从其概念上的区别,分述如下。

何谓国家自存的目的?即国家须保存其存在,若有妨害国家存在的障碍物,则国家须极力防御之。而妨害国家的存在者,外则有外忧,内则有内患,所以国家既须极力防御外敌,内则又须防止内乱,因此不能不有威力的必要,是为威力目的(Machtzweck)。其主要的即为陆海军的组织。国家为自存起见,威力之外又须有法律之制定及运用,是为法律目的(Rechtszweck)。而法律之制定,即所谓立法法律之运用,即所谓行政。法律目的多在国内,然国外亦有,例如,国际的外交领事等是。欲实行法律,须有兵力;欲达威力的目的,又须有法律。是威力目的与法律目的二者互相为用,缺一不可。

何谓国家发达的目的？即增进国利民福的福利目的（Wohlfalirkzweck）与增进文化目的（Kulturzweck），即一则增进国民物质的发达，一则增进精神的发达。前者即所谓经济行政，后者即所谓教育行政。

从上面所述的看起来，国家因求保全与发达，所以有威力目的、法律目的、福利目的、文化目的，国家即循此等目的而行政。然行政须有经费，因此就有所谓宪法费、政务费、财务费的发生。而此等经费的出处，则不得不取诸全国的租税，然国内的租税直接课诸国民，若非万不得已时，总宜以轻简为要。至于关税，则既属取诸外人，对于本国民亦属间接，因此不妨多征，所以关税乃一种最良的租税。现在各国皆极力求增加关税的收入，以达其自存与发达的二目的。关税收入若多，则国家既可以保全而发达，国内人民亦可减少租税的负担；关税收入若少，则为国家自己保存与发达起见，势不得不增加国内人民的租税负担。不然，则一国的财政必不能维持。是可见关税与国家财政有密切的关系了。

2. 关税与产业保护的关系

关税除上述可以使国家财政丰裕外，还有一个最大的使命，就是保护本国产业。原来国际贸易虽曰起于国际分业，然实际与内国商业稍异其趣，乃为国民间生存竞争的一种战争形态。战术的要件，在使自己的领土不被侵略不为人家占领，进而侵略敌人的领土，占据敌人的领土。商战的要件亦然，防止外国品的侵入，振兴内国的产业，排斥外国品，进而到国际市场上与外国产业争胜负，而防止外国品之侵入及保护本国的产业，则唯藉力于关税。所以世界各国莫不把关税的城壁筑得很高。世界大战后，此种倾向更甚，这是因为世界大战时，海口被封锁，前日仰给于外国的东西，不能输入，国民需要不能满足，大受痛苦；所以战后各国皆注意今后谋自给自足的方法，采取保

护关税制度；一则增加收入，以补偿前日所受战争的损失，一则保护本国的产业，以作经济战争的准备。这也是"国家"二字这个概念存在一天，就一天当采取这种政策。不然，弱肉强食，就渐渐降为外人的经济奴婢。

（二）政治上的考察

1. 关税主权之不可侵犯

如前所述，关税与一国的财政有密切的关系，所以关税的主权须握在本国政府的手里。与财政一样，一国财政断不可为外人所左右，所以一国的关税也断不可为外人所掌握。假使关税征收权握在外人手里，那么，国家财政的一部分已为外人所左右，既不能自由伸缩，以达到增加收入与保护产业的目的，且国家要素的主权亦很有影响。试看世界各国，没有关税是由外人掌管的；有则唯有我中国，这确是我国历史上的一大污点。

2. 关税制度当求简单与统一

关税行政，最要则在简单与统一。若行政复杂，则既不便于征收，亦不便于彼此贸收，手续烦难，耗费必多。若行政不统一，则彼此各行其是，一国的产业政策既不能确立，且其中弄巧舞弊、偷运私吞的违法行为因而丛生，中央无从管辖，所以试看世界关税发达的沿革，始则为市场税，渐次则为入市税，由此可再变为关税而关税，成立时，又大概初则以输出税为重心，通过税次之，输入税又其次。其后国民经济发达，生产技术进步。于是对于国内的商品，有所谓生产课税法，因此间接税的体系由外面的关税与内地的生产课税（消费税）两种所组织，成立租税单纯化的趋势；因此行政既统一，征收复便利，耗费小而收入多，一国的产业政策得以确立。

（〔注〕以上见小川乡太郎博士所著《财政学及租税总论》）

二、中国关税之变态

如前项所述，关税的要件与本质大致已明。今试看我国的关税制度，则纯与前面所述大异其趣，乃属一种变态，即我国制度既已复杂且关税主权悉握于外人的手中。管理关税的税关，大别之则有海关（Maritime custom）、常关（Native custom）、厘金局（Likin Barrien）。海关为中外通商，设立于开港场及各商埠的国境关税，管理五十里以内的常关，其征收权悉为外人所掌握。

常关为中国古来固有的内地关税，设于各地商要地，纯属一种通过税，在五十里以内者，方为中国官吏管理。

厘金创于清咸丰三年。当时因太平天国起义，国库空虚，不得已从权宜办法。对于国内的通过货征收关税，其征收权则握于各地方官吏之手。

再看海关税之各种税目，则又如下。

进口税。我国的输入税，以一八四二年中英《南京条约》为标准，为国际间的协定税率。对于主要的输出入货物，概属从价五分，或以从价五分为标准的从量税，国定税率毫不存在。

出口税。以从价五分为标准的从量税及从价税。为一八五八年中英协约所规定。输出税表中未登载者，依同种货物的税率；输出入税表中皆未登载者，若不是无税品，则依从价五分税率。

船钞。船钞即所谓吨税，对于往来外国航路及中国沿岸航路的内外商船，进入各商港时，百五十吨以上者课以每吨四分的税率，五十吨以下者一吨一分。旅客行李书信等所使用的船舶，则概不得课。

沿岸贸易税。各船舶由此开港商埠至彼开港商埠，搬运中国本国货物时，则又课以此税；有税品则课以输出税的二分之一；无税品则课以从价二分半,即中国本国国产。搬运各国各地时,虽已纳了输出税,更课以沿岸贸易税。反之输入外品,或外国人买的中国货物输出海外时,在中国各沿岸通过时,却不许课税。

子口税。输入外国品,搬运至内地时,先纳正税的二分之一,即可免除国内一切的通过税。中国货物则不能享此种权利,因此国货绝对不能与外货竞争。

边境输出入税。此乃对于陆路贸易所课的税,比一般海关税率轻。一九一三年中日两国协定,对于日本的货物更比一般输入税轻。

港湾及水路改修税。此乃上海、天津、芝罘、牛庄等海关,对于各船舶及输出入货的特别课税,以作港湾及水路改修的费用。

厘金。厘金的种类极多,范围很大,略举之则有统捐、销产捐、认捐、包捐、落地捐、饷捐、出海捐。全国关卡林立,一任各地方官吏作威作福,苛刻商人。所得的收入,经收人饱了大部分,政府实收很少。此种税制既不合乎经济上的原则,更有损国民的道德,而受害又唯有中国商人。外国商人因有子口税,所以在内地到处横驰。这样的税制真所谓有百弊而无一利。

三、裁厘加税的必要

如上所述,中国关税既为国际所协定,税制又极其烦难,征收权又握在外人手里,所以据海关累年收入的比率,一八六四年总收入率若为100,至一九二二年则只增至8305,而同期间的输出入总额则增加至15948。所以输出入贸易总额,虽增至十六倍,而海关收入则仅增至八倍。关税收入的增加率这样小,不但足以证明中国贸易的不发达,亦可知中国关税制度的现状殊属可怜。这就是因为中国第一没有关税自主权;外部关税,固不必说,即内部关税亦大部分为国际条约所限制，税率极低。海关收入，不但比各国小，且不能应国际贸易的发达而增加。所以中国要想关税收入增加，就非速打破这种关税现状不可。本年十月，特别关税会议将要开了，但这种会议都是鬼鬼祟祟的勾当。若我国民不极力作后援，是决不会有好结果的。所以我最盼望全国也同对此次南京路事件的态度一样，举国愤起，作政府后援，撤废各种有害的输出税、厘金税及内部关税，收回关税主权，增加税率，详订税表。这是很切要的事，不然，各外国是决不会愿把我国海关税率增加的。全国同胞，其速奋起！

民国十四年七月三号书于日本京都

（本文原载《孤军》，1925年第3卷，第3期）

》中国国际贸易之现状及其救济方策

一、序论

中国自鸦片战争后,《南京条约》成立,开禁通商以来,国际贸易即遭巨大之损失。据海关报告,除一八六四年及一八七二年至一八七六年间输出稍超过输入,此后连年输入超过输出,近年则损失更甚,大有每况愈下之势。国家因收支不能相抵,乃藉外债以弥补一时,愈弥补愈穷困,愈穷困愈欲借债。国家前途已如一缕之丝,系千钧之重。虽下愚者亦当知其危急,思补救之方,乃国内学者反不察事实之真相。与国际贸易之原理,及其发达之历程,辄引英国前例,用以自慰,抑何其不思之甚耶。浅学如我,本不敢申论及此,然忧国之心,则当仁不让。爰依据学理与事实两方面之考察,申论所以救济方策。一得之愚,愿与海内经济学者共商榷焉。

二、国际贸易之均衡

国际贸易之均衡者何,乃输出价额与输入价额适成正比例之谓也。然试观各国输出入之统计,实际上二者绝未尝保有均衡之状态,或则输入超过输出,或则输出超过输入。请以法兰西为例,法在大战年前五年间之国际贸易有如下表。

单位：百万佛郎

年次	输入	输出
1909	6.246	5.718
1910	7.173	6.234
1911	8.066	6.077
1912	8.231	6.712
1913	8.508	6.875
总计	38.224	31.616

由是观之，法国在此五年间，输入商品额比输出商品额超过六十六亿八百万佛郎①。平均每年十三亿二千万佛郎。然则法国每年对外需支出十三亿二千万佛郎之货币。乎未必定，然试观其国内货币流通额，不但不见减少，反日有增加。即可知矣。其正货输出入额，在上述之五年间，有如下表。

单位：百万佛郎

年次	输入	输出
1909	540	361
1910	406	390
1911	455	385
1912	531	325
1913	1054	435
合计	2986	1796

试观上表可知法国之正货，在此五年间，输入者反增加十一亿九千万佛郎，平均一年增加二亿四千万佛郎，初不见其输出之增加也。

至如英吉利之贸易统计，则更呈一种可惊可怪之现象，输入之超

---

① 编者注：今为"法郎"。

过额年达五十亿佛郎，然其本国流通之正货额，则不过三十亿佛郎。若是则输入超过不出半年，国内之货币必致涸竭，但事实上英国正货输入额超过输出额，则更有甚于法兰西（据本年英国之统计一月份输入为一二八九〇七〇〇〇镑，输出为六九〇五〇〇〇〇镑；二月份输入为一〇一四七〇〇〇镑，输出为六九三三〇〇〇〇镑。此种奇异之现象，骤视之似不可解，然细察之，则又为事理之当然。尽欲知一国对外贸易能保均衡与否，单计其输出入尚不足以济事，必须考察其国际上债权债务之收支如何。须知贸易之均衡与收支之均衡，其性质迥异，输出本系造成对外债权之主因。然尚有其他种种原因含在其中，输入虽为构成对外债务之主因，但亦非其唯一之原因，而所谓国际债权与国际债务，即别于有形的输出入之外，海关上未登载之无形的输出入也。

无形的输出入（invisible exports or imports）其种类甚多，今试举其最重者如下。

（1）商品之运输费及保险费。一国输出商品，未必悉由其本国自行运输，有时须托外国，而此受托之外国，则得有一种国际债权。此种债权大概发生于输出港至输入地之途中，故未尝登记于输出额内。世界各国中，英吉利得有此种对外债权最多。据其商务局之调查报告，年额在二十二亿五千五百万佛郎。

（2）在外放资之资本利息。富裕之国大概将其本国储蓄过剩之资本，放资于外国。因此每年可由国外收入巨额之公债与股票等之利息及在国外工商业上所获之利益（Profit）。此种利息亦推英国为最多。每年由国外及其殖民地之收入额，年达四十亿佛郎。法兰西亦得有此种对外债权。据 Neymark 之计算，放资额达四百二十亿佛郎，年收入二十亿佛郎，近日则更有增加。

（3）本国内外国侨民之支出。是等外国侨民支出之金额，非由于本国内之劳动所得，乃由于本国内纯为消费者之外国资产家所得。是故常多外国富家翁来游历之国家，亦握得一种对外债权。例如，意大利年额达三亿五千万佛郎，瑞士年额达二亿佛郎，法兰西年额达三亿佛郎左右。

（4）银行对外交易之手续费。伦敦、巴黎、柏林、纽约等银行，应世界各地商人之委托，代为交易汇兑。银行当然得有报酬，因此即获得一种对外债权。

（5）船舶之卖出。与外国卖买船舶时，海关概不登记。英国造船事业发达极盛，故获得此种对外债权。

以上不过举其最重要者。他如外国使馆之经费，在外侨民之内地寄送金，外国兵舰陆军驻屯费，外国教育病院学校等之经费（此二者则为外国对我国之特别现象），亦皆为无形之输入。故若能将各国之对外债权债务及商品输出入额，确实计算，则可知各国之债权债务之差数，而此差数必与其国内出入之正货额相等，盖可断言。

三、借贷收支之均衡

如前所述，输入超过并不尽为亡国之兆。然试考借贷收支之均衡，则输入超过决非佳兆，即依综合计算贸易之结果而言，若一国对外支出之金额超过收入之金额，则其国必将陷于破产之境。历来自由经济学派，对于此点多加以巧妙之证明，以为国际借贷之均衡破裂则正货流出，然依据"货币数量说"（Théorie quantitative de la Monnaie），则正货之流出当惹起货币价值之腾贵，其结果物价必日见低落。物价既日见低落，则依"价廉买者多"之原理，外国人必争购有利益之内国商品，是输出贸易必因而振兴，同时高价之商品不能输入

于低价之市场，于是外国品自然被内国品所抑制，而不能输入矣，是正货流出，其结果反见输出之增进，输入之减少，久之则一国之正货必归故态，要之输出输入犹潮水，然决无水倾一方之虞。正货流出后，必有自然流入之一日，故自由派之健将李嘉图（Ricardo）有云：国际贸易常取物物交换之历程而进行，其所以与野蛮人之交换不同者，乃在其用进步发达之方法而已，对于外国之债务，常以其国之输出商品而清偿之。对于外国之债权，常以其国之输入而清偿之，其状态犹如毫无货币之存在焉。

然而此种学说，虽不无半面之真理，要非普遍之真理，盖贸易之均衡，破裂不足忧。至于借贷之收支，实际上一失均衡，则对于外国处于债务者之地位，决非一国之良好现象，须知本国正货之减少，即本国贫穷之表现，物价之低落，工资之低落，纵为补救正货减少之手段，然由生产者方面观之，亦属一莫大之弊害，其结果若负债之差额大，则一国之经济状态必难调和，国内之生产既不足以满国内需要之欲望，国内之劳动又不足以抵偿由外国购入商品之价额。若国内为弥缝一时计，滥发纸币，以代正货之流出，则不啻使国民日趋于破产之境。矧清偿对外债务之货币，乃借外债以补充之，更属下愚之策乎。总之，国家经济状态苟日见紊乱，国家什九必归破产。此稽考历史可以征信者也。

四、中国国际贸易之现状

我国人口众多，物产富饶，天时地利，皆为亚洲各国之冠。苟工业昌盛，经济发展，纵不能在国际市场占有一最高地位，亦可求国内自给，不必依赖于人。乃中国之国际贸易，自《南京条约》成立至今，据海关报告，过去五十八年间，不过一八六四年及一八七二至一八七六年之六年间输出超过输入，其余五十二年则均输入超过输出，近年来之输入超过额更大。往昔至多不过三千余万两，今则如一九二一年竟达至三亿五百万两，平均每年输入超过额一亿余两。过去十年间，总计十二亿四千九百万两，二十年间，二十三亿两。以非有国际债权之中国，有此巨额之输入超过，真环球绝无仅有之事例焉。且每年金银之输入，亦连续超过输出。过去之十年间，金为二千零四十余万两，银则为一亿八千一百十余万两，合计二亿零一百六十余万两，且无形之输入如鸦片及外人在国内制造物品等，尚未加入。其输入超过额之巨，亦大可想见矣。若我国亦如英、美、法等国，有种种无形之出口相抵，或可补助一时之不足，然中国既无船舶之运输费及银行之报酬费，更无国外放资之利息及船舶卖出费，且外人之游华者亦不如意、法、瑞等国之多。虽在外华侨，稍有所得，乃九牛一毛，决不能补助此种亏空，因此不得不出之于借外债一途矣。若借外资专用之于发展实业，则异日产业发达，生产增加，将所余之生产品输出外国，则可偿还借外债时输入超过之额。即现在输入超过输出，不患其不能偿还，然中国之外债不用之于生产方面，而用之于破坏消费方面，试观中国内外债总额已达至二十七亿六千八百四十一万元，外债占十五亿余元，历年来种种政治借款固无论已，即号称为生产方面之铁路借款、电信借款、运河借款、矿山借款等，亦皆名为建设，实则悉用之破坏方面（内外债整理问题非专篇不可，此文尚当待之异日）。是中国国际贸易之现状，纯为一种极不健全之变态（abnormal states）。可以想见盖借款不用之于生产事业，将来生产事业决不能振兴出口，决不能发达，而输出亦决不能超过输入也。现象如此，势非依赖借债不可。于是愈借愈穷，愈穷愈借。直如一放荡子弟，借台高筑，不可生产，虽拥有数千百万家产，不旋踵即沦于破产。来日之祸

患,洵有不堪设想者。吾人既生而为中国国民,当此存亡危急之秋,决不能徒手坐视,不谋补救之方。况事在人为,其救济方策,虽云行之非易,但若亿兆一心,共谋抑制方法,将来尽可脱险阻而履平地,是在国人之努力耳。

五、救济方策之讨论

（一）中国国际贸易衰弱之原因

今欲补救中国今日国际贸易之输入超过输出之弊病,必先自矫正其衰弱之原因始。中国有数千年之历史,有世界最古之文化,沃地数千里,人口四百兆,开禁通商,已历有年所。然其国际贸易,不但不及英、美、法、日等国,即较之印度,亦不逮其三分之一。揆厥原因,不外乎下列之数点,兹分述之。

（1）由于内乱与不统一。民国成立已十五载于兹。回顾国内,群雄逐鹿,兵连祸结,几无宁日。昔有洪宪与复辟之役,近有江浙与奉直之战,在皆足以扰乱治安,破坏金融,以致产业日见凋零,商业日见衰落,交通不能整理,百政不能举办。莫说中央财政濒于绝境,即社会经济亦几有破产之虞。国内平常之交易犹恐不能维持;尚何国际贸易之可言乎。

（2）由于经济政策与经济组织之失当。我国历代以农业为经济政策之中枢,凡百政治,悉以农民为基础,习久不变,遂酿成一种极端之重农政策。夫以中国之地大物博,若施以积极之农业政策,未始不可发展。乃试观历代之农业政策,无不抱消极主义,只求国民之差可不饥不寒,绝不愿从事于富源之开发及农业之改良。于是农民社会日趋保守,而陷于一种孤立无援之地位,以致中国今日之农业仍在极幼稚之时代。虽拥有三千五百八十余万方里之版图,而耕地不过十五亿亩，尚未及其十分之一，可叹孰甚。若能如欧洲诸国将耕地垦辟至国土平均在五成左右者，则我国之农产其为丰富如何。据农部之最近统计，全国务农户数约居全户数百分之七十，较之美国百分之三十三，相差甚远。盖我国为四万万人构成之户数，美国为九千万人构成之户数，乃我国仅能经营十五亿亩，而美国则辟至八亿四千万英亩（约当我国二十六亿亩）。我国农民生产能率之低于此亦可想见。职是之故，米则差足自给，棉则仰给于人。他如茶叶为中国历来出口大宗，在十八世纪之末叶，有独霸世界市场之概。每年输出多至二亿三四千万斤，及后竟因默守绳墨，不事改良，为印度、锡兰等茶所排斥，而结果仅可供给全世界需要之二成五，输出已减至一亿五千万斤。又如华丝一项，在一八六〇年顷供给全世界之半，此后亦因不知振兴与改良，致为日本丝所超过。砂糖一项，在五六十年前，不仅供给国内全国民之需要，尚有余力输出国外，此后亦渐为爪哇糖所排斥，今则反输入五亿斤以上之砂糖于国内矣。此盖非重农政策之过，乃消极的农业政策之过也。惟其如是，故固有生产，日见衰颓，输出贸易日见凋落。又中国现有之关税制度，更足以利外货而害国产。外则受各国条约上之拘束，不能自由保护贸易。内则关卡林立，厘金未除，不但不能抑制外货之输入，且足以阻止国内产业之发达且也。中国之经济组织纯以欧洲产业革命前之组合制度为中枢，政府绝无一定之经济法规。工商业实权悉操于各种组合之手。一视其依赖外人，狼狈为奸，操纵市场，货币制度既极紊乱，金融机关又极幼稚。欲工商业日见发达，乌乎可哉。工商业如此不发达，而欲竞争于国际市场，亦乌可得乎。

（3）由于交通机关之不完备。交通机关之于国家，犹神经系统之于人身。国家之交通不完备，犹人身之神经系统不健全。此中利害关

系不言而喻。我国自古有驿站之设，未始不注意于交通。然降及近世，交通一项，殊未见如何发展。试观我国铁路，综合全国不过二十四线，长不过八千余里。且中东、南满、胶济、九龙、滇越等为外人所办者，约二千余里。是我国铁路不过十八线，长不过四千余里。与国土与我相等而人口仅及我四分一之美国相较，诚不可同日而语。美有铁路二十五亿四千八百余里，我则仅及其六十分之一。主要路线几不出长江以北，河南以东。西北如陕甘，西南如川黔，全省均无铁路，以致天然产物，不能输出，新制造品不能输入。即补助铁路之道路，亦渐次失修。至内地交通更形不便，运货于百里之地，需时需费。恒超过铁路千里之程，宁非奇谈。次之内河航运，实权又悉握于外人之手。北至松花江，西至重庆，南至珠江流域，无埠无外船之旗影。我国旧式帆船，既不足与之竞争，即中国自办之轮船，亦仅招商一局粗具规模，然内容腐败，非切实整顿，必归淘汰。至如为国际贸易命脉之外海航业，言之尤属可怜。除华侨在闽、粤两省与南洋群岛间有一二千吨之货船外，他则绝无所闻。海外各商埠，向未见有悬中国国旗之商船，尤各见海外交通状态之一斑。试问交通之不完备如此，尚何国际贸易之可言乎。

（4）由于商民知识之缺乏。我国商人素以敏慎勤俭称，然此亦只能应用于旧式组合制度之下。至就今日国际贸易之情势以观，则中国人既无国际经济之新知识，更乏勇往直前之精神，欲其适于近代大企业组织之经营，不岂难之又难。故中国现在国际贸易总额之二十数亿中，大半皆操于外人商家之手，中国商人不过为其直接开接之媒介物而已。欲其独立经营竞争于国际市场中，盖亦不可能者矣。

（二）国民需要供给上之考察

凡前所述，均为阻止中国输出贸易发达之重要原因。故欲求中国输出贸易之振兴，非设法排除此等阻害贸易发达之原因不可。然一方面既求排除其阻害之原因，一方面更当积极振兴国内各种产业。但欲振兴各种产业，此中又有不可不急须研究之重要问题在焉。第一，以中国现在之经济状态，财力薄弱，决不能一旦即百物肇兴。故非择取其开办较易、获益较多者行之不可。次之，更须顾虑全国民需要供给之关系，以求需给之适合，何者应极力从事国内生产力之扩大，何者应从国外输入以补不及。既不可采用自由贸易政策，亦不可偏重保护贸易政策。此其义德国之经济学者李氏（Fridrich List）于其 Das Nationales Systems der politichen Ökonomie（《国民经济系统论》）中，论之甚详。氏分国外贸易与国家之发达之关系为四大时期：

（1）输入国外之工业品，输出国内之农业品及原料品，是为农业时代。

（2）国内工业品因国外输入工业品而发达之时代。

（3）国内工业品适合国内需要大部分之时代。

（4）输出国内工业品之大部分、输入外国原料品及农产品之时代。

李氏之意，以为经济之发达与一国文明之进步、政治之发达及一国之实力均有密切之关系。而其发达之根本，则在工业之振兴，故欲期一国之发展非极力振兴工业不可。纯粹之农业国家，欲进而为工业国家，当先采取自由贸易政策，俾可与先进工业国互易有无。继至国内工业品渐有发达之兆时，则当采取保护贸易政策。就中国今日之状态以观，固尚属农业国，然以今日之世界大势而论，则未能纯取自由贸易政策，必先考察国民需要供给之关系，从各种贸易物品中，分别便宜贸易与必要贸易以调和之。而于必要贸易与便宜贸易，又当由输

入与输出两方面而考察之,今分别论述如下:

(1) 必要输入与便宜输入。

必要输入,即指国民消费中之必不可缺之物品而言。此种生产基础,国内完全缺乏。故欲满足其全国国民之需要,非从国外输入不可,是谓必要输入。便宜输入,乃指国民消费中之比较需要之物品而言。关于此项物品,国内之生产基础虽依然存在,而生产条件则远逊于他国。在此生产条件不利之状况下,兴其从事原有之生产之扩大,不如直接利用外国输入。以此部分之余力,从事于发展别种生产有利之事业,较为得宜。因便宜上着想而从国外输入,是谓便宜输入。

必要输入又可分为数种。或因国内无此种生产基础,势不得不仰给于国外;或则因原料缺乏,不得不从外国输入;或则因制造品之材料及技术之缺乏,不得不从国外购入;或则因某项货物为国际专卖特权所限制,不得不从外国输入。必要输入中并可从绝对的与相对的两方面考察之。所谓绝对的必要输入者,即一国之气候、风土地势等特性,一时不能变化,难用何种精巧之生产技术,亦有绝对不能生产者。但此种物品又为本国国民之所必需,不得不从外国输入,以满足其国民之欲望,是为绝对的必要输入。所谓相对的必要输入者,即以国民之努力,虽能改良或造成一种生产基础,以代替从来仰给于外国之物品。但因国内生产之基础终欠稳固,仍非仰给于国外不可,是为相对的必要输入。例如,农业时代之国民,以工业制造品为其必要输入。迄至工业时代,则又以原料品为其必要输入。在此时之工业国民,虽不能将其必要输入之全部消灭,亦可权其轻重。相对地减少其输入之种类与数量焉。便宜输入亦可分为绝对的便宜输入、相对的便宜输入。若国内生产条件业已改良,则此种输入之便宜性质已失,即当阻止其输入也。又有便宜输入,乃由国内之生产费与输入品价格之差异而生者,故国内、国外物价之变动,及货币对外价值之变动,均为增减此种便宜输入之最大关键,此则经济家、政治家所不可不注意者也。

(2) 必要输出与便宜输出。

必要输出及便宜输出之标准。与必要输入及便宜输入之标准迥乎不同,盖输入乃所以补充国内生产之不足,及所以求适合国民需要之欲望者。而输出则纯为填补输入之一种代价而已。兹先论必要输出。夫必要输出,即指输出物品中之纯为本国之特产者而言。但亦有他种物品,除供给全国国民需要外,尚有余多,足供国际市场之需要者。此种物品,政府尤有极端奖励及保证其输出之必要。

至于便宜输出则不同。在何物品苟其生产条件比较舶来品处于优势之地位,而他种物品则处于恶劣之地位,则产生不良之物品不必在本国生产,可直接由国外输入。而于生产优良之物品,则应竭其全力以振兴之。增加其输出,俾可作他种生产条件不良物品输入之代价,即所谓便宜输出也。

又必要输出品中,若其生产基础为本国之特有者,此种必要输出,则为绝对的必要输出。本国可永久保持其优势的地位。若其生产基础,不过比较他国稍胜一筹,则为相对的必要输出。当外国对于此种物品之生产日有进步时,本国之物品未必较胜于舶来之品,如是,则相对的必要输出势必变为便宜输出矣。再便宜输出品中,由内外物价之差异与涨落、亦有绝对的与相对的区别。至其区别之原理与标准,则与上述之便宜输入同。

(三) 目前救济方策之讨论

观上所述,可知苟欲振兴中国之贸易输出,需有两点须注意者：一须铲除阻害输出贸易之种种原因，以谋国内生产事业之发达；一则更当谋国民需要供给适合。阻害中国输出贸易之原因虽多，其中最需急求铲除者，则为中国之内乱与不统一。盖内乱不已，国内不能统一，经济政策不能确立，金融机关不能划一，关税制度不能改良，交通系统不能完备，新生产事业亦不能发展不特此也。即固有之天然产物，势必日见衰败，结果国民徒为外国资本主义之经济被侵略者，尚何有国际贸易之可言哉？故求中国输出贸易之振兴与求中国之统一，名为两个问题，实则一个问题之表里两面。若内乱永绝，万众一心，共谋国是，则阻害输出贸易发达之根本原因已去，吾人方可进而求振兴输出贸易之他种方策。故为今之计，凡我同胞宜及时奋起，牺牲一时之成见，谋达永远之平和。全国既告统一，则他种问题自可迎刃而解。兹本愚见所及，择问题之最重要者，分述如左〔下〕。

1. 谋经济性政策及经济组织之革新

（1）农工业之连带的发展。就今日中国经济界之现状而言，究采何种经济政策，实为年来海内经济学者议论中之一大问题。主张以农业立国者，每谓中国为世界最古、最大之农业国，地大物博，气候温和。长江南北，无不宜稻。黄河南北，无不宜麦。他如丝、茶、棉、豆、烟、糖、粮食、花生、药材、麻、革等物，皆随处可种。是我国兵战而败可也，商战而败可也，若以农战而败，则国人之自暴自弃，真为不可恕矣。故处今日而欲求富强，其惟振兴农业乎？若工业则非我之所长，不妨一任外国之发达其工业焉。然依海关统计最近年额一千万两以上之重要输入商品，大半皆属工业品，则可知工业上之力图补救，实不可一日缓矣。表如下列。

	1920年		1921年		1922年	
	输入额（千两）	对总额之比（%）	输入额（千两）	对总额之比（%）	输入额（千两）	对总额之比（%）
棉制品	246813	32.4	208662	23.0	38523	23.2
米类	5362	0.7	41220	4.5	79874	8.4
石油	54318	7.1	58196	6.4	63443	6.7
砂糖	39080	5.1	71457	7.8	61254	6.5
金属矿石	61565	8.0	60078	6.6	49927	5.3
棉花	17993	2.3	35866	4.0	41956	4.4
织物机械	6903	0.9	26723	3.0	30480	3.3
纸烟	22029	2.9	24912	2.7	28339	3.0
海产物	13305	1.7	14288	1.6	16902	1.8
麦粉	2320	0.3	3512	0.4	1674	1.8
纸类	14159	1.8	15311	1.7	13689	1.4
烟草	12924	1.7	14250	1.5	13189	1.4
人造篮	15306	2.0	15260	1.6	12301	1.3
石炭	14374	1.9	13889	1.5	10746	1.1
电气材料	6294	0.8	13204	1.4	9403	0.9

由上表观之，输入品中，棉制品约占总输入额百分之二三点二。其中属于原料品及天然产物者，不过米、金属、棉花、海产物、麦粉、烟草、石炭等，占总输入额之四成而已，其他六成则全属工业品。是我国每年贸易上最大漏卮，即为工业品之输入，即每逢出口农业品之全额，亦不足与之相抵。然则处今日而欲恢复国际贸易，徒恃农业可称为万全之策乎？

主张以工业立国者，则曰今日世界文明各国之所以如此其富且强者，要皆在工业之勃兴。欧洲自产业革命以来，机械工业勃兴，生产

率较之手工业、家庭工业既多,价格较之手工品、家庭工业品复廉。例如英国在产业革命前,铁之采掘额不过一七三〇五吨,而一九一〇年,则达至一〇〇〇〇〇〇〇吨以上。棉花工业之金额,在产业革命前之一七六〇年,不过一百万镑,至一九一〇年,则达至六亿镑以上。因是商业繁盛,输出大增,为世界一大强国。反顾中国贸易,之所以大超者,即在工业之未振兴,输入品之大半皆属工业品。盖中国今日之经济现状,不过等于产业革命前之欧洲。所谓工业,不过旧式之家庭工业而已。兹将中、日、美三国工业状况之比较,列表而观之:

	人口	面积 (平方公里)	工厂或 制造户数	工人数	出品总值
中(本部)	439425000	4278352	2394337	10759971	1200403031元
日	57070936	148756	20966	1280964	18760000日元
美	105253300	2970138	275791	10658881	24246475000美元

由上观之,中国之人口,八倍日本,四倍美国,面积四十倍日本。与美国为四与三之比。而出品之价值,仅及日本百分之六十,及美国百分之五。工业之不发达亦可想见矣。再就制造单位而论,中国平均不过六人,则知中国尚在家庭工业时代机器之运用,仅少数之新式工场有之,大规模之组织用工人在一万以上者,全国无闻焉。恃一二人之心思,数十工人之劳力,欲与科学方法之组织及数千马力之机器相竞争,乌得而不败!故就今日中国之经济现状而言,不急求工业之振兴,而谓能在国际市场上得一立足地,人谁信之?然而一考察我国每年农业品之现状,则粮食、丝、茶、砂糖等,亦几有江河日下之势。兹据海关统计之分类,将农业上各种输入之比率,列表如下:

	1920 年		1921 年		1922 年	
	输入额	对总额之比（%）	输入额	对总额之比（%）	输入额	对总额之比（%）
家畜	358	0.1	413	0.1	330	0.04
粮食品	960860	12.0	166978	17.9	214708	21.76
原料品	194558	21.8	209364	22.4	224414	23.0
加工品	528957	66.1	556289	59.6	525582	55.0
总额	799959100	0.0	911844100	0.0	975034100	0.0

由前表观之，我国号称东亚富源，而原料品及粮食品等农产物，不但不能充分输出，且每年犹需输入二三成左右。此非因我国历来之消极的农业政策有以致此哉，是欲放弃已有根底之农业，而徒恃幼稚之工业，以为振兴中国国际贸易之准备，宁非万全之策乎？

夫昔日之美，农业国也。南北战争后努力于工业之发展，卒为世界第一富国。昔日之英，工业国也。十九世纪以来，亦极力提倡农业，不遗余力。就我国今日之国势而言，徒恃农业固不足以竞争于国际市场中，但徒恃工业，亦未必能抵御外货之侵入也。苟一方研究水利改良种植开垦荒地，采取积极的农业政策，以恢复昔日之农业品对外输出状态，一方则择其目前易于开办，国民需要最多之制造品，竭全力以为之，以谋工业品之自给自足，则不但可以农业之长补工业之短，而使贸易得一均衡状态，且日新月异，不愁无国家富强之一日也。总之，今日之经济政策当以农工业双方并进为是，而于此有连带之数问题，不可不急谋革新者。兹略举数端申述之。

（2）同业组合之打破。我国今日经济界之实权，悉操于同业组合之手，与欧洲中世都市经济时代（十二世纪至十五世纪）之 Gnild 制度大同小异。然欧洲此种制度，自产业革命后，已悉数灭亡。例如，英国于一五九八年，西葡二国于一八四〇年，德奥于一八六〇年，意大利于一八六四年，法比于大革命时代，此种组织皆先后解体，一变而为近世大企业之组织，故工业勃兴，国富兵强。唯我国则因循守旧毫未改变，以致此种制度依然为现今经济组织之中心。限制组合员之人数，严禁相互自由之竞争，操纵物品之生产与消费，皆为此种制度之弊病也。且各种组合员大都昧于世界之经济大势，而斤斤于目前之私利，因此各种产业不能进步。大企业尤不能发达。故欲求振兴中国之对外输出，非振兴国内之各种产业不可。但欲振兴国内各种产业，则非谋产业界之革命不为功。而欲谋产业界之革命，则非急打破此种组合制度不可。予敢切望国人之勿河汉此言也。

（3）关税制度之改正。世界各国关税制度之最复杂、最无条理者莫过于中国。中国之关税，大别之，则有海关（Maritime Custom）、常关（Native Custom）及厘金局（Likin Barrier）。海关为外国通商之国境税关。此种关税世界各国皆有之，其实权当握于本国政府之手，可以自由增减税率。唯中国之海关权则操于外人之手，且税率为各国所限制，不得自由伸缩，宁非莫大之耻事。常关乃我国之内地关税，设于通商要地，以征课过往货物及船舶出入之税。至于厘金，则我国特有之制度。此种税制始于前清洪杨之乱。政府为一时权宜计，创设此种厘卡。乃此后不但不取消，且各地推行。现全国厘卡之数，已达七百余处。江苏一省，则有五十八处。此诚为我国产业发达上之最大障碍物。苟不欲我国产业振兴而与外货竞争则已，苟欲振兴中国产业，增加对外输出，则非急行裁厘加税不可。

（4）金融机关之统一与币制之改革。近世产业之昌盛与贸易之振兴，全恃金融机关为其导助。我国金融界之现状，其混乱状态，莫可名状。钱庄、银号、票庄、票号到处遍设，握中国金融界之实权。据民国三年农商部门统计，全国官钱局三，票庄十二，炉房九，银号四十六，钱庄四千九百九十一。然此等制度，虽有名义上之种种条规，实如一盘散沙，并不统一。至于新式之金融机关，虽有中交、兴业、东南、金城等银行之创设，然亦皆资力薄弱，且仅限于通商各埠一带，未能完全实行新式金融机关之责任。反之外国银行，以其丰富之资本，设立于我国各大商埠，竟握我国对外交易之实权，且有时故意扰乱我国之金融界，酿成国钞挤兑等风潮，乘机破坏我国之财政。且我国新式银行大都限于商业银行，为抵押放款机关而已，并无所谓劝业银行、农工银行等机关，以应社会之需要。现在之各银行大都各行其是。明则滥发纸币，暗则互相争斗。如此欲求实业之振兴，输出之增加，宁可得乎？故我国金融界之统一，亦为振兴输出贸易之最大条件。他如货币本位之改良、纸币之整理，更不容缓。我国定本位以银，而国际往来则用金，金银比价不一，不独有害，且亦不便甚矣。至各种纸币，据民国六年之统计，各项银两、银元、银角、铜元、制钱等票，折合国币计，特许银行约发行纸币九千万元，各省官银行号一亿二千余万元，外国银行六千余万元，殆将达三亿元左右。于是钞币跌价，物价增涨，米珠薪桂，生活维艰。商业日见停顿，生产力日趋于薄弱。欲求产业发达，输出增加，其可得乎？

2. 谋交通机关之完备

交通之不便是使天然产物不能输出，各埠制品不便输入。影响于全国产业及输出贸易，真非浅鲜。今单据一九二三年 The Statesman's Yearbook 所载，各国铁道之百方哩，平均哩数与我国铁路之现状比较如下，可见我国之交通，其地位之幼稚，真属可怜亦复可笑。

	铁路总哩数	面积	百方里平均哩数
中国	8675	1896495	4.6
澳洲	23497	2974581	7.6
加拿大	39771	3603336	1.10
俄国	42504	1488240	2.85
印度	37266	1093074	3.41
日本	8475	148856	5.70
美国	254845	3743529	6.81
意大利	10290	110632	9.30
法国	25766	32659	12.12
英国	23734	121763	19.51
德国	35677	182271	19.59
比利时	4694	11752	39.94

3. 国民新经济知识之增进及新经济人才之采用

我国经济界悉为旧势力所笼罩。一般商人绝无世界之新经济知识。即间有少数经济人才，亦有英雄无用武之地之感。日本每年各大学高等经济科之毕业生，约以万计，每年尚未居毕业期，而毕业后之布置已定。我国仅有少数之经济人才，反而学无所用，言之可叹。对于此项，本无统计可考，不敢妄断。但据中华学艺社之最近统计，社员千人之中，属于经济者一百一十八。他如工业化学农艺等，亦占全社员之半。然再观其社员职业统计，则立身于实业界者，寥寥无几，大半则皆置身教育界中，以图一时糊口之计。此虽不过局部之小例，但因是亦可窥见我国新经济人才之不能发展之一斑。

4. 必要贸易与便宜贸易之适宜分配

夫以我国之地大物博，进可横驰于国际市场，退可以自给自足，但就我国之经济现状而言，不得不有所选择。夫我国今日之急务，已如上述，则以农业品为必要输出，以工业品为便宜输入，实刻不容缓，盖二者必相辅而行，而后效果乃得见焉。励奖农业品之必要，例如米、豆、棉花、丝、茶等项，固无疑义，至工业品之输出与输入，则不可不有所取舍。考中国今日输入贸易之大宗，据前表所载，首推棉制品，计值约近二四七〇〇〇〇〇元左右，而以来自日本者为最多，约当输入总额十分之三。设以民国九年之入超二二〇六一八九〇与棉制品输入总额二四七〇〇〇〇〇比较，则棉制品输入额多于九年之输入额为二六〇〇〇〇〇有奇。若我国对于棉制品，不仰给于外国，则虽输入超过最高额如九年，然亦可一变而为输出超过额。年年如是，则不但不致借外债以度日，并可渐次清偿历来之外债。我国若立意振兴棉制品工业，则原料可取诸国内，且以劳工低廉之故，开办亦比较容易，制品比较外货低廉。一旦发达，自可排斥外货于市场之外，盖可断言。次之我国丝绸业，久已著闻于世。若此项制造品一旦加以振兴，亦可用以抵抗外货。纸烟一项，各国皆取国家专卖主义，海关殆皆绝对禁止输入，故我国亦当收为国有。面粉一项，为国民所必需。近日我国面业已大有发展之兆，日出二万数千袋，差足抵制外货之输入。但较之美国之四十万袋，尚有天壤之别。此盖因用新式仪器者，不过十之一二，十之七八尚属土制。若更能极力采用新式工厂组织，其进步当大有可观。至如各种机械工业，则我国资本微弱，一时难于开办，则不如采取便宜输入，待有余力时，再事振兴。如是日新月异，则不但为世界农业之中心，且亦不难造成我国工业之黄金时代。彼时二十余亿之内外债，何愁不能偿清乎？

再输入贸易中，有占有最大额而绝对不可不禁止者，则为鸦片。夫鸦片既非我之便宜输入，更非我之必要输入，纯属一种病民病国之毒物。乃我国自《南京条约》以还，鸦片盛行输入，法律公然默许，且内地亦公然培植。于是乎内地之膏壤沃土不从事于菽麦等之种植，又渐为此毒物所占有。健全之国民日夕消磨于吞云吐雾之中，宁不痛心。此项输入,据海关统计,自一九〇八年至一九一〇年,平均价值四一七九四〇五五两。此时号称实行禁烟,而一九一九年此项输入额尚占二四六二二〇两。乃近来一部国民不知廉耻,又自投罗网。于是洋商偷运入口,土商偷运入内,甚至各地军阀因兵费无着,一方实行鸦片之暗中专卖,一方又将大好国土,不事有用之生产,再为此毒物所侵蚀。长此以往,吾恐不久又将恢复一九一〇年以前之输入价额。若举国同胞及时觉醒,一方自己节制,阻止此毒物之输入,一方将种烟地域植棉种稻,则于中国国际贸易必得良好之现象。盖此种输入之阻止,既不需开办工场,亦不需劳力与资本,且可赢得劳资上之实利,唯在国民之觉悟而已。

六、结论

总观以上所述,中国国际贸易之输入超过输出,已一发千钧。若不急求救济之方,必致国家破产,民族灭亡。为今之计,唯在全国同胞及早觉悟,万众一心,共谋统一。如是则其他救济方策,万可随之而行。不然,则根本问题未有解决,他种救济方策终属空谈梦想。中国不沦于破产,同胞不悉作外人之经济的奴隶不止。总之必须政治革新,国是大定,乃得从事改良关税,废止厘金,统一金融,整理币制,发展交通,振兴产业。夫以我国天赋无限之富源,勤勉而耐苦之劳力,行见五十年之后,世界金融之中心不在纽约与伦敦,而在我大好神州也。愿国人急起而图之。

民国十四年六月十日,脱稿于日本京都帝国大学

(本文原载《东方杂志》,1925 年第 22 卷,第 17 号,又刊《云南实业公报》,1926 年第 50 期、第 51 期连载)

>> 领事裁判权问题

一、绪论

一九一四年六月二十八日，塞尔维亚国土上，轻轻一声爆竹响破全世界似继似续之武装平和。同年七月二十八日，奥塞首先发难以开幕。八月一日、三日、五日，德、俄、英、法、比相继转入旋涡，战波次第达及全球，遂酿成亘古未曾有之世界大祸乱。交战之国，三十有二，历时之久，四年有奇，动员至六千万人之多，耗费至三千亿元之巨。村镇被焚，庐舍被毁，工厂倒塌，矿坑淹没，瓦砾千里，莫辨故址。可怜无限河边骨，犹是深闺梦里人。于是壮丁锐减，地方疲毙，财政紊乱，金融紧急，纸币充塞，物价暴腾。战败者固属九死一生，战胜者亦属焦头烂额。夫各国所以皆不惜以百余年来科学机械之精华，以数十年来苦心积虑之储积，悉作孤注之一掷者，其中原因固极复杂，一般历史家、思想家、经济学者、政治学者从各方面以考察世界大战之原因，或则曰强权与公理之争，或则曰帝国主义侵略主义与民族主义民主主义之斗，或则曰各国经济的侵略与政治的野心之互相冲突，要皆不失为一面之真理。但吾人潜心观之，以世界大战之责任原因，悉归之德、奥二国，实属以成败论英雄。战败者固属滥用强权，战胜者亦未必秉自公理，要之其根本原因，则由各国互相逞其野心而违反国际公法之所致也。

夫法者何？乃社会的规则。社会者何？乃地球上人类共同生活之团体。规则者何？乃事类成立上不可缺之一定的秩序。语有云，物必

有则,者是。原宇宙间之森罗万象,未有不依一定之秩序而能生存者。灿然悬照之日月星辰,杂然繁殖之禽兽草木,其循环生长,皆秉有一定之秩序,此乃自然界中物理上生物上之规则也。至于人类,固与禽兽草木同受自然界规则之支配,然更受社会的规则之支配,此人类之所以异于禽兽也。盖人类不能离群索居,乃其天性使然,其所栖息处,无大、无小,都成社会。既有社会,则不可不有一定之规则,以定各社会分子之关系而谋共同团体之生存及其巩固。法律者即应此要求而生,与道德、宗教等相并立,而为支配人类社会生活之规则。是故在国内则有国内法(Droit national),属于公者则有国内公法(Ius Publicun),宪法、行政法、刑法、刑诉等是,属于私者,则有国内私法(Ius Privatum),民法、商法等是。在国际间则有国际法(Droit international),属于公者则有国际公法(Droit des gens),属于私者则有国际私法(Droit international privé)。若举国上下,不循此社会的规则而破坏法规,小则如杀人放火,奸淫掠夺,社会全体为之不安;大则如暴政苛刑,革命谋叛,国家组织因之破坏。此违反国内法之结果也。若国际间不循此社会的规则而违反法规,小则如奸猾外交,鲸吞蚕食,干涉他国内政,扰乱他国治安,肆行国际上无礼之言动,于是两国干戈起矣;大则如强凌弱,众暴寡,强占他国领土,奴隶他国人民,互逞并吞侵略之野心以相扑,国际生活为之破裂,于是国际间斗争起矣。此违反国际法之结果也。是国际团体之违反国际法,结果亦犹国内上下之违反国内法,其欲不破坏人类之共同生活可得乎?

我国自开海禁以来,八十余年于兹矣。在此八十余年中,各国皆对我包藏侵略之野心,或则以奸猾外交,口蜜腹剑,多方引诱,堕其陷阱;或则以如狼之牙,如虎之爪,不顾是非曲直,动辄施之武力,蹂躏国际公法,迫立种种不平等条约。就中最与我国主权上有密切之关系者，一则为损国家财政根本之关税协定条约，一则为妨国家政治主体之领事裁判权。关税问题，自本年十月二十六日在北京举行会议，现已月余矣，其结果虽尚不能预测，但从月余中之经过情形而观之，则各国全权依然不顾国际正义，肆行违法之主张。试观日本全权之名虽赞成关税自主，实则对于附加税问题，则绝对坚持二分五之主张，且强求我国与以最惠国之待遇，对于其棉制品，依然不许加税。夫日本之棉制品，几占我国总输入额十分之三而强，今对于此项不许加税，在日本固得其所哉，而我国纱厂从此更无发达之望，关税收入上，亦大受其损失。至英、美二国，则更具同一野心、同一步调，始则对于附加税之问题，佯取宽大之态度，以图推翻关税自主之要求，而得管理我国财政之实权，后则见关税自主问题既决，乃大变其起初之主张，而坚持二五附加税。司马昭之心，国人亦可以知矣。且关税自主条文中，由日本全权从中作鬼作祟，依然以裁厘为交换条件（文中有云，中国政府须同时宣言自一九二九年一月一日实行裁撤厘金）。我国全权，急于求功，甘为傀儡，我国上下，反有表示感谢者，真令人百思莫得其解。夫裁厘需费甚巨（至少要九千万元），而附加税却不许增加，且各国此次参加关会之目的，实属借关会之美名，施道斯案之毒手，以谋无担保外债之偿完。是裁厘自主，终归画饼，我国因此反更受其害，各国因此反更得其利。此种投井下石之条约，吾同胞亦如斯默认乎？（对于此次关税会议之详细研究，著者现正在整理中，后日再当报告。）现治外法权会议，亦将丁十二月十八日，召集各国全权于北京，开始讨论。但观此次关会各国之态度，则治外法权会议之结果，又可想而知。今将治外法权之真相，与我国所谓之治外法权——领事裁判权之意义，表而出之，甚望举国同胞，下最后之决心，以谋撤废之方也。

二、国际公法上治外法权之真义

国际公法上之所谓治外法权（Exterrioriality），乃一国之元首旅行或住居他国所享有之特权。此种特权，实即所谓宾礼之一部。盖一国元首对于旅行或住居在本国之他国元首，国际公法上，须以宾礼待遇。既须以宾礼待遇，则当授以与在其本国所享之同一的特权，此即治外法权之所以生也。其他如外交官、政治军事代表者、军舰等之具有公的性质者及贵宾之住宅携带物、随员等，亦得享有此种特权。但国际公法上，若有下列之原因时，则对于一国元首住在他国，不必授以治外法权。

（1）外国元首尚未得驻在国之政府正式承认时。

（2）外国元首匿名而旅行他一国时。

（3）外国元首被驻在国政府拒绝其来游历时。

（4）两国开战中外国元首侵入内地时。

又在国际公法上，一国对于外国元首，其所授予之治外法权，乃属宾礼之一部，至涉及宾礼以外时，则不得享有此种特权，今试分述如下：

（1）课税上之观察。由课税上而观察之，对于外国元首，不得课其所得税，但印花税及手续费，则虽属外国元首，亦当向该驻在国政府缴纳。又外国元首在该国内购有不动产时，对于地租及其他不动产固有之征课，与本国人民负同样之义务。

（2）民事上之观察。由民事诉讼法上之观察，在现行国际公法上，外国元首住居在他国时，原则上不服从该驻在国之裁判权，但有如下述之例外时，则外国元首亦当服从该驻在国之裁判。

①在驻在国内置有不动产时，则关于民事上不动产一切之事件，

须服从该驻在国之裁判权。

②在驻在国内取得遗产或遗赠时,关于遗产及遗赠之事件,须服从该驻在国之裁判权。

③在驻在国中经营商工业时,关于营业上一切之事件,须服从其该驻在国之裁判权。

④在驻在国中请求起诉时,当然须服从该驻在国之民法及诉讼法。

如上所述,国际公法上之所谓治外法权之本旨,乃一国元首对于住居在本国内之外国元首,待以贵宾礼之一部,其余亦须具有公的性质之国家代表者方得准用治外法权。且即属外国元首纵享有治外法权之特权,亦只在宾礼之范围内,此外亦不得不服从该驻在国之法律。是治外法权之发生,乃元首贵宾所享有之特权,绝非普通人民一般所得享有。今回顾各国在我国所要求之治外法权,是否合法。

三、治外法权变态之领事裁判权

在国际公法上,一国人民往来于他一国时,须服从下列各项之规定:

(1) 在国法上,外人不得享有一切内国人之权利,即谓政治的权利(Politische Rechte)不得授予外人。

(2) 在国法及行政上,外国人民须与内国人民负一样同律之义务。

(3) 在刑法上,外国人民与内国人民须受同一之待遇,但对于外国人,有必要时,得放逐于国境外。

(4) 在诉讼法上,不论其为民事或为刑事、外国人与内国人民原则上受同一之规定。

如上此述，往来于内国之外国人，在国际公法上，须服从该国内之统治权，乃万国所公认。然而我国自一八四三年，受城下之盟，迫立中英条约，构成一种变态之治外法权，于是各国此后皆借口援例。美国于一八四四年，法国于一八四四年，瑞典、挪威于一八四七年，荷兰于一八六三年，西班牙于一八六四年，比利时于一八六五年，意大利于一八六三年，丁抹①于一八六八年，秘鲁于一八七四年，葡萄牙于一八八七年，墨西哥于一八九九年，智利于一九一五年，瑞士于一九一八年，日本于甲午之役，更获得片面领事裁判的权。因是以上各国之人民，住在我国，为刑事及民事之被告时，委依其本国之法律，受其各本国领事或官吏之裁判，不受我国官厅之处置。普通虽称此曰领事裁判权（La juridiction consulaire），实则一种违背国际公法之变态的治外法权。盖国际公法上之所谓治外法权，如前所述，乃对于各国元首、外交官及其他军事、政治代表者所享有之特权，普通一般人民则绝对无享受此种特权之资格。今各国对于我国，始则皆以武力迫立此种不平等条约，事后因循相涉，不但裁判上普通往来于我国之外国人民享受治外法权，即在警察上、立法上亦享受此种特权，其属违反国际公法，固无容赘，而与我国之领土主权，更相抵触。若要同胞不自认中华民国为独立国则已，否则可不速起而要求即时撤废乎？

四、领事裁判权之弊害

如上所论，乃从国际法原理上之考察，以明此种变态之治外法权，不可不速撤废。今更考察其实际上之弊害如下：

（1）国内之警察权，对于外国人，固不能行使，即其该本国之警

---

① 编者注：今译为丹麦。

察权,亦不能完全行使。盖各本国政府,因自国人民住居在他国,虽扰乱他国之治安,违反他国之警规,与本国无直接之利害痛苦,故其各领事之管辖区域内,概无严密之警规,以取缔其人民之作奸犯科。此现今往来于我国之外国人,殆有不受一切警察拘束之概,此上海一埠,所以为东洋万恶之渊薮,为世界罪人之逃窟也。

(2) 国内之刑法,对于外国人,固不能行使,即各国之刑法,亦不能完全行使。盖同一之犯罪事件,不但因内外人之不同而异其刑,且因各外人国籍之不同而判决不一。即如在同一之地域,发生同样之犯罪事件,由国籍之不同,于是讼英人者赴英领事馆,讼美人者赴美领事馆,讼法人者赴法领事馆,讼日人者赴日领事馆。然各国法令互有去入,于是同一事件,甲领事馆认为有罪,乙领事馆则认为无罪,此以为凭据已明确,彼以为理由不完全。因是案情虽同,判决各异,科刑处罪轻重各殊,其违背法律之精神及刑法之原理,固尽人皆知,而使我国刑事之不能统一,其害更可深言乎?

(3) 至于民法商法上之事件,亦因内外人关系之不同,而发生异常混杂之弊,即权利者义务者之各当事人,究应受何种法律之支配,不能确定。盖会审公厅之组织,只云国内法官与外国使官或领事以光明正大之精神而执行各种审判,并无何种确定之法规。于是一事件发生,若该国使官或领事之势力强横时,则适用该外国之法律,反是则适用内国之法律,其法律之适用如何,全依各国领事之势力而定。又如外国之官厅领事,与国内法庭分别审理时,则概适用外国之法律,因此国内人民对于外人之法的行为,甚感不便,即内外人发生民商二种之法律关系时,内国人民对于该法律行为,欲确知其能取得何种权利,则非先探知该外人之国籍,继研究该外国之法律不可。试问此种需时久、需费巨之事,乃个人之力所能办乎?故普通内国人民对于或

种法的行为，并未暇计其将来之效果如何，以致后日发生争议时，虽受败诉之判决，亦只得忍气吞声，甘受无妄之灾与无穷之损害而已。其有妨害内外之民商关系，更可名状乎？

（4）夫法官须立于独立不羁之地位，绝不受长官之命令，或政略之方针如何，而得左右其审判。然使官与领事，乃纯粹之行政官，其一切言动，须受其本国外交部之命令，决不可违背其本国之外交政策。今以领事使官而兼任法官，固违背三权分立之精神，而欲依此得一公平无私之判决，虽下愚而知其不可能也。且领事裁判权，概无上诉之途。纵或依某外国之法律而得开上诉之道，普通民事上则绝难利用，因上诉之法庭，大概在山遥海隔之地域，即欲上诉亦所不能，是故虽有不服领事之枉法判决者，亦只得含冤服从而已。

（5）领事对于非本国籍之证人及原告无管辖权，因是乃发生二大弊害。即一则某一事件发生时，该事件中此要之证人，其国籍与被告异，则领事不但不能勒令其出庭作证，且若此人愿自出作证而为虚伪之证明时，该领事亦不能科以伪证之罪。一则对于国籍不同之原告，亦发生如上之弊。且假使被告对于原告之请求不能抗辩而提起反诉以作抵消时，但该领事既无管辖原告之权，即该反诉之理由虽十分充足，亦不能从事审理，以此思害，害可知矣。

（6）外国人旅行中国内地而发生犯罪行为时，按照条约，须送至最近之领事馆以从事审理，沿途不得监禁。于是旅行我国奥地之外人，纵犯有强奸杀人之重罪，亦须送至远在千里外之领事馆以审判，沿途只可善为看守扶持。日久路遥，固难保不无逃匿之虞，而其搜索证据之困难，亦不问可知矣。其有害我国人民之生命财产可深数乎？

五、总结

如上各节所述，领事裁判权不但在法理上违背国际公法之精神，侵害我国之统治权,即在实际上我国人民固受其损害,我国法统为其破坏,而各国人民亦未始不因而感受种种不便。现今世界号称为独立国者,决不许有此种违背国际公法,侵害内国治安之条约存在于其国中。然外国之所以强迫我国订立此种不平等条约者,若考察其根本上之原因,并非真因我国法律之不良,乃纯属其侵掠的外交政策所使然。即一则在不惜牺牲我国人民之权利,以保护其本国人之利益,于是以保护侨民为职责之领事而兼法官。一则领事握有警察权,其警规极宽,只要有利于其本国人民,虽属违警,亦在所不问,且更利用警察权以保护其本国人民不法之利益。因是日复一日,既遂其帝国主义侵略之野心,并足以扰乱我国之治安,侵害我国之主权。至若借口我国法制未备,吾人对此姑置不辩。然上海之会审公廨,乃世界最大之混合裁判所,其裁判悉为多数不谙法律之陪审官所左右。对于其本国人有利害关系之事件发生时,则出庭陪审,以监视强迫裁判之进行,有时则威吓中国法官对于其本国人下以有利之判决,而其陪审之目的,亦实在此。且贿赂公行,勒索无厌,已属公然之秘密。试问会审公廨之法规,不违背法律之精神否?又领事裁判,乃以行政官而兼法官,其弊害较之我国昔日之知事兼承审,实属蓓蓰,其能借口我国法制之不备乎?他如外人委官,越权陪审,逾权判决,无法上诉,把持经费,种种腐败情形已无可讳。至其内面之秘密,本年七月间北京京报副刊上有萧锷君者,著作"中国收回租界和收回领事裁判权之最大理由"一篇,力揭会审公廨法庭内之种种黑幕。萧君之言,乃从其自身经验中得来,谈之痛切,不啻为会审公廨法廷之裸写照。总之一独立国家在国际公法上,应享有如下所举之基本权、绝对权,即:

(1)自国防卫之权。

(2)独立不羁之权。

（3）国际交通之权。

（4）相互尊敬之权。

（5）一样同等之权。

上述五者，乃一独立国家固有之权利，故云基本权或绝对权，即不得受何种制限与何种条约上之束缚，若稍受条约上之制限，则妨独立国家之资格。然各国对我国之领事裁判权，与我国之独立权，纯相抵触，如前所述，已尽人皆知。法权会议将于十二月十八日召集在北京会议，甚望吾同胞赶此时机，下最后之决心，宁可玉碎，不甘瓦全，誓死力争，以求完全撤废此种不平等条约而后已。

民国十四年十二月十三日草于日本京都

（本文原载《独立青年》，1926年第1卷，第2期）

≫ 经济问题上之中外国际关系

一、绪论

社会关系与国际关系之不同——我国之所以为国际场中牺牲物——武力侵略与经济侵略——经济侵略之可畏——我国目前之国际关系。

由二单位以上之个人集合而成社会，由二单位以上之社会结合而成国家，由二单位以上之国家对立而成国际关系。社交者乃多数个人与多数社会之社会关系，外交者乃多数对立国家之国际关系，故在孤居荒岛之独夫，既无所谓社会亦无所谓国家，更无所谓国际关系，因此亦无社交与外交之可言。是社交非在社会场中无成立之因，外交非在国会场中无发生之理。然同是交际也，而起于社会关系之社交，与起于国际关系之外交，则不可同日而语。

社会之不同于国家，社会学者及法律政治家已论之甚详，故社会关系与国际关系亦异。略言之，一则互相结合，一则互相对立；一则起源于群居之欲望，一则起源于征服之欲望；一则无地域之限制，一则有领土之野心；一则互相辅助，一则互相侵略；一则为平和之表现，一则为战争之结果。是故个人与个人之社会关系，其中家庭关系血族关系，乃受情之结合，固非国际关系之可比，即普通个人与个人，其中虽不无特别之例外，其原则亦要皆或则心气相投，或则互相友爱，或则有无交换，或则互相辅助；至于国家与国家之国家关系则反是，概为强凌弱，众暴寡，有强权而无公理，消极者则为领土之护持，积极者则求领土之并吞，即或有倡为国际平和正义人道者，亦属口蜜腹剑，外和内奸，包藏祸心，默相利用，蓄武装之平和，变兵战为商战，处处只求本国之富强，绝无有互相扶助之诚意。而自十八世纪以来，国际间之侵略更甚，此我国数十年所以为国际场中之牺牲物也。

我国在鸦片战役以前，国际交通尚未发展，国际关系亦未如此后之复杂。其中虽不无外交之发生，亦皆由我之自主，决非出于强迫。近世史以前，姑置不论，即如1689年之《尼布楚条约》，为近世史上中外最初之外交，犹纯属我国之自主，至1842年因鸦片战役而订《江宁条约》，则纯为城下之盟，更重之以咸丰八年圆明园役之《天津条约》，我国国势遂因而大挫，然当时犹有睡狮之称，以为世界各国所敬畏。至光绪廿一年中日战役一败涂地，于是各国知此睡狮之已不足畏也。遂各大施其侵略之手段，再经以光绪廿七年"义和团事变"，各国遂实欲将此大好河山，协议宰割。幸有国际均势之难点为之作梗，各国因此知全恃武力之不足以计出万全也，遂变兵战而为商战，大施其经济侵略政策，以我国为国际资本主义之经济市场，而吸取我民膏民脂，其中最著者则为英、德、法、俄、意、奥、美、日八国，互相逞其狼子野心，以蹂躏我国土，而我国总因此得苟延残喘。然商战之祸，则更有甚于兵战。民国四年秋，世界大战发生，泰西各国，无暇顾及远东，于是幸灾乐祸之东邻，因此遂大逞其毒手，要迫我订立廿一条，几欲置我国为其属地。民国七年，大战告终，威塞①和议成立，前日之国际关系大变，于是在此国际场中，纵横驰驱作威

---

① 编者注：今译为凡尔赛。

作福者，则为英、美、法、日，强者既因之愈强，国际均势因之愈缩小，而我国之受祸将从此愈甚。前日称强之俄、德、奥、意，战后元气未复，不暇他顾，目前我国最感受切肤之危险者，则为此英、美、法、日之经济侵掠手段。故本文将中国与英、美、法、日数十年来之国际关系，由经济见地而简单考察之如次，以敬告我四亿同胞。

二、中英关系

外人之侵略我国，推英人为最先，对我为势力范围之表示者，亦英人始作之俑，而为我国命脉之关税权、经济权，亦悉操于英人之手，且近日国际会议中，不通过我代表之鸦片禁止提议，是我国今日国际关系之最重要者则为英国，故请先言中英历来之国际关系。

（一）英国最初对我之野心勃勃

我国与欧洲通商始于1516年（明正德十一年）之葡萄牙人，其后虽海上交通渐繁，各国互相前后而来，然尤以蟠居澳门之葡人势力为最盛，各国皆不能与之拮抗。唯英人累欲夺其势力，以染指于此地大物博之神州，乃于康熙十六年（1671年）对于清廷，请其设立商馆于澳门，为清廷所拒绝，野心不死，更于乾隆五十八年（1793年）遣使臣捧国书以谒乾隆而要求下之七条。

（1）许英国派官吏驻北京以管理其本国之贸易。

（2）许英国商船航行于宁波、舟山、天津、广东等处以从事贸易。

（3）许英国商人设立商馆于北京。

（4）许以舟山附近之一岛为其居留地。

（5）许以广东之一小地为其居留地，且许可其住居澳之英人得自由出入。

（6）对于广东澳门间由内河运输之货物，许其免税或减税。

（7）允许英国人之自由传教。

但以上七条皆被清廷峻拒而不果，然英人之野心乃从此更烈，日谋有可乘之机，以遂其发展通商之初志。鸦片之盛行输入，即其恶劣手段之一端。而我国官吏之禁鸦片，乃分内之事，英人遂大引以为口实，且以为起衅之机，于是乎鸦片战争起矣。

1. 鸦片战役与《江宁条约》

鸦片为物，病国、病民。英人用以输之我国，其手段之毒可想可知。道光元年（1821年）清廷依两广总督阮元之奏，禁止鸦片之输入，道光十八年（1838年），湖广总督林则徐转任为钦差查办广东海口事务大臣，励精图治，清查年来奸商污吏密输之手段，严禁鸦片之输入，此乃国事民生上必取之政策。乃英人不自以为无礼，反以军舰占领我香港，进而陷舟山、乍浦、吴淞而逼南京。当时政府无能，屈而求和，遂于道光二十二年（1842年）八月，作城下之盟，而订立《江宁条约》，今试举其重要者如下。

（1）开广东、福州、厦门、宁波、上海五处为通商埠，许可英人之自由通商及居住。

（2）赔偿战费一千二百万元，赔偿鸦片损失费六百万元。

（3）割让香港。

（4）规定海关税率（此乃英人始作之俑，以致酿成今日关税问题之难于解决）。

自此以后，英国最初之野心既遂，更得陇望蜀，就中香港乃天然之贸易良港，为我国南部对外贸易之咽喉，形势之优，远出澳门之上，英人得此，乃经营不遗余力，我国之经济遂渐为其所支配矣。

2. 英法联军与《天津条约》

鸦片战役以后，更与英国以绝大侵略发展之机者，即英法联军于咸丰七年（1857年）因水手及宣教师官吏之争，又大开战端，据我白河之坚垒以进逼天津而窥京师，提出五十六条，清廷不敢稍易一字，而订立《天津条约》，其重要者如次。

（1）五口商埠之外，更开牛庄芝罘、台湾、汕头、琼州、镇江、汉口、九江、南京为商埠。

（2）允许外国公使馆及公使馆员之永久居住。

（3）赔偿军费及外国商馆损害费。

（4）改正海关税率。

（5）允许耶稣教及天主教之国内自由传教。

翌年，英国使臣为交换上之条约，偕同法、俄、美三国全权委员来北京。英使乃先以军舰溯航大沽示威，大沽炮台不得已而谋防御之策，于是战端又开，联军陷天津而逼北京，清廷乃更于是年十月求和而续订上之《天津条约》，其所加之重要者则：

（1）开天津为商埠。

（2）增加前次之赔偿金额。

（3）割让九龙半岛之一部与英国（香港对岸）。

经此二次大难，各国皆思染指，就中俄罗斯当联军烧毁圆明园行将攻入皇城时，劝清廷求和而为其周旋，事后则公然要请报酬，清廷乃割黑龙江以北乌苏里河以东广大之土地以与之。当时外患固强，要亦清廷无能也。

3. 云南事变与《芝罘条约》

英国经此二战役以还，沿海及长江沿岸各埠既为其自由贸易地，加以香港及九龙为其极东贸易之根据地，于是其势力之盛，大有旭日冲天之势，东亚贸易之霸权为其所掌握，十余年虽称无事，而滇案发生，又与以一大好侵略之机。即同治十三年（1874年），其视察员在云南误为苗人所害，英国公使遂严向清廷谈判，清廷不允所请，英公使愤离北京，国交将至破裂，清政府乃急遣总税务司追之于上海，而订立《芝罘条约》，其要项如下：

（1）调查云南省大理府及其他适当之地以为将来商埠。

（2）赔偿二十万两。

（3）开宜昌、芜湖、温州、北海四处为商埠。

（4）许英国官吏长住重庆，以调查四川之经济事情。

（5）英国对于甘肃、青海、西藏以派遣探察队，清政府须照会地方官及驻藏大臣而予以保护。

上之《芝罘条约》订于光绪二年（1876年），距其攻略我缅甸，已有九年，然在此九年之前，英国早已调查云南边境，而约开通商埠于此地，则可知其并吞缅甸之野心，蓄之固已久矣，又约以可于西藏、青海地方，保护其派遣之探察队，则此时已有经略我西藏之计划又可晓矣。是其侵略政策之远大，侵略手段之毒辣，真令人为之胆寒心惊。

（二）缅甸攻略与西藏侵入

英国夙有并吞我缅甸之野心，已如上述，1885年法国攻略我安南，英国即借端开□，虏其国王，遂灭缅甸。当时清廷以属国而为人所并吞，应有保护之责，于是命驻英公使曾纪泽向英政府提出抗议。英政府不但不少却，且从印度出兵而攻西藏，清廷又大为狼狈。我之缅甸，遂从此论亡矣。光绪十二年七月（1886年）乃订《缅甸条约》。

先是我之属国伊伯尔（1861年）亦为英国所并吞，是后光绪十四年（1888年），西藏哲孟雄之境界地方，藏兵与英兵起冲突，英国乘此又大肆攻击，清廷不得已命驻藏大臣交涉罢兵，而英国乃要求订立藏哲边界之条约，清廷亦知有境界划分之必要，于是于光绪十六年（1890年）订立《西藏条约》，承应哲孟雄为英之属国。其后英政府更要订立藏哲间通商、印藏官吏之交涉往来及藏人在哲孟雄之游牧等条约，光绪十九年十月，两国委员续订九个条约，其主要者如下：

（1）从光绪廿年三月廿六日开放亚东为通商地，并许印政府政官吏之驻在。

（2）由藏哲交界处以至亚东之间，任英商之随意往来。

（3）亚东开关后之五年间，免除各种之输出入税。

（4）在西藏之英人与华人之诉讼事件，由两国官吏合同裁判之。

（5）西藏人之在哲孟雄从事游牧者，需遵守英国之法律。

但藏人因此条约对于英人既许以通商之权利，而藏人之在哲孟雄者，却受英国之拘束，大为不平，反对亚东之开放，两国政府亦无可如何，后日之祸患，亦酝酿其中矣。

（三）列强之利权竞争与英国

光绪廿年（1894年），甲午之役与蕞尔三岛战一败涂地，欧洲列强知此睡狮已不足畏，皆欲遂其年来侵略之野心。前日之暗中窥伺，今乃明目张胆，各以如狼之凶，如蛇之毒，以胁迫此大好神州。俄则据满州，德则据山东，法则从云南、广东，日则从东三省、福建，获取倾土之租借权及铁道之敷设权，英人因此亦绝不肯稍落人后，与此数国角逐于极东之外交场中，而获得我南北二部广大之利权。

1. 南部之经略

英国并吞缅甸以来，锐意以吸收我云南西川之富。值清廷为法国所迫，割洪江一部与法，英国乃据光绪廿年之条约为口实，责清廷之无信，又于光绪廿三年二月，重订《缅甸条约》，大扩张缅甸之境界，换言之即并吞我之领土，且获得南碗江及南莫江地方之永久租界权，并开放梧州三水及国境附近之二都市为其商埠，而将来中华在云南建设铁道时，且得允许其与英国之缅甸铁路相接续。

2. 扬子江流域不割让之协约

获得以上之利权，英人犹以为未足，翌光绪廿四年二月，更逼迫清廷订立下之条约。

（1）扬子江沿岸各省之地，不得用租借及其他之名义而让与英以外之他国。

（2）海关总税务司之职需聘用英人。

由是英国以我长江流域广大之地，表示为其势力范围，而掌握我海关之重权，其处心积虑之险固可知，而我国经济上之命脉已在其掌中矣。

3. 威海卫租借

先是俄罗斯以暴力而租借我旅顺，英国恐破其国际均衡之势，奋然问清廷租借威海卫，其外务大臣并电其驻英公使曰，"俄罗斯若租借旅顺口，则直隶湾之势力均衡，必受重大之变化，所以日本若从威海卫撤兵时，请阁下以最敏捷之方法，获取威海卫之租借权，其条件且须与俄国租旅顺之条约相同，本国军舰队已由香港出发而北上以作阁下之后援，祈阁下善自为之。"此光绪廿四年三月廿五日事也，于是当时驻华英使即向清廷正示要求，清廷不允，即威以诉之武力，清廷不得已乃于四月二日用俄国租旅顺之同一条件，而租与以威海卫，同年七月一日正式调印，其重要者如下：

（1）英国因保护其通商与军事上之必要，在俄国租借旅顺之期间内，中国政府允许租借以威海卫及其附近之海面。

（2）刘公岛及威海卫湾内之各岛屿与威海卫湾沿岸十里之地带，悉为其租借地域，同地域之管辖权悉归英人。

（3）英国于以上地域之外，并得于东经一百二十度四十分以东之海岸及其附近，建筑要塞，驻扎军队。

（4）在不妨害租借地经营之范围内，清廷官吏得继续其行政权。

然此中尤有一大黑幕在焉，即日兵之同年五月十七日，撤退其驻扎威海卫之军队。试思日本乃如是好与者乎？盖以英国早已与日本默相照会，许其在福建发展（后章详说），因此日本之军队于五月廿四日完全撤退，廿五日英国国旗即已高耸于威海卫湾上矣。

4. 租借地之扩张

先是光绪廿四年四月法国既租借我广州湾，当时驻华英使于同月廿四日对于清廷又要求下之条件。

（1）中政府对于法国不许与以铁路及矿山等之独占的特权。

（2）开南宁为通商埠。

（3）广东及云南二省之任何地方，不许让与任何一国。

（4）与英国以建设由上海至南京之铁路权。

（5）扩张香港之境界由深州湾以至大鹏湾。

因是同年五月十三日，中英公司与清政府订立沪宁铁道借款假契约，同年六月九日两国并订立九龙扩张协约，盖英国先既割我香港，租我九龙，犹恐其计未万全不能达其子孙帝王万世之业，乃借口维持广东海面之均势，要求租借地之扩张，清廷不敢与之抗。于是香港及其附近之小岛、九龙全岛及其附近四十余之诸小岛，以九十九年为期，悉为英人所并吞矣。

5. 诸铁道利权之获得

光绪廿三年，清廷在武昌与比利时订立卢汉铁路（即今日之京汉铁路）借款契约，当时驻华英使为知背后尚有俄人操纵，乃威迫清廷以质其事实之有无。清廷总理衙门答谓比利时之权利，决不让与他国，并声明当时俄华银行与此契约无关。乃不出一周，中国铁路总公司督办大臣与比利时续订借款契约，其第十八条与廿一条明记俄华银行经理此项公债，又第廿条规定俄华银行掌握该铁道之会计。于是英使震怒，诘责清廷并电请其本国之训令，其电有曰："英国对于清政府当要求扬子江地方之铁路建筑权，其条件当与中比契约同一，且其附近之采矿权与铁道，不可让与英以外之各国，又英国正在要求中之山海关牛庄铁路、天津镇江铁路、上海南京铁路延长线、河南山西之铁路等，亦须与卢汉铁路同一条件而要求清廷之许可。"当时英本国政府乃返电曰："山海关牛庄间之铁路，暂作别论，其余之铁路建筑权，祈速要求之，若清廷不允，则声明决取强硬之手段，天津镇江间之铁路，可与德国共同从事。"于是英使向清廷大开谈判，卒于光绪廿四年九月六日许其建筑九广铁路、浦信铁路、苏杭甬铁路，天津镇江铁道则姑容后议，事乃稍寝。

先是同年六月七日，中英公使代汇丰银行与清廷订立一千六百万两之假契约，其目的一则建筑营口支线，一则偿还津榆津芦两线之债，同年十月十日乃正式订立金二百三十万镑之契约。

又同年五月二十一日，英国福公司与山西商务局订立契约，获得同省盂县平定州潞安府平阳府各处之石炭、铁、石油等六十年间之采掘权。又同年六月廿一日与河南豫丰公司订立契约，获得同省怀庆府附近及黄河以北诸矿山六十年间之采掘权，并其间之铁路建筑权。当时俄华银行又借口对于其正大铁路有利害关系，向清廷抗议，清廷已正式调印，无可如何，任俄华银行与福公司自相交涉。因是双方代表会于李鸿章之私邸，经多方协议，福公司乃承认由正定至太原之铁路两侧百里之间，不新筑铁路，俄华银行则承认对于福公司既得之采矿权，在其各会社未成立以前，不向清廷要求山西省之矿山采掘权，此后则俄华银行关于山西矿山无论任何要求，福公司不得干涉。夫以自国之领土，本国无法保护，而任外人之协议划分，虽曰当时外人之横暴，本国政府之懦弱无能，亦可哀矣。

6. 津浦铁路问题

先是清政府既与比利时以卢汉铁路之建筑权，英国责其暗中有俄国之唆使，要求以津镇铁路之建筑权为其赔偿，或与德欧共同从事，清廷无法拒绝，因此光绪廿四年九月十日，英德公使各致书于总理衙门，以要求津镇铁路之建筑权，其结果将该线分为南北二段，南段归英，北段归德。光绪廿五年五月廿四日，德亚银行及中国中央铁路公司与清廷订立假契约，其正约则调印于一九〇八年一月，此时之终点改为南京对岸之浦口，因是改称为津浦铁路，北段之天津峄县间归德国，南段之峄县浦口间则归英国。幸此乃英德二国共作，不能任一方自由横暴，故其条件与历来之条约比较，犹属宽大，不过建筑工程师长之雇用及材料之购入，竣成后则合并为我国之官营铁路，亦铁路借款中之新例外也。

(四) 革命后英国之活动

自鸦片战役以至民国革命，英国在华之纵横驰驱，作威作福，盛行其武力侵略与经济侵略之二政策，占我领土，获我经济权，已如前述。而自革命以来，国际关系稍变，不能如前此一任其独自之专横，然英人犹在列强竞争之中，盛行活动独占首席，或着眼于铁路利权，或从事于经济侵略，或借口于西藏问题，以遂其终始一贯之野心。

1. 列国银行团之成立与英国

列国银行成立之经纬，其历史甚复杂，详细之处，非本文所能尽。概言之，其起源则发生粤汉铁道问题。最初 1898 年，美国之 American and China developement Company 对于本铁路借以二千万两以为建筑资金，而获得其建设与管理权，后此又增加四千万两，重订契约，着手建筑。但先是法、俄二国以比利时为其傀儡，获得京汉铁路之管理权，是时又欲夺取中美开发会社之权利，乃于纽约克市场，包买此种债券。中国政府为之大惊，而诘责美国之不信，依据前之契约中"中美开发公司不得将其权利让与他国"一条，要求契约之废弃。于是以赔偿金六百七十万两，买收同铁道之建筑管理及一切之矿山采掘权。然而此赔偿之出处，则求之于英国，并许以将来若清政府从外国借款建筑粤汉铁路时，必先咨询英国。

粤汉铁路既经回收，广东则主张民办，湖南则官民合办，湖北则归官办。但湖南及湖北因资金不足，国内无从募集，当时铁路督办大臣张之洞欲向日本借款，招正金银行之当事者于武昌以协议进行。英国探悉其事，即向日政府提出抗议，因而不果，张之洞乃转向英国交涉。适当时德华银行自向中国交涉，并许以有利于中国之条件，捷足先登，一举而与张之洞成立借款之假契约。英国乃合同法国资本团，大肆反对，结果三国代表合议，而成立"三国银行团"，于 1909 年六月订立五百五十万镑之借款假契约。此约一成，美国又出抗议。于是三国资本团与美国互相竞争，以求达各自之主张，结果三国则稍为让步，而加入美国之一部分，美国尤不肯相让，卒致成立正式之"四国资本团"。此团一成，此后中国之种种借款，皆几为其所垄断，一则为团体契约（Interclub Agreement），一则银行契约（InterBank Agreement），前者以中英公司（Brtish and Chinese Co – operation），中国中央铁道公司（Chinese central railways company）、汇理银行、德华铁道公司及美国之 Morgan 商会第一国立银行与 National city Bank 等，后者为汇丰银行、德亚银行、汇理银行、Morgan 商会、第一国立银行与 National City Bank 等，前者则担任铁道借款，后者则担任此外之借款，此一九一〇年三月事也。

又一九一〇年十月末，美国资本团得其政府之援助，与中国订立币制借款之契约。美国因其条约之成立时，适与四国团之成立不相前后，乃劝诱其他三国亦担此种币制借款，经多方协议乃于一九一一年四月十五日正式调印。但此契约中因有言及开发满蒙实业事，于是日本与俄国又联合奋然而起，于同年六月下旬提出抗议，以致此种公债一时未能发行，值革命事起，交涉乃中断。

但当时我国政府固财政困难，欲大借外债，四国团乃应此借款之交涉，于一九一二年二月订立大借款契约。值当时兵变无常，四国乃以须使日俄二国加入方为得策，遂于同年三月十一日，劝诱日、俄二国。日本则于同月廿日声明加入之承诺，而以正金银行当其事，俄国则提有二三条件，亦于同年六月廿日加入，因此成立"六国团"。

自此借款团成立，大施其垄断之手段，而中外借款因此更难得有利之条件，而各国资本家之与此团无关者，又从而暗中飞跃。是时美国有动于衷，不忍如此祸人家国，乃申明脱退，而此五国团则从此更肆行无忌，各国资本家之暗中飞跃亦更甚。英国乃又提议五国团之借款，乃纯属于政治方面，他如铁路矿山等之经济借款则不在此内。英国之所以如此提议者，亦属为本国之资本家计，以便其获得经济上之特权，以从事铁道借款等之竞争，而对此获大成功者亦首推英国。

2. 各种之铁道利权获取

原来英国久以我扬子江流域为其势力范围，而冀垄断。此方面经济上之利权，获有以上海为基点之沪宁、沪杭甬、津浦南段浦信等铁路之建筑权。就中浦信铁路，先虽在一八九八年一月六日中英公司与

清政府订立假契约，革命后一九一三年十一月更订立三百万镑借款之正式契约。原来浦信铁路起于浦口北方廿里乌衣镇，经卢州、六安、光州、罗山等处而达于京汉铁道之信阳站，延长三百五十里，横断安徽中部、河南南部之广阔肥沃平原，而联络京汉津浦两线，以吸收各地之物产，且该铁路将来延长可经汉水沿岸之襄阳而至西安以达海兰铁路，竣功之日，则可吸收陕西、湖北、河南、安徽四省之货物，其经济上之价值，有非他线所可比。英国铁道政策之巧妙，亦可谓极矣。

（1）宁湘铁路。在扬子江流域，英国既获取前述之各铁路，犹以为未足，更计划七百七十四里之宁湘铁路，与清廷再三交涉，卒于一九一四年三月三十一日订立七百万镑之借款契约。该线以南京为起点，经安徽之宁国府、江西之萍乡、南昌而达湖南之长沙，以联络粤汉铁道，而吸收江西湖南之物资于南京上海，并可夺取为日本所获取南浔铁路之物资。

（2）沙兴铁道及云南大理铁道。再革命后，英国更获得沙兴及云南大理二线。沙兴线起于沙市之对岸，向西南经常德、沅州、贵阳而至贵州之兴义，以接于法国获取之钦渝铁路，延长为七百六十里。云南大理铁路，则起于云南之首府，经楚雄而至大理府，与沙兴线同时调印于一九一四年七月。

于是英国据津浦、浦信、沪杭甬、沪宁、宁湘、沙兴之诸线，以扬子江为中心，而囊括江苏、浙江、安徽、河南、江西、湖北、湖南、贵州诸省，以巩固其势力范围。在英国观之，其计划亦不可谓不周密，其意图亦不可谓不雄大，然而我国之经济命脉则危矣。

（五）世界大战后英国之活动

世界大战发生，英国无暇东顾，我国因而小康，然战事一告终局，英国又大逞其素日经济侵略之野心，于民国八九年间而订立下之各种借款。

（1）清化镇盂县铁道借款，当事者为福公司，成立民国八年十二月，额为三五〇〇〇〇镑。

（2）粤汉铁道借款，当事者为中英公司，成于民国八年十二月，额为二〇〇〇〇〇〇镑。

（3）无线电借款，额为三〇〇〇〇〇〇镑。

（4）福公司借款，订于〔民国〕九年九月，为一〇〇〇〇〇〇〇镑。

此外，民国九年十二月又订立中英合办之新疆石油矿会社，资本金一〇〇〇〇〇〇元。

再英国之经略我西藏，或用武力，或用唆使，得寸进尺，更为我国一腹心之疾，虽几经交涉几经协议，我国于民国八年提出下之条件：

（1）打箭炉、巴塘、里塘三土司所属之地，完全归四川省治。

（2）察木多、八宿、类乌齐各呼图克图及三十九族土司所属之地，划归外藏。

（3）中国政府尊重英政府委员欲昆仑山以北青海、新疆所属之地完全归中国治天下之厚意，将瞻对、德格地方及昆仑山以南当拉岭三十九族察木多德格土司以北、青以南部之地划入内藏。

（4）保持云南、新疆之旧省界。

英政乃又提出下之二对案，以任中国之选择。

（1）取消内外藏之名称，原案中划归内藏之地方，分为二部，巴塘、里塘、打箭炉、道孚、铲霍、瞻对、冈施地方划归中国，德格以西则划归西藏。

（2）依然用内外藏之名称，巴塘、打箭炉、瞻对、冈施为中国内地，昆仑山以南当拉岭以北之地则为内藏，不许中政府在此设官衙驻兵营，德格则划归外藏。

我国政府誓不承认，然亦只得通告延期，别无办法。将来此案又不知作何结束，此则吾国民所最注意者也。

三、中日关系

英国之次，为我腹心之患者，则推日本。日本乃撮耳海国，地狭人众，其实力既不能雄飞于世界各列强之领地，国内人口又见增多，各种物资又属缺乏，决不能取自给自足之经济政策，我国适与其接壤，其势自然不得不向我国发展。然日本与我国之交涉虽很早，而得有势力范围则在各国之后，但其得之也虽较迟，而其一日千里之势，则反远胜于他国。盖一则地理之关系使然，一则劳逸迥殊之有以致也。今试考察其历来侵略之状态如下。

1. 台湾事件与中日交涉之发轫

日本在明治维新以前，奉我国为上宾，其文化其制度，无不取法于我国。自明治维新以来，取法泰西，国势顿兴，于是前日之崇拜我国者，今则一变而为轻侮，前日之亲属我国者，今则一变而为掠夺。台湾事件之发生，即中日近世史上交涉之起源，亦即日本侵掠野心之发轫。

1871年10月，日本宫古八重山二岛之游民五十余人，为台湾番族所杀，于是日本遂引为最好之时机，其政府即遣副岛种臣，向清廷开始谈判。清廷不察，徒一时支吾以图了事，不咎其无故以我领土为其殖民地，反以生番乃化外之民以遭其出兵之事实，因是日本政府正中下怀，翌年即大举征讨台湾，清廷乃始觉醒，提出抗议。日政府又遣内务卿大久保利通为全权办理大臣，赴北京与清廷交涉，并参以英国公使之斡旋，遂于同年十月订立《北京条约》，赔偿五十万两，日本始从台湾撤兵。其后日本又欲并吞我琉球各岛，两国屡起纷争，又经美国之调停，并我琉球为其领土，此两国南部最初之纷争也。

2. 朝鲜事故与《天津条约》

两国南方之争，渐告一段落，而北方之纷纠又起。盖日本自明治维新以来，国力大进，锐意于领土之扩张，屡欲并吞我属国之朝鲜，苦无口实可乘，乃暗中唆使鲜人，以独立之虚名以惑之，卒于1876年，订立日韩修好条约，并开元山、仁川二港为其通商埠。夫朝鲜乃我之蜀国，事前既未经我之许可，事后又未得我国之承认，暗中唆其谋叛独立，在日本固属国际间之败类，在我国则不可不有相当之对付。1881年，日本助其独立党金玉均、朴永孝等谋叛，戮杀我驻韩官吏，虏其国王于日本使馆，幸是时值有袁世凯为兵营军司马，力谋抵御，乃日本不自谢其无礼，反遣外务卿井上馨于京城而要求损害赔偿。然日本乃从此更再接再厉，1889年，复遣伊藤博文为全权大使，向清廷以要求朝鲜问题之解决，清廷乃派李鸿章与其会于天津，而订立《天津条约》，以致酿成后日中日战争之役。

自此以后，日本在朝鲜之态度，日趋横暴，时朝鲜南部东学党乱起，清廷为保护属国计，不得不有以镇压之。日本不但不自咎其暗中作祟，反并不承认朝鲜为我之属国，派兵于仁川，迫韩政府宣言中韩条约之废弃，于是乎中日战役起矣。不幸我国当时上下日事安逸，军队又不受统制，以致海陆皆败，北京垂危，清廷不得已屈而求和，遂于1895年4月派李鸿章与伊藤博文、陆奥宗光等议和于下关，而订立下列条约。

（1）中国确认朝鲜之完全独立。

（2）割辽东半岛及其附属岛屿并台湾澎湖列岛与日本。

（3）赔偿军费二亿两。

（4）与日本臣民以最惠国之待遇，开沙市、重庆、苏州、杭州为其通商埠。

其条件之苛，其辱我之甚，已无可名状，即当时列强之均势，亦因而受大影响，卒至俄、德、法三国联合干涉，日政府不得已将其已得之辽东半岛依然还我，更要我赔偿三千万两以寝其事，且同时迫我订立通商航海条约。

中日战役以前，我国犹有睡狮之称，为世界各国所敬畏。自中日战役以还，各国益知我之无力自卫，盛行其侵略之手段。于是俄则迫租我旅顺、大连及南满铁路之建筑权，德则迫租我胶州湾，英国则迫租我威海卫，法则迫租我广州湾，日本则更要求我福建之不割让。要之中日战役之关系我国势，已如此其甚，而日本之强暴，亦可谓不共戴天之仇也夫。

3. 日俄战役与我国之牺牲

日俄战役之起源，乃两国在我满洲势力之冲突。夫满洲为我之领土，今两国以我之领土为两国相扑之战场，损害我主权，虐杀我人民，我国不能出面干涉，只得袖手旁观，此实古今中外之奇闻。日本以逸制劳，大获全胜。光绪卅一年，日俄议和于美之朴资茂斯。凡俄人在南满洲所享之权利，与长春以南之南满铁路，日本悉取而代有之，俄人十余年来所积极经营，汲汲唯恐不及者，日本已坐享其成。然此役也，俄之所损，乃损之于我国，日人之所得，乃得之于我国，在俄人固不过稍抑其野心，在我国则无罪受戮，在日本则实得其所，国际关系之危险亦可知矣。且日本获取俄之既得权利，犹以为不足，从此遂实以我满洲为其外府矣。

4. 安奉铁路之夺取

日俄战役，日本占据安奉铁路，已属无礼，乃战事虽终，而安奉线犹不我还。清廷屡次抗议，皆如马耳东风。且要求改筑为其商用铁路，清廷不允，几至用武，清廷卒屈而听命，由日本管理经营，此1909年事也。此外并要求开辽阳、长春、哈尔滨等十六都市为其商埠，更于光绪卅四年迫订采木公司之合同，鸭绿江右岸帽儿山与廿四道沟间距江六十里为界之一区，为其自由采木区域。凡此皆越出南满租借地以外，乃俄人所未及享之权利也。

5. 新法铁路问题

1907年11月，中英两国订立由法库门至新民屯约五十里之铁路借款，日本则以该铁路与南满铁路并行为口实，大起反对。一时英国之舆论界亦为之沸然，但日本乃暗中与英国疏通，卒于1909年之《中日协约》中第一条约以将来若中国从新民屯至法库门建筑铁路时必先与日本协商，始寝其事。然此线之主权已冥冥中而为日人所掌矣。

6. 吉长吉会两铁道

宣统元年，日本既并吞朝鲜，乃由朝鲜之北境，进窥吉林之边陲，对于南满，更不以得之于俄者为已足，乃定中韩界约、五案条款及新奉吉长等之借款合同，试举之如下。

（1）日本设领事于延吉四商埠。

（2）新奉路并入京奉路得延至奉天城，保留使用日人。

（3）吉长路借日本款（二百十五万元），用日本工程师，将来延长至朝鲜之会宁，其条件与吉长同。

（4）日本得开采抚顺与烟台之煤矿，纳最轻之矿税。

（5）南满及安奉沿线之矿产，得中日合办。

日本既得以上之特权,于是在满洲孜孜经营,无孔弗入,只求其有利于己,即条约上之文字,亦所不守。吉长铁路既得延至朝鲜之会宁,日本年来之宿望已达,而我国对此则不但经济上之利权悉为所掌握,即国防上亦感受切肤之危险矣。

7. 革命后之利权获取——满蒙五铁路

革命后各国在华之竞争日盛。日人更首屈一指,其最显著者则为获取我满蒙五铁路之权利。此五铁路之协约,调印于民国二年十月,其借款则出于正金银行。此五铁路路线如下。

(1) 四平街洮南线。起于南满线之四平街站,经郑家屯至洮南府,延长二百三十里,为地味肥沃、人烟稠密、物产丰富之区,乃我国经济上重要之地。其借款额为五百万两,期限十四年,以该线一切之财产及收入为担保。

(2) 长春洮南线。起于长春,经怀德县、郭尔罗斯蒙古而至洮南府,延长百八十里,为日本经营蒙古之要道。

(3) 洮南热河线。起于洮南,过开鲁县敖汉王府,出赤峰,经喀喇沁王府而至热河,以接续京张及京奉,联络北京、天津,其经济上之价值固尽人皆知,而其政治上之价值则更为日人所久注意者也。

(4) 开原海龙线。起于开原,经掏鹿、大吐川、大疙疸而至海龙,延长百二十里,其重要不下于前记之四郑线。

(5) 海龙吉林线。由海龙城,经双阳马家屯而至吉林,以接续吉长、吉会两线,延长百十里。此线若成,则日本可直由朝鲜而驰我西北。

8. 南浔铁路之夺取

该线乃江西九江、南昌间约八十里之铁路,经济上之价值久为日人所窥,而就中更使日人注意者,则该线可延长至萍乡,萍乡之石炭则可由此捷路而出九江,以免其本国缺乏石炭之危险,且可以与萍株及粤汉二线相联络，此日人之所以久垂涎也。光绪卅一年，以资金二百八十万两，设立南浔铁路公司，从事建筑，奈资金募集无方，乃于卅三年由日本兴业银行借入一百万两，聘日本工程师，继续建筑。一九一〇年，九江马岭间二十三里开通，但资金又告缺乏，于是一九一二年再与日本东亚兴业公司订立五百万两之借款契约，一九一四年更由该公司借入二百五十万两。该线之全财产及收入悉为日本所掌握。

9. 汉冶萍公司之谋取

日本之谋夺我汉冶萍，已非一朝一夕之久。自中日战告终，日本感受有起制铁工业之必要，然其国内无一良铁矿，政府乃锐意向中国、朝鲜及南洋等处探查，其结果乃注目于我之大冶铁山。乃于1899年派伊藤博文亲往北京谒西太后，恳请铁矿之购入。翌年，乃与湖广总督张之洞及盛宣怀订立五万吨之契约。事后为列国探悉，皆为之大惊，就中德国更为不怿，欲对此分一杯羹。日本当局乃更谋其地位之巩固，几经秘密交涉，又于1903年11月获有而后十五年间之铁矿确实购取权，其结果乃于翌年正月，日本兴业银行订立三百万两之借款契约，以大冶得道湾矿山及大冶铁路等为担保。从此大冶矿山与日本之关系日深一日，一切资金多仰于日本。后1907年，盛宣怀欲合并大冶铁山、汉阳制铁厂及萍乡炭矿，资金更需多额，乃从日本兴业、大仓三井正金各银行再行起债，总计则增至一千三百万两。于是汉冶萍之命脉又操于日人之手矣。然汉冶萍公司之资本，当时为二千万元，其内已缴者不过一千三百万元，而外债乃如此其多，即国际关系可以掩耳盗铃，而法律上之公司条例，则不可乱，然日本凡借此法律为口实，而主张合办，但当时国法不许对于此种事而与外人合办，实行不果，乃盛宣怀公然向中央政府擅以商业公司之名，制定许可外人合办。其罪尚可遏乎？值1911年秋，革命军起，盛宣怀亡命于日本。

革命军将没收盛氏之财产，盛氏不得已与革命军以二百万元，但此巨款无从出，于是又向日本借款，而日本则以中日合办之实行为条件，卒于1912年1月两国代表调立借款契约，其大要如下。

（1）资本金为三千万元，股份中日各得半数。

（2）年限为三十年。

（3）董事十一名，内中国六名，日本五名，总理中人，副总理日人。

但此契约，于同年三月在上海开股东总会，以征集赞成合办之同意，结果全体反对，因而不果。此后公司内之财政，日见困穷。熔铁炉休工，债台高筑，其结果又只得再向日本借款。日本乃谋根本夺取之办法，将从来各银行所借之款全体包括，以相当有利之条件，成立一大借款契约。卒于1913年12月，日本派八幡制铁所长官代理、三井物产会社藤濑上海支店长及正金银行总裁代理上海支店经理水津与盛宣怀订立九百万元之扩张借款契约与六百万元之旧债偿还借款契约，并订立聘用日人为工程师长及会计监督。于是公司全权已为日人所有矣。乃民国四年，日人乘欧战正酣，无人干涉，要求我二十一条，而汉冶萍遂名实皆为日人掌握矣。（下更详述）

10. 世界大战与日本之实行侵略——廿一条

世界大战以前，日本已久欲实行其侵略之野心，然惮于列强之均势而不敢造次，故暗中着着准备。1905年与英国续订攻守同盟之约，1907年订日法协约、日俄协约，1908年更有日美照会，其目的无非欲先协和列强而后大举侵略。值民国三年，世界大战勃发，列强无暇顾及远东，日本乃引为天外之福音，乘此时机，进攻胶州湾而陷之，凡德所享于山东之权利，日本一一继承之而有过焉。日本犹以未足，以为一不做，二不休，索性乘机一举而遂其素日并吞之野心，遂提出震骇环球之廿一条，于民国四年五月九日对我下最后通牒，要求承认，其原案共分五号，现将其最关于我国经济上之命脉者略记于下。

第一号：关于山东方面，分为四条，其要则除承继德国在山东已享之各种权利利益外，并想攫取山东省各沿海岛屿及铁路并增开商埠，实则山东全省之经济权，因此遂落于日人之掌中。

第二号：关于满蒙方面，分为七条，其大意则关于南满洲东部内蒙古优越权，除确定原有利权外，旅大两港和南满、安奉、吉长三路之租借期限，均展长到九十九年，日人在该处可以自由居住来往，并有土地租借权及所有权和采矿权，且建筑铁路借款须得日本之同意，该两处联用财政、政治、军事各顾问亦必先商日本。

第三号：关于汉冶萍公司，内分二条，即要求中国承认汉冶萍公司得与日本合办，且不准该公司借用他国资本。

第四号：关于沿岸岛屿问题，内一条，即要求中国政府允准所有中国沿岸港湾及岛屿概不让与或租借与他国，换言之，即须为日本之独占。

第五号：关于其他各种权利，内分七条，即政治、财政、军事须聘日人为顾问，日本在中国内地所设立病院、学校、寺院等允其有土地所有权，合办警察，买其军械，武昌、九江、南昌间，南昌、杭州间和南昌、潮州间各铁路建筑权悉归日本，福建全省矿山、海口、铁路等之投资，日本有优先权，日本在中国有自由宣教权。

日本既提出此廿一条，对我政府或用引诱之毒计，或用恐吓之手段，自一月十八日至五月九日，其中经数十次之秘议，我国国民渐得探知其隐，乃大声反对，全国骚然，然亦无奈此强邻何。卒于五月廿五日，被迫而正式订约。

欧战既终，日本在威尔塞和平会议中，主张尽获取德人在中国享

有一切之权利,我国代表历陈要盟强迫之不信,而不得直,乃不签对德和约,日本又再三诱我与其直接交涉,我国代表始终拒绝之。民国十一年,华盛顿会议结果,订山东条约,日本惮于日英同盟之已破及各国之干涉,不得已乃交换德租借地,德人之所奋有,则无条件交换,日人所增修者则估价买收之,盐业及无线电准此,胶济路估价收回,五年后方得交割,未交割以前,用日人为车务总管及总会计。其附属矿业为中日合办,胶济全部由我国自开为商埠,而护路日军先行撤去,高徐济顺路任国际银团投资,烟潍路听中国自办,并放弃德人所取得之优先权。然日本在山东之势力,不但不如德人之消灭,且日见增加,盖胶济路诸都市,既被开为商埠,则充塞其间之日本人民,自可取得住居权,他国外人不如日人之多,则势力亦莫如日人之大。况胶济路未付估值以前,实权仍握于日人之手。而附近一切之矿山、材木,亦为其所掌握。故华盛顿之约,谓为减少其领土之并吞则可,而其势力范围与经济侵略依然有增无已。至南满蒙古方面,宣言放弃廿一条中之二号一二三条,其所谓第五号则自愿撤回,外如接壤地域特殊关系之主张,依然坚持到底,不肯稍让,我国代表乃声明保留再议之权。然而自此而返,其所谓南满者,亦非昔日之所谓辽东半岛,凡吉林以南以至于延吉,皆为日本之势力范围,车蒙山东之经济特权,悉握于日人之掌中。而我唯一实库之汉冶萍已为其所主持,并对于福建、江西盛行其经济侵略手段,以便据台湾而深入我腹地。

总之,日本此后对于我,尚更必盛行其经济侵略之手段,乃尽人皆知,盖大战既平,列强均势亦渐恢复,日本亦决不敢再用要求廿一条之故智,以犯众怒,然其经济方面,则非依赖我国不可。盖第一则为原料问题。日本平时所最缺乏者为工业上所必需之各种原料,势不得不向外面获取,但其势力又不能凌驾欧美,值有天然原料丰富之我国与其接壤，是其今后更必以经济侵略政策而加诸我国。第二则为商场问题。日本资本主义经济组织已一天发达一天，商品既超过其内国之需要，势不得不向国外寻销路，但其粗制滥造商品决不能输入于纽约、伦敦、巴黎等之世界大商场，适我国与其接邻，所以日本更日夜孜孜以求在此大陆保持其为商场主管之地位。第三，钢铁问题。日本平日已缺乏钢铁，若一旦有战事发生，则此着更感受致命伤，然又不能在列强领土中攫取，适有煤铁丰富之我国与其为邻，因此日夜思谋得我之矿产。第四，人口问题。日本人口已日日增加，非往外开殖民地不可。然而美国、加拿大、濠洲等处，已经排斥日人，不许入国殖民，因此其势自然就向其接壤之我国殖民。有此数种关系，所以此后日本之经济侵略，当更有甚于各国。我国同胞若不及早觉醒，则未有不沦为外人之经济奴隶也。

四、中法关系

法国在我国之势，与其经济上之特权，固不能与英国并驱中原，亦不能如日本之包括东北，但其经济侵略之野心，则亦未尝稍缓。

法国在十七八世纪之交，与英国争印度而失败，乃欲于印度外更求得一地，为其长驰东亚之根据地，于是着目于我附属国之安南。卒于一七八七年十一月，背我国而订立法安同盟条约。但此后法人之在安南也，乃喧宾夺主，安人不得其生，遂酿成两国战争，而于一八六二年六月订立《柴棍条约》①，割地赔金，开商埠，始寝其事。法国从此改用怀柔政策，以掌安南之主权，后安南政府悔悟，然已晚矣。卒于一八八〇年，降为法之保护国。

---

① 编者注：即《西贡条约》。

1. 中法战役

安南本为我之属国，法国乃夺取为其保护国，时我国政府有不得不援救之势，于是一八八四年中法战役起矣。时法军一举而陷北宁、大斗、兴代诸城，东京三角地方悉为所占领，其海军更攻击福建、台湾等处。清廷大恐，乃于同年五月议和于天津，而承认安南为法之保护国。

2. 通商贸易权之获取

一八八六年四月，根据《天津条约》，两国使臣会于天津，商议领事之派遣、交通贸易及裁判之细则，又订立《越南境界通商章程》十九条，更于一八八七年追加条约，于是法国以安南为其根据地，向我国内地扩张其商权，以对抗英国从缅甸侵入之势力，其要点如下。

（1）照前条约中开广西、云南二首府为商埠外，此时更加入蒙自、龙州等处。

（2）为便利河川贸易交通起见，本条约比较前条约，对于货物之输入，更减少其关税。

法国既有此绝好之根据地，乃着着进逼我中原，以获得铁道建筑权、采矿权、电线接续权等之经济上之利益。

3. 中法电信条约与其他之利权获取

一八八八年十二月，中法两国订立《电信条约》，其后一八九五年六月，关于滇越境界及通商等件，更订立追加条约，以上部湄公河东岸为界，悉划为法人领土，并割让洪江二部以与之。安南铁路可延长至我国内地，矿山开采权之获得，陆路关税之减免，而一八九六年，更订立广西龙州铁路建筑契约，以便其联络安南之谅山。

4. 广州湾之租借

中日战役，我国一败涂地，各国之侵略乃日盛。一八九七年十一月，德国占领我胶州湾，英、俄、日三国亦对于我北部、中部获得要地，各自默展其势力范围。法国乃亦向清廷要求广州湾之租借，盖此乃法国多年之野望，惟不便先自发难，今见英、德、俄、日之互相要求，乃于一八九八年三月直向清廷开谈判，并集合军舰于东京湾沿岸以威压清廷政府，因此成立租借之条约。值翌年广州湾中法居民起冲突，法国二士官被害，于是法国乃借口于斯，即派舰队占领广州湾，同年十一月十六日，更成立广州湾正式之租借条约如下。

（1）中国政府租广州湾于法国，期限为九十九年。

（2）租借地域内准驻法国军队，本地域内之水面悉为法人管辖。

（3）租借地内任法国筑炮台屯兵，且许其规定关于军事上之诸法令。

（4）从广州湾赤坎以至安铺之铁路及电线建设权悉归法国。

5. 革命前后法国之活动与各种借款

我国革命前后，法国实业家或则单独，或则与各国联合，以应我国之借款，以遂其经济侵略之野心，以获得巨大之铁路利权。就中如粤汉川铁路、海兰铁路、同安铁路皆为我国交通上经济上最重要者。

实业借款及钦渝铁路之获取。一九一三年十月，法国以中法实业银行与中政府订立一亿五千万法之借款契约，翌年一月更订立钦渝铁路六亿法之大借款契约，其中实业借款之用途，名为浦口筑港及北京市街之改良事业费，年利五厘，期限十五年，以浦口港之收入、北京之电汽水道市街电车收入及北京市税并扬子江以北各省之酒税为担保，并需聘用法人为工程师，输入法国之建筑材料。

至钦渝铁路借款之用途，名为同铁路之建筑及钦州商港之建设，原来钦渝铁路以钦州为起点，经南宁、百良、兴义、罗平、云南而达于重庆，延长一千三百哩，跨广东、广西、贵州、云南、四川五省之

大铁路，可联络云南，已成之滇越铁路，更可于南宁而接续河内龙州线，以吸收五省之物资于东京。原来四川富源之吸收，乃法国多年之宿望，今以此钦渝铁路联络滇越线，更使本线延长至成都，而接续同成铁路及海兰铁路。将来完成时，其经济之价值固属绝大，即政治上之价值亦足以霸占我西南半壁。是法国虽未能与英、日二国并驾齐驱，而我国将来西南之经济问题，则感受最大之胁威，是则非吾国民速起而图之不可。

五、中美关系

美国夙以门罗主义号于世，且与我国地理关系较远，而其本国又属物资丰富，尽可自给自足，不必再作过分之掠夺，故其历来对我国之政策，较之各国，实有天壤之别，其与我国之通商，始于一七八四年，当时纯为一种商业上之交际。后一八四四年更订立正式之通商修好协约，亦出于互助之精神，且一八六一年，其驻华公使，更提中美亲善，且对列国声明以下之数条。

（1）各国对于中华不许用武力侵略。

（2）需采公平之外交手段。

（3）关于一般之利害问题各国需有协同之方法。

（4）不许干涉中华之内政。

此盖当时美国如赴各列强之后尘，不如倡此以牵制各列强，且可落得做一人情。但十九世纪末叶，美国既获得菲律宾，渐注意于远东问题，而变易其历来之对华政策，与我国之贸易关系经济关系亦从此而渐复杂，然较之以上数国，还足称我国之一友邦。

1. 门户开放机会均等之主张

自中日战役以还，各国明目张胆，占领我土地，当时唯美国袖手旁观，但各国之态度，既如此其强暴，则将来此天然物产丰富之神州，将尽为各列强所霸住，于美国日后之经济问题不无关系。因是1899年12月，美国国务卿乃向各国提出一种宣言，主张极东问题，需门户开放及机会均等，关于此提议各国皆无所借口以反对，结果乃互相前后表示赞同。

2. 满洲铁路中立提议与锦爱铁路问题

日本自战胜俄国后，凡俄人在满洲所享之权利，与长春以南之南满铁路，以及凡俄人十年来所积极经营者，日本悉取而代有之。犹以为未足，更获取种种之权利，不啻以满洲为其附属国，已如上述。但此乃明反美国门户开放机会均等之主义，因此美国乃提出抗议，第一则主张满洲铁路中立。但日本在此已根深蒂固，誓死不从，各国虽赞成，亦绝无欲为不干己事而愿诉诸战争，以致不果。次则美国更对于锦爱铁路有所计划，以便牵制日本，但亦为日本之誓死反抗而中止。

3. 四国借款团问题

此问题已于中英关系中详述，而此四国银团之成立，盖即美国防备在华势力之落人后，此后四国银团乃欲独占中国各种借款，即于一九一一年四月四日四国银团与中政府订一千万镑之币制借款，又为日、俄二国所反对，且值革命军起，因而中止，反酿成日、俄二国之二次协约。

4. 革命后美国之活动

美国在革命以前，对于中国，如上所述，除纯粹商业贸易外，无特别之经济活动，但革命以后，美国之制造业日日发达，国运日日隆盛，经济能力绰绰有余，势不能不向外发展，且其门罗主义已变而为国际帝国资本主义，因是其对华政策日趋积极，而与列强竞争于此东亚大商场中，获得几多重要之利权如下。

（1）石油采掘利权。一九一四年二月十日，美国斯达德石油公司，以一亿万元组织中美合办公司，以开采陕西省延长县附近并直隶省承德府（热河）附近之石油坑，与中国政府订立借款条约，延长县之石油为世界稀有之大油田，约包括二千万里之地域，夙为列强所注目，光绪三十三年陕西巡抚以资金三万两，设立石油厂，聘日人为工程师，从事采掘，其后中日实业公司欲获取其开采权，一九一三年与我国当局交涉，事将成而为美国着其先鞭，该契约之要项如下。

①组织中美合办公司。

②公司股份美国占百分之五五，中国占百分之四五。

③石油之采取精炼贩卖悉归公司管辖，不得让与其他之外国人。

④本契约期限为六十年，并与美国以铁道建筑权。

（2）导淮事业借款与山东运河借款。比二者对于美国本有经济上之利益，然对于我国亦未始无功，盖淮河流域一带，每年一至两季，河水泛滥，洪水为灾，由其宣教师之斡旋，于一九一四年十一月三日，农工商总长与美国红十字社代表驻华公使订立美金二千万元之借款，若此导淮事业一成，则数百里之大沼泽一变而为膏腴之区，其经济上之利益，两国皆有之。山东运河借款，为山东督军与美国红十字社于同年一月所订立美金三百万元之借款契约，日本出面反对，后卒为两国提携。

此外尚有烟酒借款及无线电信借款二种，前者因其条件中以中国之财政权委任于外国人，将来恐招致中国财政之国际共管，为国民所反对。后者英国、日本亦极力反对，尚在难产中。要之美国始因国势甫定，唱门罗主义，对华政策不如各国之实行侵略，此后其本国之资本主义日见发达，竟一跃而为世界之大工业国，无产过剩，资本过剩，势不得不以其世界最大之经济力，而活动于此世界之大商场，是则在我国此后自强努力以抵御之而利用之也。

六、结论

中外国际关系变迁之形式——武力侵略——武力侵略与经济侵略并进——经济侵略之危险——国际资本的帝国主义——国际资本主义侵略之三形式——借贷资本之侵略法——商业资本之侵略法——产业资本之侵略法——三种形式之混用——经济侵略之辅助手段——武力侵略与助长我内乱——目前国际关系之危险。

综合以上之中外国际关系而考察其变迁之形式,则自有鸦片战役,以开外人武力侵略之端,自有圆明园之役,以壮外人武力侵略之胆。然当时外人对此地广人众之大好河山,虽日夜垂涎,犹有所忌惮而视为睡狮,乃中日战役,竟为蕞尔三岛所协服,于是外人知此睡狮已不足畏,遂大施其侵略之毒手,再加以"义和团事变",外人乃实欲一举而宰割此神州,幸各国之利害关系难于一致,均势之权衡,无法可保,动辄有引起互相争斗之虞,于是外人知徒恃武力侵略,不足以计出完全,乃变而为经济侵略。虽世界大战中,日本乘各国之不暇东顾,更用其武力侵略之故智,但大战告终,国际均势更新,并吞于任何一国,终为环伺者所不容,日本亦不得已而让步,再取经济侵略之政策,各国亦因战事甫平,不得不取偿于此世界大商场以恢复其战疲之经济能力,因此产出国际间资本的帝国主义之侵略,而此国际资本帝国主义之侵略则更有甚于武力之数千百倍,盖武力侵略其祸速而显,经济侵略其祸缓而大也。细观国际资本主义经济侵略政策之形式,可概分为三种,即一则借贷资本之侵略,一则商业资本之侵略,一则产业资本之侵略。

第一,借贷资本之侵略法。纯粹之借贷资本,本不过甲借一定之资本予乙，因此而取得原本与利息，徒如此种纯粹之借贷资本，亦未足即谓为经济侵略。且如我国之财政，亟待整顿，事业亟待开发，工业亟待振兴，而我国之经济现状，又断无此余力以遂此等大业，势不得不仰求外债，此种经济发展上之外债，不但不可反对，且当极端赞成。例如，日本经去年空前之大震灾，全国经济界大起恐慌，无力恢复，势不得不向美国交涉大借款。德国经大战之损失，财政困难，势不得不向联合国借外债。即英、法等强国亦皆为美国之债务国。是此种纯粹之借贷资本不足为经济侵略也明矣，然各国对于我国之借款，则不纯为此种借贷资本。此种借贷资本，乃为达其经济侵略之一手段，试观历来中外之借款契约，起一外债也，必有种种侵略条件以附加之，我国或则丧一矿山，或则丧一铁路，或则助长我内乱，或则扩张外国之势力范围，或则要求我种种经济上利权，于是此种外债愈多，我国经济反愈难发展，各个之势力范围反愈因而巩固扩大，无形无影之中，我国之经济主权遂渐落于国际资本团之手。

第二，商业资本之侵略法。自十八世纪以来，经一度之产业革命，各国之资本主义，其发达之速，大有一日千里之势。而至十九世纪之后半，资本主义更与帝国主义相结托，而构成资本的帝国主义，于各强国乃互为一大资本家，世界大战发生之主要原因，即此各资本的帝国主义之相冲突。盖一国之产业发达到某一程度，资本既因之而过剩，其结果不得向海外输出，工业品既日见增加而超过其本国之需要能率，其结果不得不向海外觅新商场，于是资本输出（前之借贷资本即此种资本过剩之输出）、货物输出殖民地及新商场之争夺战起矣。我国之所以先受创于英国，英国之所以先极死力以侵入我国者，即由英国之资本主义发达为最早，故着各国之先鞭，而以我国为其工业品消费之大商场，然此犹不过普通之贸易争夺政策。至列强之对于我国,则更有甚焉。即先以种种武力,订立互相通商之条约,迫我开交通便利、人烟稠密、物产丰富之地为商埠,于是以其商业资本购取我低价之原料,转运于其本国之各工场,变为精制品,再输入我国,以高价而贩卖于我国民以获得利润,如此一回循环,我国则受二重漏卮,外国则得二重利益,如此环循不已,我国之原料,我国民之精髓,悉留为其所吸取。

第三,产业资本之侵略法。如前所述之二形式,资本的帝国主义既发达,势不得不求资本与制造品之海外输出,因此有借贷资本与商业资本之侵入,然此二种资本侵略法既成功,则其本国之资本更从而增加,且其中更有种种关系,势不得不用产业资本之侵略法。产业资本之侵略法为何,即先以种种之武力,割取我之交通要地,或租借我之海口港湾,于是以其过剩之资本,即在我国内建设各种工场,购取我低价之原料,利用我低价之劳动力,挑拨我国民之虚荣心,既可免其运送之劳费,又可免除我关税之征收,更可压倒我国之小资本家、小工场及手工业,使我国经济永无发展之日,使我国民永为其经济上之奴隶,使我国土永为其商品之大消费商场。

外人历来侵略我国之方法,始则以武力相向,继则武力侵略与经济侵略并进,再则以经济侵略为主而用武力侵略以辅之,其经济侵略之形式,强分之则如上之三种,然外人之实行经济侵略政策也,大都三者并用。其补助之手段,武力侵略之外,更暗中助长我内乱,举国大乱,则以我为其消费商场之外国经济界,必受损失,外人固所不乐许。然我国之完全统一,亦更非外人所愿意。盖我国若完全统一,上下一心,和衷共济,则以我四亿勤俭耐劳之国民,利用此天然丰富之物资,生聚教训,不出廿十年即可抵御外国之经济侵略政策,而做太平洋之主人翁,外人因此虽唯恐我国之大乱,更唯恐我国之无内乱,

所以多方引诱，明挑暗助，订立种种密约，获得种种利权，故每经一次内乱，我国则多一重连累，外国则多一重利益。民国成立以来，十有三年矣，在此十三年之长日月中，一波未平，一波又起，内乱之中生内乱，外患之上增外患，国民痛苦已无可名状，平和统一，更难预期，乃一般外国之轻薄时论家，不自咎其本国政府，无礼取闹，挑弄是非，祸人家国，反骂我国民为世界劣等民族，且有发"中华非国"等之暴言，不知中国十余年来军阀之私争，实诸帝国主义之外国有以操纵之也。盖各国欲遂其经济侵略之野心，唯有使我国经济不发达，产业不振兴。而欲使我国经济能力不发达，产业不振兴，则唯有助长我内乱，一则可以操纵自私自利之政客军阀，与其订立种种之密约，以获得种种之利权，而畅销其本国过剩之资本与货物，而防御其本国经济界之恐慌，而卖却其旧式无用滥造过剩之武器。一则使我国之经济能力愈趋愈下，永为国际资本的帝国主义之大商场而巩固，其在华之经济侵略，而扩张其在华之经济侵略，此种祸国祸民之奸巧政策，在各国固自以为得矣。而在我国，则四万万国民势不得不降为国际资本主义之经济奴隶不止，举国同胞曷其速起！

（本文原载《独立青年》，1926年第1卷，第4期、第5期连载）

>> 银价低落与我国经济界全体之关系

关于此问题，本刊第六卷第九号唐林先生之《银价低落与中央财政之关系》及本刊第六卷第十一号皓白先生之《印度币制改革及我国所受影响》二大作中，已研究极详，论断透彻，更不需吾人再作画蛇添足之举。有心经济时事者，定可因而急速觉悟，筹谋抵御之方。但本问题实为我国经济上、国势上之生死问题，决不可等闲看过。且我对于此问题，本早已拟有腹稿，惜因行务忙迫，未能即时表出。值读上述二先生之论文，更为启发不少。故现在虽明知珍馐在前，粗粒减色，行文上更不无重复之讥，亦只得秉内心上之要求，就银价之低落及于我国经济界全体之影响，分为对外贸易、国内产业、国家财政及一般社会四项而考察如次。本来此四者固互相关联，牵此则动彼，决不能截然分离。今不过求说明上之便宜计，权分为四项，此则不得不首先声明者也。

一、银价低落与我国对外贸易之关系

所谓银价低落者，即银对于金的比价之低落，现今各经济先进国大都采用金本位制，用银者则唯我国与印度。而印度近日更已决议采用金本位。若果然实行，则此后用银者唯我一国。于是吾人可知银价之低落即我国通货的国际价格之低落。此种涨落，若由经济上之正常状态观之，则外国输入物品对于我国通货的价格必然腾贵，我国对于外货之购买力必然减少。反之我国输出之国产物品，对于外国通货的

价格必然低落。外国对于我国出口物品之购买力，必然增加。此乃趋贱避贵之经济的自然心理。是我国年来输入超过输出之害，正可从此脱除。则银价之低落，不但不足为忧，反为我国经济振兴之绝好机会。然而此种结果，乃经济界处于正常状态时方可言及。至若在变态的时期中，则受害实非浅鲜，今可分三方面而考察如次。

第一，处我国今日经济界之现状，值此国内通货对国际价格低落之时，可否有此能力，乘此良机，振兴各种制造工业，谋输出之增加乎，是不待赘言而知其不能。盖经济与政治决不能相背而驰，二者乃有同体之关系。我国年来之经济界，受国内政治纷乱之影响，兵连祸结，四方糜烂，即固有之产业亦已被其摧残剥削，殆有不可终日之势，何望其更有余力，致力生产，振兴实业，增加输出，以补漏卮乎。

第二，今作退步想。假设我国纵能乘此时机，谋制造工业之振兴，努力对外输出之增进，但我国工业界之各种制造机器及各种加工原料品，是否不仰给于外国之输入。于是吾人又可知我国各种工场设备、机器用具，悉购自他人，则银价愈低落，成本反愈贵。无论对外对内，皆不能占得利益。若单以为原始的原料品及天然产物，可因银价之低落，日见其销路畅旺，出口增加，则尤为吾人所不取。盖我国之天然产物及原始的原料品，无论银价之涨落如何，实无极大关系。不观银价上涨时，天然产物及原料品亦为我国输出之大宗，几占输出品之全部，而反使外人以我之矛，刺我之盾。我国因一卖一买，受两重损失，外国因一买一卖，得两重利益，则原始的原料品及天然产物之输出增加，可得视为好现象乎。

第三，更退一步想。假设我国能有余力振兴各种制造工业，极力谋加工品之输出增加，但反看国际经济之现状，则各国皆承世界大战疲惫之余，锐意谋本国产业之复兴与独立。在大战前，各国不过对于制造工业品，奖励其输出，禁止其输入。现在则因在大战期中，感受因交通封锁、原料品不足之痛苦。故对于各种原料品，亦极力谋奖励本国产业之振兴，非至不得已时，不仰给于外国。因此各国皆秉国内产业保护政策之方针，采用极端的保护关税。对于国外输入品，甚有谋以对本之重税，以阻止其侵入。是我国处于现今之国际经济界，能否增加输出，扩张贩路，获得利余，以填补输入的汇兑之损失乎，又不待赘言而知其不可能也。

二、银价低落与国内产业之关系

如前所述，银价低落乃我国通货的国际价格之减少。若处于经济界之正常状态，或可因此输出增加输入减退，国内产业可日见振兴，日增发展。但处现今国际经济及我国经济界之现状，则反得有下之二结果。

第一，我国经济状态。由经济史上之分类而观之，尚未达于国民经济阶段，还在领域经济与都市经济时代（参看《学艺杂志》拙著《经济阶段发达之研究》），各种工业尚极幼稚，每年输出大宗，多为天然产物及畜产物之各种原始的原料品。由是可知银价低落，我国农产品及畜产品或可稍见旺盛，但亦不可乐观，且恐发生不良之现象。盖我国经济界既犹以农业为主，故每年输出亦以原料品为大宗，然居我国人口大半之农民，大都苟且偷安，纵有竞争者在前，亦不知从事改良，是故我国丝、茶、棉花、米谷等物，据海关贸易统计，输出额日见减少，大有江河日下之势。若今日起输出一时增加，农民更因而共乐太平，不知改良更新，以作国际市场中之竞争，则我国农业出产之前途反将更为不安。至于工业，一则因国内战乱频仍，一则因各种

动力悉须购自外国，亦决不能乘时而兴起，是国内各种产业，决无发展之望也可知。

第二，一面银价低落，反面即金价腾贵，此则实足以引起外国对我投资之容易输入。本来我国今日各种企业，固需巨额之资本，而本国经济界一时又决不能从事大规模之组织，故有条件之外资输入，不但不当反对，且当极力赞成。但试观历来各国之对我投资，纯属用工业资本家之侵略榨取政策，此种外资之输入，则实足以遂外人经济侵略之野心。盖各国对于我国，始本以武力侵略，求遂其领土获得之野心，继知徒恃武力侵略，不足以事出万全，反动辄引起国际间之纷争，于是乃互相默认其势力范围，从事经济之侵略。而其经济侵略方法又由浅入深，始则以贷借资本，继则用商业资本，再则以工业资本（参看《独立青年杂志》拙著《经济问题上之中外国际关系》），既可利用我国低廉之原料与劳力，并可偷脱我国之关税，更可免除运输之手续与费用。害则我受，利则人取。日迁月移，不但我国经济界之全权悉为外人所掌握，恐全国国民亦将永作外人之经济奴隶焉。

三、银价低落与国家财政之关系

古昔各自为国，一国之经济财政通常不发生国际上之影响。自十八世纪以来，各种交通机关骤形发达，渡重洋，越大陆，昔日须有绝大之牺牲，经年之苦痛，始能达到彼岸，今日则已千里如彼邻，环球经济状态亦因而由领域经济进于国民经济，更由国民经济进于世界经济。故现今欲立国于地球上，决不能闭关自守，须为国际上之一员。因此一国之财政经济，乃受国际关系之影响。假使我国富力极丰，财政充裕，以往既不负巨额之外债，现在亦不需新起外债，则银价虽低落，尤可弥缝一时，但我国财政状态则有如下之二大问题：银价愈低落，财政愈无起色。

第一，我国庚子一役，赔偿各国巨额之军款。此外每年又借入巨额之外债，而此种外债之本息，皆须用金镑偿还。由是可知银价愈低落，金镑愈高。金镑愈高，则每年所要之银两愈多。无押抵借款已成为今日我国财政上一大问题。今银价低落，则向以关盐两项作担保之外债，亦将入不敷出。而政府现除关余、盐余而外，又别无生财之方。且关、盐两项不但单作外债本息之唯一担保品，即其他各种借款公债亦须取给于此，是我国财政不流为国际上之破产而何。

第二，我国历来以外债救国穷，不但现在必要事业之经营需此，即将来各种开发事业亦需借款，是外资输入之利否与外债负担能力之增减，对于国家财政其关系极属重大。现我国各地方生财机关已皆为各地军人把持，即关余、盐余。今日亦皆到处截扣，而中央既负外债偿还之责，又需用巨额之军政费。政费虽犹可拖欠，外债则不能不还。因此中央财政实已到山穷水尽期，毫无办法可想。设或有于此毫无办法之中，而想一办法曰再起外债，此种办法在国家政治状态健全、经济状态良好时，条件利便之外债亦属救国家财政困难之一时方策。例如，日本前次大震灾，全国金融周转不灵，乃断然向美国大借款，不旋踵则其经济界已复兴，近日且有金输出解禁之说。是可知借外债亦足以助国内经济财政之振兴也。然处于我国今日之情势，则大谬不然。盖我国年来所借外债，其额甚巨，无抵押借款，固无容赘，既有抵押之各种外债，亦因银价低落，押品不足日趋危险，国际信用完全丧失，即欲再借外债，亦恐无轻于应诺者，有则或需极高之利息，或需我国有领土主义上之牺牲，否则决难成立。试问割地以借外债、其为救国家财政困穷之良策乎？即纵不然，向外国可以起债，然银价低落即金镑腾贵，是不但对于所需银额之起债的金额为之减少，而从支付外债本息之能力上观之,所借外债之金额本毫无变动,而本息还付上所要之本国货币之支付额,则银价愈低落,支付额愈增加。故当此银价低落之时,恃借外债以救国家财政之困穷,实使国家财政、全国经济日为外人之阶下囚也。

四、银价低落与一般社会之关系

银价低落,不单对于金的比价之减少,即对于国内一般物品,受国际上之关系,其价值亦减少。换言之,即不但我国通货对外的价值、对外的购买力减少,其对内的价值、对内的购买力亦减少。因此又生有下之三大弊害。

第一,债权者及有定额之收入者,因银价之低落受极大之损失。反之,债务者及有定额之负担者,因银价之低落得不当之利益。例如,银价昂贵时借出之一万元,银价低落时偿还,此时其低落率愈大,则债权者损失亦极巨,而债务者得利愈多。原来欲一国经济界之振兴,必须使国民经济之融和。欲国民经济之融和,非有公平正大之处置不可。今此种不良现象,国家法律上既未防患于未然,徒使债权者忍受不正当之痛苦,债务者巧得不正当之利益,则金融界将大起动摇,而引起不可收拾之祸患。

第二,银价低落,乃对于金的比价之低落,即对外的购买力、对外的价值减少,其结果当然输入物品腾贵。本来输入品腾贵,则国内一般消费者对于外货之购买力必然减少,是可以抵制外国品之流入,增加国内产物之输出,使我国可由入超国而升为出超国。但处于我国今日之经济现状,国民一般之需要及奢侈心理日见增加,国内工业既不能振兴,不足以使国民需要供给适合,如是或则国内一般消费者须忍受需要不满之痛苦,或则国民只有忍痛购买高价之外货以应急需。

无论如何，皆足以阻止国民经济之正常发达。盖一国之对外贸易政策，必须参考全国消费者及国内产业界各种情状以定取舍，固不当采用放漫的自由政策，亦不可采用坐毙的保护政策。要在使国民之需要供给适合而后可，故对外贸易可分为便宜的输出入及必要的输出入。便宜的输出入者何？即例如某种物品在国内自制与购自外国，其利害得失，然本国之生产条件不及外国，若尽欲国内自造，未免收支不相偿，此时则可由便宜上之打算，专输入该物品以供需要，而将国内制造该种物品之资力，转投于其他各种必要之产业，所得较多。反是若该种物品之生产条件不弱于外国，则亦可由便宜上之计算，极力增加国内之制造而阻止该种物品之输入。必要的输出入者何？即例如某种物品或为本国输出贸易上之重要分子，或为全国民之所必要，国内将来对于此种产业之前途更有无穷之发达，国家对外贸易又赖此以保其平衡，则当极力奖励该种产业之发展，以增加其输出，并须绝对禁止同种物品之输入。反是，若某种物品在本国毫无此种生产条件，而该种物品实为本国国民一般所必需，则国家对于该种物品，若因受战争上之国际封锁输入不能，当然一时无办法，只得忍苦过活，否则不当禁止其输入。此乃现今各国关税政策之要谛（参看《东方杂志》拙著《中国国际贸易之衰微与其救济方策》）。今我国银价既低落，输入品当然腾贵，便宜的输入品或可敷衍一时，必要的输入品国民既属绝对需要，势不得不忍受高价之痛苦，以求满足其本能的正当的生存欲望。是则银价低落，不但不足以阻止外国品之输入，反足以增加国民消费上之负担，并足使国民消费上之需要供给不相适合，岂经济界之良现象乎？

第三，如前所述，银价低落不单对外的价值、对外的购买力减少，即对内的价值、对内的购买力亦减少。换言之，其结果即国内一

般物价日趋昂贵，为国家中坚分子之中等社会消费者，其生活乃大受压迫。生活既受压迫，则人人日忙于求生之不暇，日呻吟于米珠薪桂之中，决不能充分发挥其能力，以尽国民应尽之各种义务。则国家中坚分子将见日就疲萎不振，徒使我国国民生活程度与国际生活程度之水平线的距离日见其远，而欲国内经济、政治、各种文化之发达及国势之进展得乎？

五、结论

如上所述，银价低落对于我国对外贸易、国内产业、国家财政及社会一般，换言之，即对于我国经济界全体，生有极大之损害。今再考察年来银之产额，又大致常呈示增加之势。即自亚美利加新大陆发现后，该地方产银额每年虽保持一百五十万盎司，此后世界银产额逐次增加。就中如波多希大银矿发现，世界银产额骤形增加。十六世纪之中叶，已达于一千万盎司。十九世纪之初，则达至二千万盎司。一八八八年，突达至一亿盎司。一入二十世纪，更日见其陡增。一九〇八年，则达至二亿盎司。一九一一年，竟增至二亿二千五百三十三万八千盎司之巨。此后因受世界大战乱之影响，增加率稍见减少，但总在二亿盎司前后。若比较数世纪银之产额，则可知一九一六年以前五年间之银产额合计为九亿九千万盎司，等于十九世纪前半期之总产出额。而十九世纪八十年间之银产额则等于十七世纪之总产出额。故除世界大战之经济界变态时期，世界银产额实每年大致增加。而银之最大消费者则唯我国与印度。印度近日更已决议采用金本位，若一日实现，则将来更少一大银消费场，且银除铸造货币外，更多用为各种装饰品。但现今世界各种主要装饰品，除如我国穷乡僻壤及印度各乡村尚多用银外，其余各大都市已渐趋于用金。由是观之，银之产额既日见增加，印度又有改用金本位之议，重要装饰品又有渐趋用金之倾向，则舍将来突然发现一最大金矿之特别例外，银价之前途实不可乐观。银价前途既不可乐观，而我国则因银价低落，经济界损害极大。是欲求经济界全体之安全及贸易之发展计，则唯有改用今世界共通完全之币制。换言之，即非采用世界共通之金本位则不可，但欲采用金本位制，则须有下述之两大前提。该两前提若未成立，则虽大声疾呼采用金本位制，亦终无补于事实焉。

第一，我国若采用金本位制，则需要巨额之金准备。此种巨额之金准备，决非我国之财政状态所能办到。即如日本明治维新当初，亦因受银价低落及纸币滥发之影响，对于采用金本制一案，几经阁议，几经审查，皆认为国家财政根本上之急务，亦以一时无此巨额之金准备，以资应用，大有望洋兴叹之慨。值甲午之役，获得我国二亿三千一百五十万两之赔款，当时折合为三千八百八十万零二千金镑，真乃天外福音、千载一遇之好机会，于是遂成就其年来欲采用金本位之素志。然而我国今日不但无余力以购买金镑，且担负巨额之外债，而欲于今日采用金本位，其非持刀断水缘木求鱼而何。

第二，如前述第一前提固不容易办到，然犹视第二前提之如何。若第二前提能确实成立，则以我国地广人众、物产丰裕之大好神州，勇往奋斗，未始不足以成大业。若第二前提不能成立，则真永无改正币制之希望。此第二前提为何？即我国今日之政治问题也是（参看《东方杂志》拙著《中国国际贸易之衰微及其救济方策》）。若国内政治长此不遵轨道，军阀长此互持外援以鱼肉同胞，将见国家元气日日消磨。国内一切问题实如一束乱丝，皆无从着手清理。有心国事者，虽日日大声疾呼，何者亟当改良，何者亟当整理，何者亟当振兴，何者亟当建设，皆属纸上空谈，毫无裨于实际。不但采用金本位一问题之不能解决而已，若国内政治遵上轨道，万众一心，不为权争，不为利斗，则国内各种重要问题皆可逐渐解决。是采用金本位之举，虽曰不易，亦非绝对不可能。要之我国国势实已如以一缕之发，系千钧之重。下临不测之渊，其绝与不绝，全赖此第二前提之成立与否。成则一切国事皆不无解决之方，不徒采用金本位一案而已，否则，国家前途实不堪设想，亦不仅经济界之一问题而已，此非我固作无病之呻吟，想有心国事者谅有同情也欤。

（本文原载《银行月刊》，1926年第6卷，第12号。此文又以《银价低落与我国经济界之关系》刊于《民鸣月刊》，1930年第1卷，第5号）

>> 中国新经济政策之唯一目标

《管子·牧民》篇中有云:"衣食足而后知礼义,仓廪实而后知荣辱。"礼义廉耻,国之四维;四维不张,国乃灭亡。马克思经济学批评中有云:人类生活上之社会的生产中,伏有与人类意志独立之必然的一定的关系,即适应于其物质的生产力一定发展阶段之生产关系。此种生产关系之总体,乃形成社会之经济的构造。而为法律的、政治的上层建筑所依以树立及一定的社会意识形态所由以适应之现实的基础。物产生活之生产方法,为制约一般社会的、政治的及精神的生活过程之条件。人类的意识不足以决定其社会的存在,反之,人类社会的存在转足以决定其意识。是可知通古今贯中西,无不以解决经济问题为立国之大本。固然人类社会不必尽如马克思所云,但经济确系社会发达之第一次的要素,毫无疑义。原夫人类之初生也,始则要求食物以充饥,继则要求衣服以御寒,再则要求家屋以藏身,既免饥寒冻累之苦矣,乃进而始发生种种文化精神之欲望,即若吾人东奔西走,万苦千辛,欲求一饱而不可得,何复望其更有余力从事文化上之工作。且不但无余力从事文化上之工作,行将见作奸犯科、扰乱人类共同生活之恶现象,亦必随之而生。故解决经济问题,实为治国之急务。我国所以兵连祸结者,原因固多,而无适当之经济政策,以解决全国之经济问题,实为其主因。近来海内爱国忧民之士,或则提倡种种之新经济政策,或则实行种种之新经济政策之运动。虽已嫌其亡羊补牢,确为当今之急务,惜此中又因思想上之冲突、政策上之出入,

以致一极当解决之国民经济问题，反变而为政争之中心点。若长如此各不相下，则不但经济问题不能解决，国家元气亦将被其剥削殆尽。而其所以如此其各不相下者，要皆因或则偏于空言理想，或则流于自暴自弃，或则徒为外来思想所眩惑，或则保守顽固而不化，以致目标既误，其主张与实行遂全相钼锘，故吾人以为解决国民经济问题固为今日中国之急务，而选定经济政策之目标，则尤为现今急务焉。此目标为何？即默察时代潮流之趋向，辨清各种经济思想之利弊，以求发挥我国民之良好精神，而矫正我国民之僻性也是。

考察上下数千年各国之发达史，遍览纵横数万里各国之国民，大都一时代有一时代之潮流，一思想有一思想之利弊，一国民有一国民之特性，一民族有一民族之精神。由国民性及民族精神而言，英人沉毅坚实而偏于保守，德人勇敢迈进而稍显残忍，法人头脑明敏而流于空想，日人长于模仿而缺乏创造，吾华人则忍耐勤俭而失于苟且偷安。由时代潮流而言，宗教改革以前之欧洲时势不同于宗教革命以后，产业革命以前之世界情状迥异乎产业革命以还，即如我国汉之不同于唐，宋之不同于元，明之不同于清，而清与现代之时代潮流更相差有天壤之别，此历史上彰彰可考者也。又由思想之利弊而言，不论其或称君主立宪，或称民主共和，或称资本主义，或称社会主义，或倡为我，或主兼爱，更皆各有长短利弊，其是非得失，概为相对的，而非绝对的。试观有同一主张也，行之于甲，虽上下咸宜，施之于乙，则流弊百出。同一思想也，丙采用之，社会福利为之倍进，丁采用之，则国家生活为其搅乱。同一主义也，在某时代社会全体为之讴歌，或在一时代社会全体为其所害。有此种种复杂关系，故研究一般政策者固不可不特别注意。而施行政策者，更不可不详加审查者也。

原政策乃政治之技术、思想之表现，固不贵理想而贵现实，不尚空谈而求实践，而施行政策者尤当如良医之治病然，始当诊查其病之所由起及其病症之轻重与现状，继当细审病者之体质、年龄、嗜好及其居住之气候与环境，而后比较审查，然后对症施其温凉热湿之剂，不致草菅人命。又当如良工程师之治水然，先当考察河水之来势、河源之地位，继当调查河身之大小、两岸之土质，然后乃决定何处当筑堤，何处当疏底，因利顺便，以引其水势缓下，方不致每年有泛滥之灾。是故善施政者亦然，当先研究某种思想之利害得失，并考察该时代潮流之趋向，再观察其国民之国民性与民族精神，互相参照比较，然后乃决定采用某种政策，以实行其政治之理想，以矫正其国民之僻性，以启发其民族之良好精神，以顺应时代之潮流，方可见社会幸福为之增进，国家文化为之发展。此不但为一般政策最始之目的，而亦为一般政策之最终目的。不然，胶柱鼓瑟，刻舟求剑，或则徒知取法于人而不自顾，或则受主义之眩惑而不加审查，或则愚顽固执而不达权变，则鲜有不败厥事者焉。

再一国之所谓一般政策，种类甚多。法律上有法律上之政策，教育上有教育上之政策，经济上有经济上之政策。然如前所述，经济为社会发达之第一的要素。是可知一般政策中经济政策最为切要，尤其吾人之今日中国，外既呻吟于各帝国主义经济侵略之下，内又经济上之万般施设，毫未进步，则对于经济政策之正当研究于实行，更有刻不容缓之势。而吾人更希望提倡新经济政策者，亦当秉上述之旨义，看定目标，弃小异、趋大同，废一己之私见，以国事民生为前提，则庶几不致此疆彼界，以使极当解决之国民经济问题，反变而为政争之中心点也乎。

（本文原载《银行月刊》，1927年第7卷，第7号）

资耀华文存

>> 改革中之海关行政

一时高唱入云之关税问题，近已以军事而停顿。所谓十二五加税也，所谓关税自主也，俱不复为世人所注意。唯随此种问题而产生之收回海关行政问题，近确见有所发展。其出于税务处之令行者有二：曰华员与洋员平等待遇，曰关单等改用华文。其出于总税务司之自动者亦二：曰海关停招洋员，曰升擢华员吾人为副税务司。此种改革，骤视之似确见进步，唯对于收回行政权，是否有多大裨益，犹未敢必。兹不避烦究，分别讨论如下。

一、华洋员平等待遇问题

税务处于本月十一日致总税务司令文一件内云："查海关人员，无论籍隶中国或外国，皆为中国官吏，本处对于海关华洋人员，一视同仁，从无轩轾，所有海关华洋人员之升迁，以及一切待遇，应如何划归一律，一昭公允之处，应由总税务司妥筹办法，呈候核夺施行……。"夫改良华员待遇，不仅为海关华员谋利益，收回政权，实有赖焉。盖海关重要职位，近仍悉为外人所把持。华员除巡丁苦力外，同文供事占百分之五十，文案录事占百分之三十，位至超等帮办者不数人，且多年老神衰，不堪任重。外班华员地位尤逊于内班，最高职位至于超等稽查员而止。而关于海班、海事、理船所、巡灯司、工事等，华员竟赋阙如。使供事而能办理一切内班职务，使稽查员可以办理处理，又使海事工程可不学不能，则收回政权，指顾间事，不然则华员升迁等事,有绝对改善之必要,然后华员始得受深造之机,作他日收回政权之准备。今税务处已令总税司妥筹办法矣,唯总税司能否一旦放弃其把持操纵之野心,依平允之见,而妥筹一切,则尚未敢谓其必然。唯总务司能不上违处谕,下欺国民者,则下列各条件,应切实办到,方足证其处理之无私也。

（1）华员升级应改为二年与洋员一律。洋人升级例为二年,华员则至少三年,且有多至四五年者。故洋员到关不十数年,即可升入超等前班,而跻身税司之列,而华员非三数十年不办也。及至超等之列,已属老退之期,似此情形,华员永无擢升税务司之可能,且以洋员升擢至速,今之役于华员者,不旋踵而役华员矣。故虽高级,华员对低级洋员,亦不敢实行督促,惧报复也。此种毫无依据之歧视待遇,诚应亟为改革者也。

（2）养老年限应一律改为六十岁,使华洋一律。海关养老年限,华洋亦复不同：外员在关服务至六十岁告退者,给以养老金,华员则非服务四十年不办。此种制度不利于华员者甚大。盖华员入关,至少二十余岁,四十年后,已衰老矣。谓此养老金而风烛残年,犹复碌碌,殊非人事之平。况国家出巨金,而雇衰朽,亦非计之得。是宜华洋一律改为六十岁为退休期。倘能缩短之五十五岁之类者,为尤善。

（3）长假及旅费同级,华洋同样待遇。海关洋员每七年有一年长假,旅费官给；华员则四年有二月假全薪,四月半薪而已。是难曰洋人远适异国,藉便还乡,然各关华员亦多属作客他乡。是长期休息,无论华洋,初与所谓或需或不需也。故华员长假每改每七年一年,以符平允之旨,旅费亦应照同级洋员发给。

（4）病假、医药,华洋应一律待遇。海关洋员病假,五月内全薪,五月后至任何平限半薪；华员则为一月全薪,六月半薪,六月后

不支薪。又洋员有病,海关专备医官,代为诊治,然其惠不及于华员也!洋员虽家属有病,海关犹给医药费;而华员虽自身有病,亦并无之。此种菲薄人情,真人皆千金而我草芥矣!亦宜改为华洋一律,无稍歧异!

(5) 其他方面,如迁调、旅费、房租津贴,华洋待遇,迥若天泥。此后亦宜使待遇一律,以昭公允。

二、海关改用华文报单等问题

同日税务处致总税务司一函件内云:"华商对于海关呈递报单等,其初用华文,后有用洋文者,于华商全体甚为不便,亟应改革。概用华文,令行遵办。"同时闻南京政府亦令行上海税务司,凡往来公文、海关簿册一律改用华文。二者相较,似南方为彻底。盖海关者,中国之行政机关也,而需适用英国之文字,此其理之真不可解者也。此种英语适用之结果,不独华商感受其苦痛,且亦有国人不能明关税之最大原因,而亦洋员得以把持至今之枢纽也。考之约章所载,并无必用英文之规定。而洋员雇用之契约及其待遇,既明明指出给请聘华文教习之修金,则洋员之应晓华文华语,理属当然。吾人以为欲收回海关行政权,需切实从改用华文、华语始。其办法为凡一切公文来往、进出报单、关用簿册,一律改用华文。上海造册处所造之统计报告,亦应为华文,务使华商一阅了然。而海关言语,亦应改用华语。此种厉行之结果,华员职位始可日重,且如此亦行政上当然之义也。唯是改用华文,洋员在理论为不敢反对,在事实上为不能执行。闻税务处函件去后,天津关已开始实行;唯税务司以该关洋员甚多,令各商人于华文报单后,复附英文报单,不然则以洋员不谙华文报单必招延搁云。此种叠床加屋之推行,直阳奉阴违之事实。二重制度,欲利华商者,华商将蒙其害。若谓洋员不谙华文,则吾政府每年所支给华文教习修金,是干没乎?每年总税务司所派考华文验员,亦瞒瞆乎?吾人于此,诚不知用意之所在,更不知税务当局,果何法得善其后矣。

三、停止招收洋员问题

总税务司曾一再表示,此后海关将不再招收洋员矣。推其用意,无非曰:"中国海关,外人已不欲作子孙万世之业,俟在关洋员悉数老死后,即将拱手而让诸尔华人,尔其稍安勿躁,静候佳音!"使依此种举动之暗示而推测,则海关行政权之收回,当远在十年或乃至数十年后,吾不知国人亦有此耐心否?故此种举动自吾人视之,直为毫无意义。况近来南方各口之洋人,多已请调北上,致北方有人满之患。旧有洋员,安插为难,遑论再招。故洋员实际停招,且一年有余,总税务司之此种表示,自始不过一种将计就计之顺水人情耳!彼世之因此而为海关前途抱乐观者,未免过火,唯彼洋人能一改其明目张胆之把持态度,而为消极的时限上之撑持,不可谓其非无觉悟。不过停招洋员,仅易氏个之人口头表示,能否不因时间变化,而始终不自失言,似应注意者矣。

四、华员升任副税务司问题

近闻总税务司自动发表华员五人为副税务司,一人为代理税司。此种举动,以视有请时一华员为税司,而英国会特因而提出辩论者,令人有感于今昔之不同。即以视南军至江汉,洋员多离职逃避时,税务司多发表高级帮办,代税司职权,不肯授以实缺者,亦觉有多少之进步矣。唯海关华员升级至为迟缓,试一翻海关职员录,华员有升税司之资格者寥寥无几。而此少数人中,年老届退,不堪重任与远迁者,亦复不少。此后将止于五人乎?不然则若何处置,亦殊有兴趣之问题也。最后吾人需不得已于言者,改良华员地位,宜重实际,不务空名。若此五人名为副税司,而事务犹帮办,则华员犹未有深造之机会,徒为彼等增一重资格,加一些薪水,税政前途,究有何裨益乎?若以此些许变动,为敷衍税务处改良华员待遇之令文,则居心更不可测矣!

(本文原载《关税问题》,1928年第1卷,第3号,署名"耀华")

》国定税则应着眼于国民全体之需要与供给

　　一国经济政策之终极目的，在谋国民经济之发展与全国之福利。揆之古今东西，莫不皆然。我国工商业未能发展，一则苦于内地之厘金，一则受制于不平等之关税，此中流毒与祸害已尽人皆知。今幸革命成功，大局底定，全国一致，努力建设，从此焕然一新，定可预卜。就中如国定税则之举，委员诸公竭精殚神。从事编订，闻早已脱稿，而全国各业代表对此亦有崇论闳议，其中亦不免多以本业之利益为前提，而发生利害上之冲突与争论。吾人对此乃不得不以国民之资格，秉第三者之态度，主张各业仅可各以其本身之利害问题，尽量陈述于当局，静听当局之公平取舍。而当局亦绝不可因某部分争持有力而有所偏重，须考察全国经济之现状而谋国民需给之适合，以定酌何者当奖励，何者当限制，何者当极力从事国内生产力之扩大，何者应从海外输入以补不足。既不可纯取自由贸易政策，亦不可采用极端保护贸易政策，其折中法为何，即需先考察国民需要供给之关系，从各种物品中而分别其便宜贸易与必要贸易以调和之。今试分输出与输入略述如下。

一、必要输入与便宜输入

　　必要输入，即指国民消费中之必不可缺之物品而言。此种生产基础国内完全缺乏，故欲满足全国国民之需要，非从国外输入不可，是谓必要输入。

便宜输入,指国民消费中比较需要之物品而言。关于此项物品,国内之生产基础虽存在,而生产条件则远逊于他国。在此生产条件不利之状况下,与其从事原有生产之扩充,反不如直接利用外国与此同样而比较优良者以充之。而将此部分之余力,从事发展别种生产有利之事业较为得宜。是因便宜着想而从国外输入,故曰便宜输入。

必要输入,又可分为数种,即或则国内无此种生产基础,势不得不仰给于国外,或则因原料缺乏,非从国外输入不可,或则因制造品之材料及技术之缺乏,不得不从国外购入,或则因国中尚无此种机器,本国一时又无力筹此种大规模之制造厂,不得不从国外输入等是。而必要输入中,并可从绝对的与相对的两方面考察之。所谓绝对的必要输入者,即一国之气候、风土、地质等特性一时不能变化,虽用何种精巧之生产技术,亦有绝对不能生产者,而此种物品又为本国国民之所必需,不得不从国外输入,以满足国民之欲望,是为绝对的必要输入。所谓相对的必要输入者,即以国民之努力,虽能改良或造成一种生产基础,以代替从来仰给于外国之物品,但因国内生产之基础终欠稳固,或比较输入与制造所得不偿相失,还以仰给国外为宜,是为相对的必要输入。例如,农业时代之国民,以工业制造品为其必要输入,迄达至工业时代,则又以原料品为必要输入。在此时之工业国民,虽不能将其必要输入之全部消灭,亦可权其得失,相对的减少其输入之种类与数量焉。

便宜输入,亦可分为绝对的便宜输入与相对的便宜输入。若国内生产条件业已改良,则此种输入便宜之性质已失,即当阻止其输入。又有便宜输入,乃由国内之生产费与输入品价格之差异而生者,故国内、国外物价之变动及货币对外价值之变动,均为增减此种便宜输入之最大关键,此则经济家、政治家所不可不时加注意者也。

二、必要输出与便宜输出

必要输出及便宜输出之标准与必要输入及便宜输入之标准，迥不相同。盖输入，乃所以补充国内生产之不足及所以求适合国民需要之欲望者，而输出，则纯为填补输入之一种代价，绝非徒以财政的收入为目的。兹先论必要输出焉。

必要输出，即指输出物品中之纯为本国特产品而言，但亦有他种物品，除供给全国国民需要外，尚有余多足供国际市场之需要者。此种物品，政府尤有极端奖励及保护其输出之必要。

至于便宜输出则不同。任何物品，苟其生产条件比较舶来品处于优美之地位，而他种物品则处于恶劣之地位，则生产不良之物品，不必在本国生产，可直接由国外输入。而于生产优良之物品，则应竭其全力以振兴之，增加其输出，俾可作他种生产条件不良物品输入之补救，是即所谓便宜输出也。

又必要输出品中，若其生产条件为本国之所特有者，此种必要输出则为绝对的必要输出，本国可永久保持其优美之地位。若其生产条件不过比较他国稍胜一筹，则为相对的必要输出，当外国对于此种物品之生产日有改良进步时，本国之物品其质未必美于舶来品，其价未必廉于国外货，则相对的必要输出势必变为便宜输出矣。在便宜输出品中，由内外物价之差异与涨落，亦有绝对的与相对的之区别，至其区别之原理与标准，则与前述之便宜输入同。

如上所述，物品之输出入可各分必要与便宜两大部。而所以自由伸缩之者，则为一国之关税政策，故关税政策之施行，能考察国民需要供给之关系而权其轻重。则税既不至于苛，国用上可以生相当之收入，而国货亦可以振兴矣。吾人于此不得不切望当局诸公，其定税则

也,宜先将全国物品划分为必要与便宜两大类,纯以国民全体之需要供给及振兴国内特产物为主旨。秉公平之态度,不受任何方面之牵制,牺牲极少分子之私利,而顾全最大多数之公益,则庶几实业可以振兴,国富可以增加,财政可以充裕也乎。

(本文原载《商业月报》,1928年第8卷,第11号)

》华丝之改良策

一、绪言

我国历代以农业为经济政策之中枢，凡百政治，悉以农民为基础，习久不变，遂酿成一种极端之丝农政策。夫以中国之地大物博，若施以积极之农业政策，未始不可发展。乃试观历代之农业政策，无不抱有消极主义，只求国民之差可不饥不寒，绝不愿从事于富源之开发及农业之改良。于是农民社会日趋保守，而陷于一种孤立无援之地位，以致中国今日之农业仍在极幼稚之时代，虽拥有五百八十余万方里之版图，而耕地不过十五亿亩，尚未及其十分之一，可叹孰甚！若能如欧洲诸国将耕地垦辟至国土平均在五成左右者，则我国之农业其丰富为如何？据前农部之统计，全国务农户数约居全户数百分之七十，较之美国百分之三十三，相差甚远。夫我国为四万万人构成之户数，美国为九千万人构成之户数。今我国仅能经营十五亿亩，而美国则辟至八亿四千万英亩（约合我国二十六亿亩）。我国农民生产能率之低，亦可以想见矣。职是之故，米则差足自给；棉则仰给于人。他如茶叶为中国历来出口大宗，至十八世纪之末叶，有独占全世界市场之概，每年出品多至二亿三四千万斤，及后竟因默守绳墨，不事改良，遂为印度、锡兰等茶所排斥，而结果仅可供给全世界之二成，出口亦减至一亿五千万斤。砂糖一项，在五六十年不仅供给国内全国民之需要，尚有余力输出海外，此后亦为爪哇糖及日本糖所排斥，今则反输入五亿余斤之砂糖于国内。至于生丝一项，尤足痛心。试考在西历纪元四百十九年以前，制丝之法为我国所秘创，旁人不知。自后著鞑靼王子窃取种子，流入中央亚细亚，此中秘诀遂为人晓。然在一八六〇年顷，尤供给全世界之半，此后遂日趋不振。年来受日本生丝之压迫，大有江河日下之势。近日纽约生丝交易所且更有今后不许华丝加入拍扳之死刑宣告矣。此盖重农政策之过，乃消极的农业政策之过也。

二、世界生丝贸易之最大市场

美国为全世界第一丝织品制造国，全国丝织每年所消费之生丝计值美金七千余万元。每年丝织厂之出品约值一万万七千五六百万金元。其数超过英、法、德三国丝织厂出品总值十分之三四。故美国现为全世界生丝贸易之最大市场。由此观之，则我国生丝应当在美国市场出一头地。然查最近两年中美国丝织业公会发表之中、日、意三国输美之丝值总额如次：

	1926年	1927年
日	46248347美元	47316456美元
中	12171209美元	13666731美元
意	10057393美元	10816084美元

又查本年七月至现在之统计有如次：

进口总成	8月中	7月中
日	59490捆	34668捆
中	3141捆	3969捆
欧	298捆	33捆

续表

消费总额	8月中	7月中
日	46861 捆	35609 捆
中	3495 捆	50941 捆
欧	465 捆	228 捆
存货额	8月中	7月中
日	45423 捆	32793 捆
中	5013 捆	5367 捆
欧	539 捆	706 捆

总观以上各表，日本生丝在美国市场已有独占之势。日本日与月增，我国则日与月减。现在美国丝织厂所用之生丝多半购于日本。我国之丝已有退避三舍之概。查日丝在美国市场之争胜华丝，始于一八九〇年前后。自此以还，日本日图改良，揣摩美人心理，日本生丝遂大为美丝织商所欢迎，其进步之速，实有一日千里之势。此外，尚有欧丝亦为中国之大敌，中国若不亟谋改良振兴方法，则此大好主顾、安全市场，将不见有华丝之影矣！

三、美国不产生丝之原因

如前所述，美国为全世界消费生丝最巨之国。美国国土亦非不能产丝，然生丝反仰给于人者何？此亦为吾人欲振兴生丝所当考察之点。查美国在西历一六〇八年时，尚未脱离英国之支配，英皇即已强迫人民种桑育蚕，规定劳工期限为十四年，结果终归失败。一六五七年，英国议院亦竭力提倡蚕桑事业，人民有长居殖民地而尽力于蚕业者，每年奖给四千磅烟叶。如有能输出价值英金二百镑者，则奖给一万磅烟叶。泊至一六六九年，亦终归泡影。自独立以来，中央及省政府皆注意蚕业，设法提倡，其效亦甚微。即间有所出，亦不过供科学家之研究，毫无商业作用。试观其一九一六年美国第一次丝业大会，全体讨论生丝问题，力主推广蚕桑于檀香山，亦归无效。而美国政府有鉴于此，认为徒劳无益，已于一八五一年废止保护国税，一八九一年并撤销蚕桑奖励金制度，决心致力于丝织物之制造，以补不足。而总合其不产之原因，可略举如下：

（1）美国工业化之现象已热，农业已成过去之事。

（2）凡百业务使皆用机器，已不愿从用人工人力之业务。

（3）美国人工不能耐劳，女工尤甚。而养蚕一事，在全期中皆需昼夜照顾，美人实难为此。

（4）美国生活太高，工值极昂，成本极重，则难与东洋竞争。

有此数因，故美国丝织原料不得不仰给于国外。由此观之，美国实可为华丝之永久市场，今日已渐为日本生丝所独占。我国为国民经济着想，岂可不起而竞争乎？

四、中国产丝之区域

我国产丝区域极广，其最巨者，据《时事新报》所载，计江苏三十九县、浙江三十四县、安徽二十县、广东十一县、四川三十六县、湖北二十县、山东六十五县。次之如福建、河南、湖南、山西等省亦莫不产丝。他如青岛、烟台等处，到处皆宜植桑。南七省各属，每当春野之交，四夏桑园，浓绿如油，到处蚕场。农人一年生计，半恃育蚕过活。如湖州之辑里丝，嘉兴之绿丝，溧阳之土丝，皖省之反车丝、木镇丝，山东之莱芜丝，湖北之沔阳丝、河溶丝，四川之棉州丝、过盆丝等，均为我国著名之土缫丝。运销海外，历年久而为值巨。是蚕丝一项，实为我国对外贸易之主要物品，更为我国之必要输出而非便宜输出，是我国非极力以求改良振兴不可。

五、华丝不能与日丝争衡之劣点

我国桑土广于日本，人工廉于日本，产丝历史古于日本，气候、土质并不亚于日本，宜其能永久握生丝市场之牛耳，今反为他人所压迫，大有一蹶不振之势者何？此则不得不咎华丝实有多数劣点之故也。今大别之有二：

（1）无科学的方法。制丝之法，为我国所独创。惜数千年如一日，他人偷得养蚕之法，日事改良研究。我则陈陈相因，从不讲究。在昔日未有良好之竞争者出，还可敷衍一时。今日他人已日新月异，物美价廉，其欲不居于劣败者之地位也可得乎？试考华丝之劣点，则有如次：

①条份不方，或粗或细。

②女工缫制时不知注意爪角，发生胶结之弊。

③丝身不净，常杂粗理杂头，乱结丝废等物。

④扎缚不合，花纹错乱。

⑤丝条易于不断。

（2）不知大量生产。现今世界经济已成为产业资金化，各种事业非用大量生产法不可。大量生产法，可出品多而价格廉。反观中国各种小事业，皆未脱离地域经济组织，毫无统一组织以从事联合改良。制丝一业，尤其甚焉者。因是既各自为政，以致出品不一，良莠不齐。不良之华丝，人工低廉之华丝，其价格反高于优良之日丝，尚能与人竞争乎！

有上二大原因，故华丝绝不适用于欧美之丝织厂。盖现今各国工业日趋发达，其各丝织厂皆采用最高速率之机器，从事大量之制造。然一遇恶劣之华丝，容易中断，运转不灵，虽有最高速率之机器，亦不能达致大量生产之目的，则成本与利益二者绝不能成比例之增。反之，日丝则无此种弊病，价廉质美，无怪乎欧美已不欢迎华丝之进口也。

六、改良之方策

总合以上所述，则华丝非亟谋改良，恐将一败涂地。现在美国生丝交易所已不许华丝拍板，而美国实为生丝之最大市场。即如去年华丝之输入美国尚有一千三百六十六万六千七百三十一金元，对于国民经济不无少补，若能及时研究改良，未始不可挽回利权。且以我国产地之广、人工之廉、气候之适宜，若再加以改良，较之生产条件亚于我国之日本，当有不可道里计之日。不观乎广东之制丝业乎？夫广东之产丝较盛区域，仅珠江三角洲及顺德、南海、番禺等县，不若江、浙两省，到处可产。然考粤关输出数量与沪关输出数量，则可知改良与否之差。例如，我国每年输出之白生丝约一千六七百万两，沪关占一千五六百两，粤关只占八九十万两。反之，若机械厂经每岁输出共约三千余万两，粤关则占二千余万两，沪关则只一千余万两。此盖因广东已渐着手改良缫制方法，其所出品对于日本信州之模范丝已无甚逊色。在海外之售价亦与日丝相差无几。由此观之，若中国全区域悉能努力从事改良，其前途将不可限量也。试举改良之重要点如下：

①采取科学方法。②养成育蚕工人。③筹办蚕桑学校。④改良制种方法。⑤从事大量生产。⑥采用新式机器。

以上不过举其大纲。此中具体办法，更需有专门人才从事设计建画。年来江浙一带，已有改良所之设，成绩似有所观。若能再事扩充，积极施行则不难达到改良之目的。近日各大丝厂有鉴于此，闻已派人赴日本考察，将来拟大事改良，采用意大利缫丝车及蒸茧机器。

吾人于此，切祷祝其成功，而更希望其采用养成此种专门人才。其派往日本考察者，更需先有专门知识，并需通晓日本文，否则亦徒等游历旅行、赏玩风景而已也。

（本文原载《中华国货展览会·湖州日特刊》，1928年12月1日）

资耀华文存

>> 日本对华之经济侵略

日人之谋我也，经济与武力并进。时以武力为前驱，而以经济为后盾；时以经济为前驱，而以武力为后盾；以时间言，前者速而后者缓；以效力言，则前者小而后者大。故近日日人谋我，当偏重于经济侵略。然自门户开放，机会均等之说兴，而我之经济已为列强所共占，加以我国战乱相乘，对我停止政治借款，列强已屡有声明，苟有一国欲单独投资，则违反列强之意，因此不得不假立名义，于是乎"实业借款"出焉，但借款既以实业为名，则其出资不得不以商人为限，于是乎"投资机关"立焉，兹将日本对我设立之投资机关，表示于左〔下〕，亦足见其经济侵略之野心焉。

一、横滨正金银行

资本　　　　　　　　　　420000000 元
投资额
（1）京汉铁路　　　　　2200000 元
（2）四郐　　　　　　　7500000 元
（3）善后借款　　　　　40000000 元
（4）第一次善后垫款　　30000000 元
（5）汉冶萍公司　　　　65000000 元

二、台湾银行

资本　　　　　　　　　　20000000 元

投资额

(1) 闸北水电公司　　　　　　200000 元

(2) 上海旭公司　　　　　　　203500 元

(3) 汉冶萍公司　　　　　　　360000 元

(4) 浙江银行　　　　　　　　75000 元

(5) 福州电汽公司　　　　　　200000 元

(6) 汕头商总会　　　　　　　15000 元

(7) 汕头电汽公司　　　　　　200000 元

(8) 福建银行　　　　　　　　200000 元

(9) 交通银行第一次借款　　　5000000 元

(10) 交通银行第二次借款　　　20000000 元

(11) 吉会铁路借款　　　　　　10000000 元

(12) 京畿水灾借款　　　　　　5000000 元

(13) 满蒙铁路借款　　　　　　20000000 元

(14) 济顺高徐四线垫款　　　　20000000 元

(15) 广东水门汀厂借款　　　　3000000 元

(16) 广东盐税担保借款　　　　1500000 元

三、朝鲜银行

资本　　　　　　　　　　　　40000000 元

投资额

(1) 奉天财厅第一次借款　　　1000000 元

(2) 奉天财厅第二次借款　　　1000000 元

(3) 奉天财厅第三次借款　　　2000000 元

(4) 直隶省借款　　　　　　　1000000 元

（5）陕西省借款　　　　　　　3000000 元

（6）中国银行借款　　　　　　2000000 元

四、日本兴业银行

资本　　　　　　　　　　　　30000000 元

投资额

（1）汉冶萍公司　　　　　　　2170000 元

（2）改修直鲁运河　　　　　　2500000 元

五、中华汇业银行

资本　　　　　　　　　　　　10000000 元

投资额

（1）有线电信借款　　　　　　20000000 元

（2）吉会金矿森林借款　　　　30000000 元

六、东洋拓殖会社

投资额

（1）北满电汽公司　　　　　　6000 股

（2）东省实业会社股票　　　　15300 股

（3）建设满洲天图铁路资本　　2500000 元

七、东亚兴业公司

资本　　　　　　　　　　　　20000000 元

投资额

（1）南浔铁路　　　　　　　　7500000 元

（2）汉口水电公司　　　　　　2500000 元

（3）安正铁道　　　　　　　　200000 元

（4）开封晋林电灯公司　　　　　　150000 元

（5）宜昌克明电灯公司　　　　　　300000 元

（6）四川轻便铁道　　　　　　　　2000000 元

八、中日实业公司

资本　　　　　　　　　　　　　　　5000000 元

投资额

（1）挑冲铁山　　　　　　　　　　250000 元

（2）汉口造机厂借款　　　　　　　2000000 元

（3）山东省借款　　　　　　　　　1500000 元

（4）衡州电灯公司　　　　　　　　80000 元

（5）浙江电灯公司　　　　　　　　250000 元

（6）湘潭电灯公司　　　　　　　　150000 元

（7）武昌电话公司　　　　　　　　31000 元

九、南满铁道会社

投资额

（1）第一次吉长借款　　　　　　　2150000 元

（2）第三次吉长借款　　　　　　　6500000 元

（3）新奉铁道借款　　　　　　　　320000 元

此外尚有"大仓""正隆银行""住友银行""三菱""三井"等，其对中国经济侵略之机关，盖指不胜屈也。

（本文原载《民鸣月刊》，1929 年第 2 期。此文又刊《海光》，1929 年第 1 卷，第 11 期）

>> 湖北武昌华商工场之调查

武昌位于大江南岸，与汉口、汉阳鼎足而立，为军事、政治重镇，工场林立，现有铁路直通湖南，将来粤汉告成，再建桥梁，联络汉口，使平汉线与粤汉线衔接，则武昌市之发达更不可限量。今将该市八大工场之内容，列述如次。

名称	所在地	经理	资本金	出品
福源纺织	文昌门外	黄梅生	100万元	麻纱
达昌制造	小朝街	黄幼达	3万两	棉布
湖北印刷局	大朝街	阮曾任	2万元	印刷
裕华纺织	中新河	吴干丞	156万两	棉纱
震寰纺织	上新河	刘子敬	280万两	棉布
第一纺织	上新河	毛树棠	300万元	棉纱
楚胜砖厂	黑山上	陈松千	400万元	砖瓦
宝善米厂	段家老正街	方少岩	4万元	白米

兹再将上述八大工场工人数目及工资列举如次。

	工人		工资
福源	男工	1140人	50元
	女工	150人（熟练）	15元
	童工	20人	15元
	男工	280人	30元
	女工	50人（普通）	8元
	童工	50人	8元

达昌	男工	20人（熟练）	26元
	女工	20人（普通）	7元
	童工	10人	4元
印刷局	男工	95人（熟练）	26元
	童工	10人（普通）	7元
	男工	1020人	16元
	女工	1586人（熟练）	16元
	童工	150人	12元
裕华	男工	194人	9元
	女工	124人（普通）	9元
	童工	59人	5元
震寰	男工	30人（熟练）	40元
	童工	70人	15元
	女工	1500人（普通）	30元
	童工	100人	6元
第一	男工	1000人	24元
	女工	2000人（熟练）	16元
	女工	6000人（普通）	12元
楚胜	男工	140人（熟练）	14元
	男工	340人（普通）	10
	童工	14人	4元
宝善	男工	10人（熟练）	24元
	男工	50人（普通）	8元

此外尚有小工场二十八家，今分别记录如次。

（1）纺织工场。

裕胜（二百元）、翠华（二百四十元）、杜兴发（四百五十元）、吴祥茂（一百六十元）、华升昌（一千三百元）。

（2）染织工厂。

万伟记（三百元）、李万兴（四百元）、高洪源（五百元）。

（3）印刷工厂。

亚新地学社（五千元）、永盛（一万五千元）、武昌（二百元）。

（4）电气工厂。

合资电灯公司（一万七千元）、竟成电灯公司（二十万元）。

（5）肥皂工厂。

小小化学工业社（一万元）、协和祥（三千元）、祥泰（四万元）。

（6）袜厂。

民生（一千元）、裕中（一万元）、精益（三千元）、王义记（五百元）、柏茅盛（五百元）、陈敬云（二百元）。

（7）机器修理厂。

福生（三百元）、周永顺（五百元）、飞机修理厂（四万元）。

（8）制革工厂（十六万元）。

据以上之调查，虽不敢认为绝对真理，但武昌不仅为军事、政治重镇，亦属有望之工商业区域，盖无可讳言。故现在若在武昌开办储蓄并经营小额放款，前途当必有可观，将来粤汉铁路告成，平汉、粤汉藉桥梁贯通，南北两大干线连成一气，则武昌工商业之发展，正未可期也。

（本文原载《海光》，1930年第2卷，第1期、第2期合刊《海光周年纪念特刊》）

>> 吴淞调查略记

吴淞市镇，绾钥长江，扼吭黄浦，制东、黄两海之汇，当进出贸易之冲，实兼备军港与商港两种特点。逊清末年，苏人即有开关吴淞商埠之计划，至民国初年，吴淞即有纱厂。近日国府则更有大上海之计划，以吴淞为码头区域及工业区域，江湾一带为市中心行政区域，亦可见历来各界之重视吴淞也。若大上海计划众克成功，吴淞筑为大商港，采用最新式之设备，则不但租界码头将悉成强弩之末，即纽约、汉堡亦不能专美于前矣。惜此项计划，何日方能实现，固未可知，能否不流为画饼充饥，亦未可逆料。苟长此因循，吴淞依然为一小小市镇而附庸于上海也。兹就最近调查所得，列举如次。

1. 吴淞市面大观

吴淞市面以鱼、米、棉花及绸缎洋货四者为大宗，猪行、木行、药材等次之，住户三千余户，人口十万余人。各种货物由上海专口者居多，因吴淞无轮船码头也，交易多为零卖性质，为附近乡民所需，故市面甚为清淡。

2. 商务

（1）鱼行。鱼有咸鱼、鲜鱼两种，每年交易不下六十余万。鲜鱼市面甚短，大约每年杀雨日各鱼行始开始收鱼，至七八月即结束，多半来自宁波沿海及本镇销于上海十六铺一带及附近各乡，业此者不过正大（鲜鱼）、萃盛、宝丰、慎泰（咸鱼）等数家。

（2）米行。米无确实统计，大都由昆山等处贩来，昆山有行家代客买卖，资本甚小。运来之米，大部分销于上海，其余归各乡，估计每年亦不下百余万，业此者有泰昌、万泰、生秦、华昌等四五十家，大都兼做面粉及杂粮。

（3）棉花。棉花一项，本市每年交易约百余万，连宝山出产共计约两百余万，业此者有和丰花行、恒丰花行、常熟花行（兼做米生意），用款多仰给于上海。

（4）绸缎洋货。绸缎洋货概为粗货及家常日用品，因本镇居民心理若过十元以上之衣料及用品，皆以亲来上海三公司等处购买称心，在吴淞之洋货，虽价贱亦疑为贵，由上海买取者，价贵亦以为便宜，故吴淞之绸缎洋货业实难期发达。将来淞沪铁路运输方法变更，往来便利，则洋货一业恐更受影响。现在每年交易不过四十余万，业此者有大章等四五家。大章规模最巨，全市生意几为其独占，每年生意约二十余万。此外则推猪行，每年交易将近百万，万慎猪行为该业之领袖，在江北有联号，专事收买。到淞后，一部分销于上海，一部分销于香港。次之则推木行，木行有成大、宝大等行，专贩杉木、洋松，来自上海，散于附近各乡。再次之则为药材，业此者有七家，无可记述。

3. 钱庄

吴淞钱庄不过四家，资本最多者亦不过一万数千元。大家用款及每日行情皆仰于上海，各庄账面约共三四十万元，利息及办法亦比较上海略高。因本市各行家大都直接在上海用款，故也，金融情形亦如上海。春夏之交，小麦、鱼行上市，用款颇多，七、八、九月市面清淡，秋末冬初，棉花、米谷上市，再需用款项，再至年终比期，始见金融紧迫。本市钱庄可列举如次。

（1）隆茂庄：资本一万元，开设已达二十余年。起始本贩卖烟土，后乃改为钱庄，东家闻系浏河朱某，家颇富有，在本市设有万盛酱园，营业颇盛。钱庄之经理为缪宾甫，该庄为本市钱庄之领袖，营业范围比较他庄为广。

（2）万祥庄：资本一万六千元，开设已近十年。东家为上海闸北光复路协昌德米厂经理羌梓生，经理为桑再茂，宁波人，在吴淞隆茂庄学生意出身，对于本市情形极为熟悉。

（3）延生庄：资本一万元，开设已近十年，为沈佐庭独资所办。

（4）鸿余庄：资本三千元，开设不久。东家为汪洪卿（前在邮局服务），经理为孙伯箴，该庄营业范围极小，等于上海之大烟纸店。

4. 工厂

本市适为工业区域，一则地皮便宜，二则海滨，三则交通便利，故民国初年即有大中华纺纱厂之设立，惜管理欠当，以致失败。现在由永安公司盘进，改永安第二厂，办理得法，营业极佳，国人所办之纱厂，已无与伦比者。次之则有中国铁工厂，营业亦颇不恶。此外更有电灯厂等，各厂工人合计数千人，唯各工厂用款皆取于上海，对于本市钱庄，无甚关系。

5. 学校

学校有同济大学（学生有六百余名）、中国公学（学生有一千余名）、水产学校（学生百余名）、中央医工（学生百余名）、商船学校（学生四五十名），学生约共两千余名。同济大学之学费系托本行代收。

要之吴淞市镇，将来若人上海计划成功，发达不可限量，但现在则实为上海之附庸，市面甚小云。

（本文原载《海光》，1930年第2卷，第4期，署名"金宗城、资耀华、应俭甫"）

资耀华文存

>> 糖之调查

一、糖在中国贸易上之地位

糖为人类生活上之必需品,经济学者每以砂糖消费量之多寡测一国文明程度之高下。吾人对于此语,虽不加以否定,但一国之富强与否,不仅在其能消费,而尤在其能生产,否则徒为他人之市场,则不啻自陷于债务者之地位焉。

中国在四十年前为糖之一大生产国,每年产额仅亚于爪哇、印度、菲律宾、古巴,而于世界产糖国之第五位。自以欧洲发明用甜菜制糖以来,以甘蔗制糖之中国遂突受打击,加之逊清光绪廿一年中日之役,台湾割予日本,中国更丧失一极丰富之产糖区域。由是中国糖产额日见减少,现在已降至第十位。是故在一八七九年,糖占中国出口贸易总额三成有余,现在反变为最大之进口国,占全进口总额之8.25%($98697923),列于全中国进口货之第二位(中国进口货第一为Cotton goods)。据糖业家之谈,四川省年产糖额约八十万担,福建省约三十万担,广东省约六十万担,其他地约三十万担,合计约两百万担。今假定全国人口四亿,则国产糖之平均分配,每人不过八两,当然不能满足全国国民之需要,无怪乎外国进口糖之日见增加也。今试将最近六年间全国进口糖之数量列举如次。

最近六年中国进口糖额之比较表

单位：担

种类	1923年	1924年	1925年	1926年	1927年	1928年
赤糖，荷兰标准11号以下青糖	999861	11927665	2230786	1934379	11814030	3032614
白糖，荷兰标准10号以上	1453553	2569313	4715642	4053276	4493302	6169406
车白糖	3358781	4396895	4572506	5201902	3324064	4110793
白糖，块糖	5501	96961	23528	31791	46958	23522
冰糖	285634	364610	380393	430152	592248	745699
总计	6103330	9355444	11922855	11651600	10270602	14082034

据上表所列，可知中国糖之进口每年增加，〔民国〕十七年度仅达至一千四百余万担，值海关银九千八百六十九万余两，再上海一埠每年平均占全进口额百分之二十以上，值关银二千余万两。故糖在中国贸易上固居最重要之地位，即在本埠贸易上亦占主要地位，则吾人之业金融者，对于糖之研究，实有不容缓者焉。

二、中国糖之产地与外国糖之来源

中国所消费之糖可分为两大部。即一则国产糖，一则境外糖。今试分述如次。

（1）国产糖：中国本为世界著名之产糖国，古昔广东、福建二省产糖最多，而八州之名最著。所谓"八州"者，即漳州、泉州、惠州、潮州、广州、韶州、梧州、廉州是也。但年来生产不振，制品日减，各地之原料皆被外商吸收，加工制造再轮入中国。例如，广州、九龙等处，每年甘蔗出口皆在数十万担以上，大部分为香港之怡和及太古两公司用以制糖。此外，自制者不过广东潮州、福建、四川等

处，若浙江、安徽、江苏等省虽稍产糖，供一省之需要尚且不足，复何望其往外出口乎？现在广东、福建、四川三省之产糖状况可概述如下。

①广东潮州。上海市场上之国产糖多半为潮州货，分为青糖、白糖、赤糖、冰糖四种。

青糖纯系潮州产品，有提壮青、黄港青、揭阳青、澄海青、隆江青、甲子青、四都青、片青等种种名目，其特征为颗细、无砂、品质柔软。

赤糖有棉赤、湖赤、雅赤、枝洋、枝赤、统赤、惠州、惠安等种种名目，就中统赤一类，更分为上、中两级。赤糖之特征为颗粗、有砂、质硬。

白糖有足三尖、正尖、冲尖、上冰、冰花、贡白、贡粉、双盖、盖平、单盖等种种名目，其质味之佳良，不亚于外国机制之白糖。就中如足三尖甜味极为优美，惜人工所制，提质不及机制品之纯净而已。冰糖有仁字、乾字、无字等名目，其原料有来自爪哇者，产额亦不及福建之多。

②福建。本埠消费之糖，除广东潮州糖外，则推福建糖。福建糖亦分青糖、赤糖、白糖、冰糖四种。

青糖：福建青糖不及潮州之多，市上之漳州青，即福建漳州府所产，品质与潮州青糖同。

赤糖：福建赤糖亦不如潮州产之多。

白糖：上海市面之国产白糖，几为广东潮州之产品，福建白糖不过一小部分，其品质亦不及广东产品之佳。

冰糖：福建为冰糖出产之名地，有地球、五福、统手等之名称。上海市面之冰糖几全为福建产品，故有建水之名。潮州冰糖及本部徐家汇上海振业冰糖厂所产之冰糖，不过一小部分而已。

③四川。四川亦为中国最大之产糖地，就中如内江、资中、梓潼、酉阳、资阳各属之赤糖、白糖，产额远出广东、福建二省之上。惜时局不定，交通阻滞，不能往外出口，但将来时局安定，交通便利，定有振兴之望焉。

（2）境外糖：中国全国所消费之糖，近年全仰给于境外制品。外人亦研究国人之心理，顺应国人之需要，以发展其销路。由境外进口者，亦分为青糖、赤糖、白糖、冰糖四大类，此外尚有角糖及糖浆等，试分述如下。

①青糖。外国青糖分为吕宋青、冬务青、水面青、碗青、塔青等类。吕宋青产于菲律宾群岛，又分为特号及一号至五号六级，特号为青糖之最佳者。水面青产于新加坡，又名"石青"，品质与吕宋青之二号相等。至冬务青、碗青及塔青等皆产于古巴，品质不佳。

②赤糖。外国赤糖分为荷赤（荷兰赤）、古巴赤、吕宋赤三种。荷赤产于古巴，分为十四号至十八号七级，十四号最佳，以下依次递减。古巴赤产于古巴群岛，品质次于荷赤。吕宋赤产于吕宋，其品质为赤糖中之最劣者。

③白糖。由境外进口之白糖种类极多，可分举如下：

爪哇白糖。普通称为荷白，有粗砂、中砂、细砂、绵身等之别。标准等级定为自十五号至二十五号，以色白者为最佳、色黄者次之、色愈黄者品质愈低。其品质之优劣，即在号数之多寡。二十五号为最佳，以下则递减。

香港白糖。香港白糖系怡和及太古两厂所制，原料采用爪哇及广东两处之甘蔗，出品多为车白糖。品质在荷兰标准二十五号以上，因白糖系用亚硫酸所漂白，而车白糖则用骨炭滤过法所制，至太古车白糖之商标为太极图，符号为 A、BA、B、CW、CX、YY、HX、Hm、H、PX、O 等，怡和车白糖之商标以福、寿、康、宁、富、贵及双喜等为区别。

日本白糖。日本白糖之运来上海者，为大里、明治、神户、盐水港、大正、新高等工厂之产品。大里糖厂系大日本制糖会社所办，久驰名于上海，分为 x（黄）、J（宇）、K（宙）、L（洪）、N（荒）、SH（日）等级。明治制糖会社所出者，为 Ye（离）、YS（坎）、Yt（震）、Yq（兑）、Yro（巽）等级。神户制糖会社所出者，为 Te（贵）、Tx（荣）、Tk（华）、TM（吉）等级。盐水港制糖会又分新旧两厂，旧厂所出者为 Ek（亨）、Eo（利）、Em（贞），新厂所出者为 Er（义）、Et（通）、Ez（商）。大正制糖工厂所出者，为 ar、aw 等，新高工厂所出者分为 nt、nr、nw 等唛头。

以上三者之中，荷兰之爪哇糖纯系白糖，香港及日本糖多为车白糖，再日本糖普通称为三盎司及四盎司品，太古糖为五盎司品。现在太古怡和两厂因营业欠佳，无力竞争，日本糖亦因排货之累，爪哇糖乃乘时而起，努力输入于上海，大有独霸之势。

④冰糖，冰糖之输入上海者，有石冰、德冰、美冰、东冰、荷冰、渣冰等之别。石冰来自新加坡，德冰来自德国，美冰来自美国，荷冰及渣冰来自爪哇，东冰来自日本。荷冰别为一号、二号、三号，东冰别为 a 及天、地、福、寿等之商标。

此外尚有白方糖、块糖及糖酱等，数量不多，先为怡和太古所制，现多来自日本及俄国太平洋沿岸。

最近三年进口之糖，有如下表。

地名	1926年	1927年	1928年
香港	3270208	2793023	3525838
爪哇	2935915	2780570	5171663
日本	2959556	2604200	3484070
菲律宾	549681	379401	344046
高丽	176655	253215	367112
俄太平洋沿岸	127172	304909	250986
澳门	40333	98607	127239

三、糖之原料与其制法

（1）糖之原料。糖之原料最著为甘蔗及甜菜两种。

甘蔗为中国自古来之名产，古昔称为柘、甘干、甘蔗、竿蔗，国人用以制糖者分为竹蔗（杜蔗）、西蔗、芋蔗（荻蔗、蜡蔗）及红蔗（紫蔗、昆仑蔗）四种。甘蔗之性质，喜暖畏寒，故中国之产地多在南部，以广东、福建两省为最多。广东又以韩江流域之平原，如潮州、汕头、惠州、三稜州及海南岛为重要产地，福建以泉州、漳州两府为重要产地。此外四川、湖南、江西、浙江、广西、江苏等省之南部亦产少数之甘蔗，每年运往北方及作外商之原料用者为数不少。

甜菜又名莙荙菜、蒸菜，此种原料则多产于中国北部，山西为最良之耕种地域，将来大可发达。此外如东三省及山东济南近日亦着手栽培甜菜，用以制糖。

（2）糖之制法。糖之成分可分为单糖类与复糖类两大别。单糖多作药品之用，复糖分为乳糖、麦芽糖及蔗糖三种。蔗糖种类亦多，普通用作食品者，为甘蔗糖及甜菜糖两种。中国甘蔗糖之制法，概为千余年相传之旧式方法，故甜菜之原料除一二新式制糖工厂外，不能用以制糖。因中国古法极简，以水牛曳石臼，压榨原料，取其液汁用锅煮之，加以适度之火力，其液汁渐次浓厚成糊状而为结晶体，再曝之于日光中，色渐转淡，在日光中时间短者为青糖与赤糖，经过长久之时间者为白糖。

至新式制糖之法，则用新式之机器，或将甘蔗原料以压榨机压之，或将其切成细片浸于水中，然后将由前两种方法所得之液汁，再精制之则为白糖。

（3）糖之精制法。炼精糖系以古巴或爪哇十四号至十八号赤砂为原料，先将原料赤砂放入调和机中，同时加以糖露混合之，使成糖浆。然后放入离心机中，将原料糖结晶之色素及可溶性之非蔗糖分子分离除去，是谓洗炼。斯时糖已较前为白，既经洗炼后，再入溶糖锅，加水溶解，溶后加曹达白土，然后以抽气筒抽入压滤机中滤过之，遂将其不溶性之非糖分除去，清滤后之糖液，再经过骨炭滤过机，遂将洗炼时未除去之色素完全漂白，即得洁白无色之糖水。再将此糖水吸入真空锅，以抽气机抽去锅中之空气，并同时通蒸气煮之，待糖浆结晶达到相当之程度时，即将糖浆放落于调和机内，待其温度稍降，即放入离心机中，分去糖密，乃得洁白之精糖矣。如将该糖密再煮时，则其色较黄，若精糖分出之糖密，如此递次煮之，则其煮出之糖色渐次递深，而所含非蔗糖分及色素亦渐次增加。迨至糖密之色变黑色，其洁度仅有三四十度时，则其所含之非蔗糖分太多，妨碍糖之结晶，遂不能再用以煮糖，是为糖渣，可用作酱油之着色料及制造酒精原料之用，至此精糖制造之手续乃告终焉。

四、糖之包装与重量

糖之包装与重量种类甚多，略举之则有如次。

（1）国产糖来自汕头及漳州者，普通内用芦苇包裹，外用藤皮捆束，每包重量轻重不等，轻者一百四十斤，重者一百五十斤，平均约一百四十五六斤。

（2）外国青糖来自新加坡、爪哇等处者，总称吕宋青，系用麻袋包裹，轻者一百六十斤，重者一百九十斤。由菲律宾来者，内用芦席，外用细藤，每包约五六十斤。

（3）国产赤糖来自广东，其包装重量与国产青糖同。

（4）外国赤糖来自爪哇之荷赤，用麻袋包装，重量每包自一百六十四斤至二百四十斤。来自菲律宾者，其包装重量与吕宋青同。

（5）国产白糖多来自汕头，先用箆篓，次用芦席，外以藤皮捆之，每包重量约百四五十斤。

（6）境外白糖来自爪哇者，其包装重量与荷赤同，其他如太古、怡和及日本各厂之白糖，皆内用芦席，外用藤皮，每包之重量约百三十斤。

（7）国产冰糖多来自厦门，俗称建冰，内用铅板箱，外用木箱，每箱连皮约五十斤。

（8）外国冰糖，石冰包裹最大，系用麻袋，重量约二百五十斤至二百七十斤，德冰、美冰为小包麻袋，重量约五十斤。日本冰糖即东冰，为小木箱，重量每包约五十斤。

五、糖之交易手续

糖之交易手续极烦，因业此者有糖行，有糖号，有进口商，有洋行及批发零售等种种之别，故由生产而达到消费，中间需经过几种阶级。而一阶级有一阶级之惯例与规约，因是其交易手续亦多，非老于此业者，绝不能窥其奥秘。现只将其大焉者略举如次。

（1）买卖手续。本埠糖商购买国产糖时，例向建、潮两帮之糖号定货，买洋糖时则例向洋行定货。向洋行买货，不论为现货或期货，双方需交换成票即定单。若为期货，则由生产地出货后途中或有迟延以致到期不能交货，或交货时价格突有上落，洋行及卖主不负责任，且定单皆用外国文字，此为中国糖商之最大损失。故中国糖商之唯一补救方法，只有于定货时，即向银行预购外币，以便到期结价之一法。不然，与洋商往来，即悉用其各本国之金单位，汇水变化极大，常受无穷之损失。现货成交手续与期货相同。出货期间分为三种，一为新规，以十天为期，银货两清；一为老规，以一月为期，银货两清；一为建规，福建帮之特有习惯，以两个月为期，银货两清。若有到期不出货者，除例需按值付银外，其栈租保险费等，皆归买主负担。此外尚有南规及北规等名目，再售货手续，有期货、现货交割之不同。据点春堂营业规则第六条之规定，现货买卖以入会会员为限，成交方法仅用口头契约，不用成单，双方成交后即由买主出一十天期之庄票，与卖主交换栈单，其先送栈单者以盖印为凭。倘有业外交割收进出之标准货栈单后，盖有同业会员图书者，得由会员中收回之。至期货买卖，则不论是否会员，皆可在点春堂糖业公会市场上做买卖，唯成交后需用点春堂对换成票为凭。买卖期限以三个月为限，标准品以大日本制糖公司所出大里糖之 N 唛头及明治制糖厂之 YT 唛头为准，不得杂用其他商标之唛头。但自本埠厉行排斥日货以后，已不通行矣。

（2）交割方法。现货买卖已如前章，当日成交后，即用十天期之庄票调取栈单。期货买卖则每期以阴历月底为交货期。交割时间自午后一时至五时。在此时间内，不论现货或期货，皆不得进出。若卖主在规定时间内不能如期交货，则依公单价格，每担加一两五钱结价，以偿买主之损失。所谓公单，即公会假定交栈单临时之手续。已入公会之会员，若有栈单亦可发出公单，非会员之公单不能通行。公单上需注明 N 及 YT 之商标及栈租一月、两月，或无栈租等字样，收公单者当日需调换栈单,以午后八时为限,逾时不换,翌日再售。如有损失,由收公单者负担。再付款不论整数或尾数,全部或一部概用下月十天期之庄票。若标准糖因意外变故,到期不能交割,则或结价或延期,由大会公决办法。

(3) 货币及秤称。上海糖商通常交易,成交数目以包计,货物则以担计,担之秤量有数种。一为天秤,以十六两为一斤;一为司马秤,以十六两三钱为一斤;一为栈秤,以十六两五钱为一斤;一为足磅,以十六两八钱为一斤;一为会馆秤,以十四两四钱为一斤。买卖之秤量不同,买进多用足磅或栈秤,会员间之买卖用栈秤或司马秤,会员外之零卖则用天秤或会馆秤。付款从来皆用规元,以两为单位,厘以下不计。但现今除太古、怡和及潮、建两帮之糖尚用规元外,其余如荷兰糖进口则用荷币计算,日糖进口则用日金,古巴糖进口则用美元,买主需随时选定汇兑结价,付与洋商。货到埠后,至迟不得过两个月,必须出货,故中国糖商不但因世界糖市之如何而担负风险,且因汇兑上之变动而生营业上之盈亏,即如糖价虽无利可图,而汇水有利,仍有盈余,否则糖价虽好,若汇兑上吃亏,则亦折本。此亦可见华商受本位货币不同之影响也。

(4) 栈租、保险、佣金、运费等。据点春堂之成规,凡标准糖及现货之交易,栈租可以白借三天(如本月底成交,至下月初四日始起租,但遇星期及封关日亦算在三天之内),交割前之栈租归卖主负担,以两个月为限。若在三四个月以上,则依买卖时之契约而定。栈租依糖包之大小、轻重而不同,大包糖每月每包规银五分,两个月起减为四分,麻袋包者每担每月规银三分,小包冰糖每包每月四分,吕宋赤青糖每包每月规银一分,货到后十日或十四日起租。存栈中之保险费,亦依糖之种类及价格而异。普通一千两,其平均保险费为每年约四两,负担方法亦如栈租。佣金亦有数种,华商与洋行交易,经过买办之手,佣金为千分之五;同业间之买卖,经过经纪人之手者,每百包佣金两元,概归买方负担。本埠号家(批发)与各客帮(内地商人)之交易,无一定成规,习惯上现盘每担佣金五分,谓之内佣或行佣。若一个月期付款者,另加外佣规银一钱。如满一个月期无银付款者,则照月息一分或一分三厘计息,亦有不计息而加佣者。如货银百两加佣金三两,以九十天为限。如在三十天内付款者,每百两得扣回外佣二两,即每百两只付外佣一两;若过三十天还银者,即无扣回。再本埠华商糖行售货与内地糖商时,货物之运送概由售货商代客办理,除装轮船水脚及火车运费或其他车辆费用由买主自理外,关于出货时所用驳船、小车、扛运、小工等之费用,则由卖户代付,每担约需规银一钱二分。如有代为保险者,保险费约当货价千分之一。

(5)糖之交易时期。糖之最大需要期在阴历中秋节前,即七、八、九三月进口最多。因此时各地商人均制月饼,故需要极多,糖市即盛。次之为十一月、十二月、正月,因废历新年,亦为糖之最大需要时期。至四月、五月、六月则为淡月,吾人于此则可推测糖市之金融状态焉。

六、糖之各种捐税

糖有进口及销场两种捐税。进口税由海关征收,销场税由南市里马路糖捐局征收。进口税向分两级,十四号以下者纳赤糖税,十五号至二十五号纳白糖税。赤糖与青糖每担纳正税规银二钱三分,二五附税一钱一分五厘,白糖每担纳正税三钱二分,二五附加税一钱六分。码头捐各征正税百分之五,冰糖每担纳正税四钱五分,奢侈税四钱五分。码头捐征收正税百分之五,后来荷兰政府检定糖之标准,八、九两号为老红色,十号略黄,十一号至十四号为淡黄,统名赤砂。十五号以上方为白糖,是为两级税。现国府改为三级,自八号至十二号为赤糖税,自十三号至十八号为黄糖税,自十八号至二十五号为白糖税。赤糖税值百抽十,黄糖税值百抽十五,白糖税值百抽二十,分级颇为精细,但糖业公会仍请改为两级,自十四号以下纳赤糖税,值百抽十,自十四号至二十五号纳白糖税,值百抽二十。其目的并非税率之减低,实在求税级之从简。因荷糖之原料优劣不一,糖之颜色亦不一律,往往八、九号糖内杂有黄色或淡黄色,反之十号及十四号糖内间有老红色。若税级过多,关卡扦验,因糖色不齐,竟指为以白冒赤,以赤混白,发生纠纷,商人未免吃亏。至销场税一项,凡洋货运至内地,向有落地捐。本埠白糖每包纳规银三钱,青赤糖纳规银二钱二分,冰糖每件以五十斤为度,纳规银一钱八分,大袋石冰每袋纳规银七钱二分。如运往外埠者,则完纳子口税,以进口税银减半缴纳。至该埠时,则再纳落地捐。落地捐之税率各处向不一律,有愿缴纳里征或统税者,查江苏省税率,上等白糖每担税银四角八分,次等白糖每担税银三角六分,赤糖、青糖每担税银二角五分,冰糖每担税银六角,均由赶运时经过第一关征收。然江苏全省货物税章程第三条之规定,凡江南之货销往江北,则入江第一关时,再需纳税,于此亦可知中国捐税之繁重,而商民之受困实匪浅鲜也。

七、本埠糖业之内容

本埠开始经营糖业者,本只建、潮两帮,因六十年前本埠进口糖多为福建、广东两省所产,嗣后洋商侵入,于是宁波帮乃继之而起。至三十年前,江苏(洞庭山)帮及镇江帮亦相继而起,故现在本埠华商糖业除建、潮两帮而外,又有甬、苏、镇三帮。此外则有洋行,分东庄与西庄。今试将各帮分别列举如次。

（1）甬帮糖商。

行名	地址	经理	经营糖类	销往何埠
元裕	外咸瓜街一三三号	孔继远	日本、荷兰、吕宋	杭、嘉、湖、苏、松江、大通
元生	太古路十三号	郎光瑞	日本、荷兰、吕宋	沪宁路沿线
方惠和	外咸瓜街十三号	杨志甫	日本、荷兰、吕宋、玖马	江浙各县、长江上流
方萃和	外咸瓜街九十四号	陈馨甫	日本、荷兰、菲律宾	长江及沪杭甬沿线
元泰恒	洋行街	陈裕仁	荷兰、日本、吕宋	江、浙两省
元益	法界福建路	方冀卿	荷兰、日本、吕宋	江、浙两省
怡益	洋行街	陈良卿	怡和、太古、日本、荷兰	杭、嘉、湖
裕大恒	外咸瓜街	陈裕仁	日本、荷兰、玖马、香港	杭、嘉、湖及长江沿岸
宏裕	法界福建路	叶仁之	日本糖	沪杭甬沿线
懋和	永安街	张鹤亭	日本、荷兰	杭、嘉、湖
协生元记	洋行街	童裕成	荷兰、吕宋、日本、香港	江、浙两省
寿和	集永街	陈锦松	日本、荷兰、玖马、太古	沪杭甬沿线
泰记	新开河	贺渭熏	荷兰、吕宋、日本、香港	江、浙两省
会和	永安街	郑奎章	日本、荷兰	沪宁、沪杭两线
义成	民国路	范济卿	日本、荷兰	沪宁及沪杭线
全昌协记	永安街	谢宝璋	荷兰、吕宋、香港	江、浙两省

（2）苏帮（本帮、洞庭山）糖商。

行名	地址	经理	经营糖类	销往何埠
鼎泰	裡马路东域里	凌励成	日本、荷兰、玖马、太古	湖州各县
承济新	同前	同前	同前	同前
葆和	新永安街	陈江麟	日本、荷兰、吕宋	沪杭甬沿线
和兴	福建路	姜雅臣	日本、荷兰	江、浙两省
恒生	洋行街	马玉南	日本、荷兰、吕宋	江、浙两省
同丰祥	王家码头	谭辑甫	日本、荷兰	沪杭甬沿线
同发祥	万裕码头	同前	同前	同前
泰生润	里马路毛家街	陆卓人	日本、荷兰、玖马	江、浙两省
成泰	王家码头	凌子青	日本、荷兰	江、浙两省
正和	永安街	丁汉廷	日本、荷兰	江、浙两省

（3）镇江帮糖商。

行名	地址	经理	经营糖类	销往何埠
永昌	洋行街	郑翊周	日本	江浙及长江
元和	新开河	胡书百	日本、荷兰	长江上流
广源	洋行街	郑泽南	荷兰、日本	长江上流
仁和	天主堂街	何湘谷	日本、荷兰	山东、安徽、河南
祥丰	永安街	胡锦波	荷兰、吕宋、日本、香港	江浙、山东
合泰	太古街	郑介舟	同前	同前
佑新	新开河	周然星	荷兰、日本	九江、汉口
广和	四川路	郭子香	荷兰、日本	江浙、山东
瑞和	大生街	倪瑞芝	荷兰、日本、吕宋	九江、汉口、山东
励旭	小东门	柳露卿	荷兰、日本、吕宋	安徽、山东

（4）潮帮糖商。

行名	地址	经理	经营糖类	销往何埠
李庚记	民国路	李少庚	日本、荷兰	山东、山西、河南
郭乾泰	永安街	郭若雨	广东、荷兰、吕宋	山东、山西、河南
源裕	洋行街	郑介如	同前	中国北部
陈俊成	洋行街	萧泽卿	同前	本埠行家、山东
裕丰	洋行街	陈秩侯	同前	本埠行家、中国北部
曾和	洋行街	蔡兰友	同前	本埠行家、山东
谢成利	洋行街	谢锡九	同前	中国北部
郭叙安	洋行街	郭硕朋	同前	本埠行家、中国北部
裕盛源	永安街	高蕫史	同前	中国北部
通安	公馆马路	柳杰十	同前	中国北部
仁诚	舟山路	谢卓权	同前	本埠行家

(5) 建帮糖商。

行名	地址	经理	经营糖类	销往何埠
祯祥	天主堂街	颜子璋	玖马、荷兰、吕宋	本埠行家、九江、汉口
锦茂	同前	卓汉臣	同前	同前
日兴	四川路	许江水	福建、荷兰、吕宋	本埠行家
华新公司	仁记路	莫振东	吕宋、荷兰	本埠行家
炳昌	洋行街	叶望生	福建、吕宋	江北、河南
源来	洋行街	林大茅	福建、吕宋、荷兰	江北、河南
茂昌	洋行街	吴松如	福建、吕宋	江北、河南
聚德隆	氏国路	胡炳章	福建、吕宋、荷兰	安徽、山东
炳记	新开河	施藕香	福建、吕宋、荷兰	安徽、山东
益华公司	公馆马路	傅焕灿	吕宋、福建、荷兰	本埠行家、汉口、九江

(6) 西庄。

行名	地址
安利洋行	1. Nanking Rd, Sassoon House
华记	12. Hankow Rd.
太古	French Bund.
老沙逊	Kiangse & Kinkiang Rd, Sassoon Bdg.
天祥	Union Bdg., 1 Canton Road.
宝隆	1 Canton Road.
达美	1 Kinkiang Road.
怡和	27 The Bund.
大昌行	Arnhold Bdg. 6 Kinkiang Road.
立基	2. Peking Road.
礼达	96 Peking Road.
美最时	1920 Kinkiang Road.
泰来	212 Szechuen Road.
福家	4 Avenue Edward VII.
禅臣	60 Kiangse Road.
仪科卡夫	15 Broadway.

(7) 东庄。

行名	地址
复合裕	9 Siking Road.
大日本制糖会社	6 Canton Road.
三菱	9 Canton Road.
三井	49 Szechuen Read.
高津	9 Canton Road.
增幸	3 Foochow Road.

以上所列甬、苏、镇三帮糖商三十六家，系行家中最占有力量者，每年本埠糖之贸易大部分皆在该行家等掌握之中。其中营业最大者，年额达百余万元，但其购进货品多向洋商所设之洋行或建、潮二帮定购，不能直接进口。至建帮则以建糖为主要营业，间做吕宋、爪哇等埠之糖。潮帮则以粤糖为主要营业，兼做香港、爪哇等糖。西庄（西洋行家）则以爪哇糖为主，兼及香港、吕宋、古巴等糖。东庄（东洋行家）则以日本糖为主，兼做香港、爪哇之糖。每年本埠糖之贸易，约在二千五百万至三千万两之间。

八、本埠糖业公会

本埠糖业素有一团体，曰"点春堂"，为解决全业一切纠纷及拥护全业利益之机关，每年选举董事若干人，管理会中一切事务。民国十年前后，始增加定期买卖，乃改称公会，唯当时因陋就简，尚无公会章程。至十六年春，本埠各机关均先后采用委员制，于是糖业公会亦选举委员十五人，复由委员中互选常务委员三人，监察员二人，审计委员一人，任期各二年，并订公会章程二十四条，其第三条规定，凡入会全业需具下列三项资格。

（1）资本金满两万元以上者。

（2）经理系学习本业出身或经营本业年久而富于经验者。

（3）商行开设在上海者。

有此三资格者经入会全业二家之介绍，并经大会过半数之通过，缴纳入会银二百两、公益费银一百两、保证金三百两，按月认纳常年经费二元，始得加入公会而享受公会一切权利。故已入公会之糖商，比较信用厚而资本丰。

九、世界糖业之现状

欧战而后，世界糖产逐渐增加，遂至发生生产过剩之现象。而世界糖业市场乃大受影响，发生危机，各国再因而采取保护贸易政策，绝对阻止糖之进口，于是糖市益不堪问。

世界产糖额

单位：百万吨

	甜菜糖		甘蔗糖	
1903—1904 年	6.02	49%	6.23	51%
1913—1914 年	8.99	47%	9.99	53%
1921—1922 年	5.09	29%	12.75	71%
1924—1925 年	8.28	34%	15.99	66%
1927—1928 年	9.09	36%	16.21	64%

就中世界二产糖地之爪哇与古巴增加更甚。爪哇在一九二六年生产额为一百九十九万吨，一九二九年则为二百九十四万吨，增加（约）一百万吨。古巴在一九二八年生产额为四百一万吨，一九二九年则为五百十六万吨，增加一百一五万吨。加之年来各消费国之糖产亦从而增加，即一九二八年为二千五百三十二万吨，而一九二九年则增至二千七百二十五万吨。糖之生产增加如此其甚，而糖之消费量则不过增加五六分，且全世界除中国以外，皆各自努力求自给自足，增

高开税，阻止糖之进口，于是世界过剩之粮农，不得不相率向开税极低之中国市场进攻。中国国产糖乃益受其压迫，不能自立。不过自金贵银贱之风潮突起，农村疲敝，购买力减少，世界糖市益将陷于生产过剩之累，中国国产糖业亦从而难以经营也。

十、本埠糖贸易之前途

本埠每年进口糖额多寡不等，今试根据去年一月至今年四月之进口统计。则有如次。

单位：担

	精糖	白双	赤双	冰糖
1月	74432	60669	184037	10656
2月	17405	524552	91592	13139
3月	93409	118165	76535	3029
4月	30294	249249	56881	11765
5月	101692	77387	42402	6636
6月	54475	201199	19125	4578
7月	73482	177257	44399	9202
8月	54504	46031	76124	8494
9月	53454	334939	162002	10094
10月	162477	408061	148707	14290
11月	38588	500299	380648	6968
12月	103645	299566	257464	7451
1月	8840	291627	214100	5179
2月	94942	286567	64347	1145
3月	130276	222059	7744	126
4月	27397	323185	24053	2534

依上列统计，本埠进口糖额每年当在四百万担至五百五十万担。其中二百五十万担再转口于内地各埠，唯今年因银价之惨落及乡村之

凶荒，购买力减退，故进口糖恐将减少二成左右。然本埠之糖，无论何种，已皆为爪哇糖所独占。现在本埠爪哇糖之存货已超过一百万担，而爪哇糖之生产更日见增加，且除中国而外，殆无销路可言，则爪哇糖之过剩生产，势非悉向中国进攻不可，是本埠之糖市因将无起色。而本国国产制糖公司亦恐将陷于危险状态也。

（本文原载《海光》，1930年第2卷，第7期）

>> 我国工业现状之隐忧

（1）丝业。民国十八年度，在六月以后，茧价即渐高涨，其时茧商见有利可图，即纷纷脱货，向外洋输出。殆九月、十月间，市面原料即骤见缺乏，在十月、十一月之间，每做生丝一担需亏本六十四有余。上海丝厂共有一百零六家，在十一月、十二两月中闭厂者已有五十余家，达半数以上。而今年春茧仍无把握，倘产额减少，则预料结果必全部崩溃，再无恢复旧状之一日（日本生丝出口已达四十万担，中国不到九万担）。查现在每年丝茧两项输出关税收入达四百三十万两余，如一朝全部销灭，不唯农工生计受其影响，而国家税收亦必蒙其绝大损害。

（2）纱业。中国全国产棉数量约九百万至一千万担，以原料不敷，每年尚需购入印度棉约一百六十至二百万担。平日外汇平稳尚可购买，民国十八年度产区缩小，国内原料即感缺乏，今则金价一高，原料存货至多只敷二个月之用，届时新棉未经登场，外货又无力购买，势必重演民国十四、十五、十六三年时之景象，纱业无异根本破产。

（3）面粉业。国内产麦向只敷六个月之用，每年其他之六个月当购加拿大麦以济其穷。今年金价突涨，除在内地面粉厂因有积存少数料勉强维持外，其在上海面粉厂已有三分之二以上停止工作。查小麦登场约在国历六月左右，在此半载期内几处无可维持地位。

（4）绸业。①本机。生丝价昂，且缺货不能制造，现在杭州等地

机户已大半停制。②电机。向用生丝与人造丝夹织,今年越南与朝鲜及南洋一带均因各该国政府颁布新税率,课税极重,华绸已不能再去。同时生丝、人造丝均奇昂,每做绸一尺需亏本由二分至一角半以上。

(5) 卷烟业。我国较大之烟公司仅南洋、华成等数家,近年来以受外货排挤已处落伍之地位。因外商购货均于金价极贱之际,为大批制办,足敷十余年之需用,华商则缺乏现金,向来零星购买,其中已吃亏非细。最近金价一涨,而存货无几,故势必停止工作。据该业接近烟厂者言,刻下所存原料只能最多用至本年三月底,过此如金价不落,即无法维持。(编者按:此篇付印后,南洋果以停业闻,何不幸而言竟中也。)

(6) 丝光棉织业。我国无细纱厂,所有棉织细纱原料均来自外邦。现在金价飞涨,细纱业商均以定货到原埠不能出货(货均由押汇而来),纷纷倒闭。而同时外国之细纱商,因目睹我国棉织工厂行将倒闭,兼以货价过高无巨大利益可得,遂相率停止办货。而原料恐慌状态果现,现在各工厂仅制粗纱之布及各种杂件,藉维现状,形势殊为危殆。

(7) 针织业。以制袜为大宗,工厂均集中于上海,其袜线大半均由日本舶来。最近亦受金价影响,难以维持。该业较大工厂于去年七月、八月间,见金价渐涨,稍购存货,故尚可勉强工作,但多亦只能维持至本年三月间。其他小厂则以资本缺少,停厂日有所闻。

(8) 皂业。较大皂厂仅固本等二三家,其出品堪与祥茂、日光等外货相敌。自四大公司联合改组为中国肥皂公司(四英国公司合并)后,常将市价狂跌,以冀打倒华商。最近金价突涨,国内皂厂所存原料为数无几,即就洋碱一项而论,已足致中国皂厂于死命。

（9）火柴业。自瑞典火柴公司与日本磷寸株式会社合并以后，同时又取得德国全国火柴专利权，势力遂日益雄厚，冀以屯并货销灭我国火柴全业。但昔时原料价贱，工资不高，有此利便，尚能存在。今则原料合算，以金价开系，已超过一倍有余，而国内并无磷寸及主要原料出品，故瞬息亦将覆灭。

总计各业以上情形，以资亲察，不外乎两种困难：①原料缺乏。②金价突涨。而两者之中，彼此有牵连关系，非同时解决不能以图自存，非特别妥筹方法不能以言补救。及时设法，有四百万之现金已能收效，倘迟至本年三月以后，即有三千万之数额恐亦难渡过难关，此为照业资本约略上之预计，在事实上或不止此数也。查一月二十三日工商部颁布金融救济办法五项，殊属当务之急，亦为国家工业建设上所必取之程途。但以现在之情形而论，全国工业已是大难，当头必须于急切之中，将关于辅助特产输出及停止附加货捐等先行举办，同时筹足现款，补救金融及原料供给，并开全国工业会议，使人民与政府间协定其范围，庶现在突杌不安之现象方能因此消除。时届青黄不接之期，亦得安然而过渡，若仅令所属地方，分别缓急轻重，酌量停缴，是仍非根本补救。在国家方面，仍为不肯牺牲也。年来我国工业自身组织不善，工人技能退步，平心而言，政府与人民当共负其责任。而时在今日，一切整理改良在数月以内，断谈不到，只能于无可如何之中，先苟延其寿命不绝，斯为上矣。

（本文原载《海光》，1930年第2卷，第12期）

》首都①一年来商业一览

首都位于扬子江流域之中区,北有津浦路以接平奉,南有京沪路以通浙闽,实绾南北商业之枢纽。在昔首都未曾奠定,南京因受交通便利之上海所控制,是以商业状况凋敝异常,目下国都迁定,竟一变为全国政治总区域,而商业情形亦随之大异。兹民国十八年度已告结束,经数日之调查,将首都商业概况分志如下。

1. 丝茧业

江浙素称产丝最富之区,每届春夏之交,家缫户揉,人工忙迫,俗有"蚕月"之称。查新丝上市,贸易甚大,江浙丝茧出产,均以沪上丝市为贸易集中地点,再由沪运往海外及各内地各省,此吾国丝产贸易大概情形也。南京为绒缎出产、素负盛名,每年对于丝之销纳,为数颇巨,本市丝之来源,大约可分下列各区。①江南、江北及皖南、皖北区。②江宁县属横溪桥、谢村区。③浙江省湖州区。

至茧之出产:①以绿口镇(距城九十里)华裕茧行为收集地点,运往上海销售。②本市茧业行,民国十七年度计三十二家,民国十八年度计十六家,各家每年均赴苏皖交界之地,收买湖茧湿茧,烘制后(每三石可烘干一石)从皖境认税运沪(茧系江苏出

---

① 编者注:当时国民政府首都为南京。

产,因划归皖省徽税)。丝及丝经:①江南、江北及皖南、皖北区。每年产丝输入本市贸易之概况。民国十七年度人口丝约二百二十万两,价值约八十六万元;民国十八年度人口丝约二百万两,价值约七十八万元。②横溪桥谢村区进口丝之概况。横溪桥谢村均中华门南门进口,民国十七年度约十五万两,价值约六万元;民国十八年度约四十万两,价值约十六万元。③浙省湖丝人口概况。民国十七年度浙丝人口约一千七百包(每包重量为一千四百四十两),共计二百四十八万八千两,每包运税捐运费等项约值洋七百元,总值洋一百十九万元;民国十八年度人口约二千包,共计二百八十八万两,总值洋一百四十万元。

茧:①绿口镇收集烘制运沪概况数。民国十八年度收干茧三百担,价值银三万两,约值洋四万零六百六十元,均运沪销售。②茧由江苏出产(苏皖界),从安徽出口者,民国十七年度由本市三十二行收买干茧约一万石,每石价以一百二十元计算,价值洋约一百二十万元;民国十八年度本市十六行收买干茧约五千石,价值约六十万元。

2. 皮货业

本市皮货业庄店共计十四家,资本总额未详,兹将该业贸易概况分述之。①民国十七年度,各家在本市销售总额计洋九万元。②民国十八年秋季,各家赴北方探办皮货,计衣五千件,总值洋七万二千元。③民国十八年秋季,各家探办皮货、运货及税捐两项,总计洋一千六百元。④皮货之种类及来源地。(i)上等羊皮由张家口运来;(ii)中等羊皮由山西大同运来;(iii)土产羊皮出产河北顺德大曹镇等处;(iv)其他最贵重皮货,如海虎、紫貂、猞猁、狐皮、犴皮、獭皮、灰鼠等,均产于吉、黑、外蒙及俄属西比利来一

带，本市各家、探办概居少数，闻有标卖者，多系历年积下陈货，新货极少。

3. 绸缎业

绸缎方面：①购办手续。查本市各绸商，现在探办各货，如绸、总丝葛、花素缎类，均由苏、杭两埠购来，统计全年进口货物总值，约洋五十万元，各商号径赴出产地直接购办，现款交易，间有尾欠，每逢废历节关，即需清结。②运输情况。在苏、杭等埠购办各货，交转运公司由沪杭、京沪两路装运。（i）浙绸除在杭按时税章程完纳每担税款约三十元外，每担运送费约十元。（ii）苏绸除税款每担十六元外，每担运送费八元。③特殊惯习。本市各绸商组有该业公司，店铺货价均甚划一，若货价涨落及其他有关系营业进行事项，均由公所议决执行。

缎业方面：①海关出口方面。本市各大缎商均在沪设有庄行，各埠顾客皆径赴上海行庄直接贸易，均系现款交易，以上海规元为本位，海关税款每斤需纳特税洋一角四分，每担（一百六十斤）正税银十二两，半税六两，附税九两，至运费由商自认，多少不一。②邮政出口方面。多寄往东三省，哈尔滨、蒙藏、营口、牛庄、大连各埠，欧美估少数，货到即由上海规元市价拨付。邮税每斤大洋五分，（特税）邮包税每斤洋九分，其余每担缴纳正税子口税，附税均同上（海关出口数）。

4. 银行钱庄

本市各银行多系分行，其资本及金融流转俱系总行拨付，钱庄营业亦与银行唇齿相关，兹将调查所得列表如下。

银行名称	经理姓名	银行名称	经理姓名
中央银行	屠柏奚	城北办事处	陈吉南
下关分行	李定中	江苏银行	苏民生
中国银行	许仲衡	南京特市市民银行	蔡承新
下关分行	郭幼生	南京西北银行办事处	金戒麈
交通银行	江禅山	中南银行	余胜修
下关分行	陆佩荪	国华银行	王绍堂
上海商业储蓄银行	李桐村	江苏省农民银行	王世晋
城南办事处	孙体卿	农工银行	刘同

钱庄名称	经理姓名	钱庄名称	经理姓名
通汇钱庄	胡锦堂	怡康钱庄	刘澹如
庚源钱庄	秦晓卿	豫大钱庄	李寿堂
通和钱庄	李纯生	元丰钱庄	许颂平
长和钱庄	李汉卿	怡丰钱庄	陈仲彝
谦益钱庄	朱晋良	道生祥钱庄	杨相伐
仁泰钱庄	朱少泉	森源钱庄	刘汉章
慎康钱庄	许云樵	福源钱庄	王屏卿
庚余钱庄	林云关	彙源钱庄	姜景潮
德大钱庄	郑玉章	鸿源钱庄	赵步青
益源钱庄	夏溥卿	裕丰钱庄	姜渭川
荣和钱庄	马骏如	秦祥钱庄	杨汉丞
勤康钱庄	周栋臣		

5. 典业与估衣业

(1) 典业。本市有典业共计八家，下关四家，城内四家，内二家已收归市有，余二家系合股商办。名称如下：公济、协济、会济、通济、仁济、同济、和济、降济。

①各典之营业概况：（i）组织。各典店设经理一人，柜员八人至十二人不等，帮柜月薪五六元不等，学徒月支津贴四六角不等。

（ii）当价本位。各典柜出入一律现洋，当票记价，出入分文需划割清楚。（iii）票面之条约。票上载明所当何物及当价若干，并双方所应遵守之约条，当物名目系典业特创之密码，当价若干视质物之贵贱与否而定。此外又需另加存箱及包裹手续费。（iv）利息之计算。月利每元二分，按例月不过五天，第六天续需以两个月利息计算。又如逢巧月之利息，由柜上取得平分（即是第六天续取所加之一个月利息不归店东），第七天以外仍归店东，故名之为"巧月"。（v）转当手续及收买当票副业者。如当物将届满期，无力续取，可缴清利息，继续质押。又各典之收买当票副业者，系当主无力购取时，将票转卖与收买者，收买者自认看当费，察看质物后，双方议妥票价，即将票之所有权移转，吾国各省典业大略相同。

②各典之组合情形。本市各典在门西胭脂巷设有典业公所，共同议决执行该业一切进行事件，并订有各种重要条规以保业务之进展。

③估衣业。本市大小衣庄，下关及城内共计九十四家，城内自三山街直达水西门不在少数，其余花牌楼北门桥各街触目皆是。下关大马路、鲜鱼市一带亦最多，至该业兴各典之关系撮述如下。查衣庄提当，并无定期，大约以春秋两季为普通，因各典每届阴历年底，结算出入，次年正月梢及二月初，衣庄即向各典提春夏两季衣物，秋凉亦同。至京外各埠，亦有来本市各典提当者，每年交易总值为数亦大。至提当手续，系论号数，比如天字号系衣物，则将当本与利息，总和共值若干。如市面旺时，加利一分五六厘，淡时加利一分三四厘不等。

6. 和记工厂营业

①主要营业。收买鸡蛋及购买牛、羊、豕、鸡、鸭等，制造罐头、运输出口。②营业区域及情形。北沿津浦路一带，达山东、河

北、长江下游，迄汉口、上海、安徽等处，遍设外庄，向民间收买蛋只，并放庄账。农家遇经济缺乏时，得向就近分庄借贷，双方订立合同，出蛋后即以蛋作价值还，农家与该厂分庄订约借贷后，即有外客高价收买，亦因合同关系不能出售，故本市各蛋行蛋贩，及须向和记批发，实缘于是。③制造及贮藏方法。该行出口鸡蛋，计分鲜蛋及制造干湿鸡蛋种。鲜蛋收进后，先由女工于暗室内用电光检验好坏，存好汰劣，囊时制之木架上，分配头、二、三、特四等，再装箱橾，以木丝贮藏冷气室内，可经久不坏。运输即将装就之木箱，置输船冰房，直达外国。干蛋湿蛋系碰碎之蛋后只，经过打蛋手续，干者用机器制成小块，装放箱内；湿者则经过机器和均，使黄白混合，并和以药水，使不变味，藏之琵琶桶内，抽出空气，仿罐头吸法，可历久不变。④出口情形。运往伦敦者计蛋黄、蛋白，二月份出口三千另二十五箱，六月份出口三万一千九百二十二箱，三月运往利物浦者计三万四千三百十九箱，又一二月出口冰鸭运伦敦者四万另五百十九箱、冰鹅一百另七箱。

7. 五金与原料

查五金一项，全系西洋来货，国产尚少，市内五金业系一种杂货另件性质，各家多兼营电料，每年业务概况并无统计。本市民国十八年度，新开五金电料商店中，较民国十七年增加七家，足证该业大有蒸蒸日上之势。本市铜锡店铺共计十家，作坊共计一百四十家，兹将该业贸易及出品情形分述如下。

①买入与卖出。（ⅰ）收买旧铜锡。由作坊及挑贩往本市四乡收买，将废旧铜锡熔作原料，或在门市将新货换旧货，过秤补价交易。（ⅱ）购入新铜锡原料。在未抵制日货以前，红铜多来自日本，现在改用美国货，从沪埠运来。②铜锡市价。购新：（ⅰ）红铜，美国货每

石七十五元。（ii）白铜，熟货每石十八元，生货每石十六元。（iii）高锡沪价每石七十元。（iv）次锡沪价每石二十元。收旧：（i）红铜，每石二十五元。（ii）白铜，每石十六元。（iii）锡，每石十六元。

8. 洋广货业

①采办地点。上海、苏州、无锡一带。②交易手续。洋广货业分店铺及摊贩二种。本市该业各商号均系赴上海、苏州各埠直接采办，至货款之交付，上海系以规元为本位，应洋次之，苏州、无锡各埠大略相同，每月以月底为交款比期，每届节关需扫数清结，唯上述银期仅限于交易上之来往大者。然挂账亦有定额，如采办货品一万元，至少需付现款三分之二，至生意小者，不在此列。至于摊贩买卖手续，与店铺截然不同，多系从本市店铺分购转售，或向驻京各外商洋行直接交易，较之店铺，获利较丰，因税款运费均可减轻，或竟豁免，此种摊贩，同业商店多视为败类，倾轧叠见，实因摊贩破坏营业行规，滥买滥卖，商店受无形损失之故。据该业公所负责者云，现本业对于摊贩，实无法取缔，盖因外商洋行包庇承揽一切，双方利益均沾，同业只可忍哑吞声而已。该业公所估计全年洋广货进口价额约六十万元，但各商店与外国洋行暗中买卖，进口货价究竟全年多少，该业公所亦无从稽考。③运输概况。全系从京沪车装运，进城则改由小火车或汽车，大车分送各店。至大宗笨重货品，则多由长江轮船运送，运费、纳税等项约估货价额百分之一二。因该业货品繁难，纳税及运费情形不能列举，只能如上述之百分比例。

9. 中西药业

①商店计七十五家。②资本总额共计十五万三千零六十元，各店资本额最大者为一万元，最少者为一百元。③药材出产地。来货以

川、广为多数，浙、闽次之，山西、河南又次之。④买进及卖出之手续。凡产区及集中地点，本市各大商号均设有庄客，亦有由各会集区药行代买者，至门市卖出系丸散膏丹均照方酌合，饮片则零售为多。

西药方面：①采办情形。在上海各洋行购办，如华英、华美、五洲各大药房，货价以洋为本位，现款起货，间有拖欠，照该业惯例，以两个月为限，需扫数结清。②运输概况。（i）外货原件（派司货品）由海关报关运京，报关运费每担一百斤约银五钱，内地关税约值百抽七点五。（ii）粗货转运公司包运，每担连运费铁路费二等品约洋一元八角，料瓶每担一元云。

（本文原载《海光》，1930年第2卷，第12期）

资耀华文存

>> 经济复兴与经济政策

一、绪论

数年以来,全世界之政治家、经济家、实业家钩心斗角,研究种种方案,召集种种会议,以冀挽救世界市面之消沉,克服世界经济之恐慌。然世界市面转日趋衰败,经济恐慌,反日益加甚,依然贸易衰退,失业增加,生产过剩,物价低廉,存货堆积,股票惨落。一方由农业恐慌、商业恐慌、工业恐慌,而造成全体之事业恐慌;一方由货币恐慌、金融恐慌、投机恐慌,而造成全体之信用恐慌。且更由地方恐慌扩而为全国恐慌,由全国恐慌扩至世界恐慌。其始也,不过为澳洲、南美等之农业国迫于经济,禁金出口(一九二八年底至一九三〇年上半期),继则为奥地利、德国及其他中欧诸国之经济破产(一九三〇年三四月至同年六七月),终则酿成全世界之大恐慌,即握国际金融中心之英国、短小精悍之日本不得不先后停止金本位之机能,保藏现金最多之美、法,卷入于恐慌之旋涡,而安于幼稚经济组织之中国,亦堕入于此恐慌之狂风骇浪中。推其原因,实不得不认为过去数年各国经济政策之失败,若今后经济政策犹不速求转换之方,则只见经济恐慌更加剧烈,而结局只有两途,即或则酿成全世界之大战争,或则现在之经济组织根本将被破坏,盖此次之经济恐慌与欧战前之经济恐慌,趋势纯异,性质特殊,二三年来各国依然采用欧战前之经济政策,以救此次之经济恐慌，卒致不但徒劳无功，且如入水益深，入水益热，恐慌状态，乃不知其所底止也。

二、此次经济恐慌之特质

资本主义经济之发展可分三期。①初期；②发展期；③末期。在此三种时期之中，恐慌之状态不同，救济恐慌之方策亦异。在一、二两期中，有资金即有事业，经济社会中，到处只感觉资金之缺乏，故其恐慌之发生，基因于金融之逼迫。例如，一九○七年之美国经济恐慌即为此中之典型。因此欲救济恐慌，即在谋金融之缓和斯足，而欲谋金融之缓和，不外采取下列种种方策：

①紧缩财政，偿还公债。

②整理各种事业，裁员减薪，节省经费。

③提倡国民节俭。

④抬高物价。

⑤蓄积资金。

而其循环方式则有如下：

事业突兴→资金不足→金融逼迫→经济恐慌→紧缩节约→蓄积资金→金利低落→金融缓和→人心渐佳→事业有利→企业肇兴→投机流行→事业过多→资金不足

以上所举为历来救济经济恐慌之良法，然此之经济恐慌则与战前屡次之经济恐慌殊异，试分别述之。

第一，欧战前之经济恐慌基因于金融逼迫，此次之经济恐慌则反是。资金虽然丰富，而确实有利之事业则毫无，因是金利虽安，不能发挥其固有之效力，此证之世界各国之金融市场莫不皆然，可见下表。

各国中央银行公定贴现率之低落比较表

单位：%

国名 \ 年次	1928年末	1929年末	1930年	1931年	1932年
美国	5	$4^{1/2}$	2	$1^{1/2}$	$2^{1/2}$
英国	$4^{1/2}$	5	3	$4^{1/2}$	2
法国	$3^{1/2}$	$3^{1/2}$	$2^{1/2}$	2	2
荷兰	$4^{1/2}$	$4^{1/2}$	3	2	$2^{1/2}$
比利时	4	$3^{1/2}$	$2^{1/2}$	2	$2^{1/2}$

第二，欧战前之经济恐慌基因于金融方面，今次之经济恐慌则以下列各点为其主要原因。

①全世界商品供给之过剩。供给过剩原为经济恐慌时期必然之现象，故以前各国所谓经济恐慌，无一不发生供给过剩之情形。然欧战前屡次经济恐慌期之供给过剩不过一时的现象，若金融一旦和缓，需要即从而增加。至于今次之经济恐慌，则发因于根本的供给过剩，绝非和缓金融即可解决，故年来各国对于此点，大都依然采用战前之救济办法，以谋供给之适中。例如，互相增加关税，阻止外国货之侵入，救济棉花、米、麦、砂糖、丝、铜、树胶等种种限制政策及补助政策，不但不足以缓和供给过剩之趋势，且商品存货长期增多，大有商品洪水之概，试将近三年来各种重要商品之滞货列表如次，则可知其过剩之趋势也。

国际重要商品之滞货表

年月		棉花（千担）	铜（千吨）	锡（千吨）	铅（千吨）		亚铅（千吨）	树胶（千吨）	砂糖（千吨）	咖啡（千吨）	石油（百万吨）
					美	英					
1929年	1月	3494	292	—	32.8	0.9	42	266	4271	15703	642
	7月	3096	315	28.7	52.6	0.8	34	299	4779	14259	631
1930年	1月	3662	401	35.9	50.8	2.0	73	383	5473	25063	630
	3月	3744	457	41.0	37.1	6.7	87	422	6148	26768	639
	6月	4486	528	45.9	44.3	7.4	100	418	6955	29814	637

续表

年月		棉花（千担）	铜（千吨）	锡（千吨）	铅（千吨）		亚铅（千吨）	树胶（千吨）	砂糖（千吨）	咖啡（千吨）	石油（百万吨）
					美	英					
1930年	9月	5753	532	49.2	65.0	5.7	123	464	4233	29203	626
	12月	6273	543	47.5	80.7	7.2	142	491	6125	30447	609
1939年	1月	6471	535	51.0	92.2	8.3	140	506	6877	29309	603
	2月	6578	525	53.1	101.0	10.5	142	527	7118	28829	597
	3月	6888	519	57.7	110.1	13.2	142	533	7573	28457	593
	4月	6898	510	58.4	116.5	13.5	140	548	8453	28292	591
	5月	6922	523	58.9	124.5	14.0	113	533	8270	29310	592
	6月	7226	552	0.0	—	13.6	14.6	—	—	—	—

②因第二次产业革命而物价暴落。十八世纪初叶，因科学发达，蒸汽、电汽机器等之发明酿成第一次之产业革命，家庭工业及手工业一变而为工场工业，小组织小商店一变而为大组织、大公司，经济社会固发生一种大变化，然第一次产业革命之结果，人人享受物质上之文明幸福，故全世界无不为之讴歌。再自科学化、合理化之声浪遍达全球以来，生产效能因之大增，生产成本因之减少，又酿成第二次之产业革命，因是向之需要数万工人者，合理化之结果至小或可减去十之四五，向之出产数量与工人比例为百分之四五者，合理化之结果可达至百分之六七，各种组织又变而为大联合、大合同，互相竭力增加生产，以竞相角逐于世界市场。以前不产棉纱者，今日要竭力谋纺织工业之发展；以前不产丝绸者，今日要竭力谋丝绸工业之自给；以前纯以工业立国者，今日亦竞谋农业之开拓；以前依农业立国者，今日亦竞谋工业之振兴。于是乎各种商品之供给突然增加，而去路则日见呆滞，物价即从而暴落，且不知其所底止也，其跌落之趋势有如下表。

国际重要商品行市指数表（1913年为100）

年次 种别	1932年（6月）	1932年（5月）	1931年	1913年
小麦	49	57	59	100
棉花	43	41	78	100
生丝	29	32	62	100
铜	34	34	56	100
砂糖	24	17	39	100
树胶	3	3	8	100

③生产对消费之失去平衡。此次经济恐慌不基因于金融逼迫，而基因于生产过剩。生产过剩之反面即消费力不足，此乃自然之理，而其所以致此者，即为经济政策之根本上的错误。夫一方即力求合理化而增加生产效率，一方又大裁工人而闭其生路，以致生产愈增加，失业愈多，失业愈多，消费力更小。且此中农业品及原料品之落价甚于半制品，半制品之落价又甚于全制品。农人以全年之力不能维持其生活，而农民之购买力亦因之减少，于是乎生产与消费乃发生根本上之不合理，以致一方存货山积，一方饿殍载途。此种现象固不仅一二国如是也。据国际劳工局之失业统计，最近三年来，各国失业人数一致增加，德国增加百分之二十四，奥国增加百分之七，比利时增加百分之九十八，丹麦增加百分之四十九，英国增加百分之七，意大利增加百分之五十三，荷兰增加百分之九十四，捷克增加百分之五十七，澳洲增加百分之十三，加拿大增加百分之二十五，匈牙利增加百分之三十，瑞典增加百分之三十五，爱斯多尼增加百分之三十三，芬兰增加百分之七十三，法国增加百分之二十三，爱尔兰增加百分之十，拉脱维亚增加百分之一百十六，挪威增加百分之二十一，新西兰增加百分之五十八，罗马尼亚增加百分之三十六，美国最近连男、女童工合

计，已达二千五百万人之巨，可知失业问题之严重矣。他方物价下落之情形亦不均衡，即批发与零售之差极巨，例如，英国批发物价下落率为百分之三五二，而零售则不过百分之十，美国批发物价为百分之二八，零奢物价百分之十一，法国则零奢物价反高于百分比，因此吾人更可知细民之困苦，且可知消费力更将为其摧残，全体物价更无恢复之望矣。

④现金之集中于一隅。自欧战以还，各国鉴于战时所给予之痛苦，战后乃一反从前正统派之自由贸易主义，互相增高关税壁垒，演成关税之白热战，同时重金思想复漫溢于全世界，又演成黄金之争夺战，再加战债与贴款之助澜推波，世界黄金乃起一重大移动。最初由德国流出，其次从斯堪的那维亚诸国流出，最后从美国流出，于是黄金分配发生极不均平之现象，因是一方现金既壅积，一方国际贸易皆突形减缩，而忧时者反谓世界黄金之不足，岂不知金钱贵流通，不流通则等于死藏，即如美国数年来，虽现金源源流入，而流通货币不见大增，若言法国，钞币基于现金，增加甚多，然大半为银行吸收及私人死藏，卒致富于现金之国，徒供窟藏，而缺乏现金之国则难于周转。现金缺乏之国购买力大减，现金囤积之国货物不能畅销，于是乎贸易衰退，工商业大受打击，经济恐慌，遂与日俱深。

世界黄金分配表

单位：百万美元

	1931年			1932年	
	1月10日	9月19日	10月31日	1月9日	4月2日
英国	710	666	666	588	588
美国	2994	3486	2738	2986	3018
法国	2118	2296	2534	2715	3005
德国	527	311	266	234	209

续表

	1931年			1932年	
	1月10日	9月19日	10月31日	1月9日	4月2日
荷兰	171	267	336	354	356
比利时	191	224	357	354	349
瑞士	138	234	422	464	471
瑞典	65	61	57	55	55
挪威	39	39	32	32	32
意大利	279	285	294	297	294
日本	412	407	342	234	213

世界贸易衰颓趋势之指数（29国）

单位：百万美元，%

1930年平均	16891	100.0
1931年6月	1189.0	70.0
7月	1189.3	70.0
8月	1189.1	67.5
9月	1174.0	69.2
10月	1206.0	71.6
11月	1122.2	66.3
12月	1043.7	61.5
1932年1月	835.8	49.5
2月	853.1	50.5
3月	887.0	51.0

欲克服以上所举四种原因，第一需增进购买力，第二需顺应新物价水平线而整理经济界各种积弊，如关税战、现金争夺战等，第三需谋信用之恢复。而此三种政策，则均非单独减低金利所可了事，减低金利不过为其中之间接手段，且有时反足以阻碍经济之恢复。试观前表，二三年来各国金融市场，金利皆异常低落，例如，伦敦金利之低，乃自一八九七年英兰银行实行金利政策以来，三十年间未曾有之先例，然而经济恐慌如故，是其明证。因是吾人可知今次之大恐慌，实基因于根本的供给过剩，绝非金融逼迫之所致，世界黄金半数以上集中于

美、法两国,而美、法两国之经济恐慌则与黄金成正比例。固然历来所谓恐慌,其外观无一不呈供给过剩之现象,但其主要原因皆基因于金融逼迫,生产者及中介商人因资金之缺乏,或则贬价出卖,或则不能进货,因此市场上一时发生商品之洪水,然只要金融流通,不旋踵而供给与需要平衡,恐慌即被克服。反之,此次经济恐慌,其根本原因基于供给过剩,而供给过剩并非由于金融逼迫,实由于生产力与消费力不均衡,即一方货品如山积,一方道途多饿殍,故其救济之方,当竭力增进消费力及设法恢复生产力与消费力之平衡,否则绝不足以克服现在之恐慌。今试将其救济之方,从生产与消费两方略举如次。

三、救济此次恐慌之两大方策

第一,生产方面之救济恐慌政策。

①淘汰不经济之各种设备,即一方整理过剩生产之设备,一方发展生产优良之设备;

②促进生产事业之调和,废止人为的抬高物价政策,例如,采用通货膨胀政策等;

③减低各生产费,(如)消除固定资本、减轻流通资本、减低金利(唯不可裁员减薪);

④减轻各种租税;

⑤压低地价及各种动力费;

⑥压低各种有关于生活费之物价。

以上所举,为生产方面之救济方法,其原则不外整理过剩生产而施行合理的统制的生产制限及压低物价而谋消费力之增加。

第二,消费方面之救济恐慌政策。

①在原则上不但不可减薪,且当加薪,以求消费力之增加,而防

资本蓄积之偏畸；

②短缩劳动时间，以防失业，且增加求职者之出路；

③减低勤劳阶级之租税负担；

④振兴中央及地方各种公共建设事业，如铁路、道路、港湾、治水、开垦、植林、水电等，以求消费力之增加；

⑤振兴农村，以求增加农民之购买力。

四、中国今日所处之地位及其应当采取之经济政策

前数节所论，为世界经济恐慌之通弊，与其恐慌救济之各种原则，至于中国之经济现状，固尚未臻至世界经济之域，且根本上说不到生产过剩之现象，然自科学发明，交通便利，昔日渡重洋跨大陆，非冒绝大危险，经过长久岁月，不能达到之地域，今日已天涯若比邻，故以经济状况最幼稚之中国亦受世界经济恐慌之影响，此中最著者则亦为现金之偏集与生产消费之不平衡，可分别叙述如下。

第一，现金之偏集。金融贵在流通，而金融区域尤贵在平均发展，此为经济上之原则。年来上海为全国金融中心，内地各埠为金融支流，例如，往日四月、五月、六月三个月，东南茶茧上市，北方小麦登场，八月、九月、十月三个月各地秋收上市，在此期中，金钱例由上海输送各埠，由各埠分送内地，收买农产，即由商人之手转入乡村农民之手，而乡村农民则利用其所得，购买各种工业品，于是金钱又由农民之手而转入于商人之手，先集注于各支流，再转送于上海，如是来回不息，金融常见流通，绝无偏枯之弊。比岁以来，西北苦旱之后，继以长江流域之大水灾，乡村已在困苦之中，复加以丝茶以及各种土货受国外经济恐慌之影响，出口一落千丈，金钱已无由再向内地输送，且近来之工业品以及农产品复因外

国过利之倾销，反纷向内地侵入，内地之金钱更不得不向口岸迁移，而集中于上海，因此上海现金日多，存款通货膨胀，已成臃肿之势，而内地乡村则日见干枯，陷于贫血之重症。试问中国全体皆贫枯，上海一埠可以继续繁荣乎？再若假定上海所有金钱悉集中于二三人之手，而三百万市民皆为赤贫者，则二三人之巨额金钱尚有何用乎？此不待吾人之赘语也。即如本埠之股票市场，因现金之过多，一致追随现金而闲散，主要股票二十九种之平均指数去年九月为一百十，去年十二月及本年一月为九十，本年四月又落至八十，七月更落至七十七点三。此外如天津、北平等埠市面发生现洋补水之怪现象，可知现金之偏集于一隅，绝非经济社会之福也。今将上海存底之增加趋势及存款增加情形列表如次。

最近十年上海存底统计表

	银 两（千两）	银 元（千元）
民国十一年底	26120	32490
民国十二年底	20960	36410
民国十三年底	47450	41190
民国十四年底	55330	66080
民国十五年底	51220	62600
民国十六年底	48410	61930
民国十七年底	59520	85130
民国十八年底	79470	117000
民国十九年底	87080	143740
民国二十年底	52750	189200
民国二十一年1月	62680	173360
民国二十一年2月	60200	172360
民国二十一年3月	61440	195630
民国二十一年4月	66850	209780
民国二十一年5月	72320	225870
民国二十一年6月	71900	224708
民国二十一年7月	82800	259740

最近四年本埠华商银行存款统计表

单位：千元

	〔民国〕十六年	〔民国〕十七年	〔民国〕十八年	〔民国〕十九年
总行在上海者	576626	740721	872091	1110926
分行在上海者	121660	158004	150691	194066
记账以规元者	24978	36211	39787	51229
记账以叨币者	51058	71592	89650	93718
记账以港洋者	23455	20517	21202	27647

第二，生产与消费之不平衡。前节所举，吾人已知现金偏存于上海，农村陷于贫血，而上海一埠，凡百事业，皆发生投机性，地产公司、投资公司、银公司乃风起云涌，皆为投机事业推波助澜，一时大埠经济界表面上似极繁荣，比之海外市场，大有独善其身之概，例如，民国十九年本埠地产交易不过为六千五百万两，而民国二十年则为一万万三千一百万两，然在有识者已忧其病之将至，而东北事变及长江水灾乃更速其病之突发，农村既成破产之局，土货出口既无，即无购买工业制品之余力，于是本埠之生产品及外来之货物，虽满仓、满栈，而去路毫无，工业制品既无去路，都市上之失业者自然增多，失业者既增多，则都市上之购买力亦随之减少，因是物价虽落，而消费者依然无购买之能力，结果以生产未发达之中国，亦成存货过剩之滑稽现象，以致本埠物价虽落，市民生活反日见其苦，米价一疲再疲，而号称富庶之江浙乡村，亦到处发生自杀抢米之惨状，又如七月三十日《申报》芜湖通信有云："今米尚未登场，米价已日趋下游，一月之间由十一元一担跌至六元五角，生产不敷，消费固感贫乏之苦。而生产过剩更属危险。灾后，农民典押借贷，维持生活，勉强继续耕种，一切希望全在秋收。今以未来杀价预算，新稻每担恐不能逾三元半，米价亦不过五元之谱，农民去年贷米一石者，今年非还四担

不可"云云。可见农民一年之辛苦,端在秋收,秋收不佳,固感困苦,秋收丰盛,更感困苦,此种矛盾之现象,中国农村到处皆是,芜湖不过此中一例。推厥其因,实基于消费与生产之不平衡,若非从根本上谋解决方法,则全国治安堪虞,恐绝非剿之一字所能平息也。今试将本埠物价上下之情形表列如次。

上海趸售物价指数表(国定税则委员会统计)

民国十五年平均=100			
民国十五年	100	二十年9月	129.2
十六年	104.4	10月	126.9
十七年	101.7	11月	124.8
十八年	104.5	12月	121.8
十九年	114.8	二十一年1月	119.9
二十年6月	129.2	4月	118.2
7月	127.4	5月	117.4
8月	130.3	6月	115.5

本埠重要商品物价高低表(上海银行调查部统计):

(i)棉花、棉纱、棉布。兹将该三项商品价格,自去年7月起按月列于下表。

本年一月、三月,适值沪战,无正式行市,故未列入。

月	日	棉花(每担以规元计)					棉纱(每包)	棉布(每疋)	
		陕西棉	通州棉	火机棉	余姚棉	美棉(正米特令)	人中十六支(两)	十四磅粗布(两)	十一磅粗布(两)
7	平均	39000	41000	38250	37100	51200	173000	7050	5390
9		35500	36500	35000	34950	40500	170750	7150	5400
10		33750	35250	32000	31250	35950	177000	7275	5512
11		34125	34500	31625	31250	35925	175625	7400	5475
12		33250	33500	31500	31750	34975	170000	7300	5100
民国二十年1月	1	33000	33000	31000	31000	34550	167000	7200	4950
	15	34000	33000	31500	31500	36350	167000	6900	4850

续表

月	日	棉花（每担以规元计）					棉纱（每包）	棉布（每疋）	
		陕西棉	通州棉	火机棉	余姚棉	美棉（正米特令）	人中十六支（两）	十四磅粗布（两）	十一磅粗布（两）
4	1	35000	36500	35000	33000	36550	167500	7150	4750
	15	34000	35000	33500	32000	38050	163500	7150	4750
5	1	34000	36000	33000	31500	35300	159500	6950	4700
	15	32500	33500	30000	29500	35300	159000	6850	4650
6	1	—	33000	29500	28750	—	156500	6600	4600
	15	—	—	26000	—	—	151500	6550	4400

据上表以九月为准，陕西棉跌百分之八，通州棉跌百分之九，火机棉跌百分之二十六，余姚棉跌百分之二十四，美棉跌百分之十二点七，人中十六支跌百分之十一，十四磅粗布跌百分之九，十一磅粗布跌百分之十八。

（ii）干茧、废丝及生丝。此项商品之价格有如下列。

月	日	干茧（担）	废丝（担）	生丝（担）			
		无锡干茧（两）	厂长吐（两）	高等白厂经（两）	高等辑里干经（两）	高等黄厂经（两）	八茧灰经（两）
7	平均	137500	161000	1175.00	766.25	977.50	405.00
8		137500	186500	1158.00	767.00	972.00	404.00
9		129000	192500	1152.50	780.00	965.00	395.00
10		126000	175000	1140.00	755.00	935.00	380.00
11		110000	147500	1090.00	742.50	850.00	330.00
12		103750	155000	1050.00	730.00	790.00	320.00
民国二十一年1月	1	195000	145000	1030.00	720.00	800.00	320.00
	15	90000	145000	1030.00	710.00	780.00	300.00
4	1	82000	120000	920.00	680.00	700.00	300.00
	15	68000	123000	900.00	680.00	700.00	300.00

续表

月	日	干茧（担）	废丝（担）	生丝（担）			
		无锡干茧（两）	厂长吐（两）	高等白厂经（两）	高等辑里干经（两）	高等黄厂经（两）	八茧灰经（两）
5	1	70000	120000	800.00	670.00	680.00	295.00
	15	69000	124000	740.00	670.00	660.00	295.00
6	1	66000	—	760.00	590.00	970.00	270.00
	15	65000	115000	760.00	580.00	570.00	270.00

据上表以九月为准，干茧跌百分之五十，厂长吐跌百分之四十，高等白厂经跌百分之三十五，高等黄厂经跌百分之四十，高等辑里干经跌百分之三十八，八茧灰经跌百分之三十一。

（iii）米及小麦该二项商品价格列表如下。

月	日	米（石）				麦（担）		
		常河机粳（两）	苏同白粳（两）	江西机晚（两）	1号西贡（两）	汉口小麦（两）	火车小麦（两）	1号美麦（两）
7	平均	9814	8814	7508	8052	3550	3850	4450
8		12647	10981	10110	10437	3775	4000	4600
9		12322	11271	9785	10328	3775	3975	4575
10		2600	10103	8588	9267	3600	3800	4350
11		10195	9288	8091	8599	3650	3850	4450
12		10092	8830	8839	8323	3500	3700	4300
民国二十一年1月	1	10019	8866	8470	8299	3300	3500	4100
	15	10556	9078	7471	8022	3900	4000	4500
4	1	10231	88881	7922	7816	3700	3800	4300
	15	10566	9078	7741	8022	3900	4000	4000
5	1	10471	9069	8155	8085	3900	4000	4400
	15	10888	9694	8289	8289	3750	3900	4400
6	1	113440	10465	—	9225	3300	3400	4000
	15	11200	9940	—	8250	3300	3400	4000

综观以上所述，中国目前之经济恐慌较之海外各国更甚，因中国并未臻于世界经济之域，与其谓为生产过剩，无宁谓之生产缺乏。海外各国因生产过剩而发生经济恐慌，中国则因舶来洋货之倾销而发生经济恐慌，因本国生产过剩而恐慌，犹不致危及国家根基，因外货倾销而恐慌，则本国一切生产事业皆被打倒，全国永做外人之经济奴隶，且因而引起现金之偏集一隅，生产、消费之不平衡，全国经济将至破产，全国治安亦极堪虞，此吾人不可不急谋救济之方。何况全国国民一方受外来之政治的、经济的压迫而无法生活，一方又受内部之政治的、经济的压迫而自塞其生活之途，故中国之危机已日迫一日，救济之方更不可缓，但补救方策固多，而最大原则不外下举两项，试略举如次。

①沟通农村与都市之金融以免现金之偏集一隅。现金偏集之事实已如前述，吾人可知今日中国都市之繁荣，半为外人所享受，半为空中楼阁。农村愈衰颓，农村现金愈往外流，将见由钞币而现洋，由现洋而银角，由银角而铜元，铜元流尽，最后则为农民本身之逃出。试问到此境地，都市之繁荣可足恃乎？何况二三年来，幸而银价惨落，白银在国际上已失其作通货之资格，故白银不为外国所需要，否则进口货日多，出口货日少，贸易既不足以相抵，只有将现银运出，其前途之危险，更堪言乎？故目前急需扶养农村，指导农民，设立农民教育机关，创办农民金融机关，使都市与农村之金融依然来回畅流，使出口渐次增加，则农村兴旺、国家及都市之繁荣斯可期待，国民经济斯有发展之望也。

②增进中下阶级及农民之购买力。中国今日之社会状况，只号称贵族阶级之购买力日有增加，中下阶级之购买力日见衰弱，然贵族阶级之购买对象多为奢侈品，只利于洋货之倾销，无补于国货之振兴，

对于国家经济之根基有害而无益。中下阶级之购买对象多为衣食住所必需之国货，有利于本国生产事业之发达，即为国民经济之中坚，故若不急谋中下阶级及农民购买力之增加，换言之，若不速使中下阶级及农民能丰衣足食，安居乐业，则不但国民经济日见衰败，恐全国将陷于混乱之域。补救之法，唯有一方从速以都市之有余，补农村之不足，使全国农民安居乐业，一方从速救济失业，缓和工潮，增加求职者之出路，养成其必要之购买力。庶几生产事业及农业渐可恢复而发达，不致永受外来的经济之压迫，则国民经济既立，国家治安，始可期也。

以上两点，为中国经济复兴之两大原则。此外，如在可能范围以内，增加关税，减少租税，压低地价，振兴国货工业，化兵为农等，则更可辅助以上两大原则之成功，盖无论何种经济之设施，非遵循以上所举两大原则不可也。

吾人最后犹有不能已于言者，即欲谋中国之建设，需筹经济之复兴，欲筹中国经济之复兴，需有切实之经济政策，而欲实行此种经济政策，则又非藉政治之力量不为功，否则无论何种理想计划，亦等于纸上空谈，因经济绝不能离政治而独立，政治上无办法，则经济政策无从施行，此则更不可不注意及之也。

民国二十一年八月十日，草于上海银行

（本文原载《复兴月刊》，1932年第1卷，第1期）

≫ 中国经济复兴的基点

一、国际经济问题的症结

现在世界情势已到了极严重的时期，中国更到了极严重的阶段。应当讨论、应当研究的问题，固然很多，而数年来中外各种专家，亦已不断地发表种种方案，召集种种会议，或据理论，或依实际，无非欲求打开此种严重的局面，以谋世界的复兴与繁荣，这当然是要有一个通盘整个的计划，方可达到救济的目的。不过在我个人看来，问题的症结，无论中外，还是在乎经济；而症结的核心，更在乎经济问题中的信用问题。信用（Credit）的根基就是信任（Confidence）。此种金融上的理论，姑且不谈，单就事实而言，世界各国的经济恐慌就在信任的丧失，所以要恢复经济的繁荣，势必先恢复各国间的信任。原来自一九一八年十一月十一日止，正式用武力的世界大战争表面上虽算终了，而从一九一九年到现在，经济上的战争则日趋险恶。各国一反以前正统派的自由贸易主义，演成关税的白热战；同时重金思想更漫溢于全世界，演成黄金的争夺战，各国参谋本部中，武装金融（Armed Finance）倒占了一个最重要的位置，再加以战债及赔款等问题，世界黄金乃起重大的移动，酿成黄金分配极不平均的现象。结果一方面现金壅积，徒供窖藏，一方面国际贸易突形减缩，现金缺乏的国家固然没有购买力，现金多的国家货物亦不能畅销！因是就发生了国际的经济恐慌，这是人人都知道的。现在我们尽可不要讨论这样关系极复杂、解决极困难的问题，我们只着眼于问题中的一个问题，即金融市场上这一点，就可以证明问题的症结之所在。金融市场上的信用贷借，虽达数百万万或数千万万，而实际用现金结算的，不过其中的极小部分；其余百分之九十九都是直接、间接利用"信用"二字来周转，所以只要有少数的现金，就可以办理巨额的交易，这一点就是现代经济所以发达繁荣的重要元素。若一旦互相失其信任，不利用"信用"两字，人人收藏现金，现金愈加缺乏，则不但交易当然从而减少，而金融市场上因原来多由信用运转，现在突然停止这个巧妙轻便的机轮，一时绝来不及弥缝，破绽就从而发生，这就是现今中外所谓的经济恐慌现象。

二、中国经济问题的症结

前面所说的，是中外普遍的现象，要想解决这个普遍的问题是很困难的，绝非一个国家的力量所能，当然要谋国际的经济协力。关于此点，国际联盟金委员会最终报告书（Report of the Gold Delegation of the Financial Committee）中的第十六章，说明得很详细，能否实行，还要看各国军缩问题的成功与否，姑且不去管它。现在单谈中国本身的经济问题，当然要改革的很多很多，然而现在最严重、最迫切的，就在沟通农村与都市的金融。中国本来是一个经济落后的国家，在海禁未开以前，还在领域经济的阶段中，一切生产交易都是局部的，且主要者为农业资金，所以无论盛衰成败，对于全局，不产生重大的影响。自海禁大开以来，受外国经济逼迫的影响，旧式的组织渐渐动摇，与海外接近的各都市，虽曰不完全，渐次亦受感化而倾向于新式组织，极力模仿工业生产与大商业计划，内地与沿海各大埠乃形成极不平均的发展。沿海各埠，如津、沪、

港、连等处专代内地各埠进洋货销土货，而上海一埠，固得地之利及外人集聚的关系，渐次成为全国的金融中心，内地各埠则处于大小金融支流的地位。依洋货土货的进出及信用贷借的组织，使全国金融有一种季节的流动。往常每年如四月、五月、六月三个月，因皖、赣、湘、浙、闽等处的茶，苏、浙、川、汉等处的丝，北方各区的小麦及八月、九月、十月三个月全国各地的秋收上市，在这两个时期，金钱照例是由上海流到内地各支流，由各支流再分送到各乡村去收买农产，于是金钱乃散到了乡村农民的手中。而乡村的农民除了蔬菜及食粮等可以自给自足外，还需多多少少购买布匹、砂糖、杂货、海味、五金、棉纱、煤油、药品、纸烟、面粉等物。此种货物的分配径路，最先是由通商大埠，如上海的号家，向进口洋行或厂家大量买进后，分配于各地客帮或批发商，批发商及客帮则分配于内地城市的大商店，内地各城市的大商店一方面门市卖出，一方面又批发于各乡镇的零卖商，复由各乡镇的零卖商乃分配到农民手中，所以乡村的金钱又渐次流到通商大埠。如是一往一来，乡村与都市的金融常是流通不息，而且这样一往一来的中间，多数是利用"信用"两字。而利用的方法大约可分为三种：一则上海的银钱业对于内地的银钱业，给予信用往来及长期往来，或自己在内地开设分行。例如，镇江、扬州等处的钱庄，每年接受上海的银根，总在五六百万两。即如宁波钱业，往年亦放账到汉口等处。一则上海的号家，每年对于内地客帮及内地批发商，亦放出不少款项。例如，本埠糖号、纱号、杂粮号等每年亦放账于内地，多者每家可达数十万两。一则纯用赊欠方法，无论外埠内地，互相利用期票，或十天，或半月，或一月，上海如此，其他各埠亦然。因是洋货与土货的一进一出，乡村与都市的金融乃川流不息，而进出两方的或多或少，就成为各地对通商大埠汇价高下的基准。中国每年因为进口超过出口，而上海又是中国对外的大商埠，所以每年中国对外贷借因入超而不平均。每年中国内地对通商大埠的贷借亦不平均，贷借不平均，除有特别冲销的方法外，当然用现金抵补。抵补中国国际贷借不平均的，是华侨汇款及外债等，而内地抵补通商大埠的方法就多是利用信用，此种现象是历年所通行的。无如最近数年以来，西北苦旱之后，继以长江流域空前的大水灾，乡村已陷入困苦的境地，加之丝茶以及各种土货受外国经济恐慌的影响，出口一落千丈，金钱已不能再往内地输送，而洋货则反纷纷向内地侵入，内地的金钱更不得不向通商大埠流出。而通商大埠因感觉内地资金存放的不安全，不但不能充分放往内地，且渐次紧缩信用，纷纷从内地收回。例如，宁波钱业，民初放账至汉口，自民国十五年以来，已顺流而下，不复放出，去年以来，各埠对汉口皆大事紧缩，以致汉口钱庄多数不能自立。他如通州、扬州、镇江、蚌埠等处，每年吸收上海银钱业之信用款项，在数百万以上。单就镇江一埠而言，在民国十六年前，镇江钱庄有三十余家，每家账面以极少论，假设为最小三十万两，全镇已有九百余万两之巨。但镇江并没有大工厂及大商业，镇江市面当然吃不了许多银钱，所以北达里下河清江，西达汉口，皆有镇江钱庄的放款。而镇江又何来如许巨款，就是仰给于申苏。可是自民国十七年以来，对申苏的信用已欠灵通，及至去年长江大水，镇江钱业的各埠放款当然不能收回，而申苏不但不能接济，更从而大催欠款，所以镇江的钱业断了申苏的信用线索，就不能支持。此不过举其一例，全国其他各埠莫不如此。因是通商大埠既对内地各都市收缩信用，内地各都市对各城镇亦紧缩信用，内地各都市对各城镇既紧缩信用，各城镇对各

乡村亦紧缩信用，所以现金就渐次集中于通商大埠。内地现金只有流出，通商大埠只有收进，乡村与通商大埠的现金就呈了分配极不平均的现象。一方贫血，一方充血，血液既不能自由流通，就是一个很大的病源，其余的病症乃因而丛生。这种情形，我们可以把上海现金流动的状态，自民国十一年至民国二十一年，列表如左〔下〕以证之。

上海现金流动统计表

年份＼种类	大条		银两（千两）		银元（千元）	
	进口	出口	进口	出口	进口	出口
〔民国〕十一年	39678	24417	2802	31460	63535	57437
十二年	71842	52599	1240	23994	76125	72444
十三年	47192	12176	6647	20230	60320	57210
十四年	65263	42005	550	20990	93690	61100
十五年	73984	49428	1640	10280	75110	68450
十六年	78015	58659	750	29950	84200	74950
十七年	108577	75835	4450	17900	107230	90477
十八年	102043	70798	720	2750	113821	68180
十九年	48268	42623	300	16890	107994	74490
二十年	33889	32771	2240	46150	94459	60690
二十一年	24859	3480	15090	—	70287	55975

考察上面的统计，大条与银两多为造币厂所用，可以分开不谈。就银元一项而言，民国十六年以前，上海银元虽每年进口超过出口，然进出之差尚不甚巨；一到民国十七年，银元进口的多就远超乎银元的出口，以前不过数百万元，后则达数千万元。因此上海现金的存底就从而如下表异常增加。

历年上海银两银元库存统计表

年份	银两	银元
民国十一年	362011000	33770000
十二年	23970000	35260000
十三年	41306000	48050000
十四年	50800000	40090000
十五年	81210000	57510000
十六年	71620000	71680000
十七年	41316000	79100000
十八年	86035000	131310000
十九年	107351000	156160000
二十年	80962000	157730000
二十一年	55951000	180820000
2月	56548000	180970000
3月	57395000	187420000
4月	66735000	212020000
5月	75362000	221290000
6月	84286000	220550000
7月	94881000	214390000
8月	106306000	216760000
9月	117350000	209030000
10月	122098000	207830000
11月	129356000	197590000
12月	144044000	190000000

再进一步而言，现金存底既增加这样多，照正常状态，钞票的发行亦应增多，可是若将前年九月本埠的钞票发行额，同今年的发行额一比，反较前年减少，此亦紧缩信用的一个最最显明的证据。所以无论从任何方面观察，都可以证明问题的症结，实在乎信用的紧缩。因

紧缩信用的结果，通商大埠的金融业对各方收缩放款，行家、号家、批发商对客帮停止通融，通商大埠的市面也就日趋衰落，从而内地各支流的都市城镇也日趋枯竭，至于乡村的枯竭破产，更可想而知了。所以去年以来，始则江浙富庶之区都闹着乡民抢米、老幼不安的风潮，后来各地农村又闹到谷贱伤农、社会不宁的险象。去年的丰收实际并没有得到可据的统计，所以丰收到何种程度，实在是不能断定。然据各处的调查报告，也不过多者到七成，少者五六成，绝不能认为完全的丰收，乃比较的丰收。据以往的统计，中国最大产米之区为长江流域七省，即江苏（59760000石）、安徽（46480000石）、江西（39940000石）、湖南（47860000石）、湖北（39860000石）、四川（27650000石）、浙江（16600000石）七省，合全国产量总计亦不过五万万余石，去年究竟是否达到此数，尚不敢言。即达到此数，是否即足全国民食，亦不敢言。再考十余年来，无论丰歉，新谷登场的时候，米价总在十元左右，逾年而后，青黄不接，米价涨至十二三元左右，若不幸发生意外，则立升至十七八元以上，乃有大量洋米的进口，是可知中国的米产，不但不可认为过剩，并未可认为充足。而去冬何以到处都有过剩的现象，就是农村已陷于破产的状态，乡村农民金融机关，如当铺、酱园等，因得不着城市金融机关的信用，不能执行其小金融周转的职务，农民的生活，除米食外，还需多多少少购买他种杂货，既没有其他值钱的东西，又没有当铺等的通融，就只有用米来调换，此乃农民只顾目前不顾将来的办法，市面上乃觉得有产米过剩的现象。因是农民愈欲赶快卖出，米价愈跌，此种现象若不从速设法救济，到了青黄不接的时候，更将成为最险恶、最凄惨的景况。试问农村到了这种破产的地步，都市的空虚繁荣尚能维持么？所以现在我们要解决这个问题，固然是脱离不了政治以及其他种种关系，然而问题的核心,就是作速使资金流到农村去。原来一国的经济,第一,要在平均发展,畸形的发展不但无利,且而有害。第二,要谋金融的流通,其作用等于人身的血液,血液不能循环,就不能生存,可是要求金融的流通,就要信用(Credit)的圆滑,所以要想资金流到农村,最要紧的还在恢复信用。信用的消失,是因为感觉危险,现金是感觉最灵敏的东西。一个市场上,若一旦发生危险的事变,第一个感觉危险而急忙逃避的,就是现金,然而信用的基础即站在现金的上面,信用的反面即在将来能得着现金,那么若不能稳住现金的流出,则亦不能利用信用,因是我们可知欲解决中国目前的经济问题,要在使各地的平均发展及金融流通,而流通要在恢复信用。可是要恢复信用,必须求其安稳,所以结局要使都市资金流到农村去,固为解决现在中国经济问题的最大关键,而如何能使资金很安稳地流到农村去,更为最关切要的一个锁钥。

三、如何使都市资金安稳地流到农村去

近来社会上对于中国农村经济的破产,似乎已有了普遍的认识,也都知道最要紧的,是在谋沟通都市与农村的金融。然而一谈到沟通的方法,都异口同声的,只要银行将现金装到内地去,就可以解决这个问题,甚至以为现金的集中、农村的枯竭,都是银行的罪恶。此种误解的心理,对于救济事业的进行,大有妨碍。不知要想沟通都市与农村的金融,绝非如此简单,绝非只要把现金装到内地去就可了事。近来新式的银行正时时在忧虑这个问题,时时在研究解决这个问题的方法,正苦于欲将资金运用到内地去而不能。说到"不能"两字,恐怕有许多人士必很感觉奇怪,普通人的心理以为,有资金运用,这是很容易、很便当的一件事,那有什么困难,不过若是放账做慈善事业

及一个人将自己私有的家产捐助，或者不成问题；至于银行的运用资金，绝非如是简单。第一，银行的资金是社会公有的，不是一人私有的，因为银行的资本与存款，以及一切资产，都是社会人士所付托代为经营的，银行不过代替社会人士运用生息，其资格是等于社会人士的公共忠实账房，对于社会人士付托的资金，要负绝对保护安全及一丝不苟的责任。第二，银行对于社会存户，是站在债务者的地位，银行的资金处处是随着存户的意志而移动的。前面我们已经说过，现金是感觉最灵敏且最胆小的东西，一个市场上发生意外事变，第一个先逃避的就算现金，这是无论中外，都是如此。然而现金并非有机物，究其实现金自身并不能逃避，所以使其逃避者，还是由于人类的心理，若从银行方面而言，就是存户的心理，存户既有此种心理，所以处债务者地位的银行就不敢不依随存户的心理，若存户纷纷提存运现，银行当然只有供其驱使，而紧缩信用，绝没有反抗的可能。因是可知现金的集中于都市，固绝非银行的力量所致，而要使现金不集中于都市，亦绝非银行单独的力量所能成功。第三，金融贵在流通，流通就赖信用，而信用的反面，又在随时可以收回，随时可以得着现金；若一旦感觉没有收回没有得着现金的危险，信用就要从而中断。银行的职责，在利用社会有余的资金，去补助社会正当的事业，处处都是利用信用，所以一切放款都以信用为前提，绝非一种慈善机关。无如中国自海禁大开以来，旧式的商业道德虽渐次破坏，而新式的商业道德尚未普及；旧式的法律已不适用，而新式的法律尤未能周密。以致民不畏法，依势横行，昔日确实穷苦者，尤以借债不还为可耻、可惧；今日有产甚丰者，则反以借债不还而自豪、自夸，若遇着社会上稍微发生一点事变，则更借口赖债，振振有词，而则依然身为乡董，席丰履厚，这样的现象，内地各城镇当然如是，即号称东亚商业最繁华的上海，亦莫不如是。而信用的流通，本来是由大商埠放予都市，由都市放予城镇，由甲而乙，乙而丙，丙而丁，今丁即不偿还与丙，丙即不偿还与乙，乙即不能偿还与甲，法律若不厉行保护，全体信用当然从而破坏。所以每年上海本来有巨额的现金流到内地去，以作信用流通的根基；近来则进而难出，这就是因为有信用不能收回的危险，银钱业及行号家皆不能不紧缩信用。沿海各大商埠既紧缩信用，内地各都会亦不能不紧缩信用，各都会既紧缩信用，内地各乡镇亦不能不紧缩信用。信用的连锁既断，如是乎全国金融突欠流通，大小市面当然随而衰落。在大的市面上，一时虽尚未感觉急迫的危险，小的市面则容易看出冷落及破产的状况，这是无论中外的金融市场，紧缩信用是必然的结果。信用一旦停滞，绝非少数的银行所能挽回，试看以美国巨大的富力，以美国完整的法律，一旦发生恐慌后，虽有数十万万的大金融善后公司，犹恐难以恢复，就可想而知了。有此种种原因，所以单说只要银行将现金装到内地去，就可以救济农村的恐慌，是绝对不可能的。至若以现金集中上海，全归咎于银行，且竟认为是商业资金剥削农业资金的结果，那更未免武断了。总之，势逼处此，已非归咎于任何方即可了事的时候，中国固然没有美国那么大的魄力、那么大的计划，然中国市面的需要，比之美国亦渺乎其小，所以中国未始不可设法救济。至救济地方策，当然很多，而救济的焦点，则在恢复信用的周转，以谋都市与农村的金融沟通，求全国经济平均的发展。现在试举几个办法，请大家批评与指教。不过在讨论办法之先，还有二个前提：一则所谓信用，在经济的意义之外，更有法律的意义。经济上的意义是交易信用，法律上的意义是契约信用，所以经济上的信用需赖法律上的保障，方可施行无阻。二则处于中国的现状，无论何方，既没有整个的组织，当然谈不到整个的计划，且政

治上的问题更多,亦不能有统一的办法,所以只好从能着手的局部着手,以收渐进扩充之效;然亦绝非头痛医头,脚痛医脚,且或比较大计划、大行头,反不致流为纸上的空谈,而有补于实际的需用。具有上面的两个前提,始得着下列的几个办法。

第一,谋内地钱业金融机能的复兴。大凡社会上一种组织,必须应乎社会上多数的需要,始有存在的可能,金融组织亦绝不能逃出这个范围。我国自海禁大开而后,受外国潮流的影响,沿海各大商埠,虽不能如欧美各国经过一次普遍的产业革命,然而大都先后趋向大规模的组织,所以新式银行业的出现,就是因为满足大工业、大商业的需要。可是我国国土极广,交通又未十分发达,全国各地数千年的因习绝非一度可以打破,银行业虽算有长足的进步,然而要想完全一律适合全国的需要,恐怕在事实上一时还谈不到,纵能开设分行,亦只限于交通方便、人口稠密的中上城市,至于在各小乡镇中,银行绝没有开设的可能,此乃事实如此,不能勉强的,所以内地各乡镇的金融当然还是需要钱庄为宜。一是钱庄创办,比较开设银行容易。二是钱庄开支,比较银行省得多。三是钱庄手续,比较能合乎各乡镇的因习。四是钱庄在内地,比较银行熟悉细情。五是钱庄开设,当然比较银行容易普及。所以处在中国今日的现状,银行可以称为大都市的金融机关,而钱庄则可以称为乡村的银行。银行在新式商埠上,可以适应多数的需要,而钱庄在穷乡僻处,亦可以适应多数的需要。有银行能办的事务,钱庄不能办,亦有钱庄能办的事务,银行不能办,所以中国没有新式银行以前,是山西票号握全国金融的牛耳,自山西票号失败后,继起者就是钱庄。新式银行的历史比较尚浅,钱庄有数百年的历史,银行的经历不过三十余年,钱庄所以还能存在,当然是它自身有许多能存在的理由。此中最可推举的,就是各埠的经营钱业者大都为当地商业界比较有信誉的绅董。中国各地数百年来，对人的信用交易极其盛行，就在此点。总之，中国的商业尚在萌芽时期，经济发展极不平均，公司的组织，在通商大埠，当然是最良的方法，在内地各乡镇，还以合伙制度为适宜而实用。固然是钱业中有许多不良分子，但此中好的亦复不少，无如比年以来，内地天灾人祸，钱业已受累不小，复加以九·一八及一二·八的事变，钱业的信用放账多不能收回，有产阶级纷将资金逃往通商大埠，而通商大埠的信用接济又从而中止，所以钱业的不良分子当然只有倒闭，而优良分子亦不得不大加紧缩，一埠如是，他埠亦然，一乡如是，他乡亦然，全国金融骤感呆滞，商品当然低落而囤积难销，农村当然干枯而无法接济，所以目前要救济农村经济，就是速谋内地钱业金融机能的复兴。换一句话说，就是速谋都市金融与乡村金融的信任之恢复，使内地钱业依然能尽其作乡村银行的职责。至于接济内地钱业的方法，中国固不能如美国有那么大的魄力，组织数十万万的金融善后公司，但通商大埠的银钱业，例如上海，能设法通力合作，择各内地钱业的优良庄家，一方依然如历年办法，充分接济信用，一方对于对人的信用交易稍加限制而与以对物的信用，使乡村货物能辗转流通，都市的金钱就可渐渐流往内地，庶几农村可得着实惠。

第二，谋各地农村合作社的进展。银钱业与信用合作社都是一种调剂金融的机关，两者的组织、两者的办理方法，以及其他种种，虽然不同的地方很多很多，然而银钱业与信用合作社并非处于反对的地位而不相容的，不过各有各的优劣。大商业及大组织固然非利用银钱业不可，而小产业及平民阶级则非合作社不为功。就是农民银行的放款，亦万不能如合作社的便利而容易普及。中国的经济，恐最近的将来，还需建设在农业经济上面，中国农民占全国人口百分之八十五以上，如果农村破产，农民谋生无术，社会秩序的紊乱毫无疑义地随时有爆发的可能，所以非速谋农村经济的建设不可，要谋农村的建设，就是要设法把资金运用到内地去。银行要用资金到内地去，有一个最大的困难，就是能否安稳及能否收回的问题，处于中国内地现在状况之下，银行要想直接放款于农村，事实上恐不可能，所以只能利用农村信用合作社。因为合作社大都系无限责任的性质，农民又多是土著，互相连环担保，即寓有互相监督的道理在其中，银行若择信用合作社的优良者助其发展，就可以不至有资金不能收回的危险。此并不是一种空谈的理想，可用实际证明，即如上海银行自民国二十年同华洋义赈救灾总会合作，试以二万元，由该会放给河北各合作社，现在已增至五万元，一切条件悉照该社的向例，既没有押品之可言，利之一字更谈不到。但放出去的款子届期均能归还，即义赈会本身放出去款子已达二十七万，亦并无分文呆账。所以有这样的成绩，固然是合作社的办理得法，但亦因中国农民的道德信用，尚不如都市之坏。且农民借钱的四分之三是直接用在农业，五分之一拿去还高利贷，因为农村的利息总在三分四分，现在银行利息只有七厘五，农民负担的轻重就不可以道里计了。此外，上海银行又与乌江信用合作社合作，虽办理不久，成绩亦佳。可见辅助合作社，并没有甚么危险，可惜一行的能力有限，若全国有大规范的运动，则都市资金即可安稳地流到农村去，不但农村经济可以复兴，即国际贷借上，亦渐可转逆为顺。且信用恢复，金融流通，则不但农村金融不至枯涸，都市金融亦不至臃肿了。

第三，谋乡村典当金融机能的复活及改良。内地的钱业，可称为乡村的银行；内地的典当业，更可称为贫民的银行。论其金融上的机能，比较内地钱庄业，对于乡村的地位更进一步，与农民更有极密切的关系。现在中国在新旧过渡的中间,经济发展的情形各地相差甚远,新组织的效用,犹未能充分发挥,旧组织的利用即不能一朝废弃,通商大埠虽可利用新式的银行,内地城市还非利用旧式的钱业不可。比较进一步的农村,虽可利用合作社,而尚未进步的地方,尤非利用典当不行。所以典当业与合作社犹之钱业与银行,要想全国的金融真能流通,银行有责任,钱庄亦有责任,合作社有责任,典当业更有责任。原来中国农村金融的周转,除亲友的借贷或摇会及将田地向富户抵押外,典当一业实处于极重要的地位。凡一县镇,辄有几个小规模的典当,都具有四五十年的历史,中下阶级的农民,几人与其发生关系,不过各地典当利息极高,且墨守陈法,虽负有农村金融周转的责任,而不自知其责任之所在,以致农村很难增加生产力。不过虽然如此,实为农民习用的简便金融机关,一旦没有典当,又没有可以代替的东西,乡村就要发生困难。即如去年各地乡村,不过比较丰收,然农民总是寅吃卯粮,典质度日,目下既稍有收成,当然不论价钱,争先卖出,大家争卖,价钱自然低落,愈低落农民所得愈少,押当既不能赎,将来亦不能再当,卒至农民不但当无可当,且将当无处当;因人人不赎,典当不能周转,则最下层的金融机关从此破坏收歇。此种现象,自前年水灾以后,各县镇的典当即已如此,今后恐将更甚;所以各地典当业的救济,实为目前急务,实为救济平民阶级的唯一办法。不过典当业亦非大加改良不可,最好由各地典当公所的有识者,一方面设法改良,减低利率,一方面与银钱业合作,精细调查,予以资金的辅助。至于典当业务,今后更需注重小额商品,如春季做小麦、杂粮押款,秋季做米、棉押款,务使旧式的平民金融机关而有新式平民金融机关的效用,这乃真可以加惠平民,那么中国全身的血脉可以流通无阻了。

四、结论

中国的经济问题要研究、要讨论、要改革的很多很多,近来海内外专家对于中国的经济问题亦发表了不少名言伟论,政府方面亦正在孜孜不息地设法计划,逐步推行,所以以上面所举的三个办法,只能算为中国经济问题中的一个问题、出路中的一条出路。不过中国经济还需建在农村上面,可是现在谁也不能否认,我国农村已将濒于全部破碎、根本破坏的地步,前年大水为患,灾区达十六省,全国受灾面积为四十万方里,且灾情较重的地方都为农村区域,所以去年春夏之交,民食乃成了一个极严重的问题。皖、鄂、湘、赣、鲁、豫等省,姑无论矣,即号称富庶的苏、浙两省,竟发生数次抢米的风潮。如去年五月下旬至六月上旬,无锡一带发生乡民抢米事件竟达五十余件,浙省竟有因求食不得出于自杀的现象。然而一至下半年,就到处闹着丰收,米价一跌再跌,弄成农民无论凶年丰年,都有不能过去的景象,那么农民就只有死路一条了。现在讨论农村困难情形者,大都认丰收是一个重要的原因,甚至认为民食过剩。关于此点,中国现在得不着确实可靠的统计,所以无论何人,不敢断言,中国究竟需多少米粮,究竟能产多少米粮,究竟丰收到若何程度,究竟是否生产过剩。不过据各处的报告及年来的经验判断起来,有许多地方就可以想到米价惨落的原因,并不是真个丰收,实在是不外两个大原因:一则洋米的倾销,一则信用的中断(Lack of confidence)。洋米的倾销,当然要运用关税政策,而信用的中断,就非设法使信用恢复不可。而要使信用恢复,就在金融的流通。去年各地农村虽说是米谷丰收,然而米价跌得这样厉害,还是在金融的呆滞,再进一步而言,实在是需用的减少,也等于盲目的倾销,而农民所以不得不倾销者,乃因年来都是寅吃卯粮，典质度日，一旦稍有收获，遂不顾明年青黄不接时有无办法，目前只竞争卖出，用来偿高利贷及其他生活费用。一方大家既争相卖出，一方大都市与中都市信用中断，中都市与小都市信用中断，小都市与农村的信用亦不能不中断，一切年来储藏抵押等种种方法，皆中止运用，所以一时米谷就成了过剩的现象，去路毫无，市价就大落而特落，农民一年的生计就有断绝的危险。此不过专就米一项而言，其实信用的中断，是全国经济界的一个重大问题，不但农村衰败，渐渐地，都市的繁荣亦不能持久，不但米业破产，其他各业亦莫不同归破产，所以我说信用的恢复实在是中国经济复兴的基点。

（本文原载《复兴月刊》，1933年第1卷，第8期。此文又刊《河南政治月刊》，1933年第3卷，第4期）

资耀华文存（下册）

中国人民银行参事室 主编

沈建中 整理

中国金融出版社

第四部分　国际观察

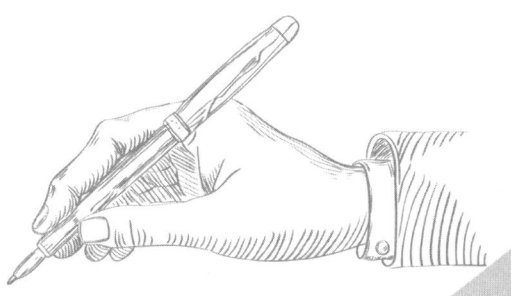

>> 留日杂感

留学其国，不研究其内容，固然失了留学的宗旨，明其内容，不介绍到国内，这种留学生也非国内所需要的；但这两种弊病，我也是不能免，我留东已五年了，这五年中，因为受世界大战争的影响，正是日本思想、政治、经济、教育各界变化最烈的时候，可惜我平日没有注意考察，报上所看的，好像是过眼云烟，耳内所听的已是耳边风，且自愧又没有专门知识，没有批评的眼光，不然平日稍稍写一下，恐怕已经得了一册研究日本的好材料，供国内外同志参考。现在要想一时得一个觑国的批评，绝做不到的事，就做得到也非浅薄如我的所能，再则写起来，也非三言两语可以说得完；所以我现在只把我一个人局部的意见，同平日常常记在脑里的感想，拉杂写出来，给大家一个参考。其实我的本意还不是介绍日本的内容给国内同志，我的本意还是用那抛砖引玉的法子，唤起留东及国内同志的青年，对于这种问题的注意，引起一个真正研究日本的论文来，那就是我所最盼望的！我现在因为是杂感，毫无头绪，所以我分别写出来。

一、国体及政治

大凡一个人初到外国，感想最多；后来住久了，事事司空见惯，反渐渐的少了。因有很多稀奇的事，在国内总听见过，没有看见过，一旦亲身看见了，自然就得了一个最深的印象，绝不会忘记的。所以

无论哪个人,初到外国,必有一个初次的印象。我的初次印象就是日本的国体,我初到东京,进了一个旅馆,主人就拿了一张印有格式的纸,要我照样填上。我拿来一看,所印的我虽不大十分清楚,还可以会意,唯有其中有个"族"字,我不懂是甚么用意,因为还没有学日本话,不能问他,我就没有写;后来这位主人写了许多似通非通的汉文,我才会了他的意,才记起在中学历史教科书上,已经讲过日本的社会阶级制度;但那时候还不晓得这种社会阶级制度就有这么森严,现在才慢慢地晓得清楚。原来日本上古的时候,乃神祇政治,天皇就是不可侵犯的神,同普通一般人民,好像不是同种的人,以下政治社会上就有所谓"氏",经济社会上就有所谓"户",再次犹有所谓"部曲民",这就是现在日本华族、贵族、士族、平民的起源。此种制度,行之既久,深入一般国民脑中,牢不可破。一般国民听了"天皇"二字,就是谈虎变色。贵族对于平民,恐怕比他的爱犬还不如,平民对于贵族,也就自甘下贱。然而这种阶级制度是因文明与不文明而消长的,在20世纪时代,当然没有存在价值,因为那种华族、贵族的子弟,天天饱食暖衣,无所事事,家庭里的黑幕层见叠出,所谓"中冓之言,不可道也"的情形,就是此了。他们进的是贵族学校,要想出一个有学问的人,恐怕是百不获一。反之,一方平民、士族,因为勤苦的缘故,很有新思想、真学问的人,二者中间自然就生出一种互相憎恶排斥的恶感。这种恶感自然就酿成政治的争端。原来日本维新以前,并没有真正的政治组织,自明治二十二年二月十一日才组织立宪政法,设立贵、众两议院;然而其实事事都是取法德国,养成一种可怕的军阀同侵略主义,纵然平民嫌弃贵族,要想打破这种制度,也是万难的。这次世界大战本是打破军阀的战争,世界各国没有不愿意的,然而在日本除一般平民同有新思想的人以外,那些贵族都不愿意德国败，国内一般政治家、批评家，当德国将败的时候，还是主张德国必得最后的胜利；所以寺内内阁还有那同德国联盟的野心，因为德国军阀一败，日本军阀派自然要受影响；故欧战告终的时候，联合军得了最后的胜利，日本军阀派因而胆寒，一般蓄 Kaiser 式须的军人立断其须，现在日本国内这种须已经全没有了，一般平民就想扬眉吐气，且见中华、俄国、德国，皆先后由专制国变为民主，又生了一种羡慕的心，所以打破华族，拥护天皇（这是借以欺人的话，因为日本人对于天皇的迷信心太深，没有这句话，不能鼓励全国）的声浪，一天高似一天，然这终不是根本办法；所以今年三月就发生普选运动，这就是日本政府的致命伤。盖普选一旦成功，什么华族贵族公侯伯子男，就要消灭，万世一系的天皇就是要动摇的；所以政府用死力压制，然愈压其力愈大，现在虽不能实行普选，我想终会得最后的胜利，其得最后胜利那一日，我可断言就是日本创造共和国开始那一日。

二、思想界

日本维新以前，事事师法我国，一般思想界倾倒于儒教、佛教，受了中国的熏陶。维新以后，事事取法西洋，一般思想界就倾倒于西洋 Tolstoj① 的学说，明治十七八年已传到日本，明治二十七八年的时候，已经发生社会主义；但这时候虽有先觉的思想家同实行家，是居于少数，常处于孤立的地位，容易受政府的压迫，若隐若现，并没有什么大变动。自欧战发生以来，因为出于民众的觉醒，所以日本思想界大有一日千里之势，Tolstoj 的学说现在日本已经是普遍了。Democracy 的名字，小学生都把他作口

---

① 编者注：指托尔斯泰。

头禅,现在除了福田博士的黎明会,还是大日本主义,上于博士的兴国同志会,还是皇室主义;其余也就渐渐地把那国家主义的偏见醒悟了。东京大学学生的新人会好像是新思想的代表,今年四月森户教授因研究 Kropotkin 出了一篇论文,被政府干涉,除了兴国同志会以外,其余各团体都是同声为森户教授作辩护,就是兴国同志会里,也有许多自悟而脱会的,现在就是乡下的书店里,都有 Karl Marx、Russell、Bakunin、Kropotkin 等人的翻译本。原来思想的新旧冲突是常有的事,且日本因为五十年来受了狂妄的帝国主义教育,国民精神上已经受了斫丧,思想界已经束缚得了不得,要想一时矫正,是万难的;然而我看日本思想界,将来很有希望,我们中国若不极力赶上,未必不落后尘;至于日本妇女界的思想,还是同我国差不太远。那种男尊女卑、夫唱妇随的陋习,恐怕比我们中国还要胜几倍。女界的觉悟,恐怕还赶不上我们江、浙二省。京都先本有个甚么 P. L. 会,看来很有希望似的,因为是一般主张 Progress and love 的青年觉醒妇人所组织的;但其中良莠不齐,富豪贵族的小姐、太太同博士、学士的令□夫人意见不合,趣味各殊,不久就发生了内讧,闹了一个无形消灭,真是可惜。东京虽有这个小团体,都是很幼稚的。乡下地方,更不容说了,所以都没有多大的希望,东亚的女同胞不晓要到何日才能觉醒呢?

三、教育界

日本的教育制度多半是从德国变化中来的,虽有许多地方不及德国,其军国民教育同帝国教育主义,可说同战争前的德国是"难兄难弟"。就是我现在这个高等学校,还要操枪、行军、体操教授,不是

留日杂感

陆军少佐，就是陆军大尉，讲的是些你刀我枪的杀人话，还有小孩子有进学校的时候，别的事都没有教，最初就是教唱国歌（本没有称国歌的价值，不过是天皇万岁的颂德歌罢了）。敬天皇，打外国，这种主义一直由小学到大学，所以一般大学生的思想都很受束缚，且日本一到高等学校，各科学都是口授笔记。考试的时候，学生就天天抱了几本 Notebook，考试制度又严，可算是世界第一。若是学生不看 Notebook，纵然看了许多参考书，绝不会使学生及第的，这就是束缚学生思想的利器，所以其中有很特出的学生，因为不用教授的口授，竟至落第退学，后来跑到外国反成了著名的学者，现在主张废除试验就是这一般人。且日本最高的学府就是帝国大学，而帝国大学就纯粹是这种主义，原来日本的教育也是阶级制度，贵族进的学校叫做学习院，学的不过是些风雅的态度同西洋的跳舞，学问可说是一点没有，但今年黎元洪把他的儿子送进日本男学习院，我却不晓得他是甚么用意。普通一般，又有私立、官立两种。官宪学校以帝国大学为首，毕了业可享特别的权利，得学士的学位，入学资格限于官立各高等学校，所以学生在求学的时候，已酝了一种官僚思想。私立学校以早稻田同庆应为首。论思想方面，还是这里稍为自由，但无故今年生出升格的运动，改为文部省直辖，把自己原来的自由失掉，却不懂他们是甚么用意，但现在日本学生，无论商立、私立，都有新进的气象，甚么天皇神圣的话，已经是欺瞒不到了。青年教授也自由研究学问，但总不免政府的干涉，森户教授就是因此免除了教授，这不能自由研究的教育制度，我想我国是没有的。至于女子教育，与我国是同病相怜。官立有一个高等师范，私立有个女子大学，其程度不过比男子中学稍进一点罢了。一千九百十二年，东北帝国大学总长泽柳政太郎博士收了三个女生，文部省（教育部）大不以为然，日本全国好像得了一场很稀

奇的事,其实这又何足为奇咧?因其以为奇,就是看不起女子了。今年二月早稻田同庆应,上书文部省请男女同校,没有得了结果。现在帝国大学,只有文科大学,今年九月收了几十个女生,但还是旁听生,还没有达到男女同校的真目的。所以这方面,我还希望国内男女同胞做个先觉觉人的榜样来替东亚争光啊。

四、劳动界

日本劳动组合,明治维新以前虽有几个团体,但都算不得真正的组合。明治二十三年城常大郎、高野房大郎等七八人在美国 San Francisco 组织一个团体,后来明治三十年先后回国,在东京组织一个"职工义友会"不久又解为"劳动组会期成会",这可算是日本劳动组合的元老;后来就有"职工组合""矫正会""印刷工人组合"等团体出来,然自明治三十三年的《治安警察法》颁布以后,差不多十余年,没有真正的劳动组会,劳动界大受打击。但欧战发生以来,西洋各国都从事战争,除造兵工厂以外,其余大都闭锁,唯有日本反日盛一日,工场骤然增加,工人也就增加,但生活程度既高,而工资依然如旧,政府同资本家毫不体恤,所以自大正四年到现在,罢工、罢业的声浪已经是一件最普通的事了,但无论哪一回,大半是职工失败。其失败的原因:就是因劳动组合不完全,其争点无非是劳动时间与工资问题,然其中有说是被政客运动的,所以今年二月东京市电车罢业,新闻上有说是暗中有人利用,但也没有确实的证据。现在日本劳动界最有势力的,就是"友爱会""信友会""劳友会""交通劳动组合"等,他们都是各有宣言,大都是与资本家宣战的口吻,这可算是日本劳动界已经进了觉悟期了,但能够觉悟到哪一步,还待后日。近来日本政府对于劳动问题也稍稍注意起来,但处于这种国体,这种阶级制度之下，绝不能完全解决，然而现在较之我国劳动界，日本已经是先辈了。

五、经济界

维新以前的经济状况同我国现在差不大远，就是欧战发生的时候——正是我初来的时候，一般生活程度还低，一千九百十八年，因通货膨胀的缘故，物价陡增几倍，其增加率将欲驾纽约、伦敦而上之，经济界大起变动，白米最高的时候，每石六十余元，鸡蛋每个十五钱，在我湖南等处只值几个铜子的小菜，在东京非一圆内外不能得。但是人民所入不敷所出，所以全国下层社会"生活难"的呼声，就一天高一天，是年六月的米骚动，寺内内阁遂因而倒。去年还有米骚动发生，无产阶级的平民甚至求死不得。然而一方面因欧洲战事的影响，有好些人利用投机事业，产出了无数的大成金、小成金（这本是日本人污蔑暴富豪的名字），造成一种奢侈的社会，贫民没有饭吃！他们一件衣就是几千圆；贫民没有寸地安身，他们还要造许多别庄花园。贫者愈贫，富者愈富，同盟罢工的原因就在此了。劳动与资本家的战争就是从这不平等地方开始了。至今年五月，日本经济界又大起反动，米价、丝价骤落，各种市场崩坏，银行大起恐慌；于是上日所称为小成金，就到了自杀的命运，这本是日本经济家的眼光不远，然而说是天道好还，亦无不可；现在米价虽是续落，然生活难的呼声还没有息。且人人都趋于都市生活，房屋因而缺乏，东京已经是尺地斗金了。生活既难，住居又难，华族、贵族却是高楼大厦，饱食暖衣，这种经济界的不平等终必酿成反动的一日，是可断言的。

六、国民性

日本人素来夸他们的爱国心很强,但据我看起来,不但不足以称爱国的国民,恐怕把"爱国"两个字还没有晓得清楚。他们的"爱国"不过是一种迷信罢了,只可说是爱天皇;若是脱了这种迷信心,甚么卖国的行为,他们都是做的。所以大学生有窃军用地图卖给外国的,海军将校有窃海军要塞图卖给外国的,还有秘密里炸破自己军舰的,这未必是平日爱国的国民所做的。还有一般人轻生的心,好像比各国的人民强些,报上天天总有几件青年男女情死的事。其实日本男女的爱情并不是比各国浓厚,是出于一时的冲动罢了。在一方面看起来,好像是它的长处,在别一方面看起来,又未必不是它的弱点。若是国民真正爱国不怕死,征兵的时候,就应该不忌避了。至于日本国民的道德,可说是没有。一般商人狡猾已极。譬如我国排日货的时候,他们把商标换了用我国的商标去骗人。东京的电车内,许多绅士同老妇人争席坐是常有的事。上下电车的时候,争先恐后,少女、老妇不等上几十分钟,绝没有坐电车的希望。还有一种最可鄙的性质,就是畏强欺弱。明治以前,事事师法我国,崇拜我国;明治维新以后,取法西洋,又崇拜西洋,普通一般人固不待言,就是高等大学的教授,还有看见西洋人,好像老鼠遇了猫儿。对于中国人,就现出一种轻蔑的态度,反之明治以前生的老头儿,现在对于中国人,还特别地尊重。若是那些都市中的小学生,因为在学校里,教席对他们讲的是侵略中国主义,说的是中国人的坏话,增长他们的憎恶心、敌忾生,所以看见中国人,就叫 Chingoru 或支那人。东京神田地方更甚,然而日本一般新闻记者同政治家,却天天在那里口唱中日亲善,这不是一场滑稽戏吗?至于乡下的农夫,却很诚实朴素,并不晓得占人家的土地，可说是我们中国农夫的化身。然而我们中国乡村里，能同日本匹敌的，我虽没有走过全国，恐怕是很少的。我湖南就可说一句没有。但今年暑假我从上海到杭州，又从上海到南京，这一路从车窗里看起来，还可以赶得上日本的乡村生活，这是我上回返国一件最快活的事！还有迷信心同服从心，是日本人的特征，那一般警察更是讨厌，日本人称他是政府的狗，但他们听了这话，并没有自愧的心。今年普选运动的时候，在芝公园开了一个大会，到者万余人，我也杂在里面看了一下，那一般走狗，如狼似虎，不许人入场。有一位日本人——好像是哪个团体的首领——要想跑进去，同警察闹起来，他们就使出那种最野蛮的手段来，最后那位日本人就问他们，"你们是不是日本的国民，普通选举是不是我们日本人应当主张的，对于你们有甚么害处？"问得他们哑口无言，只说："我们只晓得上官的命令，别的事好歹一概不管。"所以日本人说他们是政府的狗，这话也没有说错。其对于留学生那种可恶的态度，更不堪言！这种记事，我想国内已经是晓得了。日本还有使外国人最注意的，就是 Samurai 武士同 Geisha 艺妓，依我看起来，这两种人一则是卖命的奴隶，一则是卖身的奴隶，已经是可怜了。然而日本人很喜欢，他们自己也非常得意，其实武士就是浪人的别名，艺妓就是妾的别名，西洋人说日本是妓女出产国，确是不错，因为日本现在还有暗地里买卖女子的。

乱七八糟，写了这么一大篇，我现在再没有勇气写了：因为我对于日本平日没有十分研究，这次时间迫切，所以东扯西拉，把年来脑里没有消灭的印象，胡乱写出来，自己已经是很不满足，自然是会使读者失望；但我做这篇文字，并不是要使人人满足，我是盼望至少有些地方能够引起大家的注意，引起大家研究。日本有好处，我们可以

学他,坏处可以弃他,日本虽不能媲美追欧,然比我们中国确是先进,所以我们中国现在可说是前车之覆后车之鉴,他所走的坏路,我们再莫走,这就是我这篇文字真正的本意啊!

一九二〇年十一月五日于西京

(本文原载《少年世界》,1921年4月1日增刊《日本号》,署名"资璧如")

>> 最近各国扩张军舰的恶耗

一九一四年八月，巴尔干半岛的一个炸弹爆破了全世界武装平和的大局，本来各列强平日皆已养精蓄锐，包藏侵略的野心，大有跃跃欲试之势。从政治上观察，从经济上观察，世界的大战争是谁也知道必不能免的。果然一声爆竹，全世界转一旋涡，宣战者三十二国，历时四年有余，动员六千万人，耗费三千亿元，举百余年来文明的储积、科学的精华，悉成孤注的一掷，伤失壮丁二千六百五十万，村镇被焚，庐舍被毁，瓦砾千里，莫辨故址，兵无饱餐，民有菜色，于是力疲了，声枯了，大家都盼望休息，不得已乃于一九一九年，在法国凡尔赛，开了一个和平会议，虽是糊里糊涂、掩耳盗铃地弥补一时，但是受了最大痛苦以后的心理，人人都愿得过且过地暂求饱食一餐，安眠一顿，平和的声浪倒轰动了全世界，一九二一年又在华盛顿开了一个军缩会议，虽也是龙头蛇尾地、鬼鬼祟祟地闹了一阵，倒也乐得使大家暂向着平和的幻梦里讨生活。

平和真是梦！是力竭声枯者的梦，现在各国渐渐地恢复元气了，于是平和梦的幻影也就渐渐地疏淡了。前日的苦痛也就渐渐地忘却到脑背后了。甚么振兴航空呀，研究毒瓦斯呀，扩张潜航艇呀，增加战舰呀，增筑军港呀，蓄积军粮呀，这些杀人的方法各国政府又拼命地提喝起来了。观今宜鉴古，无古不成今，我们看了前次世界大战的原因，就可以知今后的世界大战争又迟早是必不能免的，不过今后的世界大战争不在大西洋，必在太平洋，不在巴尔干半岛，必在我亚东的

大好河山上,其惨状恶毒,更有百倍于前次的世界哄斗,这是稍留意世界大势者可以想到的。同胞!曷其速起,要想全世界真正的平和,非我华夏民族起而创造不可,唯我中国才有创造全世界平和的资格。我中国若强了,则以占全世界四分之一的人口,提倡平和,是没有不敢不听命的,若我国民依然是苟且偷安,则此大好河山非被人蹂躏不止,全国同胞非作外人的奴婢不止,同胞!曷其速起。

吾人现单将各国最近扩张海舰的计划写出来以供国人的参考,不过此单属表面上的计划,至于他们秘密的计划,局外人是不能知道的,然而依此也就可以推想推想。

一、英国

英国是全世界平和的搅乱者,其民族性奸巧阴险,残酷凶暴,看此次南京路的事件,就可以知道的,近来拼命地增筑新加坡的军港,其目的就是要作太平洋的主人翁,就是要想掠夺我领土,将来太平洋上的恶根就在此处,所以我们先从英国说起。

英国的海军,全世界算他第一,若单说是为保护本国的领土起见,则已绰绰有余,拥有巡洋舰五十只、驱逐舰二百零四只、潜航艇六十二只,尚以为不足,于一九二四年度,已新建造一万吨之巡洋舰七只、潜航艇二只,我们可得表如下:

			原有的	新计划	总计
巡洋舰		旧	13.（68080 吨）		13.（68080 吨）
		新	40.（197790 吨）	7.（70000）	47.（267790 吨）
		计	53.（265870 吨）	7.（70000）	60.（335870 吨）
驱逐舰			204.（242675 吨）	2（?）	206.（?）
潜航艇			65.（58690 吨）	2（?）	67.（?）

然而英国更于一九二五年，设一计划案，自一九二五年起每年建造八只，前此在一九二四年，保守党内阁即提倡建造巡洋舰八只、潜航艇三只、潜航母舰一只、驱逐舰二只、驱逐母舰一只，Persia湾使用特型炮舰二只、航空艇数只，后值劳动党内起，反对原案，其结果只建造巡洋舰二只、驱逐舰二只，此后保守党内阁再起，再维持原案，阁议纷纷，让为追加预算。因此特别组织海军建造委员会，以谋解决，预定暑假前提出议会，其结果如何，现在还不能知道。

原保守党内阁，抱有雄大的海军政策，所以保守党内阁一上台，即增筑新加坡军港，以作将来雄飞太平洋之舞台。原来的巡洋舰嫌其太小了，主张全部新造一万吨之巡洋舰以代之，所以保守党内阁在时，这种计划是一定要通过的，亦是惨虐无仁素以海上王国自雄的英人所希望的。

二、日本

日本对于前次世界大战，没有受直接的损害，因而卖了许多粗制滥造的劣货得了不少的业钱，乘各国战乱，乃大施其毒手，提出二十一条于我国，思一举以遂其素日侵略的野心，幸举国同胞反对，不能完全遂意，而图我的野心依然未死，欧战平了，日本又值空前的大地震，在日本也就应当知所进退，乃今日因为又有了一点余力，于是今春会议一方提倡军事教育，以达全国皆兵之军国主义，一方海军部计划于大正十五年至十九年投以三亿余元之巨金，建造巡洋舰四只，一、二等驱逐舰二十余只，潜航艇十余只，更于大正十九年以后，增造主力舰及其他之舰队，其用意何在，在国人应当是知道的，试想以日本这样的小领土，已纯拥有这样大的海军

（如下表），还以为不足，更要增加海舰，国民拼命省衣食，其野心亦可谓不小，现列如下：

		原有的	新计划	总计
巡洋舰	旧	4.（18950吨）		4.（18950吨）
	新	25.（156205吨）	4（?）	29.（?）
	计	29.（175155吨）	4.（?）	33.（?）
驱逐舰		100.（109478吨）	20余（?）	120.（?）
潜航艇		72.（75734吨）	10余（?）	90余（?）

试看巡洋舰原来已经有美国的二倍，潜航艇亦比英国多，更在大正十九年度末，计划建造十二只巡洋舰，这不是东亚平和的一大胁迫吗？

三、美国

美国原有巡洋舰十六只、驱逐舰二百八十八只、潜航艇百二十七只，旧巡洋舰六只已达到废舰的年龄，巡洋舰只有十只，比之英、日两国，固然是处于劣者地位，因是其政府极力主张于一九二五年度建造一万吨的巡洋舰八只及驻中国河用炮舰六只，已于今春通过议会，今得表如下：

		原有的	新计划	总计
巡洋舰	旧	6.（53930吨）		6.（53930吨）
	新	10.（75000吨）	8.（80000吨）	18.（155000吨）
	计	16.（128930吨）	8.（80000吨）	24.（208930吨）
驱逐舰		288.（341631吨）	2（?）	300.（?）
潜航艇		127.（89277吨）	5.（10820吨）	132.（100097吨）

如上表，美国的驱逐舰及潜航艇比日、英两国多，而巡洋舰则比日、英两国处于劣者的地位，美国恐怕一时追赶不上，且政府当局也知道何苦以人民脂膏，肆作杀人的利器，因此于华盛顿会议以后，再想召集第二军备缩小会议，但是现在各列强已不如召集第一回军备缩小会议时候，正是战争疲倦以后，大家皆未得到会，所以现在各国对于这种会议，皆已如马耳东风，这个会即有开的一日，其结果绝不能圆满解决。然而美国经济丰富，可以为所欲为，若是各国不能满足美国的希望，那么美国一定实行大大的海军扩张计划，所以去年冬美国海军总长向议会提出追造巡洋舰八只之提案，并声明将来二十年间，每年每支出一亿一千万弗之海军费，现在美大总统极力想召集第二回军缩会议，向各国疏通意见。我们可以说，这回会议若开成功了，那么将来的世界大战争来得迟，若开不成，则将来的世界大战争就来得早，这样的世界大势，战争总是早晚不能免的。

四、法、意二国

意、法两国，世界大战的结果，损害最多，新舰建造计划不得不暂时放弃，且皆老朽不堪，然而英、日、美既积极地争造，那么法、意两国亦不得不竭力追随，法国的海军有如下表：

			原有的	新计划	总计
巡洋舰	{	旧	9.（76827 吨）		9.（76827 吨）
		新		5.（44000 吨）	5.（44000 吨）
		计	9.（76827 吨）	5.（44000 吨）	14.（120827 吨）
驱逐舰			39.（33649 吨）	24.（40590 吨）	63.（74239 吨）
潜航艇			52.（33210 吨）	14.（14902 吨）	66.（48112 吨）

即法国于一九二二年度新造巡洋舰三只（各八千吨）、驱逐舰十八只、潜航艇十二只、航空母舰一只。全部本年完成，更于一九二四年度至一九二□年度，其第二期增舰计划——巡洋舰六只、驱逐舰三十九只、潜航艇三十二只、机雷敷设潜航艇六只、敷设舰一只、航空母舰一只，也着着实行起来了。

意大利亦彼此不让，有如下表：

		原有的	新计划	总计
巡洋舰	旧	13.（70760 吨）		13.（70760 吨）
	新		5.（50000 吨）	5.（50000 吨）
	计	13.（70760 吨）	5.（50000 吨）	18.（120760 吨）
驱逐舰		60.（59469 吨）	20.（26440 吨）	80.（85909 吨）
潜航艇		43.（17726 吨）	20（?）	63.（?）

即意大利从一九二三年至一九二七年增造巡洋舰五只、驱逐舰二十只、潜航艇二十只，也着着实行起来了。

再法国对于第一次军缩会议的态度，异常强硬，至于第二次军缩会议，则且有不愿参加之意，意大利亦大概与法国取同一的态度。

要之现在世界各国中，英、美、日、法、意五国最强，就中英、美、日三国更有操纵全世界的势力，若是英、美、日三国不增加军备，那么法、意二国也决不妄事增加，其余的弱国更不容说了。然而英、美、日三国依然不愿废弃从来所抱的军国主义与掠弱小民族的野心，所以意、法二国也就不得不极力追随。这样的你诈我虞，将来的世界大战争能免却吗？且美国的野心，就在太平洋和东亚，然而以太平洋主人翁自命的美、日两国又能让步吗？英国素以我国为其商场，战后更欲以我国为其恢复国力的牺牲物，所以今年即大提倡增筑新加坡军港，那么以我国为商场的日、美两国又能让步吗？所以我们可想见将来的世界大战争必在太平洋，而直接作牺牲物者必为我国。我们还可不极早起而谋抵御的方法吗？同胞，曷其速起！

民国十四年六月廿八日草于日本京都

（本文原载《孤军》，1925年第3卷，第2期）

资耀华文存

》日本中央银行之沿革与组织及其业务之考察

余于去年春间,由日本帝国大学总长之介绍,向日本各大银行从事实际上之考察。就中考察最久者,则为大阪之三井及三菱两银行与东京及大阪之两日本银行(即日本国立中央银行,以下通称日本银行)。在三井与三菱两行,纯为练习各科实际上之业务。在日本银行,则为研究银行全体上之组织及其经营政策。日本银行为日本之国立中央银行,亦为日本全国诸银行之领袖。其组织与内容可供吾人之参考者甚多。今将于最短期间内考察所得,略为分述于次。

一、日本银行创立前日本之货币制度及银行制度

明治为日本之中兴令主,其一生实可谓守成而兼开创。日本所以能有如今日之强盛者,亦可谓乃明治伟业之余波。明治维新之初,一切政治皆待改革,值美雨欧风奔腾澎湃而来。于是为政者乃锐意仿效泰西各先进国,但仿效泰西亦有时因国情之各殊,不无龃龉之处。当时日本所仿之币制及银行制度,即其一例。盖维新时日本之币制及银行制度,实仿效北美合众国之制度,采用金本位。铸造相当于美国一美元之一圆货币为其单位,不但政府自身可依此发行纸币,并于国内各地设立国家银行,特许其发行银行钞票,政府并负保护之责。然当时日本之采用金本位,其主要目的不在对内而在对外,故于国内贸易之方便上,更铸造银货以资利用。此种画蛇添足之法,出于当时日本之国情,本实有不得已之苦衷。但经济界之因果现象,只知有自然之

变动，绝不能因为政者之苦心而有所偏爱怜恤不至发生。因此Grasham之法则乃大显其神通，流通金货竟绝迹于国内市场。实际上之本位货币乃变而为银货，所谓金本位制度实虚有其表而已。又值当时国务万般亟待革新，政府经费日见增加，于是政府既滥发纸币以弥缝一时，各国立银行亦随而竞相增发，从而银货与纸币之间生有极大之差额。物价日见昂腾，输入远过输出，经济界遂发生不可讳言之恶现象。而当时各国立银行所以不能尽调节金融界之任者，盖一则因资本极小，一则因分据各地，实所谓无能力及不统一之所致。因此金融界既不能运转自如，金利亦日趋昂贵，经济界几有不可终日之势，而继此以兴，能挽狂澜于既倒，扶大厦于将倾者，则为日本银行之创立焉。

二、日本银行之创立

如前所述，当时日本之经济界殆有不可终日之势，斯时之大藏卿（相当我国财政总长）松方正义乃提议拟仿比利时之银行制度，设立一统一之中央银行于日本。其目的如次。

第一，图金融上之便利。

第二，扩张银行及诸会社之资历。

第三，使金利之低落。

第四，大藏省（即财政部）之事务，可以托中央银行代办而无弊害者，则可委托中央银行以办理之。

第五，整理纸币。

第六，确立兑换券制度。

明治十五年六月二十七日，乃颁布《日本银行条例》，命大藏少辅、吉原重俊、富田铁之助、加藤济为创立事务委员。命第三国立银行总理安田善次郎及三井银行副行长三野村利助为执行委员。九月更添任子安峻、外山修造、松本重大郎、草间贞大郎诸氏为执行委员。定款行规之作成及股份募集等之创立事务既告竣,遂于同年十月六日任吉原氏为总裁,富田氏为副总裁;九日任安田、三野村、外山三氏为理事;任子安峻、北冈文兵卫森、村市大郎三氏为监查;定营业期间为三十年。于十月十日正式开行营业,后于明治四十三年再延长营业期间三十年。

三、日本银行之任务

日本银行为日本国立中央银行,享有发行兑换券之独占权。其发行之方法,于正货准备发行之外,并可以政府公债及商业票据等为保证而为保证发行。至其保证发行数额,虽明文规定为一亿二千万圆,但当金融市场上有认为增发之必要时,亦可得大藏大臣之认可而作限外发行,是日本银行实于准备发行之外而兼有相对的保证发行之权,介乎通货派与银行派之间。亦因此日本银行乃具有金融调节之能力,而恪尽其为中央银行之职责焉。

日本银行既具有此金融调节之力,故平时既可图全国金融之畅通,应市场之缓急而伸缩自如,以防金融界之危险于未然。若万一金融界发生恐慌现象时,亦能谋市场之安定而化险为夷。其全国各大银行皆为日本银行总分支行之通汇地,各以适当之款项存放日本银行,以为其票据交换结账时之冲销。又各银行不但得依往来透支汇兑及汇兑等之作用,使隔地间获有资金移动之便,且各银行于必要时更可仰日本银行资金之供给,故日本银行乃处于银行的银行之地位。换言之,日本银行为母银行,全国各银行为其子银行,其关系实不啻如母子,因此其提现利率之高低,其提现放款之伸缩,于全国金融市场产生极大之影响。而各银行及全体经济界，不啻以日本银行为一种金融繁闲之晴雨计（Barometer）焉。

又日本银行为日本金准备之拥护者。原来金准备之充实为中央银行之重要任务，故日本银行对此常加以深慎之留意，以求完成其职务，常购入内外生金银及外国货币，以作万一之备，并依外国汇兑之购入以援助各汇兑银行。

此外，日本银行亦如泰西各国之中央银行，与政府有特殊之关系。有时应政府之需要，固可援助其财政上之不足，且自身亦为政府财务之一机关，办理政府之出纳事务及公债事务并管理金库。

四、日本银行之营业

日本银行之营业，其大致与普通银行亦同。但依明治十五年六月廿七日日本政府所颁布之条例，则有下列之规定。

（一）营业事项

（1）政府发行之票据、汇兑票据及其他商业票据等之贴现及买入；

（2）买卖生金银；

（3）以金银货及生金银作抵押之放款；

（4）对于有预约之各公司银行及商店，为其收解款项；

（5）经理各种存款及金银货贵金属与各种证券类之保护存托；

（6）以公债证书政府发行之票据及其他受政府保护之各种证券作抵押之往来放款及长期放款；

（7）各种票据及印花之发行；

（8）公债证书之买卖。

（二）禁止营业事项

（1）以不动产或银行及公司之股票作抵押之放款；

（2）对于本银行股票之放款及本股票之转买；

（3）不但不能作各工业公司之股东，即无论直接间接皆不许与工业上发生关系；

（4）除开设总分支行及代理店之必要外，不得为其他一切不动产之所有主。

再于上述之外，有未载诸明文而可堪注目者，即泰西各国之中央银行，不论其为私人或为银行皆与其交易，但日本银行则其存款放款之各种交易，殆皆为银行。

五、日本银行之资本金及营业地

（一）资本金

日本银行之资本最初为一千万圆，分为五万股，后因营业成绩极良，业务日见发展，不出数年大有增资之必要。于是至明治廿年，增为二千万圆，分为十万股；至廿八年增为三千万圆，分为十五万股；四十三年增为六千万圆，分为三十万股。此中已缴足三千七百五十万圆。

（二）营业地

日本银行（总行最初设于东京市日本桥区北新堀町，至明治廿九年四月迁于同区两替町）起始只有总行一所，不久即于大阪分立分行，渐次及于各地。现在已设有下列之十五分行。

地点	开设年月
大阪设行	明治十五年十二月
函馆分行	同　廿六年四月
门司分行	同　廿六年十月
京都分行	同　廿七年四月

续表

地点	开设年月
名古屋分行	同　三十年七月
小樽分行	同　廿六年四月
福岛分行	同　卅二年七月
广岛分行	同　卅八年九月
金泽分行	同　四二年三月
新潟分行	同　三年七月
松本分行	同　三年七月
熊本分行	同　六年八月
秋田分行	同　六年八月
松江分行	同　七年三月
冈山分行	同　十一年四月

此外，日本银行于全国各重要地点委嘱五百六十二处之代理店，此中五百廿九处专担任办理国库金政府有价证券及国债事务；十九处办理损伤兑换银行券事务；其余十四处则只专代管关于铁路之存款而已。

六、日本银行与其政府之关系

处于现今国民经济时代，世界各先进文明国中，银行林立，各秉其自有之主义与营业之方针，从事经济上之驰逐。然试观各国，若其经济、政治属于正常状态，则大都有一中央银行处于全国各种银行之上，秉一贯之方针，以慎重之政策，统一全国银行，以免其步调之杂乱，而尽一国金融机关之职责。就中若一旦金融界发生变故，各私立银行感受资金穷迫之困，则中央银行做其后援，以救其破亡之急。诚如是故，各国中央银行实不啻为政府之一机关，与政府之一切政治施设生有密接之关系，日本银行亦然。日本银行设立之趣旨，依其银行

条例亦即在此。故日本银行组织一成,政府即将关于国库金之事务委托日本银行办理,后不久又将属于存款部中资金之运用事务已委其代办。至明治十九年七月以后,更将关于国债之事务委托日本银行经理。追至明治廿二年,日本政府颁布金库规则,关于一般国库金之保管出纳采用金库制度。于是明治廿三年四月,即委任日本银行总裁为金库出纳司长,掌管金库之出纳事务,对于政府负一切之责任。其后明治四十二年,依日本铁路会计法关于国有铁路会计之现金亦委托日本银行。后至大正十年四月,政府修改会计法,废止金库制度,采用存款制度,于是从大正十一年四月,政府国库金概作为日本银行之政府存款,由日本银行司其一切之经营事务。至其将来再有无修改,现虽不得而知,但由上所述可知日本银行与其政府之关系。实不啻头与手足也。

七、日本银行与正金银行之关系

凡一国之经济界既日见发展,外国贸易既日见增加,则生有为贸易上金融机关之必要。此种机关即须在贸易上之重要地域设立分行支行代理店或通汇地,以经营外国汇兑事务,以图外国贸易上金融之便利。但普通银行以存款及放款为本务,作国内金融机关之普通银行绝不能有此巨大之资力。在海外各地添设数多之分支行,且亦事实上之所不利,是故各经济先进国关于此种对外金融事务,大都特设一对外金融机关,专司其对外贸易之一切业务,日本之横滨正金银行即秉此趣旨而设立者也。

同行设立于明治十三年。试观其银行条例之第二条及第七条,即可知其意旨之所在。其第二条则曰"横滨正金银行设总行于横滨,再于国内外贸易上重要之地设立分行及支行与代理店,并与其他各银行订约通汇。"再观其第七条，则有如下：

（1）经营外国汇兑及押汇；

（2）经营国内汇兑及押汇；

（3）经营各种放款；

（4）经营各种存款及保管；

（5）汇兑票据各种证券之贴现及收解款项；

（6）货币之交换。

要之正金银行之设立趣旨，实在上述第（1）项与第（6）项。故日本银行为其国内银行之领袖。而正金银行即为日本之对外银行，两行互相辅助。于是日本内外之金融界日趋良好，而日本银行更委托正金银行为其海外代理店，付以种种之任务。至对于其事务之监督则派有代理店监理，分驻于伦敦及纽约之正金分行。是吾人于是亦可知正金银行与日本银行之关系，又不啻兄弟手足也。

八、日本银行之成绩

日本银行因经营得法日见发展，增资数次，蒸蒸日上，全国金融上枢要地域悉有分行，不但直接对于该各地域之银行，与以金融流通之便，且与其他重要都市各银行之间互相约汇，以资全国金融界之活动。就中自明治三十九年七月以来，总分行之放款利率悉归一致，且对于通汇地委托之汇款，总分行皆不取折息。对于全国金融流通调节上更形便利，试察其于大正十三年（一九二四年）中，此种汇款总数竟达至四十四亿七千万圆之巨，亦可想而知矣。

次之日本银行因求达其维持兑换券制度及拥护正货之目的，又以奖励输出贸易之趣旨。对于汇兑银行之买入输出汇票，特予以充分之后援，故日本银行之一般放款中，外国汇兑放出金常占一重要部分。

就中如此次世界大战期中，此种借出款日见增加，竟达至普通放款之倍数。大正七年底之总额为五亿七千六百万圆，其中四亿四千四百万圆为外汇借出款，亦可知其当时输出贸易之盛。即在现金之输入不自由之际，日本银行亦能援助各汇兑银行，使其便于经营输出汇兑事务，以助长输出贸易之发展焉。

再日本在明治三十年采用金本位制度时，日本银行亦实可谓元动。他如处于发生变故时，或从事军费之征求，或从事公债之募集，或事正货之拥护，或事金融之调节，或救予银行之破产，其对于全国经济上实有极大之功绩。就中如大正十二年关东大地震、大火灾，全国经济界几被覆灭，日本银行处此一方能以临机应变之措置，谋民心之安定。一方对于与震灾有关系之票据债权，予以特别之通融，使经济界不久即恢复原状。试观其同年之借出款项，达至八亿五千三百万圆之巨，即由震灾之关系也。

九、日本银行之兑换券发行

日本银行依明治十七年五月颁布之银行兑换券条例，于十八年五月开始发行银行券。此后随各种银行业务之发达，发行额渐次增加。就中在世界大战期中更形增加。至去年底，已达至十六亿三千一百余万圆之巨矣。

最初发行之银行券为银货兑换之银券。自明治卅年采用金本位制改为金货兑换券，又关于银行券之准备，依明治廿一年七月之银行兑换券条例，采用保证发行制限伸缩法，以七千万圆为保证发行制限额。其中二千七百万两限为国立银行纸币销却额，后至明治廿三年五月，其保证发行限制额又增至八千五百万两，再于明治三十二年更增加至一亿二千万两。

十、日本银行之组织

日本银行亦为股份组织。如普通之股份有限公司有股东总会，一切银行之营业方针与政策由总裁一名、副总裁一名、理事四名总理之。总裁与副总裁由政府直接任命。理事则由股东总会推举候补者，由大藏大臣任命之。由总裁、副总裁及理事所成之集会曰董事会，若加以监理时，则曰银行总会。开会时，总裁即为董事会及银行总会与股东总会之议长，而大藏大臣更派遣由政府任命之监理官，以监视日本银行之事务。至监理定员为三名至五名，则由开股东大会时于股东中选出，以监查日本银行之事务与诸账簿及现金与各种所有物。再于银行定款所定之外，更置行员及技术员与雇员，以分掌各项事务。其中部长、局长、代理店监查、分行长、支行长、总秘书、主任、总稽核、调查长、书记、候补书记及出纳助手等总称为行员，技正及技师称为技术员，练习生、雇员、女子事务员、女子补助员、号房、警卫、差役等则称为雇员。现在日本银行干部人数为一千零一名，内容如下（Officers and Staffs）：

Governor	1
Vice Governors	1
Directors	4
Audition	5
Chief of Departments	8
Superintendents of agencies	3
Managers of Branches	14
Private Secretaries	1
Inspectors	4
Secretaries	23
Senior Clerks	698
Junior Clerks	239
Total	1001

此外普通行员九百七十二名,技术员三名,雇员八百二十五名,合计其总分支行等共二千八百零一名。

至其部局之组织则如下:属于总行者,为检查部、审查部、营业局、出纳局、国库局、文书局、股票局、计算局、调查局,部局之外别置秘书处。伦敦及纽约则派遣代理店监督。其内容如次:

(1)各局置一局长。关于其事务之整理,局长负一切之责任。

(2)检查部置以检查员三名或五名,以一人为主任,各直隶于总裁之下,以事其职务。

(3)审查部置一主任,直隶于总裁而从事其职务。

(4)秘书处设一秘书,直隶于总裁而从事其职务。

(5)各分支行设分支行行长,关于各行事务之整理,负一切之责任。

(6)各局、各分行、各支行、秘书处、代理店监督处各设调查员,以襄理辅佐之。

(7)书记、候补书记及练习生归各部局分支行、代理店、监督及秘书处管辖下而从事业务。

(8)出纳助手。专属于出纳局及分支行之出纳科,而管理现金出纳事务。

再前述各部局及代理店监督与秘书处之事务,各分如次。

检查部之事务:

(1)总分支行及特派处事务之检查;

(2)代理店事务之检查;

(3)新建筑及修缮工事之检查;

(4)关于前三项文书之检阅。

审查部之事务:

(1)各种章程之审查;

(2) 交易改废、代理店选定及仓库指定等之审查；

(3) 营业预算及放款事务之审查；

(4) 抵押品之审查；

(5) 营业事务监督上必要之各种表类之赞成；

(6) 关于各分支行之事务而不能专属于其他任何部局者。

代理店监督之事务：

(1) 在外代理店事务之监督；

(2) 经济上之事务及海外各种事务之调查报告。

营业局之事务：

(1) 贴现及放款；

(2) 汇兑；

(3) 各种存款；

(4) 买卖公债；

(5) 买卖金银及生金银旧货币与外国货币；

(6) 经理政府指定存款；

(7) 关于由政府命令各种特别会计运用之事务；

(8) 关于海外代理店监督之事务；

(9) 公债募集偿还之事务；

(10) 公债利息及存款部利息之支付；

(11) 关于公债证券之事务；

(12) 公债登录；

(13) 公债事务经理费之事务；

(14) 公债事务代理店之选定及监督。

出纳局：

(1) 现金出纳及保管；

（2）票据之交换及收解；

（3）流通不便货币之交换；

（4）金银、生金银之鉴定及保管；

（5）赝造及变造通货之处分；

（6）银行兑换券之交换；

（7）损伤银行兑换券之兑换；

（8）无记名公债利息之支付。

国库局：

（1）国库金之出纳事务；

（2）政府有价证券收付事务之总括；

（3）供托；

（4）政府存款；

（5）代理店存款；

（6）关于国库事务之代理店之选定及监督；

（7）国库事务经理费用之事务。

文书局：

（1）各种文书之收发；

（2）关于契约事务；

（3）登记诉讼及其他法律上之事务；

（4）理事、监事及行员之保证事项；

（5）股东总会之事务；

（6）关于值宿事务；

（7）各种文书之编纂及保管；

（8）标本货币之保管；

（9）关于各种经费事项；

（10）营缮事务；

（11）各种日用品会计事务；

（12）总分支行经费之预算及决算；

（13）恩赐年金支付基金之管理；

（14）不动产事务；

（15）通货及金银货、生金银等运送事务；

（16）银行兑换券之制造及保管事务；

（17）银行兑换券之发行及收回；

（18）银行兑换券发行之准备及保证事务；

（19）银行兑换券之废弃；

（20）损伤兑换券兑换事务代理店之选定及监督；

（21）其他不专属于他局之事务。

股票局：

（1）本行股票事务；

（2）股利支付事务；

（3）保护存放；

（4）公债证券之保管；

（5）抵押品及保证品之保管；

（6）政府有价证券之收付事务及保管。

计算局：

（1）各种账簿及收支报告表等记账方法之监督；

（2）账簿报告表之新设及改废；

（3）会计科目之新设及改废；

（4）计算总务及账簿之记录与整理；

（5）半期决算事务；

（6）实际报告表之调制；

（7）营业报告之编纂及科目统计之作成。

调查局：

（1）内外财政上经济上之统计及调查；

（2）图书之保管。

秘书处：

（1）机密文书之处理及保管；

（2）办事员之黜陟及调动与勤惰等之事务；

（3）总裁、日本银行副总裁及理事等各印鉴之保管；

（4）奖励金及抚恤金之事务；

（5）总裁、副总裁及理事等之命令事务。

以上所述为日本银行之总行事务，至其各分行则没有下之四课，即营业课、出纳课、国库课、文书课，其事务之管理，亦准据总行。

再日本银行每年于二月及八月定开股东大会，发表半期决算报告书。而于二月之总会席上，则报告前一年之营业状况，发表报告书。此外为银行兑换券发行额，每周平均额报告及营业每周报告表，则刊登于次周水曜日之政府官报。现抄录其去年十二月三十一日之贷借对照表如次，以供参考。

Balance Sheet，Dec. 31 1925

单位：日元

(1) Liabilities	
Notes issued	1631783958500
Redemption funds for Fractional Government Notes	17500000000
Government deposits	600878232794
Funds for the payment of mint certificates	1618874254

续表

(1) Liabilities	
Current accounts	54513444980
Remittances	6150363880
Due to other banks	22721800
Suspense receipts	42157742920
Reserve for taxes	2611365640
Capital subscribed	60000000000
Reserve fund	69890000000
Reserve against depreciation of bank Premises	535000000
Dividends unpaid	1995000
Profit brought forward from last half-year	4006502688
Net profit for the current half-year	5177429861
Total	2496847632317

单位：日元

(2) Assets	
Advance to Government	22000000000
Advance on foreign bills	233875160140
Advance on currents	9266500000
Bill discounted	306605691800
Emergency bills discounted	148091330770
Deposits	50092837627
Government bonds	273485369950
Bullion	806656065080
Due from other banks	69959710
Foreign Agencies accounts	135021481035
Agencies Accounts	33482392260
Suspense payment	750031620
Bank premises	3585515062
Capital unpaid	225000000000
Redemption fund for fractional Government Notes as per contra	17500000000
Special cash on Government account	128067965208
Cash on hand	305707322055
Total	2496847632317

吾人通观以上各节所述，可知日本银行之所以为国立中央银行实有三大特点，即一则掌握全国金融上之大势，二则有发行钞票之独占权，三则办理国库金之运用事务。而此三者亦即普通所谓中央银行之特权，例如，英国之英格兰银行、战前德国之德意志帝国银行、法国之法兰西银行等，皆具有此三种特权。然而反观我国，则全国金融固未能统一，各大都市之金融又悉操于外国银行之手，一任其左右操纵。至于钞票发行权，不但国内各银行不问其资本之大小、准备金之有无，均得享有之，即外国银行之在我国者亦大都有此特权。此真全世界所绝无而仅有者也。夫一国银行之发生，乃因一国经济界之要求而起，而一国经济界范围极广事务种类各殊，因此银行亦从而各应其经济事务之需要而种类不同。故为一国金融界之领袖，统一全国各银行者有中央银行。为增进外国贸易者，有对外汇兑银行。为便于国内商业金融者，有各种商业汇兑银行。为作人民之储蓄机关者，有各种储蓄银行。为便于促进农工业之发达者，有农业银行、兴业银行、劝业银行、农工银行等之设立。是银行之设立，固各有其一定之营业方针与政策，以应社会经济界之需要。至于我国各大都市之银行，其名称虽各不同，殆有皆为发钞票而起之概。其各种对外、对内之重要业务，反悉操于各外国银行之手。国内各种存款，其大部分皆为外国银行所吸收。国外汇兑事务则纯为外国银行包办。国内对外贸易商人因而既感受无数之不便，亦因而受极大之损失。故以大都市之金融大势观之，我国实不啻一大总合殖民地，而货币之紊乱与不统一，钞票之滥发与杂种杂样，较之日本明治维新当时，实有过之而无不及也。至于政府之公债，乃为商人之投机利用物，其危险不堪言喻。而政府之款项，除一极小部分归本国银行办理外，其最大关键之关盐税收又悉为外国银行所管理。故我之全国财权尽在外人掌握。政府及财政当局且日仰总税务司之鼻息。藉其一怒一喜，以占中央政局之吉凶。此种状态可怜亦复可叹。安得亦有如日本维新时松方正义其人者，出而整理之为之执鞭所欣愿焉。

（本文原载《银行月刊》，1927年第7卷，第2号）

欧战后美国在国际经济界之地位

欧战之前，欧洲诸国与北美合众国之间保持一定之经济均衡状态，即欧洲诸国由美国输入各种原料品，美国则由欧洲诸国输入各种精制品，演成一种国际分劳之势。当时美国常处于被动之地位，故美国当局屡努力于关税政策，以保护奖励其国内工业。然而欧战发生，各国无力从事生产，美国乃乘时而起，振兴工业。于是乎欧洲诸国不但从美国输入各种原料品，即前日输出于美国之各种制造品，今日亦不得不仰给于美国，而美国遂一跃而执国际经济之牛耳矣。今试举纺织工业而考察之，则有如左〔下〕表。

（1）世界重要棉业国消费棉花累计表。

	1913年	1920年	1924年
全世界	21200	18000	20234
美国	5482	6200	5612
英国	4440	3700	2718
德国	1800	485	1014
印度	1762	1464	2065
俄国	1700	—	808
日本	1351	1961	2337
法国	1025	800	1063
意大利	800	671	942
奥地利	820	—	550
中国	398	690	942
西班牙	350	390	366

(2) 全世界棉花消费额（指数为100）[①]。

	1913 年	1920 年	1924 年
美国	26.0	34.5	27.8
欧洲	51.7	33.3	35.7
英国	20.9	20.5	13.4
德国	8.5	2.5	4.5
俄国	8.2	—	3.9
法国	4.8	4.4	4.8
其他	9.3	5.9	9.1
日本	6.4	10.9	11.5
中国其他	15.9	21.3	25.0

如前表，欧战前欧洲诸国之棉花消费总额为百分之五一点八[②]，战后则减为百分之三三点三。反之美国在欧战前为百分之二六点〇，战后则增至百分之三四点五。由此观之，欧战后欧洲诸国生产力之减少与美国生产力之增加，已可想见其一斑。原来欧洲诸国生产力之减少，固由于受战事之破坏，无力从事生产，而美国之能乘时而起，利用时势造英雄之原则，努力改良其经营技术而从事各种建设与生产事业，实令人钦佩无已。

今更将美国在战时、战后其努力于生产力之增加而压倒欧洲诸国之情状，依其对外贸易而表示如左〔下〕。

---

① 编者注：根据下文，这里的"指数为100"即指百分比。
② 编者注：原刊表格数据与正文不一致。

美棉制品累年输出额

年次	棉织物 Colored		其他棉织物 UnColored		合计	
	数量(码)	价额(千美元)	数量(码)	价额(千美元)	价额(千美元)	价额(千美元)
1913	192044459	3578	252684782	18090	23075	53743
1914	172866472	11613	241991540	17230	22631	51467
1915	186063842	12536	210880353	16146	43290	71973
1916	297445265	22902	253126455	236497	65671	13053
1917	431430713	45661	258763183	26946	63691	136299
1918	441664725	66801	243285217	36614	65982	169398
1919	371384621	84631	198918178	46761	101287	233680
1920	487860176	134664	379441471	87273	152105	364042
1921	311036877	83435	245337481	57967	98956	240359
1922	272992056	39351	340137032	37583	46003	122938
1923	309537999	35110	231617848	33407	58842	145360

以上不过就纺织工业而言,其他一般物品亦有长足之增加。据最近国际联盟准备委员会之报告,即可以证明如次。

世界贸易额指数表

	进口			出口			总额		
	1913	1924	1925	1913	1924	1925	1913	1924	1925
欧洲	100	87.6	93.7	100	80.9	84.1	100	84.5	89.3
北美	100	123.3	137.6	100	128.9	135.4	100	126.4	136.7
中美	100	120.7	120.66	100	141.8	128.4	100	132.4	127.9
南美	100	83.1	96.8	100	97.7	96.2	100	90.9	96.7
非洲	100	96.9	101.6	100	96.1	96.2	100	96.5	99.0
亚洲	100	118.5	124.2	100	127.9	147.0	100	123.2	135.9
大洋洲	100	118.7	132.5	100	118.0	131.6	100	118.4	132.3
全世界	100	97.2	104.9	100	98.7	103.9	100	97.9	104.5

如上表全世界贸易额，大致一九二五年比较一九一三年有百分之五之增加。然而欧洲诸国则反减少百分之二十，美国则增加百分之三十。就中最使吾人注意者，即欧洲诸国之出口比较进口更形减少，可知欧战后，欧洲诸国经济力衰颓之甚也。再将战后英、美、德、法其铁与石炭之生产额比较则有如左〔下〕表。

（1）石炭产出额。

单位：千吨

年次	美国	英国	德国	法国
1913	43088	24336	15843	3404
1916	44610	21706	13264	1776
1917	49245	21040	13979	2410
1918	51272	19283	13188	1870
1919	41878	19455	9726	2009
1920	49764	19435	10946	2009
1921	38283	13823	11354	3211
1922	36057	21133	10964	3596
1923	49706	23450	5193	3978
1924	43182	22646	9897	4916
1925	44209	20694	11052	5087
1926	50198	10631	12114	5504

（2）铁产出额。

单位：千吨

年次	美国	英国	德国	法国
1913	2601	869	1397	434
1916	3305	766	945	109
1917	3233	789	969	117
1918	3260	769	767	108
1919	2589	626	471	204

续表

年次	美国	英国	德国	法国
1920	3083	680	532	279
1921	1401	222	655	287
1922	2276	415	766	427
1923	3392	630	412	453
1924	2634	619	651	638
1925	3082	528	848	706
1926	3308	207	804	783

如上表，可知美国逐年增加，而欧洲诸国急剧减少。既如上各项所述，美国之生产力如旭日东升，欧洲各国之生产如西山落日。于是乎国际经济间，乃起有极重大之变化。战前经济处于均衡状态，故国际间之关系纯为经济关系、对等关系。战后此种均衡状态一经消失，美国逐一跃而为世界经济之中心点，经济关系悉集中于美国。美国对于各国之关系，渐由对等地位而立于统治操纵地位。若以图表之，则有如次。

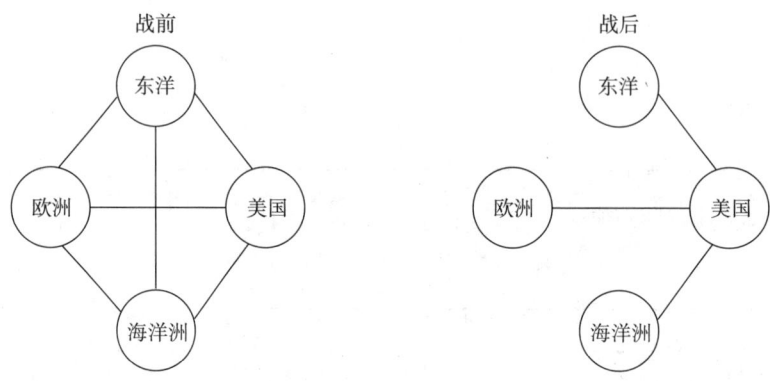

如前二图式，美国在战前与世界各国立于相互的地位，而在战后则世界经济关系已集中于美国。美国已为世界之主人翁，由经济关系而变为权力关系，美国为债权者，世界各国为债务者。试观下表更可知矣。

各国对美国所负之债务表（民国十五年六月美法协约成立时美国政府所发表者）：

	本利总计（千美元）	期限
英国	11105965	62
法国	6877674	62
意大利	2407677	62
比利时	727830	62
芬兰	21695	62
匈牙利	4693	62
罗马尼亚	122006	62
波兰	435687	62
蔓德尼	33331	62
捷克	312811	62
拉非亚	13958	62
利塞尼	14531	62
总计	22048362	—

如上表可知，美国藉其巨大之生产力，产生巨额之商品，而供给于全世界，吸收全世界之资金，运用于其最发达之金融系统中，变成资本而集聚中央，再放款于各国以购买美国之物品。其结果，美国债权者之地位日益高而日益固，各国虽力求复兴，贸易上、企业上及其他经济活动终不能一时脱离美国之支配。因是各国或则苦于外债利息之清付，或则迫于入超之威胁，或则陷于财政之困难，卒至通货膨胀，物价昂腾，金利增高，成本趋贵，经济益难发展。反之美国以充实之资本作后援，极力谋生产之改良，而从事大量生产，以成本较低之优良品，横行于各国市场，由此获得巨大之利益。若揆以普通经济学之原理，美国出口既盛，则正货流入，信用膨胀，物价渐高，因是

出口必减，当见正货之流出。然而美国今日则善于利用其金融系统，使其不发生如何贸易均衡之现象。故美国现今有巨额正货之进口，复有巨额正货之出口，而经济则益趋发展。试观其每年金银进出口状态，有如下之二表。

（1）金之进出口额。

年次	出口（千美元）	进口（千美元）	合计（千美元）	出超或入超（有×印者为入超）
1913	91799	63705	155503	28094
1914	222616	57388	280004	165228
1915	31426	451955	483381	×430529
1916	155793	685990	841783	×530197
1917	371884	552454	924338	×180570
1918	41070	62043	103113	×20973
1919	368185	76534	444719	×291651
1920	322091	417068	739159	×94977
1921	23891	691267	715159	×667376
1922	36874	275169	312043	×238294
1923	286433	322715	351358	×294072

（2）银之进出口额。

年次	出口（千美元）	进口（千美元）	合计（千美元）	出超或入超（有×印者为入超）
1913	62777	35868	98644	26909
1914	51603	25959	77562	25644
1915	53599	34484	88083	19115
1916	76595	32263	102858	38332
1917	84131	53340	137471	30790
1918	252846	71376	324222	181471
1919	239021	89410	328431	149611
1920	113616	88060	201676	25556
1921	51575	63243	114818	×11667
1922	62807	70806	133613	×7999
1923	72468	74453	146921	×1984

而美国之国富比较各国又有如次表（一九二二年统计）：

国名	国富 （百万美元）	平均 （美元）	国民所得 （百万美元）	平均 （美元）	岁出 （百万美元）	平均 （美元）	负债对所得之 百分比（%）
美国	230000	2091	31000	282	2465	23	8.2
英国	70000	1489	10000	213	2654	57	26.8
法国	57000	1485	7000	179	1362	35	19.4
德国	55000	902	7000	115	—	—	—
意大利	21250	531	3400	85	380	7	19.4
日本	15000	268	2000	36	760	13	36.1

如上表可见，美国之国富已甲全球，全世界之金货皆有为美人所有之概。故各国有感于此，乃有所谓日内瓦国际经济会议之召集，极呼自由主义之确立。此亦各国对于美之经济关系与权力关系日受其支配而不得不如此也。

（本文原载《银行月刊》，1928年第8卷，第9号）

资耀华文存

>> 欧战后的国际经济和国际劳动问题

一、世界大战争的损失

十八世纪的初期，因科学的进步、机械的发明、交通的发达，国际经济界起了重大的变化，让成所谓产业的革命，手工业一变而为工厂工业，个人组织一变而为公司组织，定货生产一变而为市场生产。各国因各欲维持他们的富强，缓和他们的生产过剩，不得不互相努力，向外发展，在海外寻觅市场，争夺殖民地。因此更不得不大家竞兴军备，采用武装平和的政策。于是一九一四年六月廿三日，以一奥国皇太子夫妇的被刺作导火线，遂开了亘古未有的世界大战祸。混战了四年多的岁月，到了一九一八年十一月十一日，才停住了表面上的直接行动。当时参战的有二十七国，战死的壮丁达九百九十九万九千余人。还有军费一项，普法战争不过三十亿美金圆，有名的南北战争也不过七十亿美金圆，比较世界大战，已不啻九牛一毛。我们把世界大战重要国的军费列记如下，其他间接参加各国的军费还不列在里面，就可以知道大战争的损失了（单位以百万美金圆计算）。

英国	46085	德国	48616
法国	32617	奥国	24858
比国	1387	土耳其	1802
意大利	15636	匈牙利	
俄国	26617	勃牙利	732
美国	32261	中欧同盟各国共计	76008
罗国	907	总计	232058
塞国	735		
联合国共计	156050①		

我们看上列的军费损失，就可以推想国际经济界已直接受了莫大的打击，何况各国因战争的关系，产业丧颓，田土荒废，更不能计算了。

二、凡尔赛和平会议中的难问题

延长四年多的大战争，因为中欧同盟诸国经济能力已万不能支持，又加以国内的革命运动，不得不忍受城下盟的辱，乃于一九一九年六月，成立了《凡尔赛和约》，世界的地图变了色彩。结果不但德国的许多海外殖民地都让给人家，还有面积廿六万方里、人口五千万的奥地利帝国，已是云消雾散。而和会中最难解决的，就是赔偿金问题。可是赔偿金问题若不能解决，世界的经济界绝不能安定，所以利害冲突的联合国钩心斗角地协议了许多次，竟在世界史上印了所谓国际会议时代。直到一九二〇年七月，才将赔偿金分配率的问题得了下面的比率。

---

① 编者注：此列原刊数据存疑，与共计不符，待考。

法国	五成二	英国	二成二
意大利	一成	比国	〇〇八
日本	〇〇〇七五	葡国	〇〇〇七五
其他	〇〇〇六五		

可是分配率虽已议妥，而根本问题即赔偿金总额又不能决定。对于该问题，又开了不少的会议。全世界的舆论亦皆以本问题为中心点。例如，英国金慈博士主张最高限度为七百亿金马克，德国西斗博士主张为三百亿至五百亿。可是一九二一年的伦敦会议则决定为千三百廿亿马克，对于德国支付该赔偿金的办法，则更规定为下列三种公债。

种类	金类	利息	发行日期
甲种公债	12	5%	一九二一年七月一日
乙种公债	38	5%	同年十一月十一日
丙种公债	82	后定	德国资力充实时
合计	132（10亿金马克）		

当时德国代表明知如此巨额的赔款绝没有履行债务的希望，亦不得不承认签字。后日的祸根就萌于此日了。试问德国经长年的战祸，还有余力履行这巨额的债务吗？果然举德国全体的岁入亦不能如期付款，只有自暴自弃，而请联合国再行调查，并宣告没有支付三百亿马克以上的能力。联合国又不得不再开会议讨论对付方法。英国主张和缓，法国主张强硬，不能发现一妥协点。一九二三年一月，法国竟实行用兵占领德国南部的炭矿。世界经济界又突然感觉不安的暗云。于是德国一方面谋划消极的抵抗，法国一方面也觉悟旷日持久的不利，慢慢地就产生了所谓"赔偿专门委员会"。

三、道斯案的内容

一九二四年一月，成立赔偿专门委员会，素持冷淡态度的美国派遣非公式的代表到欧洲，本来依当时的国际经济关系，若非借美国的资力，绝不能解决赔偿问题，联合国能将美国引入旋涡，不得不称为外交上的成功，乃以法国委员为议长，组织下面两个委员会。

第一委员会，即所谓道斯委员会，以美国道斯为议长，专调查德国的支付能力、支付方法及谋德国财政的均衡、币制的改善与通货的安定。

第二委员会，即马克拿委员会，以英国马克拿为委员长，专调查德国的海外流出资本。

两委员会费了两礼拜的工夫调查完毕，报告于专门委员会，并通牒关系各国，征求采择。

第一委员会的报告即主张：第一，赔偿问题当视为纯粹的经济问题，不可视为政治问题；第二，不可含有惩罚德国的恶意；第三，联合国对德国应有好意的援助，使德国能履行义务；第四，本委员会的报告全体为有机的关系，取舍当整个的取舍。本委员会纯为谋世界经济的恢复与德国的复兴。联合国先需承受德国的外债，德国需以下面几种作抵押。

（1）国有铁路此后五十年间需移管于德人经营的大私人公司，资本为二百六十亿马克，受联合国的监督。其运转资金由德政府外国资本家及德国资本家三方面负担。外国资本家应承受五厘债券百十亿马克，其余分为普通股百卅亿马克、优先股廿亿马克，普通股的全部及优先股的四分之一由德国政府承受公募，即二百六十亿马克中，外国资本家百十亿马克，德国政府百卅五亿马克，德国资本家十五亿马克。

（2）除农业地外，对于全德国所有的产业，发行有抵押五厘债券五十亿马克。

（3）德政府以烟酒砂糖等的专卖收入及关税作抵押，以充一九二六年、一九二七年以后的赔偿支付金，联合国设岁入管理委员会以监督德政府。

大纲虽如上面所定，第一年也绝不能履行巨额的义务，所以第一年当募集外债八亿马克以作付款的资源，另付如前所举的铁路债券二亿马克，合计第一年可付十亿马克。如此一年一年的继续，德国的经济渐渐安定，就可以完全履行义务。道斯案的支付方法有如下表（单位百万马克）。

	全体岁计	铁路股票	同上利息	产业债券利息	外债	运税	合计
第一年	—	—	200	—	800	—	1000
第二年	—	150	395	125	—	150	820
第三年	200	—	550	250	—	290	1290
第四年	500	—	660	300	—	290	1750
第五年	1250	—	660	300	—	290	2500

从一九二四年开始赔款，至一九二九年皆用上面的年率，以后则应德国经济能力的恢复渐次增加。可是要测定德国经济力恢复的程度，就不得不藉重指数，所以决定以从一九二六年至一九二九年的三年为百位数，由此而估测指数的高低。标准指数则为进出口贸易的成绩、财政收支状态、铁路运输的重量、砂糖啤酒、纸烟等国内消费额、人口的增减、石炭等的消费量。

道斯案的赔款计划大致如此，可是对于付款的总额与何时满期，没有决定。至于第二委员马克拿报告，德国当时在外资本为六十七亿五千万马克。联合国既接了两委员会的调查报告,值英国为劳动党组织内阁,法国为急进党当权,因是一反前日对德国的强硬态度,开会议于伦敦,承认专门委员会的主张。战后的最大难关始见解决。

四、联合国战时外债问题

战后的欧洲经济界更有一难问题,即为联合国战债的整理。一九二二年三月末,总计美国对外债权约百亿美金圆,英国约廿亿英镑,法国约百卅四十亿法郎。当时美国主张为纯经济的信用问题,需与外交问题分离,可是联合国则主张这纯是共同作战的共同军费,不能与他种经济借贷相提并论。俄国劳农政府则已宣言帝政时代的外债一概取消。英国乃从中极需妥协的方法,宣言美国对英债权若能折扣,则英国对于其他各国的债权亦愿意取消。若美国要全数收回,英国亦只有回收偿还美款的金额。并且英国率先于一九二三年一月上旬,派英兰银行总裁渡美,磋商债务,成立偿还协约,断行自动的整理。一九二四年和一九二五年,美国亦对联合国两次催讨,表示有条件地妥协,各联合国亦不得不为其屈服,乃以借换的方法解决对美债务(表略)。

五、国际经济会议

世界经济战前与战后形势大变。不容说,战前的国际经济也不是平稳无事。可是战前列强虽有猛烈的商业资本战,背后还有自然的调和。譬如英、德、法三国在战前为金融资本国,立于支配者地位,但食料、原料则感受缺乏的痛苦。西欧以外的国家,则为金融资本的借款人,一方面供给原料于先进国。因此,前者以富余的资金投放于世界各地,一则解决自己的食料问题,一则振兴一国的制造工业;后者则利用外资开发利源,以作购买加工品的代价,所以先进国与后进国自然而然地虽是阶级的对立,还有辅车相依的关系。

可是战后此种调和的关系完全没有了。美国在国际经济界已坐了第一把交椅。原来美国在战前,藉他广袤五十万方里的天产丰壤的大陆,已能以商品的出超,作贸易外的支付。大战以来,制造工艺品达于供给者的地位,更有余资投于世界各国,一蹴而登于金融资本国的领袖地位。幸而现在美国不但不从事回收债权,反从事就地投资。若他日实行催收债权,各债务国非相率作他的奴隶不可。而战前的债权国,如英,如德,如法,皆悉已变为债务国,欲从事国际贷借的改善,不得不谋进口的增加而采取猛烈的保护政策,互相高筑关税的铁壁。美国当然亦不相让,这样的此疆彼界,那末,全世界的贸易、全世界的经济非至退化不可。所以各国乃有国际经济会议的召集。

国际经济会议于一九二七年五月廿四日在日内瓦开会,参加国有四十七,集世界的科学者、经济学者、政治家、实业家、劳动领袖于一堂,专讨论财政经济及特种产业问题,分作两部如下。

第一部议题:

(1) 由各国利害关系着眼的世界经济重要诸问题。

(2) 现时商工不均衡的种种原因。

(3) 对于世界平和有影响的种种经济的倾向。

第二部议题:

1. 商业

(1) 通商的自由。

(2) 关税及通商条约。

(3) 各国关于通商航海的间接保护手段。

(4) 购买力减少及于国际通商的影响。

2. 工业

（1）重要工业的生产能力、消费及劳动状态。

（2）现在工业处于苦境的实状及商工金融上的原因。

（3）上面几个问题的缺陷的对策。

3. 农业

（1）农产物的生产消费存货价格等与战前的比较状况。

（2）现在农业衰落的原因。

（3）农业上的国际的对策。

关于上面所提议的种种问题，或则提案，或则调查，皆用劝告式的形式，将各决议事项通牒于参加各国。在会议席上，各国各有利害关系，各有各自的主张，现在不能一一叙述。可是本会议，经过许多委员会及小委员会的讨论，各分科乃提出讨论的结果，于五月廿日，在会议席上通过，送于各国政府。

商业委员会决议：

（1）不可设立有害精制国利益的原料出口税。

（2）不可设定有国别差等的原料出口税。

（3）不许限制最惠国约款的适用范围。

（4）对于消费税，国内外商品需平等待遇。

（5）不许藉保护国产的名义而课一切的国内税。

（6）不许课利益本位的超过关税。

（7）各国共同防止 Dumping（海外市场抛卖）。

（8）不许以保护自国本位的通商航海为目的而施行直接或间接的保护政策。

（9）关税定率法需简单，税目需统一，不可随时修改变更。

（10）国家事业与私人事业需同等待遇。

工业委员会决议：

（1）欲谋生产分配的合理化，需增加生产，改良劳动条件，而使物价低落。

（2）产业合理化的初期，社会失业的必多，所以需有社会政策的考虑。

（3）谋纪律的科学的劳资协调，国际的重要商品的规格统一，废止一切错误的运输系统、过重的财政负担及不必要的中间商人。

（4）合同合并虽认为合理，但对于原料供给不可因对手国的如何而加以限制。

（5）互相交换工业上的情报。

农业委员会决议：

（1）谋农业金融的改良及发展。

（2）谋农业上的协力，使产业合作与消费合作的交互关系日趋圆滑密接。

以上为国际经济会议的结果，我们可以发现两大特征，即一则承认排他的合作合并制，一则对于自由贸易主义的促进，并未彻底的决议。此以国际经济的根本问题，依然……〔原刊缺下文——编者注〕

六、贸易禁制〔止〕撤废会议

这个会议就是国际经济会议的延长。召集国际经济会议的重要目的，在撤废禁止贸易诸规定。可是经济会议席上，对于自由贸易问题，毫没有具体的解决方法，所以一九二七年十月十七日，又召集这个会议，作成十八条的约章，始算树立了撤废禁止的原则。不过该会纯为政府代表会议，所以决议当然要待各国批准而成为国际条约。十一月八日，日、英、美、法、意、比等十七国代表皆正式签字。不过英国对于染料，德国对于石炭，法国对于铁，日本对于米及染料，则各保留，条约的大纲可列举如下：

第一，实际的规定：

（1）各国须在此后六个月内，撤废一切进出口贸易禁止制限，将来不得再设同样的规定。

（2）有下列几种作为例外：

①当然的制限。

（ⅰ）有维持公共秩序的必要时；

（ⅱ）有特别关系的军用品；

（ⅲ）有预防人畜的疾病及驱除害虫的必要时；

（ⅳ）为保护美术的、历史的及考古学的发现；

（ⅴ）金、银、钞票及有价证券的进出口；

（ⅵ）国内商品的生产、交易、运搬及消费等的禁止限制恰与进口品有关的时候；

（ⅶ）维持专卖及他种同样的制度。

②特别的制限。

即在特别市场上，一国为拥护它的重大利益，不得不禁止或限制或某种进出口贸易时，得允许其在特别市场存续期间实行禁止或限制，并不可有国别的差等。

③特别商品的限制——即不在①②两项内的。

（ⅰ）因特别关系暂时有维持必要的商品；

（ⅱ）一国特定的现行禁止品，不妨碍他国的国际贸易时。

第二，实行的规定：

（1）本条约与通商条约及他种现存的国际条约的关系。

本条约不妨碍由平和条约及他现存国际条约所生的权利、义务。

(2) 条约的签印保留及破弃问题。

（ⅰ）各国需在一九二八年一月一日以前签印；

（ⅱ）各签印国于一九二八年二月一日以前，得对于第二项的③有追加或保留的权利；

（ⅲ）从订约日起算若满二年，尚没有得到批准时，已批准国再开会议讨论施行办法；

（ⅳ）本条约施行到五年后，可以提议取消。

七、国际劳动会议

凡尔赛会议席上，产出一个国际联盟，国际联盟中又派生一个国际劳动局。它的目的是想解决国际间的劳动问题，所以规定国际劳动的规约，这个规约其实说的是：

国际联盟是以确立世界平和为目的，可是世界的平和只能建设于社会正义的基础上。现在世界的劳动状态大多数都是陷于不正当的穷苦贫困中，这就是世界平和与协调上的大危机，所以现在劳动状态的改善是国际联盟中的最大急务。而要当急需改良的，就不外下面的几种：

(1) 劳动时间的限制，即当确定一日或一周的最长劳动时间；

(2) 劳动上需要供给的调节；

(3) 防止失业；

(4) 工资当能维持劳动者的相当生活；

(5) 对于劳动者由业务上所受的损害及疾病，需有相当的保证；

(6) 保护童工及女工；

(7) 对于年老工人及残废工人的特别施设；

(8) 保护在外国的本国劳工；

（9）确定自由组织工会的原则；

（10）实行工人职业的技术的教育。

上列这条就是国际劳动会议的趣旨，由联盟国各派代表四名，两名为政府代表，两名为劳资双方的代表。各代表各得聘请顾问出席，但每讨论一项，顾问不得超过两名。若关于妇女问题，必需一女子顾问，若联盟国有产业团体，劳资双方得与团体协议，选派非政府的代表或顾问。

规约的原则：

（1）劳动不是货物，不是商品；

（2）劳动者、资本家同样有自由组织合法的公会的权利；

（3）劳动者工资需能维持其在本国最适当的生活；

（4）各国厉行一日八时间制或一周四十八时间制；

（5）每周需有廿四时间的休息（礼拜日在内）；

（6）废止童工，限制少年劳动，使少年能受相当的教育及身体上的发育；

（7）对于同一价值的劳动，男女工资当平等；

（8）各国需指定最适合于本国劳动者经济状态的劳工法；

（9）各国厉行保护劳动法。

劳动会议的决议事项：

国际劳动会议第一次于一九一九年在华盛顿开会，至一九二七年已开了十回会议，提案有五十件。议题中的最重要者如下：

（1）工业的企业，一日八时间制，或一周四十八时间制（第一次会议）；

（2）工业、农业、航海、矿夫、火夫等劳动的最低年龄（第一次、第二次、第三次）；

（3）关于女子产前、产后及夜工的劳动法（第一次）；

（4）关于农工及内外劳动者的灾害补救法（第三次、第六次、第七次）；

（5）关于海员职业介绍所设立法案（第二次）；

（6）关于农业劳动者的集会权法案（第三次）；

（7）关于海员雇佣条约法案（第九次）；

（8）关于失业的法案（第一次）；

（9）关于外人劳动者的相互待遇法案（第一次）；

（10）关于国立保健机关的设立法案（第一次）；

（11）关于作成海运法典案（第二次）；

（12）商工业周休的法案（第三次、第六次）；

（13）关于施行海员保护的监督制度及组织法案（第六次、第九次）；

（14）农业劳动者的疾病保险法案（第十次）。

上面几条是国际劳动会议的主要提案，其他尚有关于危险物有害物及黄磷、白铅等，对于劳动者的健康有妨害的亦有许多提案。所以国际劳动会议的决议条项，若真能一一实行，社会政策的劳动立法在现在的社会组织中可算完成。除却其他过激一派的主张，全世界的劳动阶级皆承认为近于理想的立法。不过能否完全实行，就要看各国政府及资本家的态度了。再一九二八年的总会，在五月开会，又有两重要提案，即最低工资决定问题与预防产业上的灾害问题。同时英国更借口各国政府尚没有完全批准八时间制，要求改订。可见国际劳动问题，还断难达到完全解决的地步。

以上我们把国际经济及国际劳动问题，从大战发生说起，谈到目前。我们可以晓得国际间的种种问题，还是免不了你诈我虞，国家与国家争，阶级与阶级争，人种与人种争。强者、弱者，资本家、劳动者，互相混战的局面一天一天的，还只有继续，除非真有完全理想的组织，或者可以消灭这种斗争。

(本文原载《新生命》，1929年第2卷，第2号)

资耀华文存

>> 世界各国经济富力之比较

一国在国际地位上之高下,工商业之发达与否,全视一国经济富力为准衡。全球各国经济富力最雄厚者,首推美国,英、法、德次之,中国则退居第九位。夫以我国面积之大,人口之多,天然物产之丰富,较诸美国只有过而无不及,乃反远居人下,盖由国内工商业之未能振兴,致落人后,已不言而喻。国人如欲提高中国国际地位,在经济实力方面与列强一较短长,其唯有努力建设也乎,兹将各国国富比较表,列举如下(根据美国银行统计):

单位:美元

美国	320803000000	中国	19087000000
英国	88840000000	波兰	17000000000
法国	67710000000	荷兰	8260000000
德国	35700000000	巴西	8000000000
西班牙	29319000000	墨西哥	7900000000
意大利	25986000000	瑞典	4567000000
加拿大	22095000000	芬兰	3600000000
印度	21960000000	智利	3064000000

(本文原载《海光》,1929 年第 1 卷,第 11 期)

>> 美国金融风潮的检讨

美国为全世界黄金最多的国家。全世界的黄金总额约为一百十一万二千二百万美元，美国倒占了四十五万万九千三百余万美元，几乎是两分之一。以黄金这样多的国家，而闹成了空前未有的金融风潮，真是世界经济史上可以大书特书的一件事。

美国自二月十四日密西根州宣布银行停业，不旋踵而蔓延于全国四十八州，不但美国市场整个地陷于混乱状态，即全世界市场也为之震动。可是吾们推究其既往事实，便不得不认此事之发生为当然不可避免之趋势，其理由如下。

1. 国际经济界上的矛盾

货币的功用本来不在其原有的形式方面，而在其能取得"正货"的权利，随时把它来换成心理上所需要的东西。要维持这种权利，就在"确立信用"四个字。在国内市场上如此，在国际市场上也是如此。一个市场上的现金，如果给一两个人收藏起来，金钱便失了流通的功用，所以身边尽管塞满了珍宝珠玉，而仍旧没有法子可以来果腹充饥。欧战以来，美国一跃而为全世界的债权国，黄金像水一般地流入美国，于是全世界皆穷，而美国独富。各国要偿付美国债款，不得不增加生产力；要阻止美货进口，不得不提高关税；更不得不废金用纸，而实行 inflation 之政策，去控制国外汇兑。而在美国方面，也因事业勃兴，信用膨胀，不但不许外货入口，而且必须尽量扩充出口贸易，因此世界生产过剩，货物停滞，失业增加，破产接踵，不景气的

现象引起了美国的金融恐慌。

2. 银行制度本身的不良

美国银行制度因各州立法不同,不能开设分行,各自独立,在政策上无从统一。数年以来,美国银行已经倒闭了五千余家——他国全体银行都算在内也没有如是之多!这就是因为大银行既不能自由开设分行,于是东也一家,西也一家,开设愈多,竞争愈烈,当然争取存款,争做放款。可是市面上正当事业究竟有限,只有从事投机,始而股票市面发展一时似乎有些蓬蓬勃勃的生气,一旦事业太多,销路有限,股票不免跌价,放款既然不能活动,更不能不多收存款,以应急需,结果大家走上破产的路而不自觉。假使有了分行,情形就不相同,上面有的是总管理处,自然政策一贯,不致互相争夺,并且可以跟着金融季节的变动,各地需要资金的多寡,伸缩随意,应用自如。例如,甲为工业区,乙为农业区,两地需要资金的季节当然不同,有了分行制度,便可由总管理处通盘筹划,自由调拨,而独立制度却不能移东补西,有的过多,有的过少,一旦发生问题,除了宣告停业以外,更有何法?一犬吠影,百犬吠声,就要闹出绝大风潮来了。

3. 人民心理上的恐慌

群众心理的驾驭,对于事业成败有极大的关系。"民可使由之,不可使知之",就是这个意思。这回美国的金融风潮,群众心理也是一个很重要的理由。当初英国禁金出口,便用迅雷不及掩耳的手段,事前只有当局知道,不但外国,即在本国,也无人料想得到。日本禁金出口,财政大臣讨论的时候都在深更半夜,驾了汽车,驰骋郊外,人不知鬼不觉地定策决议。美国能否维持金本位问题,宣传已有三年之久,满城风雨,通国皆知,不仅外人感觉不安,即美人本身,信仰也早已动摇。在欧战以后,美国纸币流入欧洲各国达数千万,欧洲各国对于本国通货，虽然十分怀疑，对于美国通货却是十分信赖，不论是 Gold Certificate 或 Silver Certificate，是联邦准备券或国民银行券，只要有"美国"两字，便非常欢迎。可是从一九二九年冬季以来，屡传美国经济情形不佳，美币信用渐失。去年由欧运回美币至三千二百万元之多。加以国内不祥事件叠见，新旧总统交替，政策不免有所变更。便是国民，也大起恐慌，揣想政府不实行禁金出口，必采用通货膨胀政策，不如乘机提款，存放外国，免得将来跌价，大受亏累。无论哪一国的国民，本身利益与国家利益相差无几的时候，或能谈到爱国，若是自己牺牲太大，免不得有些自私自利的思想，所谓人同此心，心同此理，这一次的风潮遂一发而不可遏制了。

这是此次美国金融风潮的几个最大原因。

（本文原载《海光》，1933 年第 5 卷，第 4 期）

>> "似乎"的景气

在过去一年中,各国的经济在普遍衰落中,除季候性的波动外,曾经有一些事实被人们认作是景气的表现。

许多国家因为恐慌过分,就在国内市场上竭力加施压力。高度的保护关税政策曾经使有些日用品暂时地增加了些生产。譬如,美国的纺织品业就是例子。〔此处原刊缺单位——编者注〕

棉花消费	57.51	57.41	75.3	84.6
羊毛消费	45.3	65.1	87.1	—
鞋袜生产	86.1	83.4	91.0	—

同时,因为经济破产,使财政亏损,因此公债、市债狂跌,这曾经造成股票交易上一时的兴奋。据标准统计公司统计,美国股票如完全派出红利,以一九三二年上半期为代表,照时价所得,资本的利润平均率不下于10%这种情形,必然引起投机的股票交易,所以即使只有一半红利的派出,也还有5%的利率,而长期政府公债利率则不过2%~4%。人们拒绝公债而购买股票,曾在极短时期内造成股票市场的景气。

(本文原载《东方杂志》,1933年第30卷,第4号)

》美国金融通讯

资君耀华赴美调查经济状况，近得来函，叙述甚详，因节录如右〔下〕：

一、美国银行制度之变迁

美国银行每经恐慌，必改革其制度，自一七八三年至今，举其大者而言，自自由银行制度，而州立银行制度，而国立银行条例，而联邦准备制度，已屡改不一改，唯所改均不彻底，斯足惜耳。考联邦准备制度，并非当初倡议者之理想方案。一九〇八年之理想方案，本在取法英国及加拿大两种银行制度，后因政治团体，如州与州及私人与私人间之利害冲突，未能实行，乃采用所谓联邦准备制度，而州立银行、国立银行，以及其他组织，依然错杂其间，并未统一，卒因此而酿成一九三三年三月之大恐慌。今美国银行制度尚在酝酿改革中，各专家之意见大都仍趋向于加拿大及英国之银行制度，且认今年大恐慌之造成实在银行制度之不良也。

二、国际汇兑市场上英美政策之变动

美国自罗斯福总统采用统制货币政策（Managed Currency）后，在国内市场收买生金，仍无结果，乃改向国外市场收买，渐趋极端膨胀政策。今美币低落，为六十年来所未有，国际汇兑市场上，遂发生空前之大波澜。盖美币低落，不仅为欧洲金本位国所不喜，且予英国以难堪，以美国商品藉此可以冲入英国市场也。英国自一九三〇年九

月廿一日停止金本位以来，英兰银行①受政府之命令，得议会之认可，提出一万万五千万英镑，作平衡国外汇价之基金，五大银行行动一致，英镑过高，则出面镇压，英镑过低，则出面维持，揆其用意，在抑制英镑之上升，以增加本国之出口。本年三月初，美国金融大恐慌发生之时，世界汇兑市场均现忧惧之色，唯恐美国货币大落。然三月十四日美币开价，并未大跌，世界各种汇兑市价依然安稳，不致摇动，此非由于美币自身之有稳定能力，实乃英兰银行运用一万万五千万英镑平衡汇价，有以致之。其运用之方法，即当美国市场停止交易时，英兰银行及五大银行一致购买由美国、印度、南美等运来之生金，而卖出英镑，以抑制其高涨，世界汇兑市场亦因此得以维持其平衡状态。英国此举不特本身受益匪浅，即美国以及全世界各国亦受益不小也。今美国政府向伦敦及法国两市场收买生金，卖出美币，英镑涨高，美币低落，正与英兰银行之平衡汇价政策大相冲突，英国势必采取报复政策，以相抵制。法国情形相同。预料国际货币战争及国际关税战争更将日趋深刻，然则美国此种政策究能维持至何种程度，现尚未可逆料，而今后国际汇兑市场变动之剧烈，则颇可为吾人所注意者也。

三、美国商业银行有拒做农业押款之趋势

G. G. Hrebner 教授谈农业金融情形，主张商业银行对于农业放款，不宜染指，并历举美国银行受农业不动产押款拖累情形为证。其不宜染指之原因有二：①农业押款，易以冻结；②美国社会对于银行亦未能普遍了解也。（按我国社会，对于银行更不甚了解，且我国农田广阔，处处需要救济，厚此薄彼，易以引起误会。本行农村贷款部

---

① 编者注：今译为英格兰银行。

有鉴及此，在初创办时，即抱定以辅助农产运销为主，至农业信用放款更不轻易承做也。）

四、美国银行最注重之部分

美国银行之最有生气者，当推 New business Dept.，Credit Dept.，Cost Acct. 三部，此则无论何国银行，皆不能望其项背。美国银行众多，竞争剧烈，各行不得不设法招揽生意，故推广部之地位日益重要。唯各行竞争放款，危险殊多，调查部亦属必要。且银行既多，对于广告及其他竞争上之一切耗费亦多，势必设法撙节，减低成本，而成本会计尚矣。

（本文原载《海光》，1934年第6卷，第1期）

资耀华文存

》美国最近经济情形

美国为世界最富而贵、权亦最巨之国家，其经济上之情形与国际交易、世界市场均有关系，兹述其最近情形如下：

查美国银行，政府采取干涉主义，制裁甚严，并特设查账员，同时检查各银行之账目，然每经一度经济上之恐慌，其银行制度亦必改革一次。自一七八三年至于今日，先由自由银行制度而改为州立银行制度，又改为国立银行制度，最近更改革为联邦准备银行制度，推历次改革，均未能彻底。现行之联邦准备制度且与最初倡导者之理想方案不同。一九〇八年之理想方案本取法于英国及加拿大之两种银行制度，而斟酌归纳之，旋因政治团体，如州与州间，以及私人与私人间之利害冲突、意见冲突，未得实行，于是采用联邦准备制度。而州立国立之各银行，以及其他之私人组织，依然复杂其间，无法可以统一，卒致引起一九三三年三月之大恐慌。现在美国银行制度尚在酝酿改革，各经济专家之理想仍趋向于加拿大与英国之银行制度，且认为去年三月所以造成绝大之恐慌，实由于银行制度之不善也。

罗斯福就任总统后，采用货币统制之政策（Managed Currency）在国内收买生金，未有结果，遂再向国外收买，以期实现其提高物价之主张，俾趋向通货膨胀之途径，结果美元大跌，为数十年来所未有，于是国际汇兑市场遂发生空前之大恐慌，其美元低落，不但不为欧洲金本位国所喜，且予英国经济上以不利之现象，美国商品从此可以侵入英国市场，故美元跌价，以英国为最有影响。英国自一九三〇年九月二十一日停止金本位以来，英兰银行在政府指挥、议会许可之下，提出一万万五千万英镑，为平准国外物价之基金，此外五大银行亦皆一致行动，镑价一高，则出面镇压；镑价一低，则出面维持，其用意在于抑制英镑涨价，可以增加本国之出口。在本年三月美国金融大恐慌时，世界汇兑市场人心极不安定，唯恐美元之跌，然三月十四日美元开价，并未大跌，世界各种物价依然稳定，不致动摇。提其原因，并非美元本身具有稳定之能力，实由于英兰银行运用其一万万五千万之存币，平准汇价，有以致之，其运用之方法，即当美国市场停止交易之时，英兰银行与五大银行一致收买由美国、印度、南美各地运来之生金，而卖出英镑，致其高涨，世界汇市亦因此得以维持其平均之状态，此不独英国本身受益匪浅，即美国及全世界各国亦均受其利。今美国向英、法两市场收买生金，卖出美币，致英镑提高，而美元跌落，适与英兰银行之平准物价政策大相冲突。如英、法两国施行恢复，以相抵制，则国际货币战争及国际关税战争必将益趋深刻。故美国此种政策能维持至若何程度无从逆料，而今后之国际汇兑市场将有剧烈之变动，则势所必至者也。

罗斯福氏之政策，在于吸收现金，提高物价，今成效显著，一方面更藉美元低落，出口货可以畅行，此不过为一种手腕，并非真能提高物价也。英法汇价虽已受其影响，然而世界之不景气也如故，美国尚如此，矧在经济衰落之中国，又将何法以善其后乎。

（本文原载《社会日报》，1934年1月1日，署名"耀华"）

》资耀华先生的一封信

春舫兄：

驹隙飞度，别来已近一年——我到美国虽还不过半载，但我记得我们是在春初就分别了——近况何似□念甚念甚！我于九月四号抵旧金山，沿途只感觉到值得注意、值得研究的事情一天多似一天，值得讲、值得看的书报几乎应接不暇。在国内的时候，晚上一到十点半钟就受了睡魔的诱惑，而梦入黄粱，现在则每夜虽到一两点钟，睡魔还是不敢来骚扰，依然可以读我愈读愈有兴趣的书。所幸精神上不但不觉得疲倦，而且一天一天地紧张起来。人生究竟有限得很，不能 Master 的事物实在太多了，尤其进了大的图书馆，就不免"望洋兴叹"，到了大公司及大工场，才知道自己见闻之不广，因此虽欲修书问候老兄以及海光同人的安好，竟可以说是无暇执笔，而绝不寄生疏懒！

光阴过去得真快，现在已到了圣诞佳节，老兄是游历过九州万国的，知道外国圣诞节无异于中国的过新年。外国新年，虽可以不声不响过去，圣诞节则必有一番极热闹的点缀，尤其在今年的美国，初解十余年的"酒禁"，人人可以"牛饮"，用不着再要女人把小酒瓶藏在她们身上最秘密的"场所"，偷偷摸摸地带进夜总会去。所以今年美国的圣诞节，From Coast to Coast，虽在经济不景气的时候，有了这多年不能自由得到的兴奋剂，欢欣鼓舞，胜于往年，不知道疯魔了多少的淑女吉士，这或者也是正因为处在不景气的环境中，不得不学我们诗圣的一醉解千愁吧？然而我却因此得以利用这个时光，来草这封短简，恭叩老兄的著安，并写了一段对于美国银行的小感想，来祝海光及全体同仁的年禧！

对于美国银行的感想，有三件事我不得不先谈一谈，因为这三件事是与美国的银行很有关系的。

第一件事是美国的政治组织。我们都知道美国是一个联邦政府，由四十八州及其属地联合组织而成的。华盛顿的联邦政府有上、下两院，有总统，有行政各部；四十八州各有一个独立自治的政府，也有上、下两院，有州长，有地方行政各部。华盛顿联邦政府的立法只能管理四十八州及其属地的共同事务，各州另有各州的民法、商法以及其他法律，而各州与各州的法律也各不相同。所以有的州结婚手续是很简单的，有的离婚是很容易的；有的禁止美国"白"小姐同中国"黄"绅士结婚，有的并无此种禁令。不但各州法律不同，就是各大城市也有许多规章互相抵触。说到这里，我们当然可以想到各州有各州的银行法，美国有四十八州，所以就有四十八种不同的银行法。有的州绝对禁止开设分行，有的相对地禁止开设分行，有的要开设银行很容易，有的法定资本极小，有的董事很多。更有使我意想不到的，就是纽约与 New Jersey 两州，犹我国之江、浙两省，相距甚近，处于同一领土主权支配之下，可是 New Jersey 州的银行，要想到纽约州来开设分行，竟和我们上海银行到纽约州来开设分行一样，要受纽约州政府管理外国公司条例的管辖。反过来说，上海属于江苏省，我们的总行是在江苏省的上海，假如总行到浙江省去开设分行，而浙江省要拿管理外国公司的条例来管辖我们，那岂不是一个大笑话吗？所以 Bryce 所著的 *American Common Wealth* 里面有几句话批评美国是很透彻的。他说美国的国民，除了以下的几件事，差不多可以永远忘记了华盛顿的联邦政府：①选举总统；②向邮局购买汇票或寄递邮包；③从

国外回来,受海关的检查。因为这几件事,是联邦政府所管理的,是四十八州共同的,也是与各个人民有直接关系的。其余的事或许是共同的,然而与各个人民不一定有直接的关系。此外,各人的冠婚丧祭、立身处世就受各州的法律管辖,与联邦政府毫不相干。这是美国的政治组织使全国银行不能统一的原因。

第二件事是美国的人种——国民思想的关系。我到美国已经半年,可是还没遇见一个真正的美国人。我想同仁看到这里,一定替我担心,说我患了神经病,不然,怎么会说到了美国,而不遇见美国人呢?实在我确没有遇见一个真正的美国人。我从美国西部走到美国东部,沿途就注意寻觅,可是半年来所遇见的,表面上当然是有选举权的美国人,而实际上一调查,上自工商业家,下至汽车夫,一谈到他们的祖先历史,就只有英国人、爱尔兰人、苏格兰人、德国人、法国人、意大利人、荷兰人、西班牙人、葡萄牙人、犹太人、波兰人、俄国人,其余黑人、黄人,一看颜色就知道,不是美国人,所以用不着再问了。我现在住的地方是美国东部的费城(*Philadelphia*),这里就多是苏格兰人、德国人、意大利人、犹太人、黑人,我的房东是苏格兰人,而又是有选举权的美国人。更有一点,我在国内的时候,当然以为美国人会说美国的标准国语——英语,而现在所遇见有选举权的美国人,却并不见得能说同样的英语。纽约市有人口七百五十万,可是纽约市就有二十七种国语不同的报纸。《纽约时报》馆(*New York Times*)为美国一家最大的报馆,而其发行总数却不过八十余万份,可以想见纽约市民看英文报纸的究竟有多少了。人民既这样复杂,国民思想当然不能一致。自有历史以来,能使人类意见一致的,只有两件事:①赚钱;②享乐。所以现在美国全国,只有这两件事能一致。Can we make money? Business is business. Have you a good time? Can we

资耀华先生的一封信

enjoy a good time？是美国人的口头禅。只要能够 make money，只要可以 enjoy a good time，那么 Everything is OK，everthing 可以一致。要是不能赚钱，不能享乐，还是你干你的，我干我的，我们本来是"独立自治"的。因此美国国民只好处顺境，而不好处逆境。美国国民只喜"轻快"，不喜"庄严"，所以不论国家要想施行什么政策，政府第一就要把"利""乐"两个字大书特书。宣传选举的时候，一定先用妖娆的美女及轻松的音乐（不可用贝多芬的古典交响乐，最好用 Jazz 调儿），然后接着劈头就要声明我的政策，是如何如何可以使大家发财，如何如何可以使大家享乐，其余还要看讲演者的身段表演，是否与电影明星一般的有声有色，引人入胜，才可以卜宣传的成功不成功。若是美国要学德国希特拉追逐犹太人的办法，那么美国只有把全国的国民都赶到各人的祖国去。即如前次欧战的时候，美国国民大半惓怀祖国，尤其是德国系的市民纷纷地赶回祖国，以赴国难。当时予美国政府一个当头棒喝，顿时觉悟到移民的靠不住，乃颁布了一个《移民法》，一面更竭力下了团结国民思想的功夫。然而现在华盛顿的联邦政府还是四十八州及其属地所组织的国际联盟；上、下议院还是各州派往出席这个国际联盟的代表，随时都可以用日本及德国退出国际联盟的方法来恐吓的。例如，最近西南部农村各州就是用这个手段，大喊撤回代表，退出联邦。所以美国要想统一国民的思想，还要下一番很刻苦的功夫，还要经过很悠久的历史，才可以办到。前年日本打中国的时候，中国一部分士大夫接了史汀生的空头支票，蛮想美国一定要用实力来帮中国打日本，其实这完全是史汀生一个人的高兴，美国全体国民是绝对不愿，而且不能干这种与他们享乐及发财相冲突的事情。美国政府只有把海军在漫无边际的大洋中操演一番，美国陆军只有在 West point 把军乐奏演几次，若抓住一个美国人，去问他美日会

不会打仗,他只有说"Jap.,很可恶,不过他不敢来打美国。"这也是实在的话,日本现在绝对没有能力可以打到旧金山。如果日本真个打到美国,这是有伤美国全体享乐及发财的"太平之道",到那全国利害一致的时候,当然大家会起来抵抗。而现在在人种复杂的美国,要他们单单为我们大中华民国,来与"万世一系,天下为家"(家字没有错)绝不怕死的矮朋友去演一次三本"铁公鸡",那是中国一部分人士的春梦,美国国民是连梦都没有做到的。日本人久已看透了这一层,所以史汀生愈宣言,他就愈来得厉害,最后竟喊出打倒Yankee的口号来了。再谈下去,就要谈到轨道以外去了。我还是来谈美国国民思想与银行的关系吧。我们现在知道美国国民性这样的复杂,当然不单是对于银行有关系,对于其他一切都有关系,而从银行方面说,第一,因此银行政策很难一致,联邦准备制并不如我在国内所想象的那么健全,也并不是美国当初立法者的初衷。当初立法的时候,是要采取英国或加拿大的银行制度,可是经过了国会议员骂了一声"不合美国的国礼",没有法子,就改成现在的联邦准备制,以致美国的银行制度反因此愈弄愈复杂,政策上更不能统一。在承平的时候,尤其在欧战初期,觉得很不错,可是经济界一旦起了大变动,毛病就百出了(此中详细情形,一时谈不了)。第二,全国国民不能与全国金融界共患难。就拿今年的银行风潮来说,要不是美国国民自己的轻举妄动,各人纷纷把资金寄回祖国,同时把股票、公债、地产、证券如洪水般地向市场倾泻,美国可以不致发生这样空前的大风潮。一九三一年九月二十一日,英国因与法国争夺金融霸权,救济北欧,损失现金颇多,当时英国的金融情形比较今年的美国要危险数十倍,可是英国停止金本位,国民全体绝对地一致信任银行,毫不发生问题。还有日本的停止金本位,当时日本的金融情形也比今年的美国要危险得多,而日本居然能平平稳稳地过去。美国今年银行发生恐慌的时候，国内的现金约估全世界百分之四十，纽约市场上的外国短期资金为数已极小，美国不但可以不发生银行风潮，并且可以不停止金本位。所以我们知道英国、日本能做得到的，美国不一定能做得到。第三，因为人种复杂，所以个人主义最为发达。一切风俗习惯都以 Business 作前提，就是父子、兄弟，甚而至于夫妻，也都是趋于商业化，因此银行政策很难统一。政府要执行一种金融政策，不是犹太系反对，就是英国系反对，不是德国系反对，就是法国系反对。全国各小银行的意见不一致，只求达其目的，不择手段，固然不容说，就是号称十二个联邦准备银行，意见也常常互相抵触。例如，纽约州准备银行主张多发行钞票，芝加哥准备银行有时就不赞成；芝加哥准备银行主张购进国债，纽约准备银行有时就不答应。在经济繁荣的时候，似乎不成问题，一遇金融紧迫，往日看不见的毛病，就一幕一幕地演出来了。

第三件是美国银行制度的不良。提到美国银行制度，又不能不先谈谈美国银行的历史，这是与美国现行制度很有关系的。美国自一七七五年独立革命告成之后以至现在一百五十余年间，已不知经过了若干次的恐慌、若干次的银行制度改革。美国银行的发达，从大体上说起来，可以分作三个时期：第一个时期是杂乱时期，从一七八三年至一八六三年，在这个时期中，谈不上银行制度，政府朝令夕改，各州立银行倒了又开，开了又倒，一起一伏，无时不在恐慌之中；第二个时期是《国家银行条例》（*National Bank Act*）制定时期——从一八六三年至一九一三年——所谓《国家银行条例》，并不是银行改为国立，银行还是私立的，不过名为国家银行而已，政府鉴于各州州立银行之五光十色，欲借《国家银行条例》来整理州立银行，但因银行愈设愈多，竞争愈演愈烈，货币益形紊乱，投机日见风行，又造成了一八七

三年、一八八四年以及一九〇七年几次的银行大恐慌；第三个时期是联邦准备制度时期（Federal Reserve System）——从一九一三年至一九三三年。在一九〇七年银行大恐慌的时候，全国经济学者、银行家以及政府当局，鉴于百余年来银行的周期恐慌，不能不设法改良整理，乃组织货币金融委员会（National Monetary Commission），从事调查国内外金融银行情形，以为改良美国银行制度及整理货币的基础。调查结果，有的主张用英国中央银行制度，有的主张用加拿大分权制度。当时在这两个制度之中，无论采用哪一种，都可以统一美国的银行制度，可是经过国会的讨论，意见分歧，东拉西扯，始变成现在的联邦准备制度。国内设立十二个准备银行，资本由各区的会员银行担任，董事由各区会员选举，所以各区准备银行即为各区所私有，华盛顿虽有联邦准备局，虽派有代表，在各区准备银行中担任董事，却只能管理十二区共同的事务，各区在实际上绝不听命于总局。（此中情形，将来再详细报告。）同时《国家银行条例》依然存在，州立银行依然繁兴，故在联邦准备条例未经规定以前，美国银行尚只有四十九种，现在加上联邦准备条例，倒反凑成了五十种不同的银行法。国家银行依法虽非加入联邦准备组织为其会员不可，而州立银行则只有任其自由，政府不能强迫从事，银行因此愈设愈多。在一九二一年，全国就有银行三万零五百六十三家，连年倒闭不少，至一九二九年，已倒闭者五千六百十二家，全国仍有银行二万四千九百五十一家，其中国家银行九千五百四十六家，州立银行一万四千四百三十七家，信托公司一千六百零八家，储蓄银行七百四十七家，储蓄会六百十一家。而二万四千九百五十一家之中，在联邦准备制度之下者，不过八千七百零七家，仅及全国银行总数三分之一而已。其次谈到美国银行的资本及银行与人口的比例，又确是一个不健全的现象。全国二万四千九百五十一家中，银行所在地之人口在一万以上者，不过四千九百零一家；人口在一万以下者，则有二万零五十家。反之依资本而言，四千九百零一家之资本总额估二十八万万八千五百余万元，而二万零五十家之资本总额反不过八万万八千一百余万元，平均每行不过四万六千余元，其中资本在一万元以下之小银行亦不在少数。银行既如是之多，制度既如是之乱，资本既如是之小，政策当然不能统一，竞争当然剧烈，自然而然地产生下面种种不良的现象。

（1）确实的、流动的商业放款一天一天地减少，投机的、固定的投资放款一天一天地增加。

（2）银行职员狼狈为奸，甲银行职员与乙银行职员互相通融。

（3）政府所派的银行检查员受了不良银行的运动，纳其贿赂，或约定日后即任为行中高级职员。

（4）银行能力太薄，不但不能支配工商业，反而受大工商业的支配，仰其鼻息。

（5）银行既多，不但生意有限，即人才亦复有限，所以经营上的错误、不忠实，以及全无能力（Mismanagement，Unwise management，inexpert management，dishonest management）乃当然的结果。

（6）全恃情面放款，随意通融，随意担保。

（7）接受自己的股票及资本未缴足的股票，作抵押放款。

（8）不良的银行既一天多一天，良好的银行反日受其压迫。

上面所举的这几个现象当然是很简单的，但详细情形一时谈不了，暂且不谈。然既有了这许多不良现象，当然总有一天会逢到经济恐慌，大家同归于尽。所以依据上面所谈的三件事，那么今年二月美国银行界的大恐慌也就可以说是咎有应得。关于当时恐慌的情形，这是大家都知道的，不必细说，现在只说美国银行界经过这次大恐慌的

近况以及其趋势。美国银行发展史中所告诉我们,经过了一次大恐慌,必要想到改革制度,这是当然的步骤。可是我们不要忘记,美国是一个联邦自治的政府,是一个人种思想很复杂的国家,美国政府的一切设施绝不能同英国、日本、意大利一样,可以一刀两断地轻而易举,现在美国的政府当局以及所谓运筹帷幄(Brain Trust)的各种专家也都感到这种困难,所以自罗总统走马上任以来,一切行政都求打破美国以前的局面,而向统一政策、统一思想、统制经济这条路上走去,然又不能直接向前进行,所以总有几个 RFC. NRA. NIRA. AAA. ICC. PWA. ……(见附录)新政策,New Deal 也可称谓新花样。这几个 New Deal 的详细情形,绝不是三言两语可以谈得完的,也只好不谈,现在单谈与银行有关系的几个办法。

美国政府自今年二月发生银行大恐慌,三月九号即颁布了一种《紧急银行法案》(Emergency Banking Act),一方禁止藏匿现金,一方扩大发行,尚谈不到银行的改革。至六月十六号,又颁布了所谓一九三三年的新《银行法》(Banking Act of 1933),这种是银行的改革方案,不过还不能一直走到统一银行政策的轨道上去。在这个新《银行法》中,最主要的是下面几点:

(1)改革以前的联邦准备条例;

(2)禁止银行采用连锁合并制(Holdingcompany affiliate);

(3)禁止联邦准备银行,再滥放款项予会员银行作地产、证券等投机事业;

(4)各联邦准备银行需报告其各区会员银行之营业状况;

(5)每区若有若干会员银行,在同一连锁合并制(Holdingcompany affiliate)之下,只许其中一家选举本区准备银行之董事;

(6)禁止个人放款超过其资本一成以上;

（7）十二个联邦准备银行每行需派一代表，组织公开市场委员会（Open Market Committee），每年至少在华盛顿总局集会四次；

（8）除联邦准备总局所定条例之外，无论何时准备银行，不得再私自在公开市场上作种种营业；

（9）若某区准备银行不顾参加条例上所规定之公开市场业务者，应报告公开市场委员会；

（10）会员银行不得再放款于其本行职员，若行中职员在他行负有债务时，应令其详细报告；

（11）组织存款保险公司（The Federal Deposit Insurance Corporation）；

（12）会员银行不得再放款于其连锁支配下之子公司；

（13）会员银行不得再作投资公司之事业；

（14）在人口不满六千之区域，银行法定资本应增为五万元，在人口六千以上五万以下者增为十万元，在人口五万以上者增为二十万元；

（15）自本法颁布一年以后，所有会员银行一律与 Security Affiliate 断绝关系；

（16）自本法颁布一年以后，所有投资银行（Investment bank）不得收受存款；

（17）自一九三四年正月一号后，会员银行之董事及上级职员不得再兼任投机证券公司之经理或董事；

（18）会员银行今后在法律许可范围内，尽可开设分行。

新《银行法》一共三十二条，上面的是比较重要的几条。我们看了这些几条之后，就可推想以前美国银行营业不正当情形了。此外在五月二十七号，又颁布了一种《证券条例》（*Securities Act of* 1933），

那是禁止投机的。不过美国虽颁布了新《银行法》，尚谈不上全体的改革及统一的方案，还不能管理州立银行，要想全体统一，更需采取特别的手段。所以现在美国政府正在那里厉行两件法宝。第一件法宝，即新《银行法》中的存款保险公司；第二件法宝，就是金融复兴公司。这两件法宝正在进行中，前途如何，只有 God knows，现在且谈谈其进行情况罢。

第一，存款保险公司的进行状况。本来银行的生命，就在"信用"两字上面。因为有了信用，才可以得到存款。存款要保险，这是与银行原则大相冲突的。银行既得不到公众的信用，就没有资格去开银行，所以这种存款保险的办法在别的国家看起来，一定是觉得穷极无聊，苦不堪言了。然而在美国，这实在是一种无可奈何的苦肉计。我们已经晓得美国有银行二万四千多家，加入联邦准备制度的会员银行不过三分之一。这是因为美国国法管不到州法，州立银行要不加入，便不加入。还有国家银行当然非加入不可。然而国家银行若不愿加入的时候，又可摇身一变，脱离《国家银行条例》，而改组为州立银行，政府就没有办法可以阻止它了。我们又晓得美国银行如是之多，不良的银行也不在少数，可是政府因法律系统的关系，对于不良的银行，简直无法可以取缔。现在乘此恐慌以后的局面，想出一个存款保险的办法来，就可以使全国银行不能不全体加入，也可以使不良的银行失其生机。美国银行界尚在不安定的空气中，既有保险公司出现，便等于宣告银行信用的死刑。加入的银行，既可保险，则不加入的就站不住了。那么，全国的银行就不敢不加入存款保险公司，而受其管辖。而且加入的时候，需先调查其资产状况，健全的才许它加入，不健全的只好听其削减。所以我们可以推想到这个政策，从美国方面看起来，倒是一剂对症妙药，一举两得。因为从此好的银行可以

资耀华先生的一封信

不再思前顾后,放心去做生意,不但全国金融界渐次恢复了原状,即其他各种政策(如 NRA 等提高物价政策)也容易推行了。所以联邦政府根据新《银行法》,由财政部拨出资金一万万五千万元,设立存款保险公司,强迫全国银行一律加入,最近非会员银行而加入者已达七千二百六十家,会员银行更不必说。明年正月一号起,此公司将正式开业,当然可以使全国银行都归于此公司旗帜之下,而"害群之马"自无立足之地了。

第二,金融复兴公司。单用保险公司的办法,这不能驾驭全国的银行,更不能驾驭大的银行,所以更进一步,而借重金融复兴公司的政策。金融复兴公司本来是前任胡总统救济银行的"杰作",同时也可说是美国银行的催命符。在胡总统的本意当然为的是救济银行,可是结果反变为造成上次银行大恐慌的导火线。其故因为金融复兴公司借款予各银行,是要各银行提供最确实、最流动的担保品,而各银行自一九二九年初冬以来,能够流动的资产已不多,现在再把这些流动的资产都写在金融公司的账上,即使能得一时的救济,也不过等于杯水车薪,依然不够翻身,这是天天过那"心惊胆怕"(借用本行京剧部同人的话)"愁眉不展"的生活。不过最初在金融公司发动的时候,美国银行的倒闭风潮一时的确大为减少,不料"福无双至""祸不单行",正在人心略略安定之中,全国舆论界的一部突然攻击金融公司办事不公平,攻击其优待该公司上级职员有关系的银行,而不顾其他银行。当时所想不到的,竟有爱说话的国会议员公然要求该公司把借款行名公布,而更想不到的,该公司竟不顾利害,把他们一一地公布出来。以前存款人本不晓得谁好谁歹,现在大家根据这个公布的名单,按图索骥,易如反掌,该公司不啻通知存款人到不良的银行中去提存。果然提存的风潮如狂风骤雨般地涌来。各银行无论健全不健

全,固然抵挡不住,就是金融公司到了此时也无法维持了。不过这是风潮以前的话,现在罗总统正利用该公司来管理全国银行,已俨然成了美国中央银行,并且比全世界任何中央银行的营业范围来得广泛。第一,该公司不仅把七万万余万元的巨款放给各银行,同时并放款于各大公司、各大工场,以及铁路公司。第二,强迫收买各大银行的优先股,现在已收买的有二千四百五十余家,总额达六万万七千九百余万元(据二十二号《纽约时报》所载)尚在进行收买之中。花旗银行已有五千万元优先股,卖予金融公司;纽约各大银行亦均先后率行,唯大通银行(Chase National Bank)尚在谈判中。第三,金融公司直接在国内市场上购买生金银,统制国际汇兑。这本来是联邦准备银行固有的业务,现在已改归金融公司包办。第四,金融公司并在各区准备银行内,设立分行,执行银行营业及管理事务。我们看了该公司这四大重要业务,当然可以推想到美国政府今后对于银行的态度,是正在向统一政策这条路上走去。不过处于美国的散漫情形之下,能不能达到这个目的,又只好看将来的事实了。总之美国经过了这次风潮,对于银行必有一番大改革,这是美国银行史上已经告诉了我们的。

上面谈了这许多美国银行界的缺点,然而我们却不可把美国银行好的方面完全忘却了。美国银行因为有上面所谈的许多缺点,所以有许多的经营方法是现在全世界任何一国的银行所不及的。值得我们注意的有下列的三件事:

第一是美国银行的服务方法。美国银行无论大小,对于"服务社会"这四个字,可谓做得生动之至。大的银行有 New Business Dep't、New Business Extension Dep't,小的银行经理便亲自出马,专门研究为何由服务周到,而能获到新的业务,研究联络顾客,联络股东,研究广告，研究顾客心理，研究行内一切设备的简捷与引诱顾客利用的方法。

第二是美国银行的信用调查。美国因为银行多，竞争烈，而且银行不能直接支配大工商业，所以只好自己在市场上活动。一面公司债及票据承受制度极度的发达，范围既广，种类又多，少数人要想把市场上的各种商业信用情形明白了解，那是绝对不可能的。所以对于信用调查部，办理得有声有色，这是无论大小银行，即各大公司、各大工场，也都设有专部，不断地在那里活动。

第三是美国银行的成本会计。竞争的结果，广告费、交际费、在在需钱，生意有限而利益不多，自然而然地，不得不从成本方面极力设法使之减少。成本不能减少的，即受天然的淘汰。因为好的生意大概利息是很薄的。开支若较大，利息薄的好生意给开支小的夺了去，就不得不走上投机的一条路！而站足不住。这是实逼处此，不得不然的。

上列三端的详细情形，不是一时可以说得了的，我现在也正在竭力搜集材料。不过我觉得这些经营方法并无一定成规，各因环境及政策而不同，而且结局仍要归到人事方面去。中国有句格言，说什么"为政在人"，这一句话的真意义是指政的良否在人的良否，一切法律规章都是受环境的变迁而一天天地进化，人若不能紧紧地跟着进化，则只有落在他人之后。"服务社会"这四个字，在中国银行界，是我们总经理所发明的，也是我们上海银行的行训。我这次由上海动身，先到日本，后到美国，沿途有一件事使我觉得有无穷的快乐：就是我们上海银行的服务精神已深入于社会人士的心目中。沿途只要遇见由国内来的学生，不谈到银行则已，一谈到银行，没有人不称扬我们上海银行的服务精神（我绝对不先告诉他我是上海银行的行员）。最近

本校有位同学，是由北平铁路局送来学运输的，他把他的留美感想连续登载在《华北日报》，上面有一段，说到本行及本行旅行社的服务精神。我有一天在他寓内，突然看见这一段新闻，使我感觉到无上的光荣和愉快，一霎时，本行一切的一切，以及全体同人辛苦工作的状态，就如同电影在银幕上一样地涌现于目前。（这位同学是去年春天来的，他的感想是暑假中写的，我是今年九月以后方到这里，所以我绝对没有运动他写这段文字的嫌疑。）这样的愉快我想人生是难得有几回的，尤其是在离开祖国很远的海外他乡，所以我更希望我们同人能够继续不断地遵守本行行训。

最后我要声明一句，我说了这么许多美国银行的坏话，纯粹是我一个人感想，同时我也绝对没有忘记国内金融界的情形。中国金融界全体的缩影仍天天回旋于我之脑中。因此我就生怕有美国朋友，若晓得了我正说着他们银行界的坏话，而反唇相讥：How is the Banking situation in China? 那我就不得不面红耳赤，汗流浃背了。我想到国内的小银行也似乎一天一天地增加，内乱不息，生意有限，存款利息高，放款利息低，于是不得不倾向于投机，这正是中国银行界的祸根。我现在天天怕美国国会通过那购买生银的法案，因为这样一来，就可以成为中国金融恐慌的导火线。中国前几年，因为银价低落，金融界上发生了非自然的 Inflation，而抬高了物价，尤其是地产。中国自经了"九·一八"及"一·二八"两次打击以后，市面早已日坏，若银价再高起来，又成为一种非自然的 Deflation，物价极端低落，进口货更没有抵制的方法，银子就要向美国跑，这不是造成了中国的金融恐慌吗？而不料前天下午六时，罗总统正发布命令，由金融公司每年购买二千四百四十二万一千四百一十盎司生银，一半用以铸币。这样一来，全世界的汇兑就要受很大的冲动，尤其是上海的汇兑市场，现在只有看英国三万万五千万英镑汇兑平衡资金的动作如何了。总之无论如何，银价意外的提高绝非中国金融界之福。我只有希望我们上海银行能做一朵君子的莲花，出于泥潭之中而不染。所谓不能兼善天下，唯有独善其身，置之同人，以为如何？

此信因要赶上开往祖国的邮船，明后两天邮局又值停工之期，所以写得乱七八糟，毫无条理，希望同人，不我遐弃，随时赐教为幸！

弟资耀华，民国二十二年十二月廿四日晚

附录

The New Deal of the Roosevelt Administration

NRA	National Recovery Administration
NIRA	The National Industry Recovery Act
AAA	Agricultural Adjustment Administration
RFC	The Reconstruction Finance Corporation
ICC	The Interstate Commerce Commission
PWA	Public Works Administration
CWA	Civil Works Administration
FACA	Federal Alcoholic Control Administration
CC	Citizens' Conservation
CCC	The Commodity Credits Corporation
FCA	The Farm Administration
FEC	The Federal Emergeney Housing Corporation
FHLB	The Federal Home Loan Board
FHOLC	The Federal Home Owners Loan Corporation

资耀华文存

PRA	The Presidential Re-employment Agreements
TVA	The Tennessee Valley Authority
FDIC	The Federal Deposit Insurance Corporation
CSB	The Central Statistical Bureau
FCT	Former Commissioner Eastman in his role as Federal Coordinator of Transportation
SAB	The Science Advisory Board
NLB	The National Labor Board
EC	The President's Executive Council— "Town meeting"
PAB	The Petroleum Administration Board
FSRC	Federal Surplus Relief Corporation
EFRA	Emergency Farm Relief and inflation Act
EBA	Emergency Banking Act
SA	Security Act of 1933
CFBA	Corporation of Foreign Bondholders Act
URA	Unemployment Relief Act
FCA	Farm Credit Act
EFTA	Emergency Railroad Transportation Act
MPA	Modification of Prohibit on Act (New tax on beverage)
FEA	Federal Economy Act
NEC	The National Emergency Council
NPA	The National Petroleum Agency
FCC	Federal Communications Commissions

（本文原载《海光》，1934年第6卷，第3、4、5期连载）

>> 资耀华先生上总经理书

总经理钧鉴：月来在校，需写 Term Report，较为忙碌。近来纽约，入 Chemical Bank 视察，相处稍久，感情甚洽，对于本行，颇有相当认识。因美国银行虽多，而存款在一万万五千万元以上者，不过二十六家，此行占第十六位，本行有分行四十余处，此行不过在纽约一埠，分设十一处而已。就前途言，本行来日方长，一旦国内经济发展，岂可限量？而此行正在苦斗恶战之中，以求生存也。以银行制度言，美国弊病早已和盘托出，本行组织暗合英国，尤与最近美国银行家所欲取法改组者也。故暇时与此行中人，谈论中美银行情形，不免使其"心向往之"，当知吾国金融界近来已有长足之进步，绝非彼等以前盲目想象者所可比拟，此华来美后第二快事也。

日本驻美大使齐藤广士，自英至美，同时日本又派其前贵族议长德川公爵来美游说，而各地本领事馆，复斥巨资聘用美人，专在馆外从事宣传，其宣传方法甚合美人之商业心理，到处宣传日美两国在经济上为唇齿相依，例如：

"Conflict would mean an unthinkable loss to both sides commercially." "Could Japanese forget that very livilihood of millions in her silk industry depend on America?" "Could America overlook the fact that the Japanese were among the world's chief buyers of their goods?" "Could either side fail to note that the goods they sold abroad were in the main non–competing?"

所以近来美国舆论对于日本感情极好。纽约报纸数月不载吾国新

闻,即有亦系冷嘲热骂之辞,而满洲伪国之新闻,则日日可见三月一日之事。纽约全埠报纸一律大书特书,几占正篇全幅,描写极详,表示敬意。而二十八日之夜,复特别用间接收音机,将溥仪之演说播送全国,宣言满洲伪国二年来一切政治、经济、银行、货币、农工、商务、交通、法律、陆军,等等之进步。其最令国人难堪者,即将吾国与伪国两两相形,其批评吾国之辞曰:Twenty years of republic rule in China have brought the 400000000 people of that unhappy country only disunity, poverty, suffering, corruption, disorder and continual civil strife。"宣传满洲伪国曰:"Two years of benevolent rule based on the wise, liberal doctrines of Confucius have brought happiness, peace, well-being and new life to this nation's 30000000 inhabitants."

一方更有美国新闻记者在满洲之通信代其证明,故一般美人竟认为真正之民族自决。但退一步想,其所宣传满洲伪国之发展,虽系虚构,而所言吾国之重重不幸——困难腐败、四分五裂、毫无秩序,等等——又何一而非事实,不知当局对此作何感想也!

据最近观察,国际战争暂时绝不至于发生,即日俄战争亦不至成为事实。数月前因英国态度暧昧,德国大有一举而占领奥国之意,维也纳风云紧急,国际战争似可一触即发。现在英国表明态度,战争危机暂时可谓过去,唯至一九三六年,则不知如何耳。同时美国本绝无参加任何战争之野心,又经日本竭力宣传,故与英、德、法、意皆有承认满洲伪国之趣向。而日本更以获得承认满洲伪国及中东路事件与日俄两国之 Bargain 外交。换言之,苏俄若承认满洲伪国、中东路事件,日本亦可让步也。至于苏俄,则现在绝对不愿与日本争雄,只努力谋其第二次五年计划之完成而已。况日本近来外交政策大变,故日俄亦不至发生战争。不过满洲已步朝鲜后尘,吾国而欲收回失地,则恐非最近将来所能达到目的也。

　　罗总统就职已满一年。现在美国情形比较去年今日，已有天壤之别。物价步步高涨，各大公司收益增加，心理日趋稳定，银行存款渐多，国内现金剧增，不景气之潮流似已逐渐过去。政府近日更设立进出口银行及辅助小工业之银行，以谋美国出口之增加及小工业之救济，步步实行，完成其国家主义经济之统制及统一国民思想之政策。罗总统日前并宣言产业复兴法规，为美国之灵魂，为美国之根本要图。是故美国经济确有向荣之势。欧洲各国则自法国外，经济情形亦比较往年为佳。日本近来更为全世界之骄子。依此观察，今日经济情形当不知再趋下游。唯美国近日，国会又有"Do something more for silver"之主张，则银价恐有向上趋势也。（中略）

　　华在纽约两银行参观后，需再入 Standard Statistic Corporation，investment banks 及 Warehouse 参观，然后再回费城结束，转赴康南尔。工作既毕，或更有加拿大之行。此后通信地址已详介公函中，不赘。

　　资耀华上，三月十二日。

　　　　　　　　　　　（本文原载《海光》，1934 年第 6 卷，第 6 期）

资耀华文存

>> 资耀华先生再上总经理书

总经理钧鉴：接纽约转来海光并汉生兄函，藉悉本行已在香港正式成立分行，从此奠定向南发展之基，不胜欣慰。唯将来香港分行之生意，既不在存款，亦不在普通放款，而纯在国内外汇兑。近日英、日两国实施贸易战争，英国正式颁布法令，限制日货运往英国各自治领土，然香港为国际自由贸易港，自不受此种限制，则将来香港之进出口生意更当较前发达。本行既有欧、毛两兄出任其事，国内外汇兑必能出人头地也。

华自上月往各地参观农业小仓库后，即来费城整理材料，制成报告，提交 Prof. James 审查。Prof. James 人，毕业本薛文尼大学①，又在伦敦牛津大学取得博士学位，今为本校最有精神之青年教授，亦即去年耶鲁大学费须教授所推举世界货币专家十八人中之一人。此次间与美国银行之不良情形及农业金融之研究方法，皆由教授指示。去年正式指定之主任教授可谓虚有其表，以其曾习法律而兼任律师，每日忙于自设法律事务所之讼案，对于学校不甚开心，但其在本校之势力则反较 Dr. James 为大，可知美国社会亦重此而不重彼也。

美国在今日已不能谓为农业国，然农业在美国之重要亦不亚于中国。故华以为美国对于农业方面之各种设施，实可为中国今后十年指南针。据此次调查所得，农业之发达，不仅增进银行业务及进出口贸

---

① 编者注：今译为宾夕法尼亚大学。

易，且为保险生意之最大来源。现在美国不但农产品之移转运输皆需保险，即各地农村仓库以及其他设备亦需保险，可知农村之保险生意亦并不亚于都市之保险生意。且历年之危险损失率极小，故为保险公司所乐于承保。惜现在距农业收获期尚远，不能一观小仓库之实际转运情形，且亦无暇再往美国中西两部之大农业区参观，未免"美中不足"耳。

美国议会大概在下月中旬即将开会，总统已毅然决然不再涉及白银问题，（但为维持上院面子，或需发表一次。）美国华尔街亦极望上下议员早日归家暂息，不再空发议论。因议会在开会期中，上下两院主张分歧，议论庞杂，任何人不敢预测其前途之变化若何，最好暂时一致观望。银行游资虽过剩，政府虽三令五申要求银行放款，亦无人敢冒险尝试，故只有购买政府公债之一途。若议会开会，更无"新花样"出现，则人人可以安心营业，此美国华尔街全体之空气也。

华现在专事整理各处调查所得之材料及收集有关系之书籍，下月初拟赴华盛顿一次，至政府印刷局收买各种小册子，转道纽约。美国方面，从此告一段落，预料美国议会闭会，美国方面各种情形暂时当无变化，即于六月十九号左右，取道伦敦返国，大概在九月二十五号左右可抵上海矣。

资耀华，五月十六日。

附农业金融及农业市场报告目录

Contents

Introduction

1. Agricultural Credit

2. Dealers' Loans on Produce

3. Methods of Financial Settlement

4. The Seasonal Flow of Crop – Moving Funds

5. Classification of Agricultural Markets

6. Classification of the Marketing Processes

7. Cooperative Marketing

8. The Country Grain Elevator and Warehouse System

9. The Terminal Elevator System

10. The Local Cotton Market

11. The Commercial Inspection and Grading of Agricultural Staples

12. The Insurance of Agricultural commodities

（本文原载《海光》，1934 年第 6 卷，第 7 期）

>> 资耀华先生三上总经理书

　　总经理钧鉴：叠奉手书，谅达钧座。华于本月二日由费城赴华盛顿，除收买美政府所刊布之各种小册子外，曾往农务部参观一次，九日来纽约，候十八日船赴伦敦。所有在美所购书籍杂志及日常所收新闻材料，均托大来公司直接运回上海本行图书馆。至华所写报告，虽已脱稿，但因一年以来，随时记录近五万字，一时不能正式缮录，需待回国时，在船中为之矣。

　　昨赴纽约领事馆，探询国内有无来信，并请领赴加拿大护照，因与叶总领事谈及中国旅行事业。据馆员所称，每年外人至馆询问中国旅行状况者甚多，馆中人多不能确实答复，故半年前曾函中国旅行社请其寄送旅行指南及在国内旅行费用表，代为宣传分发。中国旅行社曾寄小册子一套，颇为外人所欢迎。惜以后未曾续寄，而外人来馆询问日多，殊难应付。华因不辞冒昧，允其续寄，并与沈、张两副领事相约，将来互相磋商长久办法，而领事亦正在赶备呈文，呈请政府设法奖励宣传旅行中国事宜，主张与中国旅行社合作。华以为此事中国旅行社当可先印各种精美小册子若干册：①宣传中国各地古迹名胜；②细述游览方法；③设计浏览日程；④依日程多寡而计算其极经济之费用。就目前情形及私人利益而论，中国旅行社或无直接利益可图，然就将来前途而言，则暂时所牺牲者，对国家为增加无形出口，对本身亦可获得无穷报酬，使外人非利用中国旅行社及利用本行旅行支票不可，事在人为，当非梦想。试观日本之观光局之为外人所欢迎，可

为明证。现在纽约各国总领事馆中,皆附有旅行宣传机关所制成之种种旅行计划及精美小册子与画片,引人入胜。旅行三日,有三日之办法与费用,五日有五日之办法与费用,以至十日、半月、一月、三月,皆有详细计算,到处宣传,宾至如归。此种机关,政府皆为其后援,其目的即在增加无形出口。凡写信询问者,无不接有最诚挚之信札、最精细之计划,附以各种小册子。此后如有更新之旅行计划,或特种引人入胜之事发生,如博览会等,则不待询问,已源源而来。明知所寄出之小册子未必皆有效力,然就平均言,则效力极大,以一人接得此种旅行计划,虽未必一定出游,而日后其亲戚、其朋友或正在计划旅行,亦可引起其兴趣也。他如各银行对于顾客日常往来之支票,可加以调查与分析,例如,发现某一顾客之支票系由某船公司来收,则推知其将出而旅行,银行中即去信请购其旅行汇信及旅行支票;若发现某顾客之支票常由证券公司来收,则推知该顾客方在买卖证券,银行即去信说明其证券部,可以代为买卖证券,比较证券公司更为方便,诸如此类,要亦不失为增加生意之一法也。

至于美国现在情形,一年来已由急进而趋缓和,由左倾而向右转。罗总统之政策已呈转换之象,大有一鼓作气,再而衰,三而竭之概。但美国金融界因《一九三三年新银行法》之实行,以本月十六日为最后之犹豫期,华尔街乃形成"划时代"之改革。各大银行如大通、保证、花旗等,固皆已先后解组,与子公司及证券投机机关脱离关系,即握世界金融霸权之摩根公司,初虽彷徨歧路,一时无所适从,现在亦不得不正式宣布此后专营银行业务,受州政府之监督,放弃数十年所经营之证券及投资等本业,此为美国金融史上空前之变化,可以大书特书者也。

华出国已久，对于国内金融状况未闻其详，然据间接所得消息，知国内最近提倡发展交通与开发西北，诚能见诸实行，实不失为救国之一道。此后穷乡僻壤，亦为本行之脉络，华以为当乘此时机，节节经营，准备随全国交通发展之趋势与程度，而从事前进。年来行中开支固日见增加，前进则更需增加开支，然天下事不进则退，且吾人不进，固不能阻他人之日进，所谓竞争之胜利与否，在孰着先鞭，而首立基础耳。故本行宜于此时，切实观察将来全国交通经济之发展情形，而计划分行之开设。所谓开设分行，不必定其银行规模，可依当地需要，而定局面大小，小者一人即已足，或计划农业仓库部之进行，亦无不可。但亦仍需注意国内外时局之转移。华以为国际关系，虽日有恶劣消息，军缩会议又成僵局，然最近之将来，无论日美、日俄、德法，以至全世界，绝无战事可以发生。现在各国虽互相宣传恫吓，实皆表现其内心之怯弱与恐慌，无人愿动手，亦无人敢动手也。故宣传愈烈，愈不足忧，最可虑者，则在三五年后，各国互守沉默，毫无表示，势充力足，则世界之末日至矣。一至是时，无论何人，无论何国，已无法置身局外，殆非人力所能抗也。目前要点，则在国内之政局，若政局能转佳，当可前向进行，但分行愈多，则总处之管理更觉重要，组织更需严密，事权更需集中，政策更需统一。美国银行业之"做生意"方法确有独到之处，至于管理分行，则毫无经验与研究。实际上美国银行业，因法律关系，本来即无分行可管。故华乃决心赶赴伦敦，研究分行管理。本薛文尼大学①教授 Dr. James 亦主张欲研究银行管理，以赴伦敦为宜，唯此公根本上看不起美国人及美国银行业与制度，则亦学者过重主观所当有之态度也。

---

① 编者注：今译为宾夕法尼亚大学。

华此次在美所得之印象,最深刻而最又佩服者,第一为美人之active。美人不论朝野上下,男妇老幼,贫富贵贱,每日皆在活动之中,全国悉在动的哲学支配之下,无人不忙,不愿虚耗光阴。第二为美国人办事之敏捷,处事求速,绝不"拖延","说做就做",绝不含糊。例如《纽约时报》一夜竟出四次,陆续加入最新之消息,次早全国即可看到(西部用飞机分送),更有最近如罗总统在纽约检阅海军仪式,系在十二点钟举行,当晚华盛顿电影院即可见到,由纽约至华盛顿,快车需费五时,此种 Speed 不得不令人惊为神希!第三为美国人之 efficiency。中国需十余人工作数日之事,在此只需一两人及几小时即可完事。曾忆某日下午一时,出欧芬银行中膳,见街角有店,方开始改造修理,四面正筑围墙,下午五时半,再过此地,已变为一装饰华美、设备精雅之咖啡店,顾客满座矣!第四为美国人之爽快。美人绝不苟且答应,凡答应能做者,即实行到底。凡不愿意做者,则绝对不含糊答应,遇不满意事,当面"说穿",事后毫无怨言,凡有一分能力者,则自动表现一分,绝不推辞。例如,中国政治家明明为自己运动上台,而偏宣传其迫不得已,无法推辞,以及深恐不能胜任的反面文章,美国政治家则不然,如欲上台,则明白表示:"自己要干,自己能干,自己愿干。"第五为美国人之富于同情心及愿成人之美。在美只需有一技之长,人人即竭力赞许,望尔成功,鼓励尔之勇气,绝不嫉妒陷害。第六为美国社交往来,无须对付中国社会中之所谓干才,一生精力大半耗费于"对付"两字,需面面周到,"不得罪人",否则即目为不识时宜,毫无经验之书生不足以当重任。唯美人好大喜功,趋奇务新,社会上一切事件悉以金钱为计算之最后标准,亦未始非美人之缺点也。

我滞美将近十月,时间不可谓不久,然亦不觉其过去之快。回忆出国时，希望无穷，及今三省，时间、金钱两俱耗费，于公、于私皆无裨益，甚为愧恶！此为在美最后之一函，本月廿四日，可抵伦敦，再当续闻。

敦公介公均此

耀华拜上，六月十一日。

（本文原载《海光》，1934年第6卷，第8期）

 资耀华文存

>> 资耀华谈游欧观感

上海商业储蓄银行经理资耀华君去秋由该行遣派出洋,考察各国银行事业,中国征信社同人因资君为该社干事之一,且为该社所设中国征信所之常务董事,因托其顺便调查各国征信所状况,以资借镜。资君业于前月回国,该社同人特于前日假座银行俱乐部欢迎,并请资君报告其考察经过,由时社记者特志详情如左〔下〕。

各国均有三多

据资氏谈,此行所得,接触至多,观乎华侨之日益衰落,外交官之颠顶,有色人种之被轻视,在在均足令人痛哭。若干政府大员及名流常假出洋考察之名,实则无所事事,徒縻国币。今年芝加哥万国博览会中,各馆均辉煌美丽,极意铺陈,唯中国馆前简陋不堪,有类市井中之一小摊,而其旁即日本馆及满洲馆,两两相形,诚置身无地。大战后各国之工商业均飞跃猛进,一切措施均以合理化为标准,身入其境,徒兴望洋之叹。虽然各先进工商国中其社会之机构亦自有其矛盾者在,方今民主国均有三多,所谓三多者,即乞丐多、娼妓多、飞机大炮多,二次大战之必然性已无人敢加以否认,但一旦战事爆发,经济制度之变化将有难言者矣。

美国银行制度

资氏继谈,美国银行事业虽甚发达,而其制度未见良好,因各州法律不同,除军事、外交等大政由联邦政府主持外,其他均各自为

谋,全国所颁布之银行法在五十种以上,分歧既多,流弊自大,又美国人种复杂,其先祖均系各国移民而来,故思想亦极不统一,影响于法令者亦大。反观英国制度,则比较健全,盖自有银行以来,已有一百五十年之历史,曾经不少波折,逐步改良,以迄于今,美国银行则大都系欧战后随工商业之膨胀而兴,组织既不精密,一遇恐慌,危机即起,吾国银行制度尚未确立,此后何去何从,当知所慎择也。

英美征信事业

余(资氏自称)出国时受诸君之托,顺便考察各国征信所事业,虽才力有限,而工作未敢荒怠,鄙人忝为征信社干事,一有机会,即往参观彼邦之征信所,亦系由各事业家联合组织,与本社设立中国之征信所大抵相同。各事业家代表常在一定时间及一定地点内集合,互换消息,并研究放账安全方法,美国征信所在全世界最为发达。①因美国银行制度不完善、不统一,故调查方面虽各行均特设专部,而仍不能不求助于征信所。②征信所组织良好,办事敏捷,因其服务范围遍及各界,故不特有助于银行,且为其他工商各界之所利赖,个中范围大者办事员有一千余人,英□之征信所组织与范围均较逊于美国,屋宇大抵不甚整洁,业务亦不求急进,盖英人之传统的保守习惯有以致之。

中国征信事业

余尝在英国,参观印度东方征信所(Indian Eastern Association)(按此即中国征信所之英国特约代理机关,而中国征信所亦即为该征信所在中国之代理机关),蒙该所经理面示余一中国征信所寄去之报告书,并谓以仅仅创办二年,中国征信所而能作如此详尽之报告,深为惊异,唯有若干报告,材料过多,即使阅读也难以一目了然,故最

好能在篇首先作一简短之提示,此最为佳妙云云,此深可为本所师法者也。

对征信所观感

鄙人于返国后第三天即来本所,睽违一年,而档案材料已增加不少,各项制度均见改进,业务亦日益扩充,办事人员均忙于工作,无一冗闲,各处均流露朝气,觉心头快慰莫名,唯此皆诸干事、诸代表之努力有以致之,鄙人虽负干事之名,而愧无贡献,深感歉疚。

(本文原载《申报》,1934年10月23日)

>> 几件银的故事

银币是与一国的经济、金融、财政、银行——究其极，与一国的国民生活，都有很密切的关系的，其中以银行为尤甚。因为普通商店不过买卖商品，而银行却是买卖银币。正当的商人不希望商品突涨突落，正当的银行也不愿意钱币突涨突落。实际上两者是一而二、二而一的，其故由于钱币是一切价值的公共尺度，所谓商品涨，反而就是钱币落，商品落，反而就是钱币涨，所以商人与银行的经济心理可说是一致的。现在英国三万万五千万英镑及美国二十万万美元的平衡汇兑资金，其最大的目的，即在维持它们钱币的安定，最近各国中央银行的总裁都聚在瑞士国际银行内开会，也在讨论钱币的安定问题。外国用的以前大都是金本位，中国用的却是银本位，那么银价的涨落是中国金融界所不能轻轻看过的一个问题。中国当然也希望银价的安定——即银币的安定，可是中国现在却无力能去维持银价的安定。我现在在此欲谈的，也并不是讨论如何可使银价安定，更不是预测银价的涨落，因为这是要经济学者、银行专家才可以谈到这么大的问题。我现在只报告几件关于银的故事，聊助同人们公学茶余之谈笑，若能因此引起大家研究的兴趣，固区区之愿也。

一、一天一夜旅行全世界的银

中国是银本位，所以中国是银的归宿处。银的旅行是从中国出发

的。每天清晨,银子准备从上海起程,一到早晨七时,接了伦敦与纽约的电报,便知道昨天的市面情形,一到九时半,正式开盘,中国全国及东京、神户等市场的买卖行情可以开出,一到十时半,新加坡、香港、渣华等埠的买卖也可以成交了。

"由上海到孟买"。上海的九时半正当孟买的七时,上海的开盘行市不久即可以电知孟买。上海市场自十二时至下午二时是休息的时候,下午两时再开盘。上海下午的行市一到孟买,正是孟买午前银交易最盛的时候,同时孟买午前八时半钟的暗盘及午前十时半的交易所行情亦可以影响上海下午的行市。

"由孟买到伦敦"。上海在下午四时收盘,到了下午五时,上海市场已经结束,而孟买还是在下午两时半,伦敦则在上午九时。伦敦接了上海及孟买的电报,九时半到十时,伦敦市场开盘。但是伦敦的实际交易还在下午一时四十五分(礼拜六则在上午十一时半),午后二时左右,方得发表公定行市。伦敦是全世界的金融中心,所以这个行市可以影响全世界各银市场。

"由伦敦至纽约"。伦敦的午后二时正当纽约的午前九时。纽约接受了伦敦午后二时的电报,九时半正式开盘。近来美国政府因为经济的不景气,要从银的身上想办法,所以纽约的银市场变幻莫测,对于国际银市场常发生很紧急而又剧烈的影响。

"由伦敦到旧金山"。纽约的午前九时正当旧金山的午前六时,纽约正午的行市就是午前旧金山银市场的根据。因为旧金山是美国产银的集中地,所以旧金山的银行市也是一个不可忽视的重要分子。

"由旧金山回到上海"。旧金山市场一完毕,又渡过太平洋而回到上海,次早再从上海起程。所以一年三百六十五日,除了星期日,各种例假及银行休息日以外,银子是每天每夜周游全世界而不得休息的。

二、决定全世界银价的四个公断人

伦敦市场上，每天一时四十五分（礼拜六午前十一时半），有四位头戴高帽子的英国绅士，风雨无阻地，会合于 Great Winchester 街十九号 Sharps & Wilkins 银号的事务所中。全世界的银价就决定在这四位戴高帽子的绅士手里。这四位绅士是伦敦四家大经纪号的重要股东与上级职员，分举如下：

（1）Edgar L. de Mattos Moratta 先生。这位绅士是伦敦 Throgmortion Avenue 第七号 Mocatta & Goldsmid 经纪号的股东。此号创设于一六八四年，其资格比英国银行早十年。

（2）Ernest L. Franklin, I. P. 先生。这位绅士是伦敦 Old Broad 街一百十四号 Samuel Moutague & Co. 经纪号的老总。大英百科全书中的"国外汇兑"一条，就是这位先生的手笔。

（3）S. A. Pixley 先生。这位绅士是伦敦 Old Broad 街上三十四号 Pixley & Abells 经纪号的股东。此号创立于一八五二年。

（4）P. A. Wilkins 先生。这位绅士是 Great Winchester 街十九号 Sharps & Wilkins 的股东。此号已有一百四十年的历史。

每年每月每日（除休假日外）这四位戴高帽子的绅士，就在这家经纪号的事务所中，秘密决定全世界的银价。

上面所说的四位绅士再说得确切一些，即是那四家经纪号——单只四个，再没有多一个——就是决定全世界银价的机关。每天一到时候，这四位绅士不慌不忙地向等候在两廊的报馆金融栏记者，照例地点一点头，就走进了秘密的会议室，全世界的金融市场，全世界投机者的生命就决定在这个秘密的裁判所中。

三、伦敦市场上银的种类

在伦敦市场上的银,有的是新从银矿中掘出来,只经过初次熔炼的,这是所谓处女银(Virgin Silver),有的是从中国及印度的窖藏中出来的,还有一大部分是由各国政府将银币熔炼而来的。普通每生银一条长十一又四分之一英寸,阔五英寸,高四又四分之一英寸,重一千一百盎司,每一条上都印有成色多少及制炼所的牌号。大概银条一千之中,所得纯银为九九六至九九九。美国的制炼所有时宣传可以制出一千分的纯银,但伦敦的专家则付之一笑。银条的重量是很紧要的一件事,但每一条上从不记明重量多少,这是因为有时候有人会从银条上偷偷地削去一片,减轻了重量,那么制炼所的名誉即受损失,所以制炼所不愿载明重量。然而制炼所对于一条的重量,实际上是很细心称过的。

这些细心称过的银条常常赤裸裸地旅行全世界,这是与金条不同的。搬运金条,或者装箱,或者包捆,但是银条多不费这番手续。古时因为交通不便,搬运生银恐受磨折损失,亦用装箱。近来则多赤裸裸地睡在海船的货舱中。银子比较金子特别嗜好旅行,常由墨西哥银矿中一出来,就走到伦敦,由伦敦走到中国上海,由上海分散到中国内地,一部分留落在中国内地,一部分再到上海而走至孟买,又回到了伦敦,一部分由上海再过太平洋而走到纽约。有的做了各国的辅币,有的做了各种美术装饰品,有的做了西洋人吃饭的刀叉,有的用作好莱坞电影明星的辅助品,有的被埋藏在印度各乡村的地窖中。而伦敦是这些银生产地与银消费地的中心点,所以伦敦就成了全世界银子的交换所。

四、伦敦四个经纪人决定银价的方法

四个经纪人各人每日接受了前夜及午前全世界各处来的委托买卖

几件银的故事

电报，先各自细心地计算一下。这些电报有的限定买卖价格，有的则只请依照市面计算。四位戴高帽子的绅士就将这些委托买卖的定单摆到上述秘密的会议室中，开始讨论。各人将买卖两方总计一下，其中常有一部分自然而然地可以符合成交，剩下的一部分则或者是买者或者是卖者，要是买，当然愈低愈好，要是卖，当然是愈高愈好，这个问题，很容易地就在这个秘密室中解决了。解决的方法是，根据前日的行市，每盎司或抬高十六（分）之一便士，或扯低十六（分）之一便士计算，以全体定单能达到一个公共的价格为度。这就是所谓Fixed price。这个行市每日到下午两点一刻即可公布，不久便传到全世界各处市场。例如，上海就可以见到 Urgent, London Silver spot twenty forward twenty one – sixteenth 的电报。有时行市决定得很快，不到十分钟就可以开出来了。例如，四个经纪人所有的定单，三个都是买的，只有一个是卖，那便很容易解决。但是有时遇到四个经纪人的定单都是买的，或都是卖的，那就有些麻烦了。在这时候，或者有两家经纪号代表要起身打一个电话到自己的事务所去商量，其他的经纪人也重新把所有的定单计算一次，慢慢地设法使其符合。有时委托买卖的限价太高，胁迫全体的市场，这四位绅士便又要设法加以限制。限制的规律，就是根据前日的行市，不使之过高或过低。自有历史以来，银价开得最高的是一九一九年五月九号，当时开出银价竟升至四便士又八分之七，这是特别的例外。

四个经纪号是代表买卖双方的，但只对于买方收受佣金。重要原则在于努力去求每天银价的变动，能至最小的限度，因为全世界及伦敦市场上的各商人、各银行皆希望银价的变动不大，变动太大，对于正当生意，会产生不良影响。只有完全投机赌博的分子，才唯恐天下之不乱。

523

这四位绅士每天一决定银价后，立即赶回自己的事务所。各事务所的办事员立即把各处委托买卖的定单分为期货、现货，清算一下，分头通知。此时伦敦市场上的各银行，尤其是对于远东贸易有关系的银行，根据这个公定行市从事活动。伦敦的银市场暂时告一段落，直至下午三时，纽约银市场的行情开盘，伦敦始又受一番波动，同时印度、上海亦产生相当的影响。

五、为什么只有四个经纪人

我想现在全世界各市场上的人士心中一定有个疑问，就是为什么单单只有这四个经纪人可以决定全世界的银价呢？答案可说：第一，起因是很偶然的，即此四位经纪人偶然而得到了这个机会；第二，这四家经纪号皆有很久的历史与多年的经验；第三，这四家经纪号对于各处委托的顾客，很忠实地而又极端地为之代守秘密，对于委托人的名义及买卖数量，不但不泄露于外界，即四位经纪人中，也不肯互通消息，每日买卖若干，犹似四个人自己做的生意；第四，伦敦原是国际的金融市场，是银生产与银消费的中心点。有了这四个原因，所以数十年来，全世界的银价就操在这四家经纪号的手中，不但各国商人、投机家与各银行绝对信任，即各国政府亦极端信任的，尤其是自一八七三年以来，各国竞相采用金本位，熔铸银辅币，每年各国政府常有巨额的存银委托这四个经纪人代为售出。

六、银价的风云变幻

银子现在已成为一种国际商品，可是比较其他任何国际商品的感觉来得锐敏，往往变幻莫测。例如，印度政府如欲颁布一种法律，禁止早婚，消息一经传出，孟买市场的投机家便立即收买银条。何以故？这是因为印度人一定会赶快提前结婚，那么银的首饰

几件银的故事

及送礼的银器消费突然增加，预先买进的，即可以获利。这倒并不是空话，而是事实，因为这一条法律，曾经在几个月之内，使印度吸收生银至两千万盎司。此外，印度的季候风（Monsoon）及中国的丰收等事件照例是与银价有关的现象。还有一件最难预测的，就是马尼拉投机家的大活动，有时他们能够震动中国及印度各地市场。据 Sharps Montague 经纪号的调查，数年以前，他们一天的交易竟超过全世界产银总额的二十五倍。有时伦敦市场上，也有投机分子想利用机会来掀动银市场。例如，一九一〇年，有几个买空的先生很确实地知道伦敦各银行的金库中存银甚少，又探悉利物浦各海船的货轮及栈房中并未装银，于是突然主张收现，吓得许多卖出即期的银行一身大汗，还是靠了这四位绅士来设法使其镇静，这是伦敦市场上一件有历史性的故事。还有一件关于银的大故事，发生在一九一三年，当时印度有一家银行叫做 Indian Specie Bank，该行总经理为最以机敏著名的 Chunihol Saraya 先生。他在三年前——一九一〇年——就很确实地探到印度政府要收买大宗银条，鼓铸银币，于是便想利用这个机会来发一次横财，预先用低价陆续收买，从一九一〇年起，就托 Samuel Montague 经纪号代为买进，因此伦敦银价就从二十四便士逐渐升到二十八便士。他一共买进了一千二百万盎司，然后陆续卖与印度政府。但是只卖到三百万盎司的时候，印度政府探悉是他在那里秘密操纵，便突然停止收买。银价暴落，伦敦经纪号当然要催收保证金，这家银行从此就关门大吉，这位想发横财的银行家也只有自杀的一法。伦敦市场不得已组织了一个 Syndicate 出面维持这九百万盎司的多头。

上面是白银在东半球的种种故事，西半球亦有种种事故，使银价变化无常。不过银子在西半球，自从十八世纪以来，已失却了鼓铸货

币的"王座",所以银价的变动不出乎经济的原因,而多由于政治的原因。例如,伦敦的经济会议、银价的协定,等等,都不是纯粹的经济事变。其中如美国最近一年来,今夜政治家播送了关于白银的谈话,明天下议院提出了关于白银的法案,本周上议院提出了修改白银法案的条文,下月大总统又透出了不赞成的消息,于是引起委员会的争辩、经济学者的讨论、华尔街的谣言,竟使银价每天同猫眼一样的变化,无一不是由于政治上的原因,本来经济上的原因已经够复杂了,但若仅是经济的原因,还可以搜集各种材料,施以最详密的分析,或许可以得到一个相当的推测。至于在政治原因方面,则推测银价是绝对不可能的。即以伦敦四大经纪人而言,虽有决定世界银价的重要地位,却从来不敢预言银价的前途,自己也不肯去做买卖,可知此道之难。实在这四个经纪人自己若真的做买卖,恐怕也久已不能维持其今日所有的特权了。

银价在一八七〇年以前,对于金的比例,常站在十六与一之比,但自一八七〇年以来,因各国多用金本位,银价乃逐渐下落,至一九〇〇年,银对金的比率已降至三十三与一之比,至一九一〇年,更降至三十八与一之比。在世界大战期中,银价曾一度高涨,例如,一九一九年,曾回至十六与一之比,但不久忽又下落,一九二九年,降至三十八与一之比,一九三〇年,降至五十三与一之比,一九三一年,降至七十一与一之比,一九三二年,更降至七十三与一之比。现在美国的政治家为了今年十一月的选举,要买得白银产地人民的欢心,竭力主张提高银价,所以银价又渐高涨,若与一九三二年最低价相比,银已涨高不小。一九三二年,一盎司只值美元二角五分,现在则值美元四角四分,差不多已涨起一倍了。

七、银的来源与去路

现在全世界有六个国家与白银有密切的关系，六国之中，有四个是生产的，其余两国是消费的。四个生产的国家，依其生产的多少说起来，第一是墨西哥，墨西哥在最近三十年中——自一九〇〇年至一九三〇年——平均供给全世界银产额百分之三十四，第二是美国，在最近三十年中，供给全世界百分之三十，第三是加拿大，供给百分之九，第四是秘鲁，供给百分之八。所以全世界银产额五分之四是由这四个国家供给的。其余五分之一，则为玻利维亚、西班牙、德意志、法兰西、日本、澳大利亚等国所出。供给的趋势逐年增加，例如，自一九〇〇年至一九〇四年的五年中，平均每年为一万万六千八百万盎司，自一九〇五年至一九〇九年的五年间，平均每年增至一万万八千八百万盎司，在世界大战前五年，平均每年为二万万一千六百万盎司，自一九一五年至一九一九年的五年间，曾一度减至一万万八千五百万盎司，但自一九二〇年至一九二四年，又增至二万万〇八百万盎司，自一九二五年至一九二九年，则达二万万五千四百万盎司之巨。

每年有一部分的银是用在工业美术方面的，例如制造各种银器，镶嵌各种宝石，电镀以及制造影片，等等，不过这种消费可谓微乎其微，大部分还是做中、印两国造币之用。每年印度与中国吸收生银，当在世界总产额百分之七十左右。自印度政府于一九二六年采用金汇兑本位以来，银的消费突然减少，而供给反突然增加，于是银价当然站不住了。

八、银价涨落与中国的关系

三年前，银价大落的时候，中国人有点不舒服，现在银价趋涨，

中国人又有些头痛,所以单从中国一国说起来,确有些"难乎其为银矣"。可是依我个人看来,银价低,对于中国害少利多,银价高,对于中国害多利少。从最显明、最简单的方面说起来,中国虽系用银的国家,而并不产银。白银都是每年由外国进口的,而银子却不是白白的可以进口,必须要中国有东西运出去,才得换它回来。所以中国不能装银到外国去买货物,而是要装货物到外国去换白银。银价低,中国的货物可以容易装往外国去,同时可以多换些白银来,而外国的货物则反而难以进口。那么,中国的国货就可以抵抗得住外货的倾销,不至于受他们的压迫,白银也可以不至流出了。银价高,却适得其反。还有一层,银价低,就是中国的币值下落,即以同样的钱币,买不到和以前同样分量的货物。换言之,即是抬高物价。例如,一九二九年至一九三一年,中国的物价指数由一〇四涨至一二六,此时正是全世界不景气的时候,而中国却反享受经济繁荣的幸福。外国物价一致低落,各种事业倒闭相继,而中国市场却比较地能欣欣向荣。现在各国大家都想减低货物的成色(Devaluation),实行通货膨胀政策(Inflation),即是要抬高物价。反之,银价趋高,中国货币的购买力比较从前要好,即以同样的钱币可以买比以前较多的货物。换言之,即是物价低落。所以现在中国的物价指数由一二六降至九四,于是中国的工商业便大受其影响,中国也转入了不景气的旋涡。同时中国钱币的对外价值亦日益趋高,例如,一九三一年,美元一元要合中国钱五元,现在美元一元,不到中国钱三元,那么美国的货物在中国从此可以畅销,各国货物也都容易进口。中国的国货正在萌芽期中,经了一阵风雷雨雪,当然要站不住,于是中国既无许多货物装到外国去换白银,而反要装了白银到外国去换货物,这不是一个很危险的现象吗?此外,不良的影响尚多,所以依中国的国情说起来,还是希望银价不要再涨高的好!

九、银价的前途

由前所述,我们已经知道银价的变动不单由于经济上的原因,尚有各国政治上的其他原因,所以银价的变幻莫测是无从捉摸的。那么我现在来谈银价的前途,确是一件胆大妄为的事情。不过据美国所颁布的银法令看来,假定美国政府对于这个法令要实行到底的话,银价的前途当然还有涨的趋势。因为美国的银法令明明规定,美国货币的准备将来四分之一用银,四分之三用金。根据美国现有的货币计算,需有二十一万万美元的白银之谱。可是再依据今年五月十号的总计,美国政府财政部存银只值五万万五千四百万美元,其中三万万元在市面上流通。那么,美国尚需购买价值十三万万一千三百一十七万美元的白银,方可达到四分之一的比率。法令上又明明规定,购买新从银矿中产出的白银,价格需为美元六角四分,购买已在市面上的银不要超过美元五角。若再据统计,现在全世界在漂流中的存银,除美国财政部银币在外,只有八万万盎司,尚不敷美国所需要的数字。而且美国言明每月购买五千万盎司,务使银价逐渐增高,至一九二六年之指数为度,换言之,即是要使银价涨至一盎司值美元一元二角九分。所以根据这些事实,银价当然要渐渐趋涨。现在美国政府已购买一万万盎司,并且实行禁银出口,所以银价在六月二十九号已涨至近期二十一便士八分之一、远期二十一便士四分之一,这是从一九三一年十一月十四日以来的新纪录,又因上海银价比较外国低,所以上海方面常在伦敦抛出,方把银价拉低,而上海做外汇的反可以获利。然而将来中国在政治上万一发生了变动,市面紧急,银行要增加准备,则银价当然大涨,也是很显明的事。不过谁能预言政治的原因不至于再有变

动，而银价可以一直往上升呢？现在就是向伦敦四大经纪人问一问银价的前途，他们所回答的当然也是："要是我们真能预测银价的前途，我们早已成了全世界第一个大富翁了！"

民国二十三年七月十八日草于伦敦

附：各银市场时刻表（以伦敦午后二时为标准）

伦敦午后二时

上海午后十时

孟买午后七时半

日本午后十一时

纽约午前九时

旧金山午前六时

（本文原载《海光》，1934年第6卷，第10、11期连载）

>> 英兰银行[①]与伦敦金融市场之关系

考察英兰银行与伦敦金融市场关系之先,当了解伦敦金融市场之性质。所谓伦敦金融市场,并无一定之地点,为借钱者与出借者所聚集,且伦敦金融市场上之债权债务,其对象并非具体的金钱(Money),一大部仍系抽象的信用(Credit),是故依广义言之,全英国即全世界亦为伦敦之金融市场,而依狭义言之,则可以包括老伦敦市(The Old City of London),即以 The Old lady of Threadneedle Street(英兰银行之别名)为中心,而包括全伦敦市之各金融机关,如股份有限组织银行之总分行(Joint Stock Banks)、贴现商行(Discount Houses)、票据经纪商行(Bill Brokers)、保险公司(Insurance company)、证券经纪商(Stock Brokers),以及其他一切之类似金融机关,无不是伦敦金融市场上之一分子。换言之,英兰银行为伦敦金融市场之心脏,因英兰银行是全金融界之最后准备库,在伦敦金融市场上,无论何时,无论何种金融机关,若需要增加"信用"以保护其业务之进行时,最后一途即直接或间接走向英兰银行请求援助与救济,就中若金融市场上发生意外事变时,则英兰银行不啻为各金融机关最后唯一之保护医院。

伦敦金融市场之概念已如上举,而伦敦金融市场上各金融机关之办理信用借贷,亦如普通商人之买卖各种商品,其期限有近期,有远期,其价格——利率——由需要与供给之如何而决定,每日熙熙攘攘

---

① 编者注:今译为英格兰银行。

出入于该市场者，即不外努力求得什一之利，而在伦敦金融市场上争逐什一之利者。大言之，亦可包括全世界与伦敦金融市场有关系之分子；小言之，亦可包括全英国与伦敦金融市场者关系之人民，现在吾人从狭义上之观察，可简单叙述伦敦金融市场上之重要分子如次。

一、伦敦票据交换所（The London Clearing Association）

伦敦票据交换所为左〔下〕列十家会员银行所组织：

Bank of England

Barclays Bank, Limited

Lloyds Bank, Limited

Midland Bank, Limited

National Provincial Bank, Limited

Westminster Bank, Limited

Bank of Liverpool and Maritimes Limited

Glyn, Mills and Company

Williams Deacon's Bank, Limited

Coutts and Company

上举十家票据交换所会员银行之中，英兰银行系所谓中央银行，次之 Barclays，Lloyds，Midland，National Provincial 及 Westminster 五家银行，自一九一九年《凡尔赛和平条约》订立以来，在伦敦金融市场上获得"Big Five"之称号，实际此五家银行自欧战后，不但在英国，即在全世界亦可谓名实俱归之"五大"，关于"五大"之详细里形，另当专文叙述，兹不复赘。此外，Williams Deacon's Bank 及 Bank of Liverpool and Maritimes 两家，其总行并不在伦敦，即一在 Manchester，一在 Liverpool，此两家与前举"五大"，其营业政策稍异，盖五大系纯粹之商业银行,而此两家则注意重工业之发展业务。次之私人银行(Private Bank)近百年前在伦敦金融市场上为最重要之分子,势力极大,但自有限股份组织之银行出现以来,优胜劣败,私人银行悉被股份有限组织之银行所吞并,现在只余 Glyn, mills and Co. 及 Charles Hare and Co. 两家而已,而此两家之中,又只一家系伦敦票据交换所之会员银行,再次 Coutts and Co.,在一九二〇年已合并于 National Provincial Bank,但在伦敦票据所中,尚留存其会员之资格。故依严格言之,则伦敦票据交换所只有九家会员银行,此九家会员银行,即伦敦金融市场上之主人翁,英兰银行当然系伦敦金融市场上之主妇。

二、国外贸易银行、殖民地银行、远东银行

伦敦金融市场上之银行,除上举十家会员银行外,尚有所谓国外贸易银行、殖民地银行及远东银行。所谓国外贸易银行,其主要目的系办理与国外贸易有关系之金融业务,但现在亦多半为"五大"之附属物,除 The British Overseas Bank 一行外,其余如 Barclays Bank Dominion, Colonial and Overseas Bank 系 Barclays 银行之附属行,Bank of London and South America 系 Lloyds 银行之附属行。所谓殖民地银行(Dominion and Colonial Bank),其主要目的系办理各殖民地之金融业务,代理各殖民地政府之财政机关。英国殖民地最多,故此种银行亦多,例如,The Bank of Australia 系代表澳洲政府,The Bank of New Zealand 系代表钮锡兰[①]政府,其总行皆在伦敦,主要业务则为与各殖民地有关系之事务。至于所谓远东银行,其重要业务系在远东方面,例如,麦加利银行、汇丰银行、大英银行及印度国家银行等是,此外尚有苏格兰及爱尔兰两处之银行亦系伦敦金融市场上之重要分子,但

---

① 编者注:今译为新西兰。

近来亦多变为"五大"之附属行,例如,The British Linen Bank 即系 Barclays 银行之附属行。

三、承受商行(Accepting Houses)

承受制度为英国所发明,亦推英国为最发达,且实为工商业与国外贸易上最重要之工具,故在伦敦金融市场上,常称谓商人银行(Merchant Bankers)。此中最著者当推 Barring Brothers, The Rothschilds, Schroders, Garchenst and Cunliffe 及 Hambros Bank 等数家,此等承受商行常为国外汇票上之 Drawee,其信用之佳,已不亚于伦敦金融市场上之大银行,且各承受商行常为世界各国之金融财政代办所,为各市政府之财政顾问,伦敦金融市场之所以成为国际金融市场,各承受商行实与有力焉。各承受商行在伦敦另有公会,名曰 The Accepting House's Committee,以示与票据交换所之会员银行并驾齐驱,实则百余年来,国外汇票为伦敦金融市场上之重要金融工具,银行承受票据及商人承受票据在伦敦市场上之信誉,已在本票之上,为各大银行认为最良、最确实、最富流动性之业务,依此可以推知伦敦金融市场上各承受商行之势力也。

四、贴现商行(Discount Houses)

贴现商行之主要业务当然是办理票据贴现,故在伦敦金融市场上,常称为票据经纪商(Bill Brokers)。此种贴现商行立在商业银行与工商业者之间,一方利用各大银行比较低利之资金,一方办理各种工商业票据之贴现,即在一定行市之内,购买市场上之工商业票据,然后再在比较稍有盈余之行市内,分卖与各大银行,至各大银行需收回资金时,票据经纪商即将票据向英兰银行重贴现,因此伦敦金融市场上之各种交易可以周转自如,此种票据商行亦实为近代金融市场上不可缺少之重要分子。现在伦敦金融市场上票据贴现商行之最著者，当推 The Union Discount of London Ltd., The National Discount Company, Ltd. 及 Alexanders Discount Company, Ltd. 数家。

五、外国银行（Foreign Banks）

最后外国银行在伦敦金融市场上亦不失为一重要分子，现在各国银行大都分布于 Lombard Street, Cornhill Grace Church Street, Threadneedle Street, Throgmorton Street, Morgate Street, Bishops Street, Old Broad Street 等街，我们中国金融界在海外唯一的金融机关——中国银行代理处，即在 Old Broad Street 三十四号。在世界大战以前，德国银行在伦敦金融市场上势力极大，伦敦市场上之国外汇兑生意多握于德国银行之手。世界大战以后，德国银行之势力一落千丈，美国银行乃代之而起，而英本国之银行亦恢复其做主人翁之地位，不复仰他人之鼻息矣。年来英国舆论界不无主张限制外国银行在伦敦设立分行之议论，然而伦敦金融市场之所以有支配世界金融市场之势力，外国银行在伦敦开设之多，未始非其最大原则之一也。

在伦敦金融市场上之重要分子，除上举数种以外，当然尚有保险公司、证券交易所及其他与金融有密接关系之机关，不遑枚举，兹姑从略。

以上所举各种金融机关系伦敦金融市场上之资金供给者。现在可再从另一方面而考察其资金之需要者。资金之需要可分为长期与短期两大别，调拨短期信用之总枢纽，即为证券经纪商（Stock Brokers）及票据经纪商（Bill Brokers）。此种商行，其自有资本较小，照例由各大银行供给。各大银行供给资金之方法，则为各银行经理运筹帷幄之重要业务，即每晨各银行经理一方研究本行之资力，一方预测本日市场上之需要，更需预测下周需要与供给之情形，而用作研究之材料者，则为各银行所自备之Financial Book，此中分左右两方而记录下列之科目：

左方（供给资力）

1. The over night balance at the Bank of England

2. Particulars and totals of funds expected to come in that day

3. Total of the proceeds of the bills and cheques which are being completed that morning

4. Total of bills discounted maturing that day

5. Particulars and total of Money Market money which matures that day

6. Total of special deposit adviaed from branches or elsewhere

右方（需要资金）

1. The Amount which the manager wishes to have to the credit of his bank at the Bank of England

2. The total of large deposits payable by the bank on that day

3. The total, from the bills diary and from a summary of the advices, of bills payable at or by the bank

4. Details and total of special remittance of large sums to branches

5. Estimated total of dividends payable by the bank on that day

6. Total of big payments generally to be made for self and branches

7. Contingencies (Covers the unexpected payments which might have to be made)

每晨各经理比较该表之内容，即可推知本行有若干资金可以自由运用，若预测有不足时，则向各经纪人催收，是为Call in，故伦敦金融市场上各银行放与经纪人之款项称为Call money，此种市场即称为Call money market，此种利率即称为Call money rate。

每晨一过十点钟，各票据经纪商即云集各银行，若银行认为本行资金过剩，则放给各经纪商，普通多为七天期（Seven day basis），此种放款在伦敦金融市场上称为定期放款（fixtures），此外还有一种放款则为一天期（Day-to-day basis），其利率则比较七天期稍低。

有时亦有正值本日营业告终，某票据经纪商突然接到一宗贴现生意，需要格外资金，或票据经纪商自己发现缺少若干资金，亦可向银行请求放款，银行若有余力，则放给所谓"过夜放款"，称为over-night loan。此种放款第二天早晨即当收回。

各票据经纪商有时亦卖给票据予银行，但各银行例须要求经纪商担保。各票据经纪商在伦敦金融市场上信用素好，且极熟悉各种工商业情形，并随时注意各工商业号家之信用状况，故各大银行反得而安枕无忧，此为英国年来金融界虽遭遇数次大风波而得平衡度过最大原因之一也。

再某银行若因特别事故，对于各票据经纪商行不但不能自由给予放款，且需向其催收已放之款时，各票据经纪商即走向英商银行请求放款或重贴现，不过其利率至少比较各行放款高0.5%且不论其需要之程度如何，其放款期限需在七天以上，因此各票据经纪商非至万不得已时，亦不愿向英兰银行借款，此即可以表现英兰银行只在努力维持金融市面之平和，不与各商业银行事营业上之竞争，亦足表现英兰银行在伦敦金融市场上为供给资金之最后处所，而发挥其作中央银行之功用焉。

以上系叙述票据经纪商与各大银行及英兰银行之关系。次之则为证券经纪商，伦敦证券交易所之交割日期定为半月期（fortnightly），故各银行放给各证券经纪商之款项亦定半月期，但此种放款现今多为在伦敦之美国银行所经营。英本国银行对于此种放款则极端谨慎。盖证券行市时有上落，且其上落之程度极大，若此种信用膨胀过度，则

有时各银行、各票据经纪商、各证券经纪商及一切与证券有关系之分子同受其劫。纽约金融市场一九二九年初冬之证券恐慌及一九三三年二月之银行总停业，即为此中之明证，而在伦敦金融市场上，虽遭遇种种困苦艰难，未曾经过此种恐慌，即英国银行业谨慎将事之功也。

以上所举各节，系伦敦金融市场上各银行间接放款予工商业之路径及方法。此外伦敦各大银行亦直接放款予各工商业，各银行直接对工商业之放款，大概为期至多六个月，但六个月满期后，当然可以转期。此种放款原则上需或以在证券交易所拍板有行市之证券，或以提单，或以栈单，或以 Trust Receipts 等作抵押，但有时亦在借款人之信用，其利率则比所谓银行利率（Bank rate）高百分之一，且有时规定其最低之利率。

纵观前举各节，吾人已知伦敦金融市场上资金需要与供给之情况及其流入流出之方式，致使伦敦金融市场之资金，当能保持其水平线之状况者，则为英兰银行之功，盖一遇金融紧迫，各大银行拒绝放款予各经纪商，且从而催收已放出之款项时，各票据经纪商则走向英兰银行请求救济，因此英兰银行一方代各大银行担负风险，一方则防止金融恐慌。且英兰银行之公告利率更为众星所拱之信号。盖英兰银行不断地注意研究金融市场之情况及全世界之经济情形，常上下其公告利率，或从而禁止投机，或从而奖励企业，处处以维护金融市场之平安，而履行其不与私人争利益之行规，此伦敦金融市场之所以为全世界各金融市场之王座，而英兰银行——中央银行——又为伦敦金融市场之核心也乎？

一九三四年七月二十二日，草于伦敦寓次

（本文原载《银行周报》，1934年第18卷，第40期）

>>《英美银行制度及其银行业之现状》自序

民国二十二年初秋，奉敝行总经理陈公之命，出国考察银行事业。当时正值美国银行界经过空前大恐慌，朝野上下群谋研究善后与改良。而其所施各种政策又处处牵涉国际金融。于是英、法等国亦莫不竞相筹谋抵御之方，遂引起国际金融争夺霸权之大冲突。故依时期言，实为吾人研究银行货币者不可多得之机遇。可供作研究之资料大有应接不暇之势。惜不才如我，竟如一叶扁舟，浮流大海，何去何从，几无所识别。故一年来，求师、求友，藉作南针。就中幸得本薛文尼大学商学院教授James博士之指导，决定研究之方针，及纽约与伦敦数大银行当局之厚意，供给研究之资料，日积月累，乃获得一私人之报告记录。本不敢公诸社会，然敝行总经理认为中国银行事业正在萌芽时期，将来前途如何，端赖国内全体金融界及经济学者群策群力，一致合作，筹谋辅育导引之力。吾人既不能离社会而独立，亦无从独善其身，若能因此而获得社会之指正，则不但一行之幸也云云。是以体公而无私之旨，学作抛砖引玉之方焉。

原夫金融为国民经济之血液，银行为存储及运输该血液之机关，故一国之国民经济能否发达，须视此种机关之是否健全及其制度之良否。在一九三三年十一月以前，从原则上之观察，全世界银行制度可区分为三大类：第一，为统一的中央银行及大银行集中制度，此中当然以英国为领袖，其他欧洲大陆诸国与日本悉采取此种政策。第二，为联邦准备组织及多数大小银行分立制度，此则可称为美国制。第

三，为加拿大之特许独立银行制度。但自一九三三年十一月以后，加拿大亦采用集中统一之中央银行政策，故全世界现只有两种不同之银行制度，即一则英国制，一则美国制。二者固然各有利弊，谁优谁劣，要不能作简单之绝对断语。然英国制已有一百五十余年之经验，美国制尚不过二十年之历史；英国制在过去百余年中，经济界虽经过无数次大风大浪，银行事业则年有健全之进步，美国制在过去二十年中，虽在经济繁荣时期，银行界之不祥事件已纷至沓来，去年更演成银行界空前之大恐慌。若依成败论英雄，不能不认为美国制不如英国制之优良。中国银行界尚无一定之制度，实无可讳言，而今后究宜采用何种制度，则不但从事银行业者急当研究，亦为政府当局及经济学者应当特别注意之重要问题。本报告则专罗列英、美两种银行制度之过去史实及其银行业之现状与将来之趋势。若能稍赍研究银行者之参考，则私衷所切望者也。

民国二十四年十月资耀华职于上海商业储蓄银行

（本文原载《英美银行制度及其银行业之现状》，商务印书馆，1936年10月出版）

>> 旅美书简

——资耀华先生上陈董事长第二信（摘录）

自抵纽约后，即从事于理论与实务两方面搜集关于银行货币之资料及著作。然而感觉最奇异者，即各大书店中，关于银行货币之论著，自一九三六年以后，几无新作问世。此地银行学会及银行公会所设之图书馆，资料本极丰富，但清查其全体图书目录，凡系银行货币之整个系统著作，多系一九三六年以前所出。一九三六年以后，则多系关于专门技术之各种实际问题及个别短篇论文。此种现状初视之颇以为异，但推究其原因，确有值得注意者如次：

第一，美国银行自一九三三年大恐慌后，政府对于银行及货币与信用采取管理政策，同时又成〔建〕立存款保险制度。凡各商业银行吸收存款者，皆需加入为会员。各商业银行之业务，除特殊情形外，渐次养成标准化。政府法律之对于银行业务，已等于菜馆中订定之公式菜单，不管愿意不愿意，只能在此菜单内选择，不可有新出花样。故关于银行货币之理论已无讨论之余地。然惟其如此，故自一九三六年以后，银行因破产倒闭者极少。原来美国银行系单位制（Unit system），为数至多。在一九二一年时，全国商业银行总数不下三万余家，至一九二九年只二万四千家，九年之内，即倒闭六千家。至一九三三年大恐慌后，复业者只有一万四千四百家。换言之，自一九二〇年至一九三四年之十四年中，美国商业银行倒闭者竟达一万五千余

家。现在美国商业银行总数尚有一万四千一百八十六家,可知自一九三四年以后十五年之内,银行倒闭者不过二百余家。此数在其他国度看来,不能算不多,但在美国,竟有数年之内银行无一家倒闭事件发生,则不能不视为奇迹。

第二,美国商业银行现在已与政府财政发生不可分离之密切关系,虽尚不如英、法等国银行几将为国有化,但十五年前之美国银行与现在之美国银行,若将其前后两种资产负债总表作一比较,当可发现其内容有绝大的改变。即一九二九年全国商业银行放款及贴现总额占全资产总额百分之七十二。政府公债及库券不过占全额百分之十,其他投资占百分之十七点四。而一九四八年正月全国商业银行之放款及贴现总额不过占全资产总额百分之三十。政府公债及库券则占全额百分之六十,其他投资占百分之十。而在一九二九年时,全国银行存款总额尚不过四百九十四亿(49.4 billions),现在全国银行存款总额已达一千四百零二亿(140.2 billions),又可知美国全国银行已持有政府公债及库券九百余亿之巨额。

第三,美国银行业今后之推移,现在已成为此间从事金融者及经济学者讨论之主题。综合各方意见,都一致希望不要再发生国际战争,同时政府财政不要增加赤字。但事实上战争与政府财政赤字又有连带关系。美国全国银行资产总额中政府公债如此之巨,亦系第二次国际战争所致。故今后若不发生国际战争,则商业银行尚能维持现状。设一旦发生第三次大战,商业银行恐将成为国有化(Nationalization),或纵不至成为纯粹国有化,亦将为财政部直接所管辖,更进一步受财政部之直接指挥与支配,而承受无利无偿之公债与库券(No-interest treasury obligation),不过此种趋势,不但美国如此,一旦战事发生,恐全世界各国亦莫不如此也。

第四，美国银行业目前之行动。美国银行业之情况已如前章。其整个信用机构已为政府所支配。公债利息及放款收益又不能增加，其他投资与金融业务又悉受政府法律之管制。故各银行处此期中，只有一方用尽心机招徕顾客以谋存款之增加，一方则努力改良内部之组织与管理。而此中最切要者则为设法节省开支，简化手续，集中会计，减少报表，务使一切科学化。既不欲多用行员，亦不愿熟练行员之离行。故均聚精会神，试用种种方法，务期全体行员得以安心工作，既不致见异思迁，亦不敢作奸犯科。此则可视为美国银行业最近十年来之新的改革，渐能与英国银行业之人事部相接近也。

以上为美国银行业十五年来变迁之概略。至其详细情况与资料尚在搜集之中，整个记录尚有待于异日也。

（本文原载《海光》，1948年第12卷，第7期）

>> 战后美国中央银行及商业银行之近况

一、绪言

中央银行对于一国经济生活之安定及经济社会之进步与发展，负有重大之责任，此尽人皆知，而中央银行之组织亦有分权与集权之别，集权之代表可推英国之英兰银行，分权之代表则可推美国之联邦准备银行，但其最终之使命与运用，则系殊途而同归。

美国中央银行即联邦准备银行，系创立于一九一三年十二月二十三日，当时系威尔逊大总统当政，而集大成于一九三六年，时系罗斯福大总统最盛时也。由国际金融史言之，美国中央银行系全世界金融发达国家中之最后成立者，瑞典中央银行成立于一六五六年，英兰银行成立于一六九四年，荷兰中央银行成立于一八一四年，法国中央银行成立于一八〇〇年，比利时中央银行成立于一八三五年，其他欧洲各国之中央银行概系成立于十九世纪之初期。

由中央银行之原理原则而言，美国联邦准备银行与其他各国之中央银行负有同样之使命与职责，但由其机构内容与经营业务观之，美国联邦准备银行与其他各国之中央银行实有极大之差别，择其要者言之，例如，其他各国全国只有一个中央银行总行及若干分支行，而美国则有十二个联邦准备银行，此盖基于政治情况与经济发展之不同而使然，略举之，可有如次：

（1）美国国土极广，东、西、南、北各区域及各州之经济情况相差悬殊，其他欧洲各国则不如是。

（2）欧洲各国之政治组织皆系中央集权，银行法案亦系统一单行，美国政治区域则分四十八州，各州有各州之法律，银行法亦各州不同。

（3）关于管理金融统制、通货管制、银行等法律，世界各国各有其特殊之立场，美国更与其他各国不同。

（4）美国商业银行现犹有一万五千之多（最多时为二万八千六百五十九家，历年倒闭达一万七千五百余家），各系独立，其他各国多系少数大银行总行而设立多家分行，例如，英国之商业银行业务系操诸五大银行（Big Five）之手，五大银行在全国设立数千之分支行。

由上所举，吾人可知美国情形之特殊，故其中央银行之组织与运用，亦与其他各国有显著之差异，我国国情及地域之分布，亦有与美国相似者在，则美国中央银行之一切设施与营运，其中或有可作我国之参考者在，此次因在美参观纽约、波士顿、费城、芝加哥、旧金山五大城市之联邦准备银行及华盛顿之联邦准备组织总管理处，兹将数月调查所得，分节概述如次，若能差作官民两方之参考，则幸甚焉。

二、联邦准备银行之组织与管理

美国联邦准备银行组织之动机，系发生于一九〇七年之金融大恐慌，当时国会因鉴于过去数次大恐慌，乃任命一全国金融调查委员会，负责研究调查银行制度，以便从事改良其现有之银行法规。经过数年之调查，并经过会内、会外各专家及政治家之讨论，始于一九一三年成立联邦准备组织法案，此中争论之焦点，则为中央集权与地方分权之争。

主张极端分权主义者，端在将全国分成二十个区域，各一区域设

立一完全独立之中央银行,其所持理由如下:

(1) 适应经济情况之差异。全国区域既广,经济发展之程度不一致,东、西、南、北各有传统之特征,例如,利率之高低,工业之状况,农业之种类,不能采用一个银行制度,以谋适应全国经济之需要。

(2) 防止纽约银行街(Wall Street)之操纵。当时美国西部及南部各州人民深恐若设立一大集权之中央银行,其管理运用之权必操诸纽约金融人士之手,而纽约金融界之财力既富,又得风气之先,不但本国金融业务,即国外金融业务,将悉为纽约金融界所包办,何况纽约金融界对于内地金融既不关痛痒,对于小工商业亦毫无兴趣,则全国其他各区之经济疑难得其辅助也。

(3) 顾虑中央银行之国有化。美国系民主合众国,一切需以自由民主为原则,银行制度亦当遵从此种原则,由全国分区运用。

主张中央集权主义者,亦有其不可轻视之理由,即金融、货币、信用三者全国须绝对统一而不可分化,因三者系流通而运用于全国,有如人身之血脉流通,不可稍有障碍,若金融无统一之政策,未有不失败者,即如利率一项而言,若在纽约欲采用整缩金融政策,提高利率,以期收缩信用,同时芝加哥反采用扩张信用政策,压低利率,于是则芝加哥之资金势必流入纽约,则两者之政策将同归失败,是故全国必须有一统一之金融政策,始能达到发展全国经济之使命,当然需组织一集权化之全国中央银行,以谋辅助全国各区域之共同经济利益与发展。

此两种主张在国会争论数年之久,卒于一九一三年成立折衷之妥协方式,是为《联邦准备法案》(Federal Reserve Act),根据该法案而组织联邦准备银行。

1. 十二个联邦准备银行

《联邦准备法案》本规定全国至少分为八个区域，最多分为十二个区域，每一区域内设立一联邦准备银行，但法案通过伊始，即采用十二个区域制度，每一区域内设立一联邦准备银行，每一联邦准备银行即冠以所在地之名称，设在纽约者称纽约联邦准备银行，设在芝加哥者称芝加哥联邦准备银行，每一联邦准备银行亦得因其区域内之需要而开设分行与支行，兹将美国十二区联邦准备银行及分支行之所在地列举如次：

第一区：波士顿联邦准备银行（Federal Reserve Bank of Boston）

第二区：纽约联邦准备银行（Federal Reserve Bank of New York）

   分行：巴佛诺（Buffalo, N. Y.）

第三区：费城联邦准备银行（F. R. B. of Philadelphia）

第四区：克利夫兰联邦准备银行（F. R. B. of Cleveland）

   分行一：Cincinnati, Ohio

   分行二：Pittsburgh, Pennsilvania

第五区：里许蒙联邦准备银行（F. R. B. of Richmond）

   分行一：Baltimore, Maryland

   分行二：Charlotte North Carolina

第六区：阿兰达联邦准备银行（F. R. B. of Atlanta）

   分行一：Jacksonuille, Florida

   分行二：Birmingham, Alabama

   分行三：Nashville, Tennessee

   分行四：New Orleans, Louisiana

第七区：芝加哥联邦准备银行（F. R. B. of Chicago）

   分行一：Detroit, Michigan

第八区：圣路易士联邦准备银行（F. R. B. of St. Louis）

  分行一：Little Rock，Arkansas

  分行二：Louisville，Kentucky

  分行三：Memphis，Tennessee

第九区：密那波里联邦准备银行（F. R. B. of Minneapolis）

  分行一：Heclena，Montana

第十区：堪查市联邦准备银行（F. R. B of Kansas）

  分行一：Denver，Colorado

  分行二：Oklahoma City，Oklahoma

  分行三：Omaha Nebraska

第十一区：达那士联邦准备银行（F. R. B. of Dallas）

  分行一：El Paso，Texas

  分行二：Houston，Texas

  分行三：San Antonio，Texas

第十二区：旧金山联邦准备银行（F. R. B. of San Francisco）

  分行一：Los Angeles，California

  分行二：Portland，Oregon

  分行三：Salt Lake City，Utah

  分行四：Seattle，Washington

  以上所举十二区联邦准备银行及其分行二十四处，资力各殊，大小亦异，此中最大者当推纽约联邦准备银行，其资产占全国联邦准备银行总资产额百分之二十五强，其资本占全国联邦准备银行总额百分之三十二强，而其管辖下之会员银行，其存款金额亦占全国商业银行存款总额三分之一以上，此即因其得风气之先，处在全世界金融中心之地域，不但本国金融，即外国中央银行及国际金融亦多与纽约联邦准备银行发生密切关系，此中最小者则为密那波里联邦准备银行，其资产及资本不过总额百分之二强，对于全国金融几不足轻重也。

［附表］十二区联邦准备银行之资产与资本比率表：

银行	资产比率	资本比率
Boston	5.7	6.6
New York	25.7	32.3
Philadelphia	6.0	8.3
Cleveland	8.2	9.3
Richmond	6.1	4.8
Atlanta	5.4	4.0
Chicago	16.6	13.3
St. Louis	4.0	3.5
Minneapolis	2.3	2.5
Kansas City	4.1	3.6
Dallas	3.4	3.4
San Francisco	12.5	8.4
	100.0	100.0

2. 联邦准备银行之资本问题

在《联邦准备法案》通过之初，联邦准备银行之资本问题及所有权问题发生重大争论，一部分人士主张联邦准备银行资本应全部由联邦政府出资，银行应归联邦政府所有，一部分人士则主张所有联邦准备银行之资本应向社会民众公共招募，又有一部分人士则主张由各区商业银行出资。争论之余，采取折衷方案，即各区之会员银行必须缴纳联邦准备银行资本，其所征股本须等于各该会员银行本身资本总额百分之六，各会员银行缴纳股本后尚有余额时，则向社会公开招募，如公开招募后尚有余额时，始由联邦政府出资补足之，但该项法案通过施行后，所有资本皆由各会员银行认足，未曾向社会公众及联邦政府招募，即各会员银行所出之股本亦只达各会员银行自己资本额百分之三。现资本总额为一亿七千七百〇九万五千元。唯此中最当注意者，即会员银行虽系各区联邦准备银行之股东，并未享受公司法上所规定股东应享之权利与利益，其股息规定为至多年息六厘，所有分配股息后之剩余利益则划归联邦准备银行之剩余账内，以备联邦政府财政部随时征收之需，在一九三三年以前，每区银行由法律规定一特许营业税（Franchise Tax），规定各联邦准备银行分配六厘股息后，其所剩余百分之九十即缴纳特许营业税，在一九三二年终，联邦准备银行总剩余项下达二万万七千八百万，缴纳特许营业税金一万万四千九百万，一九三三年银行法规定又缴纳存款保险公司股本一万万三千九百万，至一九四六年终，十二区联邦准备银行之剩余金又达到四万万四千余万，至一九四七年四月联邦准备组织理事会自动决议，将所有剩余百分之九十作为联邦准备钞票（Federal Reserve Note）之发行税，而缴纳于联邦政府财政部。

3. 联邦准备组织之管理问题

关于联邦准备组织之管理，最初亦有相当议论，即该组织应归何方管理，管理方式采用分权抑或采用集权，此中对于联邦准备银行认为有权管理者，第一为联邦政府财政部，第二为投资之会员银行，第三为全国之工商业。由政府立场而言，中央银行顾名思义，本为银行之银行，系代替政府管理商业银行及统制金融与信用，故应当受联邦政府之支配与指示。由会员银行之立场而言，联邦准备银行系与各会员相辅助互相合作之机构，资本为会员银行所认定，应当由会员银行共同管理，至于工商业则认为新组织之联邦准备银行将来与工商业有切肤之关系，工商业之前途如何，或盛或衰，全视联邦准备银行之政策如何而定，故工商业对于联邦准备银行之行政应当有发言权，此外更有分权与集权之争务，各方争论之余，亦获得折衷方案，即各方推举代表，共同管理与支配，可分节叙述如下。

4. 联邦准备组织之理事会

为统一职权及与联邦政府密切联络计，在华盛顿设立一集中管理机构，以便管理各区联邦准备银行，是为"联邦准备组织"之理事会（The Board of Governors of the Federal Reserve System），由理事七人组织之，该七名理事（Governor）其产生系从全国各区域内，由其金融工商农矿等业之代表专家中各推举一人，再由联邦政府大总统圈定后商得上院（Senate）之同意而任命之，每一理事须全天到会工作，不得兼任其他业务，每人年资一万五千元，任期十四年，并得连举连任，联邦政府大总统并得指定一人为理事长，一人为副理事长，该理事会对于全国各区联邦准备银行，负有最高之管理权，其职权之概要如下：

（1）统辖监督全国各区联邦准备银行，审核其账目，调查其业务，并征集其报告。

（2）可决或否决各区联邦准备银行总裁及副总裁之任命，并得辞退或迁调各区联邦准备银行之董事及高级职员。

（3）监督并审核各区联邦准备银行钞票之发行与收回。

（4）公开市场运用委员会中之最高决定权。

（5）认可联邦准备银行互相拆款，若由理事五人之同意，并可命令任何联邦准备银行拆款。

（6）依法裁定各区联邦准备银行之放款方式与种类。

（7）裁定联邦准备银行所应保持之准备金。

（8）决定各区联邦准备银行之贴现利率。

（9）依法规定各会员银行之存款准备金。

（10）规定各区联邦准备银行放款抵押品之种类。

以上所举，不过为联邦准备组织理事会最重要之职权，现在该理事会事实上，已为全国各区联邦准备银行之总管理处，随时可以发挥其必要之职权，至其理事会之组织则分为七部，即二室五处。二室为秘书室（Office of Secretary）及顾问室（Office of Governor Council），五处为统计调查处（Division of Research and Statistics）、稽核处（Division of Examination）、银行业务处（Division of Banking Operation）、放款抵押管理处（Division of Security Loan）、财务处（Division of Financial Agent），现有职员四百二十五名，薪津开支约一百七十五万，其他开支约二百一十余万，全部由十二区联邦准备银行征收。

5. 理事会与公开市场运用委员会

在美国金融市场中，对于金融信用，通货之管理与操纵系由公开市场运用委员会（Federal Open-Market Operation Committee）全权处理，该委员会成立于一九三三年，至一九三五年改订法律，加强委员会之权力，能直接在公开市场中买卖各种政府公债、库券及银行承兑汇票等。利用此种工具，美国联邦准备理事会可以自由伸缩信用以适应政府之经济政策，即买进公债、库券以增加商业银行之准备金，俾其扩张信用，卖出公债、库券以减少商业银行之准备金，使其整缩信用。换言之，其一举一动可作全国金融界之指南针，亦可作全国金融界之信号。该会由委员十二人组织之，其中七人即由联邦准备组织之七理事担任，其余五人也每年由各区联邦准备银行董事会在各行总裁及副总裁中选任之，每一区联邦准备银行董事会虽各有一选举权，但此五委员之分布情形亦似有一"不成文法"之规定，即由纽约区选出一名，由波士顿及里许蒙与费城三区选出一名，由芝加哥及克利夫兰两区选出一名，由阿兰达、达那士及圣路易士之区选出一名，密那波里、堪查市及旧金山三区选出一名，此中纽约区因其地位之关系，历年已成为当然委员，此公开市场委员会，对于全国各区联邦准备银行在公开市场上之业务，有绝对管理权，所有各区联邦准备银行非得公开市场委员会之许可与指示，不得从事公开市场上之买卖。同时如有委员会中之命令，各区联邦准备银行亦不得反抗其命令而中止有价证券之买卖，此外尚有所谓顾问委员会（Federal Advisory Council），有顾问十二名，由十二区联邦准备银行董事中选出，专备华府联邦准备组织之理事会随时咨询与参议而已。

6. 联邦准备银行制度之组织与管理

全国十二区联邦准备银行亦各有一董事会（Board of Directors），由董事九名组织之，此九名董事又分为甲、乙、丙三组，甲组三人代表全区会员银行，由该区会员银行从其全区会员银行中选举之，唯此中因防止大银行及大银团之操纵与把持，又将各该区会员银行依其资力之大小，分成大、中、小三团，各团选出一人，共得三人，是为甲组董事。至乙组董事三人，则代表全区工商农业，亦由各该区会员银行从各该区实际从事农工商业之优秀人士中选举之，且须未参加及兼任任何政府机关职位或该区各银行之董事与重要职员，是为乙组董事。其余丙组董事三人，则由华府联邦准备理事会就有实际银行经验及对于金融有造诣者选任之，并指定其中之一人为该区联邦准备银行董事长（Chairman of the Board of Directors），同时即为华府联邦准备理事会驻在各区之驻行代表，再由丙组中指定一人为该区联邦准备银行之副董事长（Deputy Chairman of Board of Directors），至各区联邦准备银行负直接执行业务之责者，则为各该区联邦准备银行之总裁及第一副总裁（President and First Vice–president），总裁及第一副总裁皆由各该区董事会推选后取得华府联邦准备理事会之同意而任命之，其

他重要职员及普通职员与人事上之选任,则由各该区董事会自由任用之,唯华府联邦准备理事会对于全体人事亦有迁调之权。

由此观之,华府联邦准备理事会对于全国各区联邦准备银行,实具有最高之管辖权,即第一,凡属管制各区联邦准备银行及各区商业银行之规则规章,悉操诸华府联邦准备理事会之手。第二,在公开市场运用委员会中,华府联邦准备理事会占委员之多数。第三,华府联邦准备理事会对于各区联邦准备银行董事会之董事,可以任命三人,而此三人之中,有一人即为董事会之董事长并兼任理事会之驻行代表,再有一人为董事会之副董事长。第四,华府联邦准备理事会并得可决及否决各区董事会所选任之总裁与第一副总裁,并得迁调及辞退各区重要职员及管理全体人事。是华府联邦准备理事会,不啻为全国各区联邦准备银行之总管理处,而负直接指挥美国中央银行之职责也。

7. 联邦准备银行制度下之会员银行

所谓会员银行即普通商业银行加入联邦准备银行而摊认股款者,是每区联邦准备银行均拥有多数之会员银行,商业银行加入为会员银行有其权利,亦有其义务。由其义务而言,每一会员银行,第一须具备其作会员之资格,即资产与信用之程度适合会员规则,第二须服从联邦准备当局之检查与指定,第三须缴纳依法规定各该区联邦准备银行之股本,第四须缴纳法定存款准备金。由其权利而言,第一随时可向各该区联邦准备银行申请借款,第二随时可向各该区联邦准备银行办理重贴现,第三可利用各该区联邦准备银行作其最后准备库,第四可利用各该区联邦准备银行之一切金融设备及代理收付而不需任何费用。

在联邦准备组织法案颁布之初,对于商业银行加入联邦准备银行为会员之资格，争论甚多，有则主张全国商业银行加入与否任其自然，不必强迫，有则主张凡各该区商业银行概须加入各该区联邦准备银行而为会员银行，否则即令其停业，于此几经讨论，始成立妥协法案，即凡系根据《国家银行法案》（*National Banking Act*）而成立之所谓国立银行（National Bank）应须加入为会员银行，否则即吊销其执照而令其停业，至由各州银行法（State Banking Law）而成立之所谓州立银行（State-Chartered Bank），其加入与否，可以任其自由选择，不加强迫，唯欲加入为会员银行，则须具备会员银行之资格。

依据（一九四八年七月三十日）最近调查，全国加入为会员银行之商业银行已达六千九百家——其中五千零二十二家为国立银行法之商业银行，一千八百七十八家为州立银行法之商业银行，现在全国银行总数为一万四千五百八十五家，则加入为会员者不过一半，但加入为会员银行者概系全国之大商业银行，其存款总数占全国商业银行总存款额百分之八十六，其余未加入为会员之商业银行尚有七千六百八十五家唯概系州立银行，资力极小，其存款总额不过占全国商业银行存款额百分之十四。

历年商业银行总数及会员银行与非会员银行表

年份	商业银行总数	会员银行总数	国立会员银行	州立会员银行	非会员之州立银行
1915	25875	7615	7598	17	18260
1925	27858	9538	8066	1472	18320
1935	15478	6410	5425	985	9068
1945	14003	6840	5015	1825	7163
1948	14585	6900	5012	1878	7685

据上表所列，美国全国尚有七千六百八十五家州立商业银行未曾加入联邦准备银行为会员银行，而其所以尚未加入之原因如下：

（1）不符会员银行法律上之规定。凡欲加入联邦准备银行组织下而取得会员银行之资格者，必须符合其资本额之规定，即凡在五十万人口地域之商业银行，需有资本二十万元始得加入为会员银行，可是全国即有二千三百八十九家之州立银行不符此种规定，此中尚有一千六百一十四家州立银行，其资本尚不到二万五千元，当然无会员银行之资格。

（2）会员银行一切票据收付互相清算不收费用之规定。凡系会员银行之所有票据，或收或付，互相通过联邦准备银行清算，不许收取任何费用，即所谓（Par Clearance）制度，可是各州立银行历来对于兑换手续费（Exchange Charge），认为一种常年收益，不欲因加入会员银行而牺牲其利益。

（3）法定存款准备金之规定。各州银行法所订定之存款准备金，皆低于联邦准备组织下会员银行之法定存款准备金，故一部分州立银行不愿因加入为会员银行而多缴存款准备金。

（4）其他法律上之束缚。州立银行法对于州银行之管理，比较联邦准备组织之管理为宽，如根据《克莱顿反托拉斯法案》（*Clayton Anti–Trust Act*），严禁银行负责当局互相兼任董事及重要职员，会员银行不得有骈枝银行，银行不得对其本行职员放款，银行不得保有法律规定之某种资产，以及每期检查与各种营业报告之提出等，认为管制太严，故各州立银行不愿加入为联邦准备组织下之会员银行。

（5）联邦准备银行之利用。各州立银行现在亦得在一定之条件下，可以利用联邦准备银行之各种设施，如向联邦准备银行请求接济与借款，利用联邦准备银行以便票据交换，以及其他领取钞票与存款等，会员银行应享之权利，州立银行亦可享受，无再加入为会员银行之必要。

有此种种原因，故美国全国尚有七千余家之州立商业银行未曾加入联邦准备组织下为会员银行，唯将来是否要求全国商业银行一律加入为会员，现在尚为美国政府所讨论而未能解决之问题也。

三、联邦准备银行之业务

联邦准备组织之机构与联邦准备银行之组织，已如前节所举，然联邦准备银行最重之部分，则在其业务与职能，此不可不特别注意者也。就中职能（Function）部分，即所谓管理金融、统制信用、管理通货等工作，为联邦准备组织之核心，亦为中央银行之真正职责所在，应当特别分节详述，本节则专就联邦准备银行之普通业务及日常工作，如收受会员银行法定存款准备金、供给会员银行及金融市场之钞票、代理票据交换及各埠票据清算、审核及检查会员银行之账目与表格、代理国库及代理发行等业务，兹分述如下：

（1）供给会员银行及金融市场之现钞。美国金融市场信用制度最为发达，全国金融市场交易几有百分之九十系用支票，但平常日用需要现钞亦多，现在通货流通额已达二百八十余万万之巨，其中联邦准备银行所发行之联邦准备票（Federal Reserve Notes）即达二百四十余万万，可知其日常现钞收付亦不在少。因日常人民所使用之现钞不外来自两途，或者系自己在银行有存款，自己开支票取现，或者系来自薪津工资报酬及卖出商品，而此种现钞当然亦系开支票向银行取来者。再者市场情形时有变化，现钞需要亦有多少，故各银行有时收进现钞多，有时付出现钞多。在农业区域中，农产品上市时现钞需要特多，而大都会中，一到夏季休假期，现钞需要亦特别增加，且其需要

之种类亦随时随地而不同，有时需要小钞及辅币，有时则需要大票，可是每一商业银行绝不能将所有存款准备金悉存现钞及辅币券，当然多则存入本区联邦准备银行，需要时则仰给于本区联邦准备银行，因此十二区之联邦准备银行各自准备巨额现钞及辅币，以备管下各会员银行随时需要提取之用。在一九一四年以前，联邦准备银行尚未成立，全国金融市场通货供给情况极为紊乱，市场现钞时多时少，一切交易甚为不便，金融金利突紧突松，以致引起一九〇七年之金融大恐慌，由此而组织全国金融调查委员会，由此而颁布联邦准备组织法案，再由此而成立现在之联邦准备银行。自此以还，联邦政府财政部督率十二区联邦准备银行、全国会员银行及非会员银行互相合作，无论何时，无论何地，会员银行现钞多余时，联邦准备银行亦尽量收受，绝无任何不便，此则我国中央银行所应当注意者也。

（2）票据之清算及代理收付。全世界金融市场上票据最发达之国家当推英、美两国，而美国票据信用尤为发达，一切交易多系采用票据。而美国现在全国商业银行之存款总额已达一千五百六十余万万以上，由是可以想见平常交易时票据之多，此种巨量票据之交易，在本埠者可利用票据交换所，若系外埠票据，则全赖联邦准备银行代理各会员银行之收付而达到清算之目的。此种外埠票据在银行不多而分支行最发达之国家，如中国、英国、加拿大等，各自利用其分支行代理收付，毫无困难，亦不感觉联邦准备银行职务之重要。然在美国则绝对需要联邦准备银行此种代理外埠票据之收付工作，因美国商业银行总数有一万五千之多，而各行又各自独立成一单位，分散全国各地，其票据之多，收付之烦，不难想象而知，若无一效率高规模大之机关，能居间集中代理收付清算，执行全国总票据交换所之职务，则工商交易之不便，又不言而喻。此种交换清算情形可以例解如下，即如美国东北部麻省州（Massachusetts）内某乡镇有一电气工厂，卖出一万元之电气材料与美国西部加州某乡镇一商人，该电气商人即开具在该镇某商业银行有存款之支票一万元，交与该厂家，该厂家当然不能乘四天半的火车往加州某镇取款，只需将该支票存入其所往来之银行以便随时支用，而该镇某银行即将该支票存入其管辖区域内之波士顿联邦准备银行，波士顿联邦准备银行便将该支票寄至旧金山联邦准备银行托其代收，旧金山联邦准备银行则又寄至加州某镇之商业银行收款，该商业银行即由该电气商人户内付出一万元，同时通知旧金山联邦准备银行由其准备金账内付出一万元，旧金山联邦准备银行由该商业银行账内付出后，即转存波士顿联邦准备银行账内，波士顿联邦准备银行接得通知后即在麻省州内某商业银行户内收进一万元，因此美国东西两商人相隔三千里，可以用支票清理债权、债务，而东西两乡镇之商业银行亦利用两地联邦准备银行互相转账，但以上所举转账手续尚系往日习惯，年来联邦准备银行力求各地票据收付之快速，又将此种手续设法改良，即各区联邦准备银行对于其所管辖之会员银行，先予以向各区联邦准备银行取款之转账支票，如有交易发生，即可直接寄向各区联邦准备银行取款，同时通知其本区联邦准备银行请其转账，即如前举麻省州某银行，可以直接将该票寄至旧金山联邦准备银行收款，同时通知波士顿联邦准备银行请其转账，中间可以节省许多手续，但一切票据其所以能如此转账处理者，即因美国法律对于持票人保护周到，对于退票有严厉之规定，平时退票之事极少，无人敢开空头支票。平时美国各区联邦准备银行与各地银行公会密切合作，万一发生退票，即刻互相由电话通知，调查其原因与结果，只在一个钟点之内，全国各商业银行皆可接到通知，可知其对于退票之特别严重，故票据信用在美国金融市场最发达，尤其联邦准备银行对于票据之代收代付,无论远近,无论何时,绝不收取任何费用,同时对其管辖下之会员银行,亦不许其收取任何费用,所以在美国国土内,支票与现钞立于同等之地位,而对于辅助工商业之发展,减少工商业之成本,增进工商业之利益,联邦准备银行实已尽其最大之努力也。再各区联邦准备银行为谋票据收付之快速与便利,皆在华盛顿联邦准备理事会内,设有内部清算转账基金户(Interdistrict Settlement Fund),各区联邦准备银行互相由此转账基金户而清算其应收应付之结余,因此各会员银行及财政部等资金之移动,常系数千万或数万万,皆可由电报向华府转账基金户清算,绝无现金返送之需要。

(3)会员银行之检查与监督。关于美国银行之检查与监督,执行机关甚多,并非联邦准备银行之专责,如美国财政部金融管理局(The Comptroller of the Currency)则负监督国立银行之责,各州政府则负监督州立银行之责。此外,自一九三三年以来,尚有所谓存款保险公司(Federal Deposit Insurance Corporation),则对于加入存款保险之各商业银行,亦有监督检查之责,但联邦准备银行因在各区域经营实际银行业务,与各商业银行联系密切,日常接触,对于会员银行之情况容易明了,由联邦准备银行执行检查及监督商业银行更为适当而便利,故各区联邦准备银行内,皆设有专部,任用专员,日常负责施行检查会员银行之职务,其检查之范围大致如下:

①人事上之取缔。各区联邦准备银行当局若查出某会员银行之董事或其重要职员从事违反银行法之业务,或经营不健全之银行业务,则可依法或依据联邦准备理事会及金融监督局之命令,免除该董事及重要职员之职位。

②借款特权之停止。各区会员银行本有随时因业务上之需要向各该区联邦准备银行借入款项之特权,但各区联邦准备银行当局若认为

某会员银行经营不动产及证券等之投机业务时,则可立即停止某会员银行向联邦准备银行借款之特权,以示惩戒。

③规定存款之利率。各区商业银行既多,竞争异常激烈,难免互相以高利号召,竞争吸收存款,如此不但违反正当银行业务,且足以危及各银行本身之安全,故各区联邦准备银行有规定各种存款最高利率之权。

④裁定会员在国外设立分行。会员银行欲在国外设立分行,或在国外投资,概需依据特种银行法之规定,再经由各区联邦准备银行负责调查研究,认为适合时,始加以许可。现在美国一万五千余行之中,获得在国外设立分行之权者不过七大银行。据最近调查,美国七大银行已在国外二十个国土内设有分行七十五处。

⑤其他监督管理事务。此外国立银行是否可以执行信托业务及管理公司是否在会员银行股东会内有投票权,概需先得联邦准备银行之认可。

(4)代理国库及政府机关他种财务。美国联邦政府财政业务极其繁重,全国各地区政府机关之开支、各区租税之收入、各区政府机关资金之移动,每日收付较忙而较巨,各区皆须联邦准备银行负责办理。就中最重要之工作,则为经理政府之公债与库券。美国政府公债已达二千六百六十万万美元,种类既多,期限亦异,付息还本,每日收付之烦可想而知,更有可记者,即每当政府发行新公债或库券时,各区联邦准备银行则更有一番特别繁忙,因先需接受各银行、各公司、各商店、各个人之申请,接受申请后,又当即速依照财政部之规定,对于申请者按额公平分配,分配既竣,然后一方交付公债于每一申请者,向其收取购买公债款项,一方又须转入财政部之账,此外并随时供给财政部关于各种公债发行之消息,以便政府可以选定容易发行之时期，因公债发行之条件，须视金融市场之情况及过去公债之消化如何而决定也。复次联邦准备银行更代理政府发行储蓄证券，并代理金融复兴局及其他政府财务机关经办各种收付事宜，并代其保管有价证券、重要单据及仓库证券等事务。

四、联邦准备银行之功能

前节所述，为联邦准备银行之普通业务固属重要，但联邦准备银行之真正核心工作，则为其管理通货、伸缩信用、控制金融之功能，而此亦即所谓各国中央银行之最终使命。如通货发行之决定，信用松紧之调节，利率高低之订定，在在接受联邦准备组织之统一指示而辅助合众国金融经济之活动。

美国一切金融工作当然系操诸联邦准备理事会及十二区联邦准备银行之手，而其工作之实行方式则有两种。第一，利用联邦准备银行本身之资力，活用放款及投资政策，以范畴各区会员银行之准备金，而施行政府所欲采用之金融政策，即如增加或扩充本身放款与投资，使会员银行之准备金从而增加，减少或收回本身之放款与投资，使会员银行之准备金从而减少，因此自然可以达到"伸""缩"全国金融信用之目的。第二，利用规定会员银行存款准备金比率之特权，即提高法定存款准备金比率，可以使会员银行因存款减少而收缩放款，减低法定存款准备金比率，可以使会员银行因存款增加而扩充放款。此外，在金融市场上联邦准备银行尚有种种重要工作可分项叙述如下：

1. 联邦准备银行管理通货之方式

若由普通银行之原理原则而言，联邦准备银行之业务与一般商业银行如出一辙。商业银行利用其支票存款之方式，创造存款通货，以供给工商业之需要，而此种存款通货大部分系由其放款而来，各商业银行由其放款之多少而影响其存款之增减,即影响通货之供给。联邦准备银行亦然,即增加其放款而使通货供给增加,减少放款而使通货供给减少。但联邦准备银行与普通商业银行有两个根本不同之点,即一则联邦准备银行既不收受私人商业存款,亦不对私人放款(特别情形,则属例外),其所有存款概系会员银行及联邦政府,其所有放款亦只对会员银行及政府,故联邦准备银行乃称为"银行之银行"。但联邦准备银行所收会员银行之存款为数甚巨,绝非单代为保存,联邦准备银行只需保持百分之二十五之金证券准备金,即可运用其余之资金,而作伸缩信用之用。再则普通商业银行不能发行钞票,联邦准备银行则有发行钞票之权,即联邦准备票(Federal Reserve Note)及联邦准备银行票(Federal Reserve Bank Note)。就中联邦准备票发行已达二百四十余万万(美国全体通货流通额为二百八十余万万美元),此即为现在美国之法币。十二区联邦准备银行依联邦准备理事会之监督,皆得发行联邦准备钞票,不过发行时需有法定准备及保证准备,法定准备规定为百分之二十五之金证券(Gold Certificate),保证准备则规定为百分之百之保证证券,但除百分之二十五金证券准备外,尚有百分之七十五可以用金证券及其他种保证品如承兑汇票、汇票、本票等是,保证发行,依法可以无限制,即如各会员银行需要钞票,只需有保证证券即可发行,不过需有百分之二十五金证券,始能发行百分之百,此则有自然之法定限制也。

2. 联邦准备银行放款与投资之影响

如前节所述,商业银行创造信用,只能利用支票存款而创造存款通货一种,但联邦准备银行之创造信用则在存款通货之外尚有发行钞票之权。钞票发行情形已如前节所举,本节则要就其创造存款通货之详细程序更当详为解释。吾人已知各会员银行之所有准备金都存在联

邦准备银行，此种准备金本供会员银行不时之需，随时可以存进，随时亦可以支出，可毋庸赘言，但联邦准备银行存款增加之来源则有四项。

（1）由各会员银行、非会员银行及政府等，直接存入硬币、辅币及银币与现钞。

（2）由会员银行购入黄金，例如，花旗银行从海外运进其所购黄金一千万美元，依据联邦准备法，此项黄金需送存联邦准备银行，联邦准备银行即在花旗银行存款户内收进存款一千万元。

（3）由联邦准备银行放款，此为增加存款之最普通而最重要因素。联邦准备银行对会员银行及非会员银行放款，同时即增加同额之存款，例如，某商业银行向联邦准备银行借款一百万元，当然系用转账方式，在某商业银行存款户内收进一百万元，而此一百万元之存款即由放款而产生。

（4）由联邦准备银行在公开市场购入政府公债及有价证券，例如，联邦准备银行在公开市场上购进一千万元之证券，联邦准备银行当然支出一千万元，若此时卖出证券者为会员银行，则只需用转账方式，将此一千万元存入该会员银行存款户内，即可增加存款，若卖出证券者为私人公司，该一千万元当然存入素所往来之商业银行，该商业银行亦必将该一千万元存入其在联邦准备银行存款账内，同样即增加存款。

复次联邦准备银行存款之减少亦有如下举之种类。

（1）由联邦准备银行取出硬币、辅币及现钞等。各会员银行需要现钞时，当然由其存款账内开出支票向联邦准备银行取款，因此存款即从而减少。

（2）联邦准备银行卖出黄金。联邦准备银行或因特种关系，卖出黄金与某外国中央银行，该中央银行即由其存款户内开出支票而付款，存款即因而减少。

（3）联邦准备银行收回放款。各会员银行或非会员银行偿还其借款时，当然由其存款户内开出支票转账，存款即因而减少。

（4）联邦准备银行卖出有价证券。联邦准备银行在公开市场上卖出有价证券一千万元时，若买进者为会员银行，则直接由其存款账内付款转账，若买进者为私人公司时，亦必间接由会员银行在其存款户内转账，存款即因而减少一千万元。

上述联邦准备银行存款增加与减少之情形，可以表列如下：

存款增加之因素	存款减少之因素
①现金之流入	①现金之流出
②购入黄金	②卖出黄金
③叙做放款	③收回放款
④购入证券	④卖出证券

3. 联邦准备银行创造信用与通货之限度

由前所述，吾人已知联邦准备银行利用其金融工作，可以创造两种信用通货。即存款通货与发行通货。然信用通货对于金融市场影响极大，是则有权创造信用通货者，应有其一定之限度，若任其无限制创造，金融市场必引起溃没之变化，因此《联邦准备法案》乃明白规定联邦准备银行，对于其发行之钞票及存款，一方须有百分之二十五金证券（Gold Certificate）为其发行准备，一方亦须有百分之二十五金证券为其存款准备。换言之，即联邦准备银行不能创造存款通货，超过其金证券存款准备之四倍，亦不能发行钞票超过其发行准备之四倍，此种规定即间接为其放款与购入证券之最大范围，因放款与购入证券，即用以增加存款与扩张发行也。不过此种规定并非硬性之规定，即华府联邦准备理事会认为有必要时，有权暂时停止此项规定之使用，惟其停止期限不得超出三十天，但三十天满期时，如认为尚有需要，可再延期十五天，以为救济金融市场之紧急措施。此外，国会认为有必要时，亦有权伸缩其准备，即在一九四五年以前，原规定存款准备为百分之三十五金证券，发行准备为百分之四十金证券，至一九四五年中，国会因认为金融市场之特别情形，乃议决降低其金证券准备皆为百分之二十五，至一九四八年八月，因全国物价高涨，杜鲁门总统召集特别国会，提议统制信用，国会之通货银行调查委员会又提议全国各区联邦准备银行之存款准备金须有百分之三十五金证券，其发行准备金之金证券不得低于百分之四十，以备防止全国通货膨胀，此则可知美国中央银行管理信用通货富有弹性之特长也。不过联邦准备银行自创立以来已达三十余年，对于其所规定之法定准备金，历年严守，每年只有余而绝无不足，此盖因联邦准备银行之使命与普通商业银行不同，普通商业银行系私人组织，利益愈多，成绩愈好，只要在法律许可之范围内，极力扩展业务，叙做放款，以谋利益之增加，联邦准备银行则反是，其最大职能不在乎利益，而在乎使社会经济在稳定中谋发展，故自一九一四年以至现在一九四八年之三十四年中，其法定准备除两度因世界大战之特别情形，即一九二〇年与一九四六年两年，其实际准备已接近法定准备之限度外，其余则皆超过法定准备甚多。

4. 联邦准备银行放款之方式

联邦准备银行对于会员银行及非会员银行之放款，不外两种方式，即一则采用贴现与重贴现之方式，一则采用购入票据之方式，在《联邦准备法案》颁布之初，本规定联邦准备银行之放款限于商业票据之重贴现，即借款银行将其本身已贴现之各种商业票据背书后交与联邦准备银行申请重贴现，实行之后，发现种种困难与不便，即一则一次借款需交付许多张数之票据，二则各种票据期限长短亦不一致，处理计算均感繁难，乃改为用各银行自出之本票，付以十足或十成以上之担保品，而此种担保品即为各种随时可以变现之短期工商业票据，以上为联邦准备银行寻常放款之方式。但若遇金融市场发生特别情形，需要联邦准备银行特别救济时，则可根据一九三五年所颁布之银行法案办理，此中规定如商业银行所提各种票据与普通法案不符合时，若经由联邦准备理事会及联邦准备银行当局认为可作放款之担保品，即可通融放款，此即可云经过一九三三年之金融大恐慌，赋予联邦准备银行以处理非常时期之特权也。

5. 公开市场运用之方式

联邦准备银行在公开市场上买卖之对象，不外两种，一则联邦政府所发之各种公债、库券及证券，一则为各种银行承兑票据及汇票。在《联邦准备法案》成立以前，美国金融市场上尚未通行承兑之制度，当时之《国立银行法案》（National Banking Act），不许可银行承兑顾客之商业汇票，后经工商各界之提议与主张，故在《联邦准备法案》中，乃正式规定银行可以承兑商业汇票，同时并规定联邦准备银行亦得在公开市场上买卖银行所承兑之商业汇票，于是乃正式成立所谓承兑市场（Acceptance Market）。联邦准备银行由此可以发挥其管制金融之作用，即利用承兑汇票利率之高低，以谋经济界之平均发展，美国工商业获有今日之兴盛，承兑汇票制度之施行与联邦准备银行对于承兑市场之工作，实有极大之贡献。至于在公开市场上买卖政府公债，更为联邦银行辅助政府管理金融之重要工具。利用此项工具，乃可以实行政府所欲采取之经济政策，尤其处在战时金融工作上,更能发挥其威力而达成其重要使命。在第二次世界大战——太平洋战争以前,联邦准备银行所持政府公债不过二十二亿,但至一九四七年底,联邦准备银行所持政府公债已达二百三十亿,对于战时金融五年之中,联邦准备银行实已发挥其最大威力,因美国政府在此五年之中,经费支出三千七百亿(370 billions),虽然全国税收亦达一千七百亿,而其余之二千亿则全赖联邦准备银行运用其金融政策扩充信用,一方在公开市场上减低其购入承兑汇票之利率,注入新的金融血液,一方又在公开市场上代财政部发行巨额公债,对于全国商业银行予以低利之贷款,辅助其在市场上购入政府公债达六百四十余亿,全国各商业银行在一九二九年所持政府公债不过五十亿,现在各银行所持政府公债已达六百九十余亿,再由此种工作使全国商业银行存款亦由一九二九年之四百九十亿,达至现在之一千四百余亿(140 billions)。钞票流通额亦因而增加甚巨,即一九一九年不过四十七亿四千六百万,现在全国钞票流通总额(Money in Circulation)则达二百八十一亿一千一百万元,由是可知美国经过太平洋大战后,其信用之膨胀已极可观。不过此种人为之信用膨胀政策,现在各方经济学者一致认为在战时金融无法避免,因不如此不足以辅助政府战时之财政,而达成战胜之目的,但在平时则不宜妄用也。

五、联邦准备银行对于信用金融之管制与政策

一国经济之能否发展与振兴,中央银行能否采取合理之金融政策,实为其最重要之因素。如前节所举,美国联邦准备银行运用其职能上所具备之种种工作,对于美国工商业实有极大之贡献,对于美国各地经济之繁荣,尤其对于在国家战争金融上,更发挥其极大威力,达成国家筹财之便利而获得战争胜利之使命。但联邦准备银行所具备

之各种金融工具，如运用合理则可，否则经济界又必掀起巨大之波动，即如在平时若过度扩张信用，促使全国通货酿成不相适应之膨胀，必将引起经济界之大恐慌。故金融政策之如何施行，信用通货之如何管制，实为中央银行之核心。美国联邦准备组织对此亦特别注意而慎重，关于管制信用之工作，可分述如下。

1. 会员银行准备金之管制方式

会员银行之准备金为会员银行之潜势力。准备金丰富，则会员银行可以自由运用；准备金低落，即表示其运用之势力降低。而各会员银行之准备金系集中于联邦准备银行，故联邦准备银行即可利用增加或减少会员银行之准备金，以为控制金融管理信用之重要工具。而如何减低或增加及利用何种因素以伸缩会员银行之准备金，此则吾人所当研究者。现在美国联邦准备银行利用四种因素，以伸缩会员银行之准备，即①联邦准备银行之投资与放款及其他种债权；②联邦准备银行之黄金库存；③联邦政府财政部之存款与现金及非会员银行之存款；④全国钞票流通总额。此四种因素与会员银行之准备具有相生相克之关系，四者之中无论何项发生多少之变化，即足影响会员银行之准备。若①②两项增加，③④两项减少，其结果会员银行之准备因而增加；反之若①②两项减少，③④两项增加，其结果则会员银行之准备因而减少。且会员银行之准备无论何时，等于①与②两项相加而减去③与④两项之结果，故若控制此四种因素，即可控制全国信用，兹再将其分别叙述如次：

（1）联邦准备银行之投资与放款及其他债权。联邦准备银行之投资与放款等增加时，会员银行之准备因而增加，其减少时会员银行之准备即因而减少。盖联邦准备银行之放款，即对会员银行之放款，无论贴现，无论购入票据，会员银行在联邦准备银行之存款户内存款增

加,反之若联邦准备银行收回放款,则会员银行在其存款户内之存款必然减少。次之所谓投资即联邦准备银行所持之政府公债及有价证券,联邦准备银行若买进公债及有价证券时,所付出之代价即归入会员银行之存款,准备当然增加,反之若卖出公债及证券时,其所收进之价款,亦必然为会员银行之存款,准备当然减少,故联邦准备此种债权之增加或减少,即影响会员银行准备之增减。因此可知,联邦准备银行如欲扩充全国信用,必须先使会员银行之准备增加,以促进会员银行之放款势力,而欲使会员银行之准备增加,则须增加联邦准备银行之投资与放款,即联邦准备银行之债权增加,会员银行之准备亦增加,会员银行之准备增加,会员银行之放款力即增加,则金融市场上自然而然银根丰裕,会员银行即可增加对工商业之贷款,工商业即可扩展其业务,信用因而扩充。反之联邦准备银行若欲紧缩信用时,则反其道而行之可也,换言之,即或则对于会员银行收回已放出之款,或则抬高利率使会员银行放款成本增高,皆足以减少会员银行之准备。如此一高一低,一进一出,联邦准备银行即足以控制金融市场,而达其管制信用通货之目的。

(2) 联邦准备银行之黄金库存(Monetary Gold Stock)。美国自一九三四年颁布《黄金法案》(*Gold Reserve Act of* 1934)以后,所有国内一切金币及黄金悉归联邦政府财政部所保持,而联邦准备银行之黄金库存,即财政部所保持之黄金,此种黄金库存与会员银行之联邦亦有极密切之关系。例如,花旗银行从法国进口黄金一千万元,依据《黄金法案》,花旗银行总行接到此批黄金即当运入纽约联邦准备银行,而纽约联邦银行收到此批黄金后,一方需在花旗银行存款账内存入一千万元,一方通知财政部。财政部收到此批黄金后,一方存入金库,一方交付联邦准备银行一千万金证券(Gold Certificates)。此项黄金需藏在金库，但对于会员银行之准备则增加一千万元。反是若纽约花旗银行因国际金融上之特别需要，经政府之许可，出口黄金一千万元，花旗银行当然在其存款户内开出支票一千万元，向联邦准备银行交换黄金，同样联邦准备银行即将一千万元金证券向财政部交换黄金，此即黄金库存减少一千万元，而花旗银行之准备账亦减少一千万元。由是可知，黄金库存之增加或减少，会员银行之准备亦因而增加或减少。而联邦准备银行及财政部即可利用黄金价格之抬高或压低，以管制全国之通货信用，即抬高黄金收买价格，黄金当流入，会员银行准备增加；压低黄金收买价格，黄金当然流出，会员银行准备减少。美国在一九三四年将黄金价格由二十元六角七抬高至三十五美元，因此黄金库存急剧增加。一九三四年以前，黄金库存不过四十余亿美元，一九四一年达到二百二十七亿八千六百万元，而全国通货信用亦因此而扩充。

（3）联邦政府财政部之存款与现金及非会员银行之存款。联邦政府财政部存款与现钞保持及非会员银行存款，三者对于会员银行之准备有同方向之影响。由财政部之存款而言，财政部每月收进各种税款甚巨，当然大部存入联邦准备银行，有时卖出公债，所得之款亦当然大部存入联邦准备银行，有时除存款之外，亦保持一部现金，以备随时应用，但无论如何，财政部在其存款户存款增加，或其保持现金增加，当然会员银行之准备减少。因其所收税款当然由各私人公司商店而来，而私人商店公司即由其往来银行开支票而付税，结果即会员银行之准备减少。反之若财政部有巨大支付款项，交与各私人公司商店，在其存款账上减少存款，而私人公司当然存入商业银行，于此则会员银行之准备又因而增加。至于非会员银行在联邦准备银行之存款或增或减，亦足影响会员银行之准备，即非会员银行若从其存款账上支取款项时，当然直接或间接流入会员银行，于是会员银行之准备必增加，反是非会员银行之存款若增加，则会员银行之准备必因而减少，不过此项金额比较微小，不足影响会员银行之放款势力耳。

（4）全国通货流通总额。所谓通货流通（Money in Circulation）总额系包括一切通货如钞票、辅币等。在市面流通之通货，即在银行库存以外之通货，此种流通额增加，会员银行准备因而减少，流通额减少，会员银行准备因而增加。换言之，某会员银行之顾客需要现钞，会员银行当然开支票向联邦准备银行取款，如是会员银行之准备减少；反之若顾客存入巨额现钞或辅币，会员银行则必转存联邦准备银行，当然其准备因而增加。此种通货流通额若系正常状态，不过一时减少会员银行之准备，若事出非常，系人民心理不信任银行支票而信任现钞，则将引起通货整〔紧〕缩（Deflation）之现象。此种情形，美国在一九三〇年至一九三三年三月可以证明。在一九三〇年以前，人民对于银行信用如常，通货流通总额不过四十三亿，而一九三三年二月，全国对于银行失其信任，纷纷提款，通货流通额即达六十余亿，以致酿成全国金融大恐慌，反之若人民不愿多存现款，通货流通额因而减少，则会员银行之存款当然因而增加，会员银行存款增加，则其准备亦当然因而增加。

由此可知（1）（2）（3）（4）四项与会员银行之准备既有如此密切之关系，故联邦准备银行即可利用此种因素，以管制全国之通货与金融信用。兹将联邦准备银行一九四八年七月二十八日及一九四八年八月四日及一九四七年八月六日三期之资产负债比较如次，以显示会员银行准备增减之状况（此项表格每星期五由《纽约时报》登载）。

会员银行准备变动比较表

	1948年8月4日	1948年7月28日	1947年8月6日
(1)	21897	174	315
(2)	23679	9	2077
(3)	……1330	1	-12
(3)	……1852	30	1124
(3)	……1429	-22	-263
(4)	……27992	101	-284
(4)	……4594	1	—
增加 准备减少之因素	205	2636	
	133	1439	
准备	17606	+72	+1197

［(1)＋(2)］－［(3)＋(4)］＝会员银行准备之增或减。

2. 会员银行法定存款准备金之管制

全国通货信用之管理不单可以利用上举四项，以管制会员银行之准备，而对于会员银行法定存款准备金之规定，亦可加以运用，以统制商业银行之活动。盖商业银行扩充信用之能力要受两重限制，一则如前所举本身之准备，一则即为法定存款准备金，本身准备丰裕，当然可以增加放款，本身准备枯竭，则无能力放款，而法定准备金比率高，则放款力量受其限制的程度多，法定存款准备金比率低，则放款力量受其限制的程度少，放款即可以创造存款，放款少，存款亦少，放款多，存款亦多，即银行收进一百万时，若存款准备金为百分之十，可以创造存款一千万，若存款准备金为百分之二十，则只能创造存款五百万。例如，假定第一银行收进存款一百万元，因需提出存款准备金百分之二十，即二十万元，可以放款八十万元，而此八十万元又变成第二银行之新存款，第二银行提出

十六万元存款准备金,再放出六十四万元,此六十四万元又被第三银行收进,提出十二万八千元存款准备金,又可放款五十一万二千元,第四银行因此收进五十一万二千元之新存款,提出十万〇二千四百元存款准备金,可以放出四十万九千六百元。如此辗转放出,最后各银行收进存款合为五百万元,放款当为四百万元。若存款准备金为百分之十,则最后各银行收进存款总数当为一千万元。换言之,存款准备金之高低,对于金融市面及商业银行有极重要之关系。依据《联邦准备法案》,联邦准备理事会对于会员银行之定期存款及活期存款,随时可以适应金融市场之情况,在法定范围之内,可以提高或减低会员银行之法定存款准备金。所谓法定范围,即因法律已规定活期存款之准备金,在中央准备市者,最高为百分之二十六,最低为百分之十三。在普通准备市者,最高为百分之二十,最低为百分之十。至于定期存款,则一律规定为最高百分之六,最低为百分之三。联邦准备当局曾在此法定范围内,因适应金融市场之供求,曾经几次改订会员银行存款准备金之比率,至一九三七年,已提到法定范围之最高额,后一九三八年因市面需要,又渐次减低,至一九四七年以后又渐次提高,至一九四八年八月,杜鲁门大总统召集特别国会,要求防止通货膨胀,提高存款准备金,于是国会又提议对于定期存款准备金由百分之六提高至百分之七。对于活期存款之存款准备金,在中央准备区域者,由现在比率百分之二十六提高至百分之二十九;在普通准备区域者,由现在比率百分之二十提高至百分之二十三;在乡村区域者,由现在比率百分之十四提高至百分之十七。由此可知会员银行存款准备金比率之高低,对于金融市场及通货信用实有极大之影响,故美国联邦准备当局即可利用此种工具以达其管理金融与统制信用之目的。兹将历年美国商业银行法定存款准备金之变动列表如次,其中有一年改订两次者。

会员银行存款准备金比率变动表

改订时期	活期存款			定期存款
	中央准备区域	普通准备区域	乡村区域	所有会员银行
1917—1936 年	13	10	7	3
1936—1937 年	$19\frac{1}{2}$	15	$10\frac{1}{2}$	$4\frac{1}{2}$
1937—1937 年	$22\frac{1}{2}$	$17\frac{1}{2}$	$12\frac{1}{2}$	$5\frac{1}{2}$
1937—1938 年	26	20	14	6
1938—1941 年	$22\frac{1}{2}$	$17\frac{1}{2}$	12	5
1941—1942 年	26	20	14	6
1942—1942 年	24	20	14	6
1942—1942 年	22	20	14	6
1942—1947 年	26	20	14	6
1947—1948 年	29	28	17	7

六、联邦准备当局管理信用之影响及其成效

由前数节所举美国中央银行即联邦准备当局,对于全国金融、通货、信用三者之管理与统制,或者单独执行,或则与财政部合作执行,但对于金融市场之影响与结果如何,可以简单分为控制金融与信用及促进金融与信用两方之成效,而此中又可将联邦准备当局与财政部当局分别考察,而观其两方所获之结果,则对于美国中央银行管理金融之近况,可以窥其大概也,兹分别列表如次:

（1）联邦准备当局控制金融与信用之方式及结果。

工具	方式	结果
放款政策	增加放款利率	会员存放款减少
重贴现政策	提高贴现利率	会员准备金减少
运用公开市场	卖出公债证券	会员准备金减少
运用存款法定准备金	提高法定比率	会员潜势力减少

（2）财政部控制金融与信用之方式及结果。

工具	方式	结果
黄金政策	压低金价	现金流出准备金减少
发行政策	停止发行	银行准备金减少
保持现金	持存大量现款	银行准备金减少
支用存款	只存联邦准备银行	银行存款减少

以上两项为联邦准备银行及财政部控制金融与信用所采用之工具、所施行之方式、所获得之结果。但一国金融随时变化，有伸有缩，管理当局不仅能控制，亦当能促进，始能达成发展经济之使命，故联邦准备当局与财政部亦有对于促进金融与信用，以扶助商业银行之方式。

（1）联邦准备当局促进金融与信用之方式及结果。

工具	方式	结果
放款政策	减低利率	银行存放款增加
重贴现政策	减低利率	银行准备增加
运用公开市场	买进公债证券	银行准备增加
运用法定准备金	减低法定比率	银行存款增加

（2）财政部促进金融与信用之方式及结果。

工具	方式	结果
黄金政策	提高金价	现金流入银行准备增加
发行政策	增加发行	银行存款及准备增加
保持现款	减少现款	银行准备增加
转存存款	转存会员银行	商业银行存款增加

由上所举，控制信用金融与促进信用金融两方面之工作，或由联邦准备当局，或由财政部当局，其执行运用时，当然需互相合作、互相协力而进行。因此对于全国金融市场，可以发挥其最大威力与弹性，因此亦可知美国现在管理金融工作实相当复杂而繁难，此亦因美国国土广大，银行极多，一切方式不得不顺应实际之情况与需要而施行。以下更简单将联邦准备组织及其相互之关系图解如次。至于美国现在商业银行之情况，当另节叙述，更可证明联邦准备组织在美国之重要性也。

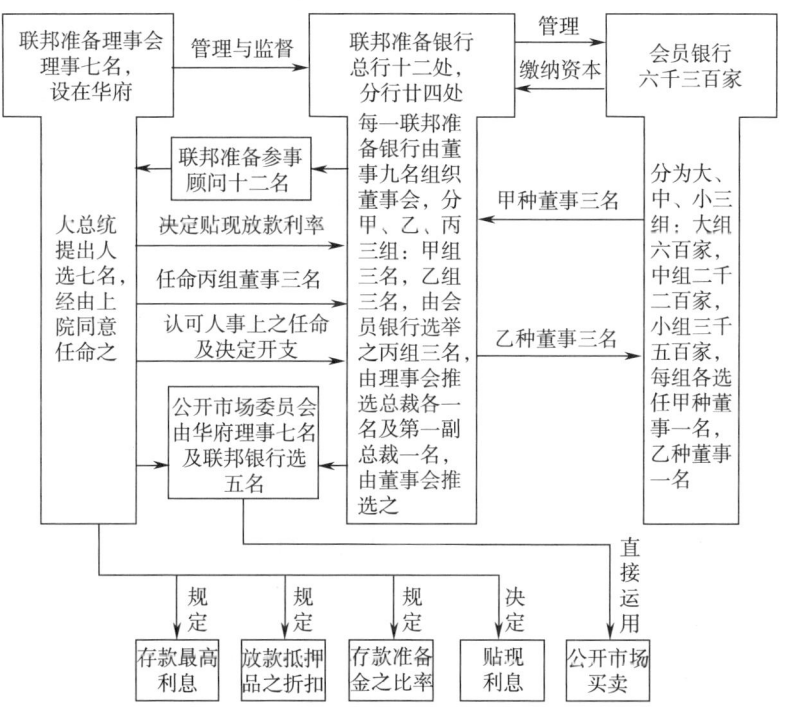

联邦准备组织之机构与职能及与联邦银行管理信用之关系图

七、联邦准备组织下美国商业银行之近况

美国商业银行与其他经济发达各国之商业银行制度有一最大不同之点,则为其独立银行大多。据最近调查,美国全国商业银行总数尚有一万四千五百八十五家之多,且皆系独立单位。美国邻邦之加拿大,其商业银行不过十家。十家银行之分行则有三千三百家,英国之商业银行虽有十三家,而全国银行事务则由所谓五大银行(Big Five)及其所分设之八千余所分行办理。在美国此种独立银行制度过去金融史上已成为政府管理金融与统制信用之大问题,今后还是美国银行制度上一待解决之问题。美国中央银行制度之所以异于其他各国之中央银行者亦即在此。美国中央银行事务之复杂,处理之困难,亦非其他各国之中央银行所可比,故吾人研究美国联邦准备组织与职能,同时需将美国商业银行之内容略为分析,则可了解美国之所以成立联邦准备银行制度,亦可明了联邦准备银行之功用也。美国现有之一万四千五百八十五家商业银行,可以分为四大种类如次。

(1)独立单位制度。美国商业银行之大部皆为独立单位之银行(Independent Unit Bank),即所有银行概系个别独立,各自成一单位,且多系只此一家,并无分处。美国有一部分人士绝对主张独立单位银行制度,其所持理由则有:第一,独立银行之经营者及其职员,概系出身于该银行之所在地,对于本地金融情况知之有素,对于银行放款与否,容易快速决定,若为一银行之分行,则其分行经理不一定熟悉本地金融,且其放款业务需先得其总行之许可,贻误时机。第二,独立单位银行,对于其本乡、本土,有密切利害关系,则其一切业务当然力求发展其本乡、本土之事业,尤其对于本乡、本土之青年企业家,必能予以最大之同情而设法扶助。若系一银行之分行,则不足以

言此。第三，独立单位银行不致酿成垄断金融之祸患。若分行制度，则有垄断金融之危险。第四，独立银行在其本地所吸收之存款，当然用以开发本区域之经济，而分行制度则容易将其所在地吸收之资金，而流用于其总行所在地之大都市。第五，独立单位制度可以避免金融王国之操纵与把持，否则，全国人民生活当悉在垣街（Wall Street）支配之下。

（2）分行制度。分行制度尽人皆知，即一个总行在各地开设分行。美国分行制度因人事及法律关系未能发展，现其全国一万四千五百余家银行之中，设立分行者不过九百余家，且每一行亦大都不过设立分行一二处，设置地点亦不过在其本市本区。拥有分行五十家以上之银行，全国不过六家而已。前节主张独立单位银行制度之理由与我国一部人士主张设立银号与钱庄之理由如出一辙，但主张分行制度者，亦有其不可轻视之理由：第一，独立制度下之银行，大都规模极小，以其有限之资力，绝不足以适应经济界之需要，亦不能采用有学识、有经验之专门人才。而大分行制度则反是，资力既雄厚，人才亦众多，容易达成其金融上之责任，且能对于一切顾客一视同仁，绝不如独立银行在业务上有所偏颇。第二，独立银行其业务容易偏于一种企业，在农产地者偏于农业，在矿产地者偏于矿业，即容易受该企业之影响而发生困难。若分行制度，则能采用危险分散主义，以使其资金流动。第三，独立银行制度之资金常受其地域上之限制，不能应各市场之需要而自由活用，分行制度则能挹此注彼，发挥金融上之能力，以供给各地大小工商各业之需要，致不使各区域之金利相差太多。第四，分行制度对于各所在地经济之发展，有同样之关心与同情，此乃银行之天职，无关独立与否也。第五，依据美国过去银行倒闭之统计，倒闭者多为独立单位之银行，分行制度下之银行，则倒闭者极少。但美国现在潮流亦渐次倾向分行制度，年来设立分行者亦渐次增加，在一九〇〇年时，有分行之银行不过八十家，一九二〇年，有五百三十家，一九三〇年，则有七百五十一家，一九四〇年，已达九百五十四家，而其所开设之分行数目亦由一一九家而增至现在之三千五百二十五家。

（3）集团银行制度。集团制度之银行亦为美国所特有，即数家银行同受一家公司之统辖，此公司即所谓管理公司（Holding Company）。例如，甲、乙、丙、丁、戊、己六家银行为一管理公司所统辖，而此管理公司亦可为普通之公司，亦可为一银行，其方式即系保有四家银行之股票数额，达到决定发言权。现在美国此种制度之银行，其集团（Group）有四十一家，其中由五家成一集团者二十家，六家至十家成一集团者十一家，十一家至十八家成一集团者有七家，由二十一家成一集团者一家，由七十五家成一集团者一家，由八十五家成一集团者亦有一家，全体集团银行则为八百六十九家。

（4）连锁制度（Chain System）。连锁制度与前举集团〔银行〕制度（Group Banking System）似同而实异，介乎分行制度与集团制度之中间。即有某数银行，或系个人所有，或系数人所有，或系内部组织互相关联，或系董事互相兼任，皆足成其连锁制度之作用，唯此中需有一行为其他各行之领袖，似总行而又非总行，有时又可以执行如总行之指挥分行。现在美国此种制度下之连锁银行有九十六家，而连锁下之银行总数则有五百七十四家。

由此观之，美国商业银行制度之复杂，银行家数之众多，实皆为全世界冠。且在一万四千五百余家之商业银行中，资力相差有如天壤之别。大银行之资产有达五六十亿以上者，小银行之资产则有在二万五千元以下者。例如，其中有一千六百十四家之州立银行资本即在两万五千元以下。且各州法律不同，管理方法亦异，则负管理责任之联邦准备银行，其任务之重大而繁难可想而知，因此在一九二九年时，全国金融市场为投机所扰乱，联邦准备银行当时曾施行种种管制工作，未能获致控制之效，卒至酿成一九三三年二月全国金融大恐慌。联邦准备银行当时竟无法救济，待罗总统就任，一方采用非常措施及另组存款保险公司以辅联邦准备银行之不足，一方又修改《联邦准备法案》，以求其适合于经济界非常期之需要，故联邦准备制度实因罗总统出任而集其大成也。

八、美国商业银行倒闭之情况与因果

前节所举美国商业银行数目之多，为全世界冠，而美国年来商业银行倒闭之多，亦可为全世界冠。美国邻邦之加拿大及其大西洋对岸之英国，差不多数世纪中，无一银行倒闭事件发生，美国则自有银行史以来，年年都有银行倒闭事件发生，而其倒闭家数之多，亦出人意外。自一八六四年以来以至现在，美国银行倒闭家数达一万七千五百余家之多，此中一万四千余家系在一九二〇年与一九三三年之十余年间倒闭，存款损失竟达二十万万以上，历年倒闭情形有如下表。

美国历年银行倒闭表

时期	倒闭家数
1864—1896 年	1562
1897—1920 年	1433
1921—1929 年	5411
1930—1933 年	8812
1934—1941 年	302
1942 年	9
1943 年	4
1946—1948 年	0
总数	17534

据上表所列，一八六四年至一八九六年之十二年间，银行倒闭一千五百余家；一八九七年至一九二〇年之二十三年间，倒闭一千四百余家；可是一九二一年至一九二九年之八年间，倒闭达五千四百余家；而一九三〇年至一九三三年之三年间，倒闭竟达八千八百余家之多。自此以后，则因罗斯福总统上任，一方成立存款保险公司，一方改正《联邦准备法案》，银行倒闭数字乃大为减少，最近数年几无倒闭之事发生。但推究其倒闭之原因：第一，当然归咎于其银行制度之不统一；第二，当归咎于银行数目太多；第三，当归咎于银行法太杂乱；第四，始为金融景气之变化（Business Cycle）。而此中最可注意者，则小银行之倒闭比大银行占绝对多数。大银行资力雄厚，又能任用有造诣，有经验之专门人才以经理其业务，存款既多，业务范围亦广，投资与放款当然采取危险分散及资产流动主义。小银行则反是，大都屈居于一小乡镇或小区域，其主要业务专依赖该区域经济之状况及其经济形态，若其所在地为农业区，则其业务偏重于农产品之移动，若其所在地为矿业区，则其业务偏重于矿产品之发展，因此其整个生命随该区域产业之盛衰而决定。例如，美国西南部小麦区域之小银行，其业务之发达与否，全赖该区小麦市场之如何而定，若一旦小麦市场发生变化与风波，小麦商人破产，小银行即因而倒闭。所以美国银行之倒闭，每逢大不景气及某种商品起重大变化时，银行倒闭即随而增加。根据联邦准备银行之调查，美国商业银行自一八八〇年之二千七百二十六家，至一九二〇年已达二万八千六百五十九家，其历年家数之变化有如下表。

美国商业银行总数变动表

年次	国立银行	州立银行	银行总数
1900 年	2076	650	2726
1900 年①	3731	5007	8738
1914 年	7518	17498	25016
1920 年	8024	20635	28659
1934 年	5417	9604	15021
1940 年	5164	9234	14338

此中多数银行资力极小，且有在人口不满二千之小乡镇中，竟设立数家独立单位之小银行。在此小小区域内，从事业务上之竞争，其营业之不良，危险性之大，可想而知，故美国历年倒闭银行之中，小银行占绝对大多数，有如下表。

美国倒闭银行资产比率表

资产等级	银行数	倒闭数	比率
150000 以下	6548	5287	36.9
150000～249000	5114	2666	18.6
250000～499000	6977	2966	20.7
500000～999000	4991	1787	12.5
1000000～1999000	2733	870	6.1
2000000～4999000	1573	505	3.5
5000000～9999000	508	151	1.0
10000000～49999000	369	92	0.6
50000000 以上	72	9	0.1
银行总数	28885	14333	100

---

① 此处原刊年份有误。

上表系根据联邦准备银行之调查,其中尚有一百九十六家小银行,其资产数字不详,未曾加入,故实际历年倒闭银行之总数,应有一万四千四百二十九家。

九、联邦存款保险公司之状况

如前节所举,美国商业银行虽处在联邦准备组织卵覆之下,每年倒闭歇业者仍甚多,尤其在一九二一年至一九三三年之十二年间,银行倒闭竟达一万四千二百余家之多,尤其一九三三年二月金融大恐慌,银行倒闭一时竟达八千八百余家,当时美国金融界情况之惨,达于极点,人心惶惶,银行信用扫地,货币因而退藏。三月初全国通货流动额由五十六万万增加至七十五万万之多,无人肯向银行存款,联邦政府与联邦准备当局有鉴于此,乃协议组织存款保险公司,办理存款保险以期维持信用,安定人心,复兴银行,减少通货退藏,以求存款之增加。一九三三年,乃改订银行法案,设立临时存款保险制度,至一九三五年,乃正式成立永久法案,依法成立联邦存款保险公司(Federal Deposit Insurance Corporation)。此公司之成立,对于当时之联邦准备制度,大有辅助,人心因而安定,货币退藏之风渐息,通货流通渐次减少,银行存款渐次增加,至一九三三年六月,全国通货流通额已降至五十七万万,存款亦表现回笼,此种存款保险制度亦实为美国特有之组织,可谓全球绝无而仅有,由其他各国之金融情形而言,绝无设立存款保险公司之可能,因银行本为信用之化身,银行全赖信用而生存,银行存款而需要保险公司保险,其反面即等于银行之信用不足,此在其他国家之内绝难想象之事,然在美国,则因情形特殊,如一九三三年之大恐慌,当时全赖存款保险公司,而拯救银行界之灾难,以使其复活,故考察联邦准备制度之余,对于联邦存款保险公司亦有稍为简单叙述之必要。

（1）存款保险公司之组织。存款保险公司系由联邦政府颁布特别法令而设立，故名曰"联邦存款保险公司"（Federal Deposit Insurance Corporation），一切行政由董事会全权执行，董事中之一人由联邦政府金融管理局长（Comptroller of the Currency）兼任，其余之人则由联邦政府大总统提出适当人选，经由上院（Senate）之同意而特别任命之。

（2）存款保险公司之资力。存款保险公司之资力其来源有四。

①资本。该公司资本现为二亿八千九百万元，由联邦政府财政部及联邦准备银行担认之。

②保险费收入。即各被保险银行所缴之保费。

③发行公司债。该公司有权发行其公司债。

④投资收入。所收资本及保费得投资运用而获利。

（3）存款保险公司之保险对象。凡系联邦准备银行制度下之所有会员商业银行，不论其由《国立银行法》（National Banking Act）所设立之国立银行，或由州银行法（State Banking Law）所设立之州立银行，概需加入存款保险制度而自动投保。至于其他非联邦准备银行制度下之商业银行，即非会员银行，亦可自由投保而加入，但加入存款保险公司制度之商业银行，需符合存款保险公司之规定与标准。现在加入联邦存款保险公司之商业银行已达一万三千三百零二家，未曾加入者尚有七百余家。然加入存款保险者之存款额已占全国商业银行存款总额百分之九十八，故未加入之商业银行已无足轻重，且亦因其各银行之资力大都不符存款保险公司之标准，兹将加入存款保险公司之商业银行与未加入之商业银行，由其存款与家数比较有如下表。

加入存款保险银行与未加入者之比较表

	银行总数	比率	存款总数（百万美元）	比率
已加入者	13302	94.5	147811	97.8
未加入者	777	5.5	3278	2.2
总数	14079	100.0	151089	100.0

（4）存款保险公司对于存款保险之限度。联邦存款保险公司之所谓存款保险，并非对于各商业银行之全部存款总额加以保险，乃有其一定之限度，即对于各商业银行之每一存款户，只对于其最初之五千元加以保险。换言之，如万一某一商业银行发生事故破产而倒闭，存款保险公司对于其所有各存户，不论其存款多少，每一存户最多只获得其被保之五千元。

（5）存款保险公司保险费之征收及方式。已加入保险之各商业银行，对于存款保险公司，每年需缴纳规定之保险费，其保险费之规定现为每一银行全部存款总额之一成之十二分之一，现在全国商业银行之全部存款总额如前表所列为一千四百七十八万万余，故联邦存款保险公司每年可收进巨额之保险费。

（6）被保险银行之管理与监督。联邦存款保险公司既对于各商业银行之存款加以保险，某一商业银行倒闭，联邦存款保险公司即须担负每一存户之五千元现款之责任，故联邦政府乃依法赋予存款保险公司可以监督及检查被保险银行之特权，即对于加入保险组织之各商业银行，不论其原系联邦准备银行之会员银行或非会员银行，一律随时可以从事检查其业务外，每一被保银行每半年应造具有合法证明（律师或会计师）之存款报告书，以备联邦存款保险公司之参考与审核，而非会员银行此外更须每半年另造三项报告，提交存款保险公司以备查核，即①每半年之营业各种情况；②每半年之收益与其分配情况；③每半年报告其营业所在地、营业名义及其有关于其本身变化之状况及原因。

（7）存款保险公司对于非常时期之紧急措施。对于存款保险公司之组织与其职能，如前数项所举已可窥其大概内容。至万一金融市场发生风波，有被保险之银行遭遇困难时，联邦存款保险公司则立即采取下列之三种措施，斟酌当时金融市面之情况，以达成其所负之使命：

①借款方式。即对于遭遇困难之某被保险银行，予以相当之借款，以使其继续营业。盖存款保险公司绝不希望赔款，此亦为保险公司之原则。若某银行虽遭遇困难，而此种困难确系因市面之急剧变化所致，该被保银行之本身并未十分不良，若加以一时接济即可继续营业，存款保险公司当然为其后援，所谓利己而可利人。

②合并方式。此亦为避免即时付出赔款之方式，即因该发生困难问题之某银行，虽系因市面之波动，而非其本身绝对不良，但任其独立继续营业，亦因其不能自立，如是乃将其设法与该行所在地之其他未发生问题之银行合并，对于合并之银行，亦予以相当之借款，以达其合并营业之目的，因此存款保险公司亦不致赔款。

③吊销执照。此为最后无可奈何之办法，即该发生困难之某被保险银行内容不佳，组织不良，负责者亦无担当银行职务之能力，无法再助其继续营业，亦无法与其他银行合并，只有一方对于保险限度内之各种存款立即支付外，并指令同区域其他之商业银行为其清算人，代其清理债权债务，将该银行之执照吊销而令其停业。

要之联邦存款保险公司，固为美国银行制度下之特殊产物，亦所谓时势造英雄，若非一九三三年美国之金融大恐慌，也不致有存款保险公司之设立，若非美国银行系统之复杂及银行之过多，亦无成立存

款保险公司之必要。现在联邦存款保险公司，自一九三三年创立以来已有十六年之历史，不但对于金融界辅助联邦准备银行而发生其功用，若由其监督银行之法律地位观之，实与联邦政府财政部（Secretary of the Treasury）、金融通货管理局（Comptroller）、联邦准备理事会（The Board of Governors of the Federal Reserve System）、复兴金融局（Reconstruct Finance Corporation）及联邦准备银行等政府金融机关，从事金融管理之分工而合作。不过年来各方批语者亦复不少，尤其各资力雄厚之大银行对于联邦存款保险公司不无微言。各大银行主张存款之保险率应当差别征收，因为从历史上之统计与调查，年来倒闭者多系规模小、资力微之小银行，而非资力雄厚规模宏大之大银行，所以存款保险率之征收，应当根据存款保险公司实际担付赔偿损失之多寡而规定其征收比率。再则所收保险费亦不当依据各银行之存款总额计算。因依据总额计算极不公允，即吸收小额存款之小银行，几全部每户之存款皆已保险，而对于收受巨额存款之大银行，保险费付出虽多，而实际被保部分之存款则只占一小部。复次保险费征收之比率亦太高，即对于全部存款总额一成之十二分之一，保费太贵，非减低不可。因联邦存款保险公司并非营利机关，其开支亦不如此巨大，则无征收巨额保费之必要。此等问题现正在议论中而尚待将来解决也。

美国十一大银行现况表　　1948 年 6 月 30 日

1.	Bank of America	
	资本	106616375.00
	存款	5433396048.24
	公债	2102804911.68
	放款	2602110350.75

续表

2.		National City Bank of New York	
		资本	77500000.00
		存款	4654527278.00
		公债	2154497314.00
		放款	1308134577.00
3.		The Chase National Bank	
		资本	111000000.00
		存款	4154808627.36
		公债	1754762060.43
		放款	1461069533.69
4.		Guaranty Trust Company of New York	
		资本	100000000.00
		存款	2310497816.80
		公债	1125217837.28
		放款	870076683.69
5.		Continental Illinois National Bank and Trust Co. of Chicago	
		资本	60000000.00
		存款	2082217706.10
		公债	1125745357.30
		放款	438146894.55
6.		First National Bank of Chicago	
		资本	60000000.00
		存款	2017593415.13
		公债	744976230.00
		放款	789556563.00
7.		Central Hanover Bank and Trust Co.	
		资本	21000000.00
		存款	1409010546.93
		公债	606485001.77
		放款	450287764.77

续表

8.	Chemical Bank & Trust Co.	
	资本	25000000.00
	存款	1360694693.44
	公债	516927483.53
	放款	529393205.25
9.	Bankers Trust Company	
	资本	30000000.00
	存款	1305039022.87
	公债	606485001.00
	放款	450287704.77
10.	Bank of Manhattan Company	
	资本	20000000.00
	存款	1033613680.91
	公债	347326698.00
	放款	425865412.00
11.	Irving Trust Company	
	资本	50000000.00
	存款	1013334529.72
	公债	384424389.96
	放款	413238296.59

（本文原载《银行周报》，1949年第33卷，第9期）

第五部分　新中国成立以后

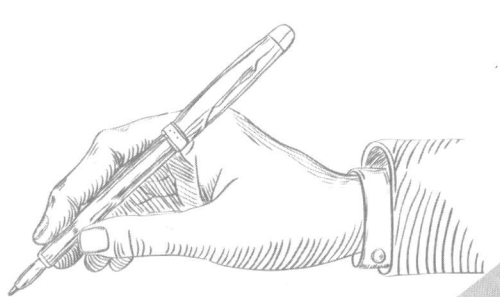

›› 共同纲领的经济政策

一、共同纲领的真义

在讨论共同纲领的经济政策之先,需要明确了解什么是共同纲领,因为现在要讨论的不是其他的或普通的经济政策,是"共同纲领"所制定的经济政策。这个共同纲领是由中国人民政治协商会议所决议而通过的,中国人民政治协商会议是中国人民民主统一战线的组织,而人民民主统一战线,是包括全中国的工人阶级、农民阶级、小资产阶级、民族资产阶级及其他爱国民主分子,并且以工农联盟为基础,以工人阶级为领导的全国人民大团结。有了这个大团结,所以今年九月在北京召开了由中国共产党、各民主党派、各人民团体、各地区、人民解放军、各少数民族、海外华侨及其他爱国民主分子等六百多名代表所构成的中国人民政治协商会议。在这个代表全国人民意志的会议上,又经过了许多次的反复研讨,乃正式决议通过中国历史上空前未有的所谓三大宪章,即"中国人民政治协商会议组织法""中华人民共和国中央人民政府组织法"及"中国人民政治协商会议共同纲领",所以这个共同纲领,既不是属于某一党某一派的,也不是属于某一个团体或几个团体的,它是属于全中国人民的,各党各派以及各人民团体固然要完全遵守它的一切规定,全国人民也应当一致坚决地共同遵守它的一切规定,并为其彻底实现而奋斗。由此我们可以知道中国人民政治协商会议共同纲领是中国人民民主一个"政治上的统

一战线",那么共同纲领的经济政策当然就是中国人民民主一个"经济上的统一战线",有"政治上的统一战线",当然就要有"经济上的统一战线"来配合,全国人民要共同遵守"政治上的统一战线",当然就要遵守"经济上的统一战线",否则,就不能实现共同纲领的经济政策,或甚至违反这个经济政策,就不能很快地建设一个独立、民主、和平、统一和富强的新民主主义和人民民主主义的国家。

二、经济政策中所包含的经济成分

由前面所举,我们已经知道,共同纲领的经济政策是中国人民民主一个"经济上的统一战线",但是"经济上的统一战线"是什么呢?要统一哪些经济战线呢?就是"调剂国营经济、合作社经济、农民和手工业者个体经济、私人资本主义经济和国家资本主义经济,使各种经济成分在国营经济领导之下,分工合作,各得其所。"而为什么要这五种经济成分组成统一战线呢?就是要配合"政治上的统一战线",就是更要使这五种经济一致努力去实行毛主席所指示的"发展生产,繁荣经济,公私兼顾,劳资两利,城乡互助,内外交流"的照顾"四面八方",以促进整个社会经济的发展,这就是中华人民共和国经济建设的根本方针。从这里我们更可以看出新中国的建设是以经济建设为中心,所以共同纲领上的七章六十条中,经济政策一章就占了十五条之多,因此我们可以深切知道今后经济建设是如何的重要了。

三、五种经济有计划的分工合作

前面已经谈到"经济上的统一战线"是由五种经济成分所组成,即国营经济、合作社经济、农民和手工业者个体经济、私人资本主义经济、国家资本主义经济。但这五种经济绝不是各自为政,必要有计划、有步骤、有秩序地在国营经济领导之下，分工合作，始能组成一个很坚强的"经济统一战线"，否则一个往东，一个往西，一个走南，一个走北，互相背道而驰，绝不能完成经济建国的使命。所以共同纲领对于五种经济都有很明确的规定，使其有计划地分工合作。现在根据共同纲领可以很简单地将这五种经济的内容与其责任，分别列举如下：

（1）国营经济。国营经济是社会主义性质的经济，就是凡系有关国家经济命脉和足以操纵国计民生的事业，均应由国家统一经营，此种国有的资源和国有的企业就是领导新中国经济的主要物质基础，而一切其他经济成分都要以国营经济为中心，跟随国营经济的方向，一致向前迈进，所以国营经济是领导整个社会经济的统帅。

（2）合作社经济。合作社经济是半社会主义性质的经济，人民政府不但要扶助其发展，还要给予优待。因为合作社经济若是能顺利发展，可以使全国过去那些"散漫的""落后的""无组织的""浪费的"，一切"生产""运输""供销""消费"等经济活动，通过各种合作社组织的方式，就可以使其变为"有组织""有计划""不浪费""能进步"的人民经济事业。

（3）农业和手工业者个体经济。农业和手工业者个体经济在目前还是中国最重要的一种经济成分，因为中国人口百分之八十都是农民，若百分之八十的人民在经济上不能自立，这个国家绝不能实现经济建设。所以要想发展全国生产力，要想国家工业化，必须在已实行土地改革的地区，保护农民已得土地的所有权，提高农民及手工业者人家的生产积极性。在尚未实行土改的地区，则要发动农民群众，先实行减息减租，再实行分配土地，实现耕者有其田。务求这种个体经济，做到比赛劳动发家，生产致富，再次走向集体的

大生产运动。

（4）私人资本主义经济。私人经济在新民主主义经济之下，不但不被消灭，更要使其自动发展，但必须要有计划、有步骤、有积极性。一切经济活动要与国营经济相配合，方能对于整个经济建设有所贡献，对于本身才有前途。否则若再走过去没有秩序的资本主义的老路，则不但于公于私毫无裨益，且亦自取灭亡。所以共同纲领很明确地规定是"对有利于国计民生的私营经济事业，人民政府应鼓励其经营的积极性，并扶助其发展"；反之，若无利于国计民生的事业，或扰乱市场的投机事业及破坏国家金融的投机事业，政府就要严格取缔，或者更实行严厉制裁。

（5）国家资本主义经济。国家资本主义经济就是国家资本与私人资本合作的经济，政府当然要鼓励大量私人资本向这个方向发展，就是私人资本与国家资本合作也好，代公营企业加工也好，用租借的形式经营国家的企业也好，务使其能大力地开发国家的富源。

四、重工业与轻工业分工并进

中国的民族工业多年来受了帝国主义的压迫，不能抬头，所谓做工业基础的重工业，实微不足道。例如钢铁工业、机械制作工业是很显著落后，即基本化学工业亦毫未发展，工作母机不能大量制造。原有一些的轻工业也就在很艰苦的过程中苟延残喘。这是因为向来"民族资本"在列强"侵略资本"的压迫下，只有与他们的利益不相冲突的时候，才能允许其存在。所以过去中国的轻工业虽略具规模，谈不到整个工业的建设。现在人民政协共同纲领的经济政策针对此点，特别对于工业方面，明确的规定是，"应以有计划、有步骤地恢复和发展重工业为重点，以求创立国家工业化的基础"；同时"应恢复和增加有利于国计民生的轻工业，以供人民日常消费的需要。"这是因为工业发展，若任其自然进行，由民间自动前进，必然是争相从事轻而易举的轻工业，然后再考虑发展重工业，其结果当然是工业建设的速度要慢。因此在国家工业化的初期，国营经济当然是着重于重工业，如矿业、钢铁业、动力工业、机器制造业、电器工业、主要化学工业等，私营经济则当着重于轻工业，即民生日用必需等事业。如此在国营经济领导之下，分工合作，同时并进，始可很快地使落后的农业国发展为进步的工业国。

五、结语

共同纲领经济政策的内容是很博大、很丰富的，绝非三言两语可以说完。前面所举，不过就其最特殊的几点略加解释。此外，还有关于"农林渔牧""交通部门"，以及"财政""金融""税收""贸易""劳资关系"等部门，都有很明确、很合理的、很公平的规定，并且更切实地规定"中央人民政府应早日争取制定恢复和发展全国公私经济各重要部门的总计划"，换言之，现在中国虽然不能实行计划经济，而公私经济则非有计划配合不可。总之，从共同纲领经济政策的基本精神上，我们可以很明确地看出"哪些是应该做的，哪些是不应该做的，哪些是现在可以做的，哪些是现在不能做的，哪些是已经做的，哪些是尚未做的。"这个经济政策可以说是完全适合中国目前经济建设的需要，是中国目前经济建设的指南针，全国"民族工商业者"、全国"经济工作者"只要依据这个指南针，积极地从事各种经济事业，必然的就有他们的出路，必然的就有他们的前途，必然的就可以自由发展，必然的对于国家就有极大的贡献。

资耀华文存

全国人民能在共同纲领的领导下,一致为完成中国经济建设的伟大任务而奋斗,一个工业化的、昌盛的中国就可以有步骤地实现了。

(本文原载《进步日报》,1949年12月6日)

》中国金融学会的任务

我们今天已开始进入了中国人民的一个伟大无比的新时代,我们觉得这是比过去的金融经济工作者很幸福很愉快的事。如所周知,中国的经济,受了两千多年来封建主义、一百多年来帝国主义、三十多年来的官僚资本主义的压迫和束缚,不能自由发展,当然过去做金融经济工作者同时也同样受了这种压迫与束缚,不能自由发展。

现在全中国除了极小区域外已全部获得解放了,英勇的中国人民已将半封建半殖民地的中国改变为新民主主义的独立自主的中国了,这就为我们金融经济工作者开辟了一个新环境,同时也为我们金融经济工作者提出了一个新的历史使命。新的历史使命是什么呢?就是新民主主义的经济建设。

不过中国现在固然已驱逐了帝国主义,已获得独立自主了,但必须中国的生产发展了,经济建设搞好了,才算是整个的真正的独立自主。而中国要实现毛主席所指示的"发展生产,繁荣经济",获得经济上的独立自主,还需要经过很艰苦的努力奋斗,这个伟大的工作任务就落在我们金融经济工作者的肩上了。

我们金融经济工作者处在这个新时代,第一步要做些什么呢?就是要团结与组织。金融经济工作者在过去不良的环境里,因为没有正确的目标,没有统一的信念,很难团结,很难组织,不能自由发展,以致埋没了许多人才,埋没了许多志士。

现在好了,现在我们金融经济工作者在人民民主政权领导之下,

已经有一个共同的目标了。依据这个共同目标，就有了正确的统一的信念了。共同目标是什么呢？就是中国人民政治协商会议所制定的共同纲领，尤其是共同纲领中的经济政策。共同目标既有了，就需要我们金融经济工作者一致地团结起来，组织起来，才能实现这个共同目标，这就是我们要组织中国金融学会的主要目的与任务。

中国金融学会组织起来了，那么将来要做些什么工作呢？将来的工作固然是很多，但最重要的宗旨就在很正确地推行政府的金融经济政策，而要想很正确地推行政府的金融经济政策，就需要我们做金融经济工作者，在思想上、在意志上、在行动上都要有充分的准备与统一的步调；所以中国金融学会今后的工作，一方面是一致地学习马列主义的世界观与人生观，学习毛泽东思想，了解事物与人类社会的生存和发展的规律；另一方面是努力研究专门技术，改进实际业务，把理论与实际联系起来，结合起来。这样才能达成我们的共同目标，才能协助政府推行金融经济政策。

还有中国金融学会是所有从事金融经济工作者的共同研究与学习的组织，公营金融业的工作者、私营金融业的工作者、公私营企业的金融经济工作者，以及各学校、机关团体的金融经济工作者都可以自由参加。我们希望透过这种学术研究的方式，利用集体的力量，来共同研究，共同学习，共同讨论，以求培养人才、奖励人才、发掘人才，务使理论与实务密切联系，处处以迅速恢复生产、发展生产为我们工作的重点，处处以新民主主义的经济建设纲领作为我们工作的目标，我想我们一定能够很顺利地完成我们应当完成的历史使命与任务。

（本文原载《中国金融》，1950年第1期）

>> 中国人民银行成立三周年笔谈

中华人民共和国成立以来,我们祖国在政治、军事、经济、文化各方面都获得了历史上空前未有的巨大成就。而肩负起财政金融工作的中国人民银行更表现了辉煌的进步与发展,真所谓从无到有,从小到大。一方面,统一发行,管理金银外汇,监督并指导私营金融事业,鼓励人民储蓄,便利侨汇,引导社会游资及无益于国计民生的商业资本投向生产事业。另一方面,牢固组织,扩大经营,采取了苏联先进的经验,实行了货币管理,并开展了私人业务和农村金融工作,由面的开展、点的深入而壮大了自己。尤其是扭转了十几年来成为人民灾害的通货膨胀,完成了货币的空前大统一,使资本主义国家瞠目结舌,认为是中外经济史上一个大奇迹。同时对于几十年来一盘散沙、我虞尔诈的全国私营金融业,在不到两年的期间内,进行了改选与教育,做到车同轨、书同文,共同团结,共同努力,使之逐渐成为国家银行体系的组成部分,由畸形而变为正常,由萎缩而走向发展。这些成就在过去旧社会里都是不可想象的。然而人民还是同样的人民,土地还是同样的土地,过去不可能做到的,今天为什么就可能做到而且做得很好呢?其最重要、最根本的原因,就是中国人民在共产党和毛主席的英明领导下,推翻了帝国主义、官僚资本主义和封建主义的反动统治,建立了人民民主的制度。这些伟大辉煌的成就就充分地证实了人民民主制度及新民主主义经济的优越性。让我们为中国人民金融的胜利而欢呼!

(本文原载《中国金融》,1951年第12期)

》在天津市第三届各界人民代表会议上发言

我们天津市第三届第一次各界人民代表会议今天就要胜利闭幕了。这次大会无论从哪一方面来看，都充分表现了人民民主制度的优越性。

我们天津市在黄市长的英明领导下，已经召开了两届市各界人民代表会议，现在又召开了第三届的市各界人民代表会议。我们的会议一次比一次开得好，内容也一次比一次更加丰富了。从参加本届代表会议代表的产生方法上看，是真正发扬了民主精神，大多数代表是由人民自己选举出来的。再从代表的成分上看，也有它的广泛与民主性。因为各阶层的人民都有自己的代表参加了这次会议，这足以说明我们天津市的一百八十万人民都真正掌握了人民民主权利，牢固了人民民主统一战线的组织形式。特别是这次会议提案的数量大大地超过了以往的两届会议，这说明了人民对自己政府的关怀和期望。同时，各代表团在分别讨论时，代表们都本着知无不言、言无不尽的负责精神，发表了意见。这充分发扬了人民民主的精神，而且给新中国的建设打下了牢固的基础。

最后，我们天津市民主建国会全体同志对黄市长一九五〇年市政工作总结报告表示衷心的拥护。因为从报告中我们深切地感觉到，天津市人民政府一九五〇年在各方面都获得了伟大辉煌的成就，这是我们天津历史上所没有的。

其次，对于黄市长一九五一年市政工作方针，我们表示坚决的拥护，并保证全心全意帮助政府进行一九五一年的工作，特别是抗美援朝保家卫国这一伟大的爱国主义和国际主义运动，我们保证把这个运动更广泛、更深入地坚持下来。对于牢固国防和有计划、有重点地进行市政建设、经济建设、城乡互助、稳定物价等工作，我们一定与本市民族工商业者坚强地团结在政府的周围，保证尽我们最大的努力，协助其贯彻与执行。

（本文原载《天津市政》，1951年第21期）

》《新民主主义经济管窥》引言

解放三年来,中华人民共和国已经胜利地完成了恢复国民经济的阶段,而进一步有计划的大规模的新民主主义经济建设就要开始了。今后国家和社会生活,将随着经济建设的前进而发生更多的变化,经常不断地有新事物出现。我们经济工作者为了能够胜任愉快地迎接这个光荣的历史任务,为了在新事物面前更能够深刻领会,更能够积极接受,就必须加强经济理论的学习,并系统地分别地学习"马克思列宁斯大林主义和中国革命实践相结合"的毛泽东思想。尤其是对于在新民主主义经济建设过程中,可能发生及将要发生的各种复杂和困难的种种新问题,更要从实践中从事研究与学习。

因为新民主主义经济不是资本主义经济,可是要容许城乡资本主义经济在一定的时期中,在一定的范围内,有一定程度的发展。然而新民主主义经济又不是社会主义经济,可是要自觉地认识客观的经济法则,利用客观的经济法则,努力走上社会主义经济。所以对于为什么要建设新民主主义经济而不建设其他种经济,怎样来进行建设新民主主义经济,今后国家工业化和农业社会化的方式方法将是怎样的,各种经济成分和各种社会阶级将有些什么样的变化和发展,怎样来制定经济计划,在今后曲折复杂的经济斗争中,要如何掌握经济政策,如何辨别经济发展的方向,不致走弯路而能迈步前进。这些就都是我们每个经济工作者所迫切需要研究学习的,且因此不但要研究学习新民主主义经济的特殊规律,需要了解资本主义经济,而且更需要研究掌握社会主义经济的规律，以及这些经济规律目前在中国如何具体应用。

一九五〇年春，中苏友好协会邀请了苏联经济学者马卡洛娃硕士来中国讲学，她来到天津的时候，南开大学曾请她主持召开了一个经济座谈会。当时在座有一位教授向马卡洛娃硕士提出一个问题，问的是新民主主义经济要经过多久才能走到社会主义经济。马卡洛娃当时的答案是，这就要问各位自己的努力和计划如何，努力得多，计划得好，就可以快一些，否则就要慢一些。

这个答复虽然很简单，意义则很深长。我们中国因为有古代特殊的历史环境，封建制度延续三千多年，又因为在近代受外国资本主义、帝国主义的侵略与压迫，不但没有顺利地发展真正自主的资本主义社会经济，反而沦为半殖民地半封建的附属的资本主义社会经济。在资本主义或附属的资本主义社会经济条件下，人们是受着盲目的经济规律所支配。在这样的社会里，不是你愿意不愿意生产什么东西，而是完全为追求利润的规律所支配，就是什么东西利润大，则生产什么东西，一切经济活动都是来"保证最大限度的资本主义利润"（斯大林论苏联社会主义经济），社会生产不可能有计划，因此也就不可能有合理的"不断增长和不断完善"的发展，"来保证最大限度地满足整个社会经常增长的物质和文化的需要"（同前注）。

现在中国这个半封建半殖民地的社会经济已经过伟大的人民大革命而进入新民主主义社会经济了。虽然这还是一个过渡的社会经济形态，而且在这个过渡的社会经济阶段中，经济的构成分子相当复杂，构成的关系也互相交叉错综，但是新民主主义经济的前途是要走向社会主义经济。而新民主主义的政权性质是以工人阶级为领导、以工农联盟为基础的人民民主政权，社会经济的发展规律是由人民自己来利

资耀华文存

用来支配的,所以新民主主义经济建设是可能有计划的,也必须有计划的。可是在目前的新中国,虽然是百废待兴,可不能百废并举。而科学统计工作又还未充分建立,要想建设新民主主义而进入社会主义经济,就不得不想到马卡洛娃硕士那几句话了。就是我们一方在苏联先进的支持,一方又在帝国主义仇视之下,只有有计划地、有步骤地加速度来推进新民主主义经济建设,绝不可以延缓这个发展的速度。斯大林在"论经济工作人员的任务"中,有一段很生动又很沉重的话,说的是:

"延缓速度,就是落后,而落后者是要挨打的。但我们不愿挨打。不,我们绝对不愿意!旧俄罗斯的历史,其中有一点就是常因落后而挨打,蒙古可汗打过它,土耳其贵族打过它,瑞典的封建地主打过它,波兰和立陶宛的地主打过它,英法的资本家打过它,日本的武士打过它。大家都打过它,就是因为它落后,因为它的军备落后、文化落后、国政落后、工业落后、农业落后。大家都打过它,就是因为这既可获利,又不致受到报复。你们记得革命前期的一位诗人的语句吧:'罗斯妈妈呵,你又丰富,你又单薄;你又强大,你又软弱。'这些老爷们是把旧时诗人的这一段话背得很熟的。他们一面打着,一面又笑骂道:'你既然丰富,那就不妨靠你发财。'他们一面打着,一面又笑骂道:'你既然单薄软弱,那就可以随便打你抢你。'打击落后者,打击弱者——这就是剥削者的法则,这就是资本主义弱肉强食的法则。你落后了,你软弱无力么,那你就算是没有理,于是也就可以打你,可以奴役你。你强大有力么,那你就算是有理,于是就得小心对待你。正因为如此,所以我们不可再落后。我们比先进国家落后了五十以至一百年。我们应当在十年以内跑完这个距离。或者是我们能做到这一点,或者就是我们会被人家打翻。"

《新民主主义经济管窥》引言

过去一百多年来,我们的中国的一切情况就正如斯大林所说的一样:我们自一八四〇年鸦片战争起一直至解放前夕,我们挨过许多次七八个国家单独的或联合的打,都是受帝国主义的欺侮、压迫和侵略,尤其是最后美帝国主义更是我们一个最凶恶的敌人,它就想整个地支配我们中国。所以我们的经济要比先进国落后一百年至一百五十年。因此我们在新民主主义经济建设上就必然地要有一个飞跃的前进与发展。

当然是,我们新中国解放三年来,在中国共产党和英明领袖毛主席的领导下及各族人民群众的积极努力,已创造出来了许多历史上空前未有的奇迹。在各个战线上取得了伟大辉煌的成就:如财政经济状况的根本好转,土地改革的基本完成,国防建设的空前巩固,抗美援朝的伟大胜利,人民民主统一战线及人民民主政权的巩固,"三反""五反"运动的胜利,工业、农业从恢复走向发展,总的产量已超过了抗战前的水平,这些伟大成就使中国的面貌已完全焕然一新了。但今后经济的重心还是要在"巩固国防,稳定物价,全面恢复,重点建设"的基础上,尽可能加速度地完成〔建立〕一个独立、自由、富强、康乐的新民主主义的国家。尤其是必须指出,我们工农业产量所突破的水平还是半殖民地半封建时期的生产水平,在工业与农业的生产中,还潜藏着很大的潜在力量,等待迅速地发掘和开展,这就需要我们学习苏联先进经验,进一步提高理论,联系实际,来迎接祖国行将到来的大规模的新民主主义经济建设。

(本文原载上海商业储蓄银行编印的《新民主主义经济管窥》,1952年11月)

》公私合营银行实行定息的好处

解放以后,全国私营金融业在党、政和人民银行的统一领导下,通过改组、调整、联放、联营、联管等种种方式,有计划、有步骤地首先实行了全行业的公私合营。全国范围内六十个独立单位的私营银行和钱庄,连同三百八十多个分支机构,合并组成了公私合营银行。

私营金融业的户数既多,牵涉面又广,规模、范围大小不同,思想情况极不一致,比起个别行业或单独企业的公私合营,是更为复杂、艰巨的。但几年来由于人民银行总行及各地区分支行正确而细致的领导,事先做好了一系列的政治、经济及思想教育工作,一切都经过充分的协商和研究,所以私营金融业的公私合营工作,无论在财产的清估、资金的核定,以及人事的安排等方面,都能做到实事求是、公平合理。

尤其值得介绍的是公私合营银行对于盈余分配采用了定息的办法,这不但使七十几位私股董事及全行私方实职人员为之欢欣鼓舞,即一万七千多户私股股东也是喜出望外。这主要是因为:

(1)无可讳言,过去私营金融业纯粹是投机取巧、唯利是图的资本主义经营方法。现在有了定息的保证,私方实职人员认识到办好企业是为了国家和人民的利益,而不是为了个人和部分私人赚钱的目的,再用不着钩心斗角,来牟取高利,反可以在公方领导之下,专心致志地学习社会主义经营管理的方法,做到守职尽责,从而铲除过去那一套陈旧的资本主义经营思想和作风。所以定息的办法不但有利于

公私合营银行实行定息的好处

企业的改造,更有利于人的改造。

(2)过去私营行庄在工资福利方面有所谓年节奖金、全勤奖金、双薪等不合理的办法,这都是跟随股东随时分红分利而出现的。实行定息办法以后,工人群众的积极性进一步提高,这些不适合工人阶级长远利益的工资福利制度随之取消,从而有利于改善企业的经营管理。所以公私合营银行的一切制度现在已向同类性质的国营企业看齐。同时,定息的办法更可使私方人员逐渐放宽对工人群众的剥削,最后做到放弃资本主义私有制,转变成为自食其力的社会主义社会的劳动公民。

(3)过去由于私营金融业一方面受官僚资本及帝国主义银行的双重压迫,各行庄随时有被挤垮的危险,各股东随时要负无限的责任,另一方面私营金融业本身户数很多,大小悬殊,机构臃肿,组织散漫,盲目竞争,盈亏不一,因此投资金融业的股东,除极少数外,都认为是捧了一个"空的金饭碗,好看不好吃",徒有虚名,并无实惠。现在到了全业公私合营,再也不分企业此大彼小,再也不管营业谁盈谁亏,一律获得同样利率的股息,这是从来设想不到的事。

(4)定息的办法在公私合营银行章程内有明文规定,这就是说,股东合法的利益已有了可靠的保证,更是意料所不及的事。

以上所举固然是公私合营银行实行定息办法分配利润的好处,但这对其他公私合营企业也是适合的。总起来说,在全行业公私合营和改造的条件下,关于私股利润的分配方式,原来所谓"四马分肥"的办法显然已经不适合于新形势的发展了。正如《人民日报》一九五五年十一月二十二日社论所说:"应该逐步地推行定息的办法,使原有的私股按照具体情况,适当地分得固定的利息。"我们认为这种分配方式可以加强双重改造,即一方面,改造资本主义企业,改变旧的生

产关系;另一方面,改造资产阶级分子,改变每个私营工商业者的旧思想、旧作风。这样公私合营企业中的社会主义成分不断增长,社会主义领导不断加强,最后就可以从容而妥当地用社会主义公有制来代替资本主义私有制。

(本文原载《工商界》,1956年总第33期)

>> 英、法、美三国的鬼心思

埃及政府七月二十六日宣布把苏伊士运河公司国有化的时候，就保证了运河航行的自由。埃及的措施完全是合情合理的，这是一个主权国家自己有全权处理的事，任何外人都不应该"啧有烦言"的。

这条运河的主权一直是属于埃及，是埃及人民耗费了十多年的劳动力，牺牲了很多的宝贵生命亲手开垦成的。不幸，从运河公司成立那一天起，近百年来，全部权力都被英、法等国强力掠夺了去。从 1870 年到 1930 年，它们已经夺取了三十五亿法郎；1927 年一年，英国就获得了一百五十五万英镑的利润。这正是一些国家奴役剥削另外一些国家的典型例子，是绝对违背情理的，也可以说是同强盗的行为并没有什么两样。现在主人站起来了，从掠夺者手里把过去被抢走的东西收回来，他们就应该俯首认罪赶快双手奉献出来才是道理，还有什么别的话好说呢？

然而，英、法、美等国的态度却怎样呢？半月来，伦敦、巴黎、华盛顿三个首都就陷于混乱，紧张地进行活动，闹得乌烟瘴气。有的召开有陆、海、空三军首脑人参加的紧急内阁会议，有的向埃及政府提出粗暴无礼的"抗议"。紧接着就是冻结埃及的外汇存款，叫喊经济封锁，大呼军事干涉。果然，英国于七月三十一日就下令三军进入戒备状态，法国宣称正在"采取一切措施"以保护法国在埃及的利益，美国表示"正在同其他有关的政府进行紧急的协商"。它们甚至宣称要组成联合军司令部，企图造成"山雨欲来风满楼"的国际紧张局势来

威胁埃及。这一套陈腐的把戏不是无聊至极吗？不是无理取闹吗？

还有更可笑的。就是在伦敦、巴黎、纽约市场上也跟着起哄，股票行市下落，黄金价格上涨，这又是不是伦敦、巴黎、纽约资本家们自己人同自己人过不去呢？因为无论黄金上涨也好，股票下落也好，既然有人赚大钱，就要有人吃大亏，闹来闹去，不过是"庸人自扰"罢了。

看到威胁恐吓这一套把戏不一定灵验，英、法、美三国经过整天整夜的首脑会议后，于八月二日又发出联合公报，硬说苏伊士运河公司是一个"国际机构"，要在伦敦召开一个国际会议来讨论苏伊士运河的前途问题，目的就是想把这条运河弄成形式上是"国际管制"，实质上依然由英、法、美来把持。这是一个想利用国际力量来压迫埃及的鬼心思，想损害埃及的主权和尊严，干涉埃及的内政。当然一手不能遮天，是要遭到正义人士的指责的。

人们不禁要问：作为埃及领土的苏伊士运河，作为英国领土的泰晤士河，作为法国领土的塞纳河，作为美国领土的赫德逊河，它们在地域的位置上虽然有所不同，但在"领土"这两个字的意义上有什么两样呢？假使现在有人主张开一个国际会议，来讨论泰晤士河、塞纳河、赫德逊河的前途问题，并提出"国际管制"的方案，试问英、法、美三国首脑对这样的提案要作何感想，是欢迎呢还是抗议呢？

所以，我希望英、法、美三国的首脑们，对于埃及政府把苏伊士运河公司国有化这件事，要设身处地地想一想，先想想自己，再想想人家，将心比心，认识到"己所不欲，勿施于人"，就会心安理得；否则，它们只会是自找苦恼，贻笑于天下，而使自己更加陷于孤立。

（本文原载《人民日报》，1956年4月21日）

≫ 增加和节省外汇　发动群众储蓄

1956年是我国社会主义革命取得了决定性胜利的一年，是我国国民经济发展很大而且很快的一年，同时也是全国社会购买力有很大增长的一年。这就是一方面各种生产大大地增加了，另一方面人民生活相当地改善了。但总的来说，生产还是赶不上消费和需要的普遍增加，因此用了国家储备和商业部门的库存物资来抵付，物资库存和周转量就相应地减少，从而就出现了一些生产资料和消费资料的供应紧张的现象。这原是在社会主义建设过程上前进中的不足、发展中的困难，也就是我们国家目前主要矛盾在经济生活中的具体反映。这个矛盾在短时期内还不能从根本上解决，即使暂时解决了，今后某个时期还可能出现，要解决这种供求之间的矛盾，今后只有在长期内经常地一方面大力增加生产，另一方面全面厉行节约。所以我完全拥护陈云副总理的号召："要求政府、军队、工厂、企业、学校、事业单位，根据各个单位的情况，作出增产节约的方案，有力地开展全国增产节约运动。"同时我得到启发，愿意提出两点极不成熟的建议，供各有关方面的参考。

（1）在增产节约中，要大力增加和节省外汇资金。凡是一个进行巨大建设、新兴工业化的国家，有许多先行工业（多半是重工业）的原材料要从国外进口，这是必然的。我国虽然有苏联及东欧国家兄弟般的支持，也不可是无偿的。若对资本主义国家的进口，不容说，更必须有足够的出口物资和外汇资金去抵付。从而可知，要增加外汇资

金,就要很好地安排进出口贸易。而一个国家的进出口贸易又可分为四种,即有形的进口、有形的出口、无形的进口、无形的出口。

什么是有形的进口呢?就是从外国实际输入各种货物商品。什么是有形的出口呢?就是向外国实际输出各种货物商品,这两种都是要通过海关的。

什么是无形的进口呢?就是并没有实际的物资和商品进口,但要支付外汇资金,例如,在外使馆经费、本国人民出国考察见习费用、人民团体出国视察游历费用、留学生费用等。什么是无形的出口呢?就是并没有实际的物资和商品出口,但国家可以收入外汇资金。例如,外国使馆在我国的经费、华侨汇款、外国人民团体来我国旅行视察等费用,这是不要通过海关的。

进口当然要支出外汇资金,出口当然可以收入外汇资金。出口多于进口,形成贸易出超,外汇资金就可以增加。进口多于出口,形成贸易入超,外汇资金就要减少。

所以为了增加和节省外汇资金,就必须适当地维持有形的进口,合理地增加有形的出口,严格地限制无形的进口,大力地鼓励无形的出口。要如此才可以一方既增加外汇资金,一方又节省外汇资金。假使不必需的无形的进口太多,就要影响必需的有形的进口,就会妨碍先行工业的建成,甚至要阻碍已有工业的发展(现在有些地方就有这种情况),对于国家工业化是有重大关系的。

(2)在增产节约中要大力提倡减少消费,号召参加储蓄。不容说,社会主义革命的最终目的就是要消灭剥削,消灭贫困,建设一个人人幸福的新生活。要达到这个目的,就要实行社会主义工业化,要实行社会主义工业化,就要积累巨额的建设资金,要积累巨额的建设资金,当然就要一方面增加生产,积累资金,另一方面更要厉行节约，减少消费。陈云副总理已经指出在农业、一切工业、中央各部门、一切运输业、商业部门、政府部门、军事机关、工厂企业、一切学校和事业单位的节约方法，是非常正确而重要的。尤其是在全国人民中间，掀起一个提倡节约、实行储蓄的运动，则一方既可以蓄积建设资金，一方也可以缓和物资供应紧张的暂时困难，同时还可以增加出口而蓄积外汇资金。因为我国人口众多，消费量大，每人每年多节省一点，是一个庞大的数目，每人每年多消费一点，也是一个可怕的数目。假使全国每人平均多储蓄一元，总数就是六亿多元，就可用以购买三千多个两千马力的火车头，就可用以建设十七八个九万纱锭的纺纱厂，就可建设一百个病床的综合医院一千所，建设收容九百名学生的普通中学三千多所，建设收容六百名学生的小学校一万多所。这对于满足人民物质需要和文化需要上就有很大的帮助。

陈云副总理还提出1957年度比1956年度预备减少猪肉出口量的三分之二，来满足人民的肉食需要，结果当然要减少外汇资金，从而可知全国人民若能减少肉食消费，就可以增加外汇资金。即如全国食猪肉人口大约以四亿五千万人计算（一部分不食猪肉），每人每年只要节省四两猪肉，就可省出一亿一千二百五十万斤，合五万六千二百五十吨，如用以出口，可以换回二十八万一千二百五十吨钢材，可用以筑成和成渝铁路相等的铁路四十条，可用以制造十八万七千五百部拖拉机。

由此可见，人口众多的国家，全体人民的一举一动关系重大。若能人人参加储蓄，则聚沙成塔，集腋成裘，利在自己，功在国家，何乐而不为呢？因此建议国务院及全国党政领导大力号召，希望全国人民团体一致提倡，更希望全国各级政协委员重视支持，从而在全国范围内，在全国人民中间，掀起一个普遍的减少消费、实行储蓄的运

动,则不但可以克服 1957 年物资供应紧张的暂时困难,更可以蓄积社会主义工业化的巨额资金,不但可以有助于第一个五年计划的超额完成,也可以有助于第二个五年计划的顺利实现。

以上纯系刍荛之见,请各位委员批评指正。

(本文原载《人民日报》,1957 年 3 月 24 日)

》国民党政府法币的崩溃

国民党政府于1935年11月开始发行的不兑换纸币——法币，是以四大家族为代表的官僚资本集团用来对人民进行残酷掠夺的主要手段之一。当1937年抗日战争前夕，法币发行总额还只有十四亿元；在八年抗战期间，四大家族打着抗日的招牌，利用法币来进一步垄断全国经济，搜刮人民财富，因而通货不断膨胀，到了日本投降前夜，法币发行额即已达五千亿元。1946年3月，蒋介石撕毁停战协定，发动反共战争以后，随着国民党军事危机的日益严重，经济危机也日益加剧，到1947年4月，在短短的一年多时间内，法币发行额即陡增至十六万亿元以上，最后到1948年8月20日以金圆券代替法币的当时，法币发行额竟达到六百六十万亿元，等于抗战前夕发行额的四十七万倍，而物价则较抗战前上涨三千四百九十二万倍。

国民党政府在1946年初，除了接收了大量的敌伪财产之外，它的金融垄断组织——中央银行还握有九亿美元的外汇和五十余万条（即五百余万两）的黄金库存，此外还有美国援助的数十亿美元的物资。但是这一笔偌大的家当很快地便被蒋介石在反共战争中消耗掉了。同时，蒋介石为了进行内战，采用横征暴敛、滥发纸币、抬高物价的种种手段对人民进行极其残酷的经济掠夺。在这种情况之下，经济危机自然无法避免，而法币一泻千里，不可收拾，也就成为必然的结果。

如上所述,蒋介石发动反共战争是法币崩溃的根本原因。但是,四大家族利用职权,上下其手,相互之间,钩心斗角,特别是当时掌握国民党政府财政金融大权的行政院宋子文勾结英美垄断资本,利用外力,操纵金融,也是加速法币崩溃的一个重要因素。现在我从这一个角度,就当时见闻所及,对这一事件提供一些内幕情况。

一、宋子文勾结杨格开放外汇市场

在国民党的金融垄断组织的所谓四大银行之中,中央银行是"国家银行",从成立时起就一直是由孔祥熙、宋子文轮流把持,中国银行也一直为孔、宋所控制;CC派因只能操纵交通、农民两行,有所不甘,总想找机会把孔、宋排挤下台,把四行完全控制在手。1945年,CC派趁孔出国赴美,在重庆发动第一次黄金大疑案,拘捕了财政部总务司长王绍斋和中央信托局储蓄处长王华,这个疑案就以"事出有因,查无实据"不了了之。孔下台后,俞鸿钧继任财政部长和中央银行总裁。但到1946年初,宋子文勾结美籍顾问杨格,宣称可以获得美国借款二十亿美元,因而得任行政院长。宋上台后,即以他的私人贝祖贻任中央银行总裁,所有该行要职又都为宋派所占据。CC派在"二十亿美元借款"的声势之下,只好隐忍退却,从暗中同宋争夺外汇和黄金。

宋子文当时能够上台,是利用杨格所开的二十亿美元大借款的空头支票;而杨格为了满足美籍商人的要求,极力主张开放外汇市场。所以宋一上台,即执行杨格的意旨,由行政院正式颁布"开放外汇市场法案""中央银行管理外汇暂行办法"及"进出口贸易暂行办法"。这三大法案的主要内容是:

(1) 划分进口物品为三类：①自由进口类，即可以自由购买输入的物品；②许可进口类，即申请许可后方能输入的物品；③禁止进口类，即不准输入的物品。实际上，国民党政府为了讨好美国主子，对美商进口货物几乎没有任何限制。

(2) 由中央银行指定若干银行买卖外汇。因为那时主要的外汇是美元，实际上是由美商银行把持外汇买卖。

(3) 中央银行可以斟酌市面情形，随时买卖黄金、外汇来平衡市价。实际上，这是为了便于当权者上下其手。

根据以上办法，1946年3月4日，由中央银行实行开放外汇市场，美元汇价正式挂牌为二〇二〇元（即美元一元等于法币二千零二十元）。对于外汇的审核及申请办法，依然沿用抗战前由英籍顾问李滋罗斯等所拟订的中英平衡基金委员会的一套制度，不过当时由英籍顾问把持，现在改由美籍顾问操纵而已。

中央银行随又制定了"黄金买卖细则"，即：①每晨九时由各金号及银楼到中央银行申请购买黄金，十时由中央银行根据供求情况公布金价，并按市面情况配给黄金；②中央银行暗中特别委托几家指定的金号随时抛售黄金，以避免该行直接在市场上出面抛售。其实是掩耳盗铃，是为了更便于他们自己上下其手，抢购黄金。

外汇市场开放后，一方面由于蒋政权宣传假和谈，另一方面由于中央银行放出大量外汇，中央信托局处理大量敌伪产业，同时中国纺织公司抛出大量纱布，使旧法币大量回笼，因此从1946年3月到7月，金、钞、粮、棉市场在表面上波动尚不甚大，有如下表：

月别\市价项目	黄金（10两）	美钞（元）	白米（每担）	棉纱（20支/包）
3月	156万元	2001元	26900元	1095000元
4月	155万元	2061元	34500元	1107000元
5月	176万元	2332元	52000元	1260000元
6月	189万元	2588元	57000元	1373000元
7月	183万元	2577元	57000元	1347000元
上涨率	20%	25%	105%	30%

　　据上表所举，当时市场物价表面上除白米价格上涨较高外，其他不过上涨百分之二十到三十，似乎法币可望稳定。但一看对外贸易，就知已成死症，不可救药。因当时宋子文的对外贸易政策纯系讨好美国主子，进口贸易为美商垄断，美货进口毫无限制，出口则无力恢复。所以1946年3月以后，每月入超多达一千一百亿元，少亦达八百亿元，到1947年，每月入超达三千亿到五千余亿元。外汇损失巨大，有如无底之洞，其中进口货品主要为美棉、汽油、煤油、化学用品、纸张及各种奢侈品，美货占百分之六十到七十，有的为美货所独占，甚至有不经过任何合法手续而进口的美货。所以当时只要有美国货轮进口，市场黄金美钞就有一度高涨，因为这些进口美货不是用美元外汇结汇，而是在市场抄购黄金美钞来抵偿货款的。

　　这样，美籍顾问讨好美商的目的可算达到了，但是宋子文所幻想的二十亿美元大借款却同画饼充饥。一方面外汇大量损失，另一方面外汇头寸日见减少，汇价当然很难维持。原来当时宋子文维持汇价的手段只有三条，即第一是美元大借款，第二是严格限制进口，第三是变更外汇官价。后来他知道美援大借款只是一张空头支票，毫无希望，而限制进口，更怕得罪美国主子。例如，宋子文曾经一度主张限制美国小汽车进口，就因美国商人的抗议而作罢。同时，一批美国影片商人反而无理要求贴补过去在重庆、昆明积存的租片巨额外汇（实际上他们在重庆、昆明早已买好美钞作抵了），并声称如不按牌价结汇，就要闹到华盛顿去，宋子文只有唯命是听，平白地供给了大量外汇。因此，外汇头寸更是捉襟见肘，外汇官价更难维持。到了这样山穷水尽之时，宋子文所剩下的只有第三条路（变更汇价）可走了。但外汇行市，即使有充分准备，如轻易变动，也必然引起波浪，无准备而轻易变动，就等于大海决堤，汇价更难维持。

可是美籍顾问杨格又别有用心，极力主张变更汇价，调高汇率。还有美国在华农业顾问团也越俎代庖，公开指责中国外汇汇率不当，主张立即变动。他们一吹一唱，无非是一方面借以倾销美帝剩余物资，另一方面又便于美商吸收中国廉价原料。宋子文到了这个时候，还希望美元借款，不敢有违美籍顾问意旨和得罪美商，终于在同年8月17日（星期六）下午乘市场各业休息之机，宣布汇率从二〇二〇元调高为三三五〇元（即美元一元等于法币三千三百五十元，调高百分之六十五），同时宣称继续运用黄金来稳定国内币值。这时宋子文已被美籍顾问赶进了死胡同，毫无出路了。

二、限制进口法案遭到美国反对

汇率变动后，市场掀起大波，黄金从17日汇率变动前的二百零三万元涨至二百八十五万元。宋子文当即下令中央银行大量抛出黄金，两天之内抛出一万多条，收回法币二百三十亿元，但是金价也退不进二百万元关，黄金与外汇库存日见减少。到了9月中旬，情况更趋恶化，进口不能减少，出口不能增加，而不按合法手续进口的美货更日见猖狂。因此美钞黑市自9月19日起，五天之内狂涨至四千四百五十元，比官价汇率高出三分之一。结果一切物价跟随上涨，人心惶惑，市场不安。美籍顾问杨格一见情势不妙，称病辞职，撒手不管。宋子文不得已，又将原来在中英平衡基金委员会的英籍顾问罗杰士（即同李滋罗斯一起参与法币改革的）和马克两人，再度敦请上台。他们两人当即提出两项建议：（1）课纱厂重税，理由是纱厂获利极厚，因为自1946年3月至1947年3月，棉价上涨只二千倍，纱价上涨到四千倍以上，市场上抢购金钞的大户，多半就是各大纱布厂家，所以他们主张应当课以重税，来弥补因大量外棉进口而受到的巨额外汇损失。（2）即速限制进口贸易，设法推广出口贸易。英籍顾问这两项建议也有他们的意图。因为当时进口贸易几为美商所垄断，英国商人无力与美商竞争，他们想借此建议来压制美商。在当时，这两项建议虽不是什么仙方妙药，对于一时维持汇价，稳定币值，或许不无小补。但宋子文对于纱厂课重税的建议，认为有损他自己的利益，无意实行，因为中国纺织公司占中国纱锭总数的一半还多（全部纱锭四百五十万枚，中纺占一半，全部毛纺锭四万余枚，中纺占四分之三强），是宋子文手中的一张王牌，不肯放弃厚利；若单课其他私人厂以重税，又恐遭人攻击，道理也说不过去。因此，他只采用第二项建议而放弃第一项建议，即令这两项建议都能彻底实行，也只能稍有补助，并不是根本办法，何况第二项建议又遭遇美商压迫，也不可能行得通。

宋子文既采用英籍顾问第二项建议，当即由英籍顾问罗杰士及马克，并由海关调来英籍职员吉勃脱共同草拟"修正进出口贸易办法"，并于11月15日颁布实行，可是遭到美商的反对，没有获得结果。

同时，由于美国根据1942年6月的"中美互助协定"派军队来华，截至1944年，美国先后只付给二亿五千万美元来抵偿美军在华应当偿付的二十五亿美元的驻军费用。此外，美军机场建筑费及我国供给美军各项巨额用品的代价,双方对于结合美元的算法问题久争未决。1946年8月,美国特派专员来华与宋子文单独磋商,宋竟私自允许,只将美国战时散布在太平洋各岛上的一些剩余物资来作价抵偿这笔巨额费用。因此,中国不但没有得到应当得到的美元外汇现款,反而蒙受极大损失。原来1944年以前,我国对美军所垫各项费用总计达二百余亿元,如前所举,于1945年初只由美国折合二亿五千万美元拨充外汇基金,当时汇率上我国已吃亏很大,若依官价外汇计算还款,应合美元二十五亿五千万元。可是从1945年至1946年8月底止,我国对美军垫付各项费用又达一千三百余亿元,而这时仅由美国声称以可值八亿美元的实际上等于废品的各地剩余物资作抵,这就是等于变相赖账。何况这些存在太平洋各岛上的剩余物资我国还需付出巨额美元外汇的运输费用(需要美船装运)。这当然更给法币一个当头的打击。宋子文固然丧心病狂,不惜牺牲人民财富来更进一步削弱法币的基础,以讨好他的主子,而美国这种欺诈赖账的行为不就等于是骗局吗?

三、所谓生产贷款与宋子文的最后挣扎

如上所举,宋子文所希望的外汇基金来源已断,外汇头寸日见枯竭。蒋政权这时已掀起内战,而内部争权夺利和文武机关人员贪污腐化达到惊人程度。例如,中央银行包飞机向平津各地运送现钞支付军费,各地所谓军政长官收到巨额法币现钞后,即先用以争购黄金美钞。各地中央银行分行及四行两局也大量抢做上海汇款,除了已向中央银行总行配给每周申汇定额外,又各私自包飞机运送现钞回上海,当然更助长了各地的投机套买。即如徐州原非工商业码头,但因系军事重镇,驻有重兵,银行钱庄相继开分行,争做上海汇款,套买金

钞。因此中央银行由南京往北运送钞票的运钞专车有时竟出现行至半途即掉转车头原车南开的怪事。这就充分说明当时为什么外埠黄金美钞的价格总是高于上海市场上的金钞价格,为什么外地游资(实际都是中央银行自己发行供各地军政费用的钞票)不断流到上海,为什么中央银行在沪尽量抛售巨额黄金,依然不能抽紧银根,压低金价。

所以同年12月初,中央银行连日抛出黄金几千条,终不能抵挡各地流沪的六千亿元以及沪市原有二千亿元的游资。

到了1947年1月,金融形势更趋恶劣,金价由二百九十万元涨至三百七十万元,美钞涨至六千五百元。1月21日,更因大票额关金券的出现,外埠金价打破五百万元大关(北京、天津、汉口、广州),因此上海金价突破四百万元大关。1月30日,中央银行虽抛售黄金一万九千余条,收进旧法币达七百五十亿元,也还不能稳定黄金市价。

到了2月3日,黄金市价又形波动,其他物价跟踪直上,无一不涨,法币已到了不可收拾的地步。CC派为了大量抢购金钞,既不愿自己拿现款购金钞(因为拿自己的钞票购金钞,仅能保值而已,不能赚巨额利润),就设法向中央银行借款。因此他们就压迫宋子文发放巨额贷款,美其名曰"生产贷款",用厂基及机器作抵,并指定上海及外埠十二个城市的四行总处同时开办,实际上就是为了抢购黄金美钞。例如有的工厂早晨从中央银行领取所谓"生产贷款"的巨额支票,来不及通过交换所交换,即直接在市场上抢购中央银行抛出的黄金,因而中央银行抛售黄金的收款中,就发现自己当天上午所发出的生产贷款支票。仅在阴历年关几天之内,四联总处就放出六百五十亿元的"生产贷款",其他贷款尚不在内。这等于自决堤防,当然要遭没顶之祸了。

可是宋子文还想作困兽之斗,又于1947年2月5日,颁布"出口津贴，进口征费"的办法，来苟延残喘。即自2月16日起，凡是出口货物结汇时，对其输出价格给予百分之百的补助费；对于进口货物，则依海关征税价格从价再征收百分之五的附加税。但对于机器及米麦、煤油、棉花，为了讨好美国，则免征附加税。此项办法如此讨好美国，还是引起华盛顿政府的反对。美国驻沪总领事馆当即以书面通知各海洋轮船公司，告以中国所实行的出口津贴办法，与美国1930年颁布的关税法令及海关税则有抵触，并通知出口商凡输往美国的出口货需在领事签证书内将津贴及奖励费加以注明，到达美国口岸后，还要特别课税。宋子文的这个最后毫无办法的办法也因美国的反对而完全无用，当时中国的进出口贸易已为美国所垄断，美国这一关通不过，就满盘皆输了。

四、第二次黄金大疑案

总的说来，宋子文的黄金外汇政策及稳定币值办法遭到了美国的榨取干涉和CC派的抢夺压迫，以及自己的监守自盗，此时业已山穷水尽，黄金突破了九百万元大关，一切物价随之狂涨，毫无止境。宋不得不在1947年2月16日颁布经济紧急措施，禁止黄金美钞自由买卖，美汇黑市跃至一万二千元，此后日见恶化，最后高至十六万元。

CC派看到宋子文假借外力已不足恃，经济情势不可终日，抢购黄金已不可能，乃掀起第二次黄金大疑案，乘机参加倒宋。当时参政会、立法院在其委员会议上提出质询，监察院派员去上海查案，并由该院四监委提出对宋子文、贝祖贻的弹劾。于是宋子文不得不辞职出走广东，张嘉璈继贝祖贻为中央银行总裁，刘攻芸为副总裁。所谓第二次黄金大疑案又以"事出有因，查无实据"不了了之。法币也就从此总崩溃，无法收拾了。

以上这些事实，有的是本人记忆所及，有的是得之于当时参与内幕人士的口述，但恐尚难获得全貌，希望熟悉当日内幕情况者加以补充和指正。

（本文原载《文史资料选辑》第 7 辑，文史资料出版社，1960 年出版。本文又刊中国人民政治协商会议全国委员会文史资料研究委员会编的《法币、金圆券与黄金风潮》，文史资料出版社，1985 年 2 月出版）

>> 关于修改中国民主建国会章程的说明

（一九七九年十月十九日在中国民主建国会第三次全国代表大会上）

各位代表：

自一九六〇年二月本会第二次全国代表大会以来，在中国共产党的领导下，本会各级组织按照本会章程的规定，在推动和帮助会员及其所联系的原工商业者接受社会主义改造，为社会主义建设服务，参加反对国内外敌人的斗争等方面，作出了积极贡献，取得了很大进步。

实践证明，当时本会章程所规定的纲领和任务是适当的。现在，我们的国家进入了以实现四个现代化为中心任务的新的历史时期，我国的革命的爱国的统一战线也进入了一个新的历史发展阶段。为了适应新形势的需要，本会章程应当作必要的修改。

现在提交大会审议的《中国民主建国会章程（修改草案）》，是根据中国共产党十一届三中全会和五届人大、五届政协二次会议的精神，总结了本会过去的实践经验，按照现实的情况而起草的。在起草的过程中，广泛地征求了各地组织和会员的意见，充分吸收了大家的意见，反复修改而写成的。现在向大会作以下几点说明。

一、关于会的性质

本会是在中国共产党领导下，原来主要由有代表性的、爱国的民族资产阶级分子以及与其有联系的知识分子所组成的民主党派。三十

年来，我国社会阶级状况已经发生了根本变化。现在，作为阶级的资本家阶级已经不再存在，他们中有劳动能力的绝大多数人已经改造成为社会主义社会中的自食其力的劳动者。全国政协邓小平主席在五届政协二次会议的开幕词中指出："我国各民主党派在民主革命中有过光荣的历史，在社会主义改造中也作了重要的贡献。这些都是中国人民所不会忘记的。现在它们都已经成为各自所联系的一部分社会主义劳动者和一部分拥护社会主义的爱国者的政治联盟，都是在中国共产党领导下为社会主义服务的政治力量。"

邓主席的这一科学论断完全符合本会的实际情况。据此，修改草案第一条规定："中国民主建国会是在中国共产党领导下为社会主义服务的民主党派，主要由工商界中一部分社会主义劳动者和拥护社会主义的爱国者以及与其有联系的知识分子所组成。"我们认为，这样的规定必将进一步调动各级组织和全体会员的积极性，为我国的社会主义事业作出更大的贡献。

二、关于会的任务

党的十一届三中全会和五届人大二次会议已经决定从今年起把全党全国工作着重点转移到社会主义现代化建设上来。华国锋总理在五届人大二次会议《政府工作报告》中指出："安定团结地发展现代化建设，这是我国各民族全体人民的根本的利益，是全国的大局，是当前和今后一个相当长的历史时期内的最大的政治。"叶剑英副主席在庆祝中华人民共和国成立三十周年大会上的讲话中提出："各级人民政协和各民主党派都要加强自己的工作，在维护祖国统一、增强人民团结和促进现代化建设方面，发挥更大的作用。"根据新时期的总任务和党对我们民主党派的殷切期望，修改草案第二条明确规定："本会在我国新的历史时期的根本任务是：团结、教育、帮助会员为实现我国新时期的总任务，把我国建设成为四个现代化的社会主义强国贡献力量，并在实践过程中改造世界观。"同时，在修改草案第四条中规定："本会各级组织要推动、鼓励会员团结拥护祖国统一的爱国者，为台湾归回祖国，完成统一祖国的大业贡献力量。"

为了贯彻执行上述根本任务，修改草案总纲还对于调动成员的积极性，为四化建设作出贡献，对于搞好学习，继续进行自我教育、自我改造，对于发扬社会主义民主和健全社会主义法制，代表会员的合法利益，对于联系台湾同胞、港澳同胞、国外侨胞为祖国现代化建设贡献力量，对于贯彻执行我国的革命外交路线，对于在会内生活中努力造成生动活泼的政治局面等方面的任务，都分条作了具体的规定。

长期以来，在党的领导下，本会协同工商联在工商界中培养了一大批骨干分子，在接受社会主义改造和为社会主义服务等方面，起了带头、桥梁作用。今后，要继续做好培养和提高骨干分子的工作，发挥他们的骨干作用。

本会成员中的知识分子，在本会发起、发展过程中起了很大作用，他们是本会工作中一支重要的力量，在今后工作中应当充分注意发挥他们的积极作用。

三、关于会的组织

原章程在《组织机构和组织制度》一章中规定，在已经建立若干组织的省设立省工作委员会，作为中央常务委员会的派出机构。鉴于当前的实际情况和需要，为了更有利于接受地方党委的领导，做好工作，修改草案将中央常务委员会派出机构性质的省工作委员会改为省委员会一级组织。修改草案还规定："直辖市、市的委员会认为有必

要时,可设立区组织,作为它的派出机构,具体指导区内基层组织工作。"除上述修改外,对原章程部分条文根据各地组织的意见,作了适当的简括归并。

四、关于会员和基层组织

修改草案将原章程的《会员》《奖励和处分》两章合并成为《会员》一章,原则上没有修改,条文作了简化。原章程在《基层组织》一章中,写了基层组织的任务,由于修改草案总纲已经明确规定了本会在新的历史时期的根本任务和各项具体任务,这是各级组织包括基层组织都应当遵循的,为了避免条文的重复,修改草案没有再写基层组织的任务。

各位代表!在新的历史时期,我们的任务是十分光荣的,工作是大有可为的。让我们更加紧密地团结在以华主席为首的党中央周围,遵循党的十一届三中全会提出的解放思想、开动机器、实事求是、团结一致向前看的方针,坚持四项基本原则,坚持实践是检验真理的唯一标准,同全国人民一道,同心同德,群策群力,共同奋斗,努力做解放思想的促进派,做安定团结的促进派,做实现四个现代化的促进派,做完成祖国统一大业的促进派,为台湾早日归回祖国,把我国建设成为社会主义现代化强国的宏伟目标而贡献一切力量!

(本文原载中国民主建国会网站,2014年7月28日发布)

北洋时期货币紊乱情况见闻录

辛亥革命由于反动头子袁世凯窃夺政权而告失败，结果由代表地主买办官僚阶级的北洋军阀政权代替了清代王朝。在他们统治中国将近二十年的时期中（一九一二年至一九二八年），半封建半殖民地的社会本质不但没有丝毫改变而且更加深化了。

毛泽东同志说："帝国主义和国内买办豪绅阶级支持着的各派新旧军阀，相互间进行着继续不断的战争，这是半殖民地中国的特征之一。"北洋军阀就是全靠帝国主义列强的支持和豢养，他们不惜牺牲和出卖国家主权以报效他们的主子。随着帝国主义列强进行操纵挑拨的阴谋策划，而由帝国主义列强豢养的各派、各地方军阀，如所谓直系、皖系、奉系、桂系、滇系、粤系、晋系等，则竞相卖身投靠，拥兵坐大，割据纷争，迄无宁日，以致神州大地民不聊生。

从反动头子袁世凯政权以迄以后所谓北京政权，无不企图搞成"中央集权"。所以在货币制度及有关货币政令上也先后颁布了一系列的条例和章则，召开了若干不同名目的货币改革讨论会议。可是政令不出都门，有的是议而不决，有的是决而不行，而且实际上他们关于货币整理问题上的千言万语总离不开依附于这一个或那一个帝国主义。当时所谓什么"金汇兑本位制"，什么"金本位制"，什么"银本位制"，什么"复本位制"，都是帝国主义列强用作经济侵略的御用工具。目的就是力求把中国国民经济变成各帝国主义经济体系的附庸。他们一切的所谓"货币改革措施""货币改革建议"，以及堂皇的条例、庄重的宣言，无不是归结到上述这个阴谋侵略的目标。

总的说来，在帝国主义列强侵略和各派军阀割据的局势下，国家没有完整的铸币权，更没有统一的发行制度，以致在货币铸造和货币流通领域中，形成了现代货币与封建货币、"中央"货币与地方货币、本国货币与外国货币三重对立的形态。这种混乱现象延续发展的结果，遂使北洋军阀政权统治的社会较之清末王朝政权统治的社会更为混乱而落后。同时通过这些复杂混乱的情况，就更便利了帝国主义列强达到其阴谋操纵，划分势力范围，榨取超额利润，甚至要瓜分中国的罪恶目的。到了五四运动以后，由于各派军阀连年互相混战，而由这些军阀统治下的政权就像走马灯一样，不断地变换。频繁的人事更迭，朝夕的地盘更动，五日京兆，政权无常。例如，自一九一二年至一九二八年仅北京军阀政权就更换了四十七届内阁，寿命最短的内阁只有六天就倒了，地方军阀政权则更甚于此。因此这些军阀官僚一旦得势上台，只有热衷于拉借外债，豢养军队，扩充地盘，剥削人民，残杀工人，卖身投靠，过着腰缠万贯、贪污腐化、穷奢极欲、醉生梦死的生活，再也无力也更无意侈谈什么货币改革和货币本位制度了。这些混乱史实简略列举如下。

一、民初币制问题的争论及《国币条例》的颁布

清末争议不决的币制本位问题，至一九一〇年（宣统二年）颁布《币制则例》而告一段落。到了民国元年（一九一二年），货币本位之争议又起。一九一二年，财政部特设币制委员会，赓续原来清末度支部依据四国银团币制改革及振兴实业借款合同的协定，经美帝推选，聘任为币制顾问的荷兰人卫斯林，携其在荷属南洋群岛币制改革为蓝本的殖民地性质的货币改革建议，即所谓"中国改革币制刍议"

来华（原来卫氏早已受清朝聘任，因一九一一年十月辛亥革命推翻了清代王朝，曾中止来华。一九一二年他来中国时已就任荷兰银行总裁，北洋军阀财政部乃改聘他为名誉顾问）。当时他建议：中国暂时宜于银本位制和金汇兑本位制两者并用。更别有用心地主张在国外的金准备总机构设于荷兰首都，由一二荷兰人任经理，以中国人员数人任襄理。当时海内外人士对这个方案议论纷纭，莫衷一是。北洋军阀财政部币制委员会自一九一二年十月十八日成立起至一九一二年十二月十七日讨论结束止，对该建议开会讨论了二十三次，但讨论研究结果只是作成一个报告存部而已。

一九一三年，财政部又组织第二次币制委员会，重新开会讨论货币改革问题，亦未得到成议。一九一四年，熊希龄组阁，由于袁世凯的暗示，将币制委员会撤销，另于国务院内组织币制会议（即财政讨论会），讨论结果，为了便于筹款借债，阴谋复辟，决定先采用银本位制，并制定《国币条例》及其施行细则，于一九一四年二月八日公布。一九一五年币制委员会曾提出修改成色及加铸金币修正条例的建议草案，但未能公布施行。

所谓《国币条例》实际系就清末所颁布的《币制则例》加以修改补充而成，本质上并无多大改变，仍旧采用银本位制，以圆为主币，还是一种过渡性质的措施，谈不上根本改革。开铸一元〔圆〕新银币为主币，又称袁头币，实为袁世凯政权利用它达到其借外债、搞扩军、进行复辟的野心。一九一七年段祺瑞组阁上台，又为了获得四国银团的"币制借款"的实现，作为皖系军阀发动内战的军费，又设立币制局，由当时财政总长梁启超兼任币制局总裁，策划大借外债，表面名为分期整理货币。当时宣称第一期统一主币，第二期统一辅币，第三期改成金本位。但借款未成，梁去局撤，终成画饼。不过依据《国币条例》的施行，对币型、成色、分量（由铜一银九改为铜十一银八九）等有了统一的规定。此次不管其动机如何，当时除极少数省份外，已消除了各省军阀滥铸劣质银币的行为。新一圆主币（即袁头币）在流通领域中却起了主导作用，即素持反对态度的上海英商公会联合会在一九一九年亦不得不表示赞许。事实上据一九二二年统计，当时全国流通新、旧及外币数额共计七亿八千四百五十六万元中，新主币（袁头币）流通额达五亿九千二百三十四万元，即占百分之七十五以上，对国民经济发展起了一些作用。

二、出卖国家主权的"金券条例"

一九一八年八月十日所谓金券条例的出笼，并非真心为了实行改革币制而采用金本位制。实际是因当时非法上台的总统冯国璋再次任命段祺瑞为国务院总理，而段氏则极端热衷于使用武力统一南北，不惜牺牲主权，勾结日本帝国主义，谋取大借款。而日本帝国主义本来就阴谋采取所谓"菊分根"的政策，乘机利用段政权，从军事和财政两方面全力支援段政权，从而达到霸占全中国的野心。这个"金券条例"就是日本帝国主义阴谋控制中国币制政策的一个表现，也是吞并中国阴谋策划的组成部分。段政权则利用改革币制之名，向日本大借款扩充皖系军队，充实军备，以实现其武力统一全中国的迷梦。

"金券条例"所拟单位名称曰"金元"，含金量定为与日本金圆的含金量相差无几，是完全采取日本金圆为标准，并从朝鲜银行借款八千万元。但该款仍存在朝鲜银行作为发行"金元券"的准备金。事实上就是以日本银行发行的纸币作为金元券的准备金。自然而然，就将中国整个币制金融完全纳入日本的金融体系。段政权不惜出卖国家主权求得日帝在军事上、财政上的支持，来达到其个人的野心。正如毛主席所指出的，"中国内部各派军阀的矛盾和斗争，反映着帝国主义各国的矛盾和斗争。"所以对日本帝国主义这个阴谋，当然其他帝国主义不会甘心让它独吞。因此段政权与日帝这个阴谋不但遭到全中国人民的反抗，也遭到其他帝国主义的共同反对，不得不宣告流产。

三、铸币及其流通情况

铸币特权和流通统一本是一个独立国家币制上起码应具备的条件。中国自铸银元币，是在许多境外银元〔墨西哥洋、鹰（英）洋、美国银元、日本洋元、香港洋元、安南洋元等〕大量在中国流通的情况下，先后由北京和各省自由铸造。因此币模、成色、重量极不一致。在清末《币制则例》颁布以前，从来没有统一的规定，《币制则例》颁布后，根据"则例"所铸造的大清银币（龙洋），亦不过是在铸币流通领域内多种银币中再增加一个币别而已[①]。辛亥革命后，颁布了所谓《国币条例》，虽规定主币为银元，重量七钱二分，成色为银九铜一，但后来由于改铸旧币的关系，实际是按银八九铜十一的成色铸造，由天津造币总厂制定祖模颁发给各地造币厂开铸，称为新银币，又称袁头币。不管当初反动头子袁世凯的阴谋动机如何，但因此由原来多种多样极其复杂的银币流通领域中，能使币型、重量、成色逐渐趋于统一，正是商民所欢迎的。当时市场上流通银币已渐次减少到只有袁头币和鹰洋两种。而自"五四"反帝运动后，上海银钱业公会更将鹰洋行市取消，从此多年来市面上的铸币复杂混乱的情况亦趋于单纯化。由于新银币（即袁头币）的开铸和极力收回各种各样的旧

---

① 当时流通的银元：鹰洋（英洋）、美国银元、日本银元、中国香港银元、墨西哥银元、安南银元。中国银元统称龙洋：奉天龙洋、北洋机器龙洋、江南龙洋、湖北龙洋、安徽龙洋、云南龙洋、四川龙洋。

银币回炉改铸，新银币流通数量日见增加。不过新银币当时虽起了主导和统一的作用，但也带来了为军阀政权更容易挪借外债发行内债、剥削人民、危害人民的极大恶果。

四、银两和辅币的紊乱情况

《国币条例》颁布和新币的铸造，虽起了主导和统一的作用，但由于帝国主义和封建军阀的双重利害关系，所以《国币条例》上虽明文规定银元系无限法偿的单位，实际上由于帝国主义银行的干预，当时仍是银元与银两两种本位同时并存。对外关系、海关税收、进出口贸易及大宗交易都按银两计算价格，而实际支付及日常买卖交易则用银元收付。因此市场上银两与银元的差价即所谓洋厘，时涨时落，此起彼伏。尤其是中国外债本息偿还的期前、期后，帝国主义银行更从中操纵银两的外汇价格，牟取厚利。因此不仅影响铸币成本不能根据供求而自由铸造，且使银元本身有时也脱离它的主币职能，形成一种商品，所以废两改元又成为当时全国商民热烈的要求。不过由于帝国主义列强银行的阻挠（就中英帝特务海关总税务司安格联更直接反对），及旧式钱庄票号利用银两、银元差投机取巧的积习难返，以致长期争论不休，废两改元终未早日实现。

至于辅币紊乱的情况就更甚了。原来清末以来，各省竞相滥铸辅币（银角、毫洋等）种类甚多，且非十进制，并无一定比率，始终依供求关系而决定流通价格。分量、成色、式样极端混乱。天津造币总厂于一九一六年曾经按照《国币条例》铸发十进制的银辅币，分区次第推行。先由北京、天津渐及河南等地，企图达到全国统一的目的。开始流通尚称顺利，商民称便。后因造币总厂为直系军阀操纵，贪图铸利，供用军费，逾额滥转，贬价发行，渐次市场上发生贴水，十进制随而破坏，终于停止铸造。又于一九一七年试铸新铜辅币一分及五厘两种，亦因推销不易，不久即停铸。而各省地方军阀仍擅自滥铸银角、毫洋及铜钱，并未因总厂新银辅币的发行而减铸或停铸。据一九二九年财政部钱币司统计，各厂先后共铸有五角银辅币约四千二百七十九万八千二百六十枚，二角银辅币约一千一百四十七万五千零八十八枚，一角银辅币约一千四百六十四万一千二百七十枚。这些新银辅币自十进制被破坏后，即和原来已在市面流通的旧银角、毫洋、铜钱一样，都依市面供求关系而定其价格。至于各地方军阀贪图铸利，对于私铸银角、铜钱更不放松，到底铸了多少，就更无从统计了。因此当时辅币之乱，种类之多，币质之劣，成色之杂，计算之繁，较之逊清末年有过之而无不及。一方面助长了奸商投机倒把的横行，另一方面则使广大劳动人民多来年蒙受了无穷盘剥的损害。

五、发行纸币的紊乱情况

辛亥革命之初，南京临时政府及浙江、四川、广东等省军政府，为了应付当时军需费用，曾发行军用票。但为时甚短，流通不多，先后收回。至北洋军阀反动头子袁世凯窃取政权后，为了阴谋篡国称帝，企图在财政开支上可以予取予求，除了开铸新银元即袁头币外，更想利用钞票的集中统一发行，使筹款更加方便。因此首先抓住中国银行，利用其特许发行权，谋取打下统一发行的基础。

中国银行原由大清银行改组而成，一九一二年十二月特许享有发行兑换券的特权，并由大总统通令在币制条例未制定之前，即以中国银行发行的兑换券先行流通全国，所有官款、税收、商民交易等一律通用。袁世凯一上台，即令其财政部先就近与河南、直隶、山东等省洽商，拟以中国银行的兑换券代替各省银行发行的省钞，依次拟在广

东、江西以至全国其他各省进行推行。但据一九一五年十一月财政部呈报，由于各省军阀还是擅自发行省钞，国库既不能集中，币制更无从统一。所以中国银行兑换券的流通阻碍横生，袁的统一发行的阴谋并未能顺利推行。

其次还有交通银行亦因在清末也获准特许发行兑换券。一九一三年一月也以大总统通令，准其在币制条例未制定之前，交通银行发行兑换券应按中国银行发行兑换券章程一律办理。一九一六年并明令交通银行与中国银行同为国家银行，均享有特许发行权。无如反动头子袁世凯搞复辟帝制运动，举办筹安会，费用浩繁，全靠中、交两行发行兑换券供其无底挥霍，终于在一九一六年五月竟迫使中、交两行停止兑现。不过当时上海的中国银行分行及其他地区的一些分行，由于商民股东的反对及地方当局与金融界的支持，不遵袁氏院令，宣布维持兑现。中国银行天津分行不久也恢复兑现。结果停止兑现者仅限于中国银行北京发行的钞票及全国交通银行的钞票（东三省及汉口两地分行除外）。但此后北洋军阀财政部对北京中、交两行借款垫款有增无已，形成京钞一面停兑、一面增发，纸币越发越多，币值日益下降。中间虽几次向日帝大借款恢复兑现，不久又复停兑。此以所谓"京钞"停兑竟达七年之久。直至一九二一年一月三十日发行整理金融公债六千万元贬值收回京钞，使巨额损失转嫁于商民，挤兑风潮始告平息。

本来一九一五年袁世凯企图统一发行以达到他搜刮一切筹谋复辟的野心，曾颁布了"取缔纸币条例"。对于银行发行纸币厘订限制，只特许中、交两行发行兑换券。可是当时只要经北洋军阀财政部呈请大总统特别批准，其他银行也可以特许发行，这就等于无形中又取消了"取缔纸币条例"的施行。结果除中、交两行以外，涌现出许多有发行权的私营银行。其中如中国通商、四明、浙江兴业、北洋保商等银行，因在清末本已享有发行权，姑无论矣。此外有所谓专业特许发行如中南、殖边、劝业、边业、农工、农商、垦业、大中，以及中外合办银行等，或因有政府官僚股本，或因与当权人物有特殊关系，官商互相勾结，先后享有发行权者达三十余家，再加以在中国的外资银行亦在中国发行钞票，真是五花八门，极端紊乱，实为世界所独有。到了北洋军阀崩溃前夕，财政部更穷极无聊，发行变相钞票，如什么定期兑换券、短期有利兑换券、有利流通券、特别流通券等，更是穷斯滥矣。一九二一年币制局根据全国银行公会联合会申请迅速订定纸币发行制度的建议，北洋军阀财政部曾经拟订银行公库兑换券发行条例十二条，由各地银行公会组织公库，发行兑换券，先从津、沪、汉三地区开始试办，来进行整顿紊乱不堪的货币金融市面，但未能付诸实行。一九二三年十二月财政部根据银行公会的呈请，又拟订公库兑换券发行条例十条，规定公库设在北京，其他省会得设分库，企图进一步针对当时多数银行发行纸币的紊乱情况加以整理，企图由分散紊乱走向集中统一，但依然政令不出都门，徒成一纸空文而已。

六、帝国主义对中国币政的直接干扰和破坏

币制改革与管理原属一国的内政，绝不容许外国插手。但旧中国自《辛丑条约》以迄《中英条约》《中日商约》《中美商约》等，均列有改革货币专条，已授外人以干预中国币制之柄。清末又与英、美、德、法四国银团订立币制改革和振兴实业借款合同，并有聘任外人为币制顾问的内约。民初来华的卫斯林，即系根据合同由美帝国主义推荐而聘任为币制顾问。一九一八年段祺瑞当政，勾结日本帝国主义炮制"金券条例"。段祺瑞当然是出卖主权，日帝当

然是包藏祸心，美帝国主义也正式通知北洋军阀政府，声称"改革币制向有协约，如果现在欲议订币制改革的新办法，应与本国政府磋商"，露骨地干涉中国内政。还有英帝国主义，阴谋侵夺中国币政大权由来已久。一八七五年（清光绪元年）海关总税务司赫德即有掠夺中国铸币权的计划，一九一九年总税务司安格联曾向当时北洋军阀财政部提出条陈，主张在上海成立造币厂，由总税务司主管。上海英商公会并主张聘任英人在上海筹设造币厂，并称建厂费用可由英商帮助。这和赫德、安格联等的阴谋是一脉相承的。而废两改元的难于实现，最大阻力多半由于帝国主义银行的反对，特别是英人安格联的反对所造成。

再如前所举，一九一七年日本帝国主义更露骨地与段政权相勾结，以各种名义对段祺瑞公开或秘密地提供大宗借款，派帝国主义分子西原龟三阴谋将中国币制完全纳入日本金圆系统，以便完全掌握中国金融大权，使中国同朝鲜一样沦为日本的殖民地。一九一八年八月公布的"金券条例"其本质就是如此。条例公布后，随即任命亲日派陆宗舆为币制总裁。日本帝国主义这种野心当然和其他帝国主义的野心是绝不相容的。所以一经全国人民坚决反抗，就成为未能实现的遗臭万年的东西了。

帝国主义银行在中国各地擅发钞票，外国银行之多，年代之久，流通地域之广，发行数额之巨，为世界其他国家所罕见。由于本国银行钞票发行之初，信用尚未树立，加之内战连年，更助长了外国银行钞票流通的机会和势力，也更助长了帝国主义列强对华的经济侵略，不仅扰乱和破坏我国的币制而已。据一九二五年的统计，帝国主义银行在华擅发的钞票数额竟超过当时我国各银行所有发行的总额。经过"五四""五卅"两次人民反帝运动，尤其对英、日两帝国主义的斗争,外国银行钞票的流通渐次减少,但在个别地区,如华南及东北等地,所谓"港纸"及"老头票"还保持特殊势力。北洋军阀政权对于外国银行的发行钞票,始终未能采取制止的措施,甚至对于中外合办的银行,都明令特许以发行权,且不敢过问它们的经营内容及发行准备如何。例如,当时币制局要了解中外合办银行如中法实业、中华汇业、中华懋业等银行的发行数额,就不敢直接明令它们按期呈报,只好由当时币制局总裁周自齐以私人关系向各中外合办银行总经理婉商,请其报告发行数额,可见当时的媚外、恐外的丑态。

帝国主义列强在北洋军阀政权统治时期,对中国币制金融的干涉、捣乱和破坏,始终是不放松的。例如,当新银币(袁头币)在银元流通领域内起主导作用的时候,即如一九二四年英帝国主义又经营的英文报刊就故意登载诬蔑南京造币厂所铸袁头币成色不符的虚伪报道,企图扰乱金融,贬低币值,以遂其久想侵夺铸币大权的阴谋。后经南京造币厂在上海总商会召集中外化学专家共同化验证明新银币成色分量均合规定,帝国主义阴谋始未得逞。此外,还对各省所铸劣质铜元提出抗议,借口币制不统一,阴谋夺取铸币权。日本帝国主义因要在东北推行老头票,屡次煽动奉票挤兑,并在华北、华东一带收买铜元、制钱,私自熔毁成铜块偷运出口,攫取暴利。英、美两帝国主义银行又乘俄国十月革命时期,帝俄银行发行的卢布在哈尔滨流通不灵,阴谋在东北扩展汇丰银行及花旗银行的势力,并拟乘机发行钞票。这些帝国主义银行当时采用的手法虽各不相同,而侵略本质都是一样,真是随时随地无不尽其扰乱、破坏之能事。

七、中国人民维护币权拒用外钞的斗争

北洋军阀政权本是大地主、大买办即一切反动势力的总代表,内

部勾结乡村豪绅和城市买办阶级,外则卖身投靠帝国主义。他们为了扩充和豢养自己的军队,为了支付庞大的军费,一方面无止境地增加苛捐杂税对人民进行疯狂的掠夺,另一方面则利用他们造成的货币极端紊乱,给人民带来严重的灾难。祸国殃民的军阀统治与帝国主义列强狼狈为奸,使我们国家的情况一天天败坏,人民大众被压迫得生活不下去。正如毛泽东同志所说:"帝国主义和中国封建主义相结合,把中国变为半殖民地和殖民地的过程,也就是中国人民反抗帝国主义及其走狗的过程。"全国人民为了挽救国家危亡,进行了反对帝国主义及其走狗军阀的英勇斗争。轰轰烈烈的"五四"运动针对当时局势,提出了"外争国权、内惩国贼"这样代表全国人民呼声的庄严口号,响遍全国,到处掀起了反帝反封建的爱国浪潮。全国人民一致抵制外货,拒用外钞,就中对英、日两帝国主义的货物及银行钞票更作了坚决抵制。

随着局势的发展,人民迫切地感到当时货币极端紊乱,既不能适应国民经济发展的要求,更使日常生活受到莫大的损害,从消极的反对进而强烈要求积极的措施。中国民族资产阶级由于切身的利害关系在全国人民大众反帝反封建运动的影响和推动下,对于改革币制、维护币政、抵制外钞,也先后提出了各种建议。当然在军阀混战的情势下,很难取得积极的效果,不过也引起了全国上下普遍的注意,在实际行动中也有一些表现。例如,废两改元迭经争议,虽终为帝国主义银行和封建势力所抑制而未能实现,但上海银钱业公会及时地将英帝国主义银行在市场上多年把持、积习已久的洋厘行市坚决予以取消,结果使帝国主义银行所维持的鹰(英)洋与新银元币能不分差别地等价流通,在当时来说实起了反帝作用。又如,中法实业银行停业倒闭,各地银行公会立即自动联合起来,一面向巴黎法国政府交涉,一面代兑该行发行的钞票,因此避免了引起全国金融风潮和人民的损失,而且通过这样的实际行动,提高了人民对帝国主义银行的警惕和对本国银行的信任。再如,一九二〇年上海银行公会为了促进本国铸币权的完整与统一,抵制帝国主义侵害币权,建议当时北洋军阀政权设立上海造币厂,防止政府借外债建厂损害铸币大权,提出由上海银行业共同出资购买建厂特种库券二百五十万元,抵制英人海关总税务司安格联阴谋由英商出资创办上海造币厂的计划。当时虽因北洋军阀政权的腐败无能,未竟全功,但为日后上海中央造币厂的兴建打下了基础,所以在推动币制统一、抵制外钞侵略、帮助国民经济发展以及反帝反封建运动中也起了一些作用。但由于中国民族资产阶级的软弱性和妥协性,它们与封建势力及帝国主义又有千丝万缕的关系,因此反帝反封建既不能坚决彻底,而推动货币改革的力量也不够,因此所有改革的建议与主张只是半途而废,画饼充饥而已。

八、小结

简而言之,辛亥革命失败后,半封建半殖民地的社会本质并没有丝毫改变。在帝国主义列强的阴谋操纵下,各派军阀的封建割据从而更决定了中国经济的对外依存。货币本身就从来没有具备一个独立国家在金融货币上应有的起码条件。从本位上来说,银两和银元两种本位并存。而在银本位中又有小洋(奉天)、毫洋(广东)的存在。从铸币流通来说,有中央铸币,有地方铸币,此外还有私人铸币。从钞票发行来说,有号称"国家银行"发行的纸币,有地方省银行发行的纸币,有私人银行发行的纸币,还有许多外商银行及中外合办银行发行的纸币,而深入到乡镇还有所谓私票、私券。所以当时货币流通领域中,真是五花八门,杂乱不堪,但作为剥削人民大众的工具来说,

则完全是一致的。

随着情势的演变，北洋军阀的统治虽然被人民唾弃而覆灭；正如毛泽东同志指出："皇帝和贵族的专制政权是被推翻了，代之而起的先是地主阶级的军阀官僚的统治，接着是地主阶级和大资产阶级联盟的专政。""国民党新军阀的统治依然是城市买办阶级和乡村豪绅阶级的统治，对外投降帝国主义，对内以新军阀代替旧军阀，对工农阶级的经济的剥削和政治的压迫，比以前更加厉害。"所以到了一九三五年新军阀蒋介石集团的所谓"法币改革"，号称统一发行，实则更是完全投入了英、美两帝国主义怀抱而不能自拔了。

（本文原载《文史资料选辑》第 75 辑，文史资料出版社，1981 年出版）

>> 讲求管财之道　提高经济效益

我国经济建设十条方针中的第六条："讲究生财、聚财、用财之道，增加和节省建设资金"。生财、聚财和用财都与管财有关，我想谈谈管财之道。

我说过"生财有大道，聚财有门路，管财要有方，用财要有法"的话，这四者是互相关联，交叉为用，缺一不可的。管不好，就用不好；用不好，就不能生财，也无从聚财，反过来，不能生财、聚财，当然也就无财可用，无财可管了。

因此，不论财多财少，讲究生财、聚财、用财之道，有个必要的前提，那就是要讲求管财之道，也就是我们通常所说的要善于经营管理。管得好，死钱可变成活钱，死货能变成活货。把资金搞活，就能把经济搞活。

俗话说，巧妇难为无米之炊。但是，巧妇可以把有限的鱼肉蔬菜做出一桌色、香、味俱佳的酒席来。管财之道也是一样。现在我国的资金还不丰富，如果能精打细算，杜绝浪费，当用就用，不当用的绝不通融，同时加速资金周转，就能做到一个钱顶几个钱用。

我国现有国营工交企业几十万个，除固定资产外，流动资金占用达三千三百多亿元。由于管财不善，现在许多企业物资积压相当严重，如钢材积压达两千万吨，机电产品积压达六百多亿元，这些都成了不能周转的"死财"。1980年，我国的资金周转率，工业是三次（五十年代曾达到四点八次，最高一年是五次）；商业是二点三次

（五十年代曾达到二点六次）。发达的资本主义国家要比这快得多，如果我们管财得法，使资金周转快一些，全国一年多出几十亿甚至上百亿元资金是不成问题的。因此，对企业的流动资金，一定要规定一个合理的定额。超过定额的，银行贷款应提高利率。使用不合理的，应拒绝贷款。同时要认真清仓查库，充分利用积压物资。实在不能利用的，可以改制、回炉，甚至报废处理。只有这样，才能彻底摸清全国究竟有多少资金可供利用。

当前我国财政有个必须重视的问题，就是"虚盈实亏"和"虚存实贷"。例如，机电产品的库存，表面是收入（资财），实际上是卖不出去的积压产品。而国家却把这些并非真正的财政收入当作真正的资财列入预算。又如，有些工厂的产品质量差，花色陈旧，在市场上卖不出去，而国家有关部门却收购了。对工厂来说是有了收入，并且存入了银行，也交了税收、利润。但对财政部门来说，由于收购的产品滞销，工厂交的税、利和在银行的存款，实际上都是虚的，而银行给工厂的贷款却是实的。也就是说，国家的财政收支没有物资保障，只是账面有钱，虚盈实亏，虚存实货，其结果势必引起信用膨胀以至通货膨胀，对国家经济建设十分不利。

在投资方面也有一个不容忽视的问题，就是只管投资，忽略投资的经济效益。投资以后，产品是否适销对路，资金何时可以回收，何时可以盈利，等等，有的企业以至银行事先都缺乏认真的调查研究和周密考虑，结果造成很大浪费。因此，今后不论基建投资、公司投资或银行放款，都必须重视经济效益，每笔投资都要从生产、流通、分配和消费等各个领域，从设计、施工，到投产等各个环节，进行实事求是的可行性分析，并在调查研究的基础上，制定完整的实事求是的方案。这样才能彻底改变过去那种随便支用，或管支（投资）不管收的现象,大力提高经济效益。

管财之道还有一个重要方面,就是充分利用固定资金(厂房、机器等设备)。现在固定资金的利用率是不足的,例如,设备开工率一般为60％,有的只有50％,最多不过70％。有的设备长期闲置,有些下马企业的设备全没有利用,有些进口设备也没有利用。而有些应上马的轻工业、化学工业,却因缺少资金、设备而不能上马。对此,亟应作出全面规划,打破地区、行业、部门的界限,把长线的设备拨到短线,把闲置不用的设备拨到需要的部门去,坚决杜绝因设备闲置而造成的浪费。

银行今后应严格按照国家计划,确定货币发行指标和信贷指标,根据资金来源分门别类地放款。民间的储蓄存款应分出长期、短期、定期、活期,长期存款用在哪里,短期存款用在哪里,都应适当掌握,做到既管存,又管放。

各企业事业单位必须坚持国家财务会计制度,坚决堵塞漏洞、纠正铺张浪费、请客送礼等不正之风,打击监守自盗等违法乱纪行为,同时充分发挥财务会计人员的把关作用,使管财之道落在实处。

(本文原载《中国财贸报》,1982年2月27日)

资耀华文存

》国民党政府在法币改革前后依附帝国主义和彼此间钩心斗角的内幕

1935年11月4日，以蒋介石为首的四大家族为了加紧进行内战，巩固其法西斯统治，强制实行货币改革，规定中央、中国、交通三银行的钞票为法定货币（简称法币），逐渐收回三行以外的钞票；将白银收归国有，限期以法币收兑；法币的汇价由三行无限制地买卖外汇来加以维持。当时国民党政府把法币说成是"一种极温和、极合理，尤其适合国情之货币制度"。孔祥熙和宋子文亲自出马为法币进行欺骗性宣传，声称"停止行使硬币，既非通货膨胀，亦非纸币政策""每百元钞票可有110元以上之外汇准备，则政策维持币值之能力，更不应成为问题矣。"他们甚至把法币的汇价吹嘘为具有充分的独立性。总之，在他们的心目中，法币是一种合乎时代潮流的独立自主的管理通货。

对于国民党政府在法币改革上所玩弄的这一骗局，我们有必要加以彻底的揭露，本文根据有关史料和个人当时的一些亲身经历，着重揭露蒋介石政权在法币出笼前后向帝国主义妥协、投降和帝国主义间彼此钩心斗角的一面，并力求弄清当时的一些历史事件的真相，对一些问题提出我们的初步看法，借以展开讨论和进一步的探索。由于我们水平不高，掌握的资料也不够全面，文中难免有不少错误之处，还希读者指正。

一、法币改革的历史背景

1931年"九·一八"事变后，日本帝国主义开始了变中国为其

国民党政府在法币改革前后依附帝国主义和彼此间钩心斗角的内幕

殖民地的阶段。正如毛主席所指出："目前形势的基本特点，就是日本帝国主义要变中国为它的殖民地。"① 以蒋介石为首的国民党政权当时不仅卑躬屈膝地向日本妥协投降，而且还丧心病狂地加紧推行其"攘外必先安内"的反共反人民的政策，疯狂扩军，积极"剿共"，结果使军费支出浩大，出现了严重的财政危机。1929—1935年，蒋政权财政支出中最大的项目就是军费，每年军费支出均占该年财政总收入的三分之一以上，其中1930年和1931年竟占40%以上。②

国民党政府为了加强其统治，筹措巨大的军费，自它在南京建立政权起，就一直策划在金融领域内加强统治，其中主要措施之一就是要实行币制改革。1928年，国民党政府在江浙财团的支持下先后召开的全国经济会议和全国财政会议就曾通过决议，要实行币改，推行纸币和实行金汇兑本位等。中央银行、中国农民银行的成立以及1933年的废两改元都是实施这一庞大计划的一个重要组成部分，特别是中国农民银行，更是蒋介石为了要筹措"剿共"军费而亲自出马开设的。1934年，在财政赤字越来越严重的情况下，蒋介石集团更加快了它吞并中国金融事业和垄断纸币发行这一计划的步伐。

据资耀华回忆，自1930年2月海关关税改收关金券、1933年4月6日实行废两改元、同年7月1日取得中央统一造币权后，蒋政权已着意筹谋统制全国财政金融。除进一步强化中央银行外，并拟吞并中国、交通两行。1933年春，资耀华正随同上海商业储蓄银行总经理陈光甫视察长江流域各埠上海银行分行，到达九江分行时，陈光甫突然接到张公权由上海拍来急电，要陈光甫火速回沪共商要事。陈当

---

① 《论反对日本帝国主义的策略》（《毛泽东选集》合订一卷本，128页）。
② 杨格：《中国建国之努力》附录一，432–439页。

即返沪,我们(资耀华等人——编者注)则继续沿江而上。后来我们视察完毕由渝回申,才得悉当时由孔祥熙主持的财政部正拟秘密计划发行金融公债一亿元,作为增加中国、交通两行及其他三家发钞银行官股资本之用。由财政部先写了一张二千五百万元金融公债预购券交中国银行作为增加官股,连原有官股资本,合计为官六商四之比。张公权自知无法完全抵制,拟筹开常董会、董事会和股东大会商讨对策。在召开这些会议之前,拟先与浙江第一银行总经理李铭(当时是中国银行董事长)及陈光甫(当时是中国银行常务董事)事先秘密商谈,认为如果完全抗拒不太可能,则只好争取官商股权各半,因陈光甫与孔祥熙私人关系较好(同属留美学生组织的一个兄弟会),所以请陈光甫向孔祥熙陈述内情,希望官商股权各半,孔祥熙慨然接受了这一建议,即从中国银行收回一千万元金融公债预购券。不过,官商股权各半的目的虽已达到,可是历来由上海金融势力左右南京政治势力的形势已转变为南京政治势力完全支配上海金融势力的局面了。果然,1934年3月召开中国银行股东大会时,即由财政部令派宋子文、叶琢堂、席德懋、钱新之、胡笔江、宋子良、杜月笙、吴鼎昌、王宝仑九人为官股董事,并指派宋子文为董事长,指定宋汉章为总经理,令调原中国银行总经理为中央银行副总裁,至商股董事因任期未满依旧留任。同时交通银行也同样增加官股,但因钱新之与蒋介石有特殊关系,依然留任董事长之职,交通银行总经理则由CC派的骨干赵棣华担任,从此中国、交通两行即为新官僚资产阶级所完全掌握了。同年5月,又对中国通商、四明、中国实业三家发钞银行依然用公债券加入官股,夺取了它们的经营管理大权。通过这一系列攫夺纸币发行权的措施,蒋政权基本上掌握了旧中国的纸币发行权。但是,这时发行的纸币是要兑换银元的,在性质上还是银行券,使蒋政权不

国民党政府在法币改革前后依附帝国主义和彼此间钩心斗角的内幕

能为所欲为地任意发行纸币,因此,一有机会,它必然要推行其梦寐以求的不兑现纸币,即由"国家所发行的强制通用的纸币"。① 1935年11月所实行的法币,正是国民党政府在实行其不兑现纸币政策上所采取的一个极其重大的步骤。

在这一时期,帝国主义在中国经济上的争霸形势也出现了新的特点,那就是,美、日两国崛起,英国日渐衰落,形成了美、英、日三国在中国角逐的新局面。

美国对华出口贸易已由1913年只占中国进口总额的6%增加到1934年的26.16%,跃居第一位。在华投资方面,美国虽仍比较落后,但已有后来居上的趋势。在同一时期,日本在华的经济势力也急剧增大。"九·一八"事变后,日本不仅侵占了我国的东三省,入侵华北,而且对长江流域和华南也形成了威胁,在华投资方面,日本更大有超过英国之势。日本在华投资在1914年仅占各国在华投资总额的13.6%,到1931年已上升至35.1%。同一时期,英国对华的输出已落在美、日两国之后,1934年,中国进口的英货只占中国进口总额的12%,而该年美货则占26.16%,日货占12.2%,都超过了英国。在华投资方面,尽管1931年英国在各国在华投资总额中仍占37%,居第一位,但这时日本已急起直追,跃居第二位。②

特别值得一提的是,在这一时期,国民党政府在财政金融领域内对帝国主义的依赖也进一步加深了。蒋政权承袭了清封建统治者和北洋军阀头子袁世凯的衣钵,在财政金融上处处依赖美英和洋顾问,特别表现在对美国及美籍顾问的依赖上,例如,甘末尔设计委员会就是

---

① 马克思:《政治经济学批判》,1955年版,85页。
② 上海浙江实业银行:《罗斯爵士来华使命之分析》,《东方杂志》32卷20号,5-11页。

1928年秋孙科访美时安排的。该委员会在中国待了一年，它建议在币制上中国应逐渐实行金本位，后来由于资本主义世界经济发生大恐慌，银价下跌，中国国内政局不稳以及1931年"九·一八"事变的发生，使这一计划的主要部分未能实现。在甘末尔委员会停止工作后，它的一些主要成员仍继续留在中国，在国民党政府中充当重要的财政金融顾问。例如，克利夫兰先担任预算顾问，后来出任盐务稽核总所会办；罗克哈特先担任财政税收方面的顾问，后来于1935年继克利夫兰担任盐务稽核总所会办；林奇担任中央银行顾问；杨格[①]担任公共信贷和货币方面的顾问；华莱士和瓦特森曾短期担任过关税和会计方面的顾问。正如杨格自己所说："国民政府接受外国人意见和技术援助最多的是在货币问题方面，主要的事例是1930年采用了（甘末尔委员会建议的）海关金单位，应付银价波动和1934年放弃自由银本位，1935年实行的币制改革。……在这些领域内，特别是在拟订1935年的币改方案上，林奇、罗克哈特和我都积极参与了。"[②]

二、美国抬高世界银价加深了中国的经济危机

1933年7月，美国在伦敦国际经济会议上签订了白银协定，承担了稳定世界银价的责任，可是它却于1934年6月颁布"白银法案"，在国内外大量收购白银，从而抬高了世界银价，完全背弃了协定规定的义务。1934年底世界银价比上年上涨26.7%，在世界银价暴涨下，中国的白银大量外流，给中国的经济造成了极大的损害。特别是帝国主义在华的银行更充分利用了这一时机，大量运出白银，牟取厚利。

---

① 杨格为蒋政权的首席财金顾问，曾一身兼任国民党政府行政院、财政部、中央银行和中国航空公司的顾问。

② 杨格：《中国建国之努力》，341－342页。

国民党政府在法币改革前后依附帝国主义和彼此间钩心斗角的内幕

1934年1月，上海外商银行手中存银计有2.75亿元，约占当时上海中外银行存银量的49.2%，但到1934年底时，上海外商银行的存银量下降到只有5400余万元，比同年1月存银量减少2.2亿元。①

白银的大量外流使中国贸易入超加剧，外货倾销，出口困难；工厂倒闭，失业增加；农产品价格下跌，农村破产；银根转紧，金融发生恐慌。1935年2月1日，国民党政府驻美公使施肇基在致美国国务院的一份备忘录中将美国抬高世界银价对中国经济的影响概括为下列六点：（1）1934年中国白银净出口量（走私在外）为2.57亿元，其中六分之五是在美国通过"白银法案"到1934年10月15日中国征收白银出口税时不到四个月中运出的，使1934年中国白银出口量为中国历史上白银出口最高年份1907年的五倍。（2）上海存银量由1934年6月底的5.44亿元下降到目前的3.12亿元。（3）自1934年上半年以来，钱庄向客户索取的一般利率已由年息六厘上涨到本年1月1日的二分六厘。（4）1934年下半年的对外贸易总额比上半年下降16%，自去年7月以来，政府和实业债券的价格下跌10%，上海中心地价下跌15%，工业证券下跌7%，商业倒闭在各地蔓延。（5）银根紧缩损害了政府的财政收入，使得银行几乎无法放款。税收，特别是关税，受到目前趋势的严重威胁。(6) 通货价值的上涨对中国实为一种灾难，因为它带来了通货紧缩。②

据资耀华回忆：1934年末及1935年中，我正在天津任上海商业储蓄银行天津分行经理，其时上海白银源源外流出口，华北白银由日本浪人大量走私偷运，1934年下半年，白银外流就达二亿元以上，

---

① 中央银行经济研究处：《十年来中国金融史略》，40-41页。
② 《中央银行英文档案》。

因此金融恐慌由上海波及全国，几十家银行和上百家钱庄倒闭，其他勉强生存的银行、钱庄，有的钞票挤兑应接不暇，有的流动资金周转不灵，以致人心浮动，惶惶不可终日，所以当时上海各大银行的总行都纷纷急电外埠各地分行，命令尽量将现金汇往上海支援总行，先巩固总行基础，否则总行一垮，分行当然不能存在了。因此，各地分行只要有点余力即尽量汇往上海支援总行。上海商业储蓄银行当然也不例外。记得当时上海银行天津分行有定、活期及储蓄存款近七百万元，也因极力支援上海总行，有时库存现金只有九万余元，等于唱空城计，情况十分危急。1935年中，总行电召商议行务，我往返津沪达四五次之多，尤其1935年春末，一次总行电召赴申，到达上海后，当天即由上海银行陈光甫、浙江兴业银行徐新六、浙江第一银行李铭约在饭店密商，要在上海创立一家不动产抵押银行（名字未定），拟将各大银行所持有的不动产道契集中起来，仿照日本劝业银行的经营办法，以这些不动产作为资本大量发行公司债券吸收市面流动资金，企图变死钱为活资金，藉以渡过金融紧迫的难关。一方面草拟章程呈部申请立案，另一方面要我速去日本东京向日本劝业银行接洽，将该行经营管理及如何发行债券等那一套办法引进来作为蓝本，同时并调查研究日本金融界怎样渡过1928年金融大恐慌那个难关的经验，以作为解救上海金融恐慌的参考。我到东京后正在走访各大银行负责人并在日本劝业银行搜集整套规章制度和各种资料期间，又突接上海总行急电：中止进行，即行回国。我回上海后，才得悉宋子文要把持这个组织，条件是由宋子文兄弟宋子良担任这个银行的总经理才许可立案。陈、李、徐等认为如果由宋氏兄弟掌握这个银行的实权，等于把各大银行全部资财命脉交予四大家族掌握，其危险的程度比金融恐慌的危险厉害千百倍，因为结果将是从根本上由宋氏兄弟吞并了各大银行，权衡利害，只好打退堂鼓，还是由各私营银行互相支持，各自设法解决困难，独立自主，保存实力为宜。不动产抵押银行之议，就此作罢。我依然回天津分行任职。这就是当时上海私营金融业内外交困的真实情况。但实际上当时上海各大银行曾趁银贵金贱的机会，并意识到改革币制现金集中的局面即将到来，已将一部分资金购进外汇存在美国，若万一发生资金周转困难，还可卖出美汇来解救金融危机，这也是各大银行敢于同宋子文兄弟作斗争，宁可放弃创办不动产抵押银行计划的内因。

美国抬高世界银价对中国经济的危害性既是如此之大，按理国民党政府应立即向美国提出严正抗议，然而出于蒋政权的媚外本质，一直延迟到1934年8月20日方由财政部长孔祥熙向美国政府提出软弱无力的照会，轻描淡写地指出美国政府违背了伦敦白银协定稳定世界银价的精神。

三、国民党政府向美、英两国乞求援助遭到拒绝和日本妄图垄断中国货币的野心

在向美国政府提出抗议后不久，孔祥熙在美籍顾问杨格的建议下，向美国表示中国愿以白银向美国交换黄金，以便放弃银本位实行金本位，美国政府拒绝了这一建议，声称如果中国想以银换金，尽可自己在自由市场上进行。①

尽管国民党政府以银换金的建议遭到美国拒绝，但蒋政权仍不死心。1934年12月10日，孔祥熙再次照会美国政府，希望美国政府能给予中国一笔币制改革的贷款，或对美国以外出产的白银收购价格不

---

① 《中央银行英文档案》。

要超过每盎司美元四角五分,这样中国元的相应汇价就将是每元合美元三角四分,也只有在这样的汇价下,中国才能够继续生存下去。对于孔祥熙这一建议,当时美国国务院与财政部的意见有分歧。国务院不赞成贷款给中国,因为担心这将与日本的"天羽声明"相抵触,从而激怒日本,主张美国财政部暂停收购白银,或至少将白银收购价降至美元四角五分。美国财政部则认为,从政治上来考虑,美国政府不能在白银政策上作任何让步,即使最终可能促使中国脱离银本位,美国仍有必要继续收购白银,折中的解决办法是暂时将银价维持在每盎司美元五角五分的水平上,以待中国和美国国会领袖们就此达成谅解。后来罗斯福总统同意了财政部这一意见,于12月18日致电国民党政府,告以愿将收购国外白银的价格维持在每盎司美元五角五分的水平上,并表示今后如果要变动银价,将于一周前通知中国政府。但就是这样的答复也遭到了美国国会白银集团的坚决反对,以致美国财政部长摩根索不得不马上收回这一成命。①

这里顺便提一下当时的日本"天羽声明"和美国白银派议员的势力,这有助于我们能更好地了解当时美国政府的处境和罗斯福为什么在这一问题上一直采取犹豫观望的态度。所谓的日本"天羽声明",指的是1934年4月,日本外务省情报部部长天羽英二向报界发表了一项声明,其要点就是说,日本在东亚具有特殊的责任,日本将根据这一特殊责任而单独采取行动。天羽明确表示日本反对列强对中国采取任何联合的行动,哪怕是技术或财政的援助,因为这些行动将具有政治意义,并可能给日本及东亚带来最严重的影响。② 美国国务院当

---

① 杨格:《中国建国之努力》,223-225页。布鲁蒙:《摩根索日记综述:1929—1938危机年代》,205页。

② 赫尔:《赫尔回忆录》,279页。

国民党政府在法币改革前后依附帝国主义和彼此间钩心斗角的内幕

时主要就是怕贷款给中国将与日本这一声明发生冲突,所以宁愿美国政府在白银的收购和价格上作一些让步,以便蒋政权能够继续撑持下去。但是,罗斯福与摩根索在考虑这一问题时,就不能不考虑到议会中白银集团的势力和影响。我们知道,虽然白银在美国的经济上并不很重要,但在政治上它却占有相当重要的地位。以洛基山脉为中心的产银七州,其所产白银占美国银产量的95%。这七州在参议院各有两名议员,占参议院表决权的15%,其中以参议院外交委员会主席毕德门的影响最大。1934年6月,参议院以五十四票对二十五票的绝对优势通过"白银法案",就可见美国白银集团实力的雄厚。

国民党政府对美国的乞求遭到拒绝后,不得不于1934年10月15日对白银征收出口税和平衡税,企图阻止白银的大量外流。此后,表面上外商银行输出白银好像有些减少,但实际上白银仍大量通过各种渠道走私出口,使蒋政权的财经情况更加恶化。在此情况下,以蒋介石为首的四大家族只得厚着脸皮再次向美、英两国乞求援助。

1935年1月31日,国民党政府全国经济委员会常务委员兼中国银行董事长宋子文打电报给返美述职的美国驻苏大使布里特:"我认为,中国的经济,尤其是货币方面所面临的不可避免的危机可能在三、四月间,肯定在六月以前就要出现。……在(我们这样)一个组织不健全的国家里,而又当日本为了要控制中国目前正逼着摊牌的时候,届时中国政府只能作出如下的选择。要么在苛刻的政治经济条件下接受日本的贷款;要么就面临着事实上是在日人的庇护下各省使用不同的货币。鉴于此事对中国和世界都具有迫切的危险性,希望美国对于中国要求美国贷款,首先让中国将其货币与美元发生联系以避免即将来临的危机,其次要求将中国节余的一部分白银售与美国来满足

其购银需要的建议……能予以最大同情的考虑。"① 2月5日,施肇基在致美国国务院的备忘录中更把宋子文的这一建议具体化了:"……由于银价的不稳和受美国购银影响所造成的中国白银外流,人民对通货丧失了信心和产生了疑虑,国内外贸易都遭致毁灭,严重地影响了政府的税收,尤其是当政府正在竭尽全力以消除在西方一个省内的共产党威胁而统一全国的时候,这种危害就更加严重了。中国曾经考虑如何调整它的通货、财政政策和计划,以便适应美国的政策和计划,并从而调和两国的利益。……以便把中国从目前由于银本位所产生的汇价不稳的困境中解脱出来。……"接着,在备忘录中提出了两项要求:"(1)中国愿意供应美国在白银收购法案下所需要的白银。……建议第一年中国出售白银二亿盎司,中国保留有五千万盎司伸缩之权。以后的供应可视美国政府对白银的需求程度而定。(2)在短期内将全国通货由银本位变为与美元联系的新通货。……据货币专家估计,中国所需资金最低限度为一亿美元借款或长期借款,此外,还需要一笔同等金额的备用借款,以将来交货的白银作为抵押,这笔抵押借款需要时随时动用。"② 对于国民党政府这一出卖中国货币主权,不惜将中国新币钉住美元以换取美国贷款的建议,美国国务卿在2月19日致施肇基的复照中又婉言加以拒绝:"……美国政府感到目前尚不可能与中国就上述计划纲要所提出的建议达成一项协定。……如果中国政府认为适当而愿将上述计划纲要同时向对中国财政问题,特别是对中国币制改革表现极大关切的几个外国政府提出来的话,则美国政府准备与这些接触过的外国政府一道和中国政府进行合作,以探索

---

① 《美国外交文件》,1935年第3卷,532—533页。
② 《中央银行英文档案》。

国民党政府在法币改革前后依附帝国主义和彼此间钩心斗角的内幕

共同给予中国所希望的援助的可能性。"① 当时美国政府之所以要作出这样的答复,美国国务院远东事务司在致摩根索的一份备忘录中曾作了这样的解释:"如果对中国的要求作出积极的反应,这将'很不礼貌',因为这将激怒日本;如果对中国的要求作出消极的反应,这又将'很不明智',因为这将把中国推入日人的怀抱。"② 由于这个原因,美国政府就把这一问题推到由几个外国政府来共同解决。尽管美国一再推托,但国民党政府仍不死心,由蒋介石亲自出马于同年 7 月通过美国财政部驻上海代表卜凯再次向美国提出与以前几次相似的要求。③ 对于国民党政府的这些要求,因罗斯福的不卷入中日争端的政策就一直拖了下去。

在向美国乞求援助的同时,国民党政府也竭力向英国哀求援助,而且在稳定外汇市场和融通外汇资金上更是主要依靠汇丰银行。孔祥熙在 1935 年 2 月 9 日致施肇基的一封电报中曾扼要地谈到向英国商洽借款的经过:"关于向英国试探借款是我指示海关总税务司在伦敦开始接洽的,后来的谈判则由贝祖贻和李铭在上海与汇丰银行继续进行,而现在则由宋子文接办。……汇丰银行经理本星期由香港来此,彼极希望借款能成功,而且为他们自己的银行着想,也希望中国能继续保持自由银本位。但英国财政部……对于借款计划没有信心,理由是,这个问题在银本位基础上不可能得到根本的解决。谈判已暂告中止。……"④ 英国政府为什么不同意贷款给国民党政府呢?这一问题可以在 1935 年 2 月 25 日英国驻美大使致美国国务院的一项照会中找

---

① 《美国外交文件》,1935 年第 2 卷,539 页。
② 布鲁蒙:《摩根索日记综述:1929—1933 危机年代》,2018 页。
③ 布鲁蒙:《摩根索日记综述:1929—1938 危机年代》,211 页。
④ 《中央银行英文档案》。

到答案:"中国发生货币危机首先显然是由于在目前银价高涨的情况下公众对中国元是否还能继续维持兑现一事已失去信心和随之而来的资金外逃,其次就是中国国际收支的逆差。这两个原因引起了白银外流、走私和窖藏,并进而发展到银行挤兑。外国贷款不能永久地消除这些困难,因为一旦借款用尽,目前的困难又将重现。"①

汇丰银行因在中国持有大量白银,在白银买卖上一直大发横财,它当然是竭力想通过贷款来使中国继续保持自由银本位。早在1934年11月,汇丰及麦加利两银行就曾打算贷给国民党政府一千万英镑的贷款,后来因为英国政府没有批准,这笔借款才没有实现。② 在实行法币前的一段时期内,汇丰银行确曾大力支持过上海的外汇市场。上海汇丰银行经理亨奇曼曾这样写道:"汇丰银行在中国人只出了两三百万元小量基金的基础上,利用汇丰银行自己的资金,使一个大国的货币在一年中的大部分时间里能保持稳定,这简直令人难以置信。……我认为,如果当时我们不予以支持,中国就可能崩溃,这就会使我们遭到一次难以想象的巨大损失。"③ 为此,蒋介石曾把一种高级荣誉勋章和金质手表授给汇丰银行总经理格雷朋和该行上海分行经理亨奇曼,以表彰他们在这方面对蒋政权的支持。

在这一时期,日本帝国主义一直是企图排斥西方列强插手中国,以便它单独控制中国。1934年初,国民党政府派吴鼎昌、陈光甫以经济视察团名义赴日考察,他们曾与日本大藏大臣高桥是清和横滨正金银行总经理儿玉谦吉等进行会谈。当时高桥、儿玉都坚持中国在财金问题上要以"自力更生"为主,其用意就是"反对其他列强以联

---

① 《美国外交文件》,1935年第3卷,542页。
② 杨格:《中国建国之努力》,223页。
③ 柯立斯:《汇丰银行——近百年来东亚政治、财政、经济转变的探讨》,206页。

国民党政府在法币改革前后依附帝国主义和彼此间钩心斗角的内幕

合或单独行动向中国提供财政和技术援助。如果中国需要这方面的援助,这种援助只能来自日本。"① 在国民党政府向美、英乞求借款的同时,日本也一再暗示它打算给予蒋政权以巨额贷款。1935年2月17日孔祥熙在致施肇基的一封电报中就谈到了这方面的情况:"尽管迄今日本官方尚未提出正式要求,但他们暗示可以给予大量贷款来应付危机,并把这样贷款作为广泛的中日经济合作的一部分,这将意味着日本在经济上控制中国,特别是控制华北。他们还暗示中、日两国可以联合对美国白银政策提出抗议,我们已设法避开这些暗示。他们希望中国危机早日到来,以便供其利用。显然,他们不希望西方国家给予中国以有效的援助,这样,中国就会必然要求他们。"② 另据杨格透露,在1935年3月,"日本打算给予中国一笔贷款,条件是中国要雇用日本军事顾问以代替德国军事顾问,要在全国经济委员会中聘请日本顾问,要偿还包括西原借款在内的对日借款。"③ 也就在这一时期,摩根索得到情报说,日本正对中国提出不寻常的要求,要点是要中国聘请日人担任海关总税务司,要求中国修订关税以利于日货输入,要求中国不得参加没有日人参与的任何外债谈判,要求中、日、满货币一体化,等等。④ 从这里可以看出,当时日本的确是野心勃勃,总想通过苛刻的条件给蒋介石政权一笔巨额贷款,从而控制整个中国的财政金融命脉,但是以蒋介石为首的四大家族的后台老板是美英垄断资产阶级,对于日本的这些暗示和要求,他们当然只能采取回避的态度。

---

① 杨格:《中国建国之努力》,226页。
② 《中央银行英文档案》。
③ 杨格:《中国建国之努力》,228页。
④ 布鲁蒙:《摩根索日记综述:1929—1938危机年代》,209页。

四、李滋罗斯来华的使命和五国专家会议的流产

美、日两国在中国的经济势力不断增长的情况下,英国为了保护其在华的经济利益,1935年3月它主动倡议在上海召开中、美、英、日、法五国财政专家会议,并于6月间就正式指派英国财政部首席财政顾问李滋罗斯为出席这次专家会议的英国代表。李滋罗斯取道加拿大、日本于9月21日来华。后来由于美、日、法三国政府的抵制,迟迟不派出代表,以致这次国际专家会议不得不宣告流产。

英国倡议召开这次国际专家会议的目的是想借以削弱美、日两国日益增长的势力,以维护英国在华的经济利益。1935年7月11日,英国外相霍尔在下院发表演说时宣称:"与充分承认中国有权决定自己命运联系在一起的门户开放的原则仍然是英国对华政策的广泛基础。"① 一位研究远东问题的英国专家也指出,"1935年夏,英国对华政策处于一种新政策的开端,当时已经看出,英国在华的地位非但有赖于一个独立的南京政府,而且由于外交上的失败南京政府已不断向日本屈服,英国有必要单独帮助中国以缓和其经济危机,从而加强中国对日本的反抗。……李滋罗斯使团去中国标志着英国政策的这种转变。"②

美国政府不派出代表是有其自己打算的。首先,对美国白银集团态度一向很敏感的美国财政部根本反对召开这次国际会议。其次,当时美国还摸不清英国倡议召开这次会议的真正意图,认为这是英国在强迫美国摊牌,因而对英国存有戒心。最后,美国的白银政策早已不得人心,如果美国代表出席这样的会议必然会成为众矢之的。于是,

---

① 哈巴德:《英国的远东政策》,48页。
② 佛雷德曼:《1931—1937年的中英关系》,64页。

国民党政府在法币改革前后依附帝国主义和彼此间钩心斗角的内幕

作为一个变通办法,罗斯福就指派金陵大学的卜凯教授作为美国财政部的代表定期从南京报告有关中国货币金融方面的情况。卜凯不是一位特使,无权进行谈判,但他作为美国财政部常驻中国的代表,不仅起着中美间官方渠道的作用,而且还起着就近观察和监视中国的作用。

日本不派出代表参加这次国际会议是意料中的事。那时日本是希望中国的危机越早来越好,因此它在中国各地,特别是在华北,竭尽破坏捣乱之能事,大量走私白银,煽动银行挤兑,制造金融恐慌,破坏西方国家对中国的援助计划,其目的就是想使中国金融情况越乱越好,以便最后由它出面来收拾残局,独占中国。美国驻华公使詹森在1935年7月12日致美国国务卿的一封电报中写道:"自7月6日起,四天来大批朝鲜人和中国人群集在天津四行联合准备库(金城、盐业、大陆和中南四行)大楼前要求以钞票兑换现银。……到7月10日为止,共计已兑出三十余万元。……这次银行挤兑的人是某位躲在幕后操纵者所指使的浪人……在1935年首五个月内,大约已有4400万日元的白银由中国走私运往日本。……据悉,英国对此很表关切,因为日本有可能在未来的危机中力图控制中国的货币,以便进一步推行它们自己的计划。"① 同年11月4日,詹森在致美国国务卿的另一份电报中更明确地指出:"日本决定对华政策的军部绝不允许日本参加由西方倡议和参与的任何对华的财政计划"。②

国际专家会议虽然流产了,可是李滋罗斯来华却对国民党的法币改革无形中起了促进作用。李滋罗斯在资本主义世界是一位很有声誉

---

① 《美国外交文件》,1935年第3卷,604–605页。
② 《美国外交文件》,1935年第3卷,632页。

资耀华文存

的财政金融专家,与英国政府关系密切,仅凭他出使中国这一点,便对法币的出笼十分有利,何况当时外界不明事实真相,片面地夸大了他的作用。李滋罗斯确实在法币改革的最后阶段参与了策划,支持了这项改革,但同时他也有一些不同的意见和建议,具体情况将在下文中叙及。

五、依靠美国顾问制定法币改革计划和法币的出笼

1935年11月4日,国民党政府所实施的法币改革方案实际上在李滋罗斯来华之前早就在孔、宋的智囊团(江浙财团的几位首脑人物)和杨格、林奇、罗克哈特三位美籍顾问的直接参与下大体上连细节都拟订好了。1935年5月3日,孔祥熙在致施肇基的一封密电中写道:"具体的币制和借款计划已准备多时,唯尚未提出,本拟先与英国私下秘密商议,以取得他们的支持,但我们自我驻英公使馆处获悉,他们不愿单独商议,认为有必要把我们通知他们的任何东西转告其他有关政府,因此我们不能将整个计划全盘托出,因为泄密的危险将使金融市场发生灾难和出现其他的障碍。"① 可是在李滋罗斯来华的第二天,杨格就向他详细介绍了中国的情况和打算采取的措施,当时李滋罗斯就同意杨格的看法,认为中国元无论如何都必须脱离与白银的关系。在10月2日,孔、宋又再度把拟在一个月以后实施的币改方案全盘告诉了李滋罗斯。②

李滋罗斯虽然表示同意这一币改方案,但他认为中国要实行币改,必须取得国际借款,他并为筹措一千万英镑的国际借款而积极进行活动。可是,李滋罗斯的活动首先遇到日本的反对。日本驻华大使

---

① 《中央银行英文档案》。
② 杨格:《中国建国之努力》,230-231页。

国民党政府在法币改革前后依附帝国主义和彼此间钩心斗角的内幕

有吉明在11月16日明确地告诉李滋罗斯和英国驻华公使贾德干，日本不拟参加这样的贷款，因为"新借款只会使宋、孔的势力增大，而削弱一直为改善中日关系而努力的汪兆铭派的势力。"① 就这样，李滋罗斯的国际贷款计划便完全落空了。在此期间，李滋罗斯和他的助手英兰银行的罗杰士还积极参加了改组中央银行为中央准备银行的筹备工作，并曾参与了法币方案的讨论，特别在讨论法币应与哪国货币发生联系的问题上，李滋罗斯极力主张法币应钉住英镑。但就在这个时候，美国财长摩根索也坚持法币必须钉住美元，以致形成僵局，最后还是由孔祥熙出来转圜，并企图以它作为取得借款的条件，孔一再表示：法币钉住哪国货币的问题可暂时搁下来，留待以后解决，谁能对中国币改提供贷款，中国的货币就钉住谁。② 李滋罗斯特别强调必须要把中央银行改组为中央准备银行，必须维持预算平衡，从而消除发生通货膨胀的根本原因。

在想借着李滋罗斯来华势头推行法币的同时，蒋介石政权也竭力向美国政府要求出售中国白银。为什么这样呢？孔祥熙在10月26日把那时国民党政府外汇的严重困难秘密地告诉了施肇基："通货情况非常严重，外汇空虚，并出现恐慌，中国愿将白银直接售予美国政府，因为在公开市场抛售，必将刺激白银市场，这是中美双方政府都想避免的。"③ 同时，孔祥熙要求向美国政府出售一亿盎司白银，第一批先交五千万盎司，其余在四个月内交清。中央银行在合同成立后拟再向美国出售一亿盎司白银。10月28日，孔祥熙又通过施肇基转告美财长，中国拟在短期内实行法币改革。就在当天施肇基与摩根索

---

① 《日档》，153/391支那币制关系杂纂（五），（日本大使馆）。
② 杨格：《中国建国之努力》，231页。
③ 《中央银行英文档案》。

的会谈中,摩根索立即要求蒋政权提供全部的币改计划,并表示中国新币必须要与美元联系和美国必须对中国外汇基金进行监督。10月29日,摩根索对罗斯福总统说:"在李滋罗斯还在中国的时候,中国人竟找上了我们,真够意思!"他表示可向中国购买一亿盎司白银。在11月1日,孔祥熙遂立即将拟在几天后实施的法币改革计划秘密地通知了摩根索。值得特别注意的是,孔祥熙在当天又发给施肇基另一份密电:"请非常秘密地口头通知美国财长,中国政府已决定采纳今日英文电报中所述的币改计划,并拟立即实施,可能在周末开始行动。因此极盼美国政府对中国出售白银一事能作出答复。……英国代表团赞成在上海发行债票,由英国银行和其他对此有兴趣者参加,已取得谅解,债票可在伦敦发行。……如此次借款成功,这就意味着新币将与英镑发生联系,否则,新币与其他外币或黄金发生联系将不受任何约束。"① 这实际是孔祥熙向美国暗示,如果美国政府能大量购买中国白银和贷款给中国,中国新币也有可能与美元发生联系;如果美国仍然犹豫不决而英国借款又告成功的话,届时中国新币就只能与英镑发生联系,而美国也就不能怪他言之不预了。

就在美国政府收到中国币改计划的第二天(即11月2日),摩根索就在谈判中正式向中国提出了购银的五项条件:"(1)美国同意向中国购买一亿盎司船上交货的白银;(2)此项售银的全部收入应完全作为稳定中国货币之用;(3)中国成立一个由三位专家组成的平准委员会。根据君子协定,双方理解该委员会的一名成员将来自大通银行,另一名成员来自花旗银行;(4)中国出售白银所得之基金应存放在中央银行在纽约的代理行,双方理解该代理行应是一家美国银行;

---

① 《中央银行英文档案》。

(5) 双方理解，本协议如经双方同意，则在中国政府实行币改时，中国元应按下列任一方式进行兑换：①以确定数额的中国元兑换美元，其兑换率由中国政府在开始时即确定之；②按每盎司三十五美元的价格兑换一定数量的黄金，或按每盎司一点二九美元的价格兑换一定重量的白银。"① 这五项条件概括起来就是赤裸裸地要求中国新币必须钉住美元，并把中国的外汇资金全部存放美国，使中国的货币加入美元集团。就在美国政府提出这些要求而还没有得到答复的时候，国民党政府于11月4日就匆匆忙忙地实行了法币改革。

按照李滋罗斯原来的设想，法币出笼的日期还应当稍微向后推迟一些。那么，为什么法币要在11月4日提前匆匆出笼呢？从现有资料来看，主要是国民党政府出于政治和经济上的考虑。当时华北政局异常紧张，日人走私白银猖獗，国民党政治不稳，市场投机盛行，企业纷纷倒闭，金融发生严重恐慌。加以在10月里，华北局势更趋紧张，日本唆使汉奸在河北省香河县发起暴动，占据县城。同时，华北日人走私白银更达到一个新的高潮。据《日日新闻》报道："昭和十年（1935年）9月，日本输出白银20973000日元，与上一年同期输出白银135万日元相比，增加了十余倍。1月至9月，由上海向日本走私输出的白银约有144155000日元，而日本年产白银仅1000万日元，故由日本输出之白银主要是由中国向日本走私之白银。"② 此外，自10月23日起，市场上谣诼纷纭，传说中国币将贬值三成五，24日更谣传中、中、交三行纸币停兑，于是市场呈现恐慌，标金飞涨，汇价大跌。11月1日，国民党政府行政院长亲日派头子汪精卫被刺，人

---

① 《美国外交文件》，1935年第3卷，632－633页。
② 东京《日日新闻》，1935年（昭和十年）10月20日。

心更加不安,从2日起,不少人向银行提存或要求兑现,中、中、交及其他银行突然面临挤兑风潮。正好当天是星期六,第二天是星期日照例休息,如不及时采取措施,事态还可能发展到不可收拾的地步,故而国民党政府不得不在11月3日晚宣布实行法币改革。

六、法币出笼后美、英、日三国玩弄的手法

从本质上说,美、英、日三国都是在对中国进行侵略,都是在想方设法以攫取中国货币金融的领导权,在目的上无分轩轾,然而它们所使用的策略和手法却不尽相同。有的是捣乱破坏,凶相毕露;有的是口蜜腹剑,诡计多端;有的则是软硬兼施,暗中拉拢。在这场有关法币改革的斗争中,它们表演得更加淋漓尽致。

法币出笼后,英国是大力支持,日本是坚决反对和破坏,美国则乘机进行要挟。

英政府除了派遣李滋罗斯来华以外,在法币出笼的第二天,英国驻华公使贾德干就发出英皇敕令,要在华的英商和侨民遵守法令,所有在华的英商银行也表示愿意交出白银。在法币出笼的第二天英国就以英皇敕令这样最高的法律形式来约束它在中国的臣民,这就是英国政府在行动上给予国民党政府以大力的支持。同时,汇丰银行也给予法币以巨大的支援。国民党政府当时把从中国人民手中搜刮来的大批银元运往香港,存放在汇丰银行库内,在适当的时候,由该行把这些银元运往伦敦出售,售得的价款存放在伦敦和纽约。在装运银元去伦敦和银元在伦敦出售的空档期间,汇丰银行曾以三厘低息贷款贷给国民党政府二百万英镑。[①]

美国政府虽在表面上对法币改革表示同情,但实际上担心法币已

[①] 柯立斯:《汇丰银行——近百年来东亚政治、财政、经济转变的探讨》,213页。

国民党政府在法币改革前后依附帝国主义和彼此间钩心斗角的内幕

与英镑发生了联系，因此总是想通过购银谈判尽量把法币拉过去钉住美元。上面我们已经谈过，在法币改革前的中美售银谈判上，美国政府提出了五项要求。在11月6日继续举行的谈判中，施肇基表示国民党政府基本上可以同意美方提出的一项至四项的条件，但对于美方要求法币必须钉住美元的第五项条件碍难同意。当时美国政府是把第五项条件作为它的最根本的要求，而且坚持要国民党政府同意这一点，否则，就不考虑购银的问题。美国副国务卿菲利浦斯在关于11月6日中美会谈的备忘录中曾这样供认："……建议中的第五项是一项根本的建议。……摩根索明确表示，除非在事前达成这样明确的谅解，即中国的货币将钉住美元，否则，他不同意购买中国这批白银。摩根索还指出，中国元总归要钉住美元、英镑或日元的，但在这次交易上，他所要求的就是中国元必须钉住美元。……他一再表示，如果中国元不与美元发生联系，则美方无法给予这种援助。"① 当天，在摩根索向罗斯福总统汇报中美谈判情况时，罗斯福亦表示：在购买中国任何白银时，都必须要附有表示中国元与美元发生联系的"某种形式的备忘录"。当时美国财长很清楚，国民党政府在实行法币改革时，手上并没有掌握多少外汇。实际上，在1935年11月中旬，国民党政府手中的外汇基金只有三千万美元。② 所以在这次谈判中摩根索带有讽刺意味地向施肇基指出："中国政府就像在玩'扑克'一样，无疑正在虚张声势。如果他们得不到来自美国政府的支持时，他们就无法进行币制改革的。"③ 美国政府正是抓住了国民党政府的这一致命弱点，乘机要挟，非要法币钉住美元不可，否则，就不购买中国的白

---

① 《美国外交文件》，1935年第3卷，637–638页。
② 《中央银行英文档案》，1935年11月15日孔祥熙致施肇基电。
③ 《美国外交文件》，1935年第3卷，637–638页。

银,届时法币就只得完蛋。当时孔祥熙深怕法币突然钉住美元一定会遭到英、日两国的强烈反对,因此在11月8日急忙电告施肇基:"日本对币改法令已表现出极大冲动,怀疑我们与英国有所协议,其实这些都是莫须有的。币制改革法令之所以在措辞上小心谨慎,不明确表示法币与任何特定货币有联系,一部分原因就是为了避免遭到反对。如果我们现在同意法币与美元或黄金发生联系,我们不禁要问,美国政府是否打算帮助我们向日本进行解释呢?"① 特别值得注意的是,在这封电报的附言中,孔祥熙向美国财长打出了他自己手中的一张王牌,演出了一幕奴才向主子讨价还价的丑剧。孔祥熙在电末附言中对施肇基说:"附带说一句,你可对美国财长讲,我们维持目前的汇价水平绝不是在搞什么玩'扑克'、虚张声势的欺骗行为,因为即使到了最坏的场合,我们总可以在公开市场上抛售白银,不过这样做对我们两国都将不利而已。"② 孔祥熙也很清楚,美国最怕的就是中国在公开市场上大量抛售白银,因为这必将迫使银价大跌。孔祥熙在这个时候抛出这张王牌,也正是想借此要挟美国,使美国政府在售银谈判中能作出一些让步。孔祥熙的这张王牌果然起到了他预期的作用。11月9日,摩根索向罗斯福总统汇报说,中国内部的压力使中国不能把元钉住美元,而且中国还遭到来自日本的压力。经过几次的讨价还价,美国在法币必须钉住美元这一点上暂时作了让步。11月13日,中美两国财政部达成了中国向美国出售五千万盎司白银的协议。这五千万盎司白银后来由上海花旗与大通两行各投标二千五百万盎司运往美国,并将价款存入纽约总行。

---

① 《中央银行英文档案》。
② 《中央银行英文档案》。

国民党政府在法币改革前后依附帝国主义和彼此间钩心斗角的内幕

在法币实行后，日本是一直坚持反对态度，特别是日本政府认为这次币改是在英国的直接策划和支持下进行的，因而更加感到不满。11月4日，张公权往访上海横滨正金银行经理矢吹，向其解释法币改革的缘由，并请其转交孔祥熙致日本大藏大臣高桥及横滨正金银行总经理儿玉的电报，矢吹当场就以"儿玉总经理对与中国视察团谈话内容并不了解，不便转达"为辞，冷淡地加以拒绝。同一天，日本驻华大使有吉明往访孔祥熙，当面指责孔为什么实行法币改革事前不与日本进行磋商。在这一天有吉明给日本外务大臣广田弘毅的电报中，日本的态度就显到更具有威胁性了："本使应约往访孔祥熙。……本使表示，日本国民认为此项新制度，对英国方面曾进行充分的磋商，而对于日本，则突然实施，使日本国民对华感情深受影响，因此，使两国政治、经济关系不免有发生可忧的坏影响之虞。……"① 11月9日，日本陆军部更发表公报说："……如果这是确实的，南京政府领袖们不能逃避他们为了壮大自己而把其国家出卖给外国人的责难。对日本来说，作为远东的一种稳定势力，绝不能忽视大不列颠企图把一个半殖民地的中国置于英国资本统治下的任何尝试。"② 为了安抚日本，11月20日蒋介石亲自出马，召见日本驻华大使，卑躬屈膝地向他进行解释，蒋介石说："关于法币改革，虽然听取了李滋罗斯等英国方面的意见，但同时也由蒋作宾征求过高桥大藏大臣的意见。……至于法币实施日期，并没有因为与英国关系密切，而在通知日本之前就通知了英国。……希望日本方面能给予援助。……关于借款问题，如果没有日本的同意，中国绝不单独借款。现在中国迫切希望中日经

---

① 《日档》153/391 支那币制关系杂纂（五）。
② 英国皇家国际事务研究所：《1935年国际事务的回顾》，320–322页。

济提携,即使有别国的援助,如果不与日本提携,必将毫无效果。"①

在实际行动上,日商在华银行首先带头反对交出白银,日本浪人更在上海、厦门、广州等地拼命以高价收买白银输运出境,同时,还指使华北当局截留白银五千多万元,不准南运,并借口华北人民反对白银国有,大搞华北币制独立运动,阴暗使华北五省从中国本土分裂出去。

当时日商银行不但自己拒不交出白银,而且还竭力阻止其他外商银行把它们在华北的存银南运。1936年4月6日,日本驻天津总领事堀内致日本外务大臣的电报中透露了他们阻止华北存银南运的政治目的:"华北存银南运,经济上虽不致发生很大的影响,可是有南京势力进入华北与日本方面正在退却之感,这将给华北民心以恶劣的影响,实属不妙。"② 因此,尽管当时蒋介石政权曾竭力设法想把华北白银南运,甚至对华北外商银行都发出了将其存银南运的护照,但均遭到日人和汉奸的阻挠。直到1936年5月华北的外商银行才与南京政府达成协议,按另加百分之五溢价的优待办法通过河北省银行将白银移交给中央银行。

值得注意的是,华北外商银行不把白银直接移交中国政府指定的银行,而是通过河北省银行移交白银,这实际上是日本勾结汉奸所玩弄的一个大阴谋。1936年5月23日,日本驻天津代理总领事岸致北平武藤书记官的一封密电就完全证实了这一点:"……军部认为通过这件事(指通过河北省银行移交白银事),南京政府实际上承认了河北省银行的特殊性……河北省银行实际上正变成华北的中央银行。通

---

① 《日档》153/391 支那币制关系杂纂(五)。
② 《日档》153/391 支那币制关系杂纂(五)。

过这次接收现银,该行的地位更得到加强,所以肖(指国民党政府天津市长肖振瀛)、林(指天津海关监督林世则)二人的工作对此(指当时策划的'华北币制独立运动')起了很大的促进作用。"①在这一期间,华北的日人走私集团还不断以高价从外商银行手里套购白银,走私出口。天津花旗银行于1936年2月25日在致该行上海分行的一封信中透露:"一位经营银元买卖的客户前来我行接洽,愿对五十万银元付出百分之十五的高价。据我所知,这是一个日本集团出的价。"②

七、美国通过中美货币协定实际掌握了中国货币的领导权

法币出笼后不久,蒋介石集团与美国政府达成出售五千万盎司白银的协议。美国政府越来越清楚地看到,谁能够控制中国的外汇基金,谁就能够握有中国币制的最高支配权。美国也知道,法币的汇价是以五年来对英镑的平均汇率为基础的,这就意味着法币在技术上是与英镑有联系的。同时,英国也正利用银价上涨的机会帮助蒋介石政权在伦敦出售白银。如果让这一情况继续下去,英国对中国货币的控制权还可能进一步得到加强,美国对此当然不甘心。为了对付这一形势,美国政府决定暂停在伦敦市场购银,从而迫使伦敦银价不断下跌。到1935年12月9日,伦敦银价更加惨跌,11日起跌风尤甚,竟弄得伦敦市场不能决定市价。12月9日以前,伦敦银价徘徊于每盎司 $29\frac{3}{8}$ 便士左右,到14日,伦敦期货交易绝迹,现货银块价格跌到 $26\frac{7}{16}$ 便士。

---

① 《日档》153/391 支那币制关系杂纂(五)。
② 《花旗银行档案》。

银价下跌实际上等于中国外汇基金的减少。12月中旬，日本在华银行再次向中央银行大量购买外汇，迫使孔祥熙不得不再次哀求美国财政部购买中国白银五千万盎司。当时摩根索从卜凯处获悉，中国拟在世界市场出售二亿盎司白银，摩根索认为这是孔祥熙在玩弄两面手法。同时摩根索对于国民党政府没有履行其诺言真正地向卜凯提供了有关中国货币方面的情报而感到生气，因而拒绝了孔祥熙的这次要求。① 1936年1月21日和26日，孔祥熙又两次电告施肇基："现在银价跌落，又导致了新的不安，大大贬低了中国通货白银准备的价值，损害了人民的信心。"要他向美国财长说明中国的财政困境，希望能得到美国的大力援助。在26日的电报中，孔提到："过去六个月，财政赤字初步估计为一亿四千六百万元。……大宗的开支是军费和还债，前者又不能及时削减，因为所谓的共产主义在某些地区仍是相当严重的威胁。……"② 这段话就进一步暴露了国民党政府当时之所以要维持庞大的军队，其主要目的就是妄想彻底消灭中国共产党，以贯彻其"攘外必先安内"的反共反人民的卖国政策。孔祥熙接着在电报中写道："当银价在几个星期内下跌三分之一时，这就使公众的信心受到损害，我们极愿在白银问题上与美国政府进行合作。"③ 后来美国财政部建议国民党政府派有代表性的银行家去美国讨论中国币制问题，于是孔祥熙决定派江浙财团的第一号人物陈光甫去美谈判，陈光甫等人于1936年3月26日抵美，随即与美国财政部开始谈判。

在4月7日陈光甫、施肇基与美国财长摩根索举行的第一次会谈上，摩根索先讲了一通漂亮话，说什么"美国唯一关心的就是帮助中

---

① 布鲁蒙：《摩根索日记综述：1929—1938危机年代》，219页。
② 《中央银行英文档案》。
③ 《中央银行英文档案》。

国民党政府在法币改革前后依附帝国主义和彼此间钩心斗角的内幕

国，美国并不寻求商业利益、铁路或其他让与权，美国并无隐蔽的动机，也不想借机图利。"[①] 正如毛泽东所指出的那样："帝国主义政府的反革命事业尽管每天都在做，但是在嘴上，在官方文书上，却总是满篇的仁义道德，或者多少带一些仁义道德，从来不说实话。"[②] 中美谈判的事实完全证实了这一点，在以后的几次谈判中，美国政府的真正面目就逐渐暴露了出来，所谓"不寻求商业利益""无隐蔽的动机"等全是骗人的鬼话。在4月21日的谈判席上，美国财长摩根索就断然表示，在下列两点没有弄清楚以前，美国不准备考虑购买中国白银的问题：（1）中国保证其通货的确未与英镑发生联系；（2）中国保证在国内扩大白银的用途。

关于外汇牌价问题。在实行法币改革时，国民党政府作了简单的规定："为使法币对外汇价按照目前价格稳定起见，应由中央、中国、交通三银行无限制买卖外汇。"11月4日，三银行对英汇的牌价为法币1元合英镑1先令2便士半；对于美汇，则以对英汇价为基础，参照当时英美套汇率折算出来。当时英美套汇率为一英镑合4.92美元，按此换算，得出法币100元合29.75美元的汇率，这比过去五年对美元平均汇率26.69美元约放长一成。值得注意的是，1936年2月13日，当英美套汇率由原来的4.92美元变动为5.02美元时，中央银行相应地把美汇由29.75美元提高到30.25美元，而对英汇则仍维持为1先令2便士半，这样更引起了美国的猜疑，认为法币已经钉住了英镑。在4月13日会上，摩根索对此大为不满，尽管陈光甫一再解释，但摩根索的疑虑并未因此消除。在会上摩根索甚至要中国实行像加拿

---

① 《中央银行英文档案》。
② 《为什么要讨论白皮书》（《毛泽东选集》合订一卷本，1389页）。

大那样使加元与美元、英镑都发生联系的一种货币制度。① 4月14日,摩根索向陈光甫指出:"中国通货虽然宣布是独立的,未与任何外币发生联系,但事实上是与英镑有联系的。例如,当伦敦、纽约套汇率有变动时,中国元对美元的汇率则随着变动,而对英镑的汇率则保持稳定。"② 对此,陈光甫也不得不承认,按照当时中央银行以对英汇率作基础的挂牌方式,中国元是有点像钉住英镑,他当即示今后可以改变中央银行的外汇挂牌方式,以使法币并未钉住英镑这一问题能得到澄清。③ 为了解除摩根索的疑虑,陈光甫致电孔祥熙:"在4月22日的中美专家小组会上,美国专家指出,今天对伦敦的汇价不动,仍为1先令2便士半,但对纽约的汇价则约下降$\frac{1}{16}$,变为$29\frac{1}{16}$美分,这就证明尽管中国官方保证它的通货是独立的,但实际上在技术上仍然是与英镑发生联系的。……我们表示,在这里达成谅解以前,立即变动对伦敦的汇价是有困难的。……我们建议,在我们提交美国财长的备忘录中将作如下的声明:当我们在这里达成谅解时,中央银行的英汇牌价将随着伦敦、纽约套汇率的变动而变动。"④ 4月27日,孔祥熙回电陈光甫,要他向美国财长作如下的解释:"美国财政部把外汇牌价和市价混淆起来了。法币14个半便士和3角美元的牌价自2月13日以来就没有变动。你们可以声明:如果英美套汇率落到$4.92\frac{1}{2}$左右,我们将定美汇为$29\frac{3}{4}$美分,即恢复到11月4日实行法币时的汇

---

① 布鲁蒙:《摩根索日记综述:1929—1938 危机年代》,224 页。
② 《中央银行英文档案》。
③ 布鲁蒙:《摩根索日记综述:1929—1938 危机年代》,226 页。
④ 《中央银行英文档案》。

国民党政府在法币改革前后依附帝国主义和彼此间钩心斗角的内幕

率；如果英美套汇率再跌至 4.88 美元时，我们则将提高英汇至 $14\frac{9}{16}$ 便士，而让美汇仍保持 $29\frac{3}{4}$ 美分不动。以上可说明我们通货的独立性。……并希说明，只有在英美套汇率的变动使我们将遭到损失时，我们才变动汇率。"① 这就是说，中央银行拟采取一种钉住英美套汇率中币值较贵一方货币的政策，亦即当英美套汇率发生较大变动时，中央银行即调整在英美套汇率中币值较低一方的汇价。这种汇价政策实际上对中国的出口是不利的。

关于扩大白银用途的问题。在这次中美会谈中，美方一直要求中国要扩大白银的用途，主要是要求中国在美国铸造新银元，增加中国货币准备金中白银的比重和中国放宽工艺用银的限制。4 月 23 日，陈光甫电告孔祥熙报告在专家小组会议上就中国扩大白银用途已达成如下的谅解："关于中国元的铸币，如果每元的毛重为 192 格令，成色七成二，大小 1.3 英寸，小组认为这样是合适的。……这种铸币的重量将与美国的半元币相同，只体形略大一些，而我们的半元硬币则将与美国 2 角 5 分或 2 角的镍币同样大小。关于工艺用银，我们声明你同意将限制放宽到 30% 以上。……关于白银充作发行准备的问题，经过长时间的讨论，我们同意向你建议，白银充作发行准备最低限度应为 25%。……关于售银数量，我们建议这一批售出 7500 万盎司，另外以 2500 万或 5000 万盎司白银作抵押获得一笔贷款。"② 孔祥熙在 4 月 27 日的复电中基本上同意了这些建议。

中国当时既然已经实行了法币，禁止银元流通，而现在美国又突

---

① 《中央银行英文档案》。
② 《中央银行英文档案》。

然要求中国在美铸造新银元,岂非咄咄怪事!其实,美国政府的这一做法在很大程度上是出于国内政治上的需要。陈光甫在5月21日的电中谈到美国政府为什么坚持要中国在美铸造银元的根本原因:"据我体会,财长所需要的是好在白银派议员面前为他的立场进行辩护,即中国仍旧继续使用银元。"① 这就是说,摩根索可以向白银派议员解释,虽然美国政府向中国购买了大批白银并给予了贷款,这不但没有帮助中国放弃银本位,与此相反,中国却因此重新使用了银元,扩大了白银用途,为中国今后实行复本位奠定了基础。这样,摩根索在政治上就能够得到白银派议员的支持。就国民党政府而言,他们完全明白,同意在美国开铸银元完全是自欺欺人的做法,只不过是为了想取得美国贷款和多出售一些白银而玩弄的一个花招。当时国民党政府同意在美国象征性地开铸五百万银元。实际上,这批银元后来根本没有用过。

摩根索从陈光甫那里得到中国有关中央银行今后的汇价将根据英美套汇率的变动而变动和中国保证扩大白银的用途后,即提出了中美货币协定草案,中美两国财政部于5月15日正式签署协定,美国同意向中国购买7500万盎司白银;另外中国政府可以5000万盎司白银作抵取得一笔约2000美元的贷款。5月17日,孔祥熙就中美货币协定一事发表声明,其主要内容是:将法币现金准备内白银准备最低限额规定为纸币发行总额的25%;为便利商民起见,即铸造半元、一元银币,以完成银币之种类;政府为增进法币之地位起见,其现金准备业已筹得巨款,将金及外汇充分增加。在声明中,孔祥熙还说:"依据上项规定,我国币制仍保持其独立地位,而不受任何国家币制变动

---

① 《中央银行英文档案》。

国民党政府在法币改革前后依附帝国主义和彼此间钩心斗角的内幕

之牵制。"① 美国财长摩根索也相应地于5月18日发表声明:"……在双方都能接受的条件下,我们愿向中国中央银行收购巨额白银,同时还在两国利益都有保障之下,供该行以美元外汇,作为稳定通货之用。"②

"中美货币协定"的签订标志着在货币金融领域内蒋介石政权对美国依赖的加深,为以后美国独霸中国金融奠定了基础。美国驻华公使馆参赞匹克于5月23日致美国国务卿电报中谈到中国舆论对"中美货币协定"的反应时也不得不承认:"……中国报纸的评论极少,有则也不热心,或表示怀疑。有一杂志对此作了专题评论,说可以看出美国是为了控制中国通货而来帮助中国的。"③ 事实上也正是如此。据统计,从1934年11月到1937年7月10日,国民党政府一共向美国政府出售了四批白银:第一批,1934年11月,1900万盎司;第二批,1935年11月,5000万盎司;第三批,1936年5月(中美货币协定),7500万盎司;第四批,1937年7月10日,6200万盎司(即将5000万盎司作为借款抵押的白银售予美国政府,另外再加上额外运往美国的1200万盎司的白银)。因此,在抗日战争前,蒋介石集团总共售给美国政府的白银为20600万盎司,售银净收入为95761570美元。④ 在抗日战争爆发后,到1941年,蒋介石政权又继续向美国政府出售白银362101000盎司,合157164000美元。因此,1934—1941年,国民党政权一共向美国政府出售白银552959761盎司,合252925570美元。国民党政权向美国出售白银所得的外汇或黄金,根

---

① 《金融法规汇编》币制类。
② 《中央银行英文档案》。
③ 《美国外交文件》,1936年第4卷,484页。
④ 杨格:《中国建国之努力》附录15,481页。

据历次协议的规定,都要存在纽约联邦准备银行或其他美国银行内,从而使美国在很大程度上控制了国民党政府的外汇基金。根据中央银行的报告,到1937年7月31日为止,国民党政府存在国外的黄金和外汇准备共合135206066美元,其中约70%存在美国,其余的30%则分别存在伦敦和香港。这个情况适足以说明通过掌握中国的黄金外汇准备,美国已加强了对中国财政金融的控制。

八、结束语

通过以上的揭露和分析,使我们对法币改革的本质有了进一步的认识。

国民党政府为了巩固其统治,加紧进行内战,必然要加紧控制货币金融来弥补财政赤字,而强制的不兑换纸币,正好是他们解救财政危机和剥削人民的最好手段。这是国民党政府要实行法币改革的国内原因,也是最根本的原因,而美国抬高世界银价只不过是个外因,对于国民党政府推行法币在较大程度上起了推波助澜的作用。

以蒋介石为首的四大家族集中代表了旧中国大地主、大资产阶级和英美垄断资产阶级的根本利益,阶级本性决定了他们在币制改革上必然要依靠美、英帝国主义。如果没有美、英两国在后面撑腰,国民党政府是根本无法实行法币改革的。蒋介石集团最初本想投靠美国,在遭到美国冷遇后,方转而投靠英国。后来由于英国心有余而力不足,最后国民党政府才又转而投靠美国。所以,法币改革的整个过程就是国民党政府甘心投靠美、英两国,特别是投靠美国的一个过程,它为日后美国独占中国货币金融奠定了基础。

国民党政府一再吹嘘法币具有充分的独立性,这完全是自欺欺人

国民党政府在法币改革前后依附帝国主义和彼此间钩心斗角的内幕

的鬼话。首先，国民党政府的法币改革，无论从原则到具体，事无巨细，都是由几个美、英顾问一手包办搞出来的。他们有的与各该国政府关系密切，有的则干脆是帝国主义派来中国的坐探。何况国民党政府的首脑人物，如蒋介石、孔祥熙、宋子文之流，对这些洋顾问又是言听计从，千依百顺，这就使蒋介石集团不得不被人牵着鼻子走。其次，蒋介石集团在法币汇价上一直不明确表示它钉住哪国货币，这实际上是国民党政府脚踏两只船，想向两个主子同时要钱。"谁肯多出钱，法币就钉住谁""有奶便是娘"，正是对当时国民党政府的最好写照。尽管国民党政府口头上一再吹嘘法币汇价不与任何特定外币发生联系，但事实上，法币最初的汇价是与英镑在技术上有联系的，后来法币的汇价又改与英美套汇率发生联系，这只能表明法币对英镑和美元都具有很大的依赖性。最后，国民党政府的外汇基金大部分存在美国，小部分存在英国和香港。这笔巨大的资金不仅增强了美、英垄断资本的财力，同时，也受到美、英两国的监督和控制。因此，从以上这三方面来看，所谓法币具有独立性只能是一句空话。大量的事实足以说明法币制度确实是美、英货币的附庸，是受美、英两国特别是受美国操纵的一种典型的半殖民地货币制度。

此外，法币改革的整个过程还进一步暴露了美、英、日三国的侵略本质。列宁曾经指出："帝国主义的一个重要特点，是几个大国都想争夺霸权。……主要还是为了削弱敌方，摧毁敌方的霸权。"[①] 在法币改革中，美、英、日帝国主义在中国进行的各种活动，无一不是为了要削弱对方，以便在中国建立或保持自己的霸权。当时帝国主义在中国争霸过程中，尽管它们在口头上或在官方文件上说尽了漂亮

---

① 列宁：《帝国主义是资本主义的最高阶段》，82 页。

话,但漂亮的言辞总归掩饰不了它们侵略的真正面目,这使我们进一步擦亮了眼睛,看清了帝国主义在货币金融方面侵略中国的目的不是为了别的,与在其他方面的侵略一样,是要把中国变成它们的半殖民地和殖民地。

(本文原载中国人民政治协商会议全国委员会文史资料研究委员会编的《法币、金圆券与黄金风潮》,文史资料出版社,1985年2月出版,署名"资耀华、周林、甘培根。")

>> 大胆探索　开拓前进

——人民银行参事室主任、〔中国金融〕学会副会长资耀华同志书面发言

正当全国各族人民认真学习，积极投入第七个五年计划建设的时候，我们金融学会年会在长春召开了。这个会开得很及时，安排得很适当。读了陈慕华行长给年会的信，听了刘鸿儒副行长的专题报告，都深受教益。听了赵海宽同志做的年会工作报告，这是实事求是的分析总结，既有短期打算，又有长期规划，我同意这个报告。对此我谈一点个人学习的体会，请指教！

第七个五年计划，是一个全面推行经济体制改革的计划。今年是执行"七五"计划的头一年，又是"巩固、消化、补充、改善"的一年。"七五"计划中的许多部门和问题，都涉及金融。这是很自然的，因为我们既然是社会主义公有制基础上的有计划的商品经济，就必然要通过和运用价值规律及货币政策来进行交易和管理。在广大市场上每时每刻离不开货币，离不开金融也就离不开银行。采用市场调节，就要运用信贷、价格、利率、汇率、税率等这些灵活的经济杠杆，银行是金融市场的枢纽，要搞活经济，必须搞活金融，要搞好宏观经济控制，必须很好地发挥银行的作用。因此要进行经济体制改革，必须相应地进行金融体制的改革，否则就会拖经济体制的后腿，就会处于被动。

国务院总理在六届人代会第四次会议上所作"关于我国国民经济和社会发展第七个五年计划报告"中指出:"要进一步改革计划体制,适当缩小指令性计划的比重,扩大指导性计划和市场调节的范围,把计划工作的重点逐步转移到主要运用经济政策和价格、信贷、利率、汇率、工资等经济杠杆,对宏观经济进行全面管理与调节的轨道上来。要特别加强银行在宏观经济管理中的主要职能,通过金融体制改革,逐步建立起既强有力又灵活自如的金融控制和调节体系,充分发挥金融系统筹集融通资金、引导资金流向、提高资金利用效率和调节社会需求的作用。"同时还指出:"进一步发展社会主义商品市场、逐步完善市场体系,不断扩大消费市场和生产资料市场,与此同时有步骤地开拓和建立资金市场、技术市场和促进劳动力的合理流动。"

根据国务院总理指示,金融管理体制必须进行改革,但金融与货币是全国经济建设中的调节工具,要在其他方面的体制改革深入发展的基础上相应地进行,尤其目前正处在新旧体制交替阶段,各方面改革的进展极不平衡,许多工作正在探索前进中,金融管理体制就要依据其他方面的改革情况,逐步探讨改革的方向和步骤。既要从实际工作中探索经验,更要从金融科学理论中加以探讨。应当说,理论研究工作要走在实践工作的前面,要起着指导实践工作的作用。而经济体制改革和金融体制改革也必然会带来种种变化,必然会引起理论问题和思想问题,最终必须进行政治体制改革,从而更要从科学理论上进行探索和概括,再用来指导实践,指导人们逐步克服旧观念。所以理论研究工作的探索,要求实践工作的支持,而由理论探索得到的成果,更需付诸实践,在实践中加以检验,理论和实践必须很好地结合起来。

当前各行各业都先后成立了学会,但我们金融学会则是开国之初就创立起来的第一个学会。这几年来做了不少工作，从十一届三中全会起，金融学会恢复工作以来，经过南宁、合肥几次年会，开展了一系列重大金融科学理论的深入研究，理论工作和学术交流活动广泛地结合，并开展群众性的金融科学研究，都为金融经济和社会发展提出了不少有价值的学术论文。但也无可讳言，在理论领域里真正有影响的创见还是不多。理论研究工作到底做了多少突破性的探索？对实践中提出的新问题、新矛盾进行理论上的探索，包括对政策上还没有明文规定或规定得不怎么完善的问题，能否阐明解决的方向和途径？看来理论研究工作还有点跟不上金融经济形势的发展。正如国务院总理在"七五"计划报告中指出的："目前我们的经济理论研究工作，落后于改革和建设实践，还不善于对丰富的实践经验作出新的概括。"所以改革、开放、现代化建设，需要科学理论指导，而科学理论研究工作也需要面向改革，面向四化建设。要重点研究新时期经济形态的新特点，科学地回答实践工作中出现的新矛盾。仅就金融方面而言，金融管理体制如何进行改革，宏观经济控制如何不断完善，微观金融如何灵活调节，横向经济联系与专业银行企业化问题，信用形式和票据承兑、贴现及再贴现，货币层次及派生存款问题，如何建立金融市场及资金市场，浮动利率问题，如何筹集社会资金问题，外汇管理体制问题，财政、信贷、价格、外汇综合平衡问题，破产法与全民所有制的关系，相对独立的自主经营与破产后担负责任问题等，这一系列问题，既是学术理论问题，又是社会实践问题。研究领域非常广阔，也是理论研究工作者面临着探索思考的时代任务。新情况、新事物、新问题层出不穷，旧观念、旧习惯、旧体制也起着阻碍作用。这一切都要从理论上和实践中加以论证。在本本上找不到现成的答案，在历史上也无先例可循。既不能引经据典搞学院式的烦琐哲学，更不可在

古典著作中转来转去为某项决策拼凑牵强附会的"理论依据"。一切研究工作都必须对经过实践证明的、成功的东西和群众在改革过程中创造出来的丰富经验,提出新的理论根据,找出规律性的东西再用以指导实践(如沈阳、武汉、广州、重庆、常州五个改革试点市及石家庄、温州等地改革情况,可算经验丰富,日新月异)。

总起来说,第七个五年计划、国务院总理作的关于我国国民经济和社会发展第七个五年计划报告,是各项改革和四化建设的具体行动纲领。金融科学理论研究工作,必须紧密围绕中共中央《关于经济体制改革的决定》和这两个纲领性的文件,在坚持"四项基本原则"的前提下,积极开展金融科学理论研究。科学理论无禁区,研究工作无止境,应当深入实际,解放思想,面向改革,面向四化,大胆探索,开拓创新。

(本文原载《四川金融》,1986 年第 12 期)

》上海联合征信所成立前后

在1931年，上海商业储蓄银行的调查部已办得有相当成绩，对银行业务帮助很大。其他几个大银行也纷纷办起类似调查部的组织，从事工商业的信用调查和市场经济调查。但是上海是这样大，要调查的项目是这样多，一家银行是很难把任务全部负担起来的。当时张禹九在中国银行，章乃器在浙江实业银行（后来改为浙江第一银行），同我在上海银行一样，担任调查工作。我们三个人碰在一起，交换经验，认为联合起来，分工合作，力量就大得多了。章乃器当时勇气很大，说我们银行也要革命，不能老是墨守成规，于是大家想出一个联合的办法，就建议由我们三家发起，成立上海联合征信所。当时上海最大的信用调查征询组织是日本人办的日本帝国询讯所，而所有职员几乎都是中国人，很多银行投资和抵押放款等业务都向它请教，要付出很高的费用。日本人尚能办好，我们是在本乡本土，情况终比日本人熟悉，而且各行对这项业务都已有了一定的经验和基础，所以，我们对于办好联合征信所是有信心的。开办时需要相当大的一笔经费。上海银行陈光甫、浙江实业银行李馥荪和中国银行张公权对于我们的计划非常赞成，同意拨付资金。中国和浙实两行负担资金较多。就这样，上海联合征信所办起来了。

征信所办公地点设在仁记路通商银行出租的大楼上。筹备和开办初期，我和章乃器、张禹九每天都到征信所，三人轮流值班，一人一天。张禹九多数是由祝仰辰作代表，我同章则每天必到，即使不是轮

到自己值班，也一定在那里吃午饭，利用吃饭时间商谈决定有关的事情，如审阅调查员的报告、安排工作步骤等。当时我们的情绪很高，业务开展也很快，其他银行先后参加进来做会员，新华银行的孙瑞璜也成为主要负责人之一。不久，何萼梅、寿进文、吴承禧、杨荫溥等也都参加征信所工作，我们的阵容逐渐扩大。

各银行参加征信所作会员，根据付会费多少而分等级，有基本会员和一般会员。我们调查所得的材料编成报告，分机密的、重要的和一般的几种。机密材料只有少数人可看，对一般会员则分送一般的材料。但在这些材料中可以看出市场动向、行情涨落、进出口贸易趋势，以及其他有关的经济事项，对于会员银行的业务有一定的参考作用。会员银行可以提出单独的项目，托我们调查，我们收取一定的费用。我们的工作受到金融业以至工商企业的重视，委托我们调查的客户不断增加，不少外国商行也来委托。由于我们联合征信所的兴起，日本人办的同样机构不久就收歇了。

由于征信所业务日益扩大，需要专人负责，我们请来潘仰尧担任经理，减轻了我们三人的工作。随着各项制度的建立，人事配备的完成，日常工作有条有理，很快就成了各银行的有力助手，有如现在我们所说的咨询机关。

1933年上海银行派我到美国接洽业务，回国后改任天津分行经理，不再担任联合征信所的工作。但我在天津任内，每年总要回到上海五六次，停留一段时间，到征信所去同大家商谈重要的业务。本来决定由我在天津也把联合征信所办起来，但这个时候金融界最关心的问题，也是对我国国民经济影响重大的问题是白银外流。联合征信所对这个问题倾注了很大力量来分析研究。当时，美国大量收购白银，我国本是银本位制，以白银为发行纸币的准备基金。由于国外白银价高，投机商纷纷把白银偷运出国，以致我国白银库存枯竭，银根奇紧，影响了正当工商企业。例如，当时我们天津分行的存款有数十万元，而库存白银只有八九万元，如果发生挤兑，就无法应付，这就迫使我国进行币制改革。南京政府求助于英国人，英国政府派出以李滋罗斯为首的代表团，到我国进行调查，决定废弃银本位制，改用外汇本位，即1元法币作12便士，把基金存放在英国伦敦。这样，英国就控制了我国财政金融，法币成了不能兑现的纸币。

包括陈光甫在内的金融界几位大头头企图把死的财产予以活用，办一个"不动产抵押银行"，使各大银行的所有地产能够发挥金融流通上的作用。这种银行应该怎么办，我们没有经验。听说日本的劝业银行就是办理这种业务的，陈光甫和联合征信所就叫我做代表，到日本去考察。我认识日本三井银行的总经理池田成彬，由他介绍，到劝业银行做了深入的调查研究，并结合我们的实际情况，拟出了具体建议。本已内定由我担任这个银行的经理，但宋子安看中了这个银行，推荐宋子良当经理，陈光甫、李馥荪、徐新六等都很生气，就叫我提前回国，不再搞了。

我回国后，1935年春我国就实现了货币改革，纸币贬值，市场震动。这时联合征信所由孙瑞璜主持，我仍回到天津担任上海银行分行经理。1937年日军侵占上海，联合征信所被迫停止。

抗日战争胜利后，联合征信所曾经恢复，上海解放初期改名为上海工商调查所，不久又恢复联合征信所名称，后来金融全行业公私合营，联合征信所就结束了。

（本文原载《文史资料选辑》，第117辑，文史资料出版社，1989年出版）

资耀华文存

》抗战期间天津金融市场上一场对敌斗争

资耀华是第一届至第七届全国政协委员，1926年毕业于日本京都帝国大学经济学院，历任中国人民银行参事室主任、民建中央咨议委员会副主任、中国金融学会副会长、中国银行常务董事。

本文回顾了作者任上海商业储蓄银行天津分行经理、华北管辖行经理期间与日伪在金融战线作斗争的内幕。

一

金融市场本是经营货币、资金、外汇、证券的市场，这是金融业者竞赛的场所，也是金融业者竞争的场所，在一定特殊条件下，还是金融业者对敌斗争的场所。现在要写的就是抗日战争期间我在天津金融市场上亲身经历的一场对敌斗争的史实。

1937年7月7日，日本军阀筹谋已久的侵华阴谋在卢沟桥首开战祸。第二十九军在全国人民声援下，宣布守土有责，奋起抗战，这是中国历史上要特书的一页，是岁月抹不掉的历史记录，是中华民族永远不能忘记的一个日子。而日军在1937年8月13日又大举进攻上海，威胁首都南京，同时更在华中、华南相继进攻。日军对华侵略政策已由蚕食而进行鲸吞了。它要吞并全中国，因此采用两个最狡猾又最卑鄙的策略和手段：一是"以华制华"，进行政治上的分化侵吞；一是"以战养战"，实行经济上的吸血掠夺。所谓"以华制华"，是利用一切汉奸、地痞、流氓、失意政客，建立大大小小的伪组织，如什么维持会、自治政权，最后乃成立傀儡伪政府，以为如此可以欺骗中国老百姓，变成顺民。当时华北利用王克敏、王揖唐等成立伪华北政权，后又在南京利用汪精卫、周佛海、陈公博等组织伪维新政权，又在这些伪政权之间，故意制造许多矛盾，引起互相之间不和，狗咬狗，然后由日军做主，强令和解，让这些大小汉奸各分得一些残羹和肉骨头，心甘情愿地做无耻的儿皇帝，丧尽民族气节，死心塌地做其统治中国老百姓的工具。所谓"以战养战"，则是在军事上利用失意军人、投敌分子、反动会道门，组织什么治安军、静安自治军，如汉奸齐燮元、任援道等，协助日军守卫交通线及军事据点，为其搜集军用物资。这些伪军人，这些伪官僚，不论他们用什么名义，不管他们喊什么口号，都是吃中国老百姓的粮，用中国老百姓的钱，来帮助日军保护进攻中国的交通路线，供给日军军用物资，帮助日军杀中国老百姓。这都是民族的败类、千古的罪人。

日军"以战养战"最突出的毒计，还是在金融经济方面的侵略手段：日军在侵占华北后，组织伪华北政权，开始时只想吃"现成饭"，即利用法币抢购军需物资及外汇，达到其"以战养战"的目的。先指使汉奸曹汝霖向天津中国银行和交通银行借用法币300万元（当时确算是巨额），中、交两行答以分行无权借出如此巨额款项，推迟再三，勉强借给20万元。日商兴中公司（即侵华组织）经理十河又亲到天津银行公会指定要筹集300万元。银行公会会长兼中国银行行长卞白眉只好亲自赶到日租界十河经理住宅，说明处境困难，无法筹款。十河则危言恫吓，卞行长也毫不退让，十河毕竟不敢乱来。日军并未死

心，1937年8月底，又要把日本银行钞票300万元作抵押品借用法币300万元，条件还申明这批钞票只作抵押不能动用，逼中国银行如数调拨法币，卞行长依然托词拒绝。

由于日军一而再、再而三地要借用法币，情势日见险恶。我们天津金融业一致决议，即刻将在1935年11月法币改革时兑换收集的华北区域的现大洋银元5000多万元白银，即由中、交两行库中提出转存天津英商汇丰银行，集中存进天津英租界英国总领事馆地下室金库保管。此项现金财产直到1948年天津解放后才归入人民政府，获得了真正的归宿。

日军开始只想利用中、交两行获得法币，无奈几次三番遭到拒绝，乃于1937年12月命令华北伪政权立即成立伪联合准备银行，自己可以自由发行不兑现的钞票。先由早年曾担任过中国银行总裁、现是华北伪政权的头头王克敏，亲自由北平来到天津，与中国银行商讨，以中国银行老上级的面孔，于1937年12月16日会晤卞白眉。卞白眉当时表示：（1）不加入股本；（2）不停止法币发行；（3）不交出准备金。1937年12月23日，华北伪政权竟在北平召集平津各银行负责人开会，正式宣布成立联合准备银行，责令有关各行认交股款。当场单方面决定：中国银行认交450万元，交通银行认交250万元，盐业、金城、中南、大陆、河北省银行各认交80万元，冀东银行认交50万元，共收资本1250万元，强令各行经理签字认交。卞白眉带头提出分行经理无权认股，其他各行当然唯中、交两行马首是瞻。双方僵持不下，最后又由王克敏亲自出面，授意卞白眉只签"尽量筹集"四字即可。卞白眉不得已乃签为"卞白眉尽量筹集"七字，表示这是他个人负责而不是代表银行。

二

卢沟桥事变发生后，我当即请示总行问进退。总行电报指示："坚守岗位，保存资产，利用租界，抗击敌人，遇事与中、交两行商议。"我接到电报后，即与中、交两行经理相商。他们说也接了同样的电报，并指示要团结天津市同业，以收互助之效。当时只有遵从总行指示，负责坚守，静待变化。

日本侵略者及汉奸对中国金融界威胁利诱，步步紧逼，实想利用金融业为其筹款，尤其想利用中、交两行的法币，供其军需，并以中、交两行为号召，成立伪银行、发行伪联银券。从此在天津租界内的金融市场上，就进行了老法币与伪联银券的一场生死的斗争。敌人既要大量收集法币，以便一方面可以向外国银行套购外汇，另一方面又可以深入中国内地用法币收购军需物资，达到"以战养战"的阴谋。因此在平津区域，由华北伪政权故意用抬高伪联银券的币值，贬低法币与伪联银券的兑换价格，以为如此既可以取得大量贬值的法币，更可使法币丧失在社会中的信誉，并促进伪联银券在市场上的流通。

这时，卞白眉、徐柏园两位行长都接中、交两总行密电："迅速离津赴港。"他们两人暗中同我商谈："我们两人已决定即日南下，今后天津市金融大局在华北至关重要，希望您能在天津金融市场上联络团结全体同业共同对敌。目前我们得到财政部及总行的指示，都是从汇丰银行及麦加利银行轮流传达。我们走后，商定由您来担任接收秘示工作。如有指示，也全由汇丰及麦加利两行轮流密传，指示只用口述，不用文字记录，以免外泄。"当时，我感到责任重大，怀疑自己对这样的大事能否承担得起。但天下兴亡，匹夫有责，不敢推辞，也

不能推辞，只有竭尽全力，完成任务。卞、徐两位行长即于1938年2月初，相继设法秘密搭乘英商大中海轮离津去香港。

三

我遵卞白眉、徐柏园两位行长的嘱托，暗中尽力联络天津市全体银钱业，但当时处境，虽能得到秘密指示，既不能明言有指示及指示来自何方，更不能自己指手画脚，发号施令，以致引起同业反感。经过几番考虑，我在银行公会平常集会时，提出可否在银行公会内组织一个中午聚餐会，希望中午12时每个银行派一位经理或副理准时到会用餐，可以大家互通信息，共同商讨对策。当时全会一致赞成，并一致推我负责筹备组织。

会后我即与担任银行公会的秘书长郑诵先君商议，请他经办中午聚餐会的具体工作。郑诵先当时是天津大陆银行分行的秘书处长，后升分行副理。此君多才多艺，既善书法，长于交际，能说会道，又对中国烹调技艺大有研究，自己还能下厨做出几样出色的名菜，所以他不但乐于担当此任，且善于完成此任。他还能煮出香味俱佳的咖啡，一经品尝，人人称赞。我组织这个午餐会之初，生怕每天三三两两，人到不齐，不好工作。可是由于郑诵先的安排得当，每天中午绝无缺席，都踊跃参加。不过几个大银行都是派年轻副理，其他中小行则都是经理参加。当时曾称我们为"少壮派"。这也因当时处于战争时期的关系，各行生意都很清淡，希望在中午会上得到一些战时消息及时局变化的情况。

我就最大限度地利用这个中午饭后茶余的机会，采用随意闲谈的方式，以自己的语言传达从汇丰或麦加利得到的秘示，并以个人发言的方式提出问题，请大家讨论。只得到不多的几次秘密指示。国民政府由武汉迁到重庆后，就再也得不到什么指示了。而且当时得到的指示，都是前交通银行天津分行行长徐柏园以私人名义给我的。当时徐柏园已是四联总处的秘书长，而四联总处是中、中、交、农四个总行的联合组织，由蒋介石自任四行理事会的主席。这个组织不仅是战时金融政策的制定者，决定金融经济方面的重大措施，还是战时金融经济的创建者。秘示虽然系用徐柏园私人名义，实则是代表四联总处及财政部的指令。记得最重要、最详细的有两次指令：一次指示是希望天津全体同业，无论遇到敌人如何威胁利诱，绝不可与其合作，如威胁不能当面直接拒绝，则设法推诿拖延，一行有难，共同协助，避免为敌人利用，更要与租界内英、法、美外国银行联系，一致维持法币信用。另一次是因1939年2月20日华北伪政权受日军的指令，正式宣布平、津、冀、鲁各地联合准备银行将法币对伪联银券兑换价格再贬值六成。当时租界内外国银行除日本正金银行外，都置之不理。徐柏园也即来秘示："希望天津市全体金融同业，必须同英、美、法等外国银行一致坚决维护法币信用，并利用'恶币驱逐良币'的经济法则，既防止大量法币流入敌手，又从而维持法币信用。"我当然遵从这些指示，常在中午聚餐会上，让大家充分讨论，出主意，想办法，一致对敌。事实上，当时确有少数银钱业利用天津租界内金融市场上行市变化的机会，对于收付存款，法币价格高时即支付伪联银券，伪联银券价格高了则支付法币，这样既想把损失转嫁给存户，也损害法币的信用。我们大家在座谈会上一致认为这种做法极为不妥，银行本身获利并不多，但使法币信用损失则大。所以当场大家一致主张将存放款种类严格分开，存户存法币则开立法币户，收付皆用法币，存户存伪联银券则开立伪联银券户，收付都用伪联银券，这都由存户自己选择，银行绝不勉强。同时暗中同英、美、法外国同业一致维持法币信用。

当时法币对外汇价虽然已调低很多，但还有在香港的中、英、美外汇平准基金委员会的经营操纵，法币依然可以兑取外汇。伪联银券只靠口头人为的指令价值，绝对不能兑取外汇，因此当时华北伪政权虽然强令法币再贬值六成，而天津租界内金融市场上的中、交两行钞票每千元还比伪联银券高 18 元。这样一来，市民反而怕伪联银券贬值，都不愿多存伪联银券，各银行则更把由存款收进的伪联银券尽量用作放款，贷给往来的工商业户，任其在市场上抢购商品囤积。这样使法币隐藏起来，让伪联银券在市场上泛滥成灾。这种在金融市场上大家一致抛弃伪联银券的"换物运动"，使敌人痛恨在心，但有苦难言，因此把租界看作眼中之钉，必然要置之死地而后快。同时租界内的群众及青年会、联青社、扶轮社等一些爱国的人民团体，竞相捐款购买各种日用食物、衣服被褥等暗中设法送往抗战前线，慰劳浴血抗战的士兵。这些爱国行动更加引起日军痛恨租界。

但当时日本对英、美、法等大国还不敢得罪，因为要利用这些国家的物资供其军用，尤其是美国的钢铁原料等更是他们的必需品，所以一时对租界不敢乱来。但凶恶的敌人气焰正盛，绝不甘心于在天津租界内金融市场上的失败，尤其眼看租界内金融市场上伪联银券与法币的斗争毫无起色，更为恼火，乃采用暴力封锁天津租界，严格限制租界内的人自由出入，市民进出必须经过搜身检查，对于妇女更是万般侮辱，严厉阻止租界外商品物资进入租界。这一招确是相当厉害。中国人民本是依靠租界作庇护所，与敌人作针锋相对的斗争，租界被封锁后，斗争更艰难了，处境也更困难了。幸而英租界有一面濒临海河，英商太古、怡和，美商捷运等几个轮船公司的轮船还可自由行驶进口，往来津沪津港，敌人无可奈何。有一段时间天津市民日常生活用品及商人进出口贸易全靠英美海轮转运。但一切生活用品甚至面粉都要从澳洲进口，因此不但供应困难，价格也提高不少，人民生活当然更趋艰难了。不料"屋漏更遭连夜雨"，真是祸不单行，1939年夏秋之交，华北河流泛滥，堤坝决口（据说是日军故意决堤），天津租界顿成泽国。英租界地势低，受灾特别厉害，水深逾丈，一夜之间，洪水已浸入每个家庭，人人都爬在楼窗待救。四乡渔民都驾驶小船及划子进来，家家户户争相租借。我立即租一小船先去银行上班，所幸银行行址设在法租界近万国桥，地势稍高，没有进水，但大门口却变成一个船码头，人人都在这里靠岸登陆，银行业务反因而增加。天津银行公会大楼设在法租界万国桥旁，地势更高，一切工作如常，中午聚餐会也是照常进行。但也因租界封锁，又犯水灾，供应也大打折扣，新鲜蔬菜更少。不过无论如何，总比在英租界陷在水中的各家住户强，大有天壤之别。

四

日军对天津租界的封锁日紧一日，租界差不多已成为一个孤岛，人人如困愁城。虽尚有海河码头可通港、沪，也因沿途水路常遭到日军阻难，造成脱班脱期，生活用品日见短缺，大家只有若大旱之望云霓，切盼抗战胜利，希望苦尽甘来。不料，就是这样难挨的艰难岁月也没有多久，接踵而来的还有更大的灾难降临。

1941年12月7日，日本海军偷袭珍珠港，使用舰载飞机，炸毁美国海军许多军舰，这本是日军孤注一掷，从而掀起太平洋战争。英、美、法同日本也成为交战国。本来日军侵略中国后，英、美等国总是采取安抚政策，尤其美国，常常供给日本军用物资，特别是各种钢铁用品，真是隔岸观火、坐收渔人之利。这次日军对珍珠港大举轰

炸，美国海军遭受莫大损失，这一轰炸可算是炸醒了美国人的春梦，举国哗然，正式对日宣战。封锁天津租界的日军立即进驻租界，对于金融方面的处理是，正式接收中、交两行，派人经营，同时没收英、美、法等国人财产。对于天津私营金融业，虽准其仍旧营业，但监督甚严，遭受种种干预和束缚。接着，伪联准备银行命令各私营银钱业，将所有库存法币按六折兑换伪联银券，金融市场上不许再使用老法币。不过各银钱业对此早有准备，在珍珠港事变前，已将所存法币交与中、交两行，再交由外国银行，由外轮运往香港。日军能搜到的法币为数甚微，大失所望，当然大不满意，不会就此罢休，还要采取残酷的榨取阴谋。

此时此刻，我们金融业在天津金融市场上只能暗斗，不能明争，只能"杯葛"，不能抗击，此所谓"攻守之势异也"。不过，敌人虽然已统辖了天津金融市场，臭而不香的伪联银券还是泛滥成灾，"换物运动"依然故我，物价波动，资金缺乏。于是华北伪政权为了缓解金融困境，计划在天津创立黄金市场，设立黄金交易所。但谁也没有黄金，华北伪政权没有，市民更没有，巧妇难为无米之炊，当然知难而退。

一计未成又生一计。1944年中，日军又派总领事馆加藤领事和大使馆金融课三木课长，亲到天津银行公会，提议要在华北设立华北证券交易所，先在天津开业，然后再在北京、青岛、济南等市设立，目的当然是吸收市面游资，缓解"换物运动"，筹集军需资金。几次三番，银行公会总是婉辞。到了1944年冬，日军经济已近枯竭，就严令华北伪政权、严令天津银行公会负责筹备，立即执行。并硬性规定由天津、北京、青岛、济南四个银行公会为发起人，限于1945年春要在天津开张，指定天津银行公会会长任理事长，还有钱业公会、市商会会长等任常务理事。成立一个证券交易所本不是什么太复杂的事，但日军已日暮途穷，要加快搜刮民财。我们只有使用最后一个"拖"字了，用种种借口从事拖延来对付。对于筹备工作，喊得很凶，做得很少，如喊交易所场地难找呀，办事人员到不齐呀，要派人到上海交易所去实习呀，组织章程很难一致同意呀，表面上做得非常忙碌，实际上出工不出力，虚张声势，毫无成效，一拖再拖，一直拖到日本天皇宣布无条件投降，证券交易所还在筹备之中。抗战一胜利，天津市政府成立不久，天津证券交易所立即开张营业，理事长已不是原来银行公会的会长而是新来的交通银行天津分行经理了。

这段史实，在历史长河中，虽不过是一小小波浪，但是其意义则非常重大，特书此以示纪念。

（本文原载《文史资料选辑》，第134辑，文史资料出版社，1992年出版）

附录　杂文随笔

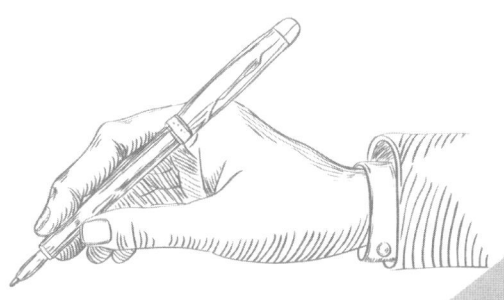

卢沟桥事变前后的华北局势

——资耀华与陈光甫、赵汉生、杨介眉往来函电（1936—1937 年）

本辑函电选自上海商业储蓄银行档案。1937 年抗日战争全面爆发前后，华北局势危急，金融业大受影响。资耀华时任上海商业储蓄银行天津分行经理，杨介眉系总行副经理，赵汉生系上海总行经理。资耀华多方收集平津时局情报，及时向总经理陈光甫及杨、赵等人汇报请示，为此双方函电交驰，以便及时制定应对之策。该组史料也反映了当时华北地区的政治、军事情形。

（1）资耀华致陈光甫电（1936 年 10 月 5 日收到）

经密。光公鉴：探某方息，某政府不愿决裂，万一谈判无结果，亦绝不正式宣战，只南示威，北积极利用小人，由绥窥晋，谋造五省既成事实。华。

（2）陈光甫致资耀华函（1936 年 10 月 5 日）

耀华吾兄阁下：

顷奉电示，一切敬悉。此间消息明松暗紧，本行各事已着于布置，除流动押汇可做，其他押款一律取观望态度。对方虽不正式宣战，示威已可引起战争也。情报请源源寄下为盼。即请

台安

弟辉顿首　五日

（3）资耀华致陈光甫函（1936年10月8日）

总经理钧鉴：

又探本日某方消息，日本政府绝不愿正式决裂，且云谈判条件由桑岛嘱意川越，其中伸缩性极大，若要求十项，中国能答认五项，即暂时认为满意。闻就中最主要者为减低关税与攻守同盟，但中国政府若全部拒绝，亦绝不正式宣战，只宣言不承认南京政府，大使退出，同时则到处利用各地军阀，或以利诱，或以威迫，使中国四分五裂，既达其各个击破之目的，并不致妨碍其本国人之商业云云。

再，华北方面亦分三部工作：

第一，平津利用现在冀察当局，着着进行，据闻现已与此地最高当局成立经济开发步骤：（一）龙烟铁矿；（二）津石铁路；（三）井径煤矿；（四）塘沽筑港，等等。同时，并改组冀察政务委员会，排斥一切与中央稍有关系之分子。此项办法大约十月十五号以前即可发表。

第二，山东方面则再进行威迫利诱。

第三，绥远方面则已准备进攻（无论在南京交涉如何）。上周在包头已发生小冲突，新闻禁止发表，现已在危急中，恐此处当为中日两国或世界大战之导火线也。

据上推测，此次中央政府若稍让步，则日本当就此收蓬，等待将来，唯不断从事局部倒［捣］乱，若中央政府不让步，除非中央有最大决心，日本不愿从事整个之正面冲突，只得寸进尺，以便维持其商务。不过此次前途变化究如何，不能预知。唯有最切要者，请急电长江上游及湘粤等行处，探听日本侨民是否准备秘密归国，如有此等风声时，则冲突不能免也。现在平津尚安稳，唯长芦盐滩已为日人占去矣。匆匆草此，谨以报闻。敬叩

钧安

晚华拜上　十月八号

（4）资耀华致陈光甫函（1936年10月28日）

总经理钧鉴：

接奉四十号及四十二号通函及十月廿二日密字不列号钧函，均已拜悉。职处除遵照各函所定之原则切实奉行外，兹将职处准备非常时期之应付办法谨呈如次：

一、组织非常时期委员会

本会以经副襄理及会计出纳充之，每日会晤，以便分工办理各项重要事务，必要时则轮流值夜。

二、划分内外二库

津行库房本为出纳员掌管，现拟分为内外二库。外库仍由出纳掌管，经办津行原有之出纳事务；内库则由经、副、襄理共同轮流掌管，专司非常时期巨数准备金之保管及平、鲁、青等行洽商接济事务。

三、组织情报处

不限人数，联络同业刺探消息，由调查科整理各种报告，迅速通知各行处。

四、筹备合宿舍

选定安全地点，以备万一发生非常事变时，则将不安全地带全体员司集中，使不致有碍日常工作之进行，并备其他行处人员避难之处所。

五、应付提存办法

津行比较位于安全区域，故预揣略为容易应付。兹分两种办法如左〔下〕：

1. 自力准备

兹将津行及本市四办事处之存款分为定期、活期、定储、活储及其他五种，各研究其期限、性质、种类及其来源，估计其必需数约为二百十万元（附表列后①），拟每日陆续收集现币，以备不虞。至关于北平、济南、青岛等处，则正在致函各行，请其详为估计见告，以便代为准备。

2. 利用他力准备

预料津地有特别情形，当地各银行至时或有相当应付之组织，例如公库之类，不然至时或可利用河北省银行之钞票亦可应付。

按目下情形，敝处准备除存钧处准备库外，几全存总行。盖敝处目下放款，注重性质流动而期限极短之押汇，此项放款乃津用申收，所虑者在申款项，如在战争时间，或有运输不通汇兑停滞之虞。其他可以利用者实为数无多，纵自力准备努力，恐难接济邻近各行，如万一有变，则非恢复以前三百万存津分库办法，或先拨一部分以便着手收现币，恐难应付。尚祈赐示为荷。

此颂

钧绥

晚华拜上　廿五年十月廿八日

（5）陈光甫复资耀华函（1936年11月3日）

耀华先生大鉴：

接上月廿八日密函，详复应付非常时期办法。细绎各项内容，具征悉心研究，设计周详，良以为慰。青鲁两行共有存款三百五十余

---

① 编者注：附表略。

万,据其自身准备尚可应付。尊拟如万一有变时应恢复分拨三百万元存津准备一节,确属至当,但就目下时局观察,除平津两行自身应有之一成半先为备足外,暂可稍缓。专此布复。并颂

台祺

总经理启(陈光甫章)　廿五年十一月三日

(6) 资耀华致陈光甫函(1936年11月3日)

总经理钧鉴:

据悉,中日交涉之最大关键,在"华北自治"与"防共"二点,而此两点固为日方之所要求,且亦系此地当局对日方之要求。因日方现在华北一切举动,皆系向此两点进行,此地当局皆一概默认,唯要求日方急须获得中央之承认,则责任在中央而不在华北,将来国民只有责骂中央而已,则好官自为之,日人亦更可以畅所欲为,并不致受世界舆论之攻击。故日本政府闻已决定,只要此两点能稍得中央政府原则上之承认,则对于其他谈判条件,虽全部牺牲,亦在所不惜;反之若中央政府完全不承认,则即利用"冀东自治政府"出面捣乱,一方威迫冀察与冀东合流,即时造成"既成事实"。现在华北一切举动,皆在"经济合作"四字之下,着着进行,尚不知伊于胡底。冀东银行已于十一月一日正式开幕,并发行钞票及辅币券。此行之背景,即为朝鲜银行,恐将来对于华北通货之流通发生困难,因现在冀东区域内已禁止中中交钞票之行使,若推而广之,冀察区域亦将步其后尘。此种金融上之变动,其祸更堪虞也。

本埠昨夜据报,冀东伪政府派出便衣队二百名,企图捣乱,并宣言要求华北自治独立,亦如去年今日之方法。现天津市政府已召集保安司令及公安局联合应付,各冲要路口均加双岗,铁甲车亦全部出

动,梭巡各路,暂时或可不致出事。若南京交涉决裂,则天津恐为冀东所有也。

再者,南京首都饭店因举行跳舞发生问题,昨日天津《益世报》及北平《世界日报》即已登载,津行已报告总处,本日北平《世界日报》又有登载,则恐此事背后还有问题,须急速设法了结为宜。耑此谨报。敬叩

钧安

晚华拜上　十一月三日

(7) 资耀华致陈光甫函(1936年11月4日)

光公钧鉴:

回津后曾参与招待英商务考察团,英人对华观念尤未改变,谈来谈去,其目的总是欲从远东方面获得其所欲得到的财物。团员中有F. S. Winterbottom君,极力强调日本轻工业——尤其纺织业——经麦帅极力协助,恐不出两年,不但又可独占中国市场,即远东市场亦将受其影响,对于中国纺织业前途未可乐观。团员中有R. Hcywonth君,云在申即欲晋谒钧座,适钧座北上未果,甚以为惜,并云将来过申时还欲与钧座晤谈一次,对于吾行极表崇佩。

杨君筱舟,目前曾与其长谈一次。杨君之意不能离开仁记洋行。晚意延其暂作津行顾问,不知公意以为然否?平绥路闻当局决心于最近期内打通,如将来正式通车,则可约杨君同行考察也。

东亚毛线已托中航公司运往上海,想早收到。柿子则托江泰轮管事陶君带呈。书箱因北平运来稍晚,未能如期,最近当托"其美轮"运往上海。至此次所购之象牙佛像,晚回津后再向该店细询,据云系达摩祖师之像,即凡持半月形手杖者皆系达摩祖师,决非近人手笔

云。余容续呈。专此。敬叩

钧安

晚华拜书　十一月四日

(8) 资耀华致赵汉生函 (1936年11月16日)

汉翁吾兄大鉴：

手示拜悉。少甫兄本月薪给弟已照送，尚祈事先洽核为托。唐渭滨君本日已来津，是否在徐时兄所谈之计划可以实现。至中日交涉事，据弟此地所得消息，日本内部已发生意见，军人抱怨外交，外交抱怨军人，而中央军又抱怨驻屯军，驻屯军又抱怨关东军，关东军又抱怨天津领事，现在日本军人到处开会，急谋善后办法，想此点我中国政府当已知道。总之日本政府自始至终，不愿决裂，先以为中国政府一经恐吓，即可就范，现在方始觉悟，急谋转圜。大概只要南京稍稍答认一些条件，暂时就可收篷，再等将来谈判，而华北则实事求是，着着进行。此为日本方面之政策也。

至于绥东战事，据弟所得消息，此次并非伪方进攻，反系我方进攻，唯表面则不得不宣传系伪方进攻，因此一则可以刺激国民全体一致，并阻止政府内部亲日派之牵制；二则使此次中日交涉，致我国多得国际上之同情。并据云若绥东战事得手，则一直打到察哈尔，察哈尔若得手，则一直冲到热河。此系中央采取一面交涉、一面抵抗、不宣而战之办法，若皇天有灵，则计划恢复东三省。

此种消息系得自与党部极有关系之人，不知兄亦有所闻否？弟虽不敢信以为真，但此次绥东消息皆系南京发出，在北者亦系北平中央社发出，陈诚确在绥东指挥，罗家伦确在绥东宣传，此中蛛丝马迹未始不可寻也。匆匆草此。敬叩

大安

弟华拜上 十一月十六号

（9）资耀华致陈光甫函（1937年2月24日）

总经理钧鉴：

华北情势近两周来突呈转换之势，此或因东京果能实行外交一元化之结果乎？据最近华北情形，可足记述者有下列各点：

（一）上月间平津两处各设立市银行并发行钞票，现在此项计划虽未停止，但已决定不发钞票，则华北金融界不致紊乱。

（二）以前日方极力反对中国币制，现在则主张应当拥护。

（三）冀东问题已达到解决期，唯通缉令之取消及殷汝耕要求天津市长两问题尚难应付耳。

（四）此地在留日人如金融实业等连日设宴，请此地中国金融家及实业家等，聆其谈论主张，大改两年来之态度，显系暗受东京方面之训示。

（五）最近关东军及驻屯军意见已趋一致，并决定不再作反南京政府之宣传。

（六）以前此地军人唱言华北问题不在南京外交交涉之内，现在则一致主张解决中问题当以解决华北问题为第一步。

根据以上所得情报，似乎中日问题稍有转机，而华北问题已不若前月之严重。现在此地人心渐趋安定，资金逃往华中之情形稍觉减少，如下月南京会议果能开催而得一具体之结果，今年华北市面或有生苏之望也。津行前月来一切都暂取观望，不敢求进取，现在斟酌情势，似可研究机会而稍向前进，且存款亦有增加之趋势，华北前途或不至如前日之悲观也。肃此谨报。敬叩

金安

晚华拜上 二月二十四号

(10) 杨介眉致资耀华函（1937年6月6日）

耀华我兄密鉴：

现闻日人对于华北增兵二万余人（有谓三万人），布置妥当，即将逼宋哲元宣布独立。如宋不允，即用石友三等招军三师人迫宋退出，用冀东自治名义扩大范围，由河北逐渐推至晋绥鲁。中央现仍想免去冲突，故林主席①请假避暑，蒋委员长亦将赴牯岭，使日大使无从呈递国书，可缓开正式谈判。然据一班人之观察，则觉两月后必发生事故。又自西南问题发生，据各方面谈论，恐难免不发生内战，西南代表昨到沪，亦惧不免。又闻福建省内自治区或将成为事实，盖处处有日人背景也。法币表面上虽尚安定，然日人走私无法禁止，终难持久。凡此种种，危机四面逼来，日甚一日，万一发生战事，全国金融必致混乱，行中营业务望紧缩。唯所谈公债押款，如能照公函条件，仍可照做。因可将本行领券项下公债抽出出售，少担风险也。日方消息尚望格外注意，随时分函电赐示为盼。匆请

台安

弟介眉谨启 六月六日

(11) 资耀华致杨介眉函（1937年6月12日）

介公钧鉴：

密谕拜悉。据确讯，华北增兵实数系一万二千五百人，惟均为战

---

① 林森，字子超，福建闽侯人，1932年起任国民政府主席。

时编制,现在正静待华南战事之发生,而此次西南之妄举即与华北有关。故华南若起冲突,华北姑无论,已恐全中国亦将沦亡。晚有日人同学现在南满铁路天津事务所任职,曾秘密相告,日本军人之所谓"大陆政策"并无范围,中国人不要梦想失了东三省,失了华北,就以为大陆政策完成,即日本夺取了南之印度、北之西伯利亚,若非受了最大之打击亦不回头,故中国只有努力自强,始可阻止大陆政策之进行,始可与言亲善云云。可知日本军部之野心也。

再,此地日人经济顾问近提议,万一华南发生内战,法币不能维持,则华北五省币制须与日元联系,禁止法币通行,即以满洲国之货币政策施行于华北,而造成日满支之经济集团。去年本有一"华北公库"之秘密计划,因不能实行,现在只有利用河北省银行逐步实行,上月冀察委员会之命令即其开端也。故晚前致函汉生兄,报告将来天津货币恐反有高于上海货币之趋势。

总之,津行现在极力整缩,除绝对活动生意外,一切皆不做。宝成事现已由刘氏父子出一绝卖契,据此后三行可以自由变卖。大华事晚现连日与南满铁路接洽,卖与兴中公司。津行若能将此两笔放款收回,则已无固定投资。此后最讨厌者即为雍鼎臣之股票押款,将来非由法律解决不可。至山西帮之公债押款,现尚待其太原电报,但大部分已押在中国银行。闻此款即在中国银行购买英镑,亦存在中行,津行亦欲获得此项生意也。耑此。敬叩

钧安

晚华拜上　六月十二号

(12) 杨介眉复资耀华函（1937年6月18日）

耀华我兄密鉴:

奉十二日手书，敬聆种切。近闻中央与粤方谈判无结果，桂系志在推翻蒋政府，粤系亦有不满中央之处，中央亦欲藉此解决桂系。前桂军南退系集中兵力，俾便接济，并防粤军异动。现又全军北上，中央决抗阻，战事在即。桂粤抗日虽有日人背景，而桂方请宋哲元树抗日旗帜在北方独立，亦招日人之忌。日人存意捣乱，决无尽力助桂之理，故此举不利于桂方成分较多。但战端一开，金融自必大受影响，法币维持本系时间问题，内战发生必促其寿命。此确为可虑之一端。

至河北金融如何变动，则须视日人之举动而定。据中交中人讨论，如果利用河北省银行，变动尚不迅速。惟前闻曾有另定币制之说，如果实行，则无法可以对付，但我行所处地位仍可认法币为标准。弟曾与淞孙、寿民两兄讨论此事，咸谓应付存户可以随同中交办理为词。弟明知此非极好应付之法，而舍此又无较好办法。盖处现在景况之下，决不能将款汇津以待汇价之涨，只有随时注意时局之变迁，临时应付。尚祈刺探消息，随时赐示为盼。

又，广东代表冯锐现在京谈判毫洋定价，尚未解决。故无论战事发生迟早，或广东脱离桂系联络中央，在此时间，广州押汇均有危险。今晨发奉一电，请止做此次押汇，谅蒙泽洽矣。匆请

台安

(13) 资耀华致陈光甫函 (1937年7月8日)

总经理钧鉴：

昨夜日军在芦沟桥与二十九军发生事故，双方互有死伤。今早十时及下午双方又发生冲突，北平戒严，平汉线不通，城门紧闭，以致人心动摇，上海公债因之跌落。但据各方消息，事件不致扩大。天津市面尚安，唯中航公司令所有飞机不得在平津停留，只在青岛待机。

此为本日所得之消息,余容再报。专此。敬叩

钧安

晚华拜上 七月八号

(14)资耀华致陈光甫函(1937年7月9日)

总经理钧鉴:

芦沟桥中日军队冲突事件,经中日双方交涉结果,直至今午双方始停止射击,各向原防撤退,然后再开始谈判。现正在谈判中,结果如何尚容续报,想不至再发生冲突。津市安静如常,公债昨跌四元,今午即升一元余。匆此谨报。敬叩

钧安

晚华拜上 七月九日

(15)资耀华致赵汉生函(1937年7月9日)

汉翁吾兄大鉴:

芦沟桥事件纯系借端发动,以图占领,因芦沟桥与丰台为军事要地,既得丰台,更思得芦沟桥,则北平为笼中之鸟。此事件发生之动机也。现冲突已于今午停止,双方正在谈判中,结果如何尚不可知。津行已有航信及电报通报,谅蒙寓目矣。

昨接总行致平行信副稿,始知平行对于粮栈押款之不注意。此事前月初弟在平时认为可办,惟须仿效津行以前与阜丰粮栈之办法订具合同。乃不料平行竟不告弟,且不将合同等件事先寄津考阅,径寄总行。弟本拟昨日赴平查问,又值火车不通,弟已致信平行,请其将合同寄来一阅,再谋补救方法也。

大陆油菜陆续有款收进,本周末或来周初押汇即可完全清偿,可

请勿念。故以弟之观察，该公司决非不可交往者。匆此。即问

大安

弟华拜上　七月九号

（16）资耀华致陈光甫函（1937年7月11日）

总经理钧鉴：

昨夜芦沟桥又发生冲突。本日虽无战事，但危机四伏，恐有扩大之势，平汉、北宁车均不通，并闻有大举增兵之势。晚意介公以速回申为宜，恐有不得不作全盘准备之虞也。匆此。敬叩

钧安

津平准备充足，可请勿念。

晚华拜上　七月十一日晨

信待发时，适有电来，芦沟桥已被武力夺去，从此北平已孤立矣。华又及。

（17）资耀华致赵汉生函（1937年7月12日）

汉翁吾兄大鉴：

芦事屡翻屡复，和平之线不绝如缕。昨夜情形异常紧急，今日情形又转佳。据云双方无条件撤兵，而事实乃为中国屈服，因中国兵驻中国土，何得云撤兵？结果只有亡失芦沟桥也。言之痛心。现在平津通车，已恢复如常，但是否有变化，尚须静听下回分解。匆此。即问

大安

弟华拜上　七月十二日

（18）资耀华致陈光甫函（1937年7月12日）

总经理钧鉴：

今晨奉上一函，谅达钧座。本日下午和平又现曙光。据云双方先无条件撤兵，再开谈判。惟本日南京外交部遣派亚洲司科长杨开甲君（晚之同学）北来，先在津下车访晚，晤谈三十分钟，即冒险去平。此君北来，使命系要求冀察当局将此事外交谈判移归中央处理，不要就地允许外人条件。晚恐此点似难进行，因外人此次之启事，实因国选与军训之厉行及各种经济合作之不能进行，故而借题发挥。换言之，即反对中央化。现在双方冲突虽已暂停，但关外运来兵士及战具、飞机（三十架）甚多，前途尚难乐观也。专此。敬叩

钧安

晚华拜上　七月十二日

（19）资耀华致陈光甫函（1937年7月13日）

光公钧鉴：

华北局势愈趋险恶，和平殆已无望。外军陆续入关，东站已占住一地，名为交通司令部，任其调度车辆。中国航空公司之飞机场已受其检查，飞机已不敢来津。本日北平已陷入重围中，各路车运皆阻。现在永定门及南苑两处正在激战中，铁甲车亦已出动，决非局部作战之形势，亦恐决非局部所可解决也。晚已急电总处，请其作全行通盘准备，或预备去年十月之临时办法。将来平汉恐在彰德，津浦恐在德州，平津或陷于孤立之地也。适得钧电，已定十六日回申，极为安慰。因恐战事扩大，即海上交通亦将有阻碍也。勿此。敬叩

钧安

晚华拜上　七月十三日

(20) 资耀华致赵汉生函（1937年7月13日）

汉翁吾兄大鉴：

时局反复不定，人心渐次恐慌。天津东站已强占为交通司令部，任其自由调度，所有去平之车全不通。外军陆续增加，大兵压境，事恐不可收拾。津行准备银足，唯希望各地不可有大宗解款，使应付维艰。弟前致信威海卫，希望介公速回申，不知介公已否回申。昨又电光公，请其早日回申，光公已有电云准于十六日回申。依弟观察，若如是迁延不决，恐将有最恶局面之现出，则海上交通亦恐发生障碍，故希望总座等早日回申也。

现在又有电来，芦沟桥正在激战中，详情容后续报。

北平有电来，枪声甚多且清楚，人心极度恐慌。又及。

匆此。即问

大安

弟华拜上　七月十三日

(21) 赵汉生致资耀华函（1937年7月13日）

耀华吾兄大鉴：

三奉惠电，均已译悉，并经据以刊发情报及通函分告各分支行处。该项情报及通函谅已先此函递达左右矣。介公今日离威，日内当可抵沪，时局消息尊处见闻较切，尚祈随时见示为荷。专此。顺颂

台祺

弟汉生　廿六年七月十三日

（22）资耀华致赵汉生函（1937年7月14日）

汉翁吾兄大鉴：

两接大示，甚慰，自当遵办。本日各种情形突转沉寂。据息，冀察当局中显分两派，一软一硬。现在软派得势而人多，又皆在天津，故交涉已由北平而移至天津。本日川越大使来津，即与软派秘密交涉，其目的纯在进行脱离中央工作。同时川越并发表谈话云："日本与历来与中央无关系之二十九军素讲亲善，随事好谈。若与中央有关，事情就复杂。只要二十九军当局有诚意，事情就简单。"可见一斑。南京外交部虽屡次声言不承认任何地方当局之外交交涉，但恐华北当局依然秘密进行，以谋局部解决，而达私人之利益。故本日各处无战事，平津通车，表面上和平空气甚高，恐华北国土又将陷于危险也。匆此。即叩

大安

弟华拜上　七月十四日

（23）赵汉生复资耀华函（1937年7月17日）

耀华吾兄大鉴：

十三、十四两日惠函均经奉悉。适以偶沾微恙，致稽裁复。介公业于前日返沪，尊函均已呈阅，后去变化如何，尚希随时见告。光公现已离威到青，亦拟即日回沪，并以奉闻。专复。并颂

近祺

汉生　廿六年七月十七日

（24）资耀华致杨介眉函（1937年7月20日）

介公钧鉴：

钧电手谕拜悉。因津市邮政被敌检查，不敢报告。连日消息忽缓忽急，不可捉摸。此盖因冀察内部有软、硬两派，而日军内部亦有软、硬两派。日军硬派多为大佐级之将官，据闻其中有两参谋极力主战，故意提出使中国绝对不能承认之条件，以便引起战争，并欲利用冀察软派及汉奸组织自治团体，通电主和，扰乱治安，而鼓［蛊］惑军心。现日本政府虽不得已在东京大张旗鼓，其本意实在虚张声势，恐吓当局，以期不劳而获。唯前线大军云集，将在外君命有所不受，何时发生战争碍难预料。

日租界昨夜已沿街堆存沙包，飞机每日在空中飞翔，中航公司机场已不许中国飞机飞停，天津四周及平津沿线皆新建飞机场及兵营。是事实上战争虽未动手，而国土已被占驻，即将来纵不冲突，已来军队能否撤退亦系疑问。

现在平行已在东交民巷租房一间，以备万一，行员皆迁入银行宿舍，并准备随时应付。津行亦已在英租界租房两所，将在河北居住之办事员迁入，男女分居，行中则分班守夜，库则由经、襄理分班管理。至此次若战争发生，决非局部，津浦、平汉两线必至中断，故津行只能顾及平津二处，青岛、济南无法联络，事到最后关头，只有各自作战也。谨以报闻。敬叩

钧安

晚华拜上　七月二十日

(25) 资耀华致陈光甫函（1937年①）

总经理钧鉴：

两奉钧谕并电示，拜悉一切。此次华北事变之起因，可分为下之

---

① 编者注：此函日期不详。据内容看，应在7月20日左右。

二大动机：

（一）中日经济合作之毫无结果

原日本政府处心积虑，欲先夺取华北经济利益，从而获得军事上之需要及根据地，如建设津石铁路，开发龙烟铁矿，以及包办华北羊毛、棉花，等等。无如计划虽多，一事无成，而津石铁路已被中央正式否认。华北当局自西安事变后，对日态度稍变，近来只表面与其虚与迁延，最近并欲排除作日人内线之陈觉生，故日来日本军人大为焦躁并不满，屡欲寻事生非。

（二）分化华北与中央的工作之不成功

日本历来对中国系采取离间分化政策，其并吞朝鲜，即此种政策之成功，希望中国派别愈多愈好，中国愈统一，日本愈不安。然近来平津遵从中央意旨，征收所得税，热心办理国选，奉行各种军事训练，二十九军遵示遣派多数军事人员及警察赴庐山受训，因此日本军人更惶惶不安。而华北最高当局因不堪其催促，乃藉故避居乐邻［陵］，不与其直接接洽，并声言一切听命中央，遂使其分化政策失败。

因是日本军人不惜在盛暑时期，故意大举野外演习，并用以不劳而获得丰台之手段，乘机夺取军事要地之芦沟桥。揆其初意，不过以为酿成小小事变，国军当亦如过去之"九·一八"、山海关及丰台，不敢抵抗而自退，且可藉此威吓冀察最高当局，速回天津媾和，以遂其前举两政策之实现。不意三十七师此次抵抗甚力，且极占上风，枪无虚发（日本副领事十日晨亲自对晚所谈），以致日军吃亏，大为愤恨，乃调动大军，事变遂从而扩大。

据各方观察，是此次日方初意，只在不劳而获，并非欲大举作全盘国际战争。即至目前日本国内表面虽表示极其强硬，宣传总动员，尤未完全脱出恐吓之程度，尚在极端利用分化政策，不但谋中央与冀察分化，并极力谋冀察内部自身之分化，并使交涉重心由平移津。因冀察内部已显分软、硬两派，现软派渐次得势，并欲强迫利用天津商会，强奸民意，通电主张和平，是分化冀察内部政策已相当成功，故昨日消息反告和缓。唯中央派有亚洲司科长杨开甲北来，传达不可就地签订任何条件之命令。一切交涉虽移归中央办理，若中央坚决到底，则当然酿成大战，因日本政府已预备动员五个师团，并有同时进攻天津、青岛、南京、福州、广州五大埠之计划。但外交部已急电英国大使速由北戴河回京，则又似中央在可能范围之内，亦当然不愿事变扩大。日本政府亦不无同样心理。则此次事变或可在委屈［曲］求全之政策下，由冀察软派干［甘］冒罪名，承认日方条件，再由英、美、法出面调停，中央则采取似承认非承认之模棱方式，以求暂时不了了之乎。

正欲发信，值满铁人员来晤谈，据云和平希望甚小，因日军中有两参谋，故意提出使中国万难承认之条件，并设法造成种种口实，以便引起战争。总之大军压境，随时有发生危险之可能。此又不能预知者也。匆此敬报。

敬叩

钧安

晚名正肃

（本文原载上海档案馆编，《上海银行家书信集（1918—1949）》，上海辞书出版社，2009年2月出版）

资耀华文存

卢沟桥事变后之观察

——资耀华与赵汉生、陈光甫、杨介眉往来快电（1937年）

卢沟桥（亦称"芦沟桥"）事变爆发前后，为应付时局剧变，资耀华与陈光甫、杨介眉、赵汉生往来快电不断。此组快电选自上海商业储蓄银行档案，与前组档案内容相似，且系同一时期产生。唯因事急而以快电形式寄发，其中三则函电无日期。为尽量保持档案内容、形式的原貌，仍单列一组发表，并可与前组档案参照阅读。

（1）资耀华致赵汉生电（1937年7月9日）

航信谅悉，芦沟桥冲突已停止，双方谈判中，市面安。

（2）资耀华致赵汉生电（1937年7月12日9:13）

汉生兄；前电谅达，大局安危系于一发。华。

（3）资耀华致赵汉生电（1937年7月12日17:42）

汉生兄：和平复现曙光。华。

（4）资耀华致赵汉生电

赵汉生兄：事又变，前途堪虞。华。

（5）资耀华致陈光甫电（1937年7月13日）

总经理：外军续到，芦沟桥在激战中，形势转恶。请通函各行暂停做平津巨数汇款。华。

（6）杨介眉致资耀华电（1937年7月19日）

天津。耀华兄：局势严重，平津各行人事行务祈全权处理。介。

（7）资耀华致赵汉生电（1937年7月20日）

请将敝及平行特别准备即由中中交分调津平。

（8）资耀华致杨介眉电（1937年7月20日）

介公鉴：电悉。宋赴平，空气转缓。信件被敌检查，不便通信。华。

（9）资耀华来电（1937年7月22日）

稍缓和，尚难断定。

（10）资耀华致陈光甫电

经密。光公鉴：据悉，大战起，津可苟安，平青恐蹂躏。华。

（11）资耀华致陈光甫电

经密。光公鉴：日大使忽欲飞南京，和或尚有望。华。

（12）资耀华致杨介眉电（1937年7月26日）

介公鉴：廊坊失，平津车阻，永定门激战中，事恐扩大。华。

（13）杨介眉致资耀华电（1937年7月28日）

天津。耀华兄：平行同人眷属请相机设法迁津，酌留人员办事，必要时求最安全办法。介。

（14）资耀华致杨介眉电（1937年7月28日上午10:12发）

介公鉴：狂澜难挽，行社均安。华。

（15）资耀华致杨介眉电（1937年7月28日下午12:54发）

介公鉴：同仁已妥筹保护，业务随同业进止。华。

（16）资耀华来电（1937年7月28日下午14:32发）

此间电传廿九军确已克复丰台、廊坊。

（17）资耀华致陈光甫电（1937年7月28日下午16:53发）

总经理钧鉴：国军大胜，丰台、廊坊、通州相继收复，在南苑获得日飞机九架，平津欢声鼓舞，前方士气旺盛。行社平安。华。

（18）资耀华致陈光甫电（1937年7月29日上午9:51发）

总经理：华界及东、总两站混乱中。北处随同业一致暂停。市面尚安。北平已非冲突区域。华。

（19）资耀华致陈光甫电（1937年7月30日上午发）

总经理钧鉴：战事虽停，平津变包，行社苟安，前途深忧。华。

（20）资耀华致陈光甫电（1937年7月31日）

总经理钧鉴：天津四周激战中，东站炸毁，行社业务如常。华。

（21）资耀华来电（1937年7月31日）

请通函各行，津埠钱庄票据无法代收。

（22）资耀华致陈光甫电（1937年7月31日）

总经理钧鉴：天津本日将成立维持会，平行社业务同仁均安。华。

（23）资耀华致陈光甫电（1937年8月2日）

总经理钧鉴：战事暂停，华界半毁，租界个别戒严，粮价飞涨，已准员役借薪维持生活。华。

（24）资耀华致陈光甫电（1937年8月10日）

总经理钧鉴：顷接总行电称申款无法调津，请函各行止做津汇，并请向中交情商，陆续急电汇津五十万元。

（25）陈光甫复资耀华电（1937年8月10日）

天津：两电悉。已向交通调妥念万，甚慰。将后需要请仍就地设法调津，如实困难时可售出英镑一万。辉。

（26）资耀华致陈光甫电（1937年8月10日）

八月十一日交交通 $200000。

（27）杨介眉致资耀华电（1937年8月12日）

天津：平行有存放四十万，现交通已复，请将平多款调津，此后平如需款,亦可由津接济。介。

（本文原载上海档案馆编,《上海银行家书信集（1918—1949）》,上海辞书出版社,2009年2月出版）

资耀华文存

>> 说迈德林

绪言

迈德林古时流行于西班牙及意大利,而西班牙尤甚。现在世界到处都很盛行。美国先亦无大注意于此者。自西班牙学生旅行美国到处演奏,现在美国大有凌驾于西班牙之势。我国现在研究此乐器者当亦不乏人。若能组织一Mandolin Ochertra到全国各地旅行演奏,对于普及音乐上当得一番助力。原来迈德林音量虽微弱,不如他种乐器之宏大,但其弦皆为金属所制。弹而发音,故其音色异常纤丽娇脆,且携带较梵渥林(Violin)尤便。其奏法亦较他种乐器为易,合奏亦可,独奏亦可。对于音乐稍有素养者不过半年功夫。虽不能说成名手,亦可自己消遣,不至嚣扰厌耳,此迈德林之所以为民众音乐也。我对于迈德林本没有十分研究,不过就其所知并平日所经验者写出以为初学者之一助,或者因此可以引出几位大方家出来亦未可知,所以我可以说是抛砖引玉,兹将其重要部分及其音调奏法单简说明于左〔下〕。

一、迈德林之构造与各部之名称

迈德林同梵渥林的构造差不大远,调子亦大同小异,故梵渥林之乐谱可以用迈德林演奏,且学熟迈德林以后再学梵渥林亦较比容易。但梵渥林只有四根单弦,而迈德林则有四根复弦,且梵渥林是用弓拉,而迈德林是用象牙或龟甲去弹,名曰Plectrum,此器除弦及转手以外全体都属木制,其形恰如纵断之桃实附以颈及头,指板附于颈上

(附图第一)①。

1. ［编者注：原刊此处缺字，疑为"琴体"或"共鸣箱"之意。］
2. 响板
3. 颈
4. 头
5. 指板
6. 律枕
7. 响口
8. 弦柱
9. 绪止
10. 绪止覆
11. 弦
12. 把手
13. 龟甲面
14. 音柱

二、弦之名称及调弦法

此乐器弦虽有八根，然每弦共发一音，故其异不可四弦。今分别说明如左〔下〕。

第一弦：在极右方，为最细之钢铁线所制，名曰 E 弦，适当 C 调之 Mi。

第二弦：位于第一弦之次，亦属钢铁线所制，名曰 A 弦，其音适当 C 调音阶之 La。

第三弦：位于第二弦之次，内为极细之钢铁线，外为极细之铜丝

---

① 编者注：由于原刊附图不清，故省略。

或银丝所包络，名曰 D 弦，其音适当已调音阶之 Re。

第四弦：极右天最大者，与第三弦构造一样，名曰 G 弦，适当已调音阶之 Soe。

弦之调子最为重要，此乃音乐之生命。因调子之合不合，发为愉快或厌耳之音，故先当注意者则为弦之调法，其法与梵渥林完全一样，但迈德林为四根复弦所成，故又当注意同弦同音。调法先将第二弦（即 La）合以琴（Piano）或调子笛（Tunainy - fovk）。听其音与□琴 C 调之 La 一致后，则全完以五度关系合第三弦，再以第三弦合第四弦，最后方合第二弦与第一弦。于是空弦弹之，则成 EACG（但属 C 调）。然此法非稍有程度及听力听敏者不能得明确之音，故初学者须一弦一弦合以钢琴 C 调之 EACG 或合以 EACG 之四个调子笛，方不至误。（附图二）①

三、奏者之姿势与乐器之持法

迈德林奏法有两种。一种立奏，一种坐弹。立奏必将乐器安置于右臂弯曲处，并支持以腹部。坐弹则置于腰与小腹之中间。但无论坐奏立奏，身体必须端正真直，左倾右斜，皆所切避，唯头稍倾于前方，以便于看乐谱。又迈德林之颈必须置于左手食指与拇指之中间，但不可紧持，以便上下轻快。

四、Plecrtum 之用法

拨片必须挟置于右手拇指与食指中即食指弯曲，以拇指尖抵拨片于食指之第一关节，右手宜稍弯成弓形。便拨片成垂直于弦上，其余三手指必须紧附食指。至于迈德林之弹法，左手固然重要，然右手较

---

① 编者注：由于原刊附图不清，故省略。

左手更重要。左手只有调子之变化，而其调子之抑扬高下缓急与其他之感情变化都赖右手之拨片，故右手最当注意练习。尤当注意者，则右手只可使手掌部分轻轻摇动，切不可使手臂动。初学者多犯此弊。至于欲其发强音时，需紧拨挟片，弱则反是。

五、弦之押法

迈德林弦之押法比梵渥林狠易。因其刻有一定之音柱，与我国月琴大同小异，所以会弹月琴者绝无不会弹迈德林之理。梵渥林因未刻有一定之音柱，故初学者虽得其正确之音，大概翻板厌耳。至于迈德林则反是，以指尖力押于音柱与音柱之间，即发正确之音，绝无翻板之虞。

六、音柱之说明

迈德林之音柱皆刻以半音所成。若能悉其全音、半音之音程、音阶，则任从何音柱开始弹奏皆可自由奏谱。换言之，与钢琴之键盘形虽不同，其理则一。梵渥林未设音柱，故欲得正确之音，非久经练习不为功。而迈德林只需数月之功，即可自由弹奏，且自此以学梵渥林亦比较容易。（附图三）[①]

七、迈德林之保存法

迈德林全部皆属胶着，故最避湿气，然日光之直射亦所最忌。所以保存之法，须置于干燥室内盛以箱或布袋。使用之后，须以柔软绢布将全体拂拭，以保清洁而增美观。

八、颤音（Tremolo）

迈德林是绝对不能发长伸之音，所以奏全音符 P 的时候，犹如奏

[①] 编者注：由于原刊附图不清，故省略。

为四分音符一个及休止符三个，所以欲使全音符保存，必须改为题多之小音符，这就名曰 Tremolo，可说是迈德林之生命。

自修书介绍

1. F., De Crist ofaro, Mettod for Mandolin (two pants).
2. Seuolo del Manedolino C. Munier. Metodo Pratico Cornhleto.

（本文原载《音乐杂志》，1921年第2卷，第8号，署名"资璧如"）

>> 我怨的是——

苦得好利〔厉〕害的恶魔！——试验——你也去了。等得好心焦的天使——暑假——也要从今天下午三点一刻钟来了。桌上的书，散乱得夹七杂八。架上的书，也是东倒西歪。什么 Newton？Poincare？The differential and integral calculues？Logic？此时已把他们抛到九霄云外去了。昨夜同他亲亲热热坐到三点钟的 Analytical geometry，也把他抛到脑袋后面去了。就是天天所崇拜的 Bacon，Shakspeare，Macaulay，Zola，Irving 这些先生，今天不知是什么缘故，也是同他们疏疏淡淡的，无心去睬他们，反是平日偷一点儿闲——没有十分——同他往来的 Tolstoi 先生，今天我同他的感情好似格外厚些。但是也不能同他多谈，心中只想的是这么久的暑假，总要安排个好好的方法去玩他，站也不晓得是站在什么地方，也不晓得坐在什么地方，也不像是挂在高空上的飞行机上。照例又到了吃夜饭的时候，我也不晓得是什么味，也不晓得吃饱了没有。太阳虽是已落了西，他的热力恐怕比《封神传》上的火焰山还厉害。想出去散一散步，这个黄尘万丈的东京道路，实在不敢当。今天风又格外吹得凶，地面上又干燥，也学人家讲一下卫生，在家里补一补十几夜的睡账才好。好黑暗呀！电灯息了，月亮儿一点也没有，我此时就想到纪元以前的 Dark age 了，怪呀，今夜有什么事？街上好像有号外的声音，电车也比平日跑得格外的凶。哦，是了！几个月前，他不是同盟罢了一会工吗，想是他们也有弹力，那时候他们被收缩，没有跑得痛快，今夜也要拼命地补他的功课。又奇怪呀！摩脱卡也跑得格外凶，他并没有罢什么工，欠甚么账呀！更怪呀，街上往来的人也好像比平日多了些，他们穿的木屐竟会变成铁屐了，响得分外的凶！怕是有甚么事，应当出去散一散步，就可以顺便看一看，岂不是好吗？又要讲甚么卫生！现在睡又睡不着。唉！还是安心睡罢，有事也让明天那些 Newspapers 去找一块地方安置他。但是怎么睡得着啊！……

挡……挡……挡！挡！

是谁呀？

怪呀！虽没有听得清楚，分明是一个很清脆优美的女子声音。这个时候哪里会有女子跑到我这里来咧！我并没同女子交际，我并没同甚么日本女子相识呀！

挡……挡！是谁？

"是我，先生。很对不住你，又扰你的清睡，但是要请先生原谅原谅，我有件要紧的事，同先生讲一讲。"

怪得很呀！这是我大中华民国女同胞的声音呀！东京的女留学生，我同谁也不相识——也不愿意同她们来往。就是……她这时候也绝不会跑到这里来——有翅也不会飞过太平洋来，绝不是！

"先生，当真我是抱歉得很！但是请先生开一开门，我只谈几分钟的工夫就够了。"

了不得啊！这样夜深的时候，又撞着一个女子，我还是学"闭门不纳"的鲁仲连？还是学"坐怀不乱"的柳下惠咧，总要下一个决心才好！开门罢！……

"请女士进来！请坐！"

哦！我是在这里做梦吗？这是我平日读的小说上的崔莺莺和林黛玉等的幻象再现吗？当真世上也有这种神仙似的女子吗？就是有，她我怨的是——

也绝不会跑到我这肮脏的地方来啊!了不得!蒲松龄先生所说的故事是当真有的了!

"先生,你为甚么不坐咧?面色也不对啊!请先生不要疑我。我并非卓氏的文君、夜奔的荡妇,我并非为我一人而来,我是为我们二万万女同胞抱不平而来的,来告诉先生一件要紧的事,求先生援一援手,所以我就顾不得甚么'瓜田李下'的嫌,夜深到这个时候,跑到先生这里来了!"

"女士有甚么要紧的事?若是我能够帮忙,我没有不极力的,但是你要晓得我单单一个学生,社会上的事情也没有十分研究,而且我并没有甚么大势力,恐怕帮忙不到啊!但也请女士说一说罢。"

"我说是说,我又要请先生忍耐些才好,恐怕几十分钟的工夫不够也未可料。"

"说哪儿话!女士就从现在说到明天,从明天说到后天——说到甚么时候,我也是爱听的,但要请女士把'先生'二字取消才好,这两个字我是很听不惯的。"

她嫣然地一笑,说道"不错!我也要请你把'女士'二字取消,大家不要客气的好。"……

她那黑水晶似的眼睛略略地左右转一转,好像是画一个半圆。她那樱桃似的小口儿微微地笑一笑。她这一笑,是我终生不会——就是来生也不会——忘记的。但是她急转正容地说道:

"你方才说你是一个学生,没有甚么势力,又没有研究社会上的事情。这几句话,我很失望!试问我们中华民国现在靠得住的是甚么?政府吗?已是垂死的病夫!那般戴高冠、骑骏马的吗?他们只晓得天天吃花酒,夜夜叉麻雀!你看我们中华民国不靠学生还靠谁呢?当学生的时候,不管社会上的事,毕了业还能够在社会上办事吗?还

晓得甚么地方是不好，甚么地方当改良吗？"

我听了她这几句话，背上好像有几千百根芒针在那里乱刺乱钻的，我的衣已是被汗湿透了。

她停了一停，又说道："我也不能多说闲话，我暂把我的事说清楚罢。我四五岁的时候，在家里读了几本书，无非是甚么《烈女传》呀，女《四书》呀，初看的时候，也还觉得好，但是我那时候，就有点不大满意的地方：他们作书的宗旨，好像是把我们女子当一个木像看待，社会上的事情，一点也不愿意我们知道。可怜我们女同胞不晓得以前——否，就是现在——有好多被她们瞒得死死底，当他们的奴隶啊！我的父母虽不能说他们是新思想界的人物，但是在我那块不开通的地方，也就可算是'铁中铮铮'的了。我十几岁的时候，他们已把我送进一个高等女学校。这时候，我真是快活得了不得。不久我就认识了一个朋友，她的名字叫作夏超贵，比我少一岁，我就常叫她贵妹。她的学问，我实不及她，甚么科学同女红她都弄得来，常常是列在第一。我对于校里的功课，反不如校外的功课着意，只得让她一步。她的性情也不大同我十分相似，她平日所抱的宗旨，虽没有同我十分冲突，并有时代我抱同情，但是我还嫌她太消极了，终是受了那旧式家庭教育的结果。她的父还好，她那母亲还是那种旧官僚的气味。她的父在我省里一个中学校当国文教授，那个学校里的办事人大半是东西洋留学生，精神很好，可算是我那里一个模范学校了。那些学生也是用淘汰的法子选出来的，可说是我那一省的精华了。但是那个学校里，还有一个'出类拔萃'的学生，那就是我那亲爱的——就死也不会忘记的他！"

这个时候，她面上忽变了一种含羞带悲的淡红色。略略地顿一顿，她又接续地说道：

我怨的是——

"他在那个学校里，年岁是算最少，但是那个第一，好像是他占买了的，总没有人抢得他的去。校里教师也没有一个不欢喜他的。贵妹的父亲更是爱他。他的国文卷子，贵妹是常常在他父亲手里看见过，佩服得了不得。才貌是不要说了，品行也是很好的，所以渐渐地由敬生爱，由爱生恋，自谓我是一个女学校超群的女子，他是一个男学校超群的男子，才子佳人，今生也就说不得没有奇缘了。所以到处道他的好，俨然是他的未婚妻了。我那亲爱的他也是这种心理。他两个人虽不能常常会面，两下的灵魂已是时时刻刻在一处，两下的心已是合成一个，就是用最近的化学药品来分析，恐怕也是分不开了。她的父亲也未尝不愿意把这两小无猜的小冤家成就了一对百年偕老的美伉俪。我那时候也是很愿他们二人成就了如花美眷，但……"

我还没有听完她这句话，不觉得笑出来了，她转口说道：

"你不是疑我没有这种好心好意吗？疑我是说谎吗？我那时候当真是这么想，我并不是说谎，我当真不是说谎。但是贵妹那母亲真是妙不可言，尽要把一个如花似玉的掌上珠，选给一个做官的人，恰好那时候，甚么清华学校招考，定额一名，贵妹的父亲就要我那他去投考，将来就可以送出西洋。那时候谁也是说除我那他，绝没有第二人会及格的。就是我那他自己也是这样想。但你要晓得我们中华民国旧考试的习惯，那些走狗小官僚，他们也不晓得这是一件求人才救国的大事，不可糊里糊涂，胡乱送一个有势力的公子就了事的。他们依然把他们从前运动做官的旧公式用出来，但是他们还是良心上过不去，不敢埋没英雄，把我那他列在备取，把一个有势力的小公子就送去了。你看可恨不可恨咧？"

"你说到这里来，我亦是过来人了。我民国五年的时候，在我省城里，投考一次北京高等师范，我就知道了。那个时候，有人对我

说:'有手段在省里考也好,若是没有手段,还是直接到北京投考的好。'我那时候,本是初出茅庐,也不懂得甚么叫作手段。我以为他说的手段,就等于我说的学问。我很稀奇他的话,岂不是去北京投考,就可以不要学问吗?我想这个事情绝是没有的,在北京同在省里,当没有甚么区别。哈!哈!两三天过后,可怜我的名字,也就列在备取里头了。所取的人多半我不认识,自然不知道他们的学问如何。考试的题目自己虽以为不难,似乎也完全答出,但那些所取的人恐怕是比我更答得完全也未可料,所以我对于那些人,也没有甚么话说。但是我平日最相识的一位先生,借了一套道尹的符,公然就一鸣惊人起来了。我那时候方晓得别有一种甚么手段,非我所说的手段。但是我现在还是不明白这个东西,何以就有这么大的魔力。现在我们国内甚么议员选举呀,总长运动呀,文官考试呀,派送留学生呀,收取陆海军学生呀,固不待言,是要这件东西登台出场,只要这块地方稍有一点儿利益,那一般会耍手段的人就同'八仙过海,各显神通'起来,你看这可糟不糟咧?救国的人才能够从哪里出来?当改良不当改良咧?"

她又说道:"你的话真是不错,但是这件事虽不能说完全是你们男子的责任,我看我们女子现在已是自顾不暇,无力去帮助你们,只好让你们去奋斗。我现在暂把我的事快说清楚罢。我方才不是说贵妹的母亲,尽要用那旧式家庭专制的手段,把一个可爱的掌上珠给一个小官僚吗?但是这还是她自己为自己的爱女,她的宗旨主义虽不正当,还是她爱女的心。只有那一般好事做媒吃饭的人,更是妙不可言。他们也不晓得这是人家的一件甚么事,当干涉不当干涉,天天在各处寻媒做。在这里就说那里的坏处,在那里又吹这里的牛毡,若是他们要说这个人好,就是天上神仙,若是要说这个人坏,就是地下的夜叉。所以有的就在贵妹家里说我那他的不好处,有的又对我那他说贵妹的不好处,说她平日怎样骄傲,只晓得读书,不晓得女红,东拉西扯,说得天花乱坠。在贵妹的母亲,固然是会信他们这些人的话,但是我那他总是不理他们,但我那他平生最可恶就是甚么官僚,所以也不便同贵妹直接商量。贵妹也是那种羞羞缩缩的性子,没有这种勇气来找他,两方面自然生出许多隔阂。所以那些人从此又生出一种造谣说诳的妙计出来。一方面就宣传我那他已'使君有妇',另一方面又宣传贵妹已'罗敷有夫',这种话传到贵妹耳里的时候,不晓得她是气得什么似的。但她的性质本是很微弱,她的母亲又是那样的主张,也就不得不已依了甚么'父母之命''媒妁之言',冤里冤枉把自己神圣的自由抛了,嫁给一个小公子,去做少奶奶,所以我很盼望他们前途多福,但也是一个疑问啊!只是可怜我那他从此真似如醉如痴,坐也不是,站也不是,书也无心去读,一个很活泼的青年竟变成个很悲观的哲学者,差不多要发狂了。所以我就不得不极力想法子安慰他。我想这也是我应当的责任:第一,他是我的近邻,他家里的事比我家里的事我还通晓些。第二,我同他是从小孩子的时候的好朋友,性质都相合——总之,他是我唯一无二的爱人。第三,他的母亲是我母亲的好友,我的母爱他比爱我还胜。第四,我的父母也愿意我去安慰他,去扶持他的母。所以我就暗地里今天用这个法儿,明天变那个法儿,去使他快活。他从学校里回来的时候,我就亲身煮茶,要丫头们好好地送去。他有病的时候,我虽不能亲身看护他,能够安慰他的方法,我没有不想到的。这些琐屑的事,我也不多说。但是我两人不知道是甚么缘故,会面的时候反比小时候少了。就是会面,虽不说要几个月,恐怕几个礼拜也难会一面。也不像小时候那样亲热。我看见他从远远地来了,我就不知不觉地跑开了。你想我是不愿同他见

面吗？一点儿也不是，我的心差不多是同他一刻也不能离的，我时常愿同他会面的。只是会了面就不晓是甚么缘故，总要跑开的。你想这是什么道理呢？这就是我那一省的好社会，才产出这种好风俗啊！你要晓得我的性质，同我那里一般千金小姐，是绝不相容的。我很不愿羞羞缩缩、进三退四的，我在学校里的时候，也就不愿同一般姑娘们来往，我只同贵妹还合意。学校里的教师，一半儿也晓得保护人家的自由，尊重人家的品格。那一般老学究先生就大不以我为然，我因为要替我们女子吐一吐气，使她们不要自暴自弃，把自己的人格太看低了，所以我常常对她们说，上帝产出我们一般女子的真意，不是专作男子的玩物，是要我们在社会上做一点事，去帮助他们男子。但是我们现在社会上的制度、家庭中的习惯，都是束缚我们的自由，低视我们的人格。我们要想替国家做一点儿事，了我们的义务，就非打破这种黑暗的社会、专制的家庭不可！她们听了我的话，一时也有感动的，也有惊讶的，但是过了几天，她们依然是忍受那种侮辱，我依然是匹马单刀。但是我的方针总不变，所以我虽没有甚么坏话把那般好事的人去宣传，我那不守规矩的声浪，就一天高似一天了。幸而我的父母信谅我，也愿意我去奋斗，我不同我那他会面的原因就在此了！我并不是也要学甚么'曲学阿世'，学她们那种惺惺态度的。你要晓得我的苦衷，是要同我那他成就了一种纯美的爱情结合，就不得不稍稍俯从旧式的习惯，求达我的目的。不然，那般好事的人又要使口弄舌，说长说短了。只是我那他的脑里，我虽占了一块地方，仍然是被贵妹的小影儿充得满满的。但是他越是不忘贵妹，我越是佩服他。我绝不爱那转眼就弃旧怜新的。他对我把他心中的话也说过几次，多半是悲观厌世的话，要我不要爱他，我一时也不好答复他。我很心焦，恐怕他把身子气坏了，天天暗地里变法儿使他快活。一天一天的，他也就渐渐地心回意转了。你想我那时候快活不快活咧?我的目的就可以达到了,我的社会事业就可以大大地发展了,我们二人就可以做一个新式的模型儿给他们去看了。唉!你想我不是成功了吗?是战场中回来的那 Victor 吗?"

这个时候,她忽现了一种很悲惨的样子,眼中就落下泪来了,发音很难了。停了一停,她接续说道:

"唉!我不晓得我同那一般人前世有甚么'不共戴天之仇'?也不懂他们是甚么心肝?脑袋里装的是些甚么东西?总要把人家的好事弄得很糟。这也就是我那里那一般好事做媒吃饭的人啊!他们总是对我那他的母说我的坏话,说我抱了甚么危险思想、社会主义,不是闺中女子的态度,名誉很不好,把一些重大的罪案都推在我身上。七想方,八想方,又找出我一个劲敌来了。我素来做事很光明正大的,向着我的目的一直做去,不晓得暗地里鬼头鬼脑地做那些不近人情的事,所以也没有关心他们秘密的行动。可怜他们已奏起凯旋歌了,我还是在梦里讨生活啊!待我的父母探得这种消息的时候,木已成舟,生米已变成熟饭了。在我父母的意思,本不久就要同我那他的母去商量这件神圣的事,猛不防尚有高手捷足,在后面暗算的人。我那他此时也还在梦里,若是平日,他绝不会不知道的,但是他同贵妹的事情发生以来,终日只是空想,把现在的世界看做干燥无味的世界,甚么事他都不管。他的母也经不得这许多人,今天也去说,明天也去说,花言巧语,说得天花乱坠,人家一件神圣的事就被他们擅断了。唉!你想我还有甚么趣去从愁里讨生活咧?我的目的既没有达到,我的社会事业已没有希望,我那替我们女子奋斗的心也就冷到零下几度了。你不晓得我那时候,是苦得什么似的,这是你绝不会晓得啊!但我还想挽回这件事,还没有灰心。可怜我那他晓得以后不久就病起了。我

听见他病的时候，就吓得没有知觉，又不能亲身去看护他，不久我也就同他向病里讨生活了。两个人的病都是日重一日，病症是一样，吃的药也是一个医生的药。我的卧室同他的中间只隔一个花园，夜深的时候，两个呻吟的声音也就同钟表的摆一样，彼此都是听见的。不知不觉，就在病里过了三个多月了。这几个月里我时时刻刻是挂念他，恨不得跑到那里去看看他瘦到什么样儿了。有一夜大约二点的时候，他的母忽发出一种很悲酸的声音送到我的耳鼓；这种声音就是白昼听见也要使人惊心的，何况是夜深的时候呢！就是过路的人，听见这种声音，也绝不会掉头不顾的，何况是他一个最关心的我呢？我虽是吓得发昏，我的心底倒很清醒，我父母也急急地跑到他那里去了。我喉中此时不晓得是件甚么东西，把我塞得出不得气，哭也哭不出来。但是我的听觉反比平日格外的灵敏。我已晓得是我那他的病症变得很凶，不省人事了。他小时候就没有父，他又没有兄弟姊妹，你想他的母如何不急咧？外面开门的声、跑路的声、抛水的声、叫医生的声和众人悲泣的声，合成一团，传到我的耳鼓。这种声音就是顽石都要点头了。我想这是我们今生的末日了，这就是现在黑暗的社会、专制的家庭和那般好事的人造成的好结果啊！恰好东边发亮的时候，幸而我那他就渐渐回转来了，我的父母也就忙忙地回来看我。他们看见我的样子，也不免大惊小怪起来。但是我喉里那件东西越大起来了。我还看见我的母怪可怜见地紧握了我的左手，我那他的母也握了我的右手，哭道：'唉！这件事真是弄坏了，如何是好呢？'我听了这话，急得什么似的，总是开不得口，不能安慰他们，他们把药送来的时候，我的牙关得紧紧的。到了上午九点钟的时候，我那个我虽是爬不起来，我这个我就不知不觉地同我那个我分开了。这时候我那个我是被他们大大小小、男男女女围得紧紧的，向着他哭。但我这个我反是很爽快似的，好像站的、坐的、看的地方都不是我以前的世界所有的，那是很黑暗，还是很光明的。我想这个时候，可以跑到我那他的卧室去看看他，安慰他，只是再找不着他的卧室。唉！我想我是终不得同他会面了！你想我冤枉不冤枉咧？我的社会事业就如此了结了啊！唉！我总不怨我那亲爱的他，我也不怨我的父母，也不怨他现在的爱人儿，否，我还是祝他们前途的福。我只怨的是我那里黑暗的社会、专制的家庭同那一般好事做媒的人害得人家到这一步啊！但是我想我们中华民国的女子同我一样——还有比我更可怜的——不晓得有几千百万，被这黑暗的社会、专制的家庭、崇拜金钱官僚的父母、拨弄是非的一般人，束缚得了不得，作践得了不得，侮辱得了不得啊！你们学生不是说要求学救国吗？救国是甚么方法咧？并不是要研究许多害人的科学，制造许多杀人的器械，养成一种可怕的军阀，同外国打仗，夺别国的土地，直接杀别国的人民，间接使自己国内的人民受苦，也不是要学那奸猾的外交手段、不道德的行为，窃取别国的利益。是要着着实实，研究改良现在黑暗的社会、专制的家庭，增进人类的幸福，打破阶级制度，除去男尊女卑的陋习，废却人种差别的待遇啊！但是我这个目的已经是水上泡子、空中轻烟，消灭得无影无形了。我的一份责任也就分派给你们了。只是我那亲爱的他，我永远不会忘记的，你想我如何能忘记咧？唉！……"

我听了她这一番话，又看见她那怪可怜见的样子，我几乎也流出泪来了。我问她道：

"你那他究竟是谁？你究竟是哪一省的？是几时跑到东京来的呢？"

她听我这几句话，好像有怒气地答道：

"你还是在这里做梦吗？我那他不是你一位同学的好朋友吗？

不是你那二万万男同胞里一份子吗?你也不要问我是哪一省的,我也随便可以答是哪一省的,因为我们中华民国现在无论哪一省的女子,和我一样的结果的多得很,你问也问不了许多啊!你又何必问咧?你还能够拯救我吗?我这个我虽是永久不变,你不晓得我那个我啊!……"

她说完了这句话的时候,吓得人死,就同我在电影戏馆里的片子上,看见一个好好的美人,忽然就变成那医科大学研究室里用的枯骨来了。空空洞洞的面孔、可怕的牙齿和手指,吓死人啊!唉!这真是黑暗社会、专制家庭的罪过啊!

(本文原载《学艺杂志》,1921年第3卷,第7号)

>> 资耀华先生来函

砺若哥！

我读你的《恋爱独立》那篇议论，真佩服得了不得！真说得透彻！若我们中国——否，全世界真能如此行去，人类不知道要增进多少的幸福呢？但其中我有一个小小的意见，不得不同你一谈。是什么意见呢？就是你所提出的三期十四项的办法。依我的愚见，第三期可以不用。第三期的第一项当置于第一期的第一项，第三项当置于第一期第末项，其第二项与第四项当置于第二期的第末两项，缩少作两期，倒便利。因为处于我们中国现在，要想恋爱独立，非赶先打破这种万恶的家庭制不可。不先打破这种家庭制不但第二期不能行，就连第一期都不能行。如你所云，若第二期完全行去了，那么，男女的教育职业待遇机会都完全平等了，血统继承权已被承认了，则女子已不需男子私人的帮助，还要建立什么保护机关呢？而这种家庭制，若到此时，已不需我们打破，已经先消灭了。至于第三期的第二、第四项，亦必须在第二期内并行。不然，女子绝不能完全独立平等。欧美现在第二期还没有完全行去，我看来就是这种缘故。所以我们何尝不可截长补短，缩作二期，则行之较速，而事半功倍，就可以同欧美并驾齐驱呢？且我想若真能如此行去，饥和爱分离，既完全因纯洁的爱而爱，则恋爱绝没有破的道理，恐怕就是对手方异性死了，这种爱情都不会消灭呢！我们古来不容说是强迫结婚，无爱可言，就是现在号称为恋爱结婚者，亦大半是被环境所牵制，何曾配说真恋爱呢。其结

婚的那一天,就有"合则留,不合则去"的思想蕴乎其中,都是一副假面具的恋爱。所以我看来结婚虽不完全,但是不许离婚,以致酿成家庭恶剧,现在结婚也不完全,因为大家是认离婚,终必酿成社会恶剧。所以结婚法不改良,离婚事件将从此日日加多。日本、美国就有这种现象。社会哪里会弄得好,人类哪里会向上呢?所以我想最先就要打破现在的家庭制,改良结婚。我的意见就是如此,不知你以为如何?

附:答资先生函

我这篇文章不过一时感想所及写出来的。我也不敢决定人类是一定这样上进。——因为这是大问题,谁敢冒昧速决?——所以我的文里用了许多"我相信"三字,表示是一种私意待商的意思。你的批评,我是极愿闻的。你所说的次序,我愿和你商说。

(1)"第三期的第一项当置于第一次第一项。"这话我想是由"家庭"两字来的。我说的意思不是"家族制"的意思。家族含有男女两个人以外的关系。我这里不是说这关系,我是主张改造两人间的关系。换一句话说,废止畜妻的办法。夫妻之结合,不由生活问题来做枢纽。这个意思说出,想你一定不说放在第一期之末了。

(2)"第三项置于第一期末项"这话,又是由"保护"两字来的。我所说的保护是积极的,如第九页所列。你想能提早吗?一定成慈善性质而清洁堂一类罢了。你说我的话差不?

(3)第二、第四也是一样太早,第二不可行,第四也成一种现在式的养老院罢了。

我觉得社会的变迁,是应必须而来,不是可以自生。看到好,立

资耀华先生来函

一个是不济事的。不成必须施设,成一种之附丽可有可无没人去注意的。你看现在的育婴堂、清洁堂、养老院,和我所说也可以算是差不多,却有人认为社会上必需的吗?能成一种宏大的社会施设吗?这是不用说的。

我所以列在最后的,是因为要女子成了"人",现代家庭制不能成立之后生出必须再来设的意思。更进一层说,"羊肉还在羊身上",公共施设的费用哪里来?忽然地,全国的老人、儿童、孕妇、产妇等都归公共维持了,这费用何等大?不能不有一笔生产来补。我想女子成了"人"之后,生产上多以前之一半劳力。——想设男女各半——社会里也就富裕这一半,才能办到。假设不然,现在不成"人"的女子,再把她的家庭事业一移去,那真是坐食了。——家庭事业对社会也是一种劳工,不过尽女子必须做是灭了个性,限制天才发展不合机会均等,我所以反对——坐食之所耗到那样去求偿呢?不但这样,物视女子的观念不去,谁也不愿去托护。所以第一现象是成慈善事业,养些社会落伍者绝力去做,达到了也就女子变成完全坐食罢了,你说是不?

你意思的两层,第一破坏家族制,我自然列在第一之第一。不过这话说的多了,所以我把它省了。第二所云保护,只要现在的法律能实行,不许买卖人身,不许卖良为娼,不掩耳盗铃,现代恶习的卖淫——据沪上某会调查,中国娼妓百中八十以上,是自幼被父母家长卖给人去,使她卖淫的。就是我所谓转卖卖淫,就是他们所说卖良为娼来的。至于妾的来源,使女和娼妓是两个最大来源。不许买卖人身,女奴不有,娼妓不有,妾没有,多妻,也就自然革去十之八九了,所以这消极的保护机关,可以无庸你说,是不?

一时之感,想未经磨炼,还请指教。

高铦
1921 年 11 月 7 日,书于塘沽

(本文原载《学艺杂志》,1921 年第 3 卷,第 7 号)

>> 现代结婚之要素——恋爱与文化

一、恋爱与结婚的关系

近世文明国中，大都以恋爱为结婚中最根本的最重要的要素——甚有以此为唯一的要素者。然试观人类历史的发达，恋爱与结婚的关系亦不尽如现代人所主张。恋爱自身的概念与结婚自身的概念，都随时代而变迁。所以如果把恋爱与结婚单看作属于诗歌的或空想的方面，或者对于恋爱概念与结婚概念没有研究历史的变迁之必要。但若看作现代文化生活中的事实，从学问学理方面研究起来，就不得不详细研究其历史的变迁。否则倘只作为关于现实的社会问题和文化问题去研究，绝不能得一个正当的解答。

从人类历史上看起来，我们就可发现恋爱不必一定是结婚中不可缺的要素。历来都以结婚为社会伦理的或人类义务的社会制度，而以恋爱为不过属于个人的私事；社会伦理的义务与个人私事相冲突的时候，个人的私事就可供社会伦理义务的牺牲，因而结婚与恋爱相冲突时，恋爱被牺牲。不用说，在人类历史中各时代，都希望结婚以恋爱为基础而成立及维持，但两者不相合致的时候，恋爱当然为结婚之牺牲物。就中女子尤被强迫着为结婚而牺牲其神圣的恋爱。从古至今，男子固然也被强迫为结婚而牺牲其恋爱，但男子却公然被许可于婚姻之外，有满足其恋爱的地方，且以此为男子所享受的特权，所以旧式结婚制度，男子所受的苦痛比较稍轻，而女子却不得不含忍容受最大的苦痛。现代东洋各国对于旧式结婚制度的反抗,女子比男子更为剧烈,就是压力愈重,伸张力、爆发力愈大的自然法则。

在旧式结婚制度中,照上面的说法,大都以合于社会伦理义务的结婚为重,个人私事的恋爱可以供其牺牲。但当社会本位思想支配世界的时候,个人对于这种结婚制度,虽抱不满,亦皆承认其为必然的道理。但一入近代,个人主义与自由主义日新月异地发达。以新式的见解眼光,批评旧式社会制度道德,以致旧式结婚制度万难继续,对于结婚,都以为须尊重其个人的自由。换言之,就是须尊重其恋爱的自由,因而以恋爱为结婚最根本、最重要的原素之思想,就奔潮般流行起来了。一般道德实践家(Marlalet),竟以结婚与恋爱看作同一事件:只有恋爱是结婚的要素,恋爱以外别的要素一点都不要;甚至主张恋爱至上主义,说恋爱可以解决一切文化问题及人生问题。我对于恋爱,固然也是很尊重的,前述的思想也承认其含有重大文化之人生观的意义。但我以为对于结婚,恋爱当然是一个不可缺的要素,却也不是唯一的要素。恋爱以外,尚有要素,这种要素比恋爱更多含有文化人生观的意义。

二、恋爱之文化人生观的意义

在说恋爱以外的要素以前,须暂把恋爱之文化人生观的意义说明一下。恋爱是以性欲为根源而发生的特殊爱情,同性间有时也有发生的,名曰"同性爱"。但这是变态心理恋爱,常看作异常态;由异性发生的,才是正常态。性欲本以发动于异性间为原则,所以现在只可从相异的两性——男女两性间的恋爱而研究其真相。

要理解恋爱的真相,最当注意的,就是要知道恋爱乃以性欲为根源而发生的。现在有研究恋爱文化哲学的,把恋爱与性欲分离,主张性欲单是性欲，恋爱单是恋爱，二者毫无关系。我对于这种思想，不能表示赞同。如果恋爱可完全与性欲分离，那么，我们可不必特别称为恋爱，且不能特别称为恋爱了。今从亲子爱、兄弟姊妹爱、朋友爱及各种友爱中，只提出男女间所发生的爱特别称为恋爱，其根源就在基因于性欲的一点。所以友爱与恋爱的分别，就在性欲的发生与否。

恋爱固不能完全离性欲而发生成立，然亦不可全看作纯粹的性欲冲动，恋爱与性欲其中存有甚么差异呢？总括一句话：恋爱乃精神化的性欲。单纯的性欲，绝不能称为恋爱；性欲的发动，达于精神化的境域，然后才成立男女间的特别爱情——恋爱。且应其精神化的程度，恋爱才从单纯性欲分化出来。精神化程度愈少，愈近于单纯的性欲发动；精神化程度愈大，愈远于单纯化的性欲发动，而发挥其特质。

怎样叫作性欲的精神化呢？性欲怎样才精神化呢？这是最该解释的。在性欲发动的瞬间就能满足时，便没有恋爱发生之可言。但社会生活渐渐复杂，有种种的事情使不能在性欲发动的瞬间即刻满足；在性欲发动与性欲满足之间，生出时间、空间的距离，因而男女间相互起一定的心理状态。距离愈增大，其心理紧缩的程度便愈强，于是男女互相以对象模样于精神化而观想着——详言之，就是男女互相赋予对象体以审美的、伦理的、宗教的及其他文化价值而臆想着。这样性欲渐渐达于精神化的极点。一个人以异性的他个人，为自己心目中意识中所积想的一个或数个之绝对价值，而欲使之实现，或空想其若能与异性的个人相结合，可以完成其现身；因而恋爱乃成一绝对价值，人人不惜为恋爱而牺牲其身家性命——甚且有自己为恋爱牺牲其生命恋爱才能完全实现的感想。

何谓人生观？就是把人生赋以绝对价值的意义去考察，把人生看

作绝对价值之具体实现的意思。然吾人在哲学上不得不承认其有绝对价值的，不止一个。例如真、美、善等，固然是有绝对价值。就是恋爱，现在亦皆承认其有独立的绝对价值。而种种绝对价值中，吾人既以其为绝对的，所以于其中随择一个为主体，即可成立一个人生观或世界观。譬如，以真价值为主体，可成立主知主义的世界观；以善价值为主体，成立伦理主义的世界观；以美价值为主体，成立美至上主义的世界观。因而以恋爱为主体，也可成立恋爱至上主义的世界观。其中无论以何者为主体的世界观或人生观，都是应国民性质及时代性质，各在一定国民或一定时代中占有势力，但也因个人性质与事情而定。然吾人又当注意者，无论以哪一个绝对价值为主体而成立的人生观或世界观，都是偏狭的，不能认为完全圆满的世界观或人生观。欲成立一个完全圆满的人生观或世界观，就当总包括所有的绝对价值，加以适当的组织于人生，而使其实现为完全圆满的人生观或世界观。

三、恋爱之特质与其寿命

恋爱乃爱情中一种偏狭者、人间爱中最利己者、人间爱中最剧烈者，其包有人间范围最是狭小。恋爱的对象，在这现世之中，只追求一个；自己与自己心爱的恋人以外，其余的人都看作无一点价值意味。所以热心恋爱的人，目中无亲、无友、无国家、无人类，甚有以自己与自己心爱的人，就足以尽其全世界的。从这里看来，以人间爱为由恋爱发达而来的学说，乃大错特错。恋爱与人间爱中之人类爱或博爱，立于正反对的地位。热心恋爱的人不知爱人类，除其恋人以外，其余皆不值他一盼。在社会的下等动物间，到了交尾的时候，即发现其非社会的举动，热心恋爱的人亦颇酷似；发现其 Misanthropic action（嫌人的行为），回避他人的耳目及亲友的耳目，只顾追求恋人。且利己中的利己者以亲友不过为其恋爱历史的同情听者，或为其恋爱的使者，除此以外，其心目中看作毫无价值。从恋爱的特质看起来，近今一部分主张恋爱至上主义的人，大都是由近世个人主义堕落到偏狭的利己主义，此时发现一种所谓颓废派的人生观。

而且恋爱虽然一时非常剧烈，然其自身究竟有没有永续性，却还是一个大疑问。新式的恋爱大都有后来合则留不合则去的预算，所以离婚的数更多。这也是可深明恋爱基因于性欲，无论性欲如何的精神化，绝不能与性欲关系分离，性欲关系若完全分离，恋爱就从此消灭。而性欲有一定的喜新厌故的倾向，对于同一的对象，不能永久满足。所以历来社会中，不得不用伦理的制度去统御性欲。我们因此可以发现原始时代以来男女关系形成及变化之根本的原因，并可以发现现代文明国中男女现象之隐微的原因。现在这里虽不能详细论及，但很可以从性欲之好新的倾向说明恋爱的最不安定。要之，由一定之异性，习惯地满足其性欲时，恋爱的强度自然因之减少或消灭，而发生求新对象的倾向。

上面从性欲关系上，推察恋爱的绝无永续性，现在更从其他种种方面证明其不能有永续性。因为种种的理由，都可以使恋爱消灭，就是恋爱自身，也并没有永续性。所以一定的男女永续共同生活——婚姻，如现代文明国一夫一妇的永续共同生活，绝不能单由恋爱去保持；这永续共同生活——婚姻之确立，非有恋爱以外的要素不可，那么，在现代文明国中，对于永续的男女共同生活，除恋爱以外，还必需甚么要素呢？

四、保持男女共同生活永续性的要素

照前章所说，普通的恋爱多非永续的，而一时却非常剧烈；男女

间的共同生活，若单由恋爱，绝不能维持到永久。就看近来所谓孟浪的结婚者，不顾前，不虑后，单从盲目的恋爱而成立，单是一时的冲动而结合，因之结婚快而离婚更快，离婚的数也更多，这就可以证明恋爱非永续的，恋爱的本身便不能维持到永久。结婚不能说是恋爱的完成，倒可说是恋爱的终结；结婚的那一天可说是宣告恋爱死刑的日子。所以要真正完成恋爱的独立价值，倒不如情死，因为情死真是恋爱的彻底完结，情死者真是实行恋爱至上主义者。那么，我们该从哪里去维持男女共同生活的永续呢？研究这个问题，我们就该注意从古以来，何以生出男女的永续共同生活。在人类原始时代，人类可以自由满足其性欲；所以一定的男女永续共同生活，可以断言其不是单由性欲的满足，换言之，就是不是单由恋爱。而且在当时可以供人类摄取的天然产物很多，食物的获得也不难；所以男女永续共同生活，也绝不是为获得食物的一种手段。那么，究竟有什么原因使男女自然营永续的共同生活呢？这就不得不使我们想到因种族继承——育儿——而营永续的共同生活了。但对于这个原因，我们现在所探得的材料，虽还不能完全说明，然以育儿为营永续共同生活的要件，当然比较的正确。且无论在各时代的何种社会，都是育儿为一定男女永续共同生活之根本的动机；就是在文化国民中，因恋爱消灭或其他原因以致婚姻共同生活生破绽的时候，也以这个做维持着不致大决裂的要素。总之从婚姻的永续性上看来，种族继承是一个最重要的要素；所以自古至今，对于结婚，以种族继承为第一位，以恋爱满足为第二位。因此男子与一定的女子营永续的共同生活时，倘使他真不爱这个女子，得由社会公许或默许的一定方法，可以对别的女子满足其恋爱；女子方面，在下等社会，也有秘密充足其恋爱的方法。然而到了近今，自由主义及个人主义日新月异地发达，恋爱的自由已被社会公认，因此都以恋爱为婚姻成立的唯一要素,没有恋爱的结婚便不能说结婚。现代文明国中,对于以恋爱为结婚根本要素的意见,已没有挟异议的人。然而主张只有恋爱便可使结婚永续,却是不当。试看那彻底自由恋爱论者的否认永续共同生活的结婚制度,便可推察。但是以恋爱为根本要素的现代婚姻为什么也能保持其永续性呢?这也在于种族继承之产子。总之在产儿公育的社会制度没有设立的今日,男女共同永续生活,乃育儿的最根本、最正当的社会制度。从纯粹理论上说,或者还有比男女共同生活更好的育儿制度,也未可知。但在这样制度没有实行以前,除结婚——男女共同永续生活以外,却没有可以使人类种族继承的别种手段。所以我们不得不说婚姻是负有根本的人类文化之任务及使命。就是在现代的文化国民,婚姻是一个社会伦理制度,有最重大的社会伦理义务;婚姻一经成立,不但在于男女互相恋爱,并须保持夫妇的永续共同生活,尽一定的社会伦理的义务或人类的义务。恋爱在于自由,而婚姻则以义务为主体,恋爱与义务相结合。换言之,以恋爱渗透义务,以义务紧缚恋爱,这时才保持婚姻的永续性。恋爱与义务的结合,乃完成人类最高尚的义务。

五、婚姻之特有价值

但是婚姻之文化的意义,只是尽了育儿的社会伦理义务,就可以尽吗?还是更有比这更应该尽的义务呢?倘使结婚的意义单在于尽育儿义务,那么,婚姻也不过为别的目的而存立,不是他自身的目的。然而结婚自身真没有目的吗?真没有意义吗?我以为夫妇的永续共同生活可以实现其自身特有价值的目的,但这特有价值是什么呢?

男女间有优劣差等的传统思想,现在已经是从根本上推翻了。然

而如果说男女只身体上专为产儿的差异，其余精神上完全没有差异，似乎也不甚妥当。我以为男女不单是身体构造上有差异，其精神上也有一定微妙的差异。如果能够把这精神的差异完全发挥出来，文化就可更进于高等之域。从古以来，文化的发达大半由男子精神的发达所遂成，而女子之精神的发达却被人为地抑压而不得伸。所以古来的文化可以说是男性的文化，今后要想文化更得高等的发达，就非使女子的精神特质十分发达不可。今后男子当然要扶助女子，使有精神发达，而女子自身也不可不努力而自求其精神的发达。这就是今日女子文化运动的根本目的。女子文化运动之根本目的，第一就在谋精神特质的完全发挥，所以女子的自由不过达这文化运动目的之手段，绝不可以自身的自由为目的，这就是今后女子当自重、当觉醒的地方。

女子使其精神的特质与男子同样的十分发达，与男子互相扶助，这是使今后文化更得高等发达的要件。男女差别存在的文化意义就在这一点。然而这是从男女全体上而言的男女差别的意义；也许有人以为男女永续共同生活——婚姻——的意义，不能从此阐明，但是我以为男女永续的共同生活之特有价值的意义，也要注目在这一点，才可阐明。

总之男女以排他的恋爱相结合，不是于其结合之自身可以完成人生，是由这个结合，成立永续的共同生活，而实现比恋爱更高尚的文化价值。恋爱譬如一纽带，用这个去结合男女精神的差异，因这恋爱的结合，男女互相利用他力补其不足，以完成人生。这就是结婚特有的价值。纵使将来为育儿特别设立社会机关，夫妇的永续共同生活对于育儿成为不必要，婚姻也仍可因其特别价值保有其重大的人生观的意义。总之，说恋爱是结婚要素之一，是可以的，说是结婚的唯一要素，是不可以的；说育儿是结婚要素之一，也是可以的，说是结婚的唯一要素，是不可以的。结婚根本的要件，在因其特有的价值，保有其文化的人生观的意义。

（本文原载《妇女杂志》，1922年第8卷，第5号，[日]米田庄太郎著，资耀华译）

>> 我国目前妇女运动应取的方针

人人都说现在是世界的改造时代，这改造运动的主要对象不用说是"军国主义文化"与"资本主义文化"了。造成这两种文化的，实在是男子的力量，所以改造这两种文化，就是改造男性文化的意思。因此所谓妇女运动，一方面在解放女子脱离男性文化下隶属的地位，他方面则在变男性偏重的文化而创造全人类的文化。

我国处于现在世界改造的机运，诸种的改造运动正在萌芽，妇女运动也不可不赶快与各种改造运动取同一的步调，直接间接以助其成功。但运动的方法不可不考察我国的现状，对症下药，才能有效。否则，徒事模仿西洋，不知变通，于实际还是无补的。我现在尽我的所晓得的写出，以供妇女运动者参考。

妇女运动发端于十八世纪末叶法国大革命的时候，其开始的运动趣旨，大部属于单纯的政治运动，卒致所得不偿所失。到了现在，已经从政治运动而进于社会运动了。我国妇女运动正在萌芽，对于这一方面也不可不十分注意的。

男子运动也是先由政治而进于社会运动，这因为男子在社会上、经济上的地位，随近代的产业革命而起急剧的变化所致。原来"政治"这两个字的意义，从为治者方面看起来，是在获得自己或自己阶级之生活的特权，从被治者方面看起来，是对于自己生活的维持。所以政治运动有两个方向：一是获得权力，由这种权力使自己或同一阶级的生活享有特权。一是使自己的生活受一种最便宜的支配的希望。

我国目前妇女运动应取的方针

男子的政治运动，在积极的方面，是有生活余力地求获得特权，在消极的方面，是无生活余力地求脱出生活的穷迫困苦。贵族政治中政权争夺运动是属于前者，革命的政治运动是属于后者。但是消极的政治运动，若不完全实现自己生活的支配，绝不能使自己或自己的阶级脱出困苦的生活，所以也会进于积极的政治运动——政权获得运动。

从事妇女运动的女子，大都是具有男性生活的趣味，自然，对于男子的政治运动很有兴味，容易与单纯的男子政治运动家流于同一的方向。其结果，就是妇女运动的标的，但求同男子一样有选举特权。但是妇女单从这方面的运动能有良好的结果吗？这是一个很可疑的问题。在男子的方面，无论消极的政治运动，结局是在收政权于自己阶级的手中，而其目的，从历史上看来，已经是达得到的。例如法国大革命，是中产阶级被贵族阶级压迫，使其生活陷于极端的穷苦的地位，他们欲脱出这个苦坑，所以起革命运动。其结果，握政权于自己阶级手中的运动，其目的已算达到了。自古至今，这种传统的国家政治运动是互相以此"传统政权的本质"为目标，彼此争取这件东西——可谓之"无形的固体"。然而今日的社会运动则反是，不是互相争取此无形固体目的物——传统国家的政权，是在改造国家权力的本质。古来的政治运动，因其单是夺取这个无形的固体，所以比较短的年月就可成功。但是社会运动则不能如是之易，其性质是欲把国家权力这件东西，不许如玉玺一样，彼此争来争去，以致人类的力（Energy）在历史中空费，所以不徒以得政权为目的。政治运动所以变化到社会运动，就是为此。

然而妇女运动实际上还没有出乎男子旧政治运动的范围外，且没有进于积极方面的可能性，长久在消极的圈内。为什么呢？男子的政治运动是单在夺取传统的国家权力，所以即刻达其目的，但是女子政治运动，无论到甚么地步，在今日的世界中，是没有能够夺取国家权力的希望。所以女子政治运动当然是陷于消极的。女子政治运动家对此果能满足吗？

男子的运动现在已否定政治运动而进于社会运动了。这种事实是妇女运动者最当注意的。不用说，男子的运动是没有完全舍弃政治运动，其手段还是有政党运动、议会运动，但其目的是完全以社会大改造为标的，从来的国家权力已不在其眼中。所以妇女运动亦当取此步调，何况妇女到底没有把国家权力收到自己手中的希望，若永久困于政治运动中，其终局将不知道自己是为甚么目的从事政治运动了。

妇女运动所以要进于社会运动，也同男子一样。因为近代社会经济的进化，使男子的地位在旧阶级秩序上的组织中不能得到安定，所以其运动不得不由争夺"客观的国家权力"而进于"实现主观的生活目的"。妇女运动是使妇女自身的社会存在起变化的运动，所以应该随社会状态的女子地位之变化，而定女子自己的地位。试把社会史一看，古昔男子的地位也如今日的女子一样。古代是女子本位的社会，女子是一切的中心，是权力的把持者，而当时的生活中心及国家权力同今日的家族差不多远。然而当时的男子，因专任外部的活动，其结果，男子肉体及精神上的发达，渐次凌驾女子，而复杂的社会机关中心，随生活的样式，渐由女子而移于男子，从此遂建设男子中心社会。今日女子的地位稍似当时男子的地位，不用说，当时的男子担任社会外行动的全部，今日的女子不过分担一小部分，然而其变化则甚类似，就是闭在家庭的女子不可不渐次走进社会而担任社会的活动。

女子现在所以不得不分担社会的活动，是由近代产业进化的结果。一方面男子全能的社会现在已不得不求女子的援助，他方面男子

我国目前妇女运动应取的方针

生活的余力已不能供养女子之徒食；而使男子不能负担女子扶养，陷于穷迫地位的原因，就是资本制度的结果，就是男子自己的失败。其结果，女子须脱离男子的扶养，独立在社会上谋生活，女子的教育遂亦不得不应此目的而改造。然一旦受了合于社会的活动的教育，女子的生活目的当然随之而起变化。女子社会的生活条件同男子的生活条件本无大差，因而其生活目的亦当和男子的生活目的同样地进步。这就是近代妇女运动者的倾向，我国妇女运动者所当取法的。

男子的单纯政治运动现在已经是没有价值，女子的政治运动更甚。女子的政治运动最显著的，就是参政运动。然而说到参政运动，使我不得不想到英美妇女的猛烈示威运动。这种妇人的团结力与志念实堪钦佩，但是那样的努力、那样的奋斗，实际上能得相当的报酬吗？不过得其参政的假名罢了。不用说，参政权对于妇女不是完全无益的，但是许多妇女大都以为若得了参政权，就可以参与现在一切的政治，就可以禁制男子的横暴，就可以获得妇女与儿童的特权，而拥护之，设若万事都能如意地行去，真是没有再好的事了。然而由此获得幸福的妇女与儿童，其数究有几何呢？且现在我国的政治，对于民众有无利益，还是一个疑问，我们能完全信赖这种现在的政治吗？妇女欲参加政治的希望是欲实现其最高的理想，然而现在的政治界，有能容此最高理想的余地吗？现在社会事业中所最必要的条件，就是要有"大多数"承认他，而其最良的方法，莫如由"大多数"的意志所形成的政府承认他。所以妇女运动者若欲达到她们的目的，当然要信赖政府。然而现今由"大多数"的意志所决定的事，有害人民的不知多少。原来"大多数"，不求在外面之多，是要求内容之美。但是现在的"大多数"，乃恶劣的集合体——譬如议会，在这种"大多数"的集合体中，少数的善良分子能得胜利吗？女子的最高理想能通过吗？何况事实上热心参政权的各国妇女大都未免怠惰，她们以为得了参政权，其主张已经贯彻了，就无条件地信赖政府。这实可谓无智，无批评力，所以欧美的妇女现在已得参政权了，然而其成绩何在？不过是"妇女也与男子同样对于政治有发言权"而已。久而久之，她们才知道若真欲为妇人求幸福，则还须于参政权之外，寻别的运动方法，方可实现其理想。现在能获得政治的自由，是哪一种阶级的妇人？不用说是中流以上的妇人。现在的妇女政治运动纯为中产阶级妇人利己的运动，她们只顾自己及同阶级的生活，依自己为根据而主张权利利益，绝没有想到自己的生活已形成一种特别的阶级，对于社会的事情毫不注意。所以这种阶级的妇人最当留意的，就是要知道我国还有无数的女子正在那黑暗地狱中，还有无数的女子是天天迫于饥寒，而此等女子的丈夫、父母还是日日受虐，无数的女孩子没有读书的机会，一生都从其父母之手，运送到压迫者的手中。有学问、有教育的妇女们！你们若真有爱人类的心，若真为女性全体、儿童全体求幸福，就应当注意这些下层阶级的姊妹，注意饥寒交迫的儿童，使她们也同你们一样，有饭吃，有衣穿，能进学校。设若妇女能注目于此，则必舍政治而从事社会运动——质言之，就是从事教育运动、职业运动、母性运动。写到这里，我就不得不崇拜俄国妇女，她们有奋斗突进的勇气，要求开放大学被政府拒绝，她们立即以别的方法贯彻其要求，得同一的结果，为贫穷的姊妹想方法，使其能上学。她们最恶的就是利己，她们置一身荣达安乐于不顾，为社会牺牲，这是我国妇人现在应当取法的。

近来一般人心的倾向，大都没有创造"物"的要求，只偏重于"物"之所有。所以无论妇女运动或劳动运动，由这个运动而创出新生命的创造要求却是很少，罗素先生是最推奖"创造欲"排斥"所有欲"的，然而我国各种的运动，求其能真由自己的力量，实行创造的热心，完全没有。无论甚么改造运动，没有创造是不成意义，欲遂行改造的大目的，就不可不有创造力。而且我国现在各种运动真能把住了一定不移的理想没有，还是疑问。原来理想乃理性的问题，所以社会运动中，能具有一个的确的理想，才有价值。现在考察妇女文化运动的价值当然须看其有无理想。其理想固然是很多，但根本的理想可大别为两种，一即求"女性之发挥"，一则期"女权的确立"，现在分别说明如下。

1. 女性之发挥

何谓女性？就是女子所以为女子的长处。世上的文化是由男性文化和女性文化融合而成的，不过近今偏重于男性文化，所以女性不得不发挥以补其不足，但女性更当分为生理的和精神的两方面。

原来妇女运动的目的应该在于"女性的维持"。近来全体的文明倾向，此种女性大受压迫，生理上所谓的女性已呈衰颓的现象。我国此种现象虽不十分明显，但证诸先进各国，往往文明愈进步，则女性愈趋衰弱，这一点是我国妇女运动者所不可不注意、不可不预先防患于未然的。盖文明进步，经济发达，生活一流于安逸，男子出产的数比女子出产的数少，社会中男女的数就不平均，从文明全体的倾向一看，就有女子过剩的倾向。譬如一些国家，文化程度低，男子比女子多，所以至于一妻多夫。然而欧洲各文明国，则已是女子过剩的时候了。例如，英国人口的统计，从十九世纪中叶（一八五〇年），已呈男女人口不平均的现象，今从一九〇一年到一九一一年的十年中，每一千人中，男子只四百八十四，女子则五百一十六，即呈女子比男子多7%。就是日本现在已渐呈女子过剩的倾向。这种事实初看好像不十分要紧，但其实是社会上一大问题。就中如英国，因为是基督教国，只许一夫一妻，绝对不许一夫多妻，以致许多女子终生不能结婚。现把英国女子不能结婚的调查数一看（据一九一一年的调查）：

年龄（岁）	既婚者（%）	未婚者（%）	寡妇（%）
15～20	1	99	—
20～25	24	76	—
25～35	63	36	1
35～45	75	20	5
45～55	71	16	13
55～65	59	13	28
>65以上	31	12	57
各年龄之平均	51	39	10

试看上表中的平均数，未婚的女子一百人之中，占有三十九人之多。文明进步本来是一件很可喜的事，但从女子结婚问题上看来，又未免美中不足。现在欧洲所谓 Old Miss，天天增加，故欧洲诸文明国的女子无人不有一个"结婚难"的观念，其结果，男子对于结婚的地位天天增高。所以英国、德国的女子非有相当的 Dower（嫁妆金），则没有男子应其要求，以致许多年轻女子舍身劳动以求 Dower。

前表是英国全体的统计，然在大都会更甚。例如，英国全人口的百分之八十九是都会生活，其结果都会中女子更多，伦敦已是男子一人女子七人之比例。这因：一是乡间对于女子无适当的职业；二是女子的通癖，都欢喜都会生活所致。但是正式结婚既然困难，因而生出文明人最以为耻的结婚以外的男女关系及社会所不承认的性交关系，女子的贞操就因此陷于危险的地位，国民的道德就没有了。还有一层，就是妓女之增殖。柏林市二百万人口之中，就有三十多万的妓女，这也是结婚难所酿成的祸。此外，还有因了由夫妇以外的男女关系及酿成避妊堕胎等的大罪恶，其结果致人口减少，这种倾向法国更甚。因女子有这许多不能结婚，遂由女性变成了中性，这样过去，岂不要和蜂蚁一样，产出许多中性的女子吗？这是妇女运动家该防患于未然，使女子有相当的劳动，调节女子的出生率，以谋补救的。我国现在正在过渡时代，不可不于此时注意到这一点上。

以上系就生理的方面而言，至于精神的方面，关系尤为重要。盖文明进步，精神上的男女两性不可不有圆满的平均发达，其方法就是两性互相补其缺点，养成一种能培植男性精神的女性精神。

然而从来我国所谓女子的性质精神，纯粹是残疾不具的女性。因为男子掌握社会全体的权力，所以教育女子的方法纯粹是求合男子的意，束缚女子的自由。例如，什么"三从四德""无达夫子""幽闲贞静"这些话纯粹造成为男子玩物的女性，非真所谓文化精神的女性，其本来性能——做一个"人"的性能，受家庭专制的结果，丝毫不能发现，所以谓之残疾不具的女性。否则，又如我国现在号称"时式女子"的，纯粹模仿男性，自己忘其身是女子，这种现象也是不好。所以今后希望我国女同胞以自己的立场为本位，养成这种文化的女性精神。例如教育一项，不要流于男性的教育，女子要自求开展的路，要发挥女性的真精神。这种女性精神同男性的精神融合起来，才能得真正的理想社会文化。

2. 女权之确立

女权这个意思很容易误解，所以不可不先解释这两个字的意义。所谓女权，是指权利，并非权力，是指 Right，非指 Power。权利乃在社会中从人与人的关系所发生，所以权利就是人人有在社会活动于自由范围的意思。因此，权利乃是在人与人之间才能发生，若只一个人便无所谓权利。由这里看起来，所谓女权之确立，就是女子在人类社会中能伸张其生存之权利，男女同权，就是这个意思。因为男女同

权,就是男女在社会生存上有机会均等的意思,此时既无所谓男尊女卑,亦无所谓女尊男卑。所以女权确立是没有性的区别,女子社会上的位置同男子社会上的位置对等,使女子能自由活动于人类文化社会中。这样说来,妇女运动中的女权确立,实是女子最重要的运动,就是男子亦当协力赞助,换言之,就是男女共同的运动。但现今的男子把权利与权力看作同一的概念,所以听了女权获得的声浪,就好像会剥夺自己的权利似的,害怕起来。其实以权力为主观的时代,是野蛮时代,所以克鲁泡特金大声疾呼:"人类在被权力支配的时代,不论是个人,不论是社会,绝不能发挥其性能,所以人类之中,不许有权力介于其间,要使权利平等,成立一种自由无权力的社会状态。……"这就是男子对于妇女运动应当要了解的地方。至于女子自己方面,亦要自觉,不可不一变其历来自己侮辱自己的风俗习惯及态度。还有一层,就是附随权利的义务,亦不可不尽的,诚能若是,则妇女运动方能成为内容充实的文化运动了。

(本文原载《妇女杂志》,1923年第9卷,第1号"妇女运动号")

壬戌年春节住院有感（时年八十有三也）

（一）

盛世佳节病中过，爆竹声声叹蹉跎。
誓尽余年献四化，来日苦短去日多。

（二）

建设宏图四海传，十亿英雄竞上游。
我愧无功多受禄，只争添瓦与添砖。

（三）

政策科学两相宜，神州大地遍红旗。
八亿农民齐搏斗，莺歌燕舞报春晖。

（四）

大鹏展翅冲九天，发展经济着先鞭。
领导经纬观千里，十亿人民紧跟随。

（本文原载《中国金融》，1985年第5期）

资耀华文存

>> 后 记

2019年是新中国成立70周年,人民银行参事室成立60周年,2020年也是人民银行参事室首任主任资耀华先生诞辰120周年。为了进一步积极宣传新中国70年来金融业发展成就,同时缅怀和纪念资耀华先生,人民银行参事室经书稿作者资耀华长女资中筠女士授权以及书稿收集整理者沈建中先生同意,主编完成的《资耀华文存》一书终于付梓出版。

资耀华先生为人民银行参事室首任主任,由周总理提名并亲自签发任命书;同时,根据周恩来总理的指示,于1959年10月8日成立中国人民银行参事室。资耀华先生于1900年出生,1926年开始投身金融界,1996年逝世,从业金融近70年,是20世纪金融史和学术史上的重要人物,著名的爱国人士,为国家作出突出贡献的银行家、金融学家和社会活动家。资耀华先生非常重视谏言资政,倡议并亲自创立中国金融学会,推动开展学术研究来服务金融业发展,在中国金融史上留下了浓墨重彩的一笔。

《资耀华文存》一书得来殊为不易,书稿收集整理者沈建中先生耗十几年之功,沧海拾贝,于各大图书馆的故纸堆中翻找,方把资耀华先生近一个世纪以来,散落于各处发表的文章集成如今规模,使读者也有幸得以在资耀华先生宏幅巨作之外,于细微处感知一位金融耆宿深刻的思想和忧国忧民的赤子情怀。

《资耀华文存》具有珍贵的纪念价值和较高的学术价值。书稿详

后　记

尽辑录了迄今能收录到的资耀华先生专著之外合计 90 余篇文稿，亦包括其任参事室主任以来的主要政策建议梳理。这些文章写作时间跨度较大，包括民国时代和新中国成立后的各个时期，反映了一位爱国经济学者和银行家近一个世纪的所看所思所想，见证和记录了从旧中国到新中国的时代变迁。书稿所收集整理的文稿，当年在刊物上发表时，就备受学界业界的关注，整理出版后，更会成为一份富有史料性、专业性的近现代经济金融历史研究的宝贵经典文献。

在本书出版之际，深刻缅怀和感谢资耀华先生为中国人民银行参事室发展和中国金融学会创建打下的良好基础和作出的卓著贡献，衷心感谢中国人民银行党委一直以来对参事工作的关怀指导，衷心感谢总行相关司局多年来对参事工作的关心支持。本书的顺利出版，更要感谢书稿收集整理者沈建中先生的辛勤付出及资中筠女士的大力支持；感谢吴晓灵女士为本书欣然提笔亲自作序；感谢中国金融出版社蒋万进社长、仲垣编辑，他们严谨高效的工作作风、认真负责的敬业精神以及训练有素的专业技能，定能为本书的面世增色良多。

最后，祝愿中国人民银行参事工作继往开来、蓬勃发展。

中国人民银行参事室
2020 年 10 月